『정치경제학 비판 요강 초고』(1857-1858)
『정치경제학 비판을 위하여』(1859)
『자본론』(1867)을 위한 해설

자본론 해설 I-1

형태분석의 관점에서

박대원 지음

도서출판 해남

자본론 해설 I-1 형태분석의 관점에서

초판1쇄 인쇄 2021년 1월 18일
초판1쇄 발행 2021년 1월 23일

저 자 박대원
발행인 노현철
발행처 도서출판 해남

출판등록 1995. 5. 10 제1-1885호
주 소 서울특별시 마포구 마포대로8길 9 영명빌딩 405호
전 화 739-4822 **팩스** 720-4823
이 메 일 haenamin30@naver.com
홈페이지 www.hpub.co.kr

ISBN 978-89-6238-148-1 93320

반세기 동안 내 삶을 지켜본 가장 사랑하는

차보영 여사에게 이 책을 바친다.

0

서론을 대신하여
–『자본론』 이해를 위한 몇 가지 주요 사항들

0-1

이 책은 흔히 "노동자 계급의 성서"[MEW, 23, S. 39. 영어판 서문.]라고 불리는 『자본론』(*Das Kapital*) 제1권 제1장에서 제4장까지의 해설서이다. 해설서라고 명칭을 달기는 했으나 사실 맑스(K. Marx)의 논리적이면서도 수려한 문장을 필자가 쉽게 해설하기에는 능력이 부족하기에 맑스의 글을 독자가 읽고 이해하기 편하게 요약을 한 것에 불과하다. 그러나 되도록이면 『자본론』 외에도 필요하면 맑스의 다른 저서, 특히 『정치경제학 비판을 위하여』(*Zur Kritik der Politischen Oekonomie*)를 인용하여 이해를 돕고 그 내용을 풍부하게 하고자 하였다. 필자는 독자들이 이해하기 어렵다는 생각이 들지라도 되도록이면 맑스와 엥겔스 자신의 글만으로 기술하려고 하였다. 『자본론』을 잘 이해하기 위해서는 맑스 및 엥겔스의 표현방식에 익숙해져야만 한다고 생각되기 때문이다. 특히 『정치경제학 비판 요강』 및 『정치경제학 비판을 위하여』에서 인용된 문장을 이해하는 것이 어려울 경우에는 오히려 그 부분은 건너뛰고 읽으면 되리라 생각한다. 『정치경제학 비판을 위하여』(1859)에서 인용한 문장이 『자본론』(1867)에서 인용한 문장보다 이해하기 어려울 것이다. 그 이유는 무엇보다도 1859년도에 출간된 저서의 문장이 1867년도에 출간된 저서보다 표현방식에서 헤겔(G. W. F. Hegel)의 영향을 더 많이 받고 있기 때문이라고 생각된다.

여하튼 이 해설서는 맑스의 『자본론』을 그저 쉽게 이해하는 데 도움을 받고자 하는 자들을 위한 입문서가 아니라 『자본론』을 통해 형태분석 방법론 및 자본의 운동법칙을 스스로 배우고 사고하며 실제 세계시장 속에서 발생하는 현상들을 비판적으로 분석하고자 하는 자들을 위한 것이다. 아울러 맑스의 연구방법론에 충실하여 역사와 이론, 이론과 역사의 관계 속에서 현재와 미래를 관통할 수 있는 사회과학 이론을 만들어 내고자 하는 자들을 위한 해설서가 되기를 바란다. 월러스틴(I. Wallerstein)의 *THE MODERN WORLD-SYSTEM* I, II, III(『근대세계체제』 I, II, III)과 아리기(G. Arrighi)의 *Chaos and Governance in the Modern World System*(『체계론으로 보는 세계사』)을 읽으면서 맑스가 얼마나 위대한 종합 사회과학자이었는가를 다시 한 번 깨닫게 되었다. 아울러 월러스틴과 아리기 역시 20세기의 훌륭한 사회과학자임을 인정하지 않을 수 없다. 맑스의 『자본론』에 쓰여진 몇 줄의 문장이 그네들의 학문적 근간을 이루었다는 사실이 우리로 하여금 『자본론』을 비롯하여 맑스의 저작들을 읽어야 할 필요성을 느끼게 한다. 아울러 여기에서 비판적 분석이란 유물론적 변증법에 기초한 분석을 말한다. 참된 맑스주의자란 맑스주의 경제학, 정치학, 사회학 등에 대한 지식이 많은 자를 결코 의미하지 않는다. 그는 그저 단순한 맑스 전문가(Marx-Kenner)에 불과할 뿐이다. 유물론에 근거하여 자본주의 사회에서 본질과 현상이 뒤바뀌어 거꾸로 은폐되어 나타나는 진정한 원인과 진행과정, 그리고 미래에 나타날 그 결과를 분석, 예상하며 그 안에 내재된 모순을 드러내려고 노력하는 자만이 진정한 맑스주의자라 할 수 있다. 맑스주의자는 유물론자가 아닐 수 있으나 유물론자는 필연코 맑스주의자이다!

맑스 자신도 언급하였지만 필자 역시 『자본론』에 입문하던 초기 시절에 제1장 제3절 '가치형태 또는 교환가치'가 가장 이해하기 힘들었고, 그에 따라 제4절 '상품의 물신적 성격과 그 비밀' 역시 이해하기 힘든 게 사실이었다. 그 이유는 맑스가 사용한 헤겔식 표현방식에 익숙하지 않았고, 또한 헤겔이 『논리학』(*Wissenschaft der Logik*)에서 적용한 서술방법을 파악하지 못한 데 있었다. 맑스는 자신이 헤겔의 제자임을 자인한 배경을 다음과 같이 언급하고 있다. "헤겔 변증법의 신비적 측면에 대해서는 약 30년 전, 그것이 아직 유행하고 있을 당시에 이미 내가 비판한 적이 있다. 그러나 내가 『자본론』 제1권을 집필하고 있던 바로 그때, 현재 독일의 지식계급 사이에서 큰소리치고 있는 불쾌하고 불손하며 범속한 아류들이 헤겔을 … '죽은 개'처럼 취급하면서 득의양양해 하고 있었다. 그래서 나는 저 위대한 사상가의 제자라고 공공연하게 자인하였으며, 가치론에 관한 장(章) 곳곳에서 그의 특수한 표현방식에 영합하기까지 하였다."[MEW, 23, S. 27.]

그러나 『자본론』을 이해하는 데 가장 커다란 장애물은 무엇보다도 『자본론』을 빨리 이해하고자 하는 조급함에 있었다고 할 수 있다. 그리하여 책 뒷면에 『자본론』 독자들을 향한 맑스의 진심어린 충고의 글을 진부하다고 생각되지만 인용, 소개하였다. 독자들은 맑스의 충고를 받아들여 『자본론』을 이해하려는 노력을 지속적이고 반복적으로 끈기 있게 투하해야 할 것이다.

필자는 이 책의 제목을 '『자본론』 해설: 형태분석의 관점에서'로 정했는데 그 이유는 부르주아 계급이 『성경』을 "영원한 생명수"[MEW, 23, S. 126.]라고 여기듯이 『자본론』을 "노동자 계급에 의한 혁명의 복음서"로 여기는 경향에 대한 반박으로서, 『자본론』의 논리적 구조를 정치경제학의 과학적 패러다임으로 파악하려는 관점에서 형태분석의 중요성을 표명하려는 의도를 표현한 것이다.

0-2

그러면 우선 필자가 맑스의 형태분석의 중요성에 대해 언급하기 전에 다음과 같은 엥겔스의 글을 인용해 보기로 하자.

엥겔스(F. Engels)는 1886년 『자본론』 제1권 영어판 서문에서 당시 영국의 경제 상황을 다음과 같이 서술하였다. "이 나라(영국: 필자) 산업체계의 움직임은 생산의, 따라서 시장의 끊임없는 급속한 확대 없이는 불가능한 것이고, 그것은 지금 죽음과 같은 정체 상태로 다가가고 있다. 자유무역은 그 밑천이 다 드러나 버렸다. … 외국의 산업은 급속히 발전하여 어디서나 영국의 생산에 육박하고 있다. … 생산력은 기하급수적으로 증대하는데 시장의 확대는 기껏해야 산술급수적으로만 진행된다. 1825년부터 1867년까지 끊임없이 반복되어 온 정체–번영–과잉생산–위기라는 10년 주기의 순환은 확실히 그 진행을 중지해 버린 것처럼 보인다. 그러나 그것은 오로지 우리들을 영속적이고 만성적인 불황이라는 절망의 수렁으로 빠뜨리기 위해서일 뿐이다. 고대하는 번영기는 좀체 오지 않을 것이다. 우리가 이 번영기를 예고하는 징조를 발견했다고 믿을 때마다 그것은 다시 공중으로 사라지고 만다. … 실업자 수는 해마다 팽창을 계속하는데 이 문제에 답하는 사람은 아무도 없다. 그래서 우리는 실업자들이 견디다 못해 그들 자신의 운명을 그들 자신의 손에 쥐게 될 순간이 오리라는 예상까지 할 수 있는 것이다. 바로 그러한 순간이야말로 전 생애에 걸쳐 영국의 경제사와 경제 상태에 대해 연구한 결과 자신의 전 이론을 수립하였고, 이 연구에 기초하여 영국은 적어도 유럽에서는 완전히 평화적이고 합법적인 수단에 의해 불가피한 사회혁명을 수행할 수 있는 유일한 나라라는 결론에 도달한 이 인물(칼 맑스: 필자)의 말에 귀를 기울여야만 할 것이다. 물론 그는 영국의 지배계급이 평화적 합법적 혁명에 대해 노예제 옹호의 반란 없이 굴복하리라고는 거의 기대하지 않는다고 덧붙이기를 잊지 않았다."[MEW, 23, S. 39-40.]

위의 문장은 많은 논쟁을 낳은 문장이기도 하다. 예를 들어, 자본주의 경제위기의 근원으로서 맑스와 엥겔스는 과잉생산론을 주장했는가, 엥겔스는 과연 만성불황론을 견지했는가, 10년 주기의 경기변동은 과연 사실인가 등등. 그러나 형태분석의 관점에서 볼 때, 필자의 견해로는 천성이 사변적인 맑스와는 달리 열정적인 엥겔스가 주기적인 위기에 직면하여 자본주의적 축적형태의 변증법적 변환보다는 노동자 계급에 의한 사회혁명을 기대한 나머지 맑스 자신의 의지와는 달리 이미 1883년에 세상을 떠난 맑스의 사고를 과잉 해석하지 않았나 생각된다.

반면에 맑스는 앞에서 소개된 엥겔스의 글(『자본론』, 제1권, 영어판 서문: 1886)보다 이미 10여 년 정도 전인 1873년 『자본론』 제1권 제2판 후기에서 "자본주의 사회의 모순에 가득 찬 운동은 실무적인 부르주아라면 근대산업이 통과하는 주기적 순환의 국면 전환 속에서 가장 절실히 느끼는 것인데, 이 국면 전환의 절정이 전반적 위기이다. 이 전반적 위기는 아직 예비적 단계에 있지만 또다시 진행 중이며, 그 무대의 전면성 및 그 작용의 강렬함을 통해 신성 프로이센의 독일제국의 벼락부자에게까지도 변증법을 가르칠 것이다. … 그 합리적인 형태의 변증법은 부르주아 계급 및 그 교의의 대변자들에게는 분개할 만한 것이며 공포스러운 것이다. 왜냐하면 변증법은 현존하는 것의 긍정적 이해 속에 그것의 부정, 곧 필연적 몰락에 대한 이해도 포함하기 때문이며, 모든 생성된 형태를 운동의 흐름 속에서, 곧 그것의 경과적인 측면에서 파악하기 때문이다. 또 어떠한 것으로부터도 위압받지 않으며, 그 본질상 비판적이고 혁명적이기 때문이다"[MEW, 23, S. 27-28.]라고 서술하였다.

또한 『정치경제학 비판을 위하여』 서문(1859)에서 그 자신의 연구 길잡이로 쓰였던 일반적 결론(유물사관: 필자)에 대해 다음과 같이 기술하였다. "… 인간은 그들 생활의 사회적 생산에서 그들의 물적 생산력의 일정한 발전 수준에 상응하는 일정한, 필연적인, 그들의 의사와는 무관한 관계, 생산관계를 맺는다. 이 생산관계 전체가 사회의 경제적 구조, 현실적 토대를 이루며, 이 위에 법적이고 정치적인 상부구조가 세워지고 일정한 사회적 의식형태들이 그 토대에 상응한다. 물적 생활의 생산양식이 사회적, 정치적, 정신적 생활과정 일체를 조건지운다. 인간의 의식이 그것의 존재를 규정하는 것이 아니라, 반대로 그것의 사회적 존재가 인간의 의식을 규정하는 것이다. 사회의 물적 생산력은 어떤 발전단계에 이르면 그들이 지금까지 그 안에서 작동하던 기존의 생산관계와, 또는 이것의 단지 법률적 표현일 뿐인 소유관계와 모순에 빠진다. 이들 관계는 생산력의 발전형태들로부터 질곡으로 전환된다. 그러면 사회적 혁명기가 도래한다. 경제적 기초의 변화와 더불어 거대한 상부구조 전체가 조만간 변혁된다. 그러한 변혁들을 고찰함에 있어서는 항상 물적, … 경제적 생산조건들의 변혁과, 인간들이 그 안에서 갈등을 의식하게 되고 투쟁을 통해 해결하게 되는 법률적, 정치적, 종교적, 예술적 또는 철학적, 간단히 말해 이데올로기적 형태들의 변혁을 구분해야 한다. … 그러한 변혁기를 이 의식으로부터 판단할 수는 없으며 오히려 이 의식을 물적 생활의 모순들로부터, 사회적 생산력과 생산관계 사이의 주어진 갈등으로부터 설명해야 한다. 한 사회구성체는 그 내부에서 발전의 여부가 없을 정도로 생산력이 발전하기 전에는 멸망하지 않으며, 새로운 보다 높은 생산관계들은 그들의 물적 존재조건들이 낡은 사회 자체의 품에서 부화되기 전에는 결코 대신 등장하지 않는다. 따라서 인류는 그가 해결할 수 있는 과업만을 제기한다. 자세히 관찰해 보면 과업 자체가 그 해결의 물적 조건들이 이미 주어져 있거나 또는 적어도 생성과정에 처해 있는 곳에서만 출현하기 때문이다. … 부르주아적 생산관계는 사회적 생산과정의 마지막 적대적 형태이다. … 부르주아 사회 내에서 발전된다는 생산력은 동시에 이 적대를 해결하기 위한 물적 조건들을 창조한다. 따라서 이 사회구성체와 더불어 인간사회의 전사는 종결된다."[MEW, 13, S. 8-9.][1]

1 필자 주: 엥겔스는 『공상에서 과학으로의 사회주의의 발전』(1891)에서 유물사관에 대해 다음과 같이 정의하고 있다. "유물사관은 생산이, 그리고 생산에 뒤따르는 생산물의 교환이 온갖 사회제도의 기초를 이룬다는 명제에서 출발하여 역사상의 모든 사회에서 생산물의 분배라든가, 또 이와 함께 계급이나 신분으로 사회가 분열되는 것 등은 무엇이 어떻게 생산되며 그 생산물이 어떻게 교환되는가에 의해 결정된다는 명제에서 출발한다. 그러므로 모든 사회변동과 정치변혁의 궁극적인 원인은 인간의 두뇌 속에서, 즉 영원한 진리와 정의에 대한 인간의 증대되는 이해 속에서 찾을 것이 아니라 생산양식과 교환방식의 변화에서 찾아야 하며, **철학**에서 찾을 것이 아니라 그 시대의 **경제**에서 찾아야 한다. 현존하는 사회제도들이 합리적이지 않고 또는 '이성은 의미 없게 되고 행복

앞의 문장에서 필자의 관심을 끄는 것은,

① 생산력과 생산관계 및 소유관계 사이의 모순에 의한 변혁들 중 물적, 경제적 생산조건들의 변혁과 정치적, 예술적, 종교적, 즉 이데올로기적 형태들의 변혁을 구분해야 한다는 점,

② 사회구성체 내부에서 생산력이 발전의 여지가 없을 정도로 발전하기 전에는 그 사회구성체는 멸망하지 않는다는 점,

③ 새로운 보다 높은 생산관계는 그들의 물적 존재조건들이 낡은 사회 자체의 품에서 부화되기 전에는 결코 대신 등장하지 않는다는 점,

④ 그리고 인류는 그가 해결할 수 있는 과업만을 제기한다면서 과업 자체가 그 해결의 물적 조건들이 이미 주어져 있거나 적어도 생성과정에 있거나 또는 적어도 생성과정에 처해 있는 곳에서만 출현하기 때문이라는 점이다.

형태분석이라는 측면에서 위의 문장을 살펴보건데, 맑스는 자본주의적 생산양식의 소멸에 대해 확신을 가지고 있었으나 그것이 쉽지 않음을 잘 파악하고 있었다고 생각된다. 사회주의 경제체제의 비효율성을 목격한 서유럽 사회의 맑스 경제학을 지향하는 자들 중 일부는 자본주의 체제가 경제위기를 주기적으로 맞이하면서도 왜 지속적으로 존속하는가에 관심을 두었다. 그들의 주장이나 사용하는 개념들이 다소 차이는 존재하나, 개략적으로 보면 자본주의 경제가 대위기를 맞이할 때마다 자본주의적 '조절양식'[아글리에타(M. Aglietta)와 리피에츠(A. Lipietz)로 대표되는 프랑스의 조절학파] 또는 자본주의적 '축적형태'[알

은 고통이 되었다'든가 하는 견해가 퍼져 가고 있다는 것은, 생산양식과 교환방식에 어느덧 변동이 일어나서 지난 시기의 경제조건에 적합하던 사회제도가 이제는 이미 이 변동에 적응하지 못하게 되었음을 말해 주는 징표에 지나지 않는다. 그러므로 나타난 그 재앙을 없애기 위한 수단도 이 변화된 생산관계 자체에 – 많건 적건 발전한 형태로 – 틀림없이 존재한다는 결론을 내리게 된다. 이러한 수단을 두뇌 속에서 **생각해 낼** 것이 아니라, 두뇌의 힘을 빌려 현존하는 생산의 물질적 사실들 속에서 발견해 내야 한다." [MEW, 19, S. 210.]

트파터(E. Altvater)를 중심으로 한 베를린학파]가 변화를 초래하여 자본주의적 생산양식은 위기에 대해 자기 조절적으로 적응, 존속, 발전한다는 것이다. 이들은 포디즘(Fordism)적 조절양식(축적형태)을 기점으로 그 전과 후로 나누어 분류하고, 포디즘적 이전의 조절양식으로부터 포디즘적 조절양식으로의 전환은 임금관계(제2부문, 즉 소비재 생산부문)의 혁명적 변화를 통해 경제적 대위기를 극복할 수 있었다는 주장을 피력하고, 포디즘적 조절양식에서 포스트포디즘적 조절양식으로의 전환은 제1부문(생산재 생산부문)에서의 변환을 통해 이루어질 것으로 파악한다. 이들의 이론적 주장이 옳고 그름을 떠나, 이 점에서 이들의 이론은 근본적으로 맑스의 형태분석의 방법론으로부터 그 영향을 받았다고 볼 수 있다. 뿐만 아니라 맑스의 형태분석 방법은 역사학, 정치학, 법학, 국제관계론, 생태학, 건축학, 패션 및 사랑의 미학 등등에 이르기까지 적용될 수 있으리라 생각한다.

『자본론』 제1권 제2판 후기(1873)에서 인용한 맑스의 앞의 글 속에서도 노동자 계급에 의한 사회혁명보다는 자본주의 사회의 경제적 운동법칙, 즉 변증법적 발전법칙에 따라 자본주의 경제가 필연적으로 몰락할 것을 예견하고 있다. 1857년 경제위기가 발생했으나 그것이 애타게 기다리던 혁명적 상황으로 이어지지 않음을 이미 경험한 맑스는 자신의 경제학 연구를 요약하는 데 매진한 후,[2] 1867년 『자본론』 제1권 서문에서 "근대 사회의 경제적 운동법칙을 밝

2 필자 주: 자신이 예측한 대로 1857년에 경제위기가 발생하자 맑스는 그 결과 불가피하게 새로운 혁명적 약진이 있으리라고 예상했다. 그리하여 맑스는 노동자들의 계급의식을 강화하며 그들이 그들 계급의 새로운 역사적 과업을 파악할 수 있도록 돕기 위해 경제이론을 직접 마련하는 것을 자신의 의무로 간주하였다. 맑스는 이에 대해 1857년 12월 8일 엥겔스에게 보낸 편지에서 다음과 같이 말하고 있다. "나는 대홍수 이전에 적어도 개요만이라도 명확하게 하기 위해 밤새도록 미친 듯이 내 경제학 연구를 요약하고 있네." [MEW, 29, S. 225.] 1857년 12월 18일 엥겔스에게 보낸 편지에서도 다음과 같이 쓰고 있다. "나는 대부분 새벽 4시까지 줄기차게 작업하고 있네. 말하자면 이 작업은 이중적이네. ① 경제학 개요의 정리. … ② 현재의 위기. 이에 관해서는 … 자료 정리만 하고 있는데 이것도 상당히 많은 시간을 앗아간다네. … " [MEW, 29, S. 232.] 여기에서 말하는 경제학 개요의 정리는 『정치경제학 비판 요강 초고』, 1857-1858(*Grundrisse der Kritik der Politischen Oekonomie, Rohentwurf* (1857-1858)라는 제목으로 알려졌다.

혀내는 것이 이 저작의 궁극적인 목표"[MEW, 23, S. 15-16.]라고 하였다. 맑스는 『자본론』에서 무엇보다도 자본주의적 발전법칙, 즉 그것의 생성, 발전, 소멸의 법칙, 즉 형태 이행의 법칙을 파악하기 위해 자본의 생성과 축적 그리고 그것의 내재적 한계를 밝히고자 하였다. 바로 이 점에서 맑스가 수행한 형태분석에 주목할 필요가 있다고 하겠다.

끝으로 『자본론』에 적용된 방법들 중 특히 형태분석의 중요성을 간파하였던 러시아 학자 카우프만(I. I. Kaufman)의 『자본론』에 대한 서평 중에서 인용해 보기로 하자. "맑스에게는 오직 하나만이 중요한데, 그것은 그가 연구하고 있는 모든 현상의 법칙을 발견하는 일이다. 그리고 이러한 현상들이 완성된 하나의 형태를 가지며 주어진 역사적 시기에서 고찰된 상호 관련 속에 있는 한, 그에게는 이러한 현상을 지배하는 법칙만이 중요한 것은 아니다. 그에게 무엇보다도 중요한 것은 이들 현상들의 변화나 발전의 법칙, 곧 한 형태로부터 다른 형태로, 상호 관계의 한 질서로부터 상호 관계의 다른 질서로의 이행의 법칙이다. … 따라서 맑스는 오직 하나만을 위해 노력하는데, 그것은 곧 정확한 과학적 연구를 통해 갖가지 사회적 관계들의 일정한 질서의 필연성을 논증하는 … 일이다. 그러기 위해서 그는 현재의 질서의 필연성을 논증하고, 아울러 … 이 질서가 불가피하게 이행할 수밖에 없는 다른 질서의 필연성을 증명하면 그것으로 충분하다. … 생산력의 발전이 다름에 따라 관계들과 그것들을 규정하는 법칙도 달라진다. 맑스는 자본주의 경제질서를 이러한 관점에서 연구하고 설명하려는 목표를 선정함으로써 경제 상황에 대한 모든 정밀한 연구가 지녀야 할 목표를 엄밀히 과학적으로 정식화하였을 따름이다. … 이러한 연구의 과학적 가치는 주어진 하나의 사회적 유기체의 발생, 존재, 발전, 사멸을 규제하고, 또 보다 고도로 발전된 다른 유기체가 그것을 대체하도록 규정하는 특별한 법칙을 해명하는 데에 있다."[MEW, 23, S. 25-27.]

그렇다면 도대체 왜 형태분석이 문제인가라는 의문이 들 수 있다. 맑스는 "… 정치경제학(고전파 경제학: 필자)은 불완전하게나마 가치와 가치크기를 분석하고 이 형태들 속에 숨겨져 있는 내용을 발견하였다. 그러나 왜 이 내용이 저 형태를 취하는가, 요컨대 왜 노동이 가치로 표시되고 그 지속시간에 의한 노동의 계측은 노동생산물의 가치크기로 표시되는가 하는 문제는 아직 제기조차 되지 않았다"[MEW, 23, S. 94-95.]라고 하면서, 이어서 "고전파 경제학의 근본적인 결함의 하나는 상품, 그리고 특히 상품가치의 분석으로부터, 상품가치가 바로 교환가치로 되게 하는 가치형태를 발견하는 데에 성공하지 못했다는 데에서 찾을 수 있다. … 그 원인은 고전파 경제학이 오로지 가치크기에만 정신을 팔고 있다는 데에 있지는 않다. 그것은 보다 깊은 곳에 있다. 노동생산물의 가치형태는 부르주아적 생산양식에서 가장 추상적이면서도 또 가장 일반적인 형태로서, 이것을 통해 이 생산양식은 사회적 생산의 특수한 한 종류로서, 그리하여 동시에 역사적 성격을 지니게 된다. 그러므로 이 부르주아적 생산양식을 사회적 생산의 영원한 자연형태로 잘못 본다면, 필연적으로 가치형태와 이에 따른 상품형태로 나아가서는 화폐형태라든지 자본형태 따위의 특수성을 간과하게 된다"[MEW, 23, S. 95, 각주 32.]고 고전파 경제학을 비판한 맑스는 상품생산이라는 역사적으로 규정된 사회적 생산양식의 생산관계들에 대한 객관적 사유형태들인 가치, 상품, 화폐 등이 은폐하고 있는 사회적 관계, 즉 자본주의적 생산양식의 사회적 관계를 규명하고 이 사유형태들이 객관적으로 영원한 실제가 아니라 단지 부르주아 사회의 사회적 관계들에 의해 가장된, 역사적으로 결정된 형태들을 나타낼 뿐이라는 사실을 보여 주려고 했다. 그리하여 맑스는 가치라는 기본적 형태와 그것이 표현하고 기인하는 사회적 관계로부터 다른 형태들(상품형태, 화폐형태, 자본형태)을 도출한 것이다. 맑스에게서 하나의 형태를 분석하는 것은 그것의 역사적이고 논리적인 발생과 발전 그리고 소멸을 분석하는 것이다.

0-3

『자본론』 제1권 제1장에서 제4장까지의 주요 내용을 형태분석이라는 관점에서 요약하기 전에 『자본론』의 이해를 돕기 위해 먼저 『자본론』의 구성 및 서술방법과 연구방법 등 몇 가지 중요한 점에 대해 언급하고자 한다.

** 『자본론』 제1권의 부제목을 보면 '자본의 생산과정'이라고 되어 있다. 맑스는 왜 분배에 대해 먼저 언급하지 않고 생산의 측면을 우선적으로 다루었을까?

맑스는 『정치경제학 비판을 위하여 서설』(*Einleitung zur Kritik der Politischen Oekonomie*)에서 다음과 같이 말한다. "우리가 도달한 결론은 생산, 분배, 교환, 소비가 동일하다는 것이 아니라, 이것들이 전체의 부분들을 구성하며 하나의 통일체 내에서 차이점들을 형성한다는 점이다. 생산은 생산의 대립적인 규정 속에서 자신뿐 아니라 다른 계기들도 총괄한다. 과정은 항상 생산으로부터 새롭게 시작한다. 교환과 소비는 총괄적인 것이 될 수는 없다는 것이 자명하다. 생산물의 분배로서의 분배 자체는 생산의 한 계기이다. 따라서 일정한 생산이 일정한 소비, 분배, 교환 그리고 **이들 상이한 계기들 상호간의 일정한 관계들을** 규정한다. 물론 생산 역시 그 자신의 일방적인 형태 속에서 다른 계기들에 의해 규정된다. … 상이한 계기들 사이에는 상호작용이 일어나는데, 이것은 모든 유기적 전체에서는 마찬가지이다."[MEW, 13, S. 630-631. 『요강 초고』, S. 20-21 참조.]

파인과 해리스[Ben Fine and Laurence Harris, *Rereading Capital*, 1979.]에 의하면 생산, 교환, 분배는 전체의 일부로 간주될 수 있으며, 이것들 중 생산이 결정적이라고 하나 다른 부분 역시 '상대적 자율성'을 가지고 있고, 각 부분은 다른 부분들에 대해 영향력을 가지고 있다는 것이다. 따라서 그들에 의하면 맑스 경제학자들이 저지르는 오류는 이러한 복합적인 구도를 전체로서 파악하지 못한 점에 있다는 것이다. 파인과 해리스의 이 같은 견해는 폴란차스(N. Poulantzas)에 의해 개념화되고, 1970년대에 서유럽 좌파 사회과학계를 지배했던 '상대적 자율성'이라는 개념에 강한 영향을 받았기 때문이 아닌가 생각된다. 그러나 필자의 견해로는 이 인용문에서 볼 때 맑스가, 분배를 전면에 내세우고 이를 정치경제학 본래의 대상으로 선언하며, 자본주의를 역사적으로 일시적인 질서로 간주하지 않는 부르주아 경제학자들에 대립하여, 사회적 '생산의 우위'(Primat der gesellschaftlichen Produktion)의 입장을 견지했다고 본다.[MEW, 42, Vorwort, S. IX 참조.]

고전파 경제학자들은 노동가치론을 고수하였고 생산의 이론가이었음에도 그들은 분배를 정치경제학의 유일한 대상으로 단언하였다. 그것은 ① 생산을 영원하고 변하지 않는 것으로 간주하였고, 그러나 분배형태를 생산형태와 분리해서 파악했으며, 따라서 생산의 변화와 발전 속에서 관찰할 수가 없었기 때문이고, ② 고전파 경제학자들은 사회적 생산의 구조를 인식하려고 노력하는 가운데 다양한 생산부문들 사이에 이루어지는 생산도구와 생산구성원의 분배가 생산의 구조를 규정하는 생산의 내적 계기라는 사실을 본능적으로 느꼈기 때문이다. 바로 이러한 이유에서 리카도는 정치경제학의 본연의 대상으로 생산이 아니라 분배를 명한다.

이에 반해 맑스는 생산, 분배, 교환 그리고 소비가 통일된 전체의 부분들이라는 것을, 그것들 사이에 상호작용이 일어나는데 이것은 모두 유기적 전체 속에서 그러하다는 것을 보여 준다. 그러므로 정치경제학의 연구 대상을 생산형태의 표현인 분배형태로부터 정치경제학의 본연의 대상인 생산관계의 분석으로 이행할 수 있게 된다. 이로써 생산의 우위라는 명제가 정립된다.

이 입장을 변호해 줄 맑스의 견해를 살펴보면 위의 인용문 이외에도 다음과 같다. 물론 교환, 분배, 즉 유통과 생산은 하나의 통일체를 이루며 단지 사유 속에서만 분리될 수 있다. 그럼에도 유통관계는 생산관계에 의해 규정된다. 자본이란 노동과정과 가치증식 과정의 통일체인 자본주의적 생산과정에서 스스로 가치증식된 잉여가치이다. 유통은 필요한 전제조건(생산수단과 노동력의 구매)이고 과정의 불가피한 종결(잉여가치를 실현하고 다시 새로운 생산조건들을 구매할 수 있기 위한 생산된 상품의 판매)이다. 따라서 맑스는 "자본은 … 유통에서 발생할 수도 없고 또 마찬가지로 유통에서 발생하지 않을 수도 없다. 자본은 유통의 내부에서 발생해야 하는 동시에 유통의 내부에서 발생해서는 안 된다" [MEW, 23, S. 180.]라고 하였다. 자본의 자본으로서의 고유하고 특별한 기능은 실제 생산과정에서 잉여가치의 생산이다. 분배원칙이 경제적으로 중요하다고는 하지만 총잉여가치보다 더 많이 분배될 수는 없다. 잉여가치의 분배는 따라서 "이차적인 경제적 작업이다."[『요강 초고』, S. 525.] 일차적인 것은 자본가 계급의 노동자 계급 착취에 의한 잉여가치 생산이다. 그러므로 자본에 대한 분석은 노동자 계급에 의해 생산되나 자본가 계급에 의해 전유되는 잉여가치의 생산에서 시작되어야 한다. 이와 같은 맑스의 견해는 잉여가치의 분배 내지 소비를 다루기 전에 잉여가치의 생산, 즉 자본의 생산을 먼저 서술한 것에 대한 정당성을 부여하기에 충분하다.

** 맑스는 『자본론』의 첫 문장을 "자본주의적 생산양식이 지배하는 사회의 부는 거대한 상품 집적으로 나타나고 하나하나의 상품은 이러한 부의 기본형태로 나타난다. 그러므로 우리의 연구는 상품의 분석으로부터 시작한다"

[MEW, 23, S. 49.]로 시작한다. 즉, 맑스는 사회구성체의 역사적 발전 순서에 따라 서술하지 않고 자본주의적, 다시 말해 부르주아적 사회구성체를 우선적으로 논한다. 그 이유는 다음과 같다. "… 가장 일반적인 추상은 일반적으로 풍부한 구체적 발전의 경우에만 비로소 가능한데, … 부르주아 사회는 가장 발전한 그리고 가장 다양한 역사적인 생산조직이다. 그러므로 그 사회의 관계들을 표현해 주는 범주들 그리고 그 조직에 대한 이해는, 동시에 이미 몰락해 버린 모든 사회형태의 조직과 생산관계에 대한 인식을 가능하게 한다. 즉, 부르주아 사회는 이처럼 몰락해 버린 사회형태의 파편이나 요소로 구축된 것이며, 그 가운데 일부는 아직 극복되지 않은 채 유물로서 이 사회 속에서 어슬렁거리며 있고, 단지 조짐만을 보였던 것이 완성된 의의를 갖는 것으로까지 발전하고 있다. 인간의 해부는 원숭이의 해부를 위한 하나의 열쇠이다. … 따라서 부르주아 경제는 고대 등 그 이전의 경제에 대하여 열쇠를 제공"[MEW, 13, S. 635-636.] 하기 때문이다.

** 앞에서 이미 언급했듯이 『자본론』 제1권 제1장에서 먼저 상품을, 제2장에서 교환과정을, 제3장에서 화폐의 기능들을 논한 후 제4장 화폐의 자본으로의 전환에서야 비로소 자본형태의 형성을 논리적으로 언급한다. 제4장에 이르러서야 '자본의 생산과정'이라는 『자본론』 제1권의 부제목에 상응하는 내용이 시작된다. 맑스는 도대체 왜 『자본론』 제1권의 구성을 그렇게 했을까. 그 이유를 언급해 보기로 하자. 맑스는 『자본론』 제1권 제2판 후기에서 서술방식과 연구방식에 대해 다음과 같이 매우 간략하게 기술한다. "물론 서술방식은 형식상 연구방식과 구별될 수밖에 없다. 연구는 소재를 자세히 탐구하여 그 상이한 발전형태를 분석하고 그 발전형태의 내적 관계를 찾아내야만 한다. 이 일이 완성된 뒤에야 비로소 그에 상응하여 현실적 운동이 서술될 수 있다."[MEW,

23, S. 27.]

위의 문장은 너무 간략하여 맑스가 그의 자본주의적 발전법칙을 분석하는 기나긴 과정에서 적용하였던 연구방법과 서술방법에 대해 정확하게 이해할 수가 없어 맑스의 『정치경제학 비판 서설』로 옮겨 가 보기로 하자. 맑스에 의하면, 서술방식에는 두 가지가 있는데 제1의 방법으로서, 표상되는 구체적인 것으로부터 점차 보다 미세한 추상적인 것으로 나아가 마침내 가장 단순한 규정들에 도달하는 방식과 제2의 방법으로서, 제1의 방법과는 반대로 가장 단순한 규정들로부터 추상적인 것으로 그리고 표상되는 구체적인 것으로 나아가는 방식이 있는데, 이 후자의 방식이 분명히 과학적으로 올바른 방식이다. 구체적인 것은, 그것이 현실의 출발점이며 따라서 또한 직관과 표상의 출발점임에도 불구하고 사유에 있어서는 총괄의 과정으로서, 결과로서 나타나며 출발점으로 나타나는 것은 아니다. 제1의 방법에서는 완전한 표상이 증발되어 추상적인 규정으로 되고, 제2의 방법에서는 추상적인 사유의 길을 거쳐 많은 규정과 관계들을 포함한 풍부한 총체로서의 구체적인 것의 재생산에 도달한다. 즉, 추상적인 것으로부터 구체적인 것으로 상향하는 제2의 방법이 구체적인 것을 파악하고 이것을 비물질적인 하나의 구체적인 것으로 재생산하기 위한 사유의 방식일 뿐이다. 그것은 구체적인 것 자체의 정립과정은 결코 아니다. 결론적으로 말해 가장 단순한 것으로부터 복잡한 것으로 상향하여 가는 추상적 사유의 과정이 역사적 과정에 상응하는 것이라고 생각된다.[MEW, 13, S. 631-633 참조.]

자본주의적 생산양식하에서 근간을 이루고 있는 두 계급은 임노동, 자본 등 그 기초를 이루고 있는 요소들을 알지 못하면 하나의 공허한 개념에 불과하며, 임노동, 자본 등은 교환, 분배, 가격 등을 전제로 한다. 자본은 임노동이 없으면, 또 가치, 화폐, 가격 등이 없으면 아무것도 아니다. 그리고 가치, 화폐, 가격은 상품에 대한 분석이 없이는 의미가 없다. 자본이 형성된 과정을 파악하기 위해서는 자본형태에서 화폐형태로, 화폐형태에서 가치형태로, 그리고 끝으로 상품형태로까지 거슬러 올라가 분석하고 서술은 그 역순으로 해야만 하기 때문에 맑스는 상품의 분석을『자본론』의 출발점으로 삼은 것이다.

맑스 경제학의 방법론을 이해하는 것이 중요하다는 것을 강조하는 의미에서『정치경제학 비판 요강』서설에서 맑스 자신의 글을 다시 한 번 인용해 보기로 하자. "실제적이고 구체적인, 즉 현실적인 전제로부터 시작하는 것, 따라서 예를 들어 경제학에서 전(全) 사회적 생산행위의 기초이자 주체인 인구로부터 시작하는 것이 올바른 것처럼 보인다. 그러나 보다 더 자세히 고찰하면 이것은 잘못된 것임이 드러난다. 예를 들어, 인구는 그것을 구성하고 있는 계급들을 무시한다면 하나의 추상이다. 이러한 계급들도 예를 들어 임노동, 자본 등과 같은 그 기초를 이루고 있는 요소들을 알지 못한다면 다시 공허한 용어에 불과하다. 임노동, 자본 등. 이것들은 교환, 노동분업, 가격 등을 전제로 한다. 예를 들어, 자본은 임노동이 없으면, 또 가치, 화폐, 가격 등이 없으면 아무것도 아니다. 따라서 만일 인구로부터 시작한다면 그것은 전체에 대한 하나의 혼돈된 개념이며, 한층 더 상세한 규정에 의해서만 분석적으로 훨씬 더 단순한 개념들에 도달하게 될 것이다. 즉, 표상화된 구체적인 것으로부터 점차 보다 희박한 추상적인 것으로 나아가 마침내 가장 단순한 규정들에 도달할 것이다. 그로부터 이제는 다시 그 반대 방향으로 여행이 시작되어야 하며 최후에는 다시 인구에 도달할 것이다. 그러나 이번에는 전체에 대한 하나의 혼돈된 표상으로서의 인구가 아니라 많은 규정들과 관계들을 포함하는 풍부한 총체로서의 인구에 도달할 것이다. … 구체적인 것이 구체적인 것은 그것이 많은 규정들의 총괄, 따라서 다양한 것들의 통일이기 때문이다. 그러므로 구체적인 것은, 그것이 현실적 출발점이며 따라서 또한 직관과 표상의 출발점이라고 할지라도 사유에 있어서는 총괄과정, 결과로서 나타나지 출발점으로 나타나지 않는다. … 추상적인 것으로부터 구체적인 것으로 상향하는 방법은 구체적인 것을 취득하고 이것을 정신적으로 하나의 구체적인 것으로 재생산하기 위한 사유의 양식일 뿐이다. 그것은 구체적인 것 자체의 형성과정은 결코 아니다." [MEW, 13, S. 631-632.]

** 맑스는 제1편 '상품과 화폐'에서 자본주의적 생산을 직접적으로 논하기보다 단순상품생산을 다룬다. 그러나 맑스가 다루는 단순상품생산이란 역사적으로 자본주의가 발전해 온 순서에 의한 것이 아니라 자본주의적 생산으로부터 자본주의적 관계들을 사상한 추상으로서의 단순상품생산을 의미한다. 달리 표현하면, 상품소유자들의 관계 이외의, 즉 그들이 자신들의 노동생산물을 타인의 것으로 만들어야만 타인의 노동생산물을 자신의 것으로 만들 수 있다는 관계 이외의 어떠한 경제관계가 존재하지 않는 것을 의미한다. 따라서 제1편 '상품과 화폐'에서는 생산물은 상품으로 생산되며 화폐를 매개로 상품들이 교환된다는 것이 가정되어 있다. 그리하여 먼저 상품을, 그리고 화폐를, 그 다음에 교환과정을 분석한다.

** 이 해설서의 기본 텍스트로

- 『자본』, I-1, 이론과 실천, 1990, 개역판과
- 『정치경제학 비판을 위하여』, 중원문화, 1989년판을 사용하였다.

오류라고 생각되는 번역은 필자에 의해 수정되었음을 밝힌다. 따라서 오역에 대한 책임은 필자에게 있다.

- 보조 텍스트로는 『자본론』 I(상), 비봉출판사, 1989년판을 이용하였다.
- 독일어 주요 텍스트로는 MEW, 23, 1977; MEW, 13, 1985; *Grundrisse der*

Kritik der Politischen Oekonomie, Rohentwurf(1857-1858)(1974); Theorien ueber den Mehrwert. Erster Teil(MEW, 26.1) Zweiter Teil(MEW, 26.2), Dritter Teil(MEW, 26.3); K. Marx/F. Engels, *Briefe ueber "Das Kapital"* 을 이용하였다.

• 각 장 또는 각 절 끝에 요약한 해설은 Flmar Altvater, Rolf Hecker, Michael Heinrich, Petra Schaper-Rinkel의 KAPITAL DOC(1999)에 의존하였다.

• 각주는 필자의 것이든, 맑스/엥겔스의 것이든 맑스/엥겔스의 글에서 『자본론』을 이해하는 데 도움이 되리라고 판단되는 것만 인용한 것이니 꼭 읽어 주기 바란다.

• 맑스나 엥겔스가 강조한 부분은 굵은 글씨로 표시하였다

• 『정치경제학 비판을 위하여』에서 인용한 부분은 방점을 찍어 표시하였다.

*** 이 책의 가장 큰 특징은 『자본론』, 『정치경제학 비판을 위하여』 그리고 『정치경제학 비판 요강』을 동시에 이해할 수 있도록 구성되어 있다는 점이다. 이 책의 III. 『자본론』 해설에서 『자본론』의 내용에 맞추어 『정치경제학 비판을 위하여』의 내용을 인용문 형태로 소개하였다. 그러나 필요한 경우에는 『정치경제학 비판을 위하여』를 개별적으로 인용, 소개하였다. 따라서 만일 이 부분이 어렵다는 생각이 들면 건너뛰고 『자본론』의 문장을 읽고 이해하면 되리라 생각한다.

** 이 책은 0. 서론을 대신하여, I. 형태분석 관점에서 분석한 『자본론』(제1-4장)의 구조, II. 형태분석의 관점에서 분석한 『자본론』(제1-4장)의 구조에 대한 개요 및 도해 해설, III. 『자본론』 해설로 구성되어 있다. 필자가 생각하기에 『자본론』을 처음 접하는 경우에는 이 순서에 따라 읽을 경우 오히려 『자본론』을 이해하기란 어렵다는 생각이 앞서 『자본론』을 읽고 이해하기를 포기할 수도

있을 것이다. 그러한 경우에는 먼저 I의 각 부분을 읽고 III. '『자본론』 해설' 중에서 해당하는 부분을 찾아 읽는 방법을 취하든지, III. '『자본론』 해설'을 먼저 읽고 I과 II 부분을 나중에 읽는 방법을 취하든지, 독자의 『자본론』에 대한 이해도 수준에 따라 스스로 결정하면 되리라 생각한다.

** II. '구조에 대한 개요 및 도해'는 형태분석의 관점에서 상품생산경제에 내포된 모순 및 그것의 발전과 그 해결책을 표로 제시한 것이니 『자본론』을 이해하는 데에 많은 도움을 줄 것으로 생각되므로 꼭 참조하기 바란다. 이 도해는 필자가 모순과 그것의 해결이라는 측면에서 자본론의 내용 및 구조를 이해하기 쉽게 필자 자신이 만든 것이다. 이 도해를 잘 활용하면 『자본론』을 이해하는 데 많은 도움을 얻게 될 것을 확신한다. 바로 이 도해는 이 해설서의 백미라고 할 수 있으니 틈틈이 이를 참고하여 『자본론』을 잘 이해할 수 있기를 바란다.

** 원래 계획은 그저 단순히 『자본론』 제1권만, 제1권에서도 제1장에서부터 제4장까지만 작업하려고 하였다. 그 이유는 간단하다. 『자본론』 제1장에서 제4장까지 이해한다면 그 이후는 스스로 이해할 수 있으리라고 (그리고 있어야 한다고) 생각했기 때문이다. 그러나 그 내용을 좀 더 풍부하게 하기 위해 『정치경제학 비판을 위하여』가 부수적으로 첨가되었다. 그리고는 끝내려 하였다. 그러나 무엇인지 허전하고 부족하다는 느낌을 떨칠 수가 없었다. 왜냐하면 '자본론 해설서'가 막 마지막 작업에 돌입했을 때 『정치경제학 비판 요강』 III. '자본에 관한 장' 제1편 '자본의 생산과정'을 다시 읽고 있었는데 『자본론』 제4장 '화폐의 자본으로의 전환'을 읽을 때 느껴지던 허전함이 사라지는 느낌이 들었다. 그리하여 맑스가 『자본론』을 완성, 출판하기 전에 마친 작업 중 『자본론』의 형성과 관련된 3부작(『잉여가치론』을 제외하면)인 『정치경제학 비판 요강

초고』와 『정치경제학 비판을 위하여』, 그리고 『자본론』을 함께 소개시키고자 하는 생각이 강하게 밀려왔다. 그리하여 다소 어렵더라도 『요강』도 [부록]으로 첨부시키면 좋겠다는 생각이 들었다.

** 이 해설서에서는 『정치경제학 비판 요강 초고』에 대한 비판적 분석은 시도되지 않았다. 일차적으로는 단지 『자본론』을 스스로 학습하는 데 도움이 되고자 『자본론』의 내용에 맞추어서 『정치경제학 비판 요강 초고』를 정리한 것이다. 물론 『정치경제학 비판 요강 초고』에는 서술되어 있으나 『자본론』에서는 미흡하게 다루었거나 아예 다루지 않은 내용에 대해서도 되도록 충실하게 요약 서술하려고 노력하였다. 특히 노트 I권과 II권에 해당하는 화폐에 관한 장과 자본에 관한 장은 『자본론』의 해당 부분 내용을 더욱 풍부하게 하는 데 기여하리라 생각된다. 필자의 경험으로 판단하건데 『자본론』과 『정치경제학 비판을 위하여』만으로는 맑스의 화폐론, 특히 가치형태로부터 화폐형태를 거쳐 교환가치의 자립화로서의 화폐, 즉 화폐로서의 화폐와 자본형태, 달리 표현하면 자본으로서의 화폐에 이르러 자본이 형성되는 일련의 형태전환 과정을 이해하는 데 부족하지 않을까 하는 생각에서 『정치경제학 비판 요강 초고』를 [부록]으로 첨가한 것이다. 이로써 맑스가 자신의 자본의 운동법칙을 완성하는 데 준비하였던 세 권의 저서 – 『정치경제학 비판 요강 초고』, 『정치경제학 비판을 위하여』, 『자본론』 – 에 대한 구조적 분석을 어느 정도는 구축했다고 할 수 있겠다. 물론 『정치경제학 비판 요강 초고』는 맑스 정치경제학에 관심을 갖고 있는 자나 그것을 전공하(려)는 자에게는 금은보화가 가득한 미지의 보물섬과도 같은 저서이니 이 해설서에 그치지 말고 보물섬을 찾아 떠나는 탐험가의 심정으로 『요강 초고』에도 더 많은 관심을 갖고 탐사해 주기를 바란다.

** 이 부분을 위해 사용한 텍스트는 다음과 같다.

- *Grundrisse der Kritik der politischen Oekonomie, Rohentwurf*(1857-1858)(『정치경제학 비판 요강 초고』; 『요강 초고』라고 명기)
- *Grundrisse der Kritik der politischen Oekonomie* (『정치경제학 비판 요강』, MEW, 42.)
- 『정치경제학 비판 요강』(김호균 역) I, II, III.(『요강』 I권, II권, III권이라고 명기)
- Roman Rosdolsky(1968), *Zur Entstehungsgeschichte des Marxschen "Kapital" Der Rohentwurf des "Kapital" 1857-1858*, Band I, II.
- 로만 로스돌스키(양희석 역, 2003), *The Making of Marx's Capital*(『마르크스의 자본론의 형성』) 1, 2.
- 이 해설서의 목차는 *Grundrisse der Kritik der politischen Oekonomie*(『정치경제학 비판 요강』, MEW, 42.)를 따랐다.
- 해설서에 표기된 『요강』의 쪽수는 김호균 역의 것을 의미한다.

** 끝으로 필자에게 『자본론』을 비롯하여 맑스의 초기 저작들과 엥겔스의 저작들을 강의할 수 있는 기회를 제공해 주고 필자의 작업에 관심을 기울여 준 민경현 교수님에게 감사의 뜻을 전하며, 단 한 사람의 독자라도 있다면 책을 써야 하지 않겠느냐며 격려와 조언으로 채찍질을 해준 20여 년 지기의 친구인 이재천 군에게도 고마움의 뜻을 전하고 싶다. 아울러 해남출판사를 필자에게 소개시켜 준 신다희 양과 편집을 해주신 김태임 실장님에게 고마움을 표하고자 한다. 끝으로 경제성이 부족한 책이지만 기꺼이 출판을 결정해 주신 도서출판 해남의 노현철 사장님에게 깊은 감사의 마음을 전하고 싶다.

차례

I

형태분석 관점에서 파악한 『자본론』(제1- 4장)의 구조

I-1. 서언

그러면 이제 『자본론』에서 맑스가 분석한 핵심적인 내용을 엥겔스의 서술을 통해 살펴보기로 하자. 엥겔스는 서평 "칼 맑스 『정치경제학 비판을 위하여』"에서 말하기를, "우리는 이 관계(경제적 관계: 필자)를 분석한다. 그것이 하나의 관계라는 것 속에는 … 서로에게 행동하는 두 측면을 가진다는 것이 포함되어 있다. 이 측면들의 각각은 그 자체로서 관찰된다. 이로부터 … 그것들의 상호작용이 생겨난다. 그리고 해결책을 요구하는 모순들이 발생될 것이다. 그러나 우리는 여기에서 머릿속에서만 일어나는 추상적 사유과정이 아니라 언제인가 실제로 발생했거나 발생할 실제 과정을 관찰하므로 이 모순들도 실제로 발전했을 것이며 그 해결책도 십중팔구 발견했을 것이다. 우리는 그 해결책을 추적할 것이며, 그러면 이 해결책이 하나의 새로운 관계의 성립에 의해 실현되었고 우리는 이 새로운 관계의 대립된 두 측면을 그때부터 발전시켜야 할 것이라는 것을 발견할 것이다."[MEW, 13, S. 475.]

그러면 여기에서 상품형태 속에 내재된 모순을 극복하기 위해 그 형태가 어떻게 화폐형태로 변환되고 그것이 어떻게 자본형태로까지 발전되는지에 관해 형태분석의 관점에서 언급하기로 한다. 맑스는 모순의 해결방법을 다음과 같이 논한다. "… 상품의 교환과정은 모순되고 상호 배제적인 관계들을 포함하고 있다. 상품의 발전은, 이들 모순들을 지양하는 것은 아니지만 이들 모순들이 운동할 수 있는 형태를 만들어 낸다. 그것은 일반적으로 실제 모순들이 해결되는 방법이다."[MEW, 23, S. 118.]

이하에서 그 모순들과 그 모순들의 해결책을 살펴보기로 한다. 정치경제학에서의 형태분석의 주요 목적은 어떤 현상의 배후에 숨겨져 있는 본질과 그 모순을 파헤치는 데 있다.

I-2. 상품과 그에 실현된 노동의 이중성격

맑스에 의하면, "자본주의적 생산양식이 지배하는 사회의 부는 하나의 거대한 '상품 집적'으로 나타나고, 하나하나의 상품은 이러한 부의 기본 형태로 나타난다"[MEW, 23, S. 49. MEW, 13, S. 15 참조.]는 것이다. 따라서 자본주의적 생산의 운동법칙을 분석할 때에는 상품의 가치분석으로부터 출발하는 것이 상식이겠으나 상품 속에 내재된 모순과 그 모순의 발전 및 그 해결책에 대해 고찰하려는 입장에서는 상품의 가치를 형성하는 노동(형태)에 대한 분석이 먼저 이루어져야 한다고 생각된다.

앞에서 인용한 "칼 맑스 『정치경제학 비판을 위하여』"라는 서평(1859)에서 엥겔스가 언급하였듯이, 경제적 관계에는 서로에게 행동하는 두 측면들의 상호작용에 의해 모순이 발생한다고 하였는데, 이제 개별적 사적 노동과 사회적 노동 사이의 관계로부터 시작하여 그 모순들과 해결책의 발전에 대해 서술하기로 한다. 이에 대해 본격적으로 서술하기 전에 사전적 지식으로서 사적 노동과 사회적 노동의 개념에 대해 간략하게 언급해 보자.

일반적으로, 로빈슨 크루소(Robinson Crusoe)의 경우가 아니라면, 인간들은 어떠한 사회체제하에서도 서로를 위해 노동을 한다. 따라서 노동은 타인을 위한 노동이라는 성격, 즉 사회적 성격을 지니고 있으며, 그리하여 사회적 노동인 것이다. 원시사회, 고대사회, 봉건사회에서는 생산자의 구체적 유용노동 그 자체가 그 구성원을 위한 사회적 노동이었다. 그러나 상품생산사회에서는 구체적 유용노동이 직접적으로 타인을 위한다는 사회적 역할을 하지 못한다. 상품생산사회에서는 모든 재화들은 서로 독립된 사적 생산자들에 의해 자신들에게는 비사용가치이나 타인에게는 사용가치인 생산물로서 생산된다. 따라서 이 독립된 사적 생산자들은 그 생산물들의 전면적 교환을 통해서만 비로소 사회적 관계를 맺게 된다. 즉, 구체적 유용노동이 사회적 노동이 되기 위해서는 교환을 통해 생산물이 상품으로서 사용가치를 가지는 타인의 손으로 넘어가야 한다. 그리고 이 교환을 통해서 자립된, 상이한 개별적인 사적 노동이 동등한 추상적 인간노동으로서 가치를 생산하는 사회적 성격을 지니게 된다. 즉, 이 교환을 통해서야 비로소 생산물들은 그들의 사용대상성으로부터 분리된 가치대상성을 부여받는다. 노동생산물의 유용물과 가치물로의 이러한 분화가 이루어지는 순간부터 생산자들의 사적 노동들은 이중의 사회적 성격을 갖게 된다. 한편으로 그것들은 일정한 유용노동으로서 일정한 사회적 욕망을 충족시켜야 하며, 다른 한편으로 그것들은 각 특수한 유용한 사적 노동이 다른 종류의 사적 노동과 교환될 수 있고 따라서 그것과 동등하다고 인정되는 한에서만 그 노동생산자들의 다양한 욕망을 충족시킨다. 그리고 이러한 교환에 의해서만 사적 노동이 동등한 인간노동, 즉 추상적 인간노동으로 된다. 그러니까 상품생산사회에서의 노동은 추상적 인간노동을 매개로 해서 가치를 생산한다는 사회적 노동의 성격을 갖게 된다.[MEW, 23, S. 87 참조.] 전자의 사회적 성격은 모든 사회의 노동에서 공통된 것이나 후자의 사회적 성격은 상품생산사회에서의 사적 노동만이 갖는 특수한 사회적 성격이다.

이제 본론으로 들어가 보자. 상품생산은 태초부터 존재한 것은 아니다. 상품생산은 사적 노동들의 사회적 분업에 기초한 생산력의 발전을 통해 생성되었다. "사회적 분업은 상품생산의 존재조건이다."[MEW, 23, S. 56.] 노동분업은 사회적 노동생산력이다. 그러나 그것은 사적 노동의 생산물의 교환을 요구한다. 그러므로 노동분업은 또한 사회적 생산관계, 즉 생산과정에서의 인간들의 사회적 관계의 표현이다. 따라서 노동분업은 생산의 발전뿐 아니라 생산관계의 변동을 초래한다. 또한 노동분업은 단순상품생산의 두 번째 존재조건인 생산수단의 사적 소유를 야기한다. 이로써 자립적이고 서로 독립해 있는 사적 노동의 생산물만이 서로 상품으로서 마주서게 된다.

단순상품생산 사회에서 노동자는 생산수단의 소유자이며 이 생산수단으로 생산된 자신의 생산물을 획득한다. 즉, 생산과 소유는 일치한다. 따라서 사적, 단순상품생산의 존재조건들은 모순을, 즉 사회적 노동분업을 통해 야기된 불가피한 생산자들의 협업과 생산수단의 사적 소유에 의해 이 협업을 직접 수행할 수 없는 것 사이의 모순을 내포하고 있다.

생산수단의 사적 소유로 인해 노동은 사적 노동이 되는 반면 사적 노동을 통해 생산된 생산물이 상품으로 교환되기 위해서는 사적 노동은 사회적 노동의 형태를 취해야 한다. 따라서 단순상품생산의 존재조건들에 내재한 사회적 노동분업과 생산수단의 사적 소유 사이의 모순이 사적 노동과 사회적 노동 사이의 모순으로 된다. 이 모순은 상품생산의 발전에 따라 발전하며 그 밖의 많은 모순들 속에 표현된다. 앞으로 이 모순들과 그 해결책을 다루게 될 것이다.

그러면 이제 상품에 대해 살펴보기로 하자. 무엇보다도 무엇이 상품인지에 대해 논하기로 하자. "상품은 우선 외적 대상으로서, 그 속성을 통해 인간의 이러저러한 욕망을 충족시키는 물적 존재이다. 이 욕망의 본성은 그것이 위장에서 나온 것이든 환상으로 생긴 것이든 사태를 전혀 변화시키지 않는다." [MEW, 23, S. 49.] 한 물적 존재의 유용성은 그 물적 존재를 사용가치로 만든다. 사용가치는 부의 사회적 형태가 어떠한지에 상관없이 그 부의 소재적 내용을 구성한다. "사용가치는 오로지 사용이나 소비를 통해서만 스스로를 실현한다." [MEW, 23, S. 50. MEW, 13, S. 15 참조.[1]]

그러나 상품으로 생산된 사용가치들은 하나의 특성을 가지고 있다. 즉, 그것들은 상품생산자의 욕구가 아니라 타인의 욕구를 충족시킨다. 상품생산자

---

1 "사용가치는 사용을 위한 가치만을 가지고 소비과정에서만 실현된다." [MEW, 13, S. 15.]

에게는 자신의 생산물의 소비가 아니고 판매가 문제이다. 상품으로 생산된 생산물을 교환할 수 있기 위해서는 생산자들은 서로 사회적 관계들을, 즉 교환관계들을 맺어야 한다: "상품은 그 소유자에게는 직접적인 사용가치를 전혀 갖고 있지 않다. 그렇지 않다면 그는 그것을 시장에 내놓지 않을 것이다. 상품은 다른 사람에게 대하여 사용가치를 갖고 있다. 그러나 그 소유자에게는 직접적으로 그저 교환가치의 담지자라는, 또 그리하여 교환수단이라는 사용가치를 가질 뿐이다. … 모든 상품들은 그 소유자에게는 비사용가치이고, 그것을 소유하지 못한 사람들에게는 사용가치이다. 그러므로 그것들은 모두 주인이 바뀌어야 한다. 그러나 주인이 바뀐다는 것은 그것들이 교환됨을 말하며, 그 교환이 그것들을 가치로서 서로 연관시키고 또 그것들을 가치로서 실현시킨다."[MEW, 23, S. 100.]

이미 언급했듯이 교환가치로서의 상품은 그것의 소유자에게는 직접적으로는 비사용가치이다. 왜냐하면 그것은 타인을 위한 사용가치이기 때문이다. 그러나 상품은 교환을 통해 타인을 위한 사용가치가 되므로 간접적으로는 그 소유자에게 사용가치임이 입증된다. 왜냐하면 상품이 교환가치로서 그 소유자의 직접적인 욕구충족의 대상물일 수 있는 다른 사용가치의 획득을 가능하게 하는 한에서 상품은 그 보유자에게 사용가치로 여겨지기 때문이다. 이에 대해 맑스는 다음과 같이 기술한다. "상품은 사용가치**이다**. … 그러나 동시에 그것은 상품으로서는 사용가치가 **아니다**. 그것이 그의 소유자를 위한 사용가치, 즉 자신의 욕구를 충족시키기 위한 직접적인 수단이라면 그것은 상품이 아닐 것이다. 상품은 그 소유자에게는 오히려 **비사용가치**, 즉 단순히 교환가치의 소재적 담지자 또는 단순한 **교환수단**이다. 교환가치의 능동적 담지자로서 사용가치는 교환수단이 된다. 상품은 상품의 소유자에게는 교환가치로서만 사용가치이다. 따라서 상품은 우선 타인을 위한 사용가치가 **되어야 한다**. 상품은 그 소유자에게는 사용가치가 아니기 때문에 다른 상품의 소유자에게 사용가치이다. 만일 그렇지 않다면 그의 노동은 유용노동이 아니므로 그것의 결과는 상품이 아니다. 다른 한편, 상품은 **그 자신을 위한** 사용가치가 되어야 하는데, 그 이유는 그의 생활수단들이 그 상품 이외의 다른 상품들의 사용가치들로 존재하기 때문이다. 사용가치로 되기 위해서 상품은 자신이 충족의 대상인 특수한 욕구에 마주서야 한다. 그러므로 상품들의 사용가치들은 상품들이 위치를 전반적으로 바꾸면서, 즉 자신들이 교환수단인 손에서 자신들이 사용 대상이 되는 손으로 옮겨 가면서 사용가치가 **된다**. … 상품들이 사용가치가 된다는 것은 그것들의 전면적인 양도, 즉 교환과정 속으로의 진입을 전제로 한다. 그러나 교환을 위한 그것들의 존재는 교환가치들로서의 존재이다. 따라서 사용가치들로서 실현되기 위해서는 상품들은 교환가치들로서 실현되어야 한다." [MEW, 13, S. 28-29.]

따라서 상품은 이중적인 것으로 표현된다. "각 상품은 **사용가치**와 **교환가치**의 이중의 관점하에서 제시된다." [MEW, 13, S. 15.] "그것의 사용가치 속성 이외에 상품은 다른 상품에 대해 교환될 수 있는 능력을 가지고 있다. 사용가치라는 것은 상품에게는 필요한 전제조건처럼 보인다. … 직접적으로 사용가치는 하나의 특정한 경제적 관계, 즉 **교환가치**가 표현되는 소재적 토대이다." [MEW, 13, S. 16. MEW, 23, S. 50 참조.[2]]

따라서 상품은 사용가치와 교환가치의 통일인 것처럼 보인다. 즉, 현상의 외관상 상품은 사용가치와 교환가치의 통일이라는 모습으로 나타난다. 그것은 단지 과정 중에 있는 사용가치와 교환가치의 통일이다. 달리 표현하면, 사용가치와 교환가치의 통일로서 상품은 단지 교환과정에서 다른 상품에 대한

---

2 "우리가 고찰하려는 사회형태에서 사용가치는 동시에 교환가치의 소재적 담지자가 된다." [MEW, 23, S. 50.]

그것들의 실제 관계를 통해 유지된다: "상품으로서 … 그것은 직접적으로 사용가치와 교환가치의 **통일**이다. 동시에 그것은 다른 상품들과의 관계 속에서만 상품이다. 상품들의 실제적 상호 관계는 그것들의 **교환과정**이다."[MEW, 13, S. 28.]

교환과정에서 상품들은 그들의 이중적 규정성(사용가치와 교환가치)의 상반되는 계기(모순)를 서로 대립적으로 드러내 보인다. "따라서 상품이 교환가치로서 실현됨으로써만 상품이 사용가치로 될 수 있다면, 다른 한편으로 상품은 자신의 양도 속에서 사용가치로 입증됨으로써만 교환가치로서 실현된다." [MEW, 13, S. 29. MEW, 23, S. 100 참조.[3]]

소비에 의해 사용가치로서의 상품의 실현행위 속에서 상품의 교환가치의 실현으로부터 교환가치가 "사용가치의 사회적 자연규정성"[MEW, 13, S. 22.]인 것 같은 착각이 생긴다. 이러한 잘못된 환상은 교환과정에 있는 교환가치가 "우선 양적 관계, 곧 어느 한 종류의 사용가치가 다른 종류의 사용가치와 교환되는 비율로서"[MEW, 23, S. 50-51. MEW, 13, S. 16 참조.[4]] 나타나므로 더욱 견고해지는데, "이 비율은 때와 장소에 따라 끊임없이 바뀐다. 그러므로 교환가치는 우연적이고도 순전히 상대적인 것처럼 보이고 따라서 상품에 내적인, 내재적인 교환가치 곧 내재적 가치라는 것은 일종의 형용모순처럼 보인다."[MEW, 23, S. 50-51.] 여기에서 간과하기 쉬운 용어가 '우선'이라는 단어인데 우선이라고 서술한 이유는 교환가치의 이러한 정의가 교환가치의 본질이 아니라 단지 그것의 양적인 측면만 고려되었기 때문이다.

양적 비교가 가능하기 위해서는 질적 동등성의 기초 위에서만 가능하다.

---

3 "… 상품들은 사용가치로서 실현되기에 앞서 가치로서 실현되어야 한다. 한편, 상품들은 가치로서 실현될 수 있기 전에 자신들을 사용가치로서 증명해야 한다." [MEW, 23, S. 100.]

4 "교환가치는 우선 사용가치들이 서로 교환되는 **양적 비율**로서 나타난다." [MEW, 13, S. 16.]

사용가치들 간의 양적 비교를 가능하게 하는 질적으로 동등한 요소는 무엇일까? 그것은 바로 추상적 인간노동이다: "… 사적 노동들은 각 특수한 유용한 사적 노동이 다른 종류의 사적 노동과 … 동등하다고 인정되는 한에서만 그 노동생산자들의 다양한 욕망을 충족시킨다. 서로 완전히 다른 여러 노동의 동등성이란 오직 그것들의 현실적인 차이들을 사상함으로써만, 즉 상이한 노동들이 인간노동력의 지출, 곧 추상적 인간노동으로서 갖는 공통적인 성격으로 환원됨으로써만 가능하다."[MEW, 23, S. 87-88.]

모든 노동의 질을 동등하게 만들고 교환가치의 내용을 이루는 상품 속에 대상화된 노동은 무차별한 인간노동, 즉 그 지출의 형태와는 무관한 인간노동 지출의 단순한 응결물, 동등한 추상적 인간노동이다. 바로 이 인간노동 지출의 응결물이 가치 – 상품가치이다. 결론적으로 말해, 상품은 사용가치와 가치의 통일체로 존재한다. 따라서 상품의 이중성은 한편으로는 사용가치에, 다른 한편으로는 가치에 있는데, 가치는 다른 상품과의 관계(교환관계)에서만, 즉 교환가치로서만 나타난다. 그러므로 가치는 교환가치를 떠나서는 존재하지 않는다. 가치는 교환가치 속에서만, 그 기초로서만, 그 본질로서만 존재한다. 그리하여 맑스는 교환가치를 "가치의 불가피한 표현양식 또는 현상형태"[MEW, 23, S. 53.]라고 정의하였다. 이로써 상품은 사용가치와 가치의 모순적인 통일임이 증명된다.

상품의 가치로서의 질적 규정을 뒤로 하고 이제 가치의 양적 규정에 대해 알아보기로 하자. 가치의 크기는 상품생산에 필요한 인간노동의 양에 의해 측정되며 노동의 양 그 자체는 노동이 지속된 시간으로 측정된다.[MEW, 23, S. 53 참조.] "가치로서의 모든 상품은 그저 일정한 양의 응결된 노동시간일 따름이다." [MEW, 23, S. 54.] 여기에서 말하는 노동시간이란 사회적 평균필요노동시간을 의미한다. "사회적으로 필요한 노동시간이란 현존의 사회적–표준적인 생산조건 아래서 그 사회에서의 평균적인 노동숙련도 및 노동강도로써 무엇인가의 사용가치를 생산하는 데 필요한 노동시간이다. … 따라서 어떤 사용가치의 크기를 결정하는 것은 사회적으로 필요한 노동량, 곧 그 사용가치의 생산에 사회적으로 필요한 노동시간뿐이다."[MEW, 23, S. 53-54.]

따라서 교환가치로서 상품은 대상화된 노동시간을 나타낸다. "그러나 그것은 직접적으로는 단지 특수한 내용의 대상화된 개인적 노동시간이지 일반적 노동시간이 아니다. 따라서 그것은 직접적으로는 교환가치가 **아니며** 비로소 그렇게 **되어야** 한다."[MEW, 13, S. 29.]

노동시간에 의한 가치규정에서 또 한 가지 견지되어야 하는 점은, "상품들의 교환가치(가치: 필자)들을 상품에 포함된 노동시간으로써 측정하기 위해서는 상이한 노동들 자체가 무차별적이고 동일한 형태이며 단순한 노동, 간단히 말해 동질이며 따라서 단지 양적으로만 구별되는 노동으로 환산되어 있어야 한다. 이 환산은 하나의 추상으로 나타나나 그것은 사회적 생산과정에서 매일매일 수행되는 추상이다."[MEW, 13, S. 18. MEW, 23, S. 59 참조.] "이런 환산이 끊임없이 행해지고 있다는 것은 경험이 보여 주고 있다. … 상이한 종류의 노동이 그 측정 단위로서의 단순노동으로 환산되는 상이한 비율들은 사회적 과정에 의해 생산자들의 배후에서 확정되며, 따라서 생산자들에게는 관습에 의해 주어지는 것처럼 보인다."[MEW, 23, S. 59.] "단순한 평균노동 자체는 비록 서로 다른 나라들이나 문화 수준에 따라 그 성격을 바꾸지만 그러나 현존하는 한 사회에서는 이미 주어져 있다."[MEW, 23, S. 59. MEW, 13, S. 18 참조.] "복잡노동은 다만 제곱된 또는 몇 배로 곱해진 단순노동으로 간주될 뿐이다."[MEW, 23, S. 59. MEW, 13, S. 19 참조.]

상품의 사용가치와 교환가치라는 대립적인 성질은 상품을 생산하는 노동, 구체적 유용노동과 추상적 인간노동에 그대로 반영된다: "교환가치를 규정하는 노동은 일반등가물로서의 상품들의 동등성에서 실현되는 반면에, 합목적적인 생산적 활동으로서의 노동은 그들 사용가치의 무한한 다양성 속에서 실현된다. 교환가치를 규정하는 노동은 **추상적 일반적 동등한** 노동인 반면에 사용가치를 규정하는 노동은 형태와 소재에 따라 무한히 다양한 노동방식들로 분열되는 구체적 특수한 노동이다."[MEW, 13, S. 23. MEW, 23, S. 61 참조.[5]]

만약 어떤 생산물이 "질적으로 … 서로 다른 유용노동의 생산물이 아니라면 그것들은 절대로 상품으로서 서로 마주 설 수 없을 것이다."[MEW, 23, S. 56. MEW, 23, S. 57 참조.] 사용가치는 인간과 자연 사이의 관계이다. 사용가치를 낳는 구체적 노동은 각 사회적 생산양식하에서의 인간의 생존조건이다. "… 사용가치를 낳는 어머니로서의 노동, 즉 유용노동으로서의 노동은 사회형태가 어떠하든 그 모든 형태로부터 독립된, 인간의 존재조건이며 인간과 자연 사이의 물질대사를 매개하고 그리하여 인간의 생활을 매개하기 위한 영원한 자연필연성이다."[MEW, 23, S. 57.]

이에 반해서 교환가치를 규정하는 노동은 사회적 노동형태이다. 이 사회적 노동은 사실 사적 노동으로서 행해지는데 상품생산의 조건하에서, 즉 교환을 통해서만 가치를 낳는다. 특수한 사용가치로 제시되는 사적 노동들은 서로 교환됨으로써만 일반적 노동이 되고 이 형태로 사회적 노동이 된다.

사용가치와 가치의 통일체로서의 상품은 구체적 유용노동과 추상적 일반노동과의 통일을 구현한다. 구체적이고 추상적 일반노동들은 결코 서로 분리되어 실행되는 생산적인 활동이 아니다. 그것들은 동시에 수행된다. 구체적 노

5 "모든 노동은 한편으로는 생리학적 의미에서의 인간노동력의 지출이며, 이 동등한 인간노동 또는 추상적 인간노동이라는 속성으로서 그것은 상품가치를 형성한다. 또 다른 한편으로 모든 노동은 특수한 목적이 정해진 형태로서의 인간노동력 지출이고, 이 구체적 유용노동이라는 속성으로서 그 노동은 사용가치를 생산하는 것이다." [MEW, 23, S. 61.] "상품에 포함된 노동의 이중적 성격은 나(맑스: 필자)에 의해 처음으로(『정치경제학 비판을 위하여』. MEW, 13, S. 22-23: 필자) 비판적으로 지적된 것이다." [MEW, 23, S. 56.]

동, 즉 사용가치를 생산하는 노동은 상품생산에서 추상적 노동이 동시에 행해졌을 때에만 그것의 기능을 실현할 수 있다. 만일 구체적 노동이 동시에 행해지지 않는다면 어떠한 추상적 노동, 즉 가치를 생산하는 노동도 실행될 수 없다. 달리 말해, 생산자들은 구체적 노동을 통해 사용가치를 생산함으로써 그들은 추상적 노동을 통해 가치를 생산한다. "따라서 상품은 사용가치로서 실현될 수 있기 전에 가치로서 실현되어야 한다. 다른 한편으로 상품은 가치로서 실현될 수 있기 전에 자신이 사용가치임을 입증해야 한다."[MEW, 23, S. 100.]

이것은 상품이 사용가치와 가치라는 대립물의 통일이라는 사실의 당연한 귀결이다. 상품들의 전면적 교환 속에 존재하는 이 모순은 해결되어야 하는데, 이 모순을 좀 더 자세히 언급해 보면 다음과 같다. "상품소유자는 누구나 그 사용가치가 자신의 욕망을 만족시키는 다른 사람들에 대해서만 자신의 상품을 양도하려고 한다. 그러한 한에서 교환은 그 자신에게는 그저 개인적인 과정에 불과하다. 다른 한편으로는 그는 자신의 상품을 가치로서 실현하고, 그리하여 그의 마음에 드는 동일한 가치의 다른 어떤 상품 – 비록 그 다른 상품의 소유자에게 자기의 상품이 사용가치를 갖든 갖지 않든 간에 – 을 실현하고자 한다. 그러한 한에서 교환은 그에게는 일반적인 사회적 과정이다. 그러나 똑같은 과정이 동시에 모든 상품소유자들에게는 개인적일 수만도 없고 또 동시에 일반적–사회적일 수만도 없다."[MEW, 23, S. 101.] 이러한 모순을 가치형태의 관점에서 자세히 살펴보면 다음과 같다. "어느 상품소유자에게 다른 사람의 상품은 모두 자기 상품의 특수한 등가물로서의 의의를 가지며, 따라서 그의 상품은 다른 모든 상품의 일반적 등가물로서의 의의를 갖는다. 그러나 이것은 모든 상품소유자들에게 적용되므로, 사실상 어떤 상품도 일반적 등가물일 수 없고 또 그리하여 상품들은 그 속에서 상품들이 가치로서 등치되고 가치크기로서 비교되는 어떤 일반적–상대적 가치형태도 갖지 못한다. 그러므로 그것들은 결코 상품으로서 대면하는 것이 아니라 다만 생산물 또는 사용가치들로서 서로 대면하는 것이다."[MEW, 23, S. 101.]

교환과정의 확대와 심화로 인해 상품 속에 내재된 사용가치와 가치 사이의 모순의 발전의 필연적인 결과인 상품의 상품과 화폐로의 이중화로 인해 화폐가 형성됨으로써 상품들의 전면적 교환에 내포되어 있는 모순은 일시적으로 해결되었다. 상품소유자들은 자신의 생산물들을 특정한 한 상품, 즉 화폐에 대립적으로 등치시킴으로써 그것들을 가치로서, 즉 상품으로서 관계를 맺게 되어 노동생산물의 전면적 교환이 이루어질 수 있게 되었다.

I-3. 화폐의 발생; 단순한 가치형태로부터 화폐형태로의 이행

"다른 것은 모른다 할지라도 상품들이 그 사용가치의 다양한 현물형태와 뚜렷하게 구별되는 그것들 공통적인 가치형태, 즉 화폐형태를 지니고 있다는 것은 누구나 알고 있다."[MEW, 23, S. 62.]

그렇다면 화폐의 본질이란 무엇이며 어떻게 발생한 것인가? 이에 대한 답을 얻기 위해서는 교환가치, 즉 "가치의 필연적인 표현양식 또는 현상형태인 교환가치"[MEW, 23, S. 53.]로 되돌아가야 한다. 화폐 생성의 첫걸음은 가치의 교환가치로의 변형이다. 이것은 상품이 그것의 사용가치와 가치로서의 이중성에 상응하게 사용가치형태(현물형태, 자연형태)와 가치형태(교환가치)로 나타나기 때문에 발생한다.

가치는 왜 교환가치라는 현상형태를 취할 수밖에 없는가. 이미 언급했듯이 가치는 교환가치를 떠나서는 존재하지 않는다. 마찬가지로 상품은 그 자체로서는 가치형태를 갖고 있지 않다. 하나의 상품은 다른 상품과의 교환관계에서만 가치형태(교환가치)를 갖는다: “각 상품은 그것의 사용가치, 즉 그것의 원래적 존재의 지양을 통해 교환가치로서 그것에 상응하는 존재를 획득한다. 따라서 상품은 교환과정에서 그것의 존재를 이중화해야 한다. 다른 한편, 교환가치 그 자체로서 그것의 두 번째 존재는 다른 한 상품일 수밖에 없다. 왜냐하면 교환과정에서는 단지 상품들만이 마주서기 때문이다.”[MEW, 13, S. 32.]

“모든 가치형태의 비밀은 이 단순한 가치형태 속에 숨어 있다. 그러므로 이에 대한 분석에는 본래부터의 어려움이 있다.”[MEW, 23, S. 62.] “단순한 상품형태는 화폐형태의 맹아이다.”[MEW, 23, S. 85.] 이하에서는 단순한 가치형태로부터 화폐형태에 이르기까지 가치표현의 모순적 발전과정을 추적하여 화폐의 본질을 파악하고자 한다.

단순한 가치형태는 두 상품의 우연한 교환에 기초하고 있다. 이 형태는 다음과 같은 등식으로 표현된다: x량의 상품 A = y량의 상품 B.

이러한 형태는 노동생산물이 우연적이고 임시적인 교환에 의해 상품으로 전환되는 최초의 시기에만 실제로 나타난다. 이미 이 단순한 가치형태에는 교환의 문제가 제기되는데, 이 문제 제기는 상품 A의 소유자는 상품 A에 숨어 있는 사적 노동이 사회적 노동으로 인정될 때에만 그가 원하는 상품 B의 사용가치를 교환과정에서 얻게 된다는 점이다.

이것은 상품 A의 소유자가 그것의 가치를 상품 B의 사용가치로 표현함으로써 발생한다. 따라서 상품 A의 가치는 상대적으로만, 즉 상품 B에 표현된다. 그리하여 상품 B의 사용가치는 상품 A의 가치표현이며, 상품 B의 현물형태는 상품 A의 가치형태이다: “상품 A는 가치체로서의 또는 인간노동의 체화물로서의 상품 B와 관계를 맺음으로써 사용가치 B를 상품 A 자신의 가치표현의 재료로 삼는다.”[MEW, 23, S. 67.]

따라서 상품 A의 상대적 가치형태는 어떤 다른 상품이 그것의 맞은편에 등가물형태로 존재한다고 가정한다. "어떤 상품의 등가형태는 그 상품의 다른 상품들과의 직접적인 교환 가능성의 형태이다."[MEW, 23, S. 70.] 그러나 등가형태로 존재하는 상품은 그것의 가치를 표현할 필요가 없다. 이 상품은 가치를 구체화하며, 가치표현으로 사용된다. "어떤 상품의 등가형태는 … 어떠한 가치의 양적 규정을 조금도 포함하지 않는다."[상동.] 등가형태 상품 B는 상품 A 가치의 반영이다. 상품 B의 현물형태는 상품 A의 가치형태가 된다. 이로써 상품 A는 자신의 현물형태와는 상이한 가치형태를 갖게 된다. "(따라서: 필자) 어떤 상품의 가치는 그것이 교환가치로 표현됨으로써 자립적으로 표현된다." [MEW, 23, S. 75.] "상품은 사용가치이자 … 가치이다. 상품은 그 가치가 상품의 현물형태와 다른 독자적인 현상형태 곧 교환가치라는 현상형태를 취하게 되자마자 곧바로 그러한 이중적인 것으로서 나타난다. 상품은 고립적으로 고찰될 때에는 결코 이러한 형태를 갖지 않으며, 오직 제2의 다른 종류의 상품과 가치관계나 교환관계를 맺을 때에만 이러한 형태를 취한다."[MEW, 23, S. 75.] 맑스는 다음과 같이 기술한다. "사용가치가 자신의 대립물인 가치의 현상형태가 된다. 상품의 현물형태가 가치형태로 된다. … 어떠한 상품도 자기 자신에 대하여 등가물로서 관계를 맺을 수는 없으며 따라서 자신의 현물 형상을 자신의 가치표현으로 삼을 수는 없기 때문에 상품은 반드시 등가물로서의 다른 상품과 관계를 맺어야 한다. 즉, 다른 상품의 현물 형상을 자신의 가치형태로 삼아야 한다."[MEW, 23, S. 70-71.]

화폐의 본질을 이해하기 위해서는 등가형태를 파악하는 것이 중요하다. 그러므로 이하에서는 등가형태의 특수성에 대해 언급하기로 한다.

등가형태로서의 상품 B는 항상 특정한 구체적인 대상물임에도 불구하고 이 사용가치는 상품 A의 가치를 나타내기 위한 가치표현의 범주로서만 사용된다. 이로써 구체적인 노동은 동시에 그것의 대립자, 즉 추상적이고 가치를 형성하는 노동의 현상형태가 된다. 등가형태로 존재하는 상품은 교환과정에서 추상적 노동, 즉 동일하며 비교할 수 있는 노동의 구현으로 간주된다.

등가형태로 존재하는 상품 B는 상품 A와 교환할 수 있기 때문에 직접 가치를 표현한다. 따라서 그것의 등가형태는 직접적 교환 가능성이라는 자신의 속성을 본래부터 가지고 있는 듯한 착각이 든다. 여기에 수수께끼 같은 화폐형태의 근원이 존재한다.

그러나 등가형태는 결코 상품 본연의 속성이 아니라 순전히 사회적 속성이다. 이것은 상품 B에 실현된 사적 노동이 상품 A와의 관계에서 이미 사회적 노동으로 인지되었다는 사실로부터 명백해진다. 따라서 등가형태의 특성은 사적 노동이 사회적 형태의 노동이 된다는 데 있다. 바로 그 때문에 이 노동의 생산물은 직접 다른 상품들과 교환될 수 있는 것이다. 동시에 상품의 등가형태, 즉 상품 B에 대상화된 노동이 교환과정에서 사회적 평균노동으로 인정된다. 따라서 어떤 상품도 등가상품이 될 수 있다. 왜냐하면 어떤 상품도 사회적으로 인정된 가치이기 때문이다: "… 구체적 노동이 무차별한 인간노동의 단순한 표현이라는 의미를 가짐으로써, 그것은 다른 노동에 … 들어 있는 노동과의 동등성의 형태를 취하게 되며, 따라서 다른 모든 상품생산노동과 마찬가지의 사적 노동임에도 불구하고 그것은 직접적으로 사회적인 형태를 취하는 노동이다. 바로 그 때문에 이 노동은 다른 상품과 직접 교환될 수 있는 생산물로 표현되는 것이다. 그리하여 사적 노동이, 그 대립물인, 직접적인 사회적인 형태의 노동으로 된다는 점이 등가형태의 … 특징이다."[MEW, 23, S. 72.]

앞으로 보면 알게 될 것이지만, 이러한 사실은 모든 상품의 등가물로서 화폐의 본질에 대한 인식을 위해 중요하다.

상품이 실현될 수 있기 전에 가치는 가시적으로 나타나야 한다. 그러나 한 상품의 사용가치는 그것의 현물형태로 나타나는 반면 한 상품의 가치는 그것의 물체 그 자체에 드러나 있지 않다: "상품의 가치실체는 어디에서 그것을 포착할 수 있는지 알 수 없다는 점에서 과부 퀵클리와는 구별된다."[MEW, 23, S. 62.]

사용가치로서의 상품의 물적 차이성과 가치로서의 상품의 경제적 동등성은 서로 모순된다. 그러므로 이 양자는 상품의 이중적 존재, 즉 현물형태(사용가치)와 가치형태(교환가치)를 획득함으로써 함께 존재할 수 있다. 이에 대해 맑스는 다음과 같이 기술한다. "상품 B와의 가치관계 속에 포함되어 있는 상품 A의 가치표현을 상세히 관찰해 보면, 이 가치관계 속에서 상품 A의 현물형태는 사용가치의 자태로서만, 상품 B의 현물형태는 단지 가치형태 또는 가치자태로서만 의미를 지닌다는 사실이 드러난다. 그리하여 상품에 감추어져 있는 사용가치와 가치의 내적 대립은 하나의 외적 대립을 통하여, 즉 자신의 가치가 표현되어야 할 한쪽 상품은 직접적으로는 사용가치로서만 인정되고, 그 안에 가치가 표현되는 다른 쪽 상품은 직접적으로는 교환가치로서만 의미를 갖는 두 상품의 관계를 통하여 표시된다."[MEW, 23, S. 75-76.] 간단히 말해, 단순한 가치형태는 상품에 내재되어 있는 가치와 사용가치의 내적 대립의 현상형태이다.

단순한 가치형태의 근본적인 모순은 상품 속에 숨겨져 있는 사용가치와 가치의 내적 모순이 외적 모순을 통해, 즉 한 상품이 상대적 가치형태로 존재하고 다른 상품이 등가형태로 존재하는 두 상품의 모순관계를 통해 나타나는 데에 있다. 따라서 어느 한 상품의 단순한 가치형태는 그 상품에 포함되어 있는 사용가치와 가치 사이의 대립의 단순한 현상형태이다.

단순한 가치형태는 상품생산이 여전히 발전되지 못했음을 나타낸다. 이러한 단순한 가치형태의 결함에 대해 다른 측면에서 고찰한 맑스의 글을 인용하면 다음과 같다. 단순한 가치형태 등식(x량 상품 A = y량 상품 B)은 똑같은 크기의 일반적 사회적 노동시간이 상품 A x량, 상품 B y량에 대상화되었다는 것을 말해 주기는 한다. "그러나 실은 이들 특수한 사용가치로 제시되는 개별 노동들은 그것들이 그 안에 포함된 노동시간의 지속에 비례해서 서로 실제로 교환됨으로써만 일반적 노동이 되고 이 형태로 사회적 노동이 된다. 말하자면 사회적 노동시간은 이들 상품에 잠재적으로만 존재하며 교환과정에서 비로소 나타난다. … 따라서 일반적으로 사회적 노동은 완성된 전제가 아니라 이루어지는 결과이다. 그리하여 상품들이 한편으로는 대상화된 일반적 노동시간으로서 교환과정에 들어가야 하고, 다른 한편으로는 개인들의 노동시간의 일반적 노동시간으로서의 대상화 자체는 교환과정의 결과라는 새로운 어려움이 발생한다."[MEW, 13, S. 31-32.]

상품교환이 좀 더 발전됨에 따라 단순한 가치표현의 불충분함이 더욱 더 분명해진다. 따라서 맑스는 "상품의 단순한 가치형태는 동시에 노동생산물의 단순한 상품형태이고, 그리하여 상품형태의 발전은 가치형태의 발전과 일치하게 된다. 단순한 가치형태의 불충분함을 첫눈에 알 수 있는데, 이 가치형태는 일련의 형태 변화를 거쳐서야 비로소 가격형태로 성숙해 가는 붕아형태에 지나지 않는다"[MEW, 23, S. 76.]라고 하였다.

사회적 분업의 확대와 생산력의 계속적인 발전 그리고 자신의 수요를 초과하는 규칙적인 잉여로 인해 개별 생산자들의 상품들은 서로 상이한 종류의 많은 상품들과 교환하지 않으면 안 되게 된다. 왜냐하면 단지 이 교환을 통해서만 노동분업에 능동적인 생산자들의 욕구들을 충족시킬 수 있기 때문이다. 상품생산의 생산관계는 생산력의 발전에 따라 발전한다. 동일한 상품의 교환가치들이, 즉 서로 다른 단순한 가치표현들이 생긴다.

x량의 상품 A = y량의 상품 B
= z량의 상품 C
= 등등.

바로 이렇게 겹겹이 쌓인 가치표현들 속에 사회적 진보가 있다. 한 상품의 가치는 이제 상품세계의 무수히 다른 상품들로써 표현된다. 다른 상품들은 어느 것이든 상품 A의 가치의 거울이 된다. 그리하여 이제야 비로소 상품 A의 가치 자체가 동등한 인간노동의 응결물로 나타난다. 단순한 가치형태에서는 상품 A에 포함되어 있는 노동은 추상적 인간노동으로서 충분히 표현되어 있지는 않았다. 그러므로 상품 A는 이제 그 가치형태에 의하여 전 상품세계에 대해서 사회적 관계를 맺는다.

전개된 가치형태는 더 높은 단계에서 재생산된 사용가치와 가치 사이의 모순의 발전형태이다. 이 모순은 이제 상품 전체를 지배한다. 왜냐하면 이제 상품 A는 더 이상 다른 한 상품이 아니라 상품세계 전체와 사회적 관계를 맺고 있기 때문이다: "상품으로써 그것은 상품세계의 한 시민이다. 동시에 상품가치는 그것이 나타나는 사용가치의 특수한 형태와는 관계가 없다는 사실이 끝없이 이어지는 상품의 가치표현 속에 함축되어 있다."[MEW, 23, S. 77.]

그러나 상대적 가치표현이 이러한 발전형태 속에도 여전히 미숙하다. 상대적 가치표현의 대열이 결코 종결되지 않는다. 이러한 전개된 가치형태 속에는 여전히 모든 상품에게 유효한 공통의 가치표현이 배제되어 있으며 어떠한 일반적 등가물도 존재하지 않는다. 이러한 가치형태는 어떤 노동생산물(예를 들어, 가축)이 이미 관습적으로 여러 상품들과 교환하게 되었을 때 비로소 실제로 나타난다. 그리하여 등가물로 기능하는 각 상품은 자신의 사회적 기능을 단지 임시적으로만 수행한다. 따라서 무수한 등가물들이 생긴다. 이들은 상호간에 배제하고 따라서 교환과정의 확대를 방해한다. 또한 사적 노동과 사회적 노동 사이의, 구체적 노동과 추상적 노동 사이의 모순도 완전히 발전되지 못했다. 그 이유는 사적 생산자들의 구체적, 사적 노동이 비록 그들의 현상형태를 추상적, 사회적 노동의 총계 속에서 찾았으나 여전히 통일된 현상형태를 취하지 못한 데에 있다.

일반적 등가물이 존재하지 않은 상황에서 "어떻게 한 특수한 상품이 직접적으로 **대상화된 일반적** 노동시간을 제시하는가, 또는 같은 말이지만 한 특수한 상품에 대상화된 개별적 노동시간에 어떻게 직접 일반성이라는 성격이 주어지는가?"[MEW, 13, S. 32.] 한 특수한 상품의 일반적 등가물로서의 존재는 전개된 가치형태를 일반적 가치형태로 도치시킴으로써 "단순한 추상에서 교환과정 자체의 사회적 결과가 된다."[상동.] 즉, 점차 명백해지는 모순의 해결책은 전개된 가치형태의 역으로 나타나는 일반적 가치형태의 형성이다. 이로써 "한 특수한 상품의 일반적 등가물로서의 존재는 … 단순한 추상에서 교환과정 자체의 **사회적** 결과가 된다."[MEW, 13, S. 32.]

y량의 상품 B =
z량의 상품 C = x량의 상품 A.
등등 =

"이러한 가치형태의 필연성은 교환과정에 등장하는 상품들의 수와 다양성이 증가함에 따라 발전한다. 문제는 그것의 해결수단과 함께 발생한다. 상품소유자들이 그들 자신의 물품들을 다른 여러 물품들과 교환하고 비교하는 거래는, 갖가지 상품들이 서로 다른 상품소유자들에 의해 그들의 거래 내부에서 하나의 동일한 제3의 상품종류와 교환되고 가치로서 비교되지 않고서는, 결코 발생하지 않는다."[MEW, 23, S. 103.] 따라서 일반적 가치형태의 특징은 모든 상품들이 그것들의 가치를 이제는 동일한 하나의 상품으로 표현하고 이 상품은 이를 통해 일반적 등가물이 된다는 데에 있다. 단순한 가치형태나 전개된 가치형태에서는 개별 상품은 자신들의 가치표현을 그때그때 스스로 시장에서 찾아야 하지만 "이와 반대로 일반적 가치형태는 상품세계의 공동사업으로서만 발생한다. 하나의 상품이 일반적 가치표현을 획득하는 것은 모든 상품들이 자신들의 가치를 동시에 동일한 등가물로 표현하고 또 새로 등장하는 상품 역시 이를 따라야 하기 때문이다."[MEW, 23, S. 80.] 상품 A는 자신에 대한 다른 모든 상품의 전면적 행위에 의해 일반적 등가물이 된다. 교환가치로서 각 상품은 다른 모든 상품의 가치척도가 되었다. "여기에서는 반대로 모든 상품들이 자신들의 교환가치를 한 특수한 상품으로 측정함으로써 이 배제된 상품은 교환가치의 적절한 존재, 그것들의 일반적 등가물로서의 존재가 된다."[MEW, 13, S. 33.]

이와 관련해서 강조하고자 하는 것은 개개 임의의 상품이 일반적 등가물의 역할을 떠맡을 수 있다는 사실이다. 즉, 등가물의 역할이 반드시 귀금속에 제한되어 있지 않다는 것이다. 이 사실은 화폐의 본질을 올바르게 인식하기 위해 중요하다. 이에 대해 맑스는 다음과 같이 언급하였다. "일반적 등가형태는 가치 일반의 한 형태이다. 따라서 그것은 어떤 상품에도 부착할 수 있다."[MEW, 23, S. 83.]

이렇게 일반적 등가물에서 교환가치로서의 가치는 독자적 형태를 얻는다. 그리하여 등가물로 기능하는 상품은 일반적 가치형태에서 물적 속성에 의해 규정된 사용가치 이외에 일반적 등가물로서의 특수한 사회적 사용가치를 갖는다. 이로써 전개된 가치형태에 내포된 가치와 사용가치 사이의 모순이 재차 비교적 어느 정도 해소된다: "상품들이 서로에 대한 교환가치들로서 나타나기 위해 … 자신들의 존재를 이중화시키면, 일반적 등가물로 배제된 상품도 자신의 사용가치를 이중화시킨다. 특수한 상품으로서의 그것의 특수한 사용가치 이외에 그것은 하나의 일반적 사용가치를 얻는다. … 일반적 등가물로 배제된 상품은 이제 교환과정 자체에서 발생하는 욕구의 대상이며 모든 사람들에게는 교환가치의 담지자, 일반적 교환수단이라는 동일한 사용가치를 갖는다. 따라서 상품 그 자체가 품고 있는 모순은, 특수한 사용가치이자 동시에 일반적 등가물이고, 따라서 모든 사람들에게 사용가치인, 즉 일반적 사용가치인 한 상품 속에서 지양되었다."[MEW, 13, S. 33-34.]

동시에 일반적 가치형태는 사용가치와 가치 사이의 모순을 새로운 단계에서 새로운 형태로 산출한다. 일반적 가치형태는 상이한 일반적 등가물들이 발전하는 한 여전히 한계가 있다. 따라서 화폐형태의 형성이 객관적으로 필요하게 된다. 한 상품이 일반적 등가형태에 있는 것은 오직 그 상품이 다른 모든 상품들에 의해 등가물로 배제되었기 때문인데 이 배제가 궁극적으로 한 특수한 상품에 지속적으로 한정될 때, 그 상품이 화폐상품이 된다. 그리하여 "상품세계 내부에서 일반적 등가물의 역할을 하는 것이 그 상품의 특수한 사회적 기능이 되고, 따라서 그 상품의 사회적 독점이 된다."[MEW, 23, S. 83.] 이에 대해 맑스는 다음과 같이 기술한다. "… 오직 사회적 행위만이 어떤 특정한 상품을 일반적 등가물로 만들 수 있다. 그러므로 다른 모든 상품들의 사회적 행동이 자신들의 가치들을 전면적으로 표시하는 어느 특정한 상품을 배제시킨다. 이를 통해 이 상품의 현물형태가 사회적으로 통용되는 등가형태로 된다. 일반적 등가물이라는 것이 사회적 과정에 의해 배제된 상품의 독특한 사회적 기능이 된다. 그리하여 그 상품은 화폐가 된다."[MEW, 23, S. 101.]

지금까지는 상품으로서의 일반적 등가물과 화폐를 동일시하였다. 그러나 이것은 불가피한 가정의 결과일 뿐이다. 상품이 직접적으로는 사용가치이지 교환가치가 아니었듯이 일반적 등가물 역시 단지 상품이지 화폐는 아니다. 따라서 생산물이 상품이 되려면 교환과정을 통해 사용가치가 되어야 하며 교환가치가 되어야 하듯이 일반적 등가물 역시 교환과정을 통해 비로소 화폐가 되어야 한다. 상품으로서의 일반적 등가물이 교환과정에서 실현된다는 것은 동시에 화폐의 외화과정이다. 그리하여 맑스는 화폐의 본질을 다음과 같이 간략하게 기술하였다. “그것(화폐: 필자)은 상품들이 교환과정 자체에서 형성한 상품들의 교환가치의 결정화(結晶化)이다.”[MEW, 13, S. 34.] “화폐결정(貨幣結晶)은 서로 다른 노동생산물들이 실제로 서로 등치되고, 따라서 실제로 상품들로 전환되는 교환과정의 필연적인 산물이다. 교환의 역사적인 확대와 심화는 상품의 본성 속에 잠자고 있는 사용가치와 가치의 대립을 발전시킨다. 상거래를 위하여 이 대립을 외부에 나타내려는 욕구는 상품가치의 자립적 형태를 추구하며, 이 욕구는 자립적 형태가 상품과 화폐로의 상품의 이중화를 통해 최종적으로 획득될 때까지는 결코 멈추지 않는다.”[MEW, 23, S. 101-102.]

금속화폐는 곧 이러한 사회적 기능을 떠맡기에 아주 적합함이 입증된다: “상품교환이 그 지방적인 굴레를 타파하고, 따라서 상품가치가 점차로 인간노동 일반의 물상화로까지 확대되어 감에 따라 화폐형태는 일반적 등가물이라는 사회적 기능을 수행하기에 적합하게 태어난 상품 곧 귀금속에게로 옮아가 붙는다.”[MEW, 23, S. 104. MEW, 13, S. 36 참조.] “모든 상품에 내재되어 있는 화폐성이 그 안에 결정(結晶)되어야 하는 특수한 상품에 필요한 물리적 속성들은 그들이 교환가치의 본성에서 직접 유래하는 한, 임의의 분할 가능성, 부분들의 동형성, 이 상품의 모든 표본의 무차별성이다. 일반노동시간의 물상화로서 이 상품은 동질의 물상화이어야 하고, 단순히 양적인 차이만을 제시할 수 있어야 한다. 이 상품은 유통과정에서 지속적으로 유지되어야 하므로 또 다른 필요한 속성은 그것의 사용가치의 내구성이다. 귀금속들은 이러한 속성들을 탁월하게 가지고 있다.”[MEW, 13, S. 35. MEW, 23, S. 104; MEW, 13, S. 129 참조.]

“금이 다른 상품에 대하여 화폐로서 대응하는 것은 오로지 금이 이전에 상품으로서 다른 모든 상품에 대립해 있었기 때문이다.”[MEW, 23, S. 84.]

화폐형태는 본질적으로 보아 일반적 가치형태와 구별되지 않는다. 가치형태가 질적으로 급격하게 변화한 것은 이미 일반적 가치형태가 형성될 때이다. 화폐형태는 단지 등가물을 금이 대신한 것뿐이다: "진보한 것은 단지 직접적, 일반적 교환 가능성의 형태 또는 일반적 등가형태가 이제는 사회적 관습에 의해 최종적으로 상품의 특수한 현물형태, 즉 금과 일체화되었다는 데에 있을 뿐이다. … 다른 모든 상품과 마찬가지로 금도 또한 개별적인 교환행위 속에서 개별적 등가물로든 다른 상품등가물과 나란히 특수한 등가물로든 등가물로서 기능하였다. 점차 금은 어떤 때는 좁은 범위 내에서 어떤 때는 보다 넓은 범위 내에서 일반적 등가물로 기능하였다. 금이 상품세계의 가치표현에서 일반적 등가물의 지위를 독점하자마자 그것은 화폐상품으로 된다."[MEW, 23, S. 84.]

모든 상품의 가치는 이제 공동의 자립적인 형태, 즉 화폐형태를 얻게 된다. 간략하게 말해, "상품들 자체로부터 분리되고 이것들 곁에서 그 자체가 하나의 상품으로 존재하는 교환가치가 화폐이다."[『요강 초고』, S. 63.] 즉, 화폐란 상품들의 자립적인 교환가치이다. 따라서 상품은 이중으로, 즉 상품과 화폐로 존재한다. 상품의 사용가치와 가치 사이의 모순이 이제 상품의 상품과 화폐로의 이중화라는 외적 모순으로 되었다.

여기에서 일반적 등가물에 대해 언급할 때 간략하게 언급했으나 다소 부족하다고 생각이 들어 화폐는 상품들의 자립적인 교환가치라는 화폐의 본질에 대해 좀 더 언급하고자 한다. 앞에서 일반적 등가물로 배제된 상품이 자신의 사용가치를 이중화함으로써 상품 그 자체에 내포된 모순이 해결되었음을 언급하였다. 그러므로 이제 다른 모든 상품들은 우선 자신들의 교환가치를 배타적 상품과의, 이제 실현되어야 할 관념적인 등식으로 나타내는 반면에, 이 배타적 상품에게서는 그것의 사용가치가 현실적임에도 불구하고, 과정 자체에서는 진정한 사용가치들로 전환됨으로써 비로소 실현될 수 있는 단순한 형태로 나타난다.

원래 상품은 상품 일반으로, 한 특수한 사용가치에 대상화된 일반적 노동시간으로 제시되었다. 교환과정에서는 모든 상품은 상품 일반, 대표 상품, 한 특수한 사용가치에 대상화된 일반적 노동시간의 현존인 배타적 상품과 관계를 맺는다. 따라서 특수한 상품들로서 그들은 일반적 상품으로서의 한 특수한 상품과 대립적 관계를 맺는다. 그리하여 상품소유자들이 일반적 사회적 노동으로서의 그들의 노동과 서로 관계를 맺는 것이 그들이 교환가치로서의 그들의 상품들과 관계를 맺는 것으로 나타난다. 교환과정에서 상품들의 교환가치들로서의 상호 관계는 그들의 교환가치의 적합한 표현인 한 특수한 상품에 대한 그들의 전면적 관계인데, 이는 반대로 다시 이 특수한 상품의 다른 모든 상품들에 대한 특별한 관계로서, 따라서 한 사물의 흡사 자연발생적인 특정한 사회적 성격으로 나타난다. 이렇게 모든 상품들의 교환가치의 적절한 존재인 특수한 상품이, 또는 한 특수한 배타적인 상품으로서의 모든 상품들의 교환가치가 화폐이다. 그것은 상품들이 교환과정 자체에서 형성한 상품들의 교환가치의 결정화(結晶化)이다.[MEW, 13, S. 34 참조.]

이로써 화폐상품의 사용가치가 이중화된다: "상품으로서의 그것의 특수한 사용가치 … 이외에 화폐상품은 그것의 특수한 사회적 기능들로부터 생겨나는 하나의 형태적 사용가치를 부여받는다."[MEW, 23, S. 104. MEW, 13, S. 33 참조.] 즉, 화폐는 자신의 존재를 이중화하나 상품과는 다른 방식이다. 화폐는 사용가치로서의 자신의 존재를 이중화한다. 모든 상품과 마찬가지로 화폐는 물적 사용가치를 가지고 있는데, 이 외에도 "특수한 사회적 기능으로부터 생겨나는 형태적 사용가치"[MEW, 23, S. 104.], 즉 일반적 교환 수단이라는 특수한 사용가치를 부여받는다.

이리하여 순전히 사회적인 것인 가치가 화폐상품 속에서 자립적이고 소재적인 자태를 취한다. 가치는 사물의 속성처럼 보이며 노동생산물이 교환과정에서 화폐상품을 대신할 때 노동생산물의 가치실체는 화폐상품의 이러한 소재적 속성의 단순한 반영으로 나타난다. 이로써 상품에 내재한 사용가치와 가치의 대립이 해결된 것처럼 보인다. 왜냐하면 이 대립이 교환가치가 화폐로 자립화됨으로써 상품과 화폐 사이의 교환형태로 전환되었기 때문이다. 그러나 이 운동의 형태(교환)가, 비록 이 운동 속에서 상품의 모순된 통일이 끊임없이 생성되고 해체되지만, 운동의 내용을 은폐한다. 왜냐하면 교환과정에서 독립적으로 행해진 사적 노동의 사회적 성격이 사물의 속성처럼 보이기 때문이다. 이에 대해 맑스는 다음과 같이 기술한다. "한 사회적 생산관계가 개인들 밖에 존재하는 대상으로 나타나고 또 개인들이 그들의 사회적 생활의 생산과정에서 맺는 일정한 관계들이 한 사물의 고유한 속성으로 나타나는 것, 이러한 전도와 공상적이지 않고 무미건조하고 현실적인 신비화가 교환가치를 규정하는 노동의 모든 사회적 형태들을 특징짓는다. 이 전도 및 신비화가 상품에서보다 화폐에서 더욱 현저하게 나타난다."[MEW, 13, S. 34-35.] "우리가 이미 보았던 것처럼[MEW, 23, S. 72: 필자.], x량의 상품 A = y량의 상품 B라는 가장 단순한 가치표현에서, 다른 어떤 물품의 가치크기를 표현해 주는 물품은 등가형태를 마치 이러한 관계와는 독립된 사회적인 자연속성으로서 가지고 있는 것처럼 보인다. … 일반적 등가형태가 어떤 특수한 상품 종류의 현물형태에 달라붙게 되거나 화폐형태로 결정화되자마자 이 외관은 완성된다. 다른 상품들이 각자의 가치를 전면적으로 어느 한 상품으로 표시하기 때문에 그 상품이 비로소 화폐가 되는 것으로 보이지 않고, 오히려 거꾸로 그 한 상품이 화폐이기 때문에 다른 상품들이 그 한 상품으로 각자의 가치를 일반적으로 표현하는 듯이 보인다." [MEW, 23, S. 107.] 따라서 화폐는 상품의 내적 가치척도, 즉 노동시간의 필연적인 현상형태로 나타나지 않고 그것의 교환가치의 척도로 나타난다. "이 과정을 매개하는 운동은 그 자신의 결과만을 남긴 채 사라져 버린다. 상품들은 아무것도 하지 않으면서 그들 자신의 가치자태가 자신들의 외부에 그리고 자신들과 나란히 존재하는 상품체임을 발견한다. 이 사물들, 즉 금과 은은 지하에서 나온 바로 그대로 모든 인간노동의 직접적 화신이다. 그리하여 여기에 화폐의 마술이 있다."[상동.]

결론적으로 말해, "교환과정의 발전이 일정 단계에 다다르면 교환가치와 사용가치의 규정들이 상품들에 양극으로 분할되는 필연성은, 한 상품은 예를 들어 교환수단으로서 역할을 하는 한편 다른 상품은 사용가치로 양도되어야 하는 필연성은 가장 일반적인 사용가치를 가진 상품들이 … 도처에서 우연히 화폐의 역할을 수행하도록 한다."[MEW, 13, S. 35.] 정확하게 말해, 상품들의 가치가 화폐로 자립화하는 것은 교환과정의 산물이다. 즉, 상품 속에 내재한 사용가치와 가치의 모순들의 그리고 사적 노동이 사회적 노동으로 표현되어야 하는 상품에 내재한 바로 그 모순들의 발전의 산물이다: "상품세계의 … 완성형태인 화폐형태야말로 사적 노동의 사회적 성격과 사적 노동자의 사회적 관계를 표시하는 것이 아니라 도리어 물적으로 은폐하는 것이다."[MEW, 23, S. 90.]

사용가치와 가치 사이의 모순이 이제는 상품과 화폐 사이의 외적 모순으로 나타난다. 그와 동시에 화폐형태는 화폐관계 자체에 의해 주어진 모순들을 심화시킨다. 경제위기의 가능성도 이러한 모순들에 기인한다. 즉, 사용가치와 가치 사이의 모순이 가치를 가진 각 상품이 화폐를 상대로 판매될 수 있기 때문에 비록 새로이 해결되었으나 한 상품의 판매 시 획득한 화폐는 결코 반드시 다른 상품의 구매를 위해 사용될 필요는 없기 때문에 판매와 구매의 분리라는 위기의 가능성을 초래할 수 있다.

지금까지 고찰한 바에 따르면 다음과 같이 결론지을 수 있을 것이다. "상품들의 교환과정은 모순되고 상호 배제적인 관계들을 포함하고 있다. 상품의 발전은 이 모순들을 지양하는 것이 아니라 이 모순들이 운동할 수 있는 형태를 만들어 낸다."[MEW, 23, S. 118.] 그러므로 사용가치와 가치 사이의 모순을 변화된 형태로 새로이 정립함으로써 이 모순을 해결하는 것은 모순의 해결과 심화 사이의 일반적 관계를 보여 준다. 즉, 모순의 해결은 모순의 제거와 극복과 일치하지 않는다. 모순의 해결이란 그때그때 모순의 운동형태의 변화에 의해 모순의 계속적인 전개와 이로 인해 모순의 심화를 가능케 하는 상대적 해결이다. 모순의 심화 역시 자동적인 붕괴를 의미하지는 않는다.

위기의 가능성에 대해 기술하기 전에 여기에서 언급하고자 하는 것은 상품의 물신성과 화폐의 물신성의 관계에 관한 것이다. 우선적으로 몇 문장을 살펴보기로 하자. "… 노동생산물이 상품형태를 취하자마자 갖게 되는 그 수수께끼 같은 성격(물신적 성격: 필자)은 어디에서 나오는 것일까? 분명히 이 상품형태 자체로부터 나온다."[MEW, 23, S. 86.] "자신의 등가형태는 … 직접적 교환 가능성이라는 자신의 속성을 본디부터 지닌 듯이 보인다. 이것이 바로 등가형태의 수수께끼이며, 이 수수께끼는 이 등가형태가 완전히 발전되어 화폐형태로 전개될 때에 비로소 경제학자의 부르주아적인 비속한 눈에 보이게 되는 것이다."[MEW, 23, S. 72.] "사회적 생산과정에서의 인간들의 순전히 원자적인 행위와 그에 따라 인간들의 통제 및 그들의 의식적이고 개별적인 행위로부터 독립된 그들 자신의 생산관계들의 물적 자태는 맨 먼저 그들의 노동생산물들이 일반적으로 상품형태를 취한다는 점에서 나타난다. 그러므로 화폐물신의 수수께끼는 한결 분명해지는데, 이는 인간의 눈을 현혹시키는 상품물신의 수수께끼일 따름이다."[MEW, 23, S. 107-108.] "… 이러한 전도와 공상적이지 않고 무미건조하고 현실적인 신비화가 교환가치를 규정하는 노동의 모든 사회적 형태를 특징짓는다. 이 전도 및 신비화가 상품에서보다 화폐에서 더욱 현저하게 나타날 뿐이다."[MEW, 13, S. 35.]

위의 문장들을 종합해 보면 화폐의 물신적 성격은 상품의 물신적 성격이 진전된 형태의 수수께끼임을 알 수 있다. 그리하여 앞에서 다루지 못한 상품의 물신적 성격에 대해 언급하고자 한다.

그렇다면 상품의 물신적 성격이란 무엇인가: 노동생산물이 상품형태를 취하자마자 생겨나는 상품의 물신적 성격은 어디에서 기인하는 것인가? 맑스는 "분명히 이 상품형태 자체로부터 나온다"[MEW, 23, S. 86.]고 했다. 좀 더 상세히 설명하면, ① 인간노동의 동등성은 노동생산물의 동등한 가치라는 물적 형태를 취하고 있으며, ② 그 지속시간에 의한 인간노동력 지출의 척도는 노동생산물의 가치크기라는 형태를 취하고 있으며, ③ 생산자들의 상호 관계는 노동생산물 사이의 사회적 관계라는 형태를 취하고 있기 때문에 상품의 물신적 성격은 상품형태가 인간에 대한 인간 자신의 노동이 갖는 사회적 성격들을 노동생산물 자체의 성격들로 보이게끔 하거나 이 물적 존재들의 사회적인 속성으로 비쳐보이게끔 하며, 따라서 총노동에 대한 생산자들의 사회적 관계도 생산자들 외부에 존재하는 생산물들 상호간의 사회적 관계로 비쳐보이게끔 하는 것을 말한다.[MEW, 23, S. 86 참조.]

이처럼 상품생산사회에서는 생산자들의 생산관계가 생산자들의 인간관계로 나타나지 않고 생산물 상호간의 관계로 나타나며, 그 결과 생산물 상호간의 관계가 인간들 상호간의 관계로부터 분리되어 자립적 모습을 취하고 인간을 지배하게 되고 그 배후에 있는 인간들 상호간의 관계는 가려진다. 맑스는 이와 유사한 예를 종교에서 찾아 물신숭배라고 하였다. 종교에서는 인간 두뇌의 산물이 생명을 부여받고 인간들과의 사이에 관계를 맺는 자립적인 모습으로 나타나듯이 상품세계에서는 인간의 손의 산물이 그렇게 나타난다.[MEW, 23, S. 86-87 참조.]

앞에서 상품의 물신적 성격은 상품형태 그 자체로부터 발생한다고 했는데, 더 엄밀히 말하면 사적 노동의 사회적 성격 때문에 발생한다고 하겠다. 그러면 사적 노동의 사회적 성격이란 무엇인가? 우선 사적 노동의 이중의 사회적 성격에 대해 언급해 보면, 노동생산물은 교환에 의해 유용물과 가치물로의 분화가 이루어지는데, 교환이 점차 그 범위와 중요성이 증대함에 따라 노동생산물들이 교환을 위해 생산되며 그리하여 이 생산물들의 가치 성격이 미리 생산 그 자체로부터 고려되지 않으면 안 되는 순간이 도래하게 된다. 바로 이 순간부터 생산자들의 사적 노동들은, ① 일정한 유용노동으로서, 즉 자신에게는 비사용가치이나 타인에게는 사용가치를 생산하는 구체적 유용노동으로서 일정한 사회적 욕망을 충족시키는 반면, ② 사적 노동은 총노동의 한 부분을 이룬다는 이중의 사회적 성격을 부여받는다. 그러나 상품생산사회에서의 노동이란 모두 서로 독립적으로 이루어지는 사적 노동이다. 노동이 이와 같이 사회적 성격과 사적 성격이라는 두 개의 성격을 가지고 있다는 것은 상품생산사회의 노동의 특수성이다. 그리고 상품생산사회에서는 노동의 이러한 모순으로 인해 사적 노동의 사회적 성격은, 즉 사회적 노동은 구체적 유용노동의 형태로 나타나지 않고 추상적 인간노동으로서 무차별적인, 동질의, 동등한 노동이라는 특수한 형태를 취하는 것이다.

이처럼 상품생산사회에서 사적 생산자들은 총노동의 일부분으로서 서로를 위해 노동을 하고 있으나 그들은 서로 독립하여 생산물들을 생산하고 있으므로 그것들은 서로 교환을 통해서 비로소 사회적 총노동의 일부분이라는 것이 입증된다. 그러므로 사적 노동의 특수한 사회적 성격도 교환의 내부에서 비로소 나타난다. 추상적 인간노동으로서 서로 질적으로 동등하다는 사적 노동의 사회적 성격은 생산자들이 그들의 노동생산물들을 교환을 통해 서로 가치로서 등치시킴으로써 입증된다. 따라서 인간들의 사적 노동이 갖는 사회적 성격들이 노동생산물들의 사회적인 자연속성으로 보이게끔 하며, 총노동에 대한 생산자들의 사회적 관계도 생산자들 외부에 존재하는 물적 존재들의 사회적 관계로 보이게끔 한다. 이러한 전도로 인해 노동생산물이 상품이 되고 사회적인 물적 존재가 된다. "그러므로 생산자들에게는 그들의 사적 노동의 사회적 관계가 … 그들의 노동에서 맺는 사람들끼리의 직접적 사회적인 관계로서가 아니라, 오히려 사람과 사람의 물적 관계 및 물적 존재와 물적 존재의 사회적 관계로서 나타난다."[MEW, 23, S. 87.] 그 결과 상품생산사회에서는 물적 존재와 물적 존재의 관계가 인간과 인간의 관계로부터 분리되어 자립적 모습을 취하고 급기야는 인간을 지배하게 되는데, 맑스는 이와 유사한 예를 종교세계에서 찾아 물신숭배라 칭하였다. 종교세계에서는 인간 두뇌의 산물이 스스로 생명을 부여받고 인간과의 사이에 관계를 맺는 자립적인 모습으로 나타나는데, 마찬가지로 상품세계에서는 인간의 손의 산물이 그렇게 나타난다. 상품의 물신적 성격은 노동생산물이 상품으로 생산되자마자 이들에 달라붙는 것으로서 상품생산과는 불가분한 것이다.

이와 관련하여 여기에서 강조하고자 하는 것은 상품의 물신적 성격은 객관적 현상이라는 점이다. 인간의 두뇌는 객관적으로 존재하는 특유한 생산관계를 무의식적으로 반영한다는 것이다. 예를 들어, 상품생산사회에서 생산자들이 그들의 노동생산물들을 동등한 인간노동의 단순한 대상화로 간주하기 때문에 그것들을 가치로서 서로 등치시켜 교환하는 것이 아니라, 그 반대로 그들은 그들의 노동생산물들을 가치로서 등치시켜 교환함으로써 그들의 서로 다른 사적 노동을 질적으로 동등한 인간노동으로 등치시키는데 "그들은 그것을 알지 못하지만 그것을 행한다."[MEW, 23, S. 88.] 맑스는 이에 대해 다음과 같이 언급한다. "이 사물들이 동등한 인간노동의 **단순한 물적 외피**로 간주되기 때문에 사람들이 그들의 생산물들을 서로 **가치로서** 관계를 맺게 한다면 그 속에는 동시에 그 반대로 그들의 서로 다른 노동들이 **물적 외피 속에서** 단지 동등한 인간노동으로 간주된다는 사실이 존재한다. 그들은 그들의 **생산물들을 서**

로 가치로서 관계를 맺게 함으로써 그들의 서로 다른 노동들을 동질의 인간노동으로 관계를 맺게 한다. 인간관계는 **물적** 형태에 의해 은폐된다. 가치의 이마에는 가치란 무엇인지가 쓰여 있지 않다. 사람들은 그들의 생산물들을 상품으로 관계를 맺게 하기 위해서는 그들의 서로 다른 노동들을 추상적 인간노동으로 등치시키지 않을 수 없다. 그들은 그것을 모른다. 그러나 그들은 물적 존재물들을 가치로 추상화함으로써 **그것을 행한다**. 물적 존재를 추상적인 것, 즉 **가치**로 환원하는 것은 그들의 물적 생산의 특유한 방식과 이 생산이 그들을 몰아넣은 생산관계로부터 필연적으로 생겨나는 그들의 두뇌의 자연발생적인, 따라서 의식적이고 본능적인 작용이다."[Karl Marx, Ware und Geld(Das Kapital 1. Auflage 1867, 1. Buch Kapitel 1); 출처: Herausgegeben von Iring Fetscher, Karl Marx Friedrich Engels Bd. 2, S. 242-243: 『자본론』, 제1권, 초판.]

I-4. 단순상품유통 또는 상품의 교환과정과 화폐의 기능들

"상품들의 교환은 사회적 물질대사, 즉 사적 개인들의 특수한 생산물들의 교환인 동시에 개인들이 이 물질대사에서 맺은 일정한 사회적 생산관계의 산출과정이다. 상품들의 상호간에 진행 중에 있는 관계들은 일반적 등가물의 상이한 규정들로 결정(結晶)되며, 따라서 교환과정은 동시에 화폐 형성과정이다. 상이한 과정들의 진행으로 나타나는 이 과정의 총체가 유통이다."[MEW, 13, S. 37.] 그러므로 이제부터는 상품들의 교환과정은 화폐가 실제로 존재한다는 가정하에서 분석되어야 한다. "단순화를 위해 금은 어디서든 화폐상품으로 간주된다."[MEW, 13, S. 49. MEW, 23, S. 109 참조.]

상품들이 교환과정 속으로 진입할 수 있기 위해서는 그것들이 교환가치들로 전제되어야 한다. 그렇게 되기 위해서는 상품들이 금을 일반적 등가물로 배제시키는 것이다. "사용가치로서 존재하는 상품들은 그것들이 서로 관념적으로 교환가치로서 나타나는, 즉 대상화된 **일반적** 노동시간의 일정한 양으로 **나타나는** 형태를 우선 취한다. 이 과정에서 필요한 첫 번째 행위는 … 상품들이 하나의 특별한 상품, 말하자면 **금**을 일반적 노동시간의 직접적 물상화 또는 일반적 등가물로 배제하는 것이다."[MEW, 13, S. 49-50.]

이로써 개별 상품의 금 등가물 속에 내포된 노동시간은 일반적 노동시간으로 나타난다. 따라서 모든 상품들은 금(화폐)으로 그것들의 가치를 표현할 수 있게 된다. 그리하여 금(화폐) 자체는 상품들의 가치척도가 된다. "**모든** 상품들이 그들의 교환가치를 금으로, 즉 일정량의 금과 일정량의 상품이 동일량의 노동시간을 포함하는 비율로 측정하기 때문에 금은 **가치척도**가 된다."[MEW, 13, S. 50. MEW, 23, S. 109 참조.[6]] 따라서 "가치척도로서의 화폐는 상품의 내재적인 가치척도, 즉 노동시간의 필연적인 현상형태이다."[MEW, 23, S. 109.]

여기에서 중요한 사실은 "금은 우선 … 가치척도로서의 이 규정에 의해서만 일반적 등가물 또는 화폐가 된다"[MEW, 13, S. 50. MEW, 23, S. 109 참조.]는 점이다. 따라서 가치척도로서의 기능은 화폐의 기본적 기능이다. 모든 다른 화폐의 기능들은 화폐가 이미 가치척도로서의 기능을 수행한 후에야 비로소 수행할 수 있다. 사실 화폐는 가치척도로서의 기능을 수행한 후에야 비로소 구매수단(교환수단)으로서의 기능을 수행한다. "화폐는 상품의 가격을 실현함으로써 구매수단으로서의 기능을 한다."[MEW, 23, S. 129.] 가격이 실현되기 위해서는 상품들이 화폐와 교환되기 전에 상품들의 가치가 화폐형태(가격)로 표현되어 있어야

6 "금의 첫 번째 기능은 상품세계에 그 가치표현의 재료를 제공하는 것, 또는 상품가치들을 같은 이름의 크기 곧 질적으로 동등하고 양적으로 비교될 수 있는 크기로 표현하는 데에 있다. 이리하여 금은 가치의 일반적 척도의 기능을 가지며, 오로지 이 기능을 통해서만 금이라는 특수한 등가상품은 우선 화폐로 된다." [MEW, 23, S. 109.]

한다. 바로 이 기능을 화폐가 수행한다. 즉, 화폐가 상품들의 가치표현을 가격으로 전환시킨다: "… 일반적 등가로서 그리고 동시에 이 등가의 표준으로서 하나의 특수한 상품으로 또는 상품들이 하나의 특수한 상품과의 유일한 등식으로 표현되는 상품들의 교환가치가 **가격**이다. 가격은 상품들의 교환가치가 유통과정 내에서 **나타나는** 전환된 형태이다."[MEW, 13, S. 51.]

금을 통한 상품가치의 표현(가치의 가격으로의 전환)은 관념적인 것이므로, 이 기능을 위해서는 표상화된 관념적인 금만이 이용되며, 가치척도라는 기능에서도 화폐는 표상화된 화폐, 관념적인 화폐로서의 역할만을 맡는 것이다. 또한 가격에서 상품들의 가치는 관념적으로만 화폐로 표현된다: "상품의 가격 또는 상품의 화폐형태는 상품의 가치형태 일반과 마찬가지로 손으로 만질 수 있는 실제적 물체형태와는 구별되는, 따라서 단순히 관념적인 또는 상상에서만 존재하는 형태이다. … 상품들의 가치는 상품들과 금과의 동등성에 의해, 말하자면 그저 상품들의 머릿속에만 떠오를 뿐인 금과의 관계에 의해서 나타난다. 따라서 상품소유자는 상품의 가격을 외부 세계에 전하기 위해서는 상품의 머리에 자신의 혀를 부착시키거나 또는 가격표를 걸어 놓아야 한다. 상품가치의 금으로의 표현이 관념적이기 때문에 이 기능을 위해서는 역시 상상적인, 관념적인 금만이 사용될 수 있다. … 상품소유자가 상품의 가치에 가격형태 또는 표상화된 금 형태를 부여할 때에도 그는 아직 자기의 상품을 금으로 전환시킨 것이 아니며, … 실제의 금은 한 조각도 필요하지 않다. 따라서 화폐는 가치척도로서의 기능에서는 단지 상상적인 또는 관념적인 화폐로서의 역할만을 수행한다."[MEW, 23, S. 110-111.]

상품은 가격에 있어서는 단지 화폐상품 금과 관념적으로만 등치되어 있을 뿐임에 대해 다소 다른 측면에서 언급해 보면 다음과 같다. "상품들이 교환과정에 들어가면서 갖는 실제적 모습은 자신들의 사용가치의 모습이다. 그것들은 양도에 의해 비로소 실제적인 일반적 등가물(화폐상품 금: 필자)이 될 수 있다. 그것들의 가격규정은 그것들이 다만 관념적으로만 일반적 등가물로 전환하는 것이며, 아직 실현되어야 할 금과의 등식이다. 그러나 상품들은 그것들의 가격에서 관념적으로만 금으로 또는 다만 상상된 금으로만 전환되고 그것들의 화폐 존재는 그것들의 실질적 존재로부터 아직 실제로 분리되어 있지 않기 때문에 금은 아직 관념적 화폐, 가치척도로만 전환되었고, 일정한 금의 양은 사실상 일정한 노동시간의 양에 대한 이름으로서만 기능한다. … 이제 상품들은 이중적 존재로서, 실제로는 사용가치로서, 관념적으로는 교환가치로서 대립하고 있다."[MEW, 13, S. 52-53.]

상품의 가격이 이처럼 관념적인 것이므로 상품의 가치를 가격으로 표현하기 위해서는 실제적인 금은 필요치 않다. 어느 상품소유자도, 자신의 상품의 가치에 가격형태를 주어도 단지 그것만으로는 아직 자신의 상품이 실제적 금으로 전환하지 않았다는 것을 알고 있다.

여기에서 주의를 기울여야 할 점은 "그저 표상화되었을 뿐인 화폐가 가치척도의 기능을 맡고 있음에도 불구하고 가격은 완전히 실제적인 화폐 재료에 의존한다"[MEW, 23, S. 111.]는 점이다. 그러므로 가치척도로서의 기능을 하는 것이 금이냐 은이냐 동이냐에 따라 상품의 가치는 완전히 다른 가격표현을 취하게 된다.

앞에서 언급한 바에 따르면 이제 상품들은 가격에 있어서는 모두 다양한 크기의 관념적인 금의 분량으로 표현된다. 예를 들어, a량의 상품 A = x량의 금. 상이한 금의 양이 서로 비교되고 측정되기 위해서는 일정한 금의 양이 도량 단위로 규정되어야 할 필요가 기술적으로 요청된다. 이 도량 단위 자체는 나아가 몇 개의 분할 가능한 부분으로 세분되어 도량기준으로 발전한다. 화폐상품으로 기능을 하는 금의 일정한 양 또는 무게는 화폐 단위로 고정된다. 화폐 단위는 상품가격의 표현을 위한 근거를 형성한다. 이 경우에 금은 가격의 도량기준으로 기능을 한다. 금은 이미 화폐가 되기 이전에 그것의 중량으로 그러한 척도를 가지고 있었다. 따라서 중량의 도량기준의 기존 명칭이 그대로 화폐의 도량기준 또는 가격의 도량기준의 명칭이 되었다: "금의 양 자체는 … 중량으로서 측정된다. 그러므로 도량기준은 이미 금속들의 일반적 중량척도들에 완성되어 주어져 있고 따라서 이 척도들이 모든 금속 유통에서 그대로 가격의 도량기준으로 기능을 수행한다."[MEW, 13, S. 54. MEW, 23, S. 112 참조.]

"상품들이 더 이상 노동시간에 의해 측정되어져야 하는 교환가치로서가 아니라 금으로 측정된 동명의 크기들로서 서로 관계를 맺음으로써 금은 가치척도로부터 가격의 도량기준으로 전화한다."[MEW, 13, S. 54.] 따라서 가치척도로서의 금과 가격의 도량기준으로서의 금은 서로 전혀 다른 형태규정을 갖는다. "화폐는 인간노동의 사회적 화신으로서는 가치척도이고 고정된 금속 중량으로서는 가격의 도량기준이다. 가치척도로서의 화폐는 서로 상이한 상품들의 가치를 가격, 즉 상상적인 금의 양으로 전환시키는 데 봉사하며, 가격의 도량기준으로서의 화폐는 이러한 금의 양을 측정한다."[MEW, 23, S. 113.] 이처럼 화폐는 가치척도 및 가격의 도량기준이라는 전혀 다른 두 가지 기능을 맡고 있다. 따라서 비록 통일체이지만 가치척도로서의 화폐와 가격의 도량기준으로서의 화폐 사이의 구별은 불가피하다. 여기서 강조되어야 할 점은 금의 가치는 가변적이라는 것이다. "금은 그것의 가치가 가변적이기 때문에 가치척도이고, 불변의 중량 단위로서 고정되어 있기 때문에 가격의 도량기준이다."[MEW, 13, S. 55.] 하나의 동일한 양의 금이 도량 단위로서 불변적인 역할을 할수록 가격의 도량기준은 그만큼 그 기능을 더 잘 수행할 수 있게 된다. 이에 반해 금은 그 자체가 노동생산물이고 따라서 가변적일 수 있는 가치이기 때문에, 오직 그 때문에 가치척도로서의 역할을 할 수 있는 것이다.[MEW, 23, S. 113 참조.][7]

화폐의 가치척도와 가격의 도량기준으로서의 기능으로부터 화폐의 계산화폐로서의 기능이 나온다: "화폐의 도량기준은 한편으로는 순전히 관습적이며 다른 한편으로는 보편타당성을 요구하므로 결국은 법률의 규제를 받는다. 귀금속의 일정한 중량 부분은 … 공식적으로 몇 개의 작은 부분으로 분할되는데, 이 부분은 파운드, 탈러 등의 법정 세례명을 받는다. … 가격이나 상품들의 가치가 관념적으로 전환된 금의 양은 … 금의 도량기준의 화폐 명칭이나 법률상 유효한 계산 명칭으로 표현된다. … 그리하여 상품들은 자신들의 가치가 얼마인지를 자신들의 화폐 명칭으로 말하며, 그리고 화폐는 어떤 물건을 가치로서 따라서 화폐형태로서 고정시킬 필요가 있을 때에는 언제나 계산화폐로 기능한다."[MEW, 23, S. 115. MEW, 13, S. 57 참조.[8]] 계산화폐로서 화폐는 실제 화폐로서가 아니라 단지 상상적인 또는 관념적인 화폐로 기능을 한다. "두뇌 속에서, 종이 위에서, 언어 속에서 상품이 계산화폐로 전환되는 것은 부의 어떤 한 종류가 교환가치의 관점에서 고정되자마자 언제나 이루어진다. 이 전환을 위해 금의 재료가 필요하지만 단지 상상된 재료로서 필요할 뿐이다. … 실제 금은 조금도 필요 없다."[MEW, 13, S. 57.]

관념적 화폐로서의 가격이 어떤 상품(1톤의 쇠)의 가치를 표현한다는 것은 일정량의 등가물(1온스의 금)이 그 상품과 직접 교환될 수 있다는 사실을 표현한 것일 뿐이지 거꾸로 그 상품이 등가물과 직접 교환될 수 있다는 사실을 표현하는 것이 아니다. "… 상품이 실제로 교환가치로서 작용하기 위해서는 상

7 필자 주: "가치척도로 기여할 수 있기 위해서 금은 가능한 한 **가변적인** 가치이어야 한다. 그 까닭은 금은 노동시간의 물상화로서만 다른 상품들의 등가물이 될 수 있으나 현실노동의 생산력들이 변동함에 따라 동일한 노동시간이 동일한 사용가치들의 부등한 분량으로 실현되기 때문이다." [MEW, 13, S. 51.]

8 "한 상품의 가격 또는 그 상품이 관념적으로 전환되어 있는 금의 양은 이제 금의 도량기준의 화폐 명칭으로 표현된다. 밀 1쿼터가 금 1온스와 같다고 말하는 대신 밀 1쿼터는 3파운드 스털링 17실링 10 1/2다임과 같다고 영국에서는 말할 것이다. … 상품들이 그들의 교환가치에 주는 독특한 형태가 화폐 명칭으로 전환되고 이로써 상품들은 자신들의 가치가 얼마라고 서로 말한다. 화폐(금)가 스스로 계산화폐가 된다." [MEW, 13, S. 57.]

품은 그 현물의 껍데기를 벗어버리고 단지 상상적인 금으로부터 실제적인 금으로 전환되어야만 한다."[MEW, 23, S. 117.] 상품에 가격을 부여하기 위해서는 상상적인 금을 상품에 등치하면 되지만 상품이 그 소유자에 대하여 일반적 등가물의 역할을 하기 위해서는 상품은 실제로 금으로 교체되지 않으면 안 된다. 그것의 존재는 실제적인 유통, 즉 "전면적인 교환행위와 이 행위의 끊임없이 이어지는 갱신을 전제로 한다. 두 번째 전제는 상품들이 **가격이 규정된** 상품들로서 교환과정에 들어가거나 또는 교환과정 내에서 이중존재들로서, 즉 실제로는 사용가치들로서, 관념적으로는 – 가격에서 – 교환가치들로서 **나타난다**는 것이다."[MEW, 13, S. 69.]

상품교환은 한편으로는 사회적 물질대사이다. 즉, 상품교환은 상품들을 그것들이 비사용가치인 사람의 손에서 그것들이 사용가치인 사람의 손으로 이전시키는 것을 중개한다. 다른 한편으로는 상품교환이란 형태의 측면에서 보아 사회적 물질대사를 매개하는 상품들의 형태변환 또는 전형이다.[MEW, 23, S. 119 참조.] "상품들의 실제 교환, 즉 사회적 물질대사는 사용가치와 (교환: 필자) 가치로서의 상품의 이중성이 전개되고, 그러나 상품 자신의 형태변환은 동시에 화폐라는 특정한 형태로 결정(結晶)되는 형태변환 속에서 이루어진다. 이 형태변환에 대한 서술은 유통에 대한 서술이다."[MEW, 13, S. 69.]

따라서 사회적 교환(유통)과정의 단순한, 추상적 형태는 상품(W)–화폐(G)–상품(W)이다. 화폐의 중재로 인해 형태적 이면에 있는 실질적 물질대사 과정(W–W)은 두 부분으로, 즉 판매(W–G)와 구매(G–W)로 나뉜다. 이 두 부분을 우선 분리해서 관찰해 보기로 하자. "구매 G–W에서와 마찬가지로 판매 W–G에서는 (교환)가치와 사용가치의 통일체인 두 상품이 마주선다. 그러나 이 둘은, 즉 상품과 화폐(금)는 이 이중적 규정에서는 직접적으로 동일하지 않다. "상품에서는 그것의 교환가치가 가격으로서 관념적으로만 존재하는 반면 금에서는 금 자체가 실제 교환가치이지만 그것의 사용가치는 교환가치의 담지자로서만 존재하고, 따라서 실제적인 개별 욕구와는 관계없는 형식적인 사용가치로서만 존재한다."[MEW, 13, S. 71.] 그러므로 이 둘은, 즉 상품과 금(화폐)은 각자 규정에 있어서 단지 관념적이며 여전히 비실제적이다: "그리하여 사용가치와 교환가치의 대립이 W–G의 양극단으로 분할되어 상품은 금에 대하여 관념적 교환가치인 가격을 비로소 금으로 실현해야만 하는 사용가치인 반면, 금은 상품에 대하여 형식적인 사용가치를 비로소 상품에서 물질화하는 교환가치이다. 이러한 상품의 상품과 화폐로의 이중화를 통해서만 그리고 다시 이중적이고 대립된 관계, 즉 각 극이 관념적이면 그 반대는 현실적이고 현실적이면 그 반대는 관념적인 관계를 통해서만, 즉 상품들이 이중적으로 양극적인 대립들로서 제시됨으로써만 상품들의 교환과정에 내포된 모순들은 해결된다."[MEW, 13, S. 71-72. MEW, 23, S. 119 참조.[9]]

상품의 첫 번째 전형 W–G는 언제나 동시에 다른 상품의 두 번째 상반되는 전형 G–W이다. 따라서 G–W를 분석하기 위해서는 이미 다른 곳에서 W–G가 이루어지고 상품들이 화폐와 교환함으로써 그것들의 교환가치를 사실상 실현했음을 가정해야만 한다: "판매 W–G에 의해 그 가격에서 관념적으로 금으로 전환되었던 상품이 실제 금으로 전환되었을 뿐 아니라 동일한 과정에 의해 가치척도로서 단지 관념적 금일 뿐이었고, 사실상 상품 자체의 화폐 명칭만으로

9 "상품은 … 날 때 그대로의 모습으로 교환과정에 들어온다. 교환과정은 상품과 화폐로의 상품의 이중화, 곧 사용가치와 가치의 내적 대립이 그 안에 표현되는 외적 대립을 만들어 낸다. 이 대립에서는 사용가치로서의 상품이 교환가치로서의 화폐와 대면한다. 다른 한편, 이 대립의 어느 쪽에 있든 그것은 모두 상품이며 따라서 사용가치와 가치의 통일이다. 그러나 이 같은 구별의 통일은 각 양극에 거꾸로 표현되고 있으며, 이를 통하여 동시에 양극의 상호 관계를 나타낸다. 상품은 실제적으로는 사용가치이며 그 가치 존재는 가격에서 그저 관념적으로만 표현되고 있을 뿐이다. 그리고 이 가격이 상품을 … 그 상품의 실제적인 가치자태인 금과 관련시킨다. 거꾸로 금 재료는 실제적으로는 교환가치이다. 금 재료의 사용가치는 … 모든 상품에 스스로를 관련시키는 일련의 상대적 가치표현에 그저 관념적으로만 나타날 뿐이다. 모든 상품의 이러한 대립적인 온갖 형태들이 이 상품의 교환과정에서 나타나는 현실적 운동형태인, 즉 모순들의 해결책인 것이다." [MEW, 23, S. 119.]

기능했던 금도 실제 금으로 전환된다."[MEW, 13, S. 71. MEW, 23, S. 123 참조.[10]]

"화폐는 다른 모든 상품들의 전환된 모습 또는 그것들의 일반적인 양도의 산물이기 때문에 무조건적으로 양도될 수 있는 상품이다."[MEW, 23, S. 124.] 따라서 W–G의 결과인 화폐는 두 번째 국면(G–W)의 출발점이다. 실제 소재대사의 물적 수단으로서의 화폐는 이중적으로 규정될 수 있다: "화폐는 한편으로는 판매된 상품을 대표하지만 다른 한편으로는 구매될 상품을 대표한다."[상동.] 구매행위에서 한 사람은 화폐의 형태적 사용가치를 실현하고 다른 사람은 그의 상품의 형태적 교환가치를 실현한다: "W–G의 운동에서 상품들은 사용가치로 양도됨으로써 그것들 자신의 가격과 타인 화폐의 사용가치를 실현하는 반면 G–W 운동에서 상품은 교환가치로 양도됨으로써 자신의 사용가치와 다른 상품의 가격을 실현한다."[MEW, 13, S. 74.] "이리하여 화폐는 처음에는 상품이 전환되는 고정적인 가치결정체(結晶體)로 나타나지만 나중에는 상품의 단순한 등가형태로 소실되어 버린다."[MEW, 23, S. 126.]

화폐소유자는 화폐의 사용가치를 실현함으로써, 즉 상품을 구매함으로써 화폐는 그의 손에서 사라진다. 그러나 그것은 결코 없어지는 것이 아니다. 그것의 존재가치는 오히려 끊임없는 손바뀜에 있다: "화폐는 … 한 상품의 전형계열로부터 탈락한다고 해서 없어지는 것은 아니다. 그것은 항상 상품들이 비워 놓은 유통 장소에 침전한다. … 상품에 의한 상품의 교체는 동시에 제3자의 손에 화폐상품을 쥐어 준다. 유통은 끊임없이 화폐를 땀 흘리게 한다."[MEW, 23, S. 126-127.]

10 "금이 관념적인 화폐 또는 가치척도가 된 것은 모든 상품들이 자신들의 가치를 금으로써 도량하고 그리하여 금을 … 상품들의 가치자태로 삼기 때문이다. 금이 실제적인 화폐가 되는 것은 모든 상품이 자신들을 … 양도함으로써 금을 자신들의 … 소외된 … 사용자태로 삼고 따라서 자신들의 현실적인 가치자태로 삼기 때문이다. 그 가치자태에 있어서는 상품은 … 사용가치의 모든 흔적과 그것을 만들어 낸 특수한 유용노동의 모든 흔적을 지워 없애버리고 무차별한 인간노동의 똑같은 사회적 물상화로 탈바꿈시킨다." [MEW, 23, S. 123.]

간략하게 말해, 사회적 물질대사 과정은 형태변환, 즉 상품의 전형이다. “각 상품의 일련의 전형이 그리는 순환은 다른 상품들과의 순환과 풀 수 없을 만큼 얽혀 있다. 이 총과정이 상품유통으로 나타난다.”[MEW, 23, S. 126.] “상품유통의 매개자로서 화폐는 유통수단이라는 기능을 지니게 된다.”[MEW, 23, S. 128.] 따라서 유통수단으로서의 화폐에서 두드러지게 나타나는 하나의 특징은, 화폐가 상품유통의 목적이 아니라 그것의 매개자라는 점이다. 상품이 순환을 그리는 반면에 화폐는 목적에 따라 끊임없이 상품생산자의 손으로부터 멀어진다. 따라서 단순한 상품생산에 적용되는 운동의 견지에서 보면, 화폐는 단지 상품의 운동만을 매개하기 때문에 화폐는 계속 유통에 머무른다: “노동생산물의 물질대사가 이루어지는 형태변환인 W–G–W는 동일한 가치가 상품으로서 그 과정의 출발점을 이루고 또 상품으로서 동일한 지점으로 되돌아온다는 것을 조건으로 한다. 따라서 상품들의 이러한 운동은 순환이다. 다른 한편, 동일한 이 운동형태는 화폐의 순환을 배제한다. 그 결과 화폐는 자신의 출발점으로부터 끊임없이 멀어져 가고 출발점으로 되돌아오지 않는다.”[MEW, 23, S. 128.] 그러므로 “상품유통에 의해 화폐에 직접 부여되는 운동형태는 화폐가 끊임없이 출발점으로부터 멀어져 가는 과정, 화폐가 어떤 상품소유자의 수중에서 다른 상품소유자의 수중으로 옮겨 가는 과정, 다시 말해 화폐의 유통이다.”[MEW, 23, S. 129.] 이와 같은 형태로 상품의 가격을 실현함으로써 화폐는 구매수단이라는 기능만 수행한다.[MEW, 13, S. 79. MEW, 23, S. 129 참조.] “이로써 상품전형의 대립된 국면들에서의 화폐의 여러 가지 규정들이 인식될 수 없게 되었다.”[MEW, 13, S. 79.]

화폐는 상품에 대해 마주 서 있는 자립적 형태로서 끊임없이 상품을 구매한다. “화폐운동의 이러한 일면적인 형태가 상품의 양면적인 형태운동으로부터 발생한다는 사실은 은폐되어 있다.” 왜냐하면 “상품유통의 본성 그 자체가 이같이 상반되는 외관을 빚어내기" 때문이다. "상품의 제1전형은 화폐의 운동으로 보일 뿐 아니라 상품 자신의 운동으로도 보이지만, 상품의 제2전형은 화폐의 운동으로만 보인다. 상품은 유통의 전반부에서 화폐와 자리를 바꾼다. 그와 동시에 상품의 사용가치 자태는 유통에서 빠져나와 소비의 영역으로 떨어진다. 상품의 가치자태 또는 화폐가면이 상품의 자리에 들어온다. 상품은 이미 그 자신의 현물 그대로의 모습이 아니라 금의 외피를 쓰고서 유통의 후반부를 통과한다. 이로써 운동의 연속성은 완전히 화폐 측에 달려 있다. … 그러므로 화폐운동이 상품유통의 표현에 지나지 않는데도 불구하고 오히려 거꾸로 상품유통이 마치 화폐유통의 결과에 지나지 않는 것처럼 보인다."[MEW, 23, S. 129-130.]

여기에서 강조하고자 하는 것은 화폐가 유통수단이라는 기능을 갖게 된 이유는 오로지 화폐는 상품의 자립화된 가치이기 때문이라는 점이다. 따라서 유통수단으로서의 화폐운동은 사실 상품 자신의 형태변환 운동이다.

유통수단으로서의 화폐의 기능으로부터 주화와 지폐 형태가 발생한다. 화폐는 금화폐로서 유통하며, 금속의 중량은 가격의 도량기준으로 기능을 수행한다. 바로 이 기능이 더욱 발전하는 과정에서 화폐는 주화의 형태를 얻게 된다. 주화들은 유통 속에서 마모되어 주화에 의해 각인된 명목가치는 실제 가치로부터 분리된다. 그럼에도 불구하고 주화들은 완전한 가치를 지닌 화폐처럼 기능을 한다. 그것이 가능한 근거는 유통수단으로서의 기능 속에는 주화는 단지 매개자이지 유통의 자기 목적이 아니기 때문이다. "유통과정 W–G–W에서 화폐는 단지 양극 W–W 사이의 순간적으로 경과하는 수단일 뿐이다. 그러므로 가치가 온전한 화폐는 명목가치와 실제가치 사이에 편차가 생긴 화폐에 의해 대체될 수 있다. 화폐유통 자체가 주화의 실질적 중량을 명목적 중량으로부터, 즉 주화의 금속으로서의 존재를 기능상의 존재로부터 분리시킨다면 화폐유통은 주화로서의 기능을 하는 금속화폐를 다른 재료로 만든 표장이나 상징으로 대체할 수 있는 가능성을 내포하고 있다.”[MEW, 23, S. 140.]

보조주화들이 이러한 대체 기능을 수행한다. 따라서 보조주화들은 단지 실제적 화폐의 대리인일 뿐이다. 이러한 보조주화의 형성으로부터 지폐가 발생한다. “금주화의 존재는 자신의 가치실체로부터 완전히 분리된다. 그러므로 상대적으로 무가치한 존재물인 지폐가 금 대신에 주화로서의 기능을 할 수 있다. 금속제 화폐표장에는 순전히 상징적인 성격이 여전히 어느 정도는 은폐되어 있다. 지폐에는 그러한 상징적 성격이 명확하게 나타난다.”[MEW, 23, S. 140-141.] 지폐는 국가의 강제통용력에 의한 객관적, 사회적 유용성을 가지고서 상품의 유통을 매개한다.

상품전형에 대한 고찰은 교환가치의 자립적 자태인 화폐를 규정하도록 이끌었으나 동시에 화폐의 물적 존재가 필요하지 않음을 증명하였다. 왜냐하면 화폐의 기능들은 여전히 단지 관념적인 가치척도나 상징적인 유통수단으로서만 규정되었기 때문이다. 이 두 가지 기능들은 이미 상품이 자신의 대립적인 양극의 진행 중에 있는 통일체로서 실현될 수 없는 형태적 가능성을 암시한다. 왜냐하면 이를 위해 필요한 다른 상품들과의 교환과정이 중단되기 때문이다: “상품이 이중적으로 존재한다는 사실, 한편으로는 자신의 교환가치를 자신의 현물적 존재형태에 관념적으로 내포하고 있는 … 특정한 생산물로서의 그리고 생산물의 현물적 존재형태와의 모든 연관을 다시 벗어버린 명시된 교환가치(**화폐**)로서의 이러한 이중적인 **상이한** 존재는 **차이**로, 이 차이는 **대립**과 **모순**으로 진전된다. 생산물로서 상품의 특수한 본성과 교환가치로서의 상품의 일반적 본성 사이의 바로 그 모순은 상품을 이중적으로, 즉 한편으로는 특정한 상품으로 다른 한편으로는 화폐로 규정할 필요성을 낳는데, 상품의 특수한 현물적 속성들과 그것의 일반적, 사회적 속성들 사이의 이러한 모순은 상품의 양분된 존재형태들이 서로 태환될 수 없는 가능성을 처음부터 내포하고 있다."[『요강 초고』, S, 65. MEW, 13, S. 73 참조.[11]]

I-5. 상품전형과 위기의 추상적 가능성(추상적 단계에서 제1의 위기의 가능성)

지금까지의 분석에서 밝혀진 바와 같이 상품 그 자체는 사용가치이자 동시에 교환가치이다. 그러나 이 두 가지가 서로 대립되는 규정에서의 상품은 동일할 수 없다. 따라서 상품은 항상 다른 상품, 특히 일반적 상품, 모든 상품의 대리자인 화폐와의 관계에서만 상품이다. 상품은 화폐와의 교환과정에서 자신의 관념적 이중존재를 실제로 나타낸다. 왜냐하면 특수한 상품으로서 상품은 일반적 상품인 화폐에 대해 실제적으로는 사용가치로서, 관념적으로는 교환가치로서 마주 서 있다. 그리고 화폐는 상품의 실제 교환가치에 대한 관계에서 관념적 사용가치이다. 따라서 상품은 자신의 대립적 규정들의 통일을 한 극에서 다른 극으로의 끊임없는 이행을 통해서만 관철시킨다. 즉, 그것은 이러한 계속적인 과정에서만 상품이다. 가격은 상품세계의 실제적 결합수단인 화폐에 대한 개별 상품의 관념적 연결수단이다. 가격형태에서 상품의 전형이 예견된다: "가격형태는 상품을 화폐에 대해 양도할 수 있는 가능성과 양도해야

11 "유통의 첫 번째 과정, 즉 판매의 결과로서 두 번째 과정의 출발점, 즉 화폐가 생긴다. 첫 번째 형태의 상품 대신에 금으로 만든 그것의 등가물이 들어섰다. 이 두 번째 형태의 상품은 자신의 지구력 있는 존재를 가지므로 이 결과는 일단 하나의 휴식기를 이룰 수 있다. 주인의 손에서는 사용가치가 아닌 상품이 이제는 언제라도 교환 가능하기 때문에 언제라도 사용 가능한 형태로 주어져 있고 그가 언제 어떤 지점에서 다시 상품세계의 표면에서 유통에 들어설지는 여건들에 의해 좌우된다. 상품의 금으로의 변태는 그것의 생애에서 짧게 혹은 길게 머무를 수 있는 독자적인 한 단면을 이룬다. … 교환가치를 규정하는 노동의 일반적 성격은 구매행위와 판매행위의 분리이자 무차별적인 분열에서 나타난다." [MEW, 13, S. 73.]

할 필연성을 내포하고 있다."[MEW, 23, S. 118.] 양도 가능성이 내재되어 있다는 것은 양도 불가능성을 포함하고 있다는 것도 의미한다.

상품전형(상품의 형태변환)은 상품에 내재하는 모순들의, 즉 사용가치와 가치의 대립, 사적 노동이 동시에 사회적 노동으로 나타나야 한다는 모순, 구체적 노동이 동시에 추상적 일반노동으로서만 인정된다는 모순, 물적 존재의 인격화와 인격의 물화 사이의 대립, 화폐와 상품 사이의 모순들의 발전된 운동형태인데[MEW, 23, S. 128 참조.], 구매와 판매의 형태들은 상품전형의 필요하면서 서로 대립적이고 동시에 서로 보충하는 부분 과정들이다. 경제위기를 잘 이해하기 위해서는 구매와 판매의 관계에 대해 좀 더 상세히 언급되어야 한다.

아무도 다른 사람이 동시에 그로부터 구매를 하지 않는다면 판매를 할 수 없다. 판매자 측면에서 상품가치의 실현은 구매자 측면에서 화폐의 사용가치의 실현이다. 판매는 동시에 구매이다. 따라서 판매와 구매는 "대극적으로 대립하고 있는 두 사람의, 곧 상품소유자와 화폐소유자 사이의 교환관계의 동일한 행위이다. 그것들은 동일한 사람의 행동으로서는 양극단적으로 대립하는 행위를 이룬다."[MEW, 23, S. 127.]

사회적 상품생산물의 부분으로 실제로 입증되기 위해서는 상품은 화폐로 전환되어야 한다. 따라서 화폐는 운동 W–G–W의 연속성과 마찬가지로 그것의 중단도 규정한다: "따라서 판매와 구매의 동일성은 상품이 … 화폐로 빠져나오지 않는다면, 즉 상품소유자들로부터 판매되지 않고 따라서 화폐소유자들에 의해 구매되지 않는다면 그 상품은 무용지물이 된다는 의미를 내포하고 있다."[MEW, 23, S. 127.] "상품가치의 상품체로부터 금으로의 건너뛰기는 … 상품의 목숨을 건 도약이다."[MEW, 23, S. 120.] "이러한 실체 전환은 헤겔의 '개념'에 있어서 필연에서 자유로 이행하는 것보다, 새우가 껍질을 벗는 것보다 … 더 어려운 일이다."[MEW, 23, S. 118.] 직접적인 동일성은 직접적인 비동일성으로, 즉 구매와 판매의 직접적인 분리로 진행된다. "더 나아가 이 동일성은 만약 이 (교환: 필자)과정이 성공한다면 그것은 장기간 또는 단기간 계속될 수 있는 상품의 생애의 한 시기인 휴식기를 형성한다는 것을 함유하고 있다. 상품의 제1전형은 동시에 판매이며 구매이기 때문에 이 부분적인 과정은 동시에 자립적인 과정이다. 구매자는 상품을 판매자는 화폐를 가지게 된다. … 다른 누군가가 구매하지 않으면 누구도 판매할 수 없다. 그러나 누구든 자신이 판매했다고 해서 곧 구매해야 하는 것은 아니다. 유통은 자신의 노동생산물의 교환과 타인의 노동생산물의 교환 사이에 존재하는 직접적 동일성을 판매와 구매라는 대립으로 분열시킴으로써 생산물 교환의 시간적, 공간적, 개인적 한계를 타파한다." [MEW, 23, S. 127.]

상품은 단지 진행 중에 있는 것으로서만 판매와 구매의 동일성과 비동일성의 통일이다. "… 만약 구매와 판매가 – 또는 상품의 전형운동이 – 두 과정의 통일, 또는 대립되는 두 국면을 통한 과정의 진행을 나타낸다면, 즉 근본적으로 두 국면의 통일이라면 그것은 그만큼 근본적으로 두 국면의 분리이며 그것들의 상호 자립화이다."[MEW, 26.2, S. 501.] 그러나 "자립적으로 서로 대립하고 있는 과정들이 내적 통일을 이룬다는 사실은 그 과정들의 내적 통일이 외적 대립 안에서 운동한다는 것과 같은 의미이다."[MEW, 23, S. 127.]

따라서 이 과정은 외적 대립에 의한 위기 가능성을 내포하고 있다. 결론적으로 말해, "단순한 전형형태에서 나타나는 한에서의 위기 가능성은 … 단지 다음과 같은 사실로부터, 즉 상품이 그것의 운동에서 통과하는 형태 차이들 – 국면들 – 이 첫째로는 필연적으로 서로 보충하는 형태들과 국면들이라는 것, 둘째로는 이 내적으로 필연적인 상관성에도 불구하고 서로 상관없이 존재하며, 시간적으로 공간적으로 서로 떨어지며, 서로 분리될 수 있고 독립적인 과정의 부분들과 형태들이라는 사실로부터 발생한다. 따라서 위기의 가능성은

전적으로 판매와 구매의 분리에 있다."[MEW, 26.2, S. 508-509.]

이러한 위기의 추상적 가능성은 그것의 추상적 현실성과 구별되어서는 안 된다. 왜냐하면 이들은 우선 직접적으로 동일하기 때문이다. 위기의 특징은 상품의 전반적인 판매 불가능에 있다. 따라서 위기는 "서로 대립하여 자립화된 생산과정 국면들의 통일이 폭력적으로 관철되는 것"[MEW, 26.2, S. 510. MEW, 23, S. 127-128 참조.]과 똑같이 구매와 판매의 분리이다.

다른 한편, 위기의 가능성과 위기의 현실성은 직접적으로 동일하지 않다. "판매와 구매는 서로 분리될 수 있다. 따라서 그것들은 잠재적 **위기**이며 그것들의 일치는 상품에게 있어서 항상 결정적인 계기가 된다. 그런 구매와 판매는 서로 뒤섞여 이행될 수 있다."[MEW, 26.2, S. 510.] 구매와 판매의 통합은 우연한 일이다. "위기의 일반적, 추상적 가능성은 내용이 없는 위기의 **추상적 형태** 이외에 다른 것을 의미하지는 않는다. … 따라서 확실히 **위기의 추상적 형태**(따라서 위기의 형식적 가능성)는 **상품의 전형** 그 자체이며, 이 전형 속에는 상품의 통일 속에 내포된 교환가치와 사용가치의 모순, 더 나아가 화폐와 상품의 모순이 발전된 운동으로서만 포함되고 있다. 그러나 위기의 이 가능성을 위기로 되게 하는 그것은 이 형태 자체에는 내포되어 있지 않다. 그것에 내포되어 있는 것은 단지 위기를 위한 **형태**가 존재한다는 것뿐이다."[MEW, 26.2, S. 510.] 이 형태는 단지 위기의 가능성만을 포함하고 있는데, 그 이유는 오직 "상품과 화폐의 대립이 부르주아적 노동에 포함된 모든 대립들의 추상적이고 일반적인 형태이기 때문이다. 따라서 화폐유통은 위기 없이 이루어질 수 있으나 위기는 화폐유통 없이는 발생할 수 없다."[MEW, 13, S. 77. MEW, 13, S. 79 참조.[12]]

12 "판매와 구매의 분리는 상품생산자들과 상품소비자들 사이의 최종적인 교환 이전에 본래적 상거래와 더불어 대량의 허위거래를 가능케 한다. 그리하여 이 분리는 대량의 기생자들이 생산과정에 침투해서 분열을 착취하는 것을 가능케 해 준다. 그러나 이것은 다만 부르주아적 노동의 모순들이 발전할 **가능성**이 주어져 있다는 것을 의미할 뿐이다." [MEW, 13, S. 79.]

따라서 위기의 형식적 가능성과 구별되는 것으로서 위기의 현실성은 이 형식적 형태에 추상적으로 포함되어 있다. 위기의 형태가 유통형태 W–G–W에 있다면 이것은 위기의 내용이 피상적으로 판매와 구매의 분리 가능성 따라서 근본적으로 우연한 유통의 정체로 나타난다는 것을 의미한다. 그러나 위기가 실제로 발생하는 이유는 특정한 현상형태 자체의 필연성을 증명한다고 해서 해명되지는 않는다. 판매와 구매의 분리는 "위기에서 나타난다. 그것은 위기의 기본 형태이다. 위기를 그것의 기본 형태로부터 **설명하려는** 것은 위기의 존재를 그것의 가장 추상적인 형태로 표명하는 것, 즉 위기를 위기로써 설명하는 것을 의미한다."[MEW, 26.2, S. 502.] "위기의 **일반적 가능성**은 … 시간적으로 공간적으로 구매와 판매의 분리이다. 그러나 이것은 결코 위기의 **원인**은 아니다. 왜냐하면 이것은 **위기의 가장 일반적인 형태**, 즉 가장 일반적인 표현에서의 위기 그 자체 이외에 다른 것이 아니기 때문이다. 그러나 **위기의 추상적 형태를 위기의 원인**이라고 말할 수는 없다. 위기의 원인에 대해 묻는다면 그것은 바로 왜 위기의 추상적 형태, 즉 위기 가능성의 형태가 가능성으로부터 현실성으로 되는가를 알려고 하는 것이다."[MEW, 26.2, S. 515.] "이 가능성이 현실성으로 발전하기 위해서는 단순한 상품유통의 입장에서는 아직 전혀 존재하지 않는 관계들의 총체가 필요하다."[MEW, 23, S. 128.]

I-6. 화폐의 화폐로서의 기능과 그 안에 내포된 형태적 위기의 가능성(추상적 단계에서 제2의 위기의 가능성)

앞에서는 가치척도로서의 기능을 하며, 따라서 그 자신이나 대리자를 통해서 유통수단으로서의 기능을 하는 상품이 화폐임을 알았다. 이러한 기능 이외에 금 자체가 화폐상품으로 나타나야 하는 경우가 있다. 이때 그것은 가치척도의 기능에서와 같이 순전히 관념적인 것도 아니고 또 유통수단의 기능에서와 같이 대리 가능한 것도 아닌 화폐상품으로서 나타난다. 다른 한편, 금이 사용가치로서의 다른 모든 상품에 대해, 그들 상품의 교환가치의 유일한, 적당한 존재로 등장하는 기능이 있다. 이 경우에 우리는 금이 화폐로서 기능을 한다고 한다. 따라서 여기에서 말하는 화폐란 실제 화폐, 즉 경화를 의미한다.

앞에서 언급한 내용을 간략하게 말하면, "금, 즉 가치척도와 유통수단으로서 기능하는 특수한 상품은 사회의 다른 관여 없이도 **화폐**가 된다. … 따라서 한 상품이 우선 가치척도와 유통수단의 통일로서 화폐가 되며 또는 가치척도와 유통수단의 통일이 화폐인 것이다."[MEW, 13, S. 102.] "그러나 그러한 통일로서 화폐는 다시 자립적이고 두 기능에서 그것의 현존과는 구별되는 존재를 갖는다. 가치척도로서의 화폐는 관념적 화폐일 뿐이며 관념적 금일 뿐이다. 단순한 유통수단으로서의 화폐는 상징적 화폐이며 상징적 금이다. 그러나 그것의 단순한 금속적인 화신 속에서 금은 화폐이고 또는 화폐는 실제 금이다." [MEW, 13, S. 102.] 이 점에 대해 좀 더 언급할 필요가 있다.

상품의 교환과정에서 화폐는 위에서 언급한 두 가지 기능(가치척도, 유통수단)을 교대로 수행한다. 그러나 상품의 판매는 시간이나 장소에 따라서 다른 상품의 구매와 반드시 일치하지는 않는다. "사실상 유통 W–G–W는 그것이 동시에 판매와 구매의 끊임없는 분리과정인 한에서만 판매와 구매의 진행 중에 있는 통일일 뿐이다. 주화로서 화폐가 끊임없이 유통하기 위해서는 주화는 끊임없이 화폐로 응고되어야 한다. 주화의 끊임없는 유통은 크거나 작은 몫으로, 전면적으로 유통 내에서 기인할 뿐만 아니라 유통을 조건지우는 주화준비금으로 끊임없이 쌓이는 것에 의해서도 조건지워진다. … 유통 W–G–W에서 두 번째 고리 G–W는 한 번이 아니라 시간을 두고 연속적으로 실행되는 일련의 구매들로 나뉘어 있다. 그리하여 G의 일부는 주화로서 유통되는 반면 다른 일부는 화폐로서 기능을 중지함을 우리는 보았다. 여기에서 화폐는 사실상 **기능이 정지된 주화**일 뿐이다. 따라서 유통수단의 화폐로의 이러한 첫 번째 전환은 화폐유통 자체의 단지 하나의 기술적 계기를 나타낼 뿐이다."[MEW, 13, S. 104.]

그러나 화폐의 유통은 화폐가 구매수단임을 증명하는 것이기 때문에 기능이 정지된 주화로서 휴식하고 있는 화폐는 일반적으로 기능이 정지된 구매수단을 나타내는데, 그것 자체가 축장화폐가 된다. "그러므로 화폐로서 금의 자립화는 유통과정이 분리되는 또는 상품전형이 두 개의 분리된, 무차별적으로 병존하는 행위들로 나누어지는 명백한 표현이다. 주화 자체는 그것의 유통이 중단되자마자 화폐가 된다."[MEW, 13, S. 104.]

사실 화폐는 부의 모든 특수한 형태로 즉시 전환될 수 있기 때문에 화폐는 직접적으로 "**소재적 부의 물질적 대리인**이다."[MEW, 13, S. 103.] 화폐는 그 개념(내용)에 따르면 추상적 일반적 노동의 직접적 화신, 일반적으로 사회적 부의 실체이며, 그 형태에 의하면 화폐는 모든 구체적이고 실제적인 노동의 총체, 실제 부의 물질적 풍부함을 의미한다. 따라서 화폐에서 사회적 부의 내용이나 형태가 일치한다.

사회적 부의 형태와 내용의 일치로 인해 화폐의 기능이 이제 새롭게 규정될 수 있게 되었다. 즉, 화폐가 축장화폐로 축적됨으로써 그것은 가치저장수단의 기능을 얻는다. 이로써 지금까지의 화폐의 기능은 전도된다. 화폐는 사회적 물질대사의 단순한 매개자로부터 스스로 목적이 된다. "상품을 특수한 현물적 부로부터 일반적인 사회적 부로 전환시키기 위해 전형을 위한 전형 W–G가 이루어진다. 물질대사 대신 형태변환이 자기 목적이 된다. 교환가치가 단순한 형태로부터 운동의 내용으로 변환된다."[MEW, 13, S. 106. MEW, 23, S. 144 참조.[13]] "상품의 소외된 자태는 절대적으로 양도할 수 있는 자태로서 또는 순간적으로 경과하는 화폐형태로서 기능하기를 저지당한다. 이로 인해 화폐는 축장화폐로 화석화된다."[MEW, 23, S. 144.] 유통수단으로서의, 그것의 자태에서 화폐는 "단순히 상징적인 종이조각으로 천박해졌다. … 화폐는 노예에서 주인이 된다. 그것은 단순한 조수에서 상품들의 신이 된다."[MEW, 13, S. 103.] "(따라서: 필자) 상품유통이 확대됨에 따라 언제라도 사용할 수 있는 부의 절대적으로 사회적인 형태인 화폐의 권력이 증가한다."[MEW, 23, S. 145.] 자립적이고 일반적인 교환가치로서 화폐가 직접 상품으로 전환될 수 있는 사실은 화폐의 자연적 속성처럼 보인다. 화폐는 사회적 부의 화신인 것처럼 보인다. 이러한 표상을 맑스는 화폐물신성이라고 칭하였다.

화폐축장의 충동은 특히 화폐의 양적인 제한과 질적인 무제한 사이의 모순 때문에 끝이 없게 된다: "화폐는 어떠한 상품으로도 직접 전환될 수 있기 때문에 질적으로나 또는 형태적으로나 제한이 없다. 즉, 물질적 부의 일반적인 대표자이다. 그러나 동시에 실제 화폐액은 양적으로 제한되어 있고, 따라서 또한 효력이 제한된 구매수단일 뿐이다. 화폐의 양적인 제한과 질적인 무제한 사이의 이러한 모순은 화폐축장자를 축적이라는 시지프스(Sisyphus)적 노동으로 끊임없이 몰아넣는다. 그는 아무리 새로운 국가를 정복한다 해도 여전히 새로운 국경과 마주치게 될 뿐인 세계정복자와 비슷하다."[MEW, 23, S. 147. MEW, 13, S. 109-110 참조.[14]]

13 "상품유통 자체의 최초의 발전과 함께 제1전형의 산물인, 상품의 전환된 자태, 즉 상품의 번데기를 확보할 필요성과 정열이 발전한다. 상품을 구매하기 위해서가 아니라 상품형태를 화폐형태로 바꾸기 위해서 상품은 판매된다. 이 형태변환은 물질대사의 단순한 매개를 넘어서 자기 목적으로까지 된다." [MEW, 23, S. 144.]

14 "축장화폐는 유통과 끊임없는 긴장 속에 있지 않으면 단순히 쓸모없는 금속일 것이며 그의 화폐혼은 그것으로부터 도망쳐서 그는 유통의 다 타버린 재로서, 유통의 화학적 잔재로서 남을 것이다. 화폐, 즉 자립화된 교환가치는 그것의 질에 있어서 추상적 부의 존재이지만, 다른 한편으로 주어진 각 화폐액은 양적으로 제한된 가치크기이다. 교환가치의 양적 한계는 그것의 질적 일반성에 모순되며, 축장자는 이 한계가 사실상 동시에 질적 제한들로 전환되거나 또는 축장화폐를 소재적 부의 단순히 한정된 대리인들로 만드는 제약이라고 느낀다. … 그러나 축장화폐의 일정한 양적 한계를 넘으면서 다시 지양되어야 할 새로운 제약이 창조된다. 제약으로서 나

그러나 금을 화폐로서 확보하기 위해서 화폐축장자는 물질적 부의 모든 향락을 포기해야만 한다. "따라서 화폐축장자는 금이라는 물신에게 그의 육체적 쾌락을 희생으로 삼는다. 그는 금욕이라는 복음을 진심으로 믿는다. … 따라서 근면, 절약과 탐욕이 그의 기본 덕목을 이루며, 많이 판매하고 적게 구매하는 것이 그의 정치경제학의 전부이다."[MEW, 23, S. 147.] "교환가치의 순교자, 금속기둥의 꼭대기에 앉아 있는 신성한 금욕자로서"[MEW, 13, S. 111.] 화폐축장자는 결국 그의 부를 사회로부터 빼내어 매장한다.

상품유통의 발전과 함께 다른 상품을 구매하기 위해서가 아니라 전적으로 상품을 화폐형태로 전환하기 위해서 상품을 판매해야 할 경제적 필요성 또한 발생한다. 그 이유는 다음과 같다: "실제 유통하는 화폐량이 유통 분야의 포화도에 항상 상응하기 위해서는 한 국가 내에 존재하는 금 또는 은의 양이 주화로서 기능을 하는 금 또는 은의 양보다 더 많아야 한다. 이 조건은 화폐의 축장형태에 의해 충족된다. 축장화폐의 저수지는 유통하는 화폐가 흘러나가는 동시에 흘러들어 오는 수로로서의 역할을 하고 따라서 유통하는 화폐는 결코 유통 수로를 범람하지 않는다."[MEW, 23, S. 148.]

앞에서 우리는 축장화폐로서의 화폐의 기능은 그것의 유통수단으로서의 기능의 정지와 관련되어 있음을 살펴보았다. 유통수단으로서의 화폐는 항상 구매수단으로서의 기능을 수행하므로 화폐의 비유통수단이라는 규정은 따라서 구매수단으로서의 기능의 중지를 의미한다고 하겠다. 비구매수단이라는 화폐의 규정은 축장화폐처럼 화폐의 유통으로부터의 이탈을 의미하지 않는다. 비구매수단으로서의 화폐는 유통의 외부에서가 아니라 유통 내에서 자립

타나는 것은 축장화폐의 한 일정한 한계에서만이 아니라 축장화폐의 어떤 한계에서도 다 마찬가지이다. 그러므로 축장은 아무런 내재적 한계, 자체 내 아무런 한도도 가지고 있지 않으며, 그것의 매번의 결과에서 시작의 동기를 발견하는 끝없는 과정이다. 축장화폐가 보관됨으로써만 증대된다면 그것은 그러나 또한 증대됨으로써만 보관된다."[MEW, 13, S. 109-110.]

화된 것으로 규정되어야 한다. 사용가치로서의 상품의 양도가 가격에 관념적으로 규정된 상품의 교환가치의 실현으로부터 시간적으로 분리되었을 때 화폐는 유통 내에서 비구매수단이 될 수 있다. 이러한 상품의 양도와 상품가격의 실현의 시간상 분리를 통해 지불수단으로서의 화폐의 기능이 발생한다. 이러한 화폐의 지불수단으로서의 기능은 상품유통의 발전으로부터 필연적으로 생긴다: "상품의 유통이 발전함에 따라 상품의 양도를 상품가격의 실현으로부터 시간적으로 분리시키는 사정들이 발전한다. … 판매자는 채권자가 되고 구매자는 채무자가 된다. 여기에서는 상품의 전형 또는 상품의 가치형태의 전개가 달라지기 때문에 화폐도 또한 하나의 다른 기능을 획득한다. 화폐는 지불수단으로 된다."[MEW, 23, S. 149.] "우리가 지금 화폐를 관찰하는 규정에서 화폐는 유통되거나 또는 유통에 들어가지만 유통수단이라는 기능에서가 아니다. 유통수단으로서 화폐는 항상 구매수단이었으나 이제 화폐는 비구매수단으로서 작용한다."[MEW, 13, S. 115.] 이 기능의 생성에 대해 좀 더 살펴보기로 하자.

판매자는 상품의 사용가치를 양도하나 그는 상품의 가격 자체를 관념적으로만 실현한다. 구매자는 화폐의 사용가치를 실현함으로써 상품의 사용가치를 구매한다. 따라서 그는 미래 화폐의 대리인으로서 구매한다: "W–G 과정에서 실제 사용가치 및 관념적 교환가치로서의 상품이 실제 교환가치 및 관념적 사용가치로서의 화폐와 관계를 맺는다는 것을 … 보았다. 판매자는 상품을 사용가치로서 양도하면서 상품 자신의 교환가치와 화폐의 사용가치를 실현했다. 반대로 구매자는 화폐를 교환가치로서 양도하면서 그것의 사용가치와 상품의 가격을 실현했다. … 이제는 … 판매자는 상품을 실제로 양도하고 그것의 가격을 실현하지만 일단은 단지 관념적으로만 그러하다. 그는 상품을 장래에 확정되는 시기에 비로소 실현되는 가격으로 팔았다. 판매자는 현재 상품의 소유자로서 판매하는 반면에 구매자는 장래 화폐의 대리인으로서 구매한다. 판매자 쪽에서 상품은 가격으로서는 실제로 실현되지 않고 사용가치로서는 실제로 양도된다. 구매자 쪽에서는 화폐가 교환가치로서는 실제로 양도되지 않고 상품의 사용가치에서 실제로 실현된다. 이전의 가치표장 대신에 여기에서는 구매자 자신이 상징적으로 화폐를 대리한다."[MEW, 13, S. 116-117.] 즉, 상품의 화폐로의 직접적인 전환과는 달리 이제 구매자는 화폐의 사용가치를 실현하나 판매자는 그의 상품의 교환가치를 실현하지 않는다. 다시 말해, 여기서는 교환가치, 화폐는 단지 관념적으로만 규정된다. 판매자의 입장에서 상품들의 가격 속에서 구매자의 입장에서는 상품가격 자체가 상징적으로 화폐를 대변한다. "… 이전에는 가치표장의 일반적 상징성이 국가의 보증과 강제통용력을 야기했듯이 이제는 구매자의 개인적 상징성이 상품소유자들 사이의 법적으로 강요할 수 있는 사적 계약들을 야기한다. … 판매자와 구매자는 채권자와 채무자가 된다. … 상품소유자는 신자에서 채권자가 되고 종교로부터 법학으로 떨어진다."[MEW, 13, S. 117.]

상품생산자는 이제 나중에 지불한다는 약속, 즉 신용으로 구매한다. 신용으로 구매 시 만기일에 지불되는 화폐는 상품유통이 이미 행하여졌기 때문에 더 이상 유통수단이 아니라 지불수단이다. 따라서 지불수단으로서의 화폐는 이제 두 가지 기능을 단지 관념적으로만 수행한다. 첫째로 판매되어야 할 상품의 가격규정 시 가치척도로서 그리고 관념적 구매수단과 마찬가지로 구매자의 의무의 척도로서, 비록 화폐는 구매자의 화폐약속으로만 존재하지만, 이 화폐는 상품의 교환을 실현시킨다. 화폐는 지불기일에서야 비로소 지불수단으로서 – 유통수단이나 구매수단이 아닌 – 실제 유통 속으로 들어간다. 즉, 화폐는 상품이 이미 유통과정에서 빠져나간 후에 지불수단으로서 유통 속으로 들어간다. "이로써 … 화폐는 새로운 형태규정을 얻는다. 화폐 또는 교환가치의 자립적 발전은 더 이상 상품유통의 매개적 형태가 아니고 상품유통의 완결

된 결과이다."[MEW, 13, S. 119. MEW, 23, S. 150 참조.[15]]

이전에 화폐는 사회적 물질대사의 일시적 매개자로서 기능을 수행했으나 이제 지불수단으로서의 기능 속에서 판매자가 지불수단으로서의 화폐를 얻기 위해 신용으로 지불기일에 상품을 판매하도록 강요됨으로써 화폐는 비로소 생산자의 사회적 관계와 물질대사를 야기시킨다. 따라서 상품소유자의 개인적 욕구와는 상관없이 "판매는 유통과정의 운동에 의해 상품소유자에게는 사회적 필연성으로 전환되었다. 과거의 상품구매자로서 그는 화폐를 구매수단으로서가 아니라 지불수단으로서, 즉 교환가치의 절대적 형태로서 취득하기 위해 강제적으로 다른 상품의 판매자가 된다. 화폐축장에서는 상품소유자의 일시적 기분으로 여겨졌던 완결적 행위로서 상품의 화폐로의 전환 또는 자기목적으로서의 상품의 첫 번째 전형이 이제는 하나의 경제적 기능이 되었다. 지불하기 위한 판매의 동기와 내용은 유통과정의 형태 자체로부터 유래하는 판매의 내용이다."[MEW, 13, S. 118. MEW, 23, S. 150 참조.[16]]

지불수단으로서의 화폐에 근거를 두고 있는 상호간의 의무들은 연쇄적인 채무관계로 발전한다. 상품생산 발전이 일정한 단계에 이르면 지불수단으로서의 화폐는 상품유통 속에서뿐만 아니라, 예를 들어 조세나 지대 등의 지불수단으로서의 기능을 수행하게 된다. 이로써 지불수단으로서의 화폐는 "계약상의 일반적 상품"[MEW, 23, S. 154.]이 된다. "(따라서: 필자) 지불수단으로서의 화폐의 발전은 채무액의 지불기일에 대비하기 위해 화폐축적을 필요로 한다. 자립적인 치부형태로서의 화폐축장은 부르주아 사회가 진보함에 따라 사라지지

15 "화폐는 이미 이 과정을 매개하지 않는다. 화폐는 교환가치의 절대적 존재로서 또는 일반적 상품으로서 이 과정을 자립적으로 종결시킨다." [MEW, 23, S. 150.]

16 "판매자는 화폐로 어떤 욕망을 충족시키기 위해, 화폐축장자는 상품을 화폐형태로 보존하기 위해, 그리고 채무를 진 구매자는 지불을 할 수 있기 위해 상품을 화폐로 전화시킨다. 이 구매자가 만약 지불을 하지 않는다면 그의 소유물은 강제 매각된다. 요컨대, 상품의 가치자태, 즉 화폐는 유통과정 그 자체의 여러 관계로부터 발생하는 사회적 필연성에 의해 자기 목적이 된다." [MEW, 23, S. 150.]

만, 거꾸로 지불수단의 준비금이라는 형태로서의 화폐축장은 그 진보에 따라 증대한다."[MEW, 23, S. 156. MEW, 13, S. 123 참조.[17]]

"(그러나: 필자) 화폐의 지불수단으로서의 기능은 하나의 직접적인 모순을 내포하고 있다."[MEW, 23, S. 151.] 상품유통이 발전함에 따라 누구나 상품을 신용으로 판매하고 신용으로 구매한다. 그리하여 채권자는 동시에 채무자가 된다. 이때에 화폐는 우선 가치척도로서 그리고 관념적 구매수단으로서 기능을 한다. 채권이 상쇄될 때 화폐는 실제 나타나지 않는다. 그것은 가치척도로서의 기능과 가격의 도량기준으로서의 기능 속에서 단지 계산화폐로 나타난다. 그것은 실제 지불이 이루어질 때에만 실제 화폐로서 나타난다. 그러나 여기에서 화폐는 유통수단이 아니라 지불수단으로서 기능을 한다. "그리하여 지불수단으로서 화폐의 기능은 화폐가 한편으로는 지불이 상쇄되는 한 단지 관념적으로만 작용하며, 다른 한편으로는 지불이 실제로 이루어지는 한에서 일시적으로 경과하는 유통수단으로서가 아니라 일반적 등가물의 휴식하고 있는 존재물로서, 절대적 상품으로서, 한마디로 말해 화폐로서 유통에 들어온다는 모순을 내포한다."[MEW, 13, S. 122. MEW, 23, S. 151-152 참조.[18]]

"이러한 모순은 화폐위기라 불리는 생산위기, 상업위기의 순간에 폭발한다."[MEW, 23, S. 152.][19]

17 "지불은 준비금을, 즉 지불수단으로서 화폐의 축적을 필요로 한다. 이 준비금의 형성은 축장에서처럼 유통 자체에 외적인 활동으로도 현상하지 않고 주화준비금에서처럼 단순히 기술적인 주화의 정체로서도 나타나지 않는다. 오히려 화폐는 일정한 장래의 지불기한에 존재하기 위해 점진적으로 축적되어야 한다. 그러므로 치부수단으로 간주되는 추상적 형태의 축장은 부르주아 생산의 발전과 더불어 감소하는 반면에, 교환과정에 의해 직접 필요해지는 이 축장, 또는 상품유통 영역 일체에서 형성되는 축장화폐의 일부는 지불수단의 준비금으로 흡수된다. 부르주아적 생산이 발전할수록 이 준비금은 필요한 최소치로 제한된다." [MEW, 13, S. 123.]

18 "화폐의 지불수단으로서의 기능은 하나의 무매개적인 모순을 포함하고 있다. 여러 지불이 상쇄되는 한에 있어서 화폐는 그저 관념적으로 계산화폐 또는 가치척도로서의 기능만을 할 뿐이다. 실제 지불이 행해져야 하는 경우에 그것은 유통수단으로서 나타나는 것이 아니라, 즉 단지 물질대사의 순간적인 매개적 형태로서 나타나는 것이 아니라 사회적 노동의 개별적인 화신, 교환가치의 자립적인 현존재, 절대적 상품으로서 등장하는 것이다." [MEW, 23, S. 151-152.]

이에 대해 좀 더 상세하게 살펴보기로 하자. 채무자 중 한 사람이 더 이상 지불할 수 없게 되는 순간에 한 개인의 지불 불능이 채권자들과 채무자들의 연쇄적인 지불 불능으로 된다. 그리하여 결국에는 전 체제가 위기 속으로 빠지게 된다. 모두 구매하기 위해서가 아니라 지불하기 위해서 화폐를 구한다. 모두 화폐를 얻기 위해 그들의 상품을 저렴한 가격으로 판매할 각오가 되어 있다. 그리하여 "화폐는 가치척도로서 가스 같은 환상적 형태에서 갑자기 경화 또는 지불수단으로 돌변한다. … 그러한 순간에 유일한 부로서 갈망되는 최고의 선은 화폐, 현금이다."[MEW, 13, S. 122. MEW, 23, S. 152 참조.[20]]

"평범한 상품들로는 화폐를 대신할 수 없게 된다. 상품의 사용가치는 무가치한 것이 되고 상품의 가치는 그 자신의 가치형태 앞에서 보잘것없게 된다. 부르주아는 호경기에 도취되어 자신만만하게 화폐를 공허한 환상이며 상품만이 화폐라고 여전히 언명하였는데, '이제는 화폐만이 상품이다!'라는 소리가 들린다. … 사슴이 신선한 물을 갈망하듯이 부르주아의 영혼은 유일한 부인 화폐를 갈망한다. 위기 속에서 상품과 그것의 가치자태, 즉 화폐 사이의 대립이 절대적 모순으로까지 고양된다."[MEW, 23, S. 152.] "화폐는 중금주의에서처럼 모든 물질적 부의 단순히 상상된 가치 하락과 가치 상실에서가 아니라 실제적 가치 하락과 가치 상실에서 부의 그러한 배타적 존재로서 나타난다. 이것은 화폐위기라 불리는 세계시장위기의 한 특수한 계기이다. … 신용제도의 화폐제도로의 갑작스러운 이 변화는 실제적인 위기에 이론적 위기를 첨가한다. 그리하

---

19 맑스는 화폐위기에 대해 다음과 같이 서술한다. "모든 일반적인 생산, 상업위기의 특별한 단계로 규정되고 있는 화폐위기는 흔히들 똑같이 화폐위기라 부르지만 독립적으로 나타날 수 있고 따라서 산업과 상업에 대해서는 오직 반동적으로 작용할 뿐인 특별한 종류의 위기(금융위기)와는 마땅히 구별되어야 한다. 이 후자의 위기에서는 그 운동의 중심이 화폐자본이며 또한 그러한 이유로 그 집적적인 영역도 은행, 증권거래소, 재정이다." [MEW, 23, S. 152, 각주 99.]

20 "이 기구에 보다 전반적인 교란이 일어나게 되면 그 교란이 어디에서부터 생겨났건 간에 화폐는 계산화폐라는 단순히 관념적인 자태로부터 갑자기 그리고 아무런 매개도 없이 경화로 돌변한다." [MEW, 23, S. 152.]

여 유통 당사자들은 자신들의 갖가지 관계들의 헤아리기 어려운 비밀에 몸서리친다."[MEW, 13, S. 122-123.]

교환과정의 형식적 매개자인 화폐는 위기 상황에서 절대적으로 요구되는 상품으로 된다. 지불수단으로서의 화폐는 유통과정을 독자적으로 완결시키기 때문에 지불수단에 대한 수요는 결국 축장화폐에서처럼 유통과정 외부에서가 아니라 유통과정 내에서 화폐의 완전한 자립화를 야기시킨다. 지불수단으로서의 화폐의 발전에는 채무액의 지불기한을 위한 화폐 축적이 필요하다. 자립적인 치부형태로서의 화폐축장은 부르주아 사회가 진보함에 따라 소멸하지만, 거꾸로 지불수단의 준비금이라는 형태로서의 그것은 이 진보에 따라 증대한다.

결론적으로 말해, "첫째 형태의 위기는 상품전형 자체, 즉 구매와 판매의 분리이다. 둘째 형태의 위기는 화폐가 시간적으로 분리된 상이한 두 시기에 서로 상이한 두 가지 기능을 수행하는 지불수단으로서의 화폐의 기능 속에 있다."[MEW, 26.2, S. 511. MEW, 26.2, S. 514 참조.] "첫 번째 것은 두 번째 것이 없이도 가능하다. 즉, 위기는 신용이 없이도, 즉 화폐가 지불수단으로서 기능하지 않아도 가능하다. 그러나 두 번째 것은 **첫 번째 것이 없이는**, 즉 구매와 판매가 분리되지 않고서는 불가능하다. 그러나 후자의 위기는 상품이 판매될 수 없기 때문만이 아니라 그것이 일정한 기간 내에 판매될 수 없기 때문이다. … 이것이 **화폐위기의 본래 형태**이다. 그리하여 **위기**는 구매와 판매가 분리되기 때문에 발생하는데, 화폐가 지불수단으로 발전하자 위기는 화폐위기로 발전한다. 그리고 위기의 이 두 번째 형태는 **첫 번째 형태가 발생하자** 당연한 것이 되었다."[MEW, 26.2, S. 515.] "그러나 이것은 … 단순한 **형태들** – 위기의 일반적 가능성이며 또한 현실적 위기의 형태들, 추상적 형태들이다. 이 형태들에서 위기의 존재는 가장 단순한 형태들로 나타나며 이 형태 자체가 위기의 가장 단순한 내용인 한에서 가장 단순한 내용을 가진 것으로 나타난다. 그러나 이것은 아직 **근거가 있는** 내용은 아니다. 단순한 화폐유통과 더 나아가 지불수단으로서의 화폐유통 – 이 양자는 자본주의적 생산이 나타나기 오래 **전**에 위기의 발생 없이 나타난다 – 은 위기 없이도 가능하며 실제로 존재한다. 따라서 왜 이 형태들이 그것들의 위험한 측면을 내보이는지, 왜 그것들 속에 잠재적로 내포되어 있는 모순이 현실적 모순으로 나타나는가 하는 것은 이 형태들만으로는 설명될 수 없다."[MEW, 26.2, S. 512-513.]

그러나 이 두 형태의 위기가 여전히 추상적일지라도 두 번째 형태의 위기는 첫 번째 형태의 그것보다 더 구체적이다. 그 이유는, 가치척도로서와 가격의 도량기준(계산화폐)으로서의 화폐의 관념적 자태와 화폐로서의 그것의 실제 자태의 시간적, 공간적 분리에 따라 그것들의 일치 자체는 사회적 물질대사 과정의 위험한 계기가 되기 때문이다. 그리하여 여기에서 다음과 같은 사실이 지적되어야 한다. 즉, "금 또는 은의 가치변동이 가치척도 또는 계산화폐로서의 그것들의 기능에 영향을 끼치지 않는다고 하더라도 이러한 가치변동은 축장화폐로서의 화폐에는 결정적으로 중요하다. 왜냐하면 금 가치와 은 가치의 상승과 하락으로 인해 축장화폐로서의 금과 은의 가치크기가 상승 또는 하락하기 때문이다. 지불수단으로서의 화폐에게는 더욱 중요하다."[MEW, 13, S. 124.] 왜냐하면 지불수단으로서의 화폐의 기능을 수행할 시기에 화폐상품의 가치는 계약 체결 시기에 비해 변할 수 있고 따라서 약정한 가격 속에 가정된 상품가치와 화폐상의 등가는 더 이상 주어질 수 없기 때문이다. 따라서 상품의 매상금으로는 채무가 변제될 수 없게 되며 따라서 일련의 모든 거래들이 상쇄될 수 없게 된다. 그러므로 "이 경우에 **지불의 불가능**은 한 군데에서만 아니라 많은 곳에서 나타나며 따라서 **위기**가 발생한다."[MEW, 26.2, S. 514.] "금과 은 같은 특수한 상품의 화폐 또는 자립적인 교환가치로서의 기능이 여기에서 상품 생산비의 변동에 의해 가치크기가 좌우되는 특수한 상품으로서의 그것의 본성과 충돌한다.”[MEW, 13, S. 124.]

“따라서 **위기의 일반적 가능성**이 왜 **현실성**으로 되는지를 연구함에 있어서, 즉 위기의 **조건들을** 연구함에 있어서 **지불수단**으로서의 화폐의 발전으로부터 발생하는 위기의 **형태**에 관심을 두는 것은 완전히 쓸데없는 짓이다.”[MEW, 26.2, S. 515.] “**위기의 일반적 조건들**은 그것이 가격변동들(이 가격변동이 신용과 관련되어 있거나 말거나) – 가치변동들과는 상이한 것으로서 – 과 상관없는 한에서 자본주의적 생산의 일반적 조건들로부터 설명되어져야 한다.”[MEW, 26.2, S. 515-516.]

상품유통과 화폐유통은 한 국가에만 제한되어 있지 않고 국가들 사이에서도 행해진다. 따라서 화폐는 또한 세계시장에서도 기능을 수행한다. “화폐를 세계화폐로, 그리고 **추상적** 노동을 사회적 노동으로 발전시킨 것은 시장의 세계시장으로의 발전, 세계무역이다.”[MEW, 26.3, S. 250.] “국내 유통 영역으로부터 이탈함으로써 화폐는 국내 유통 영역에서 형성된 가격의 도량기준, 주화, 보조화폐 그리고 가치표장 등의 국지적 형태들을 다시 벗어버리고 귀금속 본래의 지금형태로 되돌아간다. 세계무역에서 상품들은 그것들의 가치를 보편적으로 표현한다. 따라서 여기에서는 상품의 자립적 가치자태 또한 세계화폐로서 상품에 대립한다. 세계시장에서 비로소 화폐는 완전히 그 현물형태가 동시에 추상적 인간노동이 직접적으로 사회적으로 실현된 형태인 상품으로서 기능을 한다. 화폐의 존재양식이 그 개념에 부합된다.”[MEW, 23, S. 156. MEW, 13, S. 125 참조.] “국내 유통을 위해 준비금이 필요하듯이 세계시장의 유통을 위해서도 준비금이 필요하다. 이리하여 축장화폐의 여러 기능은 부분적으로는 국내의 유통수단 및 지불수단으로서의 화폐의 기능으로부터 생겨나고, 또 부분적으로는 세계화폐로서의 화폐의 기능으로부터 생겨난다.”[MEW, 23, S. 158-159.]

“세계화폐는 일반적 지불수단, 일반적 구매수단 그리고 부 일반의 절대적 사회적 물상화로서 기능한다. 국제대차결제를 위한 지불수단으로서의 기능이 세계화폐의 주된 기능이다.”[MEW, 23, S. 157.]

그러나 세계시장에서는 화폐의 지불수단 기능이 정립한 상품의 사용가치의 양도와 그것의 가치의 실현 사이의 시간적 차이 위에 또한 공간적 격차 그리고 이와 결합된 사회적 노동의 노동생산성의 상이한 발전 가능성이 덧붙여진다. 따라서 지불수단에 여전히 형식적으로 내포된 위기의 가능성이 세계화폐에서 가장 구체적인 형태를 띠게 된다.

I-7. 화폐의 자본으로의 전환

“상품의 통일 속에 내재된 교환가치와 사용가치, 더 나아가서는 화폐와 상품 사이의 모순이 단지 발전된 운동으로서 포함되고 있을 따름인 **상품전형** 자체의”[MEW, 26.2, S. 510.] 진행 중에 나타나는 첫째와 둘째 위기형태에 대한 지금까지의 관찰에서는 단지 단순한 “**형태들** – 즉, 위기의 일반적 가능성들, 따라서 현실적 위기의 형태들, 추상적 형태들”[MEW, 26.2, S. 512-513.]만이 제시될 수 있었다. 그러나 “왜 … 이 형태들이 그것들의 위험한 측면을 내보이는지, 왜 그것들 속에 잠재적으로 내포되어 있는 모순이 실제적 모순으로 나타나는가” 하는 이유는 “이 형태들만으로는 설명될 수 없다.”[MEW, 26.2, S. 513.] “그것에 내포되어 있는 것은 단지 위기를 위한 **형태**가 존재한다는 것뿐이다.”[MEW, 26.2, S. 510.]

따라서 문제는 이제 직접적 생산과정에서 “잠재적 위기의 가일층의 발전을 … 추적하는 것인데, 이것도 잠재적 위기가 상품과 화폐로서의 자본의 단순한 존재 속에 내포되어 있지 않고 자본으로서 자본에 **고유한** 자본의 형태규정들로부터 나오는 한에서 그러하다."[MEW, 26.2, S. 513.] 따라서 현실적 위기의 원인은 자본주의적 생산의 현실운동으로부터 도출되어야 한다. 이 위기를 더 이상 위기의 형식적 가능성이 아닌 자본주의적 생산의 실질적인 결과로서 파악하기 위해서는 이제 자본에 대한 분석이 필요하다. 위기의 본질적 요소들 그 자체는 자본의 생산과정 내에 존재한다. 왜냐하면 자본의 생산과정이란 근본적으로 잉여가치의 생산과정이기 때문이다. 그러나 자본의 생산과정 그 자체 내에서는 위기가 나타날 수 없다. "그 이유는 생산과정에서는 재생산된 가치뿐만 아니라 잉여가치의 실현이 문제가 되지 않기 때문이다. 이 문제는 그 자체가 동시에 **재생산과정인 유통과정**에서 비로소 나타날 수 있다."[MEW, 26.2, S. 513.] 그러나 비록 잉여가치의 생산 속에 내재된 위기의 실질적인 요소들이 직접적 생산과정 내에서 나타나지 않는다 하더라도, 현실적 위기는 자본의 생산과정 자체에서 발생한다. 따라서 위기의 실질적 논증은 자본의 근본형태의 도출로부터 시작되어야 한다.

지금까지 서술한 화폐 기능으로부터는 – 단순상품유통(W–G–W)의 범주에 관한 한 – 교환가치의 자립화의 발전이 더 이상 불가능함이 드러났다. 단순상품유통에서 화폐는 항상 사회적 물질대사의 매개 역할만 수행한다. 가치척도로서의 기능과 가격의 도량기준으로서의 기능 속에서 화폐는 단지 관념적 화폐로서만 기능을 수행한다. 유통수단으로서의 화폐는 "교환가치의 자립적인 표현인데, 단지 순간적인 계기일 뿐이다."[MEW, 23, S. 143.] 따라서 화폐의 이 두 번째 기능의 결함은 자립화된 교환가치가 자신의 표장으로 격하되고 자신의 일시적 소멸 속에서 자신을 실현할 수 있다는 데 있다: "이 운동(단순상품유통: 필자)은 다만 상품의 전형 W–G–W의 서로 대립하는 과정들의 계속적인 상호전환을 표시할 뿐이며, 이 과정에서는 상품의 가치자태(화폐: 필자)가 상품에 대립해 있다고 생각하는 순간에 이미 그 대립은 소멸되어 버린다. 상품의 교환가치의 자립적인 표시는 여기에서는 그저 순간적인 계기에 지나지 않는다. 그것은 다시 곧 다른 상품으로 대체된다. 그러므로 화폐를 끊임없이 한 사람의 손으로부터 다른 사람의 손으로 멀어져 가게 하는 과정에서는 화폐의 단순한 상징적인 존재로도 충분하다. … 상품가격을 일시적이고 객관적으로 반영함으로써 화폐는 오직 그 자신의 표장으로서의 기능만을 할 뿐이며, 따라서 표장에 의해 대리될 수도 있다."[MEW, 23, S. 143.]

화폐로서의 세 번째 기능 속에서 화폐는 "결코 상품교환의 단순한 매개형태가 아니다. 화폐는 유통과정에서 생성된 교환가치의 한 형태인데, 사회적 생산물이다." "그것은 유통의 산물, 말하자면 지불 약속을 담보로 유통에서 생성된 것이다."[『요강 초고』, S. 928.] 그리고 이 유통에서 가치는 유통에 대립하여 자립화되었다. 이 세 번째 규정에서 화폐는 그가 개인적 향락을 위해 사용되지 않는다면 우선 축장화폐로 규정될 수 있다. 지불수단으로서의 화폐는 축장화폐처럼 소극적인, 즉 유통의 외부가 아니라 적극적으로, 즉 유통 자체 내에서 자립화된다: "유통수단이 축장화폐로 전환하는 것은 유통과정이 제1단계에서 중단되고 따라서 상품의 전환된 자태로서의 화폐가 유통으로부터 끌려나왔기 때문이다. 지불수단이 유통으로 들어가지만 그러나 그것은 상품이 이미 유통으로부터 나가버린 후이다. 화폐는 이미 이 과정을 매개하지 않는다. 화폐는 교환가치의 절대적 존재로서 또는 일반적 상품으로서 이 과정을 자립적으로 종결시킨다."[MEW, 23, S. 150.] 화폐는 물적 매개자에서 자립화된 결과물, 즉 절대적 상품으로 된다.

그러나 이러한 모든 자립화의 형태들은 이 형태들이 생성된 과정과 똑같이 추상적이다. 세계화폐에서 지금까지의 자립화 형태들의 결합이 마침내 지양되었으나 단지 표면적으로 그러하다. 화폐의 셋째 규정의 결함은 유통의 외부에서 화폐의 단순히 표면상의 자립화에 있다. “그것의 자립화는 단지 가상일 뿐이다. 그것의 유통으로부터의 자립은 단지 … 유통에 대한 종속으로서만 존재한다.”[『요강 초고』, S. 145.] 이에 대한 근거는 단순히 이러한 자립화의 형태들은 자기 갱신의 원칙을 그 자체 내에 품고 있지 않는 한 과정의 결과라는 사실에 있다. 이 형태들은 그 과정의 전제조건들이 그 과정 외부에 있는 과정으로부터 유래한다. 따라서 자립화된 교환가치는 여기서는 이 과정의 결과이지 전제조건이 아니다. 단순상품유통 W–G–W에서 화폐의 일시적인 매개 역할은 단순히 상품과 화폐의 가치교환에 있다. 따라서 단순상품유통은 “자기 갱신의 원칙을 자신 안에 품고 있지 않다.”[『요강 초고』, S. 166.]

“그러므로 유통의 운동 자체로부터 발생한 그것 이외의 형태규정을 찾기 위해서는 우리는 교환가치 자체가 계속 발전하며, 유통과정에 의해 보다 깊게 각인된 규정들을 얻는 형태, 화폐 발전의 측면, 즉 형태 G–W–G에 의존해야만 한다.”[『요강 초고』, S. 925.] 이 형태에서 화폐는 전제조건이 되며 자신의 과정 속에서 결과로 나타난다. 화폐는 유통 속으로 들어가고 유통 안에서 사라지지 않는다. 이 형태, 즉 G–W–G에서 화폐는 자기 목적으로 나타나는데, 그 소유자에 의해 “다시 그것을 손에 넣으려는 저의를 가지고”[MEW, 23, S. 163.] 유통 속으로 던져진다. 화폐의 유통 속으로의 진입조차도 또한 화폐 자립화의 계기가 된다. “단순히 유통에서 등장하는 것으로서의 화폐는 부정되었다. 그러나 유통에 대해 자립적으로 맞서는 것으로서의 화폐도 역시 부정되었다. 요약하자면 이 부정은 그들의 적극적인 규정들 속에서 자본의 첫 번째 요소들을 포함한다.”[『요강 초고』, S. 164.]

이제 우리의 과제는 자본 개념을 간략하게 서술하는 것이다. “자본 개념을 설명하기 위해서는 … 가치로부터 그것도 이미 유통운동 속에서 발전된 교환가치로부터 출발하는 것이 필요하다.”[『요강 초고』, S. 170.] 따라서 단순상품유통의 범주가 자본 개념의 서술을 위한 토대를 형성한다. 유통운동 속에서 발전한 교환가치란 화폐를, 더 정확하게 말해, 실제 화폐, 즉 모든 상품의 일반적 등가물로서 기능하는 화폐를 의미한다. 자본 발생의 관점에서 볼 때 화폐의 세 번째 규정 중 축장화폐와 지불수단으로서의 화폐의 기능이 문제가 된다. 유통 영역 내에서 세계화폐와 화폐 사이의 차이점은 단지 세계화폐가 가치척도, 유통수단과 일반적 지불수단으로서의 화폐 기능을 수행하는 그것의 보편성에 있다. 따라서 화폐는 가치척도와 유통수단으로서의 화폐와 마찬가지로 세계화폐로서의 기능에서는 결코 자본 개념의 설명을 위해 필요한 전제조건을 형성하지 않는다. 이미 단순상품유통의 영역 내에서 축장화폐와 지불수단으로서의 화폐의 기능들에서 화폐가 사회적 물질대사의 단순한 매개자에서 자기 목적으로 되어가는 그 특유한 전도가 생긴다.

교환가치의 화폐로서의 첫 번째 명백한 자립화는 이미 앞에서 보았듯이 축장화폐의 형성에 존재한다. 축장화폐의 형성은 사실 "교환가치가 그 자체와 그리고 그것의 증대가 목적이 되는 것"에 기초하고 있다. "축장화폐를 형성시키는 행위는 … 한편으로는 끊임없이 반복되는 판매에 의한 화폐의 유통으로부터의 이탈이며, 다른 한편으로는 단순히 저장하는 것, 즉 **축적하는 것**이다." [MEW, 13, S. 110.] "상품소유자가 상품을 교환가치로서의 자태로 또는 교환가치 자체를 상품으로서 견지할 수 있다는 단순한 사실로 인해 상품을 변형된 자태인 금으로 되돌려받기 위한 상품교환이 유통의 고유한 목적으로 된다. 상품을 특수한 현물적 부로부터 전환시키기 위해 전형을 위한 상품의 전형 W–G가 이루어진다. 물질대사 대신 형태변환이 자기 목적이 된다. 교환가치가 단순한 형태로부터 운동의 내용으로 변환된다." [MEW, 13, S. 105-106.]

다른 한편으로는 교환가치의 형태와 내용은 대립하게 된다. 이 대립은 제한된 내용을 무제한적인 형태에 적합하게 만듦으로써 해소된다. 축장화폐로서의 화폐가 축적의 운동 속으로 돌입한다. 화폐는 그의 한계를 단지 자신에게서만 가지고 있으므로 그의 운동은 무제한적이다: "화폐는 어떤 상품으로도 직접 전환될 수 있기 때문에 질적으로나 형태적으로나 제한이 없다. 즉, 물질적 부의 일반적 대표자이다. 그러나 동시에 실제 화폐액은 양적으로 제한되어 있고 따라서 또한 효력이 제한된 구매수단일 뿐이다. 화폐의 양적인 제한과 질적인 무제한 사이의 이러한 모순은 화폐축장자를 축적이라는 시지프스적 노동으로 끊임없이 몰아넣는다."[MEW, 23, S. 147. MEW, 13, S. 109-110 참조.[21]]

이미 축장화폐의 형성 속에 유통수단으로부터 자기 목적으로 나타난 화폐의 자립화는 지불수단으로서의 화폐의 역할 속에서 더욱 발전된 형태를 포함하고 있다. "화폐축장에서는 상품소유자의 일시적 기분으로 여겨졌던 완결적 행위로서 상품의 화폐로의 전환, 또는 자기 목적으로서의 상품의 첫 번째 전형이 이제는 하나의 경제적 기능이 되었다." "지불수단으로서의 이 기능에서 화폐는 절대적 상품으로 나타난다. 그러나 축장화폐처럼 유통 밖에서가 아니라 유통 자체 내에서 그러하다."[MEW, 13, S. 118.]

"화폐는 더 이상 (유통: 필자)과정을 매개하지 않는다. 화폐는 교환가치의 절대적 존재, 즉 일반적 상품으로서 이 과정을 자립적으로 종결시킨다. 판매

21 "축장화폐는 유통과 끊임없는 긴장 속에 있지 않으면 단순히 쓸모없는 금속일 것이며, 축장화폐의 화폐혼은 유통으로부터 도망쳐서 그것은 유통의 다 타버린 재로서, 유통의 화학적 잔재로서 남을 것이다. 화폐, 즉 자립화된 교환가치는 그것의 질에 있어서는 추상적 부의 존재이지만, 다른 한편으로 주어진 각 화폐액은 양적으로 제한된 가치크기이다. 교환가치의 양적 한계는 그것의 질적 일반성에 모순되며, 축장자는 양적 한계가 사실상 동시에 질적 제약들로 전환되거나 또는 축장화폐를 소재적 부의 단순히 한정된 대리인들로 만드는 제약이라고 느낀다. … 축장화폐의 일정한 양적 한계를 넘으면서 다시 지양되어야 할 새로운 제약이 창조된다. 제약으로서 나타나는 것은 축장화폐의 한 일정한 한계에서만이 아니라 어떤 한계에서도 다 마찬가지이다. 그러므로 축장은 아무런 내재적 한계, 자체 내 아무런 한도도 가지고 있지 않으며, 그것의 매번의 결과에서 시작의 동기를 발견하는 끝없는 과정이다. 축장화폐가 보관됨으로써 증대된다면 그것은 그러나 또한 증대됨으로써만 보관된다. 화폐는 치부욕의 **한** 대상일 뿐만 아니라 그 욕망의 **대표** 대상이다. … 사실 기본이 되는 것은 교환가치가 그 자체로서, 그리고 그것의 증대가 목적이 되는 것이다. 탐욕은 화폐가 유통수단이 되는 것을 허용치 않음으로써 축장화폐를 붙잡아 두지만, 그것의 유통과의 끊임없는 긴장을 유지한다."[MEW, 13, S. 109-110.]

자는 화폐로 어떤 욕망을 충족시키기 위해, 화폐축장자는 상품을 화폐형태로 보존하기 위해, 채무를 진 구매자는 지불할 수 있기 위해 상품을 화폐로 전환시킨다. 만약 이 구매자가 지불하지 않는다면 그의 소유물은 강제로 매각된다. 그리하여 상품의 가치자태, 즉 화폐는 이제 유통과정 그 자체의 관계로부터 발생하는 사회적 필연성에 의해 판매의 자기 목적이 된다."[MEW, 23, S. 150.]

그리하여 화폐로서의 화폐는 비록 새로운 운동형태 G–W–G – 이 운동형태는 자본의 형성을 초래한다 – 의 출발점을 이루나 이러한 화폐의 자립화는 환상적인 것으로 보인다. "유통에 대한 화폐의 자립은 단순히 외견상 그러하다."[『요강 초고』, S. 920.] 왜냐하면 "화폐가 유통에서 빠져나와 있는 한 화폐는 아주 깊은 광산에 매장되어 있는 것과 마찬가지로 가치가 없다."[『요강 초고』, S. 929.] "화폐는 전체 과정의 무기적 재로 남게 되는 그것의 질료로 쇠락한다."[『요강 초고』, S. 174.] "그러나 화폐가 다시 유통 속으로 들어가면 화폐는 사라지지 않고 최후에 나타나며, 화폐 안에 내재한 가치는 그가 교환한 상품의 사용가치 속으로 사라져 화폐는 다시 단순한 유통수단이 된다."[『요강 초고』, S. 929.] 즉, 단순상품유통이 비록 화폐 안에 교환가치가 물질적으로 자립적인 자태를 취할 수 있는 형태를 창출하였으나 가치척도와 유통수단으로서의 그저 관념적인 화폐로부터 축장화폐와 지불수단으로서의 실제적 화폐로의 발전과정은 단지 외관상 절대적 교환가치로의 그것의 자립화 과정이다.

"다른 한편, 교환의 목적으로서, 즉 교환가치, 화폐 자신을 취지로 하는 운동으로서 유일한 진의는" 사용가치의 포기와 전형 W–G–W의 중단으로 인한 "교환가치의 증대, **화폐의 축적**이다."[『요강 초고』, S. 929.] "따라서 부유화는 **내용**에 따르면, 자발적인 빈곤화이다. 그것은 단지 무욕, 욕구의 단념, 상품의 형태 속에 존재하는 가치의 사용가치에 대한 포기인데, 이것은 화폐의 형태로 가치 축적을 가능하게 한다."[『요강 초고』, S. 929.] "그러나 **사실**, 이러한 증대는 단지 순전히 형식적이다.” 비록 유통으로부터 빠진 화폐가 저장된다 하더라도 운동 W–G–W에서는 결코 실재적 가치 증대가, 즉 가치창출이 실현되지 않는다. “유통과정으로부터 사용할 수 없는 가치로, 축장화폐로 빼내지기 위해서 가치는 가치로가 아니라 상품의 형태로 유통 속으로 던져진다.”[『요강 초고』, S. 929.] “예전에는 상품의 형태로 존재했던 동일한 가치크기는 이제 화폐의 형태로 존재한다. 그것은 후자(화폐: 필자)의 형태로 축적되었는데, 그 이유는 다른 형태로는 화폐가 포기되었기 때문이다.”[『요강 초고』, S. 935.] “(따라서: 필자) 단순 유통에서는 … 가치크기의 증대, 즉 가치의 증대 자체가 목적인 운동은 단지 축적의 형태로만 나타날 수 있는데, 이 운동은 W–G에 의해 끊임없이 새로운 상품판매를 중재한다. 왜냐하면 화폐는 그것의 총과정을 통과하도록 허용되지 않고 상품이 화폐로 전환되고 다시 화폐가 상품으로 전환된 후에야 가능하기 때문이다.”[『요강 초고』, S. 930.]

사실 유통과정에는 두 개의 상이한 순환형태가 있다. 우리는 지금까지 직접적 상품유통 형태인 W–G–W만을 살펴보았는데 그 나머지 형태는 G–W–G이다. “화폐로서의 화폐와 자본으로서의 화폐는 우선 그것들의 유통형태의 차이에 의해 구별될 뿐이다.”[MEW, 23, S. 161.] “즉, 형태 G–W–G의 실제 운동은 등가물이 단지 상품의 형태에서 화폐의 형태로 그리고 그 반대(상품의 형태: 필자)로 전환되는 단순한 유통(W–G–W: 필자)에서는 존재하지 않는다.”[『요강 초고』, S. 929-930.] 새로운 유통운동인 G–W–G에서는, 상품이 운동의 출발점이며 화폐는 단지 매개적인 성격만을 가지며 상품이 항상 운동의 목적처럼 나타나는 대신에, 화폐가 출발점이며 끝나는 점이다. 이 새로운 유통운동은 상품을 단지 교환가치의 일시적으로 소멸되는 형태로서만 보전한다. 따라서 순환 W–G–W에서 후자의 상품은 유통에서 떨어져 나와 소비되므로 소비와 욕망 충족, 즉 한마디로 말해 사용가치가 이 순환의 최종 목적인 반면 순환 G–W–G의 동인 및 규정적인 목적은 교환가치 그 자체이다.[MEW, 23, S. 164 참조.] 이로써 운동형태 G–W–G는 교환가치가 상품과 화폐로서의 그것의 이중적 존재를 실현시킬 수 있는 형태이다: "단순한 유통에서 상품들의 가치가 취하는 자립적인 형태, 즉 화폐형태는 오로지 상품교환을 매개하기만 할 뿐이며, 운동의 마지막 결과에서는 사라져 버리는 반면 화폐유통 G–W–G에서는 양쪽, 상품이든 화폐든 모두 가치 그 자체의 각각 다른 존재양식으로서 기능을 한다. 즉, 화폐는 그 일반적인 존재양식으로서, 상품은 그 특수한 존재양식 이를테면 단지 가장된 존재양식으로서 기능을 할 뿐이다. 이 운동 속에서 가치는 소멸하지 않고 끊임없이 한쪽 형태로부터 다른 쪽 형태로 이행하여 하나의 자동적인 주체로 전환한다."[MEW, 23, S. 168-169.] 따라서 가치는 상품으로서의 존재 속에서는 화폐로, 화폐로서의 존재 속에서는 단지 상품의 일시적 형태로서 존재한다: "화폐는 한 규정으로 들어감으로써 다른 규정에서 소멸되어서는 안 된다. 즉, 상품으로서의 존재 속에서는 화폐로 존재하고 화폐로서의 존재 속에서는 일시적인 상품의 형태로 존재하며, 상품으로서의 존재 속에서는 교환가치에 대한, 화폐로서의 존재 속에서는 사용가치에 대한 고려를 잃지 않는다. 그의 유통으로의 투입은 그의 존재의 계기이어야 하며, 그의 존재는 유통으로의 투입이어야 한다." [『요강 초고』, S. 931.]

그러나 유통형태 G–W–G의 양극은 동일한 경제적 형태를 취하기 때문에 그것은 "목적이 없고 무의미한 조작처럼 보인다." "여하튼 어떤 화폐액은 오로지 그 크기에 의해서만 다른 화폐액과 구별될 수 있다. 그러므로 과정 G–W–G는 양극이 화폐이므로 양극의 질적인 차이에 의해서가 아니라 오직 양극의 양적인 차이에 의해서만 그 내용을 갖는다."[MEW, 23, S. 165.] 따라서 "최초에 유통에 투입된 것보다 많은 화폐가 유통으로부터 나오는 것"이 요구된다. "그러므로 이 과정의 완전한 형태는 G–W–G′이고, 여기서 G′ = G + G이다. 즉, G′는 최초에 투하된 화폐액에 어떤 증가분을 더한 것과 동일하다."[MEW, 23, S. 165.] 이 증가분 또는 최초의 가치의 초과분을 맑스는 잉여가치라고 부른다. 이로써 교환가치에 상응하는 운동은 그것의 증대라는 사실이 밝혀진다: "일반적 부의, 즉 자립화된 교환가치의 형태로서 화폐는 양적으로 스스로를 증대시키는 것 이외에 어떠한 운동을 할 수 없다. … 화폐는 교환과정 그 자체를 통해서 **끊임없이 증대됨**으로써 사용가치와는 구별되며 스스로 통용되는 가치로서 보존된다."[『요강 초고』, S. 936.]

"최초에 투하된 가치는 유통 속에서 자신을 보존할 뿐만 아니라 그 속에서 자신의 가치크기를 변화시켜서 잉여가치를 덧붙인다. 다시 말해 스스로를 가치증식시킨다. 그리하여 이 운동은 가치를 자본으로 전환시킨다."[MEW, 23, S. 165.] 유통형태 G–W–G′에 의해 형태적으로 규정된 교환가치의 자기증식운동은 교환가치 자신에 의해 실제로 정립된 운동형태, 즉 진행 중에 있는 교환가치 자체의 형태이다. "따라서 가치는 진행 중에 있는 가치, 진행 중에 있는 화폐가 되며 그리고 이러한 것으로서 자본이 된다."[MEW, 23, S. 170.] "적합한 교환가치로서 유통으로부터 유래하고 자립화되나 다시 유통 속으로 들어가 유통 속에서 그리고 유통에 의해 영구화되고 가치증식(증대)되는 **화폐**가 **자본**이다. 자본에서 화폐는 자신의 경직성을 상실하고 구체적인 사물로부터 하나의 과정으로 되었다. 화폐와 상품 그 자체는 자본을 위해 단지 그것의 존재의 특수한 추상적 계기로서 존재하는데, 자본은 상품과 화폐 속에서 한쪽에서 다른 쪽으로 건너가 끊임없이 사라지듯이 끊임없이 나타난다."[『요강 초고』, S. 937.]

결론적으로 말해서, 자본은 자신의 유통이 동시에 자신의 자립화 과정인 화폐이다. "그러나 화폐 그 자체는 여기에서는 단지 가치의 한 형태로 인정될 뿐이다. 왜냐하면 가치는 두 가지 형태를 갖기 때문이다. 화폐는 상품형태를 취하지 않고서는 자본이 되지 않는다. 따라서 여기에서 화폐는 화폐축장자의 경우처럼 상품에 대해 적대적이지 않다."[MEW, 23, S. 169.] 따라서 "여기에서 가치는 어느 한 과정의 주체가 되어 화폐형태와 상품형태의 끊임없는 전환과정에서 그 크기 자체를 변화시키며 원래의 가치로서의 자신으로부터 잉여가치로서의 자신을 밀쳐내어 자기 자신을 증가시킨다. … 가치가 잉여가치를 부과하는 운동은 가치 자신의 운동이며 가치의 증식 따라서 자기 증식이다. 가치는 그것이 가치이기 때문에 가치를 낳는다는 신비로운 성질을 갖는다."[MEW, 23, S. 169.] 이렇게 교환가치는 사실상 전체 운동의 주체가 된다.

이제 여기에서 가치로부터 자기 증식하는 가치로 되는 조건에 대해 언급하기 전에 진행 중에 있는 화폐 또는 스스로 자기 증식하는 가치로서의 자본의 개념 속에 내포된 규정을 명확하게 하고자 한다. 순환 G–W–G에서는 "시작이나 끝이 모두 동일한 것, 즉 화폐이며 교환가치이다. 그리고 바로 이 때문에 이미 이 운동은 무한한 것이다."[MEW, 23, S. 166.] "단순상품유통 – 구매를 위한 판매 – 은 유통의 외부에 있는 최종 목적, 즉 사용가치의 취득, 욕망의 충족을 위한 수단으로 기여하는 반면 자본으로서의 화폐의 유통은 자기 목적이 된다. 왜냐하면 가치의 증식은 단지 끊임없이 갱신되는 이 운동 속에서만 존재하기 때문이다. 따라서 자본의 운동은 무제한적이다."[MEW, 23, S. 167.]

자본으로서의 화폐의 형태에서야 비로소 교환가치의 증대를 위한 충동이 현실로 될 수 있다. 그리하여 화폐소유자는 자본의 운동의 의식적인 담지자로서 자본가가 된다. 가치증식이 그의 주관적 목적이다. 사용가치는 결코 그의 직접적 목적이 되어서는 안 될 것이다. "이러한 절대적인 치부의 충동이나 열정적인 가치의 추구는 자본가와 화폐축장자에게 공통된 것이나 화폐축장자는 단지 광적인 자본가에 지나지 않는 반면 자본가는 합리적인 화폐축장자이다." [MEW, 23, S. 168.]

그러면 앞에서 언급한 문제, 즉 가치로부터 진행 중에 있는 가치 또는 자기 증식하는 가치로 되는 조건이 무엇인가 하는 문제로 돌아가 보기로 한다. 지금까지의 서술로부터 유추할 수 있는 결론은 자본가는 그가 화폐를 계속해서 새로이 유통에 투입함으로써 가치의 증대를 획득한다는 것이다: "… 가치는 진행 중에 있는 가치, 진행 중에 있는 화폐가 되며 그리고 이러한 것으로서 자본이 된다. 그것은 유통으로부터 나왔다가 다시 유통으로 들어가고, 유통 속에서 자기를 유지하고 자기를 배가시키며 증대되어서 유통 밖으로 돌아 나오고 하는 이러한 동일한 순환을 끊임없이 되풀이하거나 새롭게 시작하는 것이다."[MEW, 23, S. 170.] 그러나 화폐가 자본으로 변하는 이러한 유통형태는 상품이 그 가치대로 교환되는 상품유통의 법칙에 모순된다. "등가물끼리 교환된다면 잉여가치는 생기지 않는다. … 유통이나 상품교환은 가치를 창출하지 못한다."[MEW, 23, S. 177-178.] 따라서 만일 "잉여가치가 유통에서 발생할 수 없다면 그것의 형성에는 유통 그 자체에서는 눈에 보이지 않는 무엇인가가 유통의 내부에서 일어나야만 한다."[MEW, 23, S. 179.] 그러나 또한 "상품생산자는 유통 영역 외부에서는, 즉 다른 상품소유자들과 접촉하지 않고서는 가치를 증식시키는 것 따라서 화폐 또는 상품을 자본으로 전환시키는 것"[MEW, 23, S. 180.]은 불가능하다. 그러므로 화폐의 자본으로의 전환, 잉여가치의 생성은 "상품교환에 내재하는 법칙들의 기초 위에서 전개되어야 한다."[상동.] 따라서 다음과 같은 역설적인 결론이 나온다. "… 자본은 유통에서 발생할 수도 없고 또 유통에서 발생하지 않을 수도 없다. 자본은 유통에서 발생해야 하는 동시에 유통에서 발생해서는 안 된다."[MEW, 23, S. 180.] "애벌레(화폐소유자: 필자)로부터 나방(자본가: 필자)으로의 성장, 진정한 자본가로의 발전은 유통 영역에서 일어나야 하며 동시에 유통 영역에서 일어나서는 안 된다."[상동.] 이것이 문제의 조건들이다. 이곳이 로두스 섬이다. 이곳에서 뛰어 보라(Hic Rhodus, hic salta)! 이에 대해 언급해 보기로 하자.

만일 가치 변화가 상품의 유통행위로부터 발생할 수 없다면 가치 변화는 "제1의 행위 G-W에서 구매되는 상품에 의해 일어나야 하는데, 그렇다고 그 상품의 가치에서 일어나는 것은 아니다. 왜냐하면 등가물끼리 교환되므로 상품은 그 가치대로 지불되기 때문이다. 따라서 변화는 단지 그 상품의 사용가치 자체로부터, 다시 말해 그 상품의 소비로부터만 발생할 수 있다. 어떤 상품의 사용으로부터 가치를 끌어내려면 우리의 화폐소유자는 다행히 유통 분야의 내부, 즉 시장에서 그 사용가치 자체가 가치의 원천이 되는 독특한 속성을 지니며 그것의 실제 소비 자체가 노동의 대상화, 따라서 가치창출인 상품을 발견해야만 할 것이다. 그런데 화폐소유자는 시장에서 이와 같은 특수한 상품을 시장에서 발견하는데, 그것은 노동능력 또는 노동력이다."[MEW, 23, S. 181.]. 노동력이란 맑스에 의하면, "인간의 신체, 즉 살아 있는 인격 속에 존재하며, 그가 어떤 종류의 사용가치를 생산할 때마다 움직이는 육체적, 정신적 능력의 총체이다."[상동.] 자립화된 가치인 자본을 위한 사용가치로서의 이 특수한 상품과 자본에 의한 이 상품의 소비를 좀 더 상세히 고찰해 보자.

"**자본으로서 화폐에 대해 대립과 보완을 형성할 수 있는** 유일한 **사용가치**는 **노동**인데, 이것은 인간의 노동능력 속에 존재한다. 자본으로서 화폐는 단지 비자본, 즉 자본의 부정과의 관계 속에서만 자본이다. **실제적인 비자본은 노동 자체이다**."[『요강 초고』, S. 943.] "대상화된 노동에 대한 유일한 대립물은 대상화되지 않은 노동이며 객관화된 노동에 대한 대립물은 주관적 노동이다."[『요강 초고』, S. 942.] 따라서 대상화된 노동으로서 교환가치는 단지 그것과 형태적으로 구별되는 대상화되지 않은 산노동을 구매하여야 한다. 왜냐하면 화폐로서의 교환가치는 단지 형태적 대립물로서 상품과만 교환될 수 있기 때문이다. 그러므로 산노동은 화폐로서의 교환가치가 취할 수 있는 상품으로 전환되어야 한다. 자본과 산노동의 교환은 화폐와 상품의 단순한 교환, 즉 단순히 형태적 위치교환이다. 자본으로서의 교환가치의 운동은 단순한 유통과는 반대로 구매한 상품, 즉 노동능력의 소비를 포함한다. 구매한 상품은 모든 교환에서와 마찬가지로 구매자에게 사용가치를 제공해야 한다. 단순상품유통에서 운동의 주체는 타인을 위한 상품의 생산자이다. 그는 양도를 통해 자신의 사용가치를 팔아버림으로써 타인의 사용가치를 자신의 소비를 위해 취득할 수 있다. 그 자신을 위한 사용가치의 실제 소비는 경제적 과정에서 떨어져 나온다. 형태적 과정은 그것의 소재적 결과 속에서 소멸한다.

그러나 자립화된 교환가치, 즉 자본에서는 이와는 다르다. 운동의 주체는 이제 교환가치 자신이다. 따라서 구매한 사용가치는 교환가치를 위한 사용가치 따라서 교환가치의 운동의 목적을 위한 사용가치를 가져야 한다. 따라서 사용가치의 소비는 교환가치로 하여금 그것을 교환가치로서 실제 생산하도록 도와준다. "교환가치의 생산은 요컨대 단지 보다 많은 교환가치의 생산, 즉 교환가치의 증대이다."[『요강 초고』, S. 933.] 사용가치의 소비는 교환가치의 생산과 증대의 행위이어야 한다. 자립화된 교환가치로서의 자본은 비로소 사용가치, 즉 산노동 그 자체의 사실상의 취득이라는 행위를 통해서만 형성된다. "그러므로 화폐의 자본으로의 전환을 위해서 화폐소유자는 상품시장에서 자유로운 노동자를 발견해야 한다. 여기에서 자유롭다는 것은 이중의 의미, 즉 노동자가 자유로운 인격으로서 자기의 노동력을 자신의 상품으로서 처분할 수 있다는 의미에서 다른 한편으로는 그는 판매할 다른 상품을 가지고 있지 않으며 자신의 노동력의 실현에 필요한 일체의 사물로부터 떨어져 자유롭다는 의미에서이다."[MEW, 23, S. 183. MEW, 23, S. 182 참조.] 여기에서 언급되어야 할 중요한 것은 자본주의적 생산의 조건으로서의 자유로운 노동자는 물론 상품유통의 조건임과 마찬가지로 상품유통의 "끊임없는 결과이다. 그것은 자본주의적 생산 자체에 의해 규정된 그것의 **전제조건**이다. 자본주의적 생산은 그것이 발전하고 그것에 적합한 관계들 속에서 기능하자마자 스스로 그것의 조건들에 의해 규정된다."[MEW, 26.3, S. 482. MEW, 23, S. 184 참조.[22]]

따라서 자본의 과정은 이중적, 즉 상품의 형식적 전형과 실제적 전형의 통일이다. 그러나 이 둘은 형태적으로뿐만 아니라 질적으로도 상이하며, 나아가서는 대립적이기조차 한 과정들이다. "두 번째 행위와 첫 번째 행위의 차이 – 즉, 자본에 의한 노동의 특수한 취득과정이 두 번째 행위이다 – 는 정확하게 자본과 노동 사이의 교환과 화폐가 상품들 사이를 매개하는 교환의 차이이다. **자본과 노동 사이의 교환에서 첫 번째 행위는 교환이며 전적으로 일상적인 유통에** 속하는데, 두 번째 행위는 교환과는 질적으로 상이한 과정이며 그것이 여하튼 어떤 종류의 교환으로 불릴 수 있다는 것은 단지 오용에 의해서만 가능하다. 그것은 교환과 직접 대립되며 근본적으로 다른 범주이다."[『요강 초고』, S. 186.]

따라서 자본은 근본적으로 사회적 관계로 규정되는데, 여기에서는 우선 여전히 단순한 유통관계로, 즉 화폐의 상품에 대한 교환으로 나타난다. 교환가치인 화폐 속에는 사회적 관계가 사라진다. 왜냐하면 화폐는 유통 내에서는 단지 교환가치의 순간적인 형태, 즉 유통수단일 뿐이며, 유통 밖에서는 단지 지불이 정지된 지불수단일 뿐 아무것도 아니며 또는 죽은 물체, 즉 사회적 관계를 결코 나타내 수 없는 단순한 무차별적인 생산물이기 때문이다. 그러나 자본으로서의 화폐가 상품과 대립되어 있는 유통관계는 위에서 언급하였듯이 질적으로 단순한 유통과는 구별된다. 왜냐하면 유통 내에서 발생하는 것은 "화폐와 노동 사이의 교환이 아니라 **화폐와 산노동능력** 사이의 교환"이기 때

22 "상품유통 및 화폐유통이 있다고 해서 자본의 역사적 존재조건들이 마련된 것이 결코 아니다. 자본은 생산수단 및 생활수단의 소유자가 시장에서 자기 노동력의 판매자로서의 자유로운 노동자를 발견할 때에만 비로소 발생한다." [MEW, 23, S. 184.]

문이다. 이러한 차이는 단지 교환될 상품의 특수한 사용가치에 있다. "사용가치로서의 노동능력은 단지 노동 그 자체의 행위 속에서만 실현된다. … 따라서 노동능력의 구매는 노동에 대한 처분능력이다. 노동능력은 인간 자체의 삶 속에 존재하며, 단지 인간 자신의 생의 표현으로 나타난다. 따라서 자연히 노동능력의 구매, 즉 노동능력의 사용에 대한 처분권의 취득은 사용기간 동안 구매자와 판매자로 하여금 생산자 밖에 대상물로 존재하는 대상화된 노동에서의 경우와는 다른 관계를 맺게 한다. 이것은 단순한 교환관계를 침해하지 않는다. 그것은 단지 화폐로 구매된 사용가치의 특수한 본성일 뿐이다. – 즉, 사용가치의 소비, 노동능력의 소비는 생산이며 대상화되는 노동시간이며 교환가치를 낳는 소비이다. – 사용가치로서의 그것의 실제적 존재는 교환가치의 창출인데, 이것은 화폐와 노동 사이의 교환을 특수한 교환, 즉 G–W–G로 만든다. 여기서는 교환의 목적으로서 교환가치 자체가 창출되며 **구매한 사용가치는 직접 교환가치를 위한 사용가치, 즉 가치를 낳는 사용가치이다**."[『요강 초고』, S. 946.] 따라서 사용가치의 내용이 관계의 형태와는 상관이 없는 단순한 유통과는 반대로 여기에서는 "**화폐와 교환된 것의 사용가치는 특수한 경제적 관계**로 나타난다."[『요강 초고』, S. 185-186.] 그러므로 사용가치는 자본주의적 상품유통을 위한 형태규정이며 경제적 관계의 본질적 측면이다.

상품인 노동력의 가치는 다른 상품들과 마찬가지로 필요노동시간에 의해 규정된다. 이 경우에는 상품인 노동력의 재생산을 위한 필요노동시간을 의미한다. 다른 말로 말해 "노동력의 가치는 그 소유자의 유지를 위해 필요한 생활수단의 가치이다."[MEW, 23, S. 185.] 그러나 맑스는 다른 상품과는 달리 노동력의 가치규정은 "역사적이고 도덕적인 요소"를 포함하고 있음이 고려되어야 함을 부언한다. 필요한 생활수단이란 "그 자체 하나의 역사적 산물이고 따라서 대체로 한 국가의 문화 수준에 달려 있다. 특히 자유로운 노동자 계급이 어떠한 조건하에서 또 어떠한 관습과 생활 욕구를 가지고 형성되었는가에 달려 있다."[MEW, 23, S. 185.]

노동자에 의해 구매된 상품의 소비는 인간으로서, 노동력의 주체적 존재로서 그의 재생산의 조건이다. 그러나 이 소비는 이미 경제적 형태규정 밖에 존재한다. "**노동으로부터 소유의 분리**가 자본과 노동 사이의 이러한 교환의 필요법칙으로 나타난다."[『요강 초고』, S. 203.] 따라서 "**절대적 빈곤**으로서의 노동은 부족으로서가 아니라 대상적 부의 완전한 배제로서의 빈곤이다."[상동.] 다른 한편 교환가치 그 자체로서의 자본에 대립하는 따라서 비자본, 비가치 또는 대상화되지 않은 노동으로 규정된 사용가치인 노동은 가치를 창출하는 행위, 가치의 살아 있는 원천이다. 따라서 "노동이 한편으로는 **대상으로서 절대적 빈곤**이고, 다른 한편으로는 주체와 행위로서 부의 **일반적 가능성**이라는 것은 결코 모순되지 않거나 또는 오히려 어떤 식으로든 모순되는 명제이다. 이러한 노동은 자본의 대립, 즉 대립적인 존재로서 자본에 의해 전제되고, 다른 한편으로는 자본을 전제로 하는 것과 마찬가지로 상호간에 전제로 하며, 노동의 본질로부터 유래한다."[상동.]

부의 일반적 원천으로서의 노동은 이미 언급하였듯이 자본에 대립한다. 따라서 노동자와 자본가는 추상적 노동과 대상화된 노동과 마찬가지로 대립한다. 상품 속에 내재한 노동의 이중성으로 나타나는 것이 이제 그 자체 "경제적 범주들의 의인화"[MEW, 23, S. 16.]일 뿐인 자본가와 노동자의 대립으로 구분된다. 그러나 자본과 산노동의 교환형태에서는 이러한 대립은 신비화된다. 그 이유는 상품은 그것의 자유로운 소유자들에 의해 등가물로서 임의로 교환되기 때문이다. "그 한계 내에서 노동력의 구매와 판매가 진행되는 유통 또는 상품교환의 영역은 사실상 천부인권의 진정한 낙원이었다. 여기에서 지배하고 있는 것은 오로지 자유, 평등, 소유, 그리고 벤담이다."[MEW, 23, S. 189.] 그러나

"… 화폐소유자는 자본가로서 앞서가며 노동력의 소유자는 자본가의 노동자로서 그 뒤를 따라간다. 전자는 의미심장한 미소를 띠며 바쁘게, 후자는 자기 자신의 가죽을 시장에서 팔아버리고 이제는 무두질 당하는 것 이외에는 아무것도 기대할 수 없는 사람처럼 겁에 질려 머뭇거리는 사람처럼 걸어간다." [MEW, 23, S. 191.]

I-8. 결언

지금까지 언급한 내용을 모순과 그것의 해결책이라는 관점에서 볼 때 다음과 같이 요약할 수 있다. 맑스의 견해에 따르면, 상품의 내적 모순, 가치로서의 상품의 질적인 동일성과 사용가치로서의 상품의 자연적 상이함 사이의 모순, 그리고 사용가치와 가치의 대립적인 성질은 상품을 생산하는 노동 자체에 반영되어 노동의 질로부터 분리된, 단지 양적으로만 상이한 추상적 노동과 다른 노동과 질적으로 상이한 구체적 노동 사이의 모순으로 나타나며, 이 모순들은 교환과정에서 상품의 상품과 화폐로의 이중화를 통해 상품의 가치가 특수한 상품에서, 즉 화폐에서 자립적 존재를 획득함으로써 자신의 외적 해결을 찾는다는 것이다.

그러나 문제는 그것의 해결수단과 함께 발생한다. 이 모순의 해결 속에는 서로 모순되는 교환과정의 관계들이 용해될 뿐 아니라 동시에 구체화된다. 자본주의적 생산의 근본적 모순이 표출되는 다른 모든 경제적 형태들은 모순이 점차로 획득하는 개개의 해결형태가 동시에 모순을 새로이 관철함으로써만 모순을 지양한다. 상품의 사용가치와 가치 사이의 모순의 해결인 화폐는 동시에 상품생산의 모순들을 악화시키고 새로운 단계로 끌어들인다. "예를 들어 상품은 사용가치와 교환가치의 모순을 은폐한다. 이 모순은 더욱 발전하여 표출되고 상품의 상품과 화폐로의 이중화로 실현된다. 이러한 그것의 이중화는 상품의 전형과정으로 나타나는데, 이 과정 속에서 판매와 구매는 과정의 상이한 계기이나 이 과정의 각 행위는 동시에 그 역을 포함한다."[MEW, 26.3, S. 84.] "유통의 본질적인 두 계기인 구매와 판매가 서로 무관하고 시간적 공간적으로 분리되어 있는 한 그것들은 결코 일치할 필요는 없다. 그것들의 무관성은 공고화와 전자의 후자에 대한 외관상의 자립성으로 발전할 수 있다. 그러나 그것들이 근본적으로 전체의 양 계기들을 형성하는 한 자립적인 형태가 강제적으로 깨지고 내적 통일성이 강제적 폭발에 의해 외적으로 형성되는 순간이 등장해야 한다. 그리하여 이미 매개자로서의 화폐의 규정에, 교환의 두 행위로의 분리에, 위기의 맹아, 적어도 위기의 가능성이 놓여 있다."[『요강 초고』, S. 112.] 이 점에 대해 맑스는 다음과 같이 간략하게 요약한다: "요컨대, 우리는 자기 목적들을 부정함으로써 동시에 그 목적을 달성하고, 상품들에 대해서 자립하며, 수단에서 목적이 되고, 상품들로부터 분리됨으로써 상품들의 교환가치를 실현하며, 교환을 분열시킴으로써 교환을 용이하게 하고, 직접적인 상품교환의 난관들을 일반화함으로써 그 난관들을 극복하며, 생산자들이 교환에 의존하는 만큼 교환을 생산자들에게 자립키는 것이 어떻게 화폐에 내재적인가를 목격하고 있다."[『요강 초고』, S. 69.] 이러한 모순들 속에 경제위기의 가능성이 존재한다는 것이다.

그러나 위기의 가능성이 위기의 원인은 아니다. 현실적 위기의 원인은 자본주의적 생산의 현실운동으로부터 도출되어야 한다. 왜냐하면 상품유통과 화폐유통에서 발전된 모순들은 자본에서 재생산되기 때문이다.

이를 위해서는 절대적, 상대적 잉여가치의 생산에 따르는 모순, 그로 인한 자본의 유기적 구성의 상승과 그것의 모순, 사회적 총자본의 재생산과 유통

속에서 나타나는 더욱 발전된 위기의 가능성, 자본주의적 생산의 총과정 속에서 필연적으로 나타나는 이윤율의 경향적 저하 법칙 등의 연구가 뒤따라야 하는데 이것은 이 책의 내용을 넘어서는 것이므로 다루지 않는다. 그러나 "자본주의적 생산의 참된 장애물은 자본 그 자체이다. 이는 곧 자본과 자본의 자기증식이 자본주의적 생산의 출발점이자 종점이며, 동기이며 곧 목표로 나타나는 것을 가리킨다."[MEW, 25, S. 260.] 그리하여 이 책에서는 그것들에 대한 분석의 기초로서 화폐의 자본으로의 전환, 즉 화폐로부터 자본의 생성에 대해서까지만 다루기로 한다.

자본이란 무엇인가? 자본이란 교환가치로서 유통으로부터 유래하고 자립화되나 다시 유통 속으로 들어가 유통 속에서 그리고 유통에 의해 영구화되고 가치증식되는 화폐이다. 자립화된 교환가치의 형태로서 화폐는 양적으로 스스로를 증대(가치증식)시키는 것 이외에는 어떠한 운동을 할 수 없다. 화폐는 교환과정 그 자체를 통해서 끊임없이 증대됨으로써 사용가치와는 구별되며 스스로 가치로서 보존된다. 그리하여 이 운동은 가치를 자본으로 전화시킨다. 이러하듯 교환가치의 자기 증식의 운동은 교환가치 자신에 의해 실제로 정립된 운동형태이다. 따라서 가치는 진행 중에 있는 가치, 진행 중에 있는 화폐가 되며, 그리고 이러한 것으로서 자본이 된다. 그러나 여기서 한 가지 문제는 화폐 그 자체는 가치의 한 형태일 뿐이라는 것이다. 가치는 두 가지 형태, 즉 화폐와 상품의 형태를 갖는다. 상품형태를 취하지 않고서는 화폐는 자본이 될 수 없다. 가치는 과정의 주체가 되어 화폐형태와 상품형태의 끊임없는 전환과정을 통해 자기 자신을 증식시킨다. 가치는 그것이 가치이기 때문에 가치를 낳는다는 신비로운 성질을 낳는다. 이로써 교환가치는 전체 운동의 주체가 되며 자본으로서의 화폐의 유통은 자기 목적이 되어 자본의 운동은 무제한적으로 된다.

화폐가 유통에 투입되어 상품과의 교환을 거쳐 자기 증식을 통해 자본으로 전환된다는 것은 상품의 등가교환 법칙에 모순되는 것처럼 보인다. 이 상품은 노동능력 또는 노동력이다. 자본으로서 화폐에 대해 대립과 보완을 형성할 수 있는 유일한 사용가치는 노동인데, 이것은 인간의 노동능력 속에 존재한다. 대상화된 노동에 대한 유일한 대립물은 대상화되지 않은 노동이다. 따라서 대상화된 노동으로서의 교환가치는 대상화되지 않은 산노동을 구매한다. 그 이유는 화폐로서의 교환가치는 단지 형태적 대립물로서만 상품과 교환될 수 있기 때문이다. 그러나 구매한 상품은 구매자에게 사용가치를 가져야 한다. 그런데 자립화된 교환가치인 자본의 경우 운동의 주체는 교환가치이다. 따라서 구매한 사용가치는 교환가치의 운동의 목적을 위한 사용가치를 가져야 한다. 교환가치 운동의 목적은 교환가치의 증대이다. 따라서 사용가치의 소비는 교환가치의 생산과 증대를 위한 것이어야 한다. 자립화된 교환가치로서의 자본은 비로소 사용가치, 즉 산노동 그 자체의 사실상의 취득이라는 행위를 통해서만 형성된다. 이렇게 부의 일반적 원천으로서의 노동은 자본에 대립한다. 따라서 노동자와 자본가는 대립하게 된다. 상품 속에 내재한 노동의 이중성으로 나타나는 것이 이제 노동자와 자본가의 대립으로 나타난다. 그러나 자본과 산노동의 교환의 형태에서는 이러한 대립은 신비화된다. 상품은 그것의 자유로운 소유자들에 의해 등가물로서 교환되기 때문이다.

II

형태분석의 관점에서 분석한 『자본론』(제1-4장)의 구조에 대한 개요 도해

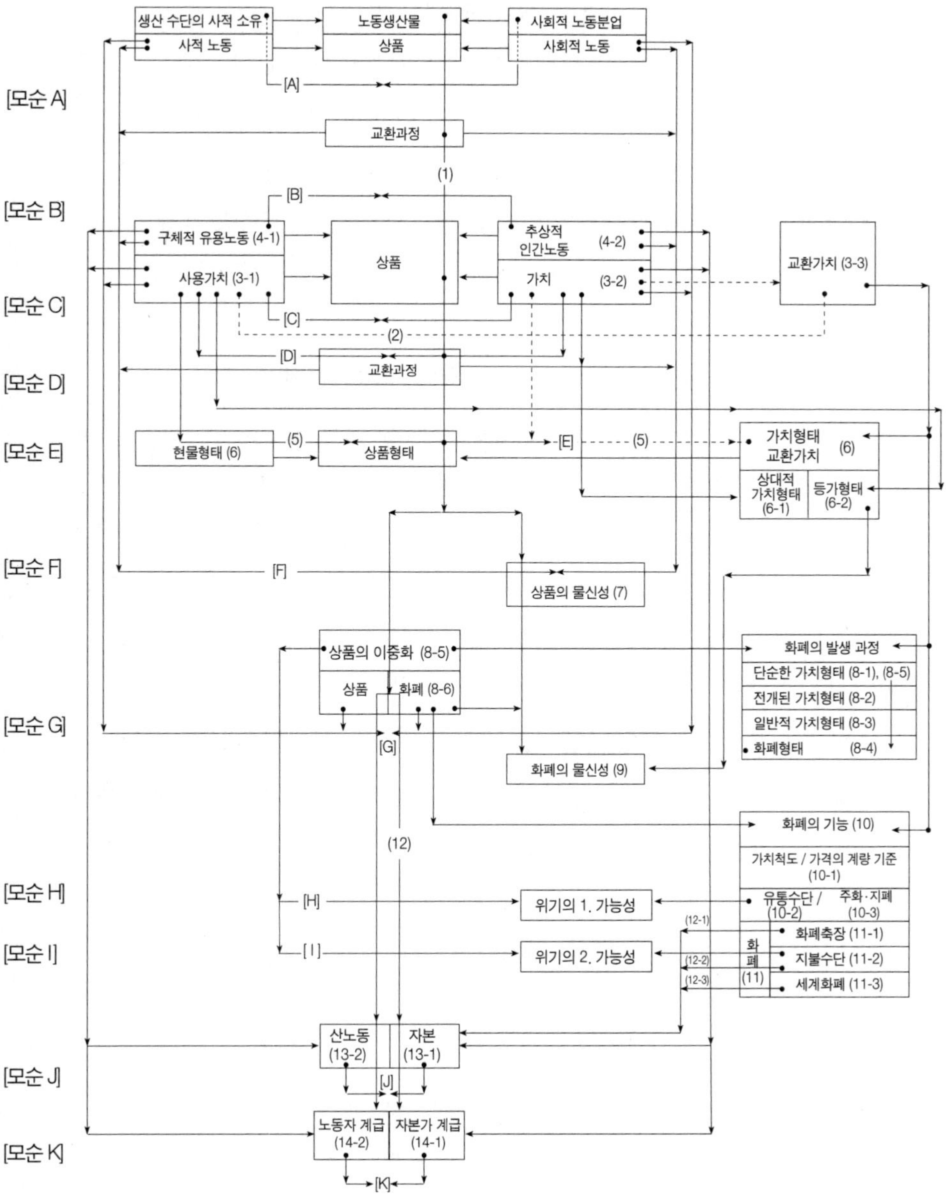
생산 수단의 사적 소유
사적 노동
노동생산물
상품
사회적 노동분업
사회적 노동
[A]
[모순 A]
교환과정
(1)
[B]
[모순 B]
구체적 유용노동 (4-1)
사용가치 (3-1)
상품
추상적 인간노동 (4-2)
가치 (3-2)
교환가치 (3-3)
[C]
[모순 C]
(2)
[D]
교환과정
[모순 D]
현물형태 (6)
(5)
상품형태
[E]
(5)
가치형태 교환가치 (6)
상대적 가치형태 (6-1)
등가형태 (6-2)
[모순 E]
[F]
[모순 F]
상품의 물신성 (7)
상품의 이중화 (8-5)
상품
화폐 (8-6)
화폐의 발생 과정
단순한 가치형태 (8-1), (8-5)
전개된 가치형태 (8-2)
일반적 가치형태 (8-3)
화폐형태 (8-4)
[G]
[모순 G]
화폐의 물신성 (9)
화폐의 기능 (10)
(12)
가치척도 / 가격의 계량 기준 (10-1)
[H]
[모순 H]
위기의 1. 가능성
유통수단 / (10-2)
주화·지폐 (10-3)
(12-1)
화폐축장 (11-1)
[I]
[모순 I]
위기의 2. 가능성
(12-2)
화폐 (11)
지불수단 (11-2)
(12-3)
세계화폐 (11-3)
산노동 (13-2)
자본 (13-1)
[J]
[모순 J]
노동자 계급 (14-2)
자본가 계급 (14-1)
[K]
[모순 K]

여기에서는 상품형태 속에 내재된 모순을 극복하기 위해 그 형태가 화폐형태로 전환되고 그것이 자본형태로까지 발전되어 가는 과정을 형태분석의 관점에서 앞의 글을 바탕으로 해서 간략하게 설명하고자 한다. 형태분석의 주요 목적은 어떤 현상의 배후에 숨겨져 있는 본질과 그 모순들을 파헤치는 데 있다. 상품의 발전은 이 모순들을 지양하지는 못하지만 이 모순들이 운동할 수 있는 형태를 만들어 낸다. 이 점에 대해 간략하게 다시 요약해 보기로 한다.

[모순 A] 사적 노동이 동시에 사회적 노동으로 나타나야 한다는 모순

단순상품생산의 존재조건들은 사회적 노동분업과 생산수단의 사적 소유이다. 단순상품생산 사회에서 노동자는 생산수단의 소유자이며, 이 생산수단으로 생산된 자신의 생산물을 획득한다. 따라서 단순상품생산의 존재조건들은 모순을, 즉 사회적 노동분업을 통해 야기된 생산자들의 협업과 생산수단의 사적 소유에 의해 이 협업을 직접 수행할 수 없는 것 사이의 모순을 내포하고 있다. 생산수단의 사적 소유로 인해 노동은 사적 노동이 되는 반면, 이 사적 노동을 통해 생산된 생산물이 상품으로 교환되기 위해서는 이 사적 노동은 사회적 노동의 형태를 취해야 한다. 따라서 단순상품생산의 존재조건들에 내재한 사회적 노동분업과 생산수단의 사적 소유 사이의 모순이 사적 노동과 사회적 노동 사이의 모순으로 된다.

이 모순은 상품생산의 발전에 따라 진화하며 아래의 많은 모순들 속에서 다시 표현된다. 이하에서는 이 모순들과 그 해결책을 다루게 된다.

(1) 노동생산물이 상품으로 되는 조건으로서의 교환

생산물이 교환하기로 규정되었다면 그것은 상품이고, 생산물이 생산자 자신의 소비에 쓰인다면 그것은 단지 노동생산물이다. 맑스는 우선 자본주의적 생산의 기초 및 전제로서 단순상품생산을 고찰한다. 그러나 여기서 말하는 단순상품생산 사회란 자본주의 사회가 발전해 온 순서에 따른 역사적 한 계기가 아니라 추상력에 의해 자본주의적 생산관계를 사상한, 그러나 자본주의적 생산의 기초를 이루는 경제구성체를 의미한다. 따라서 단순상품생산이란 이 구성체에서 생산되는 노동생산물은 생산 당시부터 교환을 목적으로, 즉 상품으로 생산된다는 것이 전제되어 있다. 상품이 되기 위해서 생산물은 교환을 통해 그것이 사용가치로서 사용될 다른 사람의 손으로 옮겨 가야 한다. 모든 상품들은 그 소유자에게는 비사용가치이고, 그것을 소유하지 못한 사람들에게는 사용가치이다. 그러므로 그것들은 모두 주인이 바뀌어야 한다. 즉, 교환이 되어야 한다. 그 교환이 그것들을 가치로서 서로 연관시키고 또 그것들을 가치로서 실현시킨다.

(2) 상품은 외관상 사용가치와 교환가치의 통일인 것처럼 보인다.

상품은 외관상 다음과 같이 이중적으로 나타난다: 상품은 사용가치 이외에 교환가치를 가지고 있다. 상품은 사용가치라는 속성 이외에 다른 상품에 대해 교환될 수 있는 능력을 가지고 있다. 사용가치라는 것은 상품에게는 필요한 전제조건처럼 보인다. 직접적으로 사용가치는 하나의 경제적 관계, 즉 교환가치가 표현되는 소재적 토대이다. 따라서 상품은 사용가치와 교환가치의 통일인 것처럼 보인다. 그러나 그것은 과정 중에 있는 사용가치와 교환가치의 통일이다. 즉, 사용가치와 교환가치의 통일로서의 상품은 단지 교환과정에서 다른 상품에 대한 그것의 실제 관계를 통해 유지된다. 사용가치로서의 상품의 실현 속에서 상품의 교환가치의 실현으로부터 교환가치가 사용가치의 사회적 자연규정성인 것 같은 착각이 생긴다. 이러한 환상은 교환과정에 있는 교환가치가 사용가치들 사이의 교환되는 비율로 나타나기 때문에 더욱 견고해진다.

(3-1) 상품은 상품의 소유자에게는 교환가치로서만 사용가치이며 타인을 위한 사용가치가 되어야 한다.

상품은 우선 외적 대상으로서, 그 속성을 통해 인간의 욕망들을 충족시키는 물적 존재이다. 한 물적 존재의 유용성은 그 물적 존재를 사용가치로 만든다. 상품은 사용가치이다. 그러나 상품은 그 소유자에게는 비사용가치, 즉 교환가치의 소재적 담지자이다. 상품은 상품의 소유자에게는 교환가치로서만 사용가치이다. 따라서 상품은 우선 타인을 위한 사용가치가 되어야 한다. 다른 한편, 상품은 상품소유자 자신을 위한 사용가치가 되어야 하는데, 그 이유는 그의 생활수단들이 그 상품 이외의 다른 상품들의 사용가치들로 존재하기 때문이다.

(3-2) 가치란 무차별한, 즉 동등한 추상적 인간노동 지출의 단순한 응결물이다.

가치란 무차별한, 즉 동등한 추상적 인간노동 지출의 단순한 응결물이다. 상품생산에 필요한 인간노동의 양이 가치크기를 이루는데, 노동 자체의 양은 노동시간으로, 사회적 평균필요노동시간으로 측정되므로 가치로서의 모든 상품들은 단지 일정한 크기의 응결된 노동시간일 뿐이다. 여기서 말하는 노동시간이란 사회적 평균노동력에 의해 행해진 사회적으로 필요한 노동시간을 의미한다. 사회적으로 필요한 노동시간이란 현존하는 사회적-표준적인 생산조건하에서 그 사회에서의 평균적인 노동숙련도 및 노동강도로 사용가치를 생산하는 데 필요한 노동시간이다.

(3-3) 교환가치란 가치의 불가피한 표현양식 또는 현상형태일 뿐이다.

상품의 이중성은 한편으로는 사용가치에 다른 한편으로는 가치에 있는데, 가치는 다른 상품과의 관계에서만, 즉 교환가치로서만 나타난다. 그러므로 가치는 교환가치를 떠나서는 존재하지 않는다. 가치는 교환가치 속에서만, 그 기초로서만, 그 본질로서만 존재한다. 그리하여 교환가치란 가치의 불가피한 표현양식 또는 현상형태일 뿐이다. 달리 표현하면, 상품의 가치라는 성격은 모든 사적 노동의 생산물이 전면적으로 교환이 이루어지고 있음을 전제로 한다는 것이다.

(4-1) 구체적 유용노동

만일 상품이 사용가치와 교환가치라는 직접적으로 대립되는 성질에 의해 특징지어진다면 이것은 당연히 상품을 생산하는 노동, 구체적 유용노동과 추상적 인간노동에 그대로 반영된다. 인간노동은 한편으로는 다른 모든 노동들과 질적으로 구별되는 구체적 인간노동이다. 이 노동이 사용가치를 낳는다. 사용가치들은 만일 거기에 질적으로 서로 다른 유용노동이 들어 있지 않으면 상품으로서 마주 설 수 없다. 노동이 사용가치를 산출하는 한 그 노동이 소재적 부의 유일한 원천이라고 말하는 것은 잘못이다. 그 노동은 이런저런 목적을 위한 소재적인 것을 습득하는 활동이므로 소재를 전제로서 필요로 한다. 사용가치는 인간노동과 자연과의 관계이다. 따라서 합목적적인 구체적 유용노동은 인간 존재의 자연조건, 즉 모든 사회적 형태와는 무관하게 인간과 자연 사이의 소재대사를 위한 하나의 조건이다. 노동은 소재적 부의 아버지이고 땅(자연)은 그 어머니이다.

(4-2) 추상적 인간노동

가치를 정립하는 노동은 사용가치들의 특수한 소재에 대해서는 무차별적인 것으로서 노동 자체의 특수한 형태에 대해서는 무차별적이다. 상이한 사용가치들은 상이한 개인들의 상이한 노동들의 결과이다. 그러나 그것들은 가치들로서는 동일한, 무차별적인 노동, 즉 노동하는 자들의 개인성이 해소된 노동을 표시한다. 따라서 가치를 정립하는 노동은 추상적 일반노동이다. 가치를 규정하는 노동으로서 추상적 인간노동은 사회적 노동형태이다. 이 사회적 노동이 상품생산 조건하에서는 사적 노동으로 행해지며 교환을 통해서만 가치를 낳는다.

[모순 B] 교환에 의해 사적 노동이 사회적 노동으로, 구체적 유용노동이 추상적 인간노동으로 나타나야 한다는 모순

상품생산사회에서의 노동은 모두 자립적으로 생산물을 생산하는 사적 노동이지만 교환에 의해 사회적 총노동의 일부분이라는 것이 입증되고, 바로 이러한 사적 노동의 모순된 두 개의 성격으로 인해 사적 노동은 구체적 유용노동의 형태로 나타나지 않고 추상적 인간노동으로서 무차별적인, 동질의, 동등한 노동이라는 특수한 형태를 취하며, 이 노동에 의해 생산된 생산물들이 가치로서 서로 교환되는 것에 의해 실증된다. 이로써 사적 노동이 동시에 사회적 노동으로 나타나야 한다는 모순이 발생하며 구체적 유용노동이 동시에 추상적 일반노동으로서만 인정된다는 모순이 발생한다.

[모순 C] 상품은 사용가치와 가치의 모순적인 통일이다.

사회적 욕구들의 대상이고 따라서 사회적 연관 속에 있지만 사용가치는 사회적 생산관계를 표현하지는 않는다. 사용가치는 직접적으로 하나의 일정한 경제적 관계, 교환가치가 제시되는 소재적 토대이다. 가치를 창출하는 노동의 질적인 특수성은 자본주의 사회에서 모든 노동은 사회적 노동이라는 데에 있다. 그와는 반대로 생산수단에 대한 사적 소유의 조건하에서 노동은 직접적인 사적 노동이다. 그것의 사회적 본성은 사적 노동을 특정한 사용가치를 생산하는 노동의 구체적 형태의 추상화를 통해서만, 즉 추상적 노동으로 표현됨으로써만 사회적 총노동의 부분으로 표현될 수 있다. 구체적인 사적 노동은 구체적 노동의 생산물이, 즉 사용가치가 실현됨으로써 추상적, 사회적 노동으로 환원된다. 그것에 의해 사용가치는 추상적 노동의 생산물로, 즉 가치로 나타난다. 상품은 사용가치와 가치의 통일체로 존재한다. 따라서 상품의 이중성은 한편으로는 사용가치에 그리고 다른 한편으로는 가치에 있는데, 가치는 다른 상품과의 관계에서만, 즉 교환가치로서만 나타난다. 상품은 사용가치와 가치의 모순적인 통일이다.

[모순 D] 상품들의 전면적 교환에 내포된 모순; 교환과정에서 상품들은 사용가치와 가치라는 그들의 규정성의 상반되는 모순을 대립적으로 드러내 보인다. 달리 표현하면, 상품이 사용가치로 실현되기 전에 가치로서 실현되어야 하며, 다른 한편으로 상품은 가치로서 실현되기 전에 사용가치로서 실증되어야 한다.

사용가치와 가치의 통일체로서의 상품은 그것의 소유자에게는 비사용가치이고 그것의 비소유자에게는 사용가치이다. 그러므로 상품들은 모두 그 소유자를 바꾸어야 하는데 이것을 상품의 교환이라 한다. 하나의 상품이 다른 상품과 교환되기 위해서는 그 상품은 다른 상품과 가치관계를 맺어야 한다. 이러한 교환을 통해서만 상품은 가치로서 서로 관계를 맺고 또 가치로서 실현된다. 따라서 상품들은 사용가치로서 실현되기 전에 가치로서 실현되어야 한다. 다른 한편, 상품들이 사용가치와 가치라는 대립물의 통일이라는 사실 때문에 상품들은 가치로서 실현될 수 있기 전에 자신들이 사용가치임을 증명해야 한다. 이것은 상품들이 사용가치와 가치라는 대립물이라는 사실의 당연한 귀결이다.

이러한 모순을 가치형태 측면에서 살펴보면 다음과 같다: 어떤 상품소유자라도 타인의 상품들은 모두 자기 상품의 특수한 등가물로 간주하며 자신의 상품은 타인의 상품들의 일반적 등가물로 간주한다. 그러나 이것은 모든 상품 소유자들에게 적용되므로, 사실상 어떤 상품도 일반적 등가물일 수 없다. 그리하여 상품들은 상품들이 가치로서 등치되고 가치크기로서 비교되는 일반적 상대적 가치형태도 갖지 못한다. 그러므로 그것들은 결코 가치로서 대면하는 것이 아니라 다만 사용가치들로서 대면하는 것이다. 따라서 모든 상품들이 가치로서 서로 등치되어 가치크기로서 서로 비교될 수 없다. 이것이 상품들의 교환 속에 내재된 모순이다.

상품들의 전면적 교환 속에 존재하는 이 모순은 해결되어야 하는데 그 해결책은 다음과 같다.

상품소유자들은 파우스트처럼 생각한다. 태초에 행동이 있었다. 상품소유자들은 자신들의 상품을 일반적 등가물로서의 다른 상품에 대립적으로 관련시킴으로써 자신들의 상품을 가치로서, 상품으로서 관련시킬 수 있었다. 일반적 등가물이라는 특수한 기능이 부여된 상품이 화폐가 된다.

교환과정의 확대와 심화로 인해 상품 속에 내재된 사용가치와 가치 사이의 모순의 발전의 필연적인 결과인 상품의 상품과 화폐로의 이중화로 인해 화폐가 형성됨으로써 상품들의 전면적 교환에 내포되어 있는 모순은 일시적으로 해결된다. 쉽게 표현하면, 상품소유자들은 자신의 생산물들을 특정한 한 상품, 즉 화폐에 대립적으로 등치시킴으로써 그것들을 가치로서, 상품으로서 관계를 맺게 되어 노동생산물의 전면적 교환이 이루어질 수 있게 된다는 것이다. 즉, 화폐는 일반적 등가물로서 모든 다른 상품들과 직접적으로 교환이 가능하므로, 상품소유자는 자신의 상품을 일반적 등가물인 화폐에 대립시켜 교환과정을 통해 자신의 상품의 가치를 실현(판매)하고, 화폐소유자는 자신의 화폐로 교환과정에서 자신이 원하는 사용가치로서의 상품을 실현(구매)하게 된다. 모든 판매는 동시에 상대방에게는 구매이므로 동일한 행위가 가치를 실현하는 동시에 사용가치를 실현하게 되는 것이다. 교환과정의 모순은 이렇게 화폐의 발생에 의해 해결된다.

그러면 화폐의 본질은 무엇이며 어떻게 발생한 것인가? 이에 대한 답을 얻기 위해서는 교환가치, 즉 가치의 필연적인 표현양식 또는 현상형태인 교환가치로 되돌아가야 한다. 화폐 생성의 첫걸음은 가치의 교환가치로의 변형이다. 아래에서는 이와 관련된 내용을 설명하기로 한다.

(5) + (6) 현물형태 vs 가치형태: 상품 속에 내포된 사용가치와 가치의 내적 대립이 현물형태와 가치형태라는 외적 대립을 통해 표현된다.

상품은 사용 대상인 동시에 가치의 담지자라는 이중적인 것인 한에서만 상품이다. 즉, 상품은 사용가치와 가치라는 두 요인의 통합이다. 한 상품의 사용가치는 그것의 현물형태로 나타나는 반면 한 상품의 가치는 그것의 물체 그 자체에 드러나 있지 않다. 상품은 그 자체로서는 가치형태를 갖고 있지 않다. 상품은 그것이 추상적 인간노동이라는 동일한 사회적 단위의 표현이라는 한에서만 가치를 지니며 따라서 상품의 가치란 순전히 사회적이다. 따라서 가치형태, 즉 교환가치는 오직 상품과 상품의 사회적 관계, 즉 교환관계 속에서만 나타난다는 사실 또한 자명해진다.

사용가치로서의 상품의 물적 차이성과 가치로서의 경제적 동등성은 서로 모순된다. 그러므로 이 양자는 상품의 이중적 존재, 즉 현물형태와 가치형태를 획득함으로써만 함께 존재할 수 있다. 우리의 가치관계 속에서 상품 A의 현물형태는 사용가치의 자태로서만, 상품 B의 현물형태는 단지 가치형태로서만 의미를 지닌다. 그리하여 상품 속에 감추어져 있는 사용가치와 가치의 내적 대립은 하나의 외적 대립을 통하여, 즉 자신의 가치가 표현되어져야 할 한쪽 상품은 사용가치로서만 인정되고, 가치가 표현되는 다른 쪽 상품은 교환가치로서만 의미를 갖는 두 상품의 관계를 통해 표시된다. 따라서 어느 한 상품의 가치형태는 그 상품에 포함되어 있는 사용가치와 가치 사이의 대립의 단순한 현상형태이다.

이미 언급했듯이 가치는 교환가치를 떠나서는 존재하지 않는다. 마찬가지로 상품은 그 자체로서는 가치형태를 갖고 있지 않다. 하나의 상품은 다른 상품과의 교환관계에서만 가치형태를 갖는다. 상품이 다른 상품과 교환관계(가치관계)를 맺어 가치형태를 취할 수 있는 것은 어떤 상품이든 추상적 인간노동의 대상화, 즉 가치이기 때문이다. 따라서 교환가치(가치형태)는 가치를 떠나서는 존재할 수 없다.

(6-1) + (6-2) 상대적 가치형태 vs 등가형태

상대적 가치형태(상품 A)와 등가형태(상품 B)는 서로 속해 있고 서로 제약하는 불가분의 두 계기이지만 동시에 동일한 가치표현의 상호 배타적이며 대립적인 양극이다. 가치관계(교환관계)를 매개로 상품 B의 현물형태는 상품 A의 가치형태가 된다. 달리 말하면 상품 B의 물체는 상품 A의 가치의 거울이 된다. 상품 A는 가치체로서 또는 인간노동의 물상화로서의 상품 B와 관계를 맺음으로써 사용가치 B를 상품 A 자신의 가치표현의 재료로 삼는다. 따라서 사용가치 B에 표현되어 있는 상품 A의 가치는 상대적 가치형태를 취한다. 사용가치로서의 상품 A는 상품 B와 감성적으로 구별되는 생산물이고, 가치로서의 상품 A는 자신의 현물형태와는 다른 가치형태를 획득한다. 상품 A는 상품 B의 사용가치로 자신의 가치를 표현함으로써 상품 B는 등가형태가 된다. 따라서 한 상품의 등가형태는 그 상품의 다른 상품들과의 직접적인 교환 가능성을 의미한다. 상품 B가 가치표현에서 등가형태를 취하자마자 이 상품의 가치크기는 가치크기로서 어떠한 표현도 갖지 않게 된다. 이처럼 상품 A의 가치표현은 상대적 가치형태와 등가형태라는 대립물의 통일이다. 이 상대적 가치형태와 등가형태의 모순은 상품생산이 발전하고 가치형태가 발전함에 따라 발전하고 심화한다.

화폐의 본질을 이해하기 위해서는 등가형태의 특성을 이해하는 것이 중요하다. 그 특성은 ① 사용가치가 자기의 대립물인 가치의 현상형태가 된다. 상품의 현물형태가 가치형태로 된다. 어떠한 상품도 자기 자신에 대하여 등가물로서 관계를 맺을 수 없으며, 따라서 자신의 현물형태를 자신의 가치표현으로 삼을 수는 없기 때문에 상품은 반드시 등가물로서 다른 상품과 관계를 맺어야 한다. 즉, 다른 상품의 현물형태를 자신의 가치형태로 삼아야 한다. ② 상품 B의 사용가치는 상품 A의 가치를 나타내기 위한 가치표현의 도구로만 사용되기 때문에 구체적 노동은 그것의 대립자, 즉 추상적이고 가치를 형성하는 현상형태가 된다. ③ 등가형태인 상품 B는 상품 A와 직접 교환할 수 있기 때문에 등가형태는 직접적 교환 가능성이라는 속성을 본래부터 지니고 있는 듯이 보인다. 여기에 화폐형태의 수수께끼 같은 성격의 근원이 존재한다. 그러나 등가형태는 결코 상품 본연의 속성이 아니라 순전히 사회적 속성이다. ④ 따라서 등가형태의 특성은 사적 노동이 사회적 형태의 노동이 된다는 데 있다. 바로 그 때문에 이 노동의 생산물은 직접 다른 상품들과 교환될 수 있는 것이다. 동시에 등가형태의 상품에 대상화된 노동이 교환과정에서 사회적 평균노동으로 인정된다. 이러한 특성들은 모든 상품들의 등가물인 화폐의 본질에 대한 인식을 위해 중요하다.

[모순 E] 가치형태는 상품 속에 내포되어 있는 사용가치와 가치의 내적 대립의 현상형태이다.

상품은 사용가치이자 가치이다. 상품은 그 가치가 상품의 현물형태와는 다른 현상형태, 즉 교환가치라는 현상형태(가치형태)를 취하게 되자마자 그 이중성을 드러낸다. 상품이 실현될 수 있기 전에 가치는 가시적으로 나타나야 한다. 상품의 사용가치는 그것의 현물형태로 나타나나 가치는 상품 그 자체에 드러나 있지 않다. 그러므로 상품의 가치는 그것의 현물형태와는 구별되는 형태로 표현되어야 한다. 사용가치로서의 상품의 물적 차이성과 가치로서의 상품의 경제적 동등성은 서로 모순된다. 그러므로 이 양자는 상품이 이중적 존재, 즉 현물형태 이외에 가치형태라는 순전히 경제적인 형태를 취함으로써만 함께 존재할 수 있다. 그리하여 상품 속에 감추어져 있는 사용가치와 가치의 내적 대립은 하나의 외적 대립을 통해, 즉 두 상품 사이의 관계를 통해 밖으로 나타난다. 다시 말해, 자신의 가치가 표현되어야 할 한쪽 상품은 직접적으로는 사용가치로서만 인정되고, 가치가 표현되는 다른 쪽 상품은 직접적으로는 가치형태로서만 의미를 갖는 두 상품의 관계를 통해 표시된다. 따라서 어느 한 상품의 가치형태는 그 상품에 내재된 사용가치와 가치 사이의 대립의 현상형태이다. 달리 표현하면 단순상품사회의 근본적인 모순은 상품 속에 내재된 사용가치와 가치의 내적 모순이 외적 모순을 통해, 즉 한 상품이 상대적 가치형태로 존재하고 다른 상품이 등가형태로 존재하는 두 상품의 모순관계를 통해 나타나는 데에 있다.

(7) 사적 노동의 사회적 성격으로 인해 발생하는 상품의 물신성

상품의 물신적 성격은 상품형태가 인간에 대한 인간 자신의 노동이 갖는 사회적 성격들을 노동생산물 자체의 성격들로 보이게끔 하거나 이 물적 존재들의 사회적 속성으로 비쳐 보이게끔 하며, 따라서 총노동에 대한 생산자들의 사회적 관계도 생산자들 외부에 존재하는 생산물들 상호간의 사회적 관계로 비쳐 보이게끔 하는 것을 말하는데, 그 근거는 ① 인간노동의 동등성이 노동생산물의 동등한 가치라는 물적 형태를 취하며, ② 그 지속시간에 의한 인간노동력 지출의 척도는 노동생산물의 가치크기라는 형태를 취하고, ③ 생산자들의 상호 관계는 노동생산물 사이의 사회적 관계라는 형태를 취하고 있기 때문이다.

더 엄밀히 말하면, 상품의 물신적 성격은 상품생산사회에서 서로 독립적으로 이루어지는 사적 노동의 사회적 성격 때문에 발생하게 되는데, 그것은 교환의 범위가 증대함에 따라 사적 노동이 사회적 노동의 성격을 지니게 되고 구체적 유용노동은 추상적 동등한 인간노동의 성격을 지니게 되어 가치를 창출하는 노동이 됨을 의미한다. 이로써 상품생산사회에서의 노동의 구체적 유용노동과 추상적 노동이라는 이중적 성격이 이제 사적 노동과 사회적 노동이라는 모순된 이중적 성격을 지니게 된다. 따라서 인간의 사적 노동의 사회적 성격이 노동생산물 자체의 사회적 자연속성으로 보이게 하며, 생산자들의 관계도 생산물들의 사회적 관계로 보이게 된다. 이로써 생산자들의 노동생산물은 상품이 되고 사회적인 물적 존재가 된다. 그러므로 생산자들에게는 그들의 사적 노동의 사회적 관계가 그들의 노동에서 맺는 인간들 간의 직접적 사회적 관계가 아니라 오히려 물적 존재와 물적 존재의 사회적 관계로 나타나는데, 이를 맑스는 물신숭배라 칭하였다.

이 물신숭배는 자본주의적 생산양식 속에서 생산관계는 불가피하게 사물들 간의 관계라는 형태를 취한다는 객관적 정황의 결과이다. 상품생산사회의 생산자들은 그들의 생산물들을 서로 가치로서 관계를 맺게 함으로써 그들의 서로 다른 노동들을 동질의 인간노동으로 관계를 맺게 한다. 인간관계는 물적 형태에 의해 은폐된다. 가치의 이마에는 가치란 무엇인가가 쓰여 있지 않다. 사람들은 그들의 생산물들을 상품으로 관계를 맺게 하기 위해서는 그들의 서로 다른 노동들을 추상적 인간노동으로 등치시키지 않을 수 없다. 그들은 그것을 모른다. 그러나 그들은 물적 존재물들을 가치로 추상화함으로써 그것을 행한다. 물적 존재를 추상화하는 것, 즉 가치로 환원하는 것은 그들의 물적 생산의 특유한 방식과 이 생산이 그들을 몰아넣은 생산관계로부터 필연적으로 생겨나는 그들의 두뇌의 자연발생적인, 따라서 의식적이고 본능적인 작용이다.

[모순 F] 상품생산사회에서는 사용가치를 창출하는 구체적 유용노동과 가치를 창출하는 추상적 동등한 인간노동이라는 대립적인 노동의 이중적 성격이 사적 노동과 사회적 노동이라는 모순된 이중적 성격을 띠게 된다. 그 결과 물적 존재의 인격화와 인격의 사물화라는 모순적 현상이 나타나게 된다.

상품형태나 이 상품형태가 표현되는 노동생산물의 가치관계는 인간 자신들의 사회적 관계일 뿐인데 그 관계가 사람들의 눈에는 물적 관계라는 환상적인 형태를 취하게 된다. 그 결과 상품생산사회에서는 물적 관계가 인간관계로부터 분리되어 자립적인 모습을 취하고 인간을 지배하게 되고 그 배후에 있는 인간과 인간의 관계는 가려지게 된다. 이를 맑스는 물신숭배라 하였다.

사람들은 그들의 노동생산물을 동등한 인간노동의 단순한 외피로서 간주하기 때문에 그것들을 서로 가치로서 관련시키는 것이 아니다. 오히려 그 반대로, 그들은 그들의 생산물을 서로 가치로서 관계시킴으로써 그들의 서로 다른 노동들을 동등한 인간노동으로 관계시킨다. 그들은 그것을 알지 못하지만, 그것을 행한다. 가치의 이마에는 가치란 무엇인가가 쓰여 있지 않다. 그러나 그들은 물적 존재물을 가치로 추상화함으로써 그것을 행한다. 이처럼 물적 존재물을 가치라는 추상적인 것으로 환원하는 것은 그들의 물적 생산의 특유한 방식과 생산관계로부터 필연적으로 생겨나는 그들의 두뇌의 자연발생적인, 따라서 의식적이고 본능적인 작용이다. 그러므로 상품의 물신적 성격은 객관적 현상일 뿐이지 혼란된 인간 두뇌의 산물은 아니다. 인간의 두뇌는 객관적으로 존재하는 특유한 생산관계를 무의식적으로 반영하는 것이다.

[모순 A, B, C, D, E, F의 일시적 해결책] 상품의 상품과 화폐로의 이중화(화폐의 형성)

상품의 가치는 개별 상품에게서는 직접 나타날 수 없다. 가치는 다만 다른 상품과의 관계에서만 나타날 수 있다. 이 관계로부터 가치형태 또는 교환가치가 생기게 된다. 달리 말해, 모든 상품들은 다만 교환과정에서, 즉 가치형태로 서로 가치로서 관계를 맺고 모든 상품들은 가치로서 실현된다. 가치형태 또는 교환가치는 사적 상품생산의 모순들의 전개와 함께 발전한다. 결론적으로 말해, 이 모순들은 화폐의 형성, 즉 상품의 상품과 화폐로의 이중화에 의해, 상품가치가 특수한 하나의 상품인 화폐에서 자립적인 존재를 획득함으로써 해결된다.

문제는 그것의 해결수단과 함께 발생한다. 화폐는 사용가치와 가치의 모순을 외적으로 해결함으로써, 동시에 사적 교환에 기초한 상품생산의 모든 모순을 격화시켜 자본주의적 경제를 위기에 직면하게 한다. 이에 대해 살펴보기 전에 먼저 교환과정의 확대와 심화에 따른 가치형태의 발전과 이에 다른 화폐의 내재적 발생, 즉 상품의 상품과 화폐로의 이중화에 관해 더 살펴보기로 하자.

(8-1) 단순한 가치형태

모든 가치형태의 비밀은 이 단순한 가치형태 속에 숨어 있다. 단순한 가치형태는 다음과 같은 등식으로 표현된다. x량의 상품 A = y량의 상품 B. 이러한 형태는 노동생산물들이 우연적이고 임시적인 교환에 의해 상품으로 전화되는 최초의 시기에만 실제로 나타난다.

상품 A는 가치 자체로서의 또는 인간노동의 체화물로서의 상품 B와 관계를 맺음으로써 사용가치 B를 상품 A 자신의 가치표현의 재료로 삼는다. 상품 B와의 가치관계 속에 포함되어 있는 상품 A의 가치표현을 상세하게 관찰해 보면, 이 가치관계 속에서 상품 A의 현물형태는 사용가치의 자태로서만 상품 B의 현물형태는 단지 가치형태로서만 의미를 지닌다. 그리하여 상품 속에 감추어져 있는 사용가치와 가치의 내적 대립은 하나의 외적 대립을 통하여, 즉 자신의 가치가 표현되어져야 할 한쪽 상품은 직접적으로는 사용가치로서만 인정되고, 그 안에 가치가 표현되는 다른 쪽 상품은 직접적으로는 교환가치로서만 의미를 갖는 두 상품의 관계를 통하여, 표시된다. 간략하게 말해 단순한 가치형태는 상품에 내재되어 있는 가치와 사용가치의 내적 대립의 단순한 현상형태이다.

단순한 가치형태의 문제 제기: 상품 A의 소유자는 상품 A에 숨어 있는 사적 노동이 사회적 노동으로 인정될 때에만 그가 원하는 상품 B의 사용가치를 교환과정에서 얻게 된다. 이처럼 단순한 가치형태는 상품생산이 여전히 발전되지 못했음을 나타낸다. 상품의 단순한 가치형태는 노동생산물의 단순한 상품형태이다. 이 가치형태는 일련의 형태 변화를 거쳐야 비로소 가격형태로 성숙해 가는 붕아형태에 지나지 않는다.

(8-2) 전개된 가치형태

사회적 분업의 확대와 생산력의 계속적인 발전 그리고 자신의 수요를 초과하는 규칙적인 잉여로 인해 상품들의 교환이 증대하게 되었다. 그리하여 전개된 가치표현이 전개된다. 이제 한 상품의 가치는 이제 상품세계의 무수히 다른 상품들로써 표현된다. 그리하여 이제야 비로소 상품 A의 가치 자체가 동등한 인간노동의 응결물로 나타난다. 전개된 가치형태는 더 높은 단계에서 재생산된 사용가치와 가치 사이의 모순의 발전형태이다. 이 모순은 이제 상품 전체를 지배한다. 왜냐하면 이제 상품 A는 상품세계 전체와 사회적 관계를 맺고 있기 때문이다.

전개된 가치형태의 문제 제기: 전개된 가치형태 속에도 여전히 상대적 가치표현이 미숙하다. 상대적 가치표현의 대열이 결코 종결되지 않는다. 등가물로 기능하는 각 상품은 이러한 사회적 기능을 단지 임시적으로만 수행한다. 일반적 등가물이 존재하지 않는다. 따라서 무수한 등가물이 생긴다. 이들은 서로 상호간에 배제하고 따라서 교환과정의 확대를 방해한다. 사적 노동과 사회적 노동 사이의, 구체적 노동과 추상적 노동 사이의 모순이 완전히 발전되지 못했다. 그 이유는 사적 생산자들의 구체적, 사적 노동이 비록 그들의 현상형태를 추상적, 사회적 노동의 총체 속에서 찾았으나 여전히 통일된 현상형태를 취하지 못한 데에 있다.

(8-3) 점차 명백해지는 모순의 해결은 일반적 가치형태의 형성이다.

일반적 가치형태의 필연성은 교환과정에 등장하는 상품들의 수와 다양성이 증가함에 따라 발전한다. 일반적 가치형태의 특징은 모든 상품들이 자신들의 가치를 동일한 하나의 상품으로 표현하고 이 상품은 이를 통해 일반적 등가물이 된다는 데 있다. 이 일반적 등가물의 역할은 개개 임의의 상품이 떠맡을 수 있으며, 이 역할이 결코 귀금속에 제한되어 있지 않다는 것이다. 이 사실은 화폐의 본질을 올바르게 인식하기 위해 중요하다. 일반적 등가물에서 교환가치로서의 가치는 자립적 형태를 얻는다. 따라서 등가물로 기능하는 상품은 물적 속성에 의해 규정된 사용가치 이외에 일반적 등가물로서의 특수한 사회적 사용가치를 갖는다. 이로써 전개된 가치형태에서의 사용가치와 가치 사이의 모순이 비교적 어느 정도 해소된다: 상품들이 서로에 대한 교환가치들로서 나타나기 위해 자신들의 존재를 이중화시키면 일반적 등가물로 배제된 상품도 자신의 사용가치를 이중화시킨다. 즉, 상품으로서의 그것의 특수한 사용가치 이외에 그것은 하나의 일반적 사용가치를 얻는다. 일반적 등가물로 배제된 상품은 이제 교환과정 자체에서 발생하는 욕구의 대상이며 모든 사람들에게는 교환가치의 담지자, 일반적 교환수단이라는 동일한 사용가치를 갖는다. 따라서 상품 그 자체가 품고 있는 모순은, 특수한 사용가치이자 동시에 일반적 등가물이고 따라서 모든 사람들에게 사용가치인, 즉 일반적 사용가치인 한 상품 속에서 자양되었다.

일반적 가치형태는 사용가치와 가치 사이의 모순을 새로운 단계에서 새로운 형태로 산출한다. 일반적 가치형태는 상이한 일반적 등가물이 발전하는 한 여전히 한계가 있다. 따라서 화폐형태의 형성이 객관적으로 필요하게 된다. 일반적 가치형태에서의 일반적 등가물 역할을 하는 것은 단지 상품이지 화폐가 아니다. 따라서 그것은 화폐가 되어야 한다. 이는 상품들의 실제 교환과정에서 이루어진다. 한 상품이 일반적 등가형태에 있는 것은 오직 그 상품이 다른 상품들에 의해 등가물로 배제되었기 때문인데, 이 배제가 특수한 한 상품에 지속적으로 한정될 때 그 상품이 화폐상품이 된다. 그리하여 일반적 등가물의 역할을 하는 것이 그 상품의 특수한 사회적 기능이 되고 그 상품의 사회적 독점이 된다.

(8-4) + (8-5) + (8-6) 화폐의 내재적 발생

물적 존재가 가치로서 제시되는 것은 역사적으로 특수한 발전단계에서이다. 그러므로 상품의 단순한 가치형태는 동시에 노동생산물의 단순한 상품형태이고, 그리하여 상품형태의 발전은 가치형태의 발전과 일치한다고 할 수 있다. 지금까지는 상품으로서의 일반적 등가물과 화폐를 동일시하였다. 그러나 일반적 등가물은 단지 상품이지 화폐는 아니다. 일반적 등가물 역시, 앞에서 언급했듯이, 교환과정을 통해 비로소 화폐가 되어야 한다. 교환의 역사적인 확대와 심화는 상품 속에 내재된 사용가치와 가치의 대립을 발전시킨다. 이 대립을 외부에 나타내려는 욕구는 상품가치의 자립적 형태를 추구하며 이 욕구는 자립적 형태가 상품과 화폐로의 상품의 이중화를 통해 최종적으로 획득될 때까지는 결코 멈추지 않는다.

금이 물리적 속성상 일반적 등가물로서의, 즉 화폐형태로서의 사회적 기능을 수행하기에 가장 적합한 상품으로 입증되었다. 금이 다른 상품에 대해 화폐로서 대할 수 있는 것은 금이 이전에 상품으로서 다른 모든 상품에 대립해 있었기 때문이다. 금이 상품세계의 가치표현에서 일반적 등가물의 지위를 독점하자마자 금은 화폐상품으로 된다. 화폐란 상품들의 자립적인 교환가치이다. 즉, 상품들 자체로부터 분리되고 이것들 곁에서 그 자체가 하나의 상품으로 존재하는 교환가치가 화폐이다. 따라서 상품은 이중으로, 즉 상품과 화폐로 존재한다. 그리하여 상품의 사용가치와 가치 사이의 내적 모순이, 그리고 사적 노동이 이와 반대의 사회적 노동으로 표현되어야 하는 상품에 내재된 모순이 발전되어 이제 상품의 상품과 화폐로의 이중화라는 외적 모순으로 되었다. 이로써 화폐상품은 상품으로서의 그것의 특수한 사용가치 이외에 그것의 특수한 사회적 기능들로부터 생겨나는 하나의 형태적 사용가치, 즉 일반적 교환수단이라는 사용가치를 부여받는다.

[모순 G] 상품의 내적 모순이 상품의 상품과 화폐로의 이중화라는 외적 모순으로 발전됨.

교환과정의 발전이 일정 단계에 다다르면 교환가치와 사용가치의 규정들이 상품들에 양극으로 분할되는 필연성은, 한 상품은 교환수단으로서 역할을 하는 한편 다른 상품은 사용가치로 양도되어야 하는 필연성은 가장 일반적인 사용가치를 가진 상품들이 우연히 화폐의 역할을 수행하도록 한다.

상품에 내재된 사용가치와 가치 사이의 내적 모순, 그리고 사적 노동이 사회적 노동으로 표현되어야 하는 모순이 상품의 상품과 화폐로의 이중화라는 외적 모순으로 발전하였다. 화폐는 서로 다른 노동생산물들이 실제적으로 서로 등치되고, 따라서 실제적으로 상품으로 전환되는 교환과정의 필연적인 산물이다. 교환의 확대와 심화는 상품의 본성 속에 잠자고 있는 사용가치와 가치의 대립을 발전시킨다. 교환을 위하여 이 대립을 외적으로 표현하려는 욕구는 상품가치의 자립적인 형태를 추구하며, 그리하여 상품과 화폐로의 상품의 이중화를 통해 이러한 화폐형태에 이르기까지는 결코 멈추지 않는다. 다시 말해, 상품들의 가치가 화폐로 자립화하는 것은 상품 속에 내재한 사용가치와 가치의 모순들의 그리고 사적 노동이 사회적 노동으로 표현되어야 하는 상품에 내재한 바로 그 모순들의 발전의 산물이다.

사용가치와 가치 사이의 모순의 해결책으로서 화폐의 자립화는 상품과 화폐 사이의 외적 모순으로 나타남을 보았다: 상품의 교환과정은 모순되고 상호 배제적인 관계들을 내포하고 있다. 상품과 화폐로의 상품의 이중화는 이들 모순들을 지양하는 것은 아니지만 이들 모순이 운동할 수 있는 형태를 창조한다. 그것은 일반적으로 모순들이 해결되는 방법이다. 문제는 그것의 해결수단과 함께 발생한다. 모순의 일시적 해결과 동시에 화폐형태는 화폐관계 자체에 의해 주어진 모순들을 더욱 심화시킨다. 경제위기의 가능성도 이러한 모순들에 기인한다. 즉, 사용가치와 가치 사이의 모순이 가치를 가진 각 상품이 화폐를 상대로 판매될 수 있기 때문에 비록 새로이 해결되었으나 한 상품의 판매시 획득한 화폐는 결코 반드시 다른 상품의 구매를 위해 사용될 필요가 없기 때문에 판매와 구매의 분리라는 위기의 가능성을 초래할 수 있다. 이에 대해서는 아래에서 다루게 된다.

(9) 화폐의 물신성: 물신적 성격은 상품에서보다 화폐에서 더욱 현저하게 나타난다.

한 사회적 생산관계가 개인들 밖에 존재하는 대상으로 나타나고 또 개인들이 그들의 생산과정에서 맺는 일정한 관계들이 한 사물의 고유한 속성으로 나타나는데, 이러한 전도와 신비화가 상품에서보다 화폐에서 더욱 현저하게 나타난다. 앞에서 이미 보았듯이 등가형태로 존재하는 상품은 직접적 교환 가능성이라는 자신의 속성을 본래부터 가지고 있는 듯이 보인다. 이러한 착각은 어느 특정한 한 상품이 일반적 등가물인 화폐상품으로 되자마자 완성된다. 그리하여 다른 상품들이 각자의 가치를 전면적으로 어느 한 상품으로 표시하기 때문에 그 상품이 비로소 화폐가 되는 것으로 보이지 않고 오히려 거꾸로 그 한 상품이 화폐이기 때문에 다른 상품들이 그 한 상품으로 각자의 가치를 일반적으로 표시하는 듯이 보인다. 이 과정을 매개해 온 운동은 그 자체의 결과만을 남긴 채 사라져 버린다. 상품들은 아무것도 하지 않으면서도 자기 자신의 가치자태를 자신들의 외부에 자신들과 나란히 존재하는 하나의 상품체에서 발견하게 된다. 이 물건들, 즉 금과 은은 지하에서 나온 바로 그대로 모든 인간 노동의 직접적 화신으로 되는 것이다, 여기에 화폐의 마술이 있다. 화폐의 물신적 성격의 수수께끼는 상품의 물신적 성격의 수수께끼가 발전하여 사람의 눈을 현혹시키게 된 것에 지나지 않는다. 간략하게 말해, 상품세계의 완성형태인 화폐형태야말로 사적 노동의 사회적 성격과 사적 노동자의 사회적 관계를 표시하는 것이 아니라 도리어 물적으로 은폐하는 것이다.

(10) 화폐의 기능

교환과정은 화폐 형성과정이다. 따라서 상품생산사회에서는 상품은 화폐를 매개로 전면적으로 상호 교환되고 있다. 따라서 상품과 화폐를 파악하기 위해서는 상품유통 속에서 화폐가 취하는 형태(기능)들을 고찰해야 한다. 화폐의 형태(기능)들의 고찰은 상품유통의 발전에 대한 고찰이기도 하다. 맑스는 화폐의 기능을 가치척도, 유통수단, 화폐의 순으로 고찰하고, 화폐를 다시 화폐축장, 지불수단, 세계화폐 순으로 고찰하는데, 이는 상품생산과 상품유통의 모순이 발전함에 따라 화폐의 기능이 발생한 역사적 순서에 따른 결과라는 것이다. 따라서 이 순서에 따라 주제에 맞게 서술하도록 하겠다.

(10-1) 가치척도

상품들의 교환과정은 이제 화폐가 실제로 존재한다는 가정하에서 분석되어야 한다. 상품들이 교환과정 속에 진입하기 위해서는 그것들은 교환가치들로 전제되어야 한다. 그러기 위해서 필요한 첫 번째 행위는 상품들이 금을 일반적 등가물로 배제하는 것이다. 이처럼 금이 다른 모든 상품들에 대해 대립할 수 있는 것은 금이 이미 일반적 등가물로서의 역할을 하고 있었기 때문이다. 단순화하기 위해 금은 어디서든 화폐상품으로 간주된다. 모든 상품들이 자신들의 교환가치를 금으로 측정하기 때문에 금은 가치척도가 된다. 금은 단지 가치척도로서의 이 규정에 의해서만 화폐가 된다. 가치척도라는 것은 화폐의 기본적 기능이다. 다른 모든 기능들은 화폐가 가치표현과 가치척도로서의 기능을 수행한 후에야 비로소 수행할 수 있다.

상품들은 화폐와 교환할 수 있기 전에 우선 가격을 가져야만 한다. 상품들의 가치를 화폐상품인 금으로 표현한 것이 그 상품들의 가격이다. 가치척도로서의 화폐는 관념적으로 그 기능을 수행한다. 상품의 가치를 가격으로 표현하기 위해서는 현실적인 금은 필요하지 않다. 가격에서 상품들의 가치는 관념적으로만 화폐로 표현된다. 이제 상품들은 이중적 존재로서, 실제로는 사용가치로서, 관념적으로는 교환가치로서 대립하고 있다.

단지 상상적일 뿐인 화폐(금)가 가치척도의 기능을 수행한다 할지라도 가격은 전적으로 실제의 화폐 재료에 달려 있다. 상품들의 가격은 금의 분량으로 서로 비교가 되니까 금의 분량(상품의 가격)을 도량하는 단위를 정할 필요가 생긴다. 금은 이미 화폐가 되기 전에 그것의 중량으로 그러한 척도를 가지고 있었다. 따라서 중량의 척도의 명칭이 그대로 가격의 도량기준의 명칭이 되었다. 상품들이 더 이상 노동시간에 의해 측정되어야 하는 교환가치로서가 아니라 금으로 측정된 동명의 크기들로서 서로 관계를 맺음으로써 금은 가치척도로부터 가격의 도량기준으로 전환한다. 따라서 화폐상품 금은 가치척도와 가격의 도량기준이라는 서로 다른 기능을 담당하게 된다. 화폐는 인간노동의 사회적 화신으로서는 가치척도이고 고정된 금속중량으로서는 가격의 도량기준이다. 가치척도로서의 화폐는 서로 상이한 상품들의 가치를 가격, 즉 상상적인 금의 양으로 전환시키는 데 봉사하며, 가격의 도량기준으로서의 화폐는 이러한 금량을 측정한다. 그리고 금은 그것의 가치가 가변적이기 때문에 가치척도이고 불변의 중량 단위로서 고정되어 있기 때문에 가격의 도량기준이다. 화폐의 가치척도와 가격의 도량기준으로서의 기능으로부터 화폐의 계산화폐로서의 기능이 나온다. 상품들은 자신들의 가치가 얼마인지를 자신들의 화폐 명칭으로 말하며, 화폐는 어떤 물건을 가치로서 고정시킬 필요가 있을 때에는 계산화폐로 기능한다. 계산화폐로서의 화폐는 실제 화폐로서가 아니라 단지 관념적인 화폐로서의 기능을 한다.

가치척도로서의 관념적 화폐의 도움으로 상품의 가치는 가격으로 전환될 수 있고 계산화폐로서의 관념적 화폐의 도움으로 계산되어질 수 있음으로써 구매와 판매에 의한 상품교환을 위한 전제조건이 형성된다. 그러나 관념적 화폐로서의 가격이 어떤 상품의 가치를 표현한다는 것은 일정량의 등가물이 그 상품과 직접 교환될 수 있다는 사실을 표현한 것일 뿐이지 거꾸로 그 상품이 등가물과 직접 교환될 수 있다는 사실을 표현하는 것이 아니다. 상품이 실제로 교환가치로서 작용하기 위해서는 상품은 자신의 현물의 껍데기를 벗어버리고 상상적인 금으로부터 실제적인 금으로 전환되어야 한다. 가격형태는 상품이 화폐와 교환될 가능성과 그 교환의 필연성을 내포하고 있다. 그러나 상품의 화폐로의 실체 전환은 쉬운 일이 아니다.

(10-2) 유통수단

상품교환이란 형태적인 측면에서 보면 사회적 물질대사를 매개하는 상품들의 형태변환이다. 이 형태변환에 대한 서술이 유통에 대한 서술이다. 각 상품의 일련의 형태변환이 그리는 순환은 다른 상품들과의 순환과 풀 수 없을 만큼 얽혀 있다. 이 총과정이 상품유통으로 나타나며 이 상품유통의 매개자로서 화폐는 유통수단이라는 기능을 지니게 된다. 따라서 유통과정의 단순한 형태는 W–G–W이다. 이 유통과정은 두 부분으로, 즉 판매 W–G와 구매 G–W로 나뉜다. 구매(G–W)에서와 마찬가지로 판매(W–G)에서는 교환가치와 사용가치의 통일체인 두 상품(상품과 화폐)이 마주 서 있다. 그러나 이 둘은, 즉 상품과 화폐는 직접적으로는 동일하지 않다. 상품에서는 그것의 교환가치가 가격으로서 관념적으로만 존재하는 반면 화폐에서는 화폐 자체가 실제 교환가치이지만 그것의 사용가치는 교환가치의 담지자로서만 존재하고, 따라서 실제적인 개별 욕구와는 관계없는 형식적인 사용가치로서만 존재한다. 그러므로 상품과 화폐는 각자 규정에 있어서 단지 관념적이며 여전히 비실제적이다. 그리하여 사용가치와 가치의 대립이 W–G의 양극단으로 분할되어 상품은 금에 대하여 관념적인 교환가치인 가격을 금으로 실현해야만 하는 사용가치인 반면 금은 상품에 대하여 형식적인 사용가치를 비로소 상품에서 물질화하는 교환가치이다. 이러한 상품의 상품과 화폐로의 이중화에 의해서만, 그리고 다시 이중적이고 대립된 관계에 의해서만, 즉 각 극이 관념적이면 반대 극은 실재적이고, 각 극이 실재적이면 그 반대 극은 관념적인 이러한 관계에 의해서만, 따라서 상품들이 양극적인 대립으로써 제시됨으로써만 상품들의 교환과정에 내포된 모순들이 해결된다. 즉, 상품들이 이중적으로 양극적인 대립들로서 제시됨으로써만 상품들의 교환과정에 내포된 모순들은 해결된다.

상품의 제1전형 W–G는 언제나 동시에 다른 상품의 제2전형 G–W이다. 따라서 G–W를 분석하기 위해서는 이미 다른 곳(금 원산지)에서 W–G가 이루어지고 그리하여 상품들의 교환가치가 실현되었음을 가정해야만 한다.

화폐는 다른 모든 상품의 소외된 모습 또는 그것들의 일반적인 양도의 산물이기 때문에 무조건적으로 양도될 수 있는 상품이다. 따라서 W–G의 운동에서는 상품들은 사용가치로 양도됨으로써 그것들 자신의 가격과 타인들 화폐의 사용가치를 실현하는 반면 G–W 운동에서는 상품들은 교환가치로 양도됨으로써 자신들의 사용가치와 다른 상품들의 가격을 실현한다. 화폐는 화폐소유자가 화폐의 일반적 사용가치를 실현함으로써, 즉 상품을 구매함으로써 그의 손에서 사라진다. 그러나 그것은 결코 없어지는 것이 아니다. 화폐는 항상 상품들이 비워 놓은 유통장소에 침전한다. 유통은 끊임없이 화폐라는 땀을 흘리게 한다. 상품의 형태변환은 단지 상품이 다른 상품의 형태변환과 얽히게 될 때만 가능하다. 유통수단으로서의 화폐는 단지 상품의 운동만을 매개하기 때문에 화폐는 계속 유통에 머무른다. 상품이 순환을 이루는 반면 화폐는 출발점으로부터 끊임없이 멀어져 그곳으로는 다시 복귀하지 않는다. 그러므로 화폐운동이 상품유통의 표현에 지나지 않음에도 불구하고 거꾸로 상품유통이 화폐운동의 결과에 지나지 않는 것처럼 보인다. 화폐가 유통수단이라는 기능을 갖게 되는 것은 단지 화폐가 상품의 자립화된 가치이기 때문이다. 따라서 유통수단으로서의 화폐운동은 사실 상품 자신의 형태변환 운동이다.

유통수단으로서의 화폐의 기능은, 상품전형의 매개자라는 사실에서 도출되는 결론은, 화폐가 유통수단, 교환수단인 한에 있어서 그 단위의 일정량을 표현하는 다른 어떤 표장에 의해서 대체될 수 있고, 따라서 상징적인 화폐가 실질적인 화폐를 대체할 수 있다. 왜냐하면 단순한 교환수단으로서의 물질적 화폐는 그 자체가 상징적이기 때문이다.

여기에서 강조하고자 하는 점은 지금까지 서술한 화폐의 기능으로부터는, 단순상품유통의 범주에 관한 한, 교환가치의 자립화가 불가능하다는 것이다. 단순상품유통에서 화폐는 항상 사회적 물질대사의 매개 역할만 수행한다. 가치척도로서의 기능과 가격의 도량기준으로서의 기능 속에서 화폐는 단지 관념적 화폐로서만 기능을 수행하며 유통수단으로서의 화폐는 교환가치의 자립적인 표현인데, 단지 순간적인 계기일 뿐이다. 따라서 화폐의 이 두 번째 기능의 결함은 자립화된 교환가치가 자신의 표장으로 격화되고 자신의 일시적 소멸 속에서 자신을 실현할 수 있다는 데에 있다. "노동자에게 있어서 본질적인 것, 교환의 목적은 그의 욕구 충족이다. 그의 교환 대상은 교환가치 자체가 아니라 직접적인 욕구 대상이다. 노동자는 화폐를 받기는 하지만, 단지 주화 규정의 화폐, 즉 그 자체로 지양되고 사라지는 매개로서의 화폐만을 받는다. … 따라서 그가 이 주화를 축장함으로써, 즉 유통으로부터 유리시킴으로써, 사라지는 교환수단이 아니라 부의 일반적 형태로 고정시킴으로써, 화폐로 전환시킬 수 있다는 것은 사실이다. 이 측면에서 보면 자본과의 교환에서 노동자의 목표는 – 따라서 그의 교환의 산물은 – 생활수단이 아니라 부이며, 특수한 사용가치가 아니라 교환가치 자체라고 말할 수 있을 것이다. 이에 따르면 부 일반이 등가물들이 교환되는 **단순유통의 생산물로만** 나타날 수 있듯이, 노동자는 부의 **형태** 때문에 실체적 충족을 희생함으로써, 즉 그가 유통에 **재화들을** 주는 것보다 **절제**, 저축, 소비절약을 통해 유통으로부터 더 적게 이탈시킴으로써만 교환가치를 자기 자신의 **생산물**로 만들 수 있을 것이다. 이것이 유통 자체에 의해 정립된 유일하게 가능한 치부형태이다."[『요강』 I권, 288-289쪽.]

(10-3) 주화/지폐

유통과정 W–G–W에서 화폐는 단지 양극 W–W 사이의 순간적으로 경과하는 수단일 뿐이다. 이로써 금주화를 다른 금속 재료로 만든 표장이나 상징으로 대체할 수 있게 되었다. 보조주화들이 금주화의 기능을 대체하게 되며 궁극적으로는 상대적으로 무가치한 존재물인 지폐가 금 대신에 주화로서의 기능을 할 수 있다. 금속제 화폐표장에는 상징적인 성격이 어느 정도 은폐되어 있으나 지폐에는 그러한 상징적인 성격이 명확하게 나타난다. 지폐는 국가의 강제통용력에 의한 사회적 객관적 유용성을 가지고서 상품의 유통을 매개한다. 주화가격의 결정과 마찬가지로 주화의 주조업무는 국가에 속한다. 계산화폐로서와 마찬가지로 주화로서의 화폐는, 국지적이고 정치적인 성격을 띠고 상이한 말을 하며 상이한 나라의 제복을 입는다. 따라서 화폐가 유통하는 영역은 한 공동체의 경계에 의해 에워싸인, 내부적인 상품유통으로서 상품세계의 일반적 유통으로부터 분리된다.

유통수단으로서의 기능 속에서 금주화는 마모되어 주화의 명목가치가 실제 가치로부터 분리된다. 그럼에도 불구하고 주화들은 완전한 가치를 지닌 화폐처럼 기능을 한다. 그것이 가능한 이유는 유통수단으로서의 주화는 단지 매개자이지 유통의 자기 목적이 아니기 때문이다. 주화의 명목상의 내용과 실제적인 내용의 분리가 극단적으로 되는 것을 막기 위해 국가는 그 최소한의 한계를 설정하여 주화의 금속 내용이 이 한도를 넘어 감소한 경우에는 주화로서의 자격을 상실하도록 법률로 정하고 있다.

상품전형에 대한 분석은 교환가치의 자립적 자태인 화폐를 규정하도록 하였으나 동시에 화폐의 물적 존재가 필요하지 않음을 알았다. 왜냐하면 화폐의 기능들은 단지 관념적인 가치척도나 상징적인 유통수단으로서만 규정되었기 때문이다. 그러나 이 두 가지 기능들은 이미 상품이 자신의 대립적인 양극의 진행 중에 있는 통일체로서 실현될 수 없는 형태적 가능성을 암시한다.

[모순 H] 판매와 구매의 분리 가능성

앞에서 상품에 내재된 시용가치와 가치 사이의 모순이 상품과 화폐로의 이중화라는 외적 모순으로 발전함을 보았다. 따라서 상품은 항상 다른 상품, 모든 상품의 대리자인 화폐와의 관계에서만 상품이다. 달리 표현하면, 사용가치로서의 상품의 특수한 본성과 교환가치로서의 상품의 일반적 본성 사이의 모순은 상품을 이중적으로, 즉 한편으로는 특정한 상품으로 다른 한편으로는 화폐로 규정할 필요성을 낳는다. 그런데 상품의 특수한 현물적 속성들과 그것의 일반적, 사회적 속성들 사이의 모순은 상품의 둘로 분리된 존재형태들(상품과 화폐)이 서로 태환될 수 없는 가능성을 처음부터 내포하고 있다. 그 근거는 다음과 같다: 특수한 상품으로서 상품은 일반적 상품인 화폐에 대해 실제적으로는 사용가치로서, 관념적으로는 교환가치로서 마주 서 있다. 그리고 화폐는 상품의 실제 교환가치에 대한 관계에서 관념적 사용가치이다. 따라서 상품은 자신의 대립적 규정들의 통일을 한 극에서 다른 극으로의 끊임없는 이행을 통해서만 관철시킨다. 가격은 상품세계의 실제적 결합수단인 화폐에 대한 개별 상품의 관념적 연결수단이다. 가격형태에서 상품의 전형(형태변환)이 예견된다. 가격형태는 상품을 화폐에 대해 양도할 수 있는 가능성과 양도해야 할 필연성을 내포하고 있다. 양도의 가능성이 내재되어 있다는 것은 양도의 불가능성을 포함하고 있다는 것도 의미한다.

상품의 형태전환(상품의 전형, 상품의 판매와 구매)은, 상품에 내재하는 사용가치와 가치의 대립, 사적 노동이 동시에 사회적 노동으로 나타나지 않으면 안 된다는 모순, 특수한 구체적 노동이 동시에 추상적 일반적 노동으로서만 인정된다고 하는 모순, 물적 존재의 인격화와 인격의 물화 사이의 대립, 상품과 화폐 사이의 모순들의 발전된 운동형태이다. 따라서 경제위기의 가능성을 잘 이해하기 위해서는 상품의 형태변환(상품의 판매와 구매)에 대해 좀 더 언급해야만 한다.

판매는 동시에 구매이다. 판매자 측면에서 상품가치의 실현은 동시에 구매자 측면에서 화폐의 사용가치의 실현이다. 따라서 판매와 구매는 대극적으로 대립하고 있는 상품소유자와 화폐소유자 사이의 교환관계의 동일한 행위이다. 따라서 판매와 구매의 동일성은 상품소유자들로부터 판매되지 않고, 화폐소유자들에 의해 구매되지 않는다면 그 상품은 무용지물이 된다는 의미를 내포하고 있다. 아울러 판매와 구매의 직접적인 동일성은 만약 이 교환과정이 성공한다면 그것은 장기간 또는 단기간 계속될 수 있는 상품의 생애의 한 시기인 휴식기를 형성한다는 것을 함유하고 있다.

만약 상품의 전형운동(판매와 구매)이 대립되는 두 과정의 통일이라면 그것은 그만큼 근본적으로 두 과정의 분리이며 그것들의 상호 자립화이다. 그러나 자립적으로 서로 대립하고 있는 과정들이 내적 통일을 이룬다는 것은 그 과정들의 내적 통일이 외적 대립 안에서 운동한다는 것과 같은 의미이다. 따라서 이 과정은 외적 대립에 의한 위기의 가능성을 내포하고 있다. 외적 대립에 의한 위기의 가능성은 전적으로 판매와 구매의 분리에 있다.

위기의 가능성과 위기의 현실성은 직접적으로 동일하지 않다. 위기의 형식적 가능성은 상품의 전형 그 자체이며, 이 전형 속에는 상품 속에 내재된 (교환)가치와 사용가치의 모순, 더 나아가 화폐와 상품의 모순이 발전된 운동으로서만 포함되고 있다. 위기의 가능성을 위기로 되게 하는 것은 이 형태 자체에는 내포되어 있지 않다. 위기의 일반적 가능성은 시간적 공간적으로 판매와 구매의 분리이다. 그러나 이것은 위기의 원인은 아니다. 위기의 가능성이 위기의 현실성으로 발전하기 위해서는 단순상품유통의 입장에서는 아직 전혀 존재하지 않는 관계들의 총체가 필요하다.

[모순 H의 해결책] 판매와 구매의 자립화로서의 위기의 가능성

자립적으로 상대하는 여러 과정이 하나의 내적인 통일을 이루고 있다는 것은 이들 과정의 내적인 통일이 외적인 대립 안에서 운동하고 있다는 것을 의미한다. 서로 보완하고 있기 때문에 내적으로는 자립하여 있지 않은 것들의 외적인 자립화가 어느 지점까지 진행되면 이 통일은 위기를 통하여 폭력적으로 관철된다.

판매와 구매는 한 상품의 형태변환의 대립하는 두 가지 요인으로서 내적으로 통일되어 있고 서로 의존하고 서로 보충하는 관계에 있지만 그러나 서로 자립화되어 있는 과정이다. 따라서 판매와 구매의 외적인 자립화는 극단적인 정도로까지 발전할 가능성을 지니고 있다. 판매와 구매의 외적 자립화가 극단적으로 발전할 경우 양자의 내적 통일을 강력하게 관철하는 과정이 위기이다. 따라서 상품의 유통은 이미 위기의 가능성을 내포하고 있다.

달리 표현하면, 상품전형(상품의 구매와 판매)은 상품에 내재한 모순들의, 즉 사용가치와 가치의 대립, 사적 노동이 사회적 노동으로 나타나지 않으면 안 된다는 대립, 특수한 구체적 노동이 추상적 일반적 노동으로서만 인정된다고 하는 대립, 물적 존재의 인격화와 인격의 사물화라는 대립, 화폐와 상품의 모순들의 발전된 운동형태에 불과하다. 만약 상품의 전형운동이 두 과정(판매와 구매)의 통일이라면 그것은 근본적으로 두 국면의 분리이며 그것들의 자립화이다. 그러나 자립적으로 서로 대립하고 있는 과정들이 내적 통일을 이룬다는 사실은 그 과정들의 내적 통일이 외적 대립 안에서 운동한다는 것과 같은 의미이다. 따라서 이 과정은 외적 대립에 의한 위기의 가능성만을 내포한다. 그 이유는 오직 상품과 화폐의 대립이 부르주아적 노동에 포함된 모든 대립들의 추상적이고 일반적인 형태이기 때문이다. 그러나 위기의 추상적 가능성과 위기의 현실성은 직접적으로 동일하지 않다. 위기의 가능성이 현실성으로 발전하기 위해서는 단순상품유통의 입장에서는 아직 존재하지 않는 관계들의 총체가 필요하다.

(11) 화폐: 화폐로서의 화폐

우리는 화폐의 발생을 단순상품 교환과정에서 나타나는 필연적인 현상, 즉 상품에 내재된 모순의 발전의 산물임을 알았다. 그런데 교환과정의 단순한 매개자로 출발한 화폐가 이제는 교환과정의 외부에서 자립적으로 존재하는 요소가 되었다.

여기에서 의미하는 화폐란 가치척도의 기능에서와 같이 순전히 관념적인 것도 아니고 또 유통수단의 기능에서와 같이 대체 가능한 것도 아닌, 금 그 자체가 화폐상품으로 나타나야 하는 경우와 다른 상품에 대립시켜 금을 유일한 가치자태로서 고정시키는 경우가 있는데, 바로 이 기능을 하는 경우의 화폐를 의미한다. 달리 표현하면, 여기에서 말하는 화폐란 경화, 즉 실제 화폐를 말한다. 화폐는 그 내용에 따르면 추상적 일반적 노동의 직접적 화신, 일반적으로 사회적 부의 실체이며 그 형태에 의하면, 화폐는 모든 구체적이고 실제적인 노동의 총체, 실제 부의 물질적 풍부함을 의미한다. 따라서 화폐에서 사회적 부의 내용이나 형태가 일치한다. 사회적 부의 형태와 내용의 일치로 인해 화폐의 기능이 이제 새롭게 규정될 수 있게 되었다.

유통수단으로서의 화폐와 화폐의 화폐로서의 차이점은 다음과 같다. 개별화된 명백한 대상인 화폐는 우연히 구해지고 찾아지며 도난당하고 발견될 수 있으며, 일반적 부는 명백하게 개별적인 개인에 의해 보유될 수 있다. 화폐가 단순한 유통수단으로 나타나는 하인의 형태에서 갑자기 상품세계의 지배자이자 신이 된다. 상품들은 화폐의 지상의 존재인 반면, 화폐는 상품들의 천상의 존재를 표상한다. "유통 매개자로서의 형태에서 화폐는 … 단순히 상징적인 종이조각으로 전락하기도 하였다. 화폐로서 그는 자신의 황금빛 영광을 회복한다. 그는 노예에서 주인이 된다. 단순한 하수인에서 그는 모든 상품의 신이 된다."[MEW, 13, S. 103.]

(11-1) 축장화폐: 유통의 외부에서 형성된 교환가치의 화폐로서의 제1의 자립화

화폐는 그것이 판매 후에 구매수단으로 기능을 하지 않는다면, 즉 유통 속에 내버려 두지 않고 축장화폐로 화석화된다면 가치저장수단이 된다. 축장화폐를 형성시키는 과정은 한편으로는 끊임없이 반복되는 판매에 의해 화폐를 유통으로부터 이탈시키는 것이고 다른 한편으로는 단순히 저장하는 것, 축적하는 것이다. 상품유통의 발전과 함께 제1전형의 산물인 화폐를 확보할 필요성과 정열이 발전한다. 상품을 구매하기 위해서가 아니라 단지 상품형태를 화폐형태로 바꾸기 위해 상품은 판매되고 이 형태변환은 자기 목적으로까지 된다. 상품의 소외된 자태(화폐)는 절대적으로 양도할 수 있는 상품의 자태로서, 즉 오직 순간적인 화폐형태로서 기능하는 것을 저지당한다. 화폐는 사회적 물질대사의 단순한 매개자로부터 스스로 목적이 된다. 이리하여 화폐는 축장화폐로 화석화하고 상품판매자는 화폐축장자가 된다. 화폐축장의 충동은 화폐의 양적 제한과 질적인 무제한 사이의 모순 때문에 무제한적이다. 이러한 모순은 화폐축장자를 축적이라는 시지프스적 노동으로 끊임없이 몰아넣는다. 반면 화폐축장자는 화폐를 축적하는 대신 근면, 절약, 탐욕이라는 덕목을 지키느라 자신의 육체적 쾌락을 희생으로 바쳐야만 한다. 많이 판매하고 적게 구매하는 것이 그의 정치경제학의 전부이다. 교환가치의 순교자로서 그는 결국 그의 부를 사회로부터 빼내어 매장한다.

유통수단이 축장화폐로 전환하는 것은, 유통과정이 제1단계(W-G)에서 중단되고 따라서 상품의 전환된 자태로서의 화폐가 유통으로부터 끌려나왔기 때문이다. 즉, 축장화폐로서의 화폐의 기능은 유통수단으로서의 화폐의 기능 정지를 의미한다. 비유통수단으로서의 축장화폐는 유통의 외부에서 이루어진 교환가치의 자립화이다. 노동자를 예로 들어 설명해 보자. 노동자는 화폐를 받기는 하지만, 단지 주화규정의 화폐, 즉 그 자체로 지양되고 사라지는 매개로서의 화폐만을 받는다. … 따라서 그가 이 주화를 축장함으로써, 즉 유통으로부터 유리시킴으로써, 사라지는 교환수단이 아니라 부의 일반적 형태로 고정시킴으로써, 화폐로 전환시킬 수 있다는 것은 사실이다. 이 측면에서 보면 자본과의 교환에서 노동자의 목표는 – 따라서 그의 교환의 산물은 – 생활수단이 아니라 부이며, 특수한 사용가치가 아니라 교환가치 자체라고 말할 수 있을 것이다. 이에 따르면 부 일반이 등가물들이 교환되는 단순유통의 생산물로만 나타날 수 있듯이, 노동자는 부의 형태 때문에 실체적 충족을 희생함으로써, 즉 그가 유통에 재화들을 주는 것보다 절제, 저축, 소비절약을 통해 유통으로부터 더 적게 이탈시킴으로써만 교환가치를 자기 자신의 생산물로 만들 수 있을 것이다. 이것이 유통 자체에 의해 정립된 유일하게 가능한 치부형태이다. 상품유통의 발전과 함께 전적으로 상품을 화폐형태로 전환하기 위해서 상품을 판매해야 할 경제적 필요성 또한 발생한다. 그 이유는 실제 유통하는 화폐량이 유통 분야의 포화도에 항상 상응하기 위해서는 한 국가 내에 존재하는 금 또는 은의 양이 주화로서 기능을 하는 금 또는 은의 양보다 더 많아야 하기 때문이다. 그러나 자립적인 치부형태로서의 화폐축장은 부르주아 사회가 진보함에 따라 소멸한다.

(11-2) 지불수단: 유통 내에서 형성된 교환가치의 화폐로서의 제2의 자립화

유통수단으로서의 화폐는 항상 구매수단으로의 기능을 수행하므로 화폐의 비유통수단이라는 규정은 따라서 구매수단으로서의 기능의 중지를 의미한다고 하겠다. 그러나 비구매수단이라는 화폐의 규정은 축장화폐처럼 화폐의 유통으로부터의 이탈을 의미하지 않는다. 그러나 비구매수단으로서의 화폐는 유통의 외부에서가 아니라 유통 내에서 자립화된 것이다. 사용가치로서의 상품의 양도가 가격에 관념적으로 규정된 상품의 교환가치의 실현으로부터 시간적으로 분리되었을 때 화폐는 유통 내에서 비구매수단이 될 수 있다.

이러한 상품의 양도와 상품가격의 실현의 시간상 분리를 통해 지불수단으로서의 화폐의 기능이 생긴다. 이러한 지불수단으로서의 화폐의 기능은 상품유통의 발전으로부터 필연적으로 발생한다. 판매자는 상품의 가치를 양도하나 그는 상품의 가격을 관념적으로만 실현한다. 구매자는 화폐의 사용가치를 실현함으로써 상품의 사용가치를 구매한다. 그러나 그는 화폐의 교환가치를 양도하지 않고 구매한다. 따라서 판매자는 채권자가 되고 구매자는 채무자가 된다.

이 상품유통과정에서 수행되는 화폐의 기능은, 첫째로 판매되는 상품의 가격 결정에서 가치척도로서의 기능을 이행하고, 둘째로 관념적인 구매수단으로서의 기능을 한다. 화폐는 단순히 구매자와 지불 약속을 위해 존재하지만 상품의 소유자를 바꾸는 작용을 한다. 지불기한에 비로소 화폐는 지불수단으로서 유통 속으로 들어가나 상품은 이미 유통으로부터 나가버린 후이다. 화폐는 이미 이 과정을 매개하지 않는다. 화폐는 교환가치의 절대적 존재로서 또는 일반적 상품으로서 이 과정을 자립적으로 종결시킨다.

상품생산이 어느 정도 발전단계에 이르면 지불수단으로서의 화폐는 조세나 지대 등의 지불수단으로서의 기능을 수행하게 되어 지불수단으로서의 화폐는 이로써 계약상의 일반적 상품이 된다. 따라서 자립적인 치부형태로서의 화폐축장과는 달리 지불수단의 준비금이라는 형태의 화폐축장은 부르주아 사회가 진보함에 따라 증대한다.

(11-3) 세계화폐

세계무역이 시장을 세계시장으로 발전시켰으며 화폐 또한 세계화폐로 발전시켰다. 세계화폐로서의 화폐는 국내 유통 영역에서 형성된 가격의 도량기준, 주화, 보조화폐 그리고 가치표장 등의 국지적 형태를 벗어버리고 귀금속 본래의 지금형태로 되돌아간다. 그리하여 세계화폐로서의 화폐는 그 현물형태가 완전히 추상적 인간노동이 직접적으로 사회적으로 실현된 형태인 상품으로서 기능을 하게 된다. 세계화폐는 일반적 지불수단, 일반적 구매수단 그리고 부 일반의 절대적 물상화로서 기능을 하지만, 주된 기능은 국제대차결제를 위한 지불수단으로서의 기능이다. 좀 더 자세히 말해 국제상품유통에서 금은은 유통수단으로서가 아니라 일반적 교환수단으로 나타난다. 그러나 일반적 교환수단은 구매수단과 지불수단의 두 가지 발전된 형태로만 기능을 하는데, 양자의 관계가 세계시장에서는 역전되어 주로 국제대차결제를 위해 사용되는 지불수단으로서의 기능을 한다. 이 두 가지 기능, 구매수단으로서의 기능과 지불수단으로서의 기능을 위해서 화폐는 항상 축장화폐로서의 형태를 띠고, 즉 금속의 실체로서 존재해야만 한다.

또한 세계시장에서 화폐가 부의 절대적인 사회적 체화물로 기능을 하는 경우가 있는데, 그것은 구매나 지불 때문이 아니라 한 나라에서 다른 나라로 부가 이전되는 경우이다. 따라서 일반적 국제구매수단과 국제지불수단으로서의 화폐는 결코 화폐의 새로운 규정이 아니다. 그것은 오히려 단지 화폐 개념의 일반성에 상응하는 현상의 보편성을 띠고 있다; 그것은 사실상 일반적 상품으로서 활동하는 가장 적합한 화폐의 존재양식이다. 그 이유는 세계시장에서 축장화폐와 일반적 지불수단으로서의 화폐가 일반적 교환수단이 되기 때문, 즉 그 개념에 의해서뿐만 아니라 그 존재방식에 따라서도 일반적인 상품이 되기 때문이고, 또 세계시장에서 상품으로서의 상품으로, 또 모든 장소에서 부로서의 성격을 유지하는 일반적인 상품으로 정립되기 때문이다. 또한 세계시장에서 비로소 화폐는 전 범위에 걸쳐 그 현물형태가 동시에 추상적 인간노동의 직접적 사회적 실현형태인 상품으로서의 기능을 한다. 이러한 의미에서 화폐의 세 번째 규정은, 화폐로서의 화폐는 세계화폐에서 처음으로 실현된다고 할 수 있다.

그러나 세계시장에서는 화폐의 지불수단 기능이 정립한 상품의 사용가치의 양도와 그것의 가치 실현 사이의 시간적 차이 이외에 또한 공간적 격차 그리고 이와 결합된 노동생산성의 격차로 인해 지불수단으로서의 화폐에 여전히 형식적으로 내포된 위기의 가능성이 세계화폐에서 가장 구체적인 형태를 띠게 된다.

[모순 I] 시간적으로 분리된 상이한 시기에 한편으로는 관념적 계산화폐로서의, 다른 한편으로는 절대적 상품(화폐)으로서의 두 가지 기능을 수행하는 지불수단으로서의 화폐

지불수단으로서의 화폐의 기능은 하나의 직접적인 모순을 내포하고 있다. 상품유통이 발전함에 따라 누구나 상품을 신용으로 판매하고 구매한다. 그리하여 채권자는 동시에 채무자가 된다. 이 경우에 화폐는 가치척도로서 그리고 관념적인 구매수단으로서 기능을 한다. 채권이 상쇄될 때 화폐는 가치척도로서의 기능과 가격의 도량기준으로서의 기능 속에서 계산화폐로 나타난다. 지불이 실제로 이루어질 때에는 실제 화폐로서 나타나는데, 이때 화폐는 지불수단으로서의 기능을 한다. 그리하여 지불수단으로서의 화폐의 기능은 지불이 상쇄되는 한에서는 화폐는 단지 관념적으로만 작용하나 지불이 실제로 이루어지는 한에서는 일시적으로 경과하는 유통수단으로서가 아니라 일반적 등가물의 휴식하고 있는 존재물로서, 절대적 상품으로서, 한마디로 말해 화폐로서 유통에 들어온다는 모순을 내포한다.

[모순 I의 해결책] 추상적 단계에서의 제2의 위기의 가능성

이러한 모순은 화폐위기라 불리는 생산위기와 상업위기의 순간에 폭발한다. 채무자 중 한 사람이 더 이상 지불할 수 없게 되는 순간에 한 개인의 지불불능이 채권자들과 채무자들의 연쇄적인 지불 불능으로 된다. 이 위기 속에서 상품과 그것의 가치자태인 화폐 사이의 대립이 절대적 모순으로까지 고양된다. 이 순간에 갈망되는 유일한 부는 화폐이다. 모두 구매하기 위해서가 아니라 지불하기 위해서 화폐를 구한다. 구매자가 만일 지불을 하지 않는다면 그의 소유물은 강제 매각된다. 요컨대, 상품의 가치자태인 화폐는 이제 유통과정 그 자체의 여러 관계로부터 발생하는 사회적 필연성에 의해 판매의 자기 목적이 된다. 이로써 지불수단에 대한 수요는, 축장화폐처럼 유통과정 외부에서가 아니라, 유통과정 내에서 화폐의 완전한 자립화를 야기시킨다.

첫째 형태의 위기는 상품전형 그 자체, 즉 판매와 구매의 분리이다. 둘째 형태의 위기는 화폐가 시간적으로 분리된 상이한 두 시기에 서로 상이한 기능을 수행하는 지불수단으로서의 화폐의 기능 속에 있다. 첫 번째 형태의 위기는 두 번째 형태의 위기가 없이도 가능하다. 즉, 위기는 신용이 없이도, 즉 화폐가 지불수단으로서 기능하지 않아도 가능하다. 그러나 두 번째 형태의 위기는 첫 번째 형태의 위기 없이는, 즉 구매와 판매가 분리되지 않고서는 불가능하다. 그러나 첫 번째 형태의 위기는 상품이 판매될 수 없기 때문만이 아니라 그것이 일정한 기간 내에 판매될 수 없기 때문이다. 이것이 화폐위기의 본래 형태이다. 그리하여 위기는 판매와 구매가 분리되기 때문에 발생하는데, 화폐가 지불수단으로 발전하자 위기는 화폐위기로 발전한다. 그러나 이 위기는 위기의 일반적 가능성이며 또한 현실적 위기의 형태들, 추상적 형태들일 뿐 이 형태들만으로는 왜 이 형태들 속에 내재되어 있는 모순이 현실적 모순으로 나타나는가 하는 것은 설명하지 못한다. 따라서 위기의 일반적 가능성이 왜 현실성으로 되는지에 대한 연구는 자본주의적 생산의 일반적 조건들로부터 설명되어야 하다.

(12) + (12-1) + (12-2) + (12-3) 자본으로서의 화폐

앞에서 언급하였듯이 현실적 위기의 원인은 자본주의적 생산의 현실운동으로부터 도출되어야 한다. 따라서 위기의 실증적 논증은 자본의 근본형태의 도출로부터 시작해야 한다. 자본 개념을 설명하기 위해서는 유통운동 속에서 발전된 교환가치로부터 출발하는 것이 필요하다. 그러나 앞에서 서술한 화폐의 기능으로부터는, 단순상품유통(W–G–W)의 범주에 관한 한, 교환가치의 자립화의 발전이 더 이상 불가능함이 드러난다: 가치척도로서의 기능과 가격의 도량기준으로서의 기능 속에서 화폐는 단지 관념적인 화폐로서만 기능을 수행하며 유통수단으로서의 화폐는 교환가치의 자립적인 표현인데 단지 순간적인 계기일 뿐이다. 유통수단으로서 화폐의 기능의 결함은 자립화된 교환가치가 자신의 표장으로 격하되고 자신의 일시적 소멸 속에서 자신을 실현할 수 있다는 데 있다.

유통운동 속에서 발전한 교환가치란 화폐로서의 화폐, 즉 실제 화폐를 의미한다. 자본 발생의 관점에서 볼 때 축장화폐와 지불수단으로서의 화폐의 기능 그리고 세계화폐로서의 기능이 문제가 된다. 축장화폐를 형성시키는 행위는 끊임없이 반복되는 상품판매에 의한 화폐의 유통으로부터의 이탈이며 단순히 저장하는 것, 즉 축적하는 것이다. 따라서 부유화(富裕化)는 내용에 따르면 자발적인 빈곤화이다. 화폐의 양적인 제한과 질적인 무제한 사이의 모순이 화폐축장자를 축적이라는 시지프스적 노동으로 몰아넣는다.

이처럼 축장화폐의 형성 속에 자기 목적으로 나타난 화폐의 자립화는 지불수단으로의 화폐의 기능 속에 더욱 발전된 형태를 나타낸다. 즉, 화폐축장에서는 상품소유자의 일시적 기분으로 여겨졌던 상품의 화폐로의 전형이 지불수단으로서의 화폐에서는 채무를 진 구매자가 지불하기 위한 하나의 경제적 기능이 된다. 이로써 화폐는, 축장화폐는 유통 밖에서 지불수단으로서의 화폐는 유통 내에서이긴 하나, 절대적 상품, 교환가치의 절대적 존재가 된다. 앞에서 언급했듯이, 세계주화로서의 화폐는 그 개념에 의해서뿐만 아니라 그 존재방식에 따라서도 일반적인 상품이 되며, 또 세계시장에서 상품으로서의 상품으로, 또 모든 장소에서 부로서의 성격을 유지하는 일반적인 상품으로 정립된다. 그리고 세계시장에서 비로소 화폐는 전 범위에 걸쳐 그 현물형태가 동시에 추상적 인간노동의 직접적 사회적 실현형태인 상품으로서의 기능을 한다. 따라서 화폐의 세 번째 규정은, 즉 화폐로서의 화폐는 세계화폐에서 처음으로 실현된다고 할 수 있다.

그러나 이러한 화폐의 자립화는 가상일 뿐이다. 즉, 단순상품유통이 비록 화폐 안에 교환가치가 자립적인 자태를 취할 수 있는 형태를 창출하였으나 가치척도와 유통수단으로서의 관념적인 화폐로부터 축장화폐와 지불수단으로서의 실제적 화폐로의 발전과정은 단지 외관상 절대적 교환가치로서의 화폐의 자립화 과정이다. 유통으로부터 빠져나온 화폐가 저장(축적)된다 하더라도 운동 W–G–W에서는 결코 가치 증대가 실현되지 않는다. 단순상품유통(W–G–W)은 자기 갱신의 원칙을 자신 안에 품고 있지 않기 때문이다. 화폐의 자립화는 G–W–W–G 순환의 결과에서 기인한다.

충분히 발전한 화폐의 세 번째 규정(화폐로서의 화폐)은 처음 두 규정(가치척도와 교환수단)을 가정하며, 이것들의 통일을 구성한다. 그러므로 화폐는 유통 밖에서 자립적인 존재를 갖게 된다. 그것은 유통에서 벗어난 것이다. 특수한 상품으로서 화폐는 그것의 화폐형태로부터 사치 대상, 금은 장신구로 전환될 수 있다. 또는 그것이 화폐로 축적될 수 있다. 자립적으로 존재하는 화폐가 유통에서 유래하는 한, 그것은 유통의 결과로 나타난다. 그것은 유통에 의해 스스로 자신과 결합되는 것이다. 따라서 이 규정성 속에 이미 자본으로서 화폐의 규정이 포함되어 있다.

(13-1) 자본이란 자립화된 교환가치로서 스스로 끊임없이 가치증식되는 화폐이다.

따라서 가치증식되는 화폐를 논하기 위해서는, 상품이 운동의 출발점이며 화폐는 단지 매개적인 성격만을 가지며 상품이 운동의 목적으로 나타나는 W–G–W 대신에, 화폐, 즉 교환가치 그 자체가 동기이자 목적인 새로운 운동형태인 G–W–G가 필요하다. 이를 위해서는 자본으로서의 화폐와 화폐로서의 화폐라는 규정을 구별해야 한다.

앞에서 이미 언급하였듯이 자본 개념을 설명하기 위해서는 유통운동 속에서 발전된 교환가치로부터 출발하는 것이 필요하다. 유통운동 속에서 발전한 교환가치란 실제 화폐를 의미한다. 교환가치의 화폐로서의 첫 번째 명백한 자립화는 축장화폐의 형성에 존재한다. 축장화폐를 형성시키는 행위는 끊임없는 판매에 의한 화폐의 유통으로부터의 이탈이며 이것을 축적하는 것이다. 축장화폐의 형성 속에 유통수단으로부터 자기 목적으로 나타난 화폐의 자립화는 지불수단으로서의 화폐의 역할 속에서 더욱 발전된 형태를 취하고 있다. 자기 목적으로서의 상품의 제1전형이 하나의 경제적 기능이 되었다. 지불수단으로서의 이 기능에서 화폐는 유통 자체 내에서 절대적 상품으로 나타난다. 화폐는 이 유통과정 그 자체의 관계로부터 발생하는 사회적 필연성에 의해 판매의 자기 목적이 된다.

사용가치가 최종 목적인 순환 W–G–W와는 달리 순환 G–W–G의 목적은 교환가치 그 자체이다. 이로써 운동형태 G–W–G는 교환가치가 상품과 화폐로서의 그것의 이중적 존재를 실현시킬 수 있는 형태가 된다. 이 운동 속에서 가치는 소멸하지 않고 끊임없이 한쪽 형태로부터 다른 쪽 형태로 이행하여 하나의 자동적인 주체로 전환한다. 그러나 유통형태 G–W–G의 양극은 동일한 형태를 취하기 때문에 그것은 목적이 없고 무의미한 조작처럼 보인다. 과정 G–W–G는 그 양극이 화폐이므로 양극의 질적인 차이에 의해서가 아니라 오직 양극의 양적인 차이에 의해서만 그 내용을 가진다. 자립화된 교환가치의 형태로서 화폐는 양적으로 스스로를 증대시키는 것 이외에 어떠한 운동을 할 수 없다. 화폐는 교환과정 그 자체를 통해서 끊임없이 증대됨으로써 사용가치와는 구별되며 스스로 통용되는 가치로서 보존된다. 이처럼 교환가치로서 유통으로부터 유래하고 자립화되나 다시 유통 속으로 들어가 유통 속에서 그리고 유통에 의해 영구화되고 가치증식되는 화폐가 자본이다. 자본으로서의 화폐의 유통은 자기 목적이 된다. 왜냐하면 가치의 증식은 단지 끊임없이 갱신되는 이 운동 속에서만 존재하기 때문이다. 따라서 자본의 운동은 무제한적이다.

(13-2) 화폐의 자본으로의 전환 조건인 사용가치로서의 산노동능력

그렇다면 가치로부터 자기 증식하는 가치로 되는 조건에 대해 살펴보기로 하자. (13-1)에서의 결론은 자본가가 화폐를 계속해서 새로이 유통에 투입함으로써 가치증식이 부단히 이루어진다는 것이다. 그러나 이러한 결론은 상품은 그 가치대로 교환된다는 상품유통의 근본법칙에 모순된다. 등가물끼리 교환된다면 잉여가치는 생기지 않기 때문이다. 유통이나 상품교환은 가치를 창출하지 못한다. 그러나 상품생산자는 유통 영역 외부에서는, 즉 다른 상품 소유자들과 접촉하지 않고서는 가치를 증식시키는 것은 불가능하다. 그러므로 화폐의 자본으로의 전환, 즉 잉여가치의 생성은 상품교환에 내재하는 법칙들의 기초 위에서 이루어져야 한다. 따라서 다음과 같은 역설적인 결론이 나온다: 자본은 유통에서 발생할 수도 없고 또 유통에서 발생하지 않을 수도 없다. 만일 가치 변화(가치증식)가 상품의 유통으로부터 발생할 수 없다면 가치 변화는 제1의 행위 G–W에서 구매되는 상품에 의해 발생해야 하는데, 그렇다고 그 상품의 가치에서 발생하는 것이 아니고 – 왜냐하면 등가물끼리 교환되므로 상품은 그 가치대로 지불되기 때문이다 – 그 상품의 사용가치 자체로부터, 즉 그 상품의 소비로부터만 발생할 수 있다. 사용가치 자체가 가치의 원천이 되는 속성을 지니며 그것의 실제 소비 자체가 가치창출인 그 상품은 바로 자유로운 노동자의 노동능력 또는 노동력이다. 노동(능)력이란 인간의 신체, 즉 살아 있는 인격 속에 존재하며, 그가 어떤 종류의 사용가치를 생산할 때마다 움직이는 육체적, 정신적 능력의 총체이다.

그러면 이제 자립화된 가치인 자본에 의한 사용가치로서의 이 특수한 상품의 소비에 관해 간략하게 언급해 보기로 하자. 대상화된 노동에 대한 유일한 대립물은 대상화되지 않은 노동이며, 객관화된 노동에 대한 대립물은 주관적 노동이다. 따라서 대상화된 노동으로서 교환가치는 그것과 형태적으로 구별되는 대상화되지 않은 산노동을 구매해야 한다. 왜냐하면 화폐로서의 교환가치는 단지 형태적 대립물로서 상품과만 교환될 수 있기 때문이다. 자본과 산노동의 교환은 화폐와 상품의 단순한 교환, 즉 단순히 형태적 위치교환이다. 그러나 자본으로서의 교환가치의 운동은 단순한 유통과는 달리 구매한 상품, 즉 노동능력의 소비를 포함한다. G-W-G에서 운동의 주체는 이제 자립화된 교환가치이다. 따라서 구매한 사용가치는 교환가치를 위한 사용가치, 따라서 교환가치의 운동의 목적을 위한 사용가치를 가져야 한다. 즉, 사용가치의 소비는 교환가치의 생산과 증대의 행위이어야만 한다. 이것은 단순한 교환관계를 침해하지 않는다. 그것은 단지 화폐로 구매된 사용가치의 특수한 본성일 뿐이다. 사용가치로서의 노동능력의 실제적 존재는 교환가치의 창출이다. 따라서 자립화된 교환가치로서의 자본은 비로소 사용가치, 즉 산노동 그 자체의 사실상의 취득을 통해서만 형성된다. 따라서 화폐의 자본으로의 전환을 위해서 화폐소유자는 상품시장에서 자유로운 노동자를 발견해야 한다. 여기서 자유롭다는 것은 이중의 의미, 즉 노동자가 자유로운 인격으로서 일정한 시간 동안 자기의 노동력을 자신의 상품으로 처분할 수 있다는 의미에서, 다른 한편으로는 그는 판매할 다른 상품을 가지고 있지 않으며 자신의 노동력의 실현에 필요한 일체의 사물(생산수단)로부터 배제되어 자유롭다는 의미를 가지고 있다.

(14-1) + (14-2) 상품 속에 내재된 노동의 이중성이 자본가와 노동자의 대립으로 나타난다.

자본으로서의 화폐의 형태에서야 비로소 교환가치의 증대를 위한 충동이 현실로 될 수 있다. 그리하여 화폐소유자는 자본의 운동의 의식적인 담지자로서 자본가가 된다. 가치증식이 그의 주관적 목적이다. 사용가치는 결코 그의 직접적 목적이 되어서는 안 된다. 이러한 절대적인 치부의 충동이나 열정적인 가치의 추구는 자본가와 화폐축장자에게 공통된 것이나 화폐축장자는 단지 광적인 자본가에 지나지 않는 반면 자본가는 합리적인 화폐축장자이다.

부의 일반적 원천으로서의 노동은 자본에 대립한다. 따라서 노동자(계급)와 자본가(계급)는 추상적 노동과 대상화된 노동과 마찬가지로 대립한다. 상품 속에 내재한 노동의 대립적인 이중성이 그것의 경제적 범주들의 의인화일 뿐인 자본가와 노동자의 대립으로 나타난다. 자본가에게 노동이 대립되어 있는 것이 아니다. 노동능력 이외에 아무것도 소유하고 있지 않는 계급의 존재는 자본의 필수적인 전제조건이다. 자본가에게 대립되어 있는 것은 노동이 아니라 노동자, 노동능력을 판매하는 노동자가 대립되어 있다. 즉, 노동과 자본의 교환은 노동력의 판매를 통해 매개된다: "다양한 인간이 종족에서 은행가로 직접 이행하거나, 자연에서 증기기관으로 이행하는 것이 불가능한 것처럼 노동에서 자본으로 직접 이행하는 것도 불가능하다."[『요강 초고』, S. 170.]

그러나 자본과 산노동의 교환의 형태에서는 이러한 대립은 신비화된다. 왜냐하면 노동력의 구매와 판매가 이루어지는 유통의 영역은 자유, 평등, 소유 그리고 벤담이 지배하는 천부인권의 진정한 낙원이기 때문이다. 그러나 화폐소유자는 자본가로서 미소를 지으며 앞서가며, 노동력의 소유자는 자본가의 노동자로서 겁에 질려 머뭇거리며 그 뒤를 따라간다.

[모순 J + 모순 K]

대상화된 노동과 산노동은 자본주의적 생산이 기초하고 있는 대립의 두 요소이다. 정립된 교환가치로서의 자본에 마주서는 사용가치가 노동이다. 자본은 교환되거나 또는 비자본, 자본의 부정과 관련해서만 이 규정성에 있게 되는데, 이것과 관련해서만 그것은 자본이다. 실제적인 비자본은 노동 자체이다. 간략하게 말해, 자본은 노동을 비자본, 순수한 사용가치로 규정할 때라야만 자본으로 규정될 수 있다.

대상화된 노동의 유일한 대립물은 대상화되지 않은 노동이다. 그것은 살아 있는 주체로서만 현존하며, 이 주체 속에서 능력, 가능성으로 존재하고 따라서 노동자로서 존재한다. 그러므로 화폐로서의 자본에 대한 대립과 보완을 이루는 유일한 사용가치는 교환가치를 생성, 창조, 증가시키는 사용가치로서의 노동이다. 화폐가 자본으로 될 수 있는 유일한 교환은 화폐소유자와 살아 있는 노동능력의 소유자 사이의 교환이다.

모든 상품교환과 마찬가지로 노동력과 자본의 교환 역시 화폐에 의해 매개된다. 노동자가 화폐형태로 등가물을 받기 때문에 그는 다른 교환자와 마찬가지로 이 교환에서 자본가에 대해 동등한 사람으로서 대립한다. 물론 이 동등성은 단지 가상 그것도 기만적인 가상으로서, 사실상 자본이 노동자의 노동시간 일부를 교환 없이 교환의 형식을 빌려 전유하고, 그리하여 노동자는 자본가에 대하여 교환관계와는 다른 특정한 경제적 관계를 갖는다는 것에 의해서 지양된다. 그러나 이러한 환상은 어느 정도까지는 노동자 측의 환상으로 실존하며, 그리하여 자신의 지위를 다른 사회적 생산양식들에서의 노동자들의 지위와 구별되도록 한다.

노동자는 단순상품유통에서의 판매자처럼 자신이 양도한 상품의 과실에 대해 어떠한 권리도 제기할 수 없다. 그는 불콩죽[1] 한 그릇에 장자 상속권을 포기한 에사우(Esau[2])처럼 자신의 노동능력의 가격을 받고 그것이 가진 창조력을 포기한다. 그에게 자본과의 교환은 노동의 모든 과실의 단념과 동일하다. 그의 노동생산력은 그 자신에게 이익을 주는 것이 아니라 자본에게 이익을 준다. 그는 자신의 노동이 가진 창조적인 힘을 자신과 대립하는 자본의 힘으로 확립하

1, 2 2005년 한국천주교주교회의·한국천주교중앙협의회·주교회의 성서위원회가 편찬하여 한국 교회 공용으로 승인된 『성경』에서 인용됨.(창세기, 25, 29-34.)

기 때문에 빈곤해지고야 만다. 자본은 교환 없이, 등가물 없이, 그러나 교환이라는 외양을 가지고 타인의 노동을 전유하는 권력이다.

III

『자본론』 해설

제1편 상품과 화폐

제1장 상품

제2장 교환과정

제3장 화폐 또는 상품유통

제2편 화폐의 자본으로의 전환

제4장 화폐의 자본으로의 전환

제1편 상품과 화폐

제1장

상품

1-1. 노동생산물이 상품으로 되는 조건

상품의 두 요인인 사용가치와 가치를 논하기에 앞서서 우선 상품 자체에 대해 알아보기로 하자. 상품이란 도대체 무엇인가?

맑스는 『자본론』에서 "자본주의적 생산양식이 지배하는 사회의[1] 부는 하나의 거대한 상품의 집적으로 나타난다"[MEW, 23, S. 49.]라는 문장으로 시작한다: "한눈에 부르주아적 부는 하나의 거대한 상품 집적으로 나타나고, 개별적인 상품은 이 부의 기본적 존재로 나타난다."[MEW, 13, S. 15.]

그러면 상품이란 무엇인지에 대해 살펴보자. 우선 사물(노동생산물)이 상품으로 되는 조건에 대해 언급해 보기로 하자.[MEW, 23, S. 55, 57, 76, 102, 121, 184 참조.]

① 상품을 생산하기 위해서는 다른 사람을 위한 사용가치 곧 사회적 사용가치를 생산해야 한다. 즉, 생산물이 상품이 되기 위해서는 생산자들 자신을 위한 직접적 생활수단으로서 생산되어서는 안 된다.

② 따라서 그 소유자의 직접적인 욕망을 초과하는 양의 사용가치, 즉 비사

1 상품에 대해 논하기에 앞서 여기서 우리가 주목해야 하는 점은 맑스가 자본주의라는 개념 대신에 "자본주의적 생산양식이 지배하는 사회"라는 개념을 사용한다는 것이다. 이것은 제3세계 경제발전론에 시사하는 바가 크다고 생각된다. 즉, 제3세계 경제발전 분석에 다양한 이론적 도구들이, 예를 들어 접합이론, 종속이론, 종속적 발전이론, 주변부 자본주의론, 세계체제론 등이 있으나 필자의 견해에 의하면 자본주의적 생산양식이 도입, 지배하는 사회에서는 『자본론』에서 전개된 분석방법이 제3세계의 경제발전 분석에도 유효하다고 본다. 맑스는 『자본론』 제1판 서문[MEW, 23, S. 12.]에서 다음과 같이 서술하였다. "이 저서에서 내가 연구해야 하는 것은 자본주의적 생산양식 및 그 양식에 상응하는 생산관계와 유통관계이다. 그것들이 전형적으로 나타나는 곳은 아직까지는 영국이다. … 그러나 독일의 독자들이 영국의 농업노동자와 공업노동자들의 상태에 대해 바리새인처럼 어깨를 으쓱하거나 독일에서는 사태가 그렇게 악화되어 있지 않다고 낙관적으로 안심한다면, 나는 그들에게 이렇게 말해 주어야만 한다. "바로 당신 자신에 관한 이야기요." (De the fabulous narrator!) 자본주의적 생산의 자연법칙에서 발생하는 사회적 적대관계의 발전 정도의 높고 낮음이 문제가 되는 것은 아니다. 이러한 법칙 자체, 곧 철의 필연성을 갖고 작용하며 자신을 관철해 가는 그 경향이 문제이다. 공업적으로 발달한 나라는 덜 발달한 나라에게 그 자신의 미래상을 보여 줄 뿐이다." 같은 서문[MEW, 23, S. 15.]에서 "영국의 사회통계와 비교해 볼 때, 독일과 그 밖의 서유럽 대륙의 사회통계는 매우 빈약하다. 그럼에도 불구하고 이러한 사회통계는 베일 속에 숨은 메두사의 대가리를 어렴풋하게나마 알아차릴 수 있을 만큼은 베일이 벗겨지고 있다"고 기술하였다. 위의 두 인용문에서 맑스가 활동하던 당시(근대 사회: 필자)의 독일, 공업적으로 덜 발달한 나라, 서유럽 대륙을 현대 사회의 제3세계로 치환시켜도 아무런 문제가 되지 않는다는 것이 필자의 견해이다.

용가치로서의 사용 대상의 존재이다.

③ 엥겔스는 맑스가 생산자 이외의 사람에 의해 소비된 생산물은 어떠한 것이나 상품으로 간주했다는 오해를 해소하기 위해 다음과 같이 기술한다. "단순히 다른 사람을 위해 생산하기만 해서도 안 된다. 중세의 농민은 영주에게 바치기 위해 세곡을 생산했고, 성직자를 위해 십일조 곡물을 생산했다. 그러나 세곡과 십일조 곡물은 다른 사람을 위해 생산된 것이면서도 상품이 되지는 못했다." 상품이 되기 위해서 생산물은 교환을 통해 그것이 사용가치로서 쓰일 다른 사람의 손으로 옮아가야 한다.

④ 그런데 하나하나의 사용가치가 그 속에 질적으로 서로 다른 유용노동을 포함하고 있지 않다면 그것들은 상품으로서 마주 설 수 없다. 따라서 다양한 유용노동의 질적인 구별이 요구되는 상품생산자 사회에서는 사회적 분업이 발전되어야 한다.

⑤ 모든 노동생산물들은 어떠한 사회적 상태에서나 사용 대상이다. 그러나 사용물의 생산에 지출된 노동을 그 물적 존재의 가치로서 표시하는 역사적으로 규정된 하나의 발전단계에서만 노동생산물은 상품으로 전화된다. 따라서 모든 생산물 또는 그 대부분이 상품형태를 취하기 위해서는 오로지 자본주의적 생산양식이 형성되어 있어야 한다.

⑥ 대부분의 생산물이 직접 자기 수요를 위한 것이라서 상품으로 전화되지는 않는다 하더라도, 또한 사회적 생산과정이 그 폭이나 깊이에 있어서 아직 교환가치의 지배를 받지 않는다 하더라도 상품생산 및 상품유통은 발생할 수 있다. 생산물이 상품으로 나타나는 것은 사회 내의 분업이 상당히 발달하여 처음에는 직접적 물물교환으로 시작된 사용가치와 교환가치 사이의 분리가 이미 완성되어 있어야 한다. 이러한 발전단계는 역사적으로 매우 다양한 경제적 사회구성체에 공통된 것이다.

⑦ 생산물에 지출되는 노동이 사회적으로 유용한 형태로 지출되어야 한다. 달리 말해, 모든 생산물에 대한 사회적 욕구에는 그 한도가 있는데, 이것이 사회적 분업에 따른 생산자들 사이의 경쟁에 의해 과잉생산이 되는 경우 그 생산물은 쓸모없게 되어 상품이 될 수 없다.

노동생산물이 상품으로 되는 과정에 대해 좀 더 철학적으로 표현한 맑스의 논리적이고도 수려한 서술을 인용해 보자. "상품은 … 사용가치**이다**. 그러나 동시에 그것은 상품으로서의 사용가치가 **아니다**. 그것이 그것의 소유자를 위한 사용가치, 즉 자신의 욕구를 충족시키기 위한 직접적인 수단이라면 그것은 상품이 아닐 것이다. 상품소유자에게 상품은 오히려 **비사용가치**, 즉 단순히 교환가치의 소재적 담지자 또는 단순한 **교환수단**이다. 교환가치의 적극적 담지자로서 사용가치는 교환수단이 된다. 상품소유자에게 상품은 교환가치로서만 사용가치이다. 따라서 상품은 우선 타인을 위해서 비로소 사용가치가 **되어야 한다**. 상품은 원래의 소유자에게는 사용가치가 아니므로 다른 상품의 소유자에게 사용가치이다. 그렇지 않으면 그의 노동은 쓸모없는 노동이고 그러므로 그것의 결과는 상품이 아니다. 다른 한편으로 상품은 **상품소유자 자신을 위해서** 사용가치이어야 하는바, 그 까닭은 그의 생활수단들이 그 상품 외의 다른 상품들의 사용가치들로 존재하기 때문이다. 사용가치로 되기 위해서 상품은 자신이 충족의 대상이 되는 특수한 욕구에 마주 서야 한다. 그러므로 상품들의 사용가치들은 자신들이 전면적으로 위치를 바꾸면서, 자신들이 교환수단인 손에서부터 자신들이 사용 대상이 되는 손으로 옮아가면서 사용가치들로 **된다**. 상품들의 이러한 전면적인 **양도**에 의해서만 그것들에 포함된 노동은 유용노동이 된다. 사용가치들로서 상품들의 이러한 **과정 중에 있는** 상호 관계에서 상품들은 아무런 새로운 경제적 형태규정성도 얻지 않는다. 오히려 그것을 상품으로 특징지었던 형태규정성이 사라진다. … 빵이 제빵공의 손에서는 한 경제적 관계의 담지자, 감각적으로 초감각적인 사물이었던 데 반해 소비자가 비로소 사용가치로서의, 일정한 식량으로서의 빵에 관계한다. 그러므로 상품들이 사용가치로 되면서 겪는 유일한 형태 변화는 그들의 소유자에게는 비사용가치였고, 비소유자에게는 사용가치였던 그것들의 형식적 존재의 지양이다. 상품들의 사용가치들로서의 형성은 그것들의 전면적 양도, 교환 과정 내 진입을 전제로 하나, 교환을 위한 그것들의 존재는 교환가치들로서의 그것들의 존재이다. 따라서 사용가치들로서 실현되기 위해 상품들은 교환가치(가치: 필자)[2]로서 실현되어야 한다."[MEW, 13, S. 28-29.]

앞에 인용한 맑스의 서술이 이해하기 힘들면 제2장 교환과정에서 다시 다루니 건너뛰고 1-2. '상품의 두 요인: 사용가치와 가치'로 넘어가도 된다.

주요 개념

자본주의, 자본주의적 생산양식, 생산관계, 상품: 생산물과 상품의 차이점, 사용가치: 사회적 사용가치, 비사용가치, 교환, 직접적 물물교환, 교환가치, 사용가치와 교환가치의 분리, 유용노동, 분업: 사회적 분업.

---

2 필자 주: 맑스는 『정치경제학 비판을 위하여』에서 "각 상품은 **사용가치**와 **교환가치**의 이중의 관점하에서 제시된다" [MEW, 13, S. 15.]고 기술하면서 교환가치를 한편으로는 가치라는 의미로 사용하고 다른 한편으로는 교환가치라는 의미로 사용한다. 이는 맑스가 고전파 경제학의 영향을 받았음을 의미한다. 맑스는 『자본론』에서 처음으로 가치와 교환가치를 명백하게 구별해서 사용하였다. 맑스는 가치와 교환가치라는 개념을 정확하게 알고 있으면 상품은 사용가치이며 교환가치라는 표현도 아무런 해가 되지 않는다고 다음과 같이 언급했다. "이 장의 앞에서 우리는 흔히 말하는 대로 상품을 사용가치 및 교환가치라고 이야기한 바 있는데, 엄밀하게 말하면 이것은 틀린 말이다. 상품은 사용가치이자 … 가치이다. 상품은 그 가치가 상품의 현물형태와 다른 독자적인 현상형태 곧 교환가치라는 현상형태를 취하게 되자마자 곧바로 그러한 이중적인 것으로 나타난다. 상품은 고립적으로 고찰될 때에는 결코 이러한 형태를 갖지 않으며, 오직 … 다른 종류의 상품과 가치관계나 교환관계를 맺을 때에만 이러한 형태를 취한다. 우리가 이러한 사실을 한번 알고 나면, 앞서의 부정확한 표현방식도 해가 되지 않으며 오히려 간편한 것이 된다." [MEW, 23, S. 75.]

1-2. 상품의 두 요인: 사용가치와 가치(가치실체, 가치크기)

사용가치와 가치에 대해 논하기 전에 『자본론』 전체에 적용되는 맑스의 변증법적 서술방식에 대해 언급하고자 한다. 맑스는 『자본론』 제2판 후기[MEW, 23, S. 27.]에서 헤겔의 변증법을 다음과 같이 비판한다. "나의 변증법적 방법은 근본적으로 헤겔의 그것과는 다를 뿐만 아니라, 오히려 정반대이다. 헤겔에게는 그가 '이념'이라는 이름 아래 자립적 주체로까지 전화시킨 사유과정이 현실적인 것의 창조자이고, 현실적인 것은 다만 그 외적 현상을 이를 뿐이다. 나에게는 그와 반대로 관념적인 것은 인간의 머릿속에서 전환되고 번역된 물질적인 것 이상의 아무 것도 아니다. … 그(헤겔: 필자)에게 있어 변증법은 거꾸로 서 있다. 우리가 신비적 외피 안에 있는 합리적 핵심을 발견하려면 이것을 뒤집어야 한다."

이렇게 헤겔의 변증법을 비판한 맑스도 그 서술방식에 있어서는 헤겔이 그의 『논리학』 제1권 '존재론'에서 사용한 서술방식을 따라 질을 고찰한 후 양을 논하고 끝으로 형태(변환) 순서대로 고찰함을 알고 『자본론』을 읽으면 그 이해에 도움이 되리라 생각된다.

이 절의 소제목은 사용가치와 가치인 데 반해 교환가치에 대해서도 매우 추상적으로, 그러나 매우 간략하게 언급함으로써 그 개념을 오해할 수 있으며 그 중요성을 간과하기가 쉽다. 주의를 집중해서 『자본론』을 숙독하기 바란다. 이 문제는 1-4. '가치형태 또는 교환가치'에서 다시 자세히 다루게 될 것이다.

그러면 이제 사용가치, 교환가치, 가치에 대해 살펴보기로 하자.

** 사용가치

* 사용가치의 질

모든 유용물들은 각각 질과 양이라는 이중의 관점에서 관찰될 수 있다. 맑스는 먼저 사용가치의 질에 대해 다음과 같이 언급한다. 상품은 우선 외적 대상으로서, 그 속성을 통해 인간의 다양한 욕망을 충족시키는 물적 존재이다. 그 물적 존재가 직접적으로 인간의 욕망을 충족시켜 주는 생활수단이든, 아니면 간접적으로 그 욕망을 충족시켜 주는 생산수단이든 문제가 되지 않는다. 이 물적 존재들의 다양한 사용법을 발견하는 것은 역사적 행위이다. 이러한 물적 존재의 유용성은 그 물적 존재를 사용가치로 만든다.[3] 그 유용성은 상품체의 속성들에 의해 제약된다. 따라서 그 유용성은 상품체 없이는 존재하지 않는다. 상품체는 그 자체로서 사용가치이다. 상품체의 이러한 성격은 그 사용 속성을 얻기 위해 인간이 소비한 노동의 많고 적음과는 무관한 것이다. 사용가치는 오로지 소비를 통해서만 스스로를 실현한다. 사용가치는 부의 사회적 형태와는 상관없이 그 부의 소재적 내용을 구성한다: "사회적 욕구들의 대상이고 따라서 사회적 연관 속에 있지만 사용가치는 사회적 생산관계를 표현하지 않는다."[MEW, 13, S. 16.]

자본주의적 생산양식이 지배하는 사회에서 사용가치는 동시에 교환가치의 소재적 담지자가 된다: "사용가치는 직접적으로 하나의 일정한 경제적 관계, **교환가치**가 제시되는 소재적 토대이다."[MEW, 13, S. 16.] 이에 대해서는 1-4. '가치형태 또는 교환가치'에서 다시 언급하기로 한다.

---

3 맑스 주: "17세기 영국 저술가들의 글에서 사용가치를 뜻하는 가치(worth)란 말과 교환가치를 뜻하는 가치(value)란 말을 자주 접하게 된다. 이것은 직접적인 것에는 튜턴어를 사용하고 반성적인 것에는 로마어를 사용하곤 하던 언어 습관에 따른 것이다." [MEW, 23, S. 50.]

* 사용가치의 양

사용가치의 양에 대한 언급은 다음과 같다. 이 유용물들의 양에 대한 사회적 척도를 발견하는 것 역시 역사적 행위이다. 이 척도가 서로 다름은 부분적으로는 측정해야 할 대상의 서로 다른 본성으로부터 생겨나며, 부분적으로는 관습으로부터 나온다. 사용가치는 반드시 일정한 양을 가지고 있다: "사용가치는 사용을 위한 가치만을 가지고 소비과정에서만 실현된다. 동일한 사용가치는 다양하게 이용될 수 있다. 그러나 그것의 가능한 이용들의 합계는 일정한 속성들을 지닌 사물로서의 그것의 존재 속에 총괄되어 있다."[MEW, 13, S. 15.]

* 사용가치의 형태는 현물형태이다.

사용가치의 형태에 대해서는 여기서[MEW, 23, S. 50.]는 별다른 언급이 없는데 다른 곳에서[MEW, 23, S. 62.] "상품은 사용가치 또는 재화의 형태로 세상에 나타난다. 이는 상품의 있는 그대로의 현물형태이다"라고 말한다: "상품은 우선 생활을 위해서 필요하거나 유용하거나 편안한 어떤 사물이며, 인간적 욕구들의 대상이고 가장 넓은 의미에서의 생활수단이다. 상품의 사용가치로서의 존재와 그것의 자연적인, 눈으로 직접 확인할 수 있는 명백한 존재는 일치한다." [MEW, 13, S. 15.]

* 사용가치는 정치경제학의 연구 대상은 아니다.

맑스에 의하면 상품의 사용가치는 상품학(정치경제학이 아니라)의 소재를 제공해 준다고 한다. 그 이유는 앞에서 언급했듯이 사용가치는 사회적 연관 속에 있지만 사회적 생산관계를 표현하지 않기 때문이다: "사용가치로서 이 상품이 다이아몬드라고 하자. 다이아몬드 자체에서는 그것이 상품이라는 것을 감지할 수 없다. 그것이 미학적으로나 기계적으로, 즉 로레테(Lorette)의 가슴이나 유리세공의 손에서 사용가치로 사용되는 곳에서는 그것이 다이아몬드지 상품이 아니다. 사용가치라는 것이 상품에게는 필요한 전제처럼 보이나 상품이라는 것은 사용가치에게는 무차별적 규정인 것처럼 보인다. 경제적 형태규정에 대해 이처럼 무차별적인 사용가치, 즉 사용가치로서의 사용가치는 정치경제학의 고찰 범위 밖에 있다. 사용가치는 그 자신이 형태규정인 곳에서만 이 범위에 속한다."[MEW, 13, S. 16.]

*** 상품의 사용가치는 타인을 위한 사용가치이다.**

앞에서 이미 언급했듯이, 상품의 사용가치는 타인을 위한 교환에 의해 타인의 손으로 옮겨 가는 사용가치이다. 여기에서 교환에 의해 타인의 손으로 옮겨 가는 사용가치라고 한 것은 앞에서 이미 언급했듯이 봉건사회에서는 농노들이 봉건영주와 성직자들을 위해 사용가치를 생산했으며 원시공동체에서는 공동체 구성원들이 다른 구성원들을 위해 사용가치를 생산했고, 노예제 사회에서는 노예가 노예소유주를 위해 사용가치를 생산했는데, 이러한 경우에는 생산물이 상품으로서 교환되지 않고 타인의 손으로 옮겨진 때문이다.

**** 교환가치**

상품은 사용가치라는 측면에서는 우선 서로 다른 질이지만, 교환가치라는 측면에서는 단지 서로 다른 양일 뿐이며, 따라서 사용가치를 전혀 포함하고 있지 않다. 교환가치는 어느 한 종류의 사용가치가 다른 종류의 사용가치와 교환되는 비율로서 나타난다: "교환가치는 우선 사용가치들이 서로 교환되는 **양적 비율**로서 나타난다."[MEW, 13, S. 16.] 그러나 이 관계는 때와 장소에 따라 바뀐다. 따라서 교환가치는 우연적이고, 순전히 상대적인 것처럼 보인다. 따라서 상품 자체에 고유한 내재적인 교환가치, 곧 내재적 가치라는 것은 일종의 형용모순처럼 보인다.

다음과 같은 등식을 가정해 보자.

1쿼터 밀 = x량 구두약
= y량 비단
= z량 금.

밀은 하나의 교환가치가 아니라 수많은 교환가치를 갖는다. 그러나 x량의 구두약이나 y량의 비단 또는 z량의 금 등은 서로 대체될 수 있어야 한다. 즉, 같은 크기의 교환가치이어야 한다. 따라서 다음과 같은 결론이 도출된다.

① 어느 하나의 상품에 대응하는 여러 교환가치들은 모두 공통된 어떤 것을 나타낸다. 이 첫 번째 결론은 바로 아래의 '가치 및 가치크기'에서 다루게 된다.

② 교환가치는 그 안에 포함되면서도 그 자체와는 구별되는 어떤 내용의 표현양식이자 현상형태일 뿐이다. 가치는 교환가치를 떠나서는 존재하지 않는다. 가치는 교환가치 속에서만, 그 기초로서만, 그 본질로서만 존재한다. 가치가 교환가치를 떠나서는 존재하지 않는다는 것은 모든 사적 노동의 생산물이 상품생산사회, 즉 생산물들이 전면적으로 교환되고 있는 사회에서만 가치라는 성격을 갖게 된다는 것을 의미한다. 즉, 가치라는 것은 사적 노동에 의한 생산물의 전면적 교환이 이루어지고 있음을 전제로 한다는 것이다.

현 단계에서 이 두 번째 결론을 이해하기란 쉽지 않다. 이것은 1-4. '가치형태 또는 교환가치'에서 상세한 설명이 이루어지니 인내심을 갖고 기다리기 바란다.

** 가치, 가치의 크기

* 가치의 질

가치의 질에 대해서 살펴보기로 하자. 이를 위해 다음과 같은 등식을 가정해 보자.

1쿼터 밀 = a첸트너 철.

이 등식이 의미하는 것은 두 개의 서로 다른 물적 존재, 즉 1쿼터의 밀과 a첸트너의 철 속에는 양자에 공통된 어떤 것이 같은 크기로 들어 있음을 뜻한다. 따라서 양자는 어떤 제3의 것과 동등한데, 이 제3의 것은 전자(1쿼터 밀)도 후자(a첸트너 철)도 아닌 것이다. 그러므로 양자는 어느 것이든 그것이 교환가치인 한에서는 이 제3의 것으로 환원될 수 있어야 한다.

이 제3의 것은 무엇을 의미하는가?

상품체의 사용가치(상품의 질)를 도외시한다면 상품체에 공통적으로 남는 것은 그것이 노동생산물이라는 속성뿐이다. 달리 표현한다면, 노동생산물의 사용가치를 사상한다면 노동생산물의 유용한 성격과 더불어 노동생산물에 표현되어 있는 노동의 유용한 성격이 소멸한다. 따라서 이들 노동의 구체적인 형태도 소멸하고 서로 구별되지 않는, 동등한(무차별한) 인간노동 – 추상적 인간노동의 지출만이 남는다는 것이다. 바로 이것의 결정체가 가치, 상품가치를 형성한다. "… 교환가치(가치: 필자)를 정립하는 노동은 사용가치들의 특수한 소재에 대해서는 무차별적인 것으로서 노동 자체의 특수한 형태에 대해서는 무차별적이다. 상이한 사용가치들은 상이한 개인들의 활동의 생산물, 즉 개인적으로 상이한 노동들의 결과이다. 그러나 그들은 교환가치(가치: 필자)들로서는 동일한, 무차별적인 노동, 즉 노동하는 자들의 개인성이 해소된 노동을 표시한다. 따라서 교환가치(가치: 필자)를 정립하는 노동은 **추상적 일반적인 노동**이다."[MEW, 13, S. 17.]

맑스는 여기서 다시 한 번 사용가치, 교환가치와 가치의 관계에 대해 간략하게 다음과 같이 언급한 후 가치크기의 측정 문제로 넘어간다. "상품의 교환관계 자체 내에서 상품의 교환가치는 그것의 사용가치와는 전혀 독립적인 것으로서 우리에게 나타난다. 여기서 노동생산물의 사용가치를 실제로 사상하고 나면 바로 앞에서 규정했던 노동생산물의 가치를 얻게 된다. 연구가 진행되면 우리는 교환가치가 상품가치의 필연적인 표현양식 또는 현상형태임을 알게 될 터이나 우선은 이런 형태와는 무관하게 가치에 대해 고찰해야 할 것이다."[MEW, 23, S. 63.]

필자 역시 교환가치, 즉 가치형태를 이해하는 것이 『자본론』을 이해하는 데 매우 중요하면서도 어려운 부분이라 생각하지만 이에 대해서는 잠시 잊고 가치크기의 결정 요인에 대해 살펴보기로 하자.

* 가치의 양

이제 가치의 양(크기)에 대해 살펴보기로 하자.

가치의 크기는 개개의 생산자가 상품을 생산하는 데 소요된 노동량이 아니라 상품을 생산하는 데 사회적으로 필요한 노동의 양으로 측정된다. 노동의 양 그 자체는 지속된 노동시간으로 측정된다: "교환가치의 실체를 이루는 저 단순하고 동형인, 추상적 일반적 노동의 … 양들을 어떻게 측정할 것인가가 문제이다. 교환가치들로서 상품들의 크기의 차이들은 그들 속에 대상화된 노동의 크기의 차이들이므로, 저 노동 자체의 양적 존재가 어떠한지가 오히려 문제이다. 운동의 양적 존재가 시간인 것과 마찬가지로 노동의 양적 존재는 **노동시간**이다. 그 질은 주어진 것으로 전제할 때, 노동시간이 할 수 있는 유일한 차이는 그 자신의 지속성의 상이성이다. … 노동시간은 노동의 형태, 내용, 개성에 대해 무차별적이면서 노동의 살아 있는 존재이다. 이 존재는 양적이고 동시에 내재적 척도를 갖춘 존재로서 노동의 살아 있는 존재이다. 상품들의 사용가치들로 대상화된 노동시간은 사용가치들을 교환가치들로, 따라서 상품들로 만드는 실체일 뿐만 아니라 그들의 일정한 가치크기도 측정한다. … 교환가치(가치: 필자)로서 모든 상품은 일정량의 **응결된 노동시간**이다."[MEW, 13, S. 17-18.]

여기서 말하는 노동시간이란 사회적 평균노동력에 의해 행해진 사회적으로 필요한 노동시간을 의미한다. 사회적 총노동력은 무수히 많은 개별적 노동력으로 이루어진 것이지만 여기에서는 하나의 동일한 인간노동력으로 간주된다. 개별 노동력 하나하나가 사회적 평균노동력이라는 성격을 띠며 또한 한 상품의 생산에 사회적으로 필요한 노동시간이 드는 한 이들 개별 노동력 하나하나는 다른 노동력과 동일한 인간노동력이다: "상품들의 교환가치들을 상품들에 포함된 노동시간으로써 측정하기 위해서는 상이한 노동들 자체가 무차별적이고 동형이며 단순한 노동으로, 간단히 말해서 질적으로는 동일하고 따라서 양적으로만 구별되는 노동으로 환원되어야 한다. 이 환원은 하나의 추상으로 나타나나 그것은 사회적 생산과정에서 매일 수행되는 하나의 추상이다." [MEW, 13, S. 18.]

사회적으로 필요한 노동시간이란 현존의 사회표준적인 생산 조건 아래에서 그 사회에서의 평균적인 노동숙련도 및 노동강도로 사용가치를 생산하는 데 필요한 노동시간이다: "… 한 상품에 포함된 노동시간은 그것의 생산에 필요한 노동시간, 즉 주어진 일반적 생산조건들하에서 동일한 상품 한 개를 생산하기 위해 요구되는 노동시간이라고 가정된다."[MEW, 13, S. 19.]

간략하게 말해, 사용가치(상품)의 가치크기를 결정하는 것은 오로지 사회적으로 필요한 노동량, 사회적 필요노동시간뿐이다.

**** 노동생산력의 변화와 가치크기의 변화**

노동생산력에 변화가 생기면 그에 따라 생산에 필요한 노동시간도 변한다. 노동생산력은 다양한 조건들에 의해 규정되는데, 그 가운데에서도 특히 노동자 숙련의 평균도, 과학과 그 기술적 응용 가능성의 발전 단계, 생산과정의 사회적 결합, 생산수단의 규모 및 그 적용능력 그리고 갖가지 자연적 조건에 의해 규정된다.

일반적으로 말해서,

① 노동생산력이 클수록 어느 한 상품의 생산에 필요한 노동시간은 그만큼 작아지고 그 상품에 응결되어 있는 노동량도 그만큼 작아지며 따라서 그 상품의 가치는 그만큼 작아진다.

② 거꾸로 노동생산력이 작을수록 어느 한 상품의 생산에 필요한 노동시간은 그만큼 길어지고 따라서 상품의 가치는 그만큼 커진다.

따라서 한 상품의 가치크기는 그 상품에 실현된 노동량에 정비례하고 그 노동생산력에 반비례하여 변동한다.

『자본론』 제1권 제1판에서는 이곳에서 다음과 같은 문구가 덧붙여져 있다. "우리는 이제 가치의 실체를 알았다. 그것은 노동이다. 우리는 가치크기의 척도를 알았다. 그것은 노동시간이다. 가치형태, 이것이야말로 가치에 교환가치라는 도장을 찍어 주지만 이 형태를 분석하는 것은 아직 여기서의 일은 아니다."[MEW, 23, S. 55, 각주 1*] 이것으로서 맑스가 가치형태의 발견을 얼마나 중요시하는지 짐작할 수 있다.

*** 이어서 맑스는 이미 발견된 여러 규정들에 대해 언급한다.**

① 어떤 물적 존재는 가치가 아니면서도 사용가치일 수 있다. 이것은 인간에 대한 그 물적 존재의 효용이 노동에 의해 매개되지 않은 경우이다. 예를 들면, 공기나 처녀지, 천연의 초원이나 야생의 수목 따위가 그러하다.

② 어떤 물적 존재는 상품이 아니면서도 유용한가 하면 또한 인간노동의 산물일 수도 있다. 자신의 생산물로 자기의 욕망을 충족시키는 사람은 사용가치를 만드는 것이지 상품을 생산하는 것이 아니다.

③ 어떤 물적 존재가 쓸모가 없다면 그것에 포함되어 있는 노동도 쓸모없는 것이고 노동으로 인정되지도 않고, 따라서 가치를 이루지도 못한다.

주요 개념

사용가치: 유용성/부의 소재적 내용/사회적 생산관계를 표현하지 않는다/교환가치의 소재적 담지자/타인을 위한 사용가치, 교환가치: 상품가치의 표현양식이며 현상형태, 가치: 동등한 무차별한 추상적 인간노동, 상품의 가치크기: 사회적으로 필요한 평균노동시간, 노동생산력.

***** '상품의 두 요인: 사용가치와 가치'의 주요 내용**

상품은 질적인 측면과 양적인 측면을 가지고 있다. 상품들은 질적으로 서로서로 구별된다. 왜냐하면 상품들은 여러 가지 서로 다른 욕구들을 만족시켜야 할 입장에 있기 때문이다; 그러는 한 그것들은 사용가치들이다. 그것들의 사용가치가 인간의 건강이나 생존에 매우 위험해서 비사용가치를 확실하게 제거할 필요성이 사물들에게 역설적으로 다시 사용가치의 속성을 부여하는 경우를 제외하고는 사용가치가 없는 사물들은 일반적으로 상품이 될 수 없다. 이러한 것은, 비록 특히 인간에게 위험한 쓰레기가 사용가치를 가지고 있다고 주장할 수 없음에도 불구하고, 가장 수익성이 높은 상품으로 거래되는 우리들의 쓰레기에서 발생한다.

** 사용가치의 소재적 속성과 에너지론적 속성

주관적 가치이론은 사용가치로부터 그리고 그것의 도움으로 가능한 욕구의 만족으로부터 시작한다. 고립된 로빈슨은 개인적으로 사물들의 세계 앞에서서 비교하며 자신의 예산(시간예산과 화폐예산)에 따라 욕구를 최대한으로 만족시키기 위해 노력한다. 이 접근방법에서는 개인이 사고의 출발점이기 때문에 슘페터(Joseph A. Schumpeter)는 이 방법론을 '방법론적 개인주의'라고 불렀는데, 이것은 현대 경제이론을 지배하고 있다. 그것의 도구는 개인적 그리고 사회적 최적 상태를 재현하기 위한 한계 분석이다.

유용한 사물들은 어떤 소재적 속성을 가지고 있다. 서비스가 제공될 때에 그것은 이 업무에 기대되었던 유용성을 제공하는 지적인 에너지론적인 수행이다. 사용가치의 소재적 속성과 에너지론적인 속성은 독자적인 교과목, 즉 상품학에 소재를 제공한다.[MEW, 23, S. 50 참조.][4]

** 교환가치

오히려 맑스에게는 "우리가 고찰하려는 사회형태에서는 사용가치가 교환가치의 소재적 담지자"[상동, S. 50.]라는 사실이 중요하다. 교환가치는 우선 단지 양적 비율로서, 보다 정확하게 말해 다른 한 상품과의 관계로서 나타난다. 따라서 교환가치에 대해 언급할 때에는 더 이상 단수인 상품에 대해서가 아니

4 맑스는 이러한 사고를 더 이상 추구하지는 않는다. 그러나 맑스는, 모든 사용가치들은 일정한 양이 존재하고 그 결과 사용가치들의 생산을 위해 특수하게 결합된 소재와 에너지의 일정한 양이 필요한 상황에서 기인하는 측정의 필요성에 대해 주목할 것을 지적한다. 바로 이 지점에서 오늘날의 생태학적 사고들이 고려되어야만 할 것이다.

라 복수인 상품들에 대해 언급되어야 한다. 그러나 완전히 다른 상품들이 동일시된다면 그것들 안에는 어떤 동일한 것이 포함되어 있어야만 한다. "교환가치는 하여튼 그 안에 포함되면서도 그 자체와는 구별되는 어떤 내용의 표현양식이자 현상형태일 뿐이다."[상동, S. 51.] 이 공통적인 것이 무엇인가? 사람들은 물론 이 공통적인 것이 희귀성, 유용성 등등이라고 말할 수 있을 것이다. 그러나 희귀성은 사물들(그리고 서비스)을 교환할 수 있게 하지는 않는다. 그것들은 노동을 통해 희귀성의 상태에서 교환 가능한 상태로 바뀌어야 한다. 유용성은 상품의 속성이 아니라 인간들이 욕구를 만족시키는 사물들의 속성이다. 따라서 유용성은 사용가치에 귀속된다. 즉, 유용성은 사물을 사용가치로 만들고 사용가치는 사물들이 상품들로 될 수 있게 하는 조건이다. 그렇다면 사용가치가 상품들의 공통적인 요소인가? 전혀 그렇지 않다. 왜냐하면, 첫째 그것은 바로 교환과정에서 사상되고, 둘째 교환을 유발하는 것은 사용가치의 질의 공통성이 아니라 사용가치의 다양성이기 때문이다.

예를 들어, 시간당 킬로와트(kilowatt)로 측정되는 에너지 소비는 교환가치의 생산에 필요한 공통적인 것일 수 있는가? 화학적 요소들의 앙상블은 공통적인 것을 구성할 수 있는가? 이러한 공통적인 것은, 그것이 설명해야 하는 다름 아닌 가치의 사회적 형태를 사상할 것이다. 왜냐하면 에너지와 소재적 요소들은 모든 생산양식에서 공통적인 것이기 때문이다. 그것들은 결과로서 생기는 사용가치로서 "그것의 사회적 형태가 어떠한가에 상관없이 부의 소재적 내용을"[MEW, 23, S. 50.] 형성한다. 따라서 맑스는 다른 속성을 지닌 공통적인 것을 정립한다: 그것은 자본주의적 상품을 생산하는 노동이다; 상품들의 공통성은 노동생산물로서의 그것들의 질이다.

공통적인 것에 대한 개념적 구성이 사실 유일하게 실행 가능한 것은 아니다. 그러나 정치경제학 비판을 기술하고 자본주의적 생산양식 속에서 '거대한 상품집적'의 모습을 취하는, 노동에 의해 생산된, 사회적 부의 범주를 분석하려는 전략적 결정 아래에서는 그것은 유일하게 의미 있는 일이다. 교환가치 속에 사용가치의 질적인 다양성이 용해되어 있고 단지 양적인 것만이 나타나기 때문에 "노동생산물에 표현되어 있는 노동의 유용한 성격이 사라지고, 따라서 또한 이들 노동의 다양한 구체적 형태들도 사라진다. 그것들은 더 이상 구별되지 않고, 모두 동등한 인간노동 – 추상적 인간노동으로 환원된다."[상동, S. 52.] 따라서 양적인 가치관계가 노동의 양적인 관계로 된다.

** 추상적 노동과 그것의 척도인 노동시간

노동 수행의 양적인 차원은 시간의 길이로 측정된다. 그러므로 가치크기는 상품의 생산에 필요한 노동시간에 의해 형성된다. 사회적 형태로부터 발생하기 때문에 실체가 없는 가치관계는 동시에 실체를 가지고 있다. 그 안에 이미 자본주의 사회는 동시에 노동사회이며 화폐사회라는 역설이 표현된다. 이 점은 뒤에 가면 더욱 분명해질 것이다.

노동에 의한 사회화는 그 이상의 다른 면모를 지니고 있다. 왜냐하면 사실상 가치크기에 결정적인 것은 지출된 노동시간이 아니라 사회적으로 필요한 노동시간이기 때문이다. 사회적 필요노동시간이란 현존하는 사회표준적인 생산조건들과 사회적 평균 수준의 노동숙련도 및 노동강도를 가지고서 어떤 사용가치를 생산하는 데 필요한 노동시간이다.[상동, S. 53 참조.] 사회성은 가치관계에 의해 매개되기 때문에 사회적으로 필요한 노동의 평균이라는 것은 노동시간에 의해 규정된 가치크기에는 단지 개별적 상품에 숨겨진 노동의 실체만이 문제가 아니라는 사실이 타당성을 얻는다.

노동의 사회성은 세 가지 차원을 지니고 있다. 첫째 생산성, 둘째 강도, 셋째 숙련도, 즉 능력. (소재 및 에너지 용량의 생태학적인 문제를 도외시한다면) 노동의 생산성이 높을수록 동일한 시간 단위 내에 더욱더 많은 사용가치가 생산될 수 있다. 노동의 강도가 강할수록 동일한 시간 내에 더욱더 많은 생산물이 생산되며, 주어진 시간 내에 더 많은 노동에너지가 더 많은 생산물에 소모된다. 즉, 노동시간에는 "틈새들이" 있다. 이 틈새들이 더욱더 채워진다면 노동의 강도는 더욱 높아질 것이다. 숙련도, 즉 능력이 더욱 개선된다면 더 많은 지능도구들이 상품의 생산과정 속으로 수용될 것이다.[5]

1-3. 상품에 나타난 노동의 이중성

상품이 처음에는 우리에게 이중적인 것으로, 즉 사용가치 및 (교환)가치로 나타났다. 다음에는 노동도 그것이 가치로 표현되는 한에서는 이미 사용가치의 창조자로서 노동이 갖고 있던 특징을 지니지 않게 된다는 사실이 드러났다.

상품에 포함된 노동의 이중성은 맑스에 의해 처음으로 비판적으로 지적된 것인데 노동의 이중성에 대해서는 『자본론』에 비해 『정치경제학 비판을 위하여』에서 장황하나 명확하게 서술되었으니 그중 한 문단만을 인용하면 다음과 같다. "교환가치(가치: 필자)를 규정하는 노동은 일반등가물로서의 상품들의 동등성에서 실현되는 반면에, 합목적적인 생산적 활동으로서의 노동은 그들 사용가치의 무한한 다양성 속에서 실현된다. 교환가치(가치: 필자)를 규정하는 **추상적 일반적 동등한** 노동인 반면에 사용가치를 규정하는 노동은 형태와 소

5 일반적으로 노동의 생산성은 단지 인간 에너지가 화석 에너지와 화석 에너지의 의미 있는 전환을 위해 필요한 기술체계로 대체될 때에만 증대될 수 있다. 따라서 생산성 증대란 또한 산노동이 비인간적 에너지와 기술도구에 의해 대체되는 과정이다. 노동의 강도가 증대할수록 그때그때의 시간 단위 내에 생물학적-인간 에너지가 더욱 더 요구된다. 숙련도가 높아질수록 과정과 생산물에 관한 과학적-기술적인 정보 내용이 일반적으로 더욱더 많아진다. 정치경제학 비판의 과제는 한편으로는 가치의, 다른 한편으로는 소재 및 에너지의 이 이중성을 범주들의 단계적인 전개 과정 속에서 분석하는 것이다.

재에 따라 무한히 다양한 노동방식들로 분열되는 구체적이고 특수한 노동이다."[MEW, 13, S. 23.]

상품에 나타난 노동의 이중성은 정치경제학의 이해에 결정적인 도약점이기 때문에 더 자세한 설명이 필요하다고 생각된다.

**** 구체적 유용노동**

*** 구체적 유용노동의 특징**

2개의 상품, 예를 들어 한 벌의 상의와 20엘레의 아마포를 상정해 보자. 상의는 어떤 특수한 욕망을 만족시키는 사용가치이다. 이것을 생산하기 위해서는 특정한 종류의 생산 활동(노동)이 필요하다. 이처럼 그 유용성이 그 생산물들의 사용가치로 표현되는 노동을 유용노동이라 한다.

상의와 아마포가 질적으로 서로 다른 사용가치이듯이 그것들의 현존재를 매개하는 노동 또한 질적으로 서로 다른 재봉노동과 직포노동이다. 만약 이들 물품이 질적으로 서로 다른 사용가치가 아니고 따라서 질적으로 서로 다른 유용노동의 생산물이 아니라면 그것들은 절대로 상품으로서 서로 마주 설 수 없을 것이다. 어떤 사용가치(상의)가 동일한 사용가치(상의)와 교환되지는 않는다.

서로 다른 사용가치(상품)들의 총체 속에는 사회적 분업이 나타나 있다. 이러한 사회적 분업은, 이미 언급했듯이, 상품생산의 존재조건이다. 그러나 거꾸로 상품생산이 사회적 분업의 존재조건이 되는 것은 아니다:

① 고대 인도의 공동체에서는 노동이 사회적으로 분할되어 있었으나 생산물은 상품으로 되지 않았다.

② 어떤 공장에서도 노동은 체계적으로 분할되어 있지만 이 분할은 노동자들이 각자의 개별 생산물을 교환하는 것에 의해 매개되지는 않는다.

③ 자립적이고 서로 독립해 있는 사적 노동의 생산물만이 상품으로서 서

로 대립하는 것이다. 다시 말해, 상품생산자 사회에서는, 자립적인 생산자의 사적인 일로서 서로 독립적으로 운영되는 다양한 유용노동의 질적인 구별이 사회적 분업으로 발전한다.

노동이 사용가치를 산출하는 한 그 노동이 소재적 부의 유일한 원천이라고 말하는 것은 잘못이다. 천연적으로 존재하지 않는 소재적 부의 모든 요소의 존재는 늘 특수한 자연소재를 특수한 인간 욕망에 맞추려는 특수한 합목적성 생산 활동(노동)을 통해 매개되지 않으면 안 되었다. 그러므로 사용가치를 낳는 어머니로서의 노동, 즉 유용노동으로서의 노동은 사회형태가 어떠하든 그 모든 형태로부터 독립된 인간의 존재조건이며 인간과 자연 사이의 물질대사를 매개하고 그리하여 인간의 생활을 매개하기 위한 영원한 자연필연성이다. 간단히 말해, 사용가치로서의 상품체들은 자연소재와 노동이라는 두 요소의 결합물이다. 생산을 할 때 인간은 오로지 자연 그 자체가 행하는 대로만 행할 수 있을 뿐이므로 단지 소재의 형태만을 변경할 수 있을 따름이다. 이 형태를 부여하는 노동 그 자체에서도 인간은 늘 자연력으로부터 도움을 받는다. 따라서 노동이 그것을 통해 생산되는 사용가치나 소재적 부의 유일한 원천은 아니다. 여기에서 말하는 노동이란 교환가치의 원천이 되는 추상적 노동이 아니라 소재적 부의 원천으로서의 구체적 노동, 즉 사용가치를 산출하는 노동임을 유의해야 한다.[MEW, 13, S. 22-23 참조.] 노동은, 윌리엄 페티(William Petty)가 말했듯이, 소재적 부의 아버지이고 땅(자연: 필자)은 그 어머니이다.[6]

6 필자 주: 맑스는 『고타강령 비판』(1875)에서 사용가치의 원천으로서의 노동과 자연에 대해 언급하고 이에 대한 부르주아지의 견해를 다음과 같이 비판한다. "노동은 모든 부의 **원천이 아니다**. 자연도 노동과 마찬가지로 사용가치의 원천이다. … 노동 자체는 자연력의 하나인 인간노동력의 발현에 지나지 않는다. … 인간이 모든 노동수단과 노동 대상의 첫 번째 원천인 자연에 대해 처음부터 그 소유자로서 관계를 맺는 한에서만 인간노동은 사용가치의 원천이 되며, 따라서 부의 원천도 된다. 부르주아들이 노동에 초자연적인 창조력을 부여하는 것은 지극히 당연한 일이다. 왜냐하면 노동이 자연적인 제약을 받는다는 그 점으로부터, 자신의 노동력 이외에는 다른 재

** 동등한 추상적 인간노동

* 추상적 노동의 특징

이제 사용가치로서의 상품으로부터 가치로서의 상품으로 옮아가 보자. 노동의 유용한 성격을 무시한다면 노동에서 남는 것은 그것이 인간노동력의 지출이라는 점뿐이다. 유용노동들은 질적으로 서로 다른 생산 활동이기는 하지만 모두 인간의 두뇌, 근육, 신경, 손 등의 생산적 지출이고, 이러한 의미에서 유용노동들은 모두 인간노동이다. 그러나 상품의 가치는 단순히 인간노동 일반의 지출만을 나타내고 있다. 인간노동 일반의 지출이란 보통 사람 누구나가 특별한 발달 없이 평균적으로 자신의 육체 속에 갖고 있는 단순한 노동력의 지출이다: "인간노동 일반이라는 이러한 추상은 주어진 한 사회의 각 평균 개인이 수행할 수 있는 평균노동, 즉 인간의 근육, 신경, 두뇌 등의 일정한 생산적 사용성에 **실재하고 있다**. 그것은 각 평균개인에게 가르쳐질 수 있고 각 평균개인이 이런저런 형태로 수행하는 **단순노동**이다. … 단순노동은 부르주아 사회 노동자의 압도적인 대중을 이룬다."[MEW, 13, S. 18.] 물론 단순한 평균노동 자체는 나라가 다르고 문화 수준이 다르면 그 성격이 달라진다. 그러나 현존하는 한 사회에서 그것은 일정한 것이다.

간략하게 요약하면, 가치로서의 상품에서 그 사용가치의 구별이 사상되듯이 이러한 가치로 표현되는 노동에서도 유용노동의 구별은 사상된다. 사용가치는 목적이 정해진 생산 활동(유용노동)과 자연소재의 결합물이다. 이에 반해 가치로서의 상품은 단순한 동질의 노동응결물이며 그 가치에 포함되어 있는 노동은 자연소재에 대한 생산적 활동이 아니라 오로지 유용노동들이 서로

산을 소유하지 못한 사람은 어떤 사회 상태나 문화 상태에서도 상대적 노동조건들을 소유하고 있는 다른 삶들의 노예가 되지 않을 수 없다는 결론이 나오기 때문이다. 그는 오직 그런 사람들의 허락이 있어야만 노동을 할 수 있으며, 따라서 그들의 허락이 있어야만 살 수 있는 것이다." [MEW, 19, S. 15.]

다른 질인 때문이고 유용노동들이 상품들의 가치 실체인 것은 오로지 유용노동들의 특수한 질이 사상되어 인간노동이라는 질을 지니고 있기 때문이다.

**** 복잡노동과 단순노동**

복잡노동(숙련노동: 필자)은 그저 단순노동이 제곱된 것 또는 배가된 것으로 간주될 뿐이다. 이런 환산이 끊임없이 행해지고 있음은 경험이 보여 준다. 서로 다른 노동이 그 도량 단위인 단순노동으로 환산되는 상이한 비율들은 하나의 사회적 과정을 통해 생산자의 배후에서 확정된다. 따라서 생산자들에게는 관습에 의해 주어지는 것처럼 보인다. 이하에서는 단순화를 위해 갖가지 노동력을 단순노동력으로 간주한다.

**** 가치의 크기**

상품은 가치 일반이기도 하지만 특정한 크기의 가치이기도 하다. 상품에 들어 있는 노동은 사용가치와 관련시켜 볼 때에는 질적인 의미만 인정되지만 가치크기와 관련시켜 볼 때에는 어떠한 질도 지니고 있지 않는 인간노동으로 환원되어 양적인 의미만 인정된다. 즉, 전자의 경우 노동의 방법과 내용이 문제가 되지만 후자의 경우에는 양, 즉 노동의 지속시간이 문제가 된다.

*** 노동생산력과 가치크기(추상적 인간노동의 양)와의 관계**

여기에서 맑스는 노동생산력과 추상적 인간노동의 양의 관계에 대해 언급하고 있다. 노동생산력은 앞에서 살펴본 바와 같이 구체적 유용노동의 생산력이며 단위시간당 생산할 수 있는 사용가치의 양을 나타내는 것이다. 그러므로 추상적 인간노동의 양은 노동시간의 지속성에 의해 규정되므로 노동생산력의 변동은 추상적 인간노동과는 전혀 관계가 없다는 것이다.

보다 큰 양의 사용가치는 그 자체로서 보다 큰 물질적 부를 이룬다. 그럼에도 불구하고 물질적 부가 증대할 때 그 가치크기가 그에 대응하여 감소하는 경우가 있을 수 있다. 이 같은 상반되는 운동은 노동의 이중적 성격(구체적 유용노동 및 추상적 인간노동)에서 비롯된다. 생산력은 언제나 유용한, 구체적 노동의 생산력이고, 실제로 주어진 시간 안에서의 합목적적 생산 활동의 작용 정도를 규정할 뿐이다. 그러므로 유용노동은 생산력의 상승 또는 저하에 비례하여 보다 풍부한 또는 보다 빈약한 생산물의 원천이 된다.

이에 반해 생산력의 변동은 가치로 표현되는 노동 그 자체에는 조금도 영향을 미치지 않는다. 생산력은 노동의 구체적 유용형태에 속하므로 노동의 구체적 유용형태가 사상되면 생산력은 이미 노동에 영향을 미칠 수 없게 된다. 그래서 동일한 노동은 생산력이 어떤 식으로 변해도 동일한 시간에는 늘 동일한 가치크기를 산출한다. 그러나 생산력이 변동하는 이 노동은 같은 시간에 서로 다른 양의 사용가치를 산출한다. 즉, 생산력이 높아지면 보다 많은 사용가치를 산출하고, 생산력이 낮아지면 보다 적은 사용가치를 산출한다. 그러므로 노동의 열매를 증대시키고 따라서 노동에 의해 제공되는 사용가치의 양을 증대시키는 생산력의 변동 바로 그것이 이 증대된 사용가치 총량의 생산에 필요한 노동시간의 총계를 단축시킬 때에는 이 증대된 사용가치 총량의 가치크기는 감소한다. 그 역의 경우에는 반대로 된다.

종합해 보면, 모든 노동은 한편으로는 생리학적 의미에서의 인간노동력의 지출이며, 이 동등한 인간노동 또는 추상적 인간노동이라는 속성으로서 그것은 상품가치를 형성하고, 다른 한편으로는 모든 노동은 특수한 목적이 정해진 형태로서의 인간노동력 지출이고 그 노동은 사용가치를 생산한다.

지금까지 상품은 사용가치와 가치라는 이중적 관점에서 매번 일면적으로 관찰되었다. 그렇지만 그것은 직접적으로 사용가치와 가치(교환가치가 아닌)의 통일이다. 동시에 그것은 다른 상품들과의 관계 속에서만 상품이다. 상품들의 실제적 상호 관계는 그들의 교환과정이다. 이는 서로 독립적인 개인들이 개입하는 사회적 과정이지만 개인들은 이 과정에 상품소유자로서 개입한다. 그들의 서로를 위한 상호 현존은 그들 상품의 현존이고, 그리하여 그들은 사실상 교환과정의 의식적 담지자로서만 나타난다. 이에 대해서는 제2장 '교환과정'에서 자세히 다루기로 한다.

1-1과 1-2의 중요한 내용을 간략하게 요약하면, 상품은 사용가치와 가치라는 이중성을 가지고 있으며, 상품을 생산하는 노동 역시 사용가치를 생산하는 구체적 유용노동과 가치를 생산하는 추상적 인간노동이라는 이중성을 가지고 있음을 알았다. 이러한 이중성의 중요함을 맑스는 1867년 8월 24일자 엥겔스에게 보낸 편지에서 다음과 같이 피력하였다. "나의 책에서 가장 중요한 것은 1. (사실들에 대한 모든 이해가 이것에 달렸네) 바로 제1장에서 강조된, 노동이 사용가치로 나타나느냐 교환가치(가치: 필자)로 나타나느냐에 따른 노동의 이중성 … 이네."[Marx-Engels, *Briefe uber "Das Kapital"*, S. 144.]

또한 1868년 1월 8일자 엥겔스에게 보낸 편지에서도 다음과 같이 쓰고 있다. "스미스, 리카도 등등에서처럼 노동 일체에 관한 단순한 분석은 도처에서 설명하기 어려움에 직면하여 있는 반면에 상품이 사용가치와 교환가치(가치: 필자)의 이중적인 것이라면 상품에 나타나는 노동도 이중성을 지녀야 한다는 단순한 사실을 경제학자들은 예외 없이 간과하고 있다는 것, 이것이 사실상 비판적 견해의 모든 비밀이네."[Marx-Engels, *Briefe uber "Das Kapital"*, S. 158.]

가치를 창출하는 노동의 역사적 특수성을 이해하기 위한 가장 중요한 조건은 노동 그 자체에서뿐만 아니라 그것의 생산물에서도 소재적 내용(특정한 구체적 형태의 노동, 그리고 이 노동의 생산물로서의 사용가치)과 사회적 형태(인간노동 그 자체의 지출, 그리고 이 노동의 생산물로서의 가치) 사이를 구별하는 데 있다. 그러나 고전파 부르주아 정치경제학은 단지 자본주의 사회에서의 노동과 노동생산물의 이중성을 이해하는 데에 근접했을 뿐이다. "노동의 이중형태에 관한 상품분석은 … 고전파 정치경제학의 150년에 걸친 연구의 비판적 결과"라고 맑스는 기술하였다.[MEW, 13, S. 37.] 그러나 고전파 부르주아 경제학자들은 사용가치와 가치, 구체적 노동과 추상적 노동 사이를 모순 없이 구별할 수 없었다. 비록 그들이 이 차이를 발견했다 하더라도 그것은 일반적으로 무의식적으로 행해지는 데에 그쳤다.

맑스의 형태분석을 파악하는 데 있어서 상품의 이중성 및 상품을 생산하는 노동의 이중성이 기본적인 토대가 되므로 이에 대한 이해를 철저히 해야 한다.

주요 개념

노동의 이중성: 사용가치를 낳는 구체적 특수한 유용노동/가치를 창출하는 추상적 동등한 인간노동, 사용가치로서의 상품체들은 자연소재와 노동의 결합물이다/노동의 인간과 자연 사이의 물질대사를 매개하는 유용노동, 복잡노동/단순노동, 노동생산력과 추상적 인간노동의 양과의 관계/노동생산력과 구체적 유용노동과의 관계.

*** '상품에 나타난 노동의 이중성'의 주요 내용

** 상품에 나타난 노동의 이중성 또는 정치경제학의 이해에 있어서의 도약점

"처음에는 상품이 우리에게 이중적인 것으로서, 즉 사용가치와 교환가치로서 나타났다. 그 후에 노동도, 노동이 가치로 표현되는 한에서는, 이미 사용가치의 창조자로서의 노동이 가지고 있던 특징을 지니지 않게 된다는 사실이 드러났다. 상품에 포함된 노동의 이중적 성격은 나에 의해 처음으로 비판적으로 지적된 것이다. 이 점은 정치경제학의 이해에 중요한 도약점이기 때문에 여

기에서 좀 더 상세히 설명되어야 한다."[MEW, 23, S. 56.]

거대한 상품의 집적으로 나타나는 것, 즉 인간의 욕구를 만족시켜 줄 수 있는 사용가치의 양은 목표지향적인, 구체적인 노동에 의해 생산된다. 사용가치가 유용하다면 노동은 반드시 유용해야 한다.

다양하고, 유용한 노동의 총체는 사회 속에서의 노동분업을 형성한다. 애덤 스미스는 국부에 대한 연구를 분업으로 시작한다: 분업이 분화될수록 생산력은 더욱더 상승한다. 생산력이 상승할수록 사회적 부는 더욱더 증대한다. 맑스는 여기에다 연구의 계속적인 진행을 위해 중요한 두 가지 논의를 부언한다.

**** 구체적 노동**

첫째, 생산력은 언제나 유용한 측면, 즉 구체적 노동과 관련되며 "실제로 단지 주어진 시간 내에서의 합목적적이고 생산적인 활동의 작용 정도를 규정한다."[상동, S. 60.] 그러나 노동의 생산성은 일정한 시간 내에 생산된 상품들의 가치크기에는 영향을 주지 않는다. 왜냐하면 노동량으로 측정된 상품의 가치는 노동의 생산력에 의해 변하지 않기 때문이다. 주어진 시간 내에 생산된 개별 상품의 가치는 단지 상품 안에 포함된 노동량이 변할 때에만 변화한다. 생산성이 증가하면 한 상품의 생산을 위하여 적은 시간소비가 필요하다. 그러므로 그것의 가치는 하락한다.

둘째, "인간은 단지 자연 자체가 행하는 것처럼 행할 수 있을 뿐이다. 다시 말하면 소재의 형태만을 변경할 수 있을 뿐이다. 형태를 변경하는 이 노동 자체에 있어서도 인간은 자연력으로부터 끊임없이 도움을 받는다. 따라서 노동이 그것에 의해 생산된 사용가치의, 즉 소재적 부의 유일한 원천은 아니다. 윌리엄 페티가 말했듯이, 노동은 소재적 부의 아버지이고 땅은 그것의 어머니이다."[상동, S. 57-58.] 그러므로 '부'에 관해 언급할 때에는 또한 자연조건들도 고려되어야 한다. 바로 부의 생산뿐만 아니라 가치의 산출이 문제가 되기 때문에 경제학의 자연무지(Naturblindheit)가 나타난다.

구체적 노동에 의해 생산된 사용가치가 상품들의 사용가치이다. 상품들은 그것들이 자신에게는 사용가치가 없으나 타인에게는 사용가치가 있다는 점에서, 즉 교환을 위해서 생산된다는 점에서 생산물들과 구별된다. 따라서 사회적 노동분업은 교환행위에 의해 생성된다. 그리하여 상품들은 상호간의 가치관계로 마주선다. 그것들은 교환가치들이며 이것은 노동에 대한 영향이 없이는 가능하지 않다. 자신들의 – 개별적 또는 집단적인 – 사용을 위한 사물들의 생산이 아니고 상품들의 생산을 위한 구체적 노동이 이미 수행됨으로써, 비록 구체적 사용가치가 자연의 형태 변형 행위의 목적일지라도, 구체적 노동 자체의 중요성이 분명해진다. 노동은 사회적 평균을 명시하는 표준의 형성, 즉 표준화의 일반적 원칙의 토대가 된다. 노동자들은 공공제도에 의해 구체적 노동을 위한 자격을 부여받는다.

**** 추상적 노동**

추상화는 생산된 생산물의 사용가치 측면을 사상하고 단지 생산된 상품의 가치 차원이 고찰될 때 더욱 중요해진다. 노동은 그 상품에 대해 사회적 욕구, 즉 구매력 있는 수요가 존재할 때 결코 무가치가 아닌 단지 가치만을 생산한다. 노동은, 그것이 끝나고 상품이 완성될 때 이미 가치를 생산하지 않는다. 이미 우리가 살펴보았듯이, 가치는 사회적 관계이며 생산된 가치가 수요될 때에만 그 안에서 가치를 생산하는 추상적 노동이 인식된다.

가치의 세계에서는 모든 것이 질을 가지고 있기 때문에 노동생산물들은, 즉 상품들은 단지 양적으로만 서로 구별될 뿐이다. 이미 노동의 구체적 측면에서 확신할 수 있었던 추상화는 여기서 계속해서 행해져야 한다. 노동은 단지 인간노동력의 지출일 뿐이다. “재봉노동과 직포노동은 질적으로 상이한 생산적 행위이지만 둘 다 모두 인간의 뇌, 근육, 신경, 손 등등의 생산적 지출이고 이러한 의미에서 양자 모두 인간노동이다.”[상동, S. 58-59.] 따라서 노동은, 생산성이 증대되는 한 화석 에너지에 의해 보조되고 대체되는 인간 에너지의 지출로 간주된다. 노동은 시간 단위당 에너지의 소비이기 때문에 노동시간은 사실 질적으로 동등한 추상적 노동으로부터 양적으로 구별되는 특성이 된다.

노동시간은 결코 자명한 그리고 단순히 규정되는 크기가 아니다. 왜냐하면, 첫째 “노동일의 틈새들이” 때때로 크기 때문이다. 즉, 노동시간이, 노동이 수행된 강도에 따라 노동시간 안에 생산된 가치의 관점에서 보면, 차별되기 때문이다. 한 사람은 보다 더 빨리 노동하고 다른 사람은 보다 더 천천히 노동을 한다: 따라서 한 사람은, 비록 생산력이 동일할지라도, 동일한 시간 내에 다른 사람보다 더 많이 생산한다. 그러나 모든 사회에는 (각 시기마다) 사회적 평균이라는 것이, 즉 “단순한 평균노동”[상동, S. 59.]이 존재한다.

** 환원 문제

노동은 또한 다른 관점에서 보면 결코 동종적이지 않다. “단순노동이 배가된 것 또는 오히려 제곱된 것으로 간주되는”[상동, S. 59.] 복잡노동이 존재한다. 많은 교육이 주입된 노동, 장기간의 직업 경험 이후에야 수행할 수 있는 노동 등등은 이러한 의미에서 복잡노동이다. 물론 노동과정의 결과인 생산물에서는 여러 가지 복잡노동들이 항상 다시 동일시된다. 그렇지 않으면 이 노동의 생산물들은 시장에서 교환될 수 없을 것이다: “이러한 환원이 끊임없이 이루어지고 있음은 경험이 보여 준다. 어떤 상품이 아무리 복잡노동의 생산물이라 할지라도 그 상품의 가치는 단순노동의 생산물과 동일시할 뿐이며, 다라서 그 가치 자체는 단순노동의 일정한 양을 나타낼 뿐이다.”[상동, S. 59.] 시장은 상품생산의 과정에서 사용된 비동종적인 노동을 동종화한다. 이 모든 것은 "배후"[상동.]에서 이루어진다. 따라서 그것은 의식적인 사회적 계획에 의해서가 아니라 시장매개적인 노동분업의 결과이다.

『자본론』의 제1장 제1절에서는 가치의 사회적 차원이 사회적 관계로 묘사된 반면 제2절에서는 이 관계의 실체, 즉 노동의 이중적 성격이 문제이다. 추상적 노동은 노동이 지속된 시간으로 가치실체를 형성한다. 따라서 사회적 관계는 결코 실체가 없는 것은 아니다. 가치관계의 형태 측면이 사회적으로 특수하듯이 가치의 실체 또한 그러하다. 구체적 노동은 자연의 변형에 의해 인간의 욕구를 만족시키기 위한 사용가치인 생산물들을 생산한다. 구체적이며 추상적인 노동으로서의 노동의 이중성은 "정치경제학의 이해에 중요한 도약점이다."[상동, S. 56.][7]

1-4. 가치형태 또는 교환가치

* 가치형태의 분석은 어렵다.

맑스는 『자본론』 제1권 제1판 서문에서 가치형태의 이해가 중요하면서, 반면에 그것을 이해하는 데에는 매우 큰 어려움이 있음을 다음과 같이 피력하였다. "시작이 어렵다는 것은 어떤 학문에서나 마찬가지이다. 그렇기 때문에 제1장 특히 상품 분석을 포함하고 있는 절이 가장 이해하기가 어려울 것이다.

7 노동의 이중성은 또한 정치경제학과 정치생태학이 만날 수 있는 지점이다. 왜냐하면 맑스는 상품을 생산하는 노동의 생태적 측면에 대해 단지 간헐적으로만 다루었음에도 불구하고 도약점은 정치경제학과 경제학 이론에서 유일무이하기 때문이다. 가치관계 및 화폐관계와 소재적-에너지론적 과정들 사이의 연관은 맑스 이론의 방법론 속에 주어져 있으며 단지 더욱 계발되어야 한다. 이것은 고전학파-신고전학파적 체계에서나 케인스학파적 체계에서도 불가능하다.[Altvater Elmar u.a. KAPITAL DOC 참조.]

더욱 상세하게 말한다면 … 화폐 형태에서 그 완성된 모습을 갖는 가치형태는 무척이나 내용이 없고 단순하다. 그럼에도 불구하고 인간 정신은 2천 년 이상이나 그것을 해명해 내고자 했지만 헛수고였다. 그러나 다른 한편으로는 훨씬 내용이 풍부하고 복잡한 형태들을 분석하는 데에 적어도 근사적으로 성공하였다. 왜 그러한가? 다 자란 신체는 그 신체의 세포들보다 연구하기가 더 쉽기 때문이다. 더구나 경제적 형태에 대한 분석에서는 현미경이나 화학적 시약은 아무런 도움도 될 수 없다. 추상력이 이것들을 대신해야만 한다. 그런데 부르주아 사회에서는 노동생산물의 상품형태 또는 상품의 가치형태가 그 경제적 세포형태이다. 잘 모르는 사람에게는 이러한 형태들에 대한 분석이 사소한 것에 주의를 돌리는 것처럼 보일 것이다. 실제 거기에서는 확실히 사소한 것들을 문제 삼고 있기는 하지만, 그러나 이는 마치 미생물의 해부에서 사소한 것들을 다루는 것과 같은 이치이다. 그러므로 가치형태에 관한 절을 제외하고서는 이 저서가 어렵다는 비난을 받을 이유가 없다."[MEW, 23, S. 11-12.] 그러나 맑스는 "새로운 것을 배우고 또 그럼으로써 스스로 사고하고자 하는 독자를 상정"[MEW, 23, S. 12.]하였다. 맑스를 믿고 그를 따라가 보기로 하자.

*** 상품은 사용가치형태와 가치형태를 지녀야 한다.**

상품은 사용가치와 가치라는 두 요인의 통합이다. 이미 언급했듯이 사용가치와 가치는 각기 질, 양, 형태를 지니고 있다. 따라서 하나의 생산물이 상품형태를 취하기 위해서는 사용가치형태와 가치형태를 지녀야 한다. 상품은 사용가치 또는 재화의 형태로 세상에 나타나는데, 이는 상품의 있는 그대로의 현물형태(자연형태), 즉 사용가치형태이다. 그러나 상품은, 이미 언급하였듯이, 사용 대상인 동시에 가치의 담지자라는, 즉 가치형태라는 이중적 형태를 갖는 상품형태를 취하게 된다. 상품의 감각적이고 거친 외형과는 정반대로 상품의 가치실체에는 어떠한 자연소재도 들어 있지 않다. 따라서 상품을 세밀히 관찰해 보아도 그것(상품의 가치)을 붙잡을 수는 없다. 상품은 그 자체로서는 가치형태를 갖고 있지 않다. 상품은 그것이 추상적 인간노동이라는 동일한 사회적 단위의 표현이라는 한에서만 가치를 지니며, 그리하여 상품의 가치란 순전히 사회적이라는 사실을 상기한다면, 가치형태(교환가치)는 오직 상품과 상품의 사회적 관계(교환관계) 속에서만 나타난다는 사실 또한 자명해진다. 상품 속에 숨어 있는 가치를 추적하기 위해 우리는 상품의 교환가치 또는 교환관계로부터 시작하였다. 이제 다시 가치의 현상형태(교환가치)로 되돌아가자.

*** 가치형태 분석의 두 가지 목적**

사실 우리는 이미 1-2에서 상품 속에 숨어 있는 가치를 추적하기 위해 상품의 교환가치 또는 교환관계로부터 시작하였다. 우리는 그곳에서 교환가치는 가치의 필연적인 표현양식 또는 현상형태임을 알았다. 즉, 상품의 가치는 교환가치를 전제로 하고 있다. 가치는 교환가치의 기초로서만 존재하며 교환가치를 떠나서는 존재하지 않는다. 다른 한편 한 상품이 다른 상품과 교환관계를 맺어 가치형태를 취할 수 있다는 것은 어떤 상품이든 가치를 지니고 있기 때문이다. 따라서 교환가치 역시 가치를 떠나서는 존재할 수 없다. 이처럼 가치는 본질이며 교환가치는 현상형태라는 것을 밝히는 것이 가치형태 분석의 첫 번째 목적이고, 두 번째 목적은 다음과 같다: 우리는 상품이 그 사용가치의 다양한 현물형태와는 구별되는 그들 공통의 가치형태, 곧 화폐형태를 지니고 있음을 잘 알고 있다. 그러나 여기에 해결되어야 할 하나의 과제가 있다. 앞에서 언급하였듯이 부르주아 경제학에서는 한 번도 시도된 바가 없는 것으로서, 화폐형태에 이르기까지의 발생과정을 추적하고, 또 가장 단순한 형태에서부터 아주 현란한 화폐형태에 이르기까지의 가치표현의 발전과정을 추적하는 일이다. 이 작업을 수행함으로써 동시에 화폐의 수수께끼가 풀리게 될 것이다.

이를 위해 맑스는 단순한 가치표현이 상대적 가치형태와 등가형태의 통일임을 파악하고 두 요인의 통일로서의 단순한 가치형태를 고찰하고 그 안에 내재된 모순을 규명한다. 그것을 위해 다시 가치의 현상형태, 즉 가치형태, 교환가치로 되돌아가자.

1-4-1. 단순한, 개별적인 또는 우연적인 가치형태(I)

단순한 가치형태의 분석은 화폐형태를 포함한 모든 가치형태를 이해하는 열쇠가 된다. 왜냐하면 단순한 가치형태는 모든 가치형태의 기초이자 출발점이며 모든 가치형태의 모순들의 싹을 내포하고 있기 때문이다. 모든 가치형태의 비밀은 바로 이 단순한 가치형태 속에 숨겨져 있다. 이에 대해 알아보기로 하자.

한 상품이 다른 상품과 교환될 수 있는 관계를 가치관계라 하는데, 가장 단순한 가치관계는 한 상품이 다른 종류의 한 상품과 맺는 가치관계이다. 그러므로 두 상품의 가치관계는 한 단일상품의 가장 단순한 가치표현을 나타내 준다.

x량 상품 A = y량 상품 B 또는

20엘레의 아마포 = 1벌의 상의.

***** 가치표현의 양극 - 상대적 가치형태와 등가형태**

*** 단순한 가치표현은 대립물의 통일이다.**

모든 가치형태의 비밀은 이 단순한 가치형태 속에 숨어 있다. 따라서 이것의 분석에는 어려움이 따른다. 위의 등식에서 상품 아마포는 자신의 가치를 상의로서 표현하고 상품 상의는 이 가치표현의 재료가 된다. 아마포의 가치를 아마포로 표현할 수는 없다. 따라서 아마포의 가치는 오직 상대적으로만, 즉 다른 상품을 통해서만 표현될 수 있다. 그러므로 아마포의 상대적 가치형태는 다른 상품이 그것에 대해 등가형태에 있다는 것을 전제로 하고 있다.

반면 등가물로 등장하는 다른 상품은 동시에 상대적 가치형태로 존재할 수는 없다. 그 상품은 자신의 가치를 표현하지 않는다. 그것은 오로지 다른 상품의 가치표현의 재료 역할을 할 뿐이다. 간단하게 말해 아마포의 가치는 상대적 가치형태로 존재하고 상의는 등가형태로 존재한다. 20엘레 아마포(x량 상품 A) = 1벌의 상의(y량 상품 B)라는 표현은 1벌의 상의 = 20엘레 아마포와 동일하다는 역관계를 내포하고 있다. 그러나 상의의 가치를 상대적으로 표현하기 위해서는 상의 대신 아마포가 등가물이 되어야 한다. 그러므로 동일한 상품이 동일한 가치표현에서 두 가지 형태(상대적 가치형태와 등가형태)를 동시에 취할 수는 없다. 이 두 형태는 오히려 극단적으로 서로 배제한다. 어떤 상품이 상대적 가치형태로 존재하느냐 아니면 등가형태로 존재하느냐 하는 문제는 전적으로 그 상품이 가치표현에서 차지하는 그때그때의 우연적 위치에, 즉 가치가 표현되어야 하는 상품인지 가치를 표현하는 상품인지에 달려 있다.

이처럼 아마포의 가치표현은 상대적 가치형태와 등가형태라는 대립물의 통일이다. 이것을 이해하는 것은 가치형태의 발전을 이해하는 데 결정적으로 중요하다. 이 상대적 가치형태와 등가형태의 모순은 상품생산이 발전하고 가치형태가 발전함에 따라 발전하고 심화된다.

*** 상대적 가치형태

** 상대적 가치형태의 내용

* 아마포의 가치표현 방식

맑스는 앞에서 간략하게 상대적 가치형태와 등가형태에 대해 개략적으로 언급한 후 다시 한 번 그것들을 개별적으로 상세하게 언급한다. 이것은 맑스 자신의 글쓰기 특징이니 이 점에 익숙해져야 한다.

한 상품의 단순한 가치표현이 두 상품(아마포와 상의)의 가치관계 속에 어떻게 숨어 있는가를 파악하기 위해서는 우선 양적인 측면은 무시한 채로 가치관계를 고찰해 보아야 할 것이다.[8] 가치관계 속에 질적으로 등치된 두 상품은 동일한 역할을 담당하지는 않는다. 아마포의 가치만이 표현된다. 즉, 아마포의 가치존재는 정면에 나타나고 자립적인 표현을 얻는다. 그렇다면 이것은 어떻게 이루어지는가? 그것은 가치인 아마포가 자신의 등가물로서, 즉 자신과 교환될 수 있는 것으로서의 상의와 맺는 관계에 의해 이루어진다. 이 관계에서 상의는 가치의 존재형태(가치물)로서 의의를 지닌다. 왜냐하면 상의는 이러한 가치물로서만 아마포와 동일한 것이기 때문이다. 반면 아마포 자체의 가치존재는 정면에 나타나고 자립적인 표현을 얻는다. 왜냐하면 아마포는 가치인 한도 안에서만 등가물 또는 자기와 교환될 수 있는 것으로서의 상의와 관계를 맺을 수 있기 때문이다. 이에 대해 좀 더 살펴보기로 하자.

만약 우리가, 모든 상품이 가치로서는 인간노동의 단순한 응결물이라고

8 맑스 주: 맑스는 다음과 같이 고전학파를 비판한다. "사람들은 대체로 이와 반대의 길을 밟아, 가치관계 속에서 두 상품의 일정량이 서로 등치되는 비례만을 본다. 종류가 다른 두 사물의 크기는 그것들을 동일한 단위로 환원시킨 다음에야 비로소 양적으로 비교할 수 있다는 사실을 사람들은 쉽게 잊어버리곤 한다. 동일한 단위의 표현으로써만 두 사물의 크기는 서로 비교될 수 있는 크기이다. 베일리(Bailey)처럼 가치형태의 분석에 종사해 온 소수의 경제학자들이 어떠한 성과도 올리지 못했던 이유는, 첫째 그들이 가치형태와 가치를 혼동했기 때문이고, 둘째 그들이 실리적 부르주아의 비속한 영향을 받아 처음부터 양적 규정성만을 안중에 두었기 때문이다." [MEW, 23, S. 64, 각주 17.]

말한다면, 우리의 분석은 상품을 추상적 가치로 환원시키는 것이지만 상품에 그들의 현물형태와는 다른 어떤 가치형태를 부여하는 것은 아니다. 그러나 한 상품의 다른 상품에 대한 가치관계에서는 다르다. 이 경우에 그 상품의 가치 성격은 다른 상품과의 관계에 의하여 나타난다.

*** 아마포의 상대적 가치형태의 질적 내용**

상의는 그것이 가치인 까닭에 아마포와의 가치관계에서 아마포와 질적으로 동등한 성질을 갖는 것으로 인정된다. 여기서 상의는 그 현물형태로 가치를 표현하는 물적 존재라는 의미를 지닌다. 그러나 상의라는 상품은 하나의 단순한 사용가치이다. 상의는 아마포와 마찬가지로 스스로 가치를 표현하지는 않는다. 이것은 상의가 아마포와의 가치관계 속에 있을 때에는 가치관계에 있지 않을 때보다 훨씬 많은 의미를 지니고 있음을 증명하는 것으로, 마치 많은 사람들에 있어 화려한 제복 차림으로 점잔 빼며 걸어갈 때가 평복 차림 때보다 훨씬 중요해지는 것과 같다. 그러니 이에 대해 좀 더 상세히 살펴보기로 하자.

상의의 생산에는 인간노동 일반이 재봉노동의 형태로 지출되어 있다. 그러한 측면에서 보면 상의는 가치의 담지자이다. 아마포와의 가치관계에서는 상의는 다만 이 측면에서만 의미가 있다. 맑스는 이 관계를 "단추를 여민 상의의 모양새에도 불구하고 아마포는 그 상의 속에서 동족의 아름다운 가치의 혼을 알아차린다"[MEW, 23, S. 66.]라고 표현하였다.

그러나 아마포의 가치를 만드는 노동이 인간노동 일반, 즉 추상적 인간노동이라는 것이 표현된 것만으로는 아마포의 가치표현으로서는 불충분하다. 인간노동 일반, 추상적 인간노동은 가치를 생산하지 가치 자체는 아니다. 그러므로 상의가 아마포를 상대로 가치를 표현하자면 아마포는 가치가 상의형태를 취하지 않으면 안 된다. 그리하여 상의형태는 가치형태의 역할을 한다.

한 상품(아마포)의 가치가 다른 상품(상의)의 사용가치로 표현되는 것이다. 사용가치로서의 아마포는 상의와 감성적으로 구별되는 생산물이고 가치로서의 아마포는 자신의 현물형태와는 다른 가치형태(상의)를 획득한다. 맑스는 이 관계를 다음과 같이 표현한다: "이는 마치 기독교도가 지닌 양과 같은 본성이 그와 하나님의 어린 양과의 동등성을 통해 나타나는 것과 같다."[MEW, 23, S. 66.]

결론적으로 말해, 가치관계(교환관계)를 매개로 상품 B(상의)의 현물형태는 상품 A(아마포)의 가치형태가 된다. 달리 말하면 상품 B의 실체는 상품 A의 거울이 된다. 상품 A는 가치체로서 또는 인간노동의 물상화로서의 상품 B와 관계를 맺음으로써 사용가치 B를 상품 A 자신의 가치표현의 재료로 삼는다. 따라서 사용가치 B에 표현되어 있는 상품 A의 가치는 상대적 가치형태를 취한다.

맑스는 여기까지 언급한 내용이 가치형태를 이해하는 데 가장 어려운 부분이라고 하였다. 그러하니 이 부분에 대한 이해가 스스로 판단해 부족하다고 생각되는 독자는 『자본론』을 무작정 읽기 전에 자신의 문제점이 무엇인지, 어디에 있는지, 그리고 어디서부터 이해하기가 힘들어졌는지를 한번쯤은 곰곰이 생각해 보고 '『자본론』 독해'를 위한 마음의 결의를 다시 한 번 가질 필요가 있다. 맑스 자신조차도 다음과 같이 말했다. "여기에서 우리는 가치형태의 이해를 저지하는 온갖 어려움의 발생 지점에 서 있다."[Karl Marx, Ware und Geld(Das Kapital, 1. Auflage 1867, 1. Buch Kapitel 1; aus Herausgegeben von Iring Fetscher, Karl Marx Fiedrich Engels Band II Politische Oekonomie, S. 229: 『자본론』, 제1권, 초판.]

**** 상대적 가치형태의 양적 규정성**

*** 상대적 가치형태는 가치의 크기를 표현한다.**

앞에서는 제쳐두었던 양적인 측면에 대해 다루기로 하자. 그 가치가 표현되어야 할 상품들은 모두 일정 분량의 사용 대상이다. 이 일정한 분량의 상품은 일정량의 인간노동을 포함하고 있다. 그리하여 가치형태는 가치일반뿐만 아니라 가치크기도 표현해야만 한다. 20엘레 아마포(상품 A) = 1벌 상의(상품 B)라는 등식은 똑같은 양의 가치실체가 양자 모두에 들어 있다는 사실, 그리고 두 상품 분량은 같은 크기의 노동시간을 필요로 한다는 사실을 전제하고 있다. 20엘레의 아마포나 1벌의 상의를 생산하는 데 필요한 노동시간은 직포노동이나 재봉노동의 생산력이 변함에 따라 변한다.

*** 생산력이 변동하면 가치크기의 상대적 표현은 변화한다.**

그러한 노동생산력의 변동이 가치크기에 미치는 영향을 살펴보자.

① 아마포의 가치(가치크기)[9]는 변하나 상의의 가치(가치크기)는 불변인 경우: 아마 재배지의 비옥도가 감소된 결과 아마포의 생산에 필요한 노동시간이 2배로 늘어난다면 아마포의 가치 역시 2배로 커질 것이다. 그러면 20엘레 아마포 = 2벌 상의가 된다. 그러나 직기의 개량으로 아마포의 생산에 필요한 노동시간이 반으로 줄어든다면 아마포의 가치 역시 반으로 줄어들어 20엘레 아마포 = 1/2상의라는 등식이 성립될 것이다. 결론적으로 말해, 상품 B로 표현된 상품 A의 가치는 상품 B의 가치가 불변일 경우 상품 A의 가치에 정비례하고 증가하거나 감소한다.

② 아마포의 가치는 불변이지만 상의의 가치가 변할 경우: 양털깎기가 여의치 않아서 1벌의 상의를 생산하는 데 필요한 노동시간을 2배로 늘어난다면 이제 20엘레 아마포 = 1/2상의라는 등식이 성립될 것이다. 상의의 가치가 반으로 줄어든다면 20엘레 아마포 = 2벌 상의라는 등식이 성립될 것이다. 그러므로 결론적으로, 상품 A의 가치가 불변인 경우 상품 B로 표현되는 상품 A의 상대

9 맑스 주: 여기서 '가치'라는 표현은 이미 앞에서 누차 여러 곳에서 그러했듯이 양적으로 규정된 가치의 의미, 즉 가치크기의 의미로 사용된다.[MEW, 23, S. 68, 각주 24.]

적 가치는 상품 B의 가치에 반비례하여 증가하거나 감소할 것이다.

③ 상의와 아마포 생산에 필요한 노동시간의 양이 같은 방향, 같은 비례로 동시에 변할 경우: 이 경우 상의와 아마포의 가치가 아무리 변한다 할지라도 20엘레의 아마포 = 1벌의 상의이다. 모든 상품의 가치가 동시에 동일 비례로 증가하거나 감소할 경우에는 그 상품들의 상대적 가치는 여전히 불변일 것이다.

④ 상의와 아마포 각각의 생산에 필요한 노동시간이, 따라서 각 상품의 가치가 동시에 같은 방향으로 변동하면서 그 비율이 불균등하거나, 또는 반대 방향으로 변동할 경우 등 있을 수 있는 이러한 모든 경우의 조합이 한 상품의 상대적 가치에 미치는 영향은 ①, ②, ③의 경우를 응용함으로써 간단히 알 수 있을 것이다.

따라서 가치크기의 실제적 변동이 가치크기의 상대적 표현이나 상대적 가치크기에 그대로, 여지없이 반영되지는 않는다.

어느 한 상품의 상대적 가치는 그 상품의 가치가 변하지 않을 경우라도 변동할 수 있다. 또 그 상품의 가치가 변동할 경우라도 그 상품의 상대적 가치는 변하지 않을 수 있다.

끝으로 상품의 가치크기와 이 가치크기의 상대적 표현에 동시적으로 일어나는 변동이 반드시 일치하는 것은 아니다.

주요 개념

상품형태: 현물형태(자연형태, 사용가치형태)/가치형태(가치의 현상형태, 교환가치), 단순한, 개별적, 우연한 가치형태, 상대적 가치형태/등가형태, 가치관계(교환관계), 가치표현의 재료/가치표현의 방식.

*** 등가형태

* 등가형태는 직접 교환할 수 있는 형태이다.

앞에서 이미 언급했듯이 상품 A(아마포)는 다른 종류의 상품 B(상의)의 사용가치로 자신의 가치를 표현함으로써 상품 B에게 등가형태라는 독특한 가치형태를 제공한다. 상의는 그 물체형태와는 구별되는 가치형태를 취하지 않고서도 아마포와 등치되는데, 이로써 상품 아마포는 그 자신의 가치존재를 나타낸다. 다시 말해, 아마포는 상의가 직접 자신과 교환될 수 있다는 점을 통해 아마포 자신의 가치를 표현한다. 따라서 어느 한 상품의 등가형태는 그 상품의 다른 상품들과의 직접적 교환 가능성의 형태이다.

*등가형태에는 양적 규정성은 내포되어 있지 않다.

상품으로서의 상의의 가치크기는 여전히 그 생산에 필요한 노동시간으로 결정된다. 따라서 가치형태와는 무관하게 결정된다. 그러나 상의라는 상품이 가치표현에서 등가형태를 취하자마자, 이 상품의 가치크기는 가치크기로서 어떠한 표현도 갖지 않게 된다. 한 상품의 등가형태는 가치의 어떠한 양적 규정도 포함하지 않는다. 오히려 가치등식에서 상품 상의는 상품 아마포의 일정한 양으로서만 등장하게 된다. 맑스는 이와 관련하여 다음과 같이 고전학파를 비판한다. "가치등식에서 등가는 어떤 사용가치의 단순한 분량의 형태를 취한다는 사실에 대해 피상적인 이해에 그침으로써 베일리(Bailey)도 그의 많은 선행자나 추종자들과 마찬가지로 가치표현에서 오로지 양적 관계만을 파악하는 오류에 빠졌다."[MEW, 23, S. 70.]

* 등가형태의 첫 번째 특징

등가형태의 특성들을 다음과 같이 요약할 수 있다. 이 특성들은 진실된 관계들을 은폐하고 가치형태의 수수께끼 같은 성격, 화폐의 신비적 성격을 낳는 것이다.

첫 번째 특성은 사용가치가 그 대립물인 가치의 현상형태로 된다. 달리 표현하면 상품의 현물형태가 가치형태로 된다. 그러나 이러한 뒤바뀜이 상품 B에서 일어나는 것은 다른 상품 A가 상품 B와 맺는 가치관계 내부, 오로지 이 내부에서뿐이라는 것을 명심해야 한다.

어떤 상품도 자기 자신에 대해 등가관계를 맺을 수 없고 따라서 자신의 자연적 형상을 자신의 가치표현으로 삼을 수는 없기 때문에 모든 상품은 다른 상품과 등가관계를 맺을 수밖에 없으며 그리하여 다른 상품의 자연적 형상을 자신의 가치형태로 삼아야 한다. 맑스는 『정치경제학 비판을 위하여』에서 가치와 교환가치의 구별을 하지 못한 결과 가치형태라는 개념을 사용하지 못해 단지 다음과 같이 언급한다. "한 상품의 교환가치(가치: 필자)는 그 자신의 사용가치에는 현상하지 않는다. 그렇지만 일반적인 사회적 노동시간의 대상화로서 한 상품의 사용가치는 다른 상품들의 사용가치들과의 관계 속에 있다. 등가물이란 사실상 다른 상품의 사용가치로 표현된 한 상품의 교환가치이다."[MEW, 13, S. 25.]

상품 A의 상대적 가치형태는 자신의 가치존재를 그 물체 및 그 속성과는 완전히 구별되는 상품 B와 동등한 것으로 표현하기 때문에 이 표현 자체는 어떤 사회적 관계가 그 배후에 숨어 있음을 시사하나 등가형태의 경우에는 이와 반대이다. 등가형태는 있는 그대로의 물적 존재가 가치를 표현하고 따라서 본디부터 가치형태를 지니고 있다는 데에서 성립한다. 물론 이러한 사실은 상품 B가 상품 A에 상대하여 등가의 역할을 하는 가치관계 내에서만 타당한 것이다. 이 가치관계 밖에서는 상의는 단지 사용가치에 불과하다.

*** 등가물은 자연적 속성처럼 보인다.**

그러나 어떤 물적 존재의 모든 속성은 그것이 다른 물적 존재와 맺은 관계로부터 생겨나는 것이 아니라, 여러 속성들이 오히려 이러한 관계 속에서 작용하기만 할 뿐이기 때문에, 상품 B도 자신의 등가형태, 즉 직접적 교환 가능성이라는 자신의 속성을 본디부터 지닌 듯이 보인다. 이것이 바로 등가형태의 수수께끼이며, 이 수수께끼는 이 등가형태가 완전히 발전되어 화폐형태로 전개될 때에 비로소 고전파 경제학자들의 부르주아적인 비속한 눈에 보이게 되는 것이다. 그들은 20엘레 아마포 = 1벌 상의와 같은 가장 단순한 가치표현이 이미 등가형태의 수수께끼를 풀 가능성을 제시하고 있다는 사실을 전혀 깨닫지 못했다. 이 등가형태의 수수께끼 같은 성질을 이해하는 것은 매우 중요한데, 그 이유는 일반적 등가물의 역할을 독점하고 있는 화폐의 물신적 성격을 이해하기 위한 토대가 되기 때문이다.

*** 등가형태의 두 번째 특징**

두 번째 특성은 구체적 노동(유용노동)이 그 대립물인 추상적 인간노동의 현상형태가 된다. 등가물의 역할을 하는 상품은 항상 추상적 인간노동의 구체화(가치)일 뿐 아니라 항상 어떤 특정한 구체적 유용노동의 생산물(사용가치)이기도 하다. 따라서 이 구체적 노동이 추상적 인간노동의 표현이 된다. 아마포의 가치표현에서 구체적 노동(재봉노동)의 유용성은 그것이 상의를 만들고 따라서 인품도 만들어 낸다는 데 있는 것이 아니라 아마포의 가치에 대상화되어 있는 노동과 조금도 구별되지 않는 노동응결물(상의의 가치)을 만들어 낸다는 데에 있다. 그러한 가치의 거울을 만들기 위해서 재봉노동(구체적 노동) 자체는 인간노동 일반이라는 자신의 추상적 속성 이외에는 그 어느 것도 반영해서는 안 된다.

가치생산의 관점에서 보면 직포노동과 마찬가지로 재봉노동에서도 인간의 노동력이 지출된다는 관점에서 고찰되어야 하나, 가치표현의 관점에서 보면 직포노동은 직포노동이라는 구체적 노동에 의해서가 아니라 인간노동이라는 그 일반적 속성에 의하여 아마포의 가치를 형성한다는 것을 표현하기 위해서, 우리는 아마포의 등가물을 생산하는 구체적 노동(재봉노동)을 직포노동과 대비시키고 있다.

*** 등가형태의 세 번째 특징**

세 번째 특성은 사적 노동이 그 대립물인 직접적인 사회적 노동으로 된다. 재봉노동이라는 구체적, 사적 노동이 무차별한 추상적 인간노동의 단순한 표현이라는 의미를 가짐으로써, 그것은 아마포에 들어 있는 노동과의 동등성의 형태를 취하게 되며, 따라서 다른 모든 상품생산노동과 마찬가지의 사적 노동임에도 불구하고 그것은 직접적으로 사회적 형태를 취하는 노동이다. 바로 이 때문에 이 노동은 다른 상품과 직접 교환될 수 있는 생산물로 표현되는 것이다.

여기에서 맑스는 등가형태의 두 번째와 세 번째 특성을 좀 더 쉽게 이해시키기 위해 가치형태를 최초로 분석한 위대한 사상가인 아리스토텔레스를 인용한다. 아리스토텔레스는 다음과 같이 말한다:

"5개의 침대 = 1채의 가옥" 은
"5개의 침대 = 약간의 화폐" 와
"구별되지 않는다."

위의 등식에서 아리스토텔레스는 우선적으로 상품의 화폐형태란 그저 단순한 가치형태, 즉 임의의 다른 상품을 통한 한 상품의 가치표현이 좀 더 발전된 형태일 따름이라는 사실을 명확하게 선언하고 있다. 아울러 아리스토텔레스는 가치관계가 그 자체로서는 가옥이 침대에 대하여 질적으로 등치됨을 조건으로 한다는 것과 그리고 감성적으로 서로 다른 이 사물들은 질적 동등성 없이는 서로 비교될 수 있는 크기로서 관계할 수 없다는 사실을 파악하였다. 그는 교환은 동등성 없이는 있을 수 없지만, 동등성 역시 양적 비교의 가능성 없이는 있을 수 없다고 하였다. 그러나 그는 여기에서 가치형태에 대한 심층적인 분석을 포기해 버린다. 아리스토텔레스의 견해에 의하면, 이처럼 서로 다른 사물들이 서로 양적으로 비교될 수 있다는 것, 즉 질적으로 동등하다는 것은 사실상 불가능하며, 이러한 등치는 오직 사물의 참된 본성과 무관한 것일 수밖에 없으며, 따라서 실제적으로 필요를 위한 임시방편일 수밖에 없다는 것이다.

아리스토텔레스는 자신이 더 이상 깊이 있는 분석을 수행하지 못하는 이유가 가치 개념이 결여되었기 때문임을 스스로 고백하고 있다. 이 동등한 것, 즉 침대의 가치표현에서 가옥이 침대에 대하여 표시하는 공통적인 실체란 무엇인가? 우리는 이미 알고 있다. 이 동등한 것은 바로 인간노동 일반이다. 그러나 아리스토텔레스는 그러한 것은 사실상 존재하지 않는다고 말한다. 상품가치의 형태에서는 모든 노동이 동등한 인간노동으로 표현되고 있음을 아리스토텔레스는 가치형태 그 자체로부터 파악할 수 없었다.

그 이유는 무엇일까? 가치표현의 비밀, 즉 모든 노동은 그것이 인간노동 일반이기 때문에, 또 그런 한에서 동등하고 등가의 것이라는 점은 인간의 동등성 개념이 이미 대중적 선입관으로 확립될 때에 비로소 해독될 수 있다. 그러나 이것은 상품형태가 노동생산물의 일반적 형태이고, 이에 따라 상품소유자로서의 인간들끼리의 상호 관계가 지배적인 사회적 관계인 사회에서 비로소 가능해진다. 그러나 아리스토텔레스가 활동했던 그리스 사회는 노예노동에 기초를 두고 있었으며, 따라서 인간 및 인간노동의 비동등성에 그 자연적 기초를 두고 있었기 때문이다. 아리스토텔레스의 천재성은 바로 그가 상품의 가치표현에서 하나의 동등한 관계를 발견했다는 점에 있다. 다만 그가 살았던 사회의 역사적 한계로 말미암아 이 동등한 관계가 사실상 무엇인가를 알아내지 못했을 뿐이다.

주요 개념

등가형태(직접 교환 가능성; 자연적 속성/양적 비규정성), 등가형태의 세 가지 특징(사용가치가 그 대립물인 가치의 현상형태가 된다/구체적 노동이 그 대립물인 추상적 인간노동의 현상형태가 된다/사적 노동이 그 대립물인 사회적 노동이 된다), 아리스토텔레스의 가치형태 분석의 결함 및 그것의 원인.

*** 단순한 가치형태의 총체

1-2에서 교환가치를 분석하면서 교환가치의 본질인 가치를 규명하였다. 그러고 나서 1-4에서는 가치가 왜 교환가치라는 현상형태를 취하지 않을 수 없는지를 고찰하여 가치라는 본질과 교환가치라는 현상형태의 내면적 관계에 대해 살펴보았다. 그 결과 우리는 상품이 가치와 사용가치의 통일이며 교환가치란 한 상품의 가치가 다른 상품의 사용가치로 표현된 것, 즉 상품의 가치의 현상형태임을 파악했다. 맑스는 단순한 가치형태를 상대적 가치형태와 등가형태로 나누어 따로따로 분석하였다. 그러나 단순한 가치형태는 이 두 요인의 통합이다. 그리하여 맑스는 이 두 요인의 총체로서의 단순한 가치형태를 고찰하고자 한다. 앞에서 언급한 것을 다시 한 번 종합 요약해 보기로 하자.

*** 단순한 가치형태는 상품에 포함되어 있는 가치와 사용가치의 내적 대립의 현상형태이다.**

한 상품의 단순한 가치형태는 그 상품이 다른 종류의 한 상품과 맺는 가치관계나 교환관계 속에 포함되어 있다. 상품 A의 가치는 상품 B가 상품 A와 직접 교환될 수 있다는 사실을 통해 질적으로 표현된다. 상품 A의 가치는 상품 B의 일정량이 상품 A의 일정량과 교환될 수 있다는 사실을 통해 양적으로 표현된다. 달리 표현하면, 한 상품의 가치는 그것이 교환가치로 표현됨으로써 자립적인 표현을 갖는다.

상품은 사용가치이자 가치이다. 상품은 그 가치가 상품의 현물형태와는 다른 독자적인 현상형태, 즉 교환가치라는 현상형태를 취하게 되자마자 그 이중성을 드러낸다. 상품은 고립적으로 고찰될 때에는 결코 교환가치라는 형태를 취하지 않으며 오로지 다른 종류의 상품과 가치관계나 교환관계를 맺을 때에만 이 형태를 취한다. 상품의 가치형태나 가치표현이 상품가치의 본성으로부터 나오는 것이지 거꾸로 교환가치라는 표현양식으로부터 가치 및 가치크기가 나오는 것은 아니다: 후자는 중상주의자들과 그 근대적 아류들인 페리에(Ferrier), 가닐(Ganilh) 등의 또한 그 반대 세력인 근대 자유무역 행상인 바스티아(Bastiat)와 그 일파들의 망상이기도 하다. 중상주의자들은 가치표현의 질적인 측면, 따라서 화폐를 그 완성형태로 하는 상품의 등가형태를 주로 강조한다. 반면에, 어떠한 가격으로라도 자신들의 상품을 처분해야 하는 근대 자유무역 행상들은 상대적 가치형태의 양적 측면을 강조한다. 따라서 그들에게는 상품의 가치 및 가치크기가 교환관계를 통한 표현 속에서만 존재하고 나아가서 하루하루의 시세 속에서만 존재하는 것으로 여겨진다.

상품 B에 대한 가치관계 속에 포함되어 있는 상품 A의 가치표현을 상세히 관찰해 보면, 이 가치관계 속에서 상품 A의 현물형태는 사용가치의 자태로서만 의미를 갖고 상품 B의 현물형태는 가치형태로서만 의미를 지닌다는 사실이 드러난다. 그리하여 상품 속에 갖추어져 있는 사용가치와 가치의 내적 대립은 하나의 외적 대립을 통해, 다시 말해 두 상품 사이의 관계를 통하여 밖으로 나타난다. 좀 더 쉽게 표현하자면, 그 자신의 가치가 표현되어야 할 상품 A는 오로지 사용가치로서만 역할을 하고 그것으로 가치가 표현되는 상품 B는 직접적으로 오로지 교환가치로서의 역할만을 한다. 따라서 어느 한 상품의 단순한 가치형태는 그 상품에 포함되어 있는 사용가치와 가치 사이의 대립의 단순한 현상형태이다. 물적 존재가 가치로서 제시되는 것은 역사적으로 특수한 발전단계에서이다. 그러므로 상품의 단순한 가치형태는 동시에 노동생산물의 단순한 상품형태이고, 그리하여 상품형태의 발전은 가치형태의 발전과 일치한다고 할 수 있다. 이 점에 대해서는 앞으로 설명이 이루어진다.

*** 단순한 가치형태의 결함**

단순한 가치형태의 미흡한 점은 첫눈에 알아볼 수 있는데, 그것은 단순한 가치형태가 가격형태로 성숙하기 전에 일련의 형태변환(전형)을 거쳐야 비로소 가격형태로 성숙해 가는 맹아형태에 지나지 않는다는 점이다.

어느 한 상품의 단순한 상대적 가치형태에는 다른 한 상품의 개별적인 등가형태가 대응한다. 따라서 상품 B는 상품 A의 상대적 가치표현에 있어서 다만 하나의 상품 B와의 관계(교환관계) 속에서만 등가형태, 즉 직접적 교환 가능성의 형태를 취할 뿐이다. 상품 A가 다른 모든 상품과 질적으로 같고 일정한 양적 비율로 교환될 수 있다는 것을 나타내는 것은 아니다.

그러나 단순한(개별적인) 가치형태는 스스로 보다 완전한 형태로 이행한다. 이미 알고 있듯이, 단순한 가치형태에 의해서는 상품 A의 가치는 다른 종류의 한 상품(상품 B)으로만 표현된다. 그러나 상품 B가 어떤 종류의 상품이든 상관없다. 그리하여 상품 A가 다른 종류의 상품들과 가치관계를 맺음으로써 상품 A의 단순한 가치표현들이 여러 가지로 나타나게 된다. 따라서 상품 A의 단순한 가치표현은 끝없이 연장될 수 있는 계열로 전화한다. 아래에서 살펴보기로 하자.

주요 개념

교환가치/교환관계, 상품 속에 내포된 사용가치와 가치의 내적 대립이 현물형태와 가치형태라는 외적 대립을 통해 표현된다. 단순한 가치형태의 결함.

1-4-2. 총체적인 또는 전개된 가치형태(II)

x량의 상품 A = u량 상품 B,
또는 = v량 상품 C,
또는 = w량 상품 D,
또는 = y량 상품 E 등등.

**** 전개된 상대적 가치형태**

*** 단순한 가치형태의 모순이 일시적으로 해결되어 확대재생산된다.**

단순한 가치형태에서는 상의는 아마포에 대상화되어 있는 노동의 현상형태로서의 자격을 가졌다. 이 때문에 아마포에 포함되어 있는 노동은 상의에 포함된 노동과 동등한 인간노동으로 인정되었다. 그러나 단순한 가치형태에서는 아마포에 포함되어 있는 노동은 다만 상의를 만드는 노동과 직접적으로 등치되어 있을 뿐 추상적 인간노동으로서 충분히 표현되어 있지는 않다.

그러나 전개된 가치형태에서는 사정이 다르다: 하나의 상품 A의 가치는 이제 무수히 많은 상품들로 표현된다. 즉, 상품 A를 제외한 다른 상품들은 상품 A의 가치의 거울이 된다. 그리하여 비로소 상품 A의 가치 자체가 무차별한 인간노동의 응결물로서 나타난다. 아마포는 이제 그 가치형태에 의해 다른 종류의 한 상품에 대해서뿐만 아니라 모든 상품들에 대해서 사회적 관계를 맺는다. 상품 A는 상품으로서 이 세계의 한 시민이다. 그와 동시에 상품가치의 표현 계열이 무한하다는 사실 속에는 상품 A의 가치는 그것을 나타내는 사용가치의 특수한 형태에 대해서는 무관심하다는 사실이 함축되어 있다.

*** 가치가 교환비율을 결정하는 것이 분명해진다.**

단순한 가치형태(제1형태)에서는 두 상품이 일정한 양적 비율로 교환될 수 있다는 것은 우연적일 수 있으나 전개된 가치형태(제2형태)에서는 우연적 현상과는 본질적으로 다르며 또 이 우연적 현상을 규정하고 있는 배경이 곧 드러난다. 아마포의 가치는 수많은 상품들로 표현되었던 항상 동일한 가치크기이다. 따라서 두 사람의 개인적 상품소유자 사이의 우연적 관계는 소멸된다. 그리하여 교환이 가치크기를 규제하는 것이 아니라 상품의 가치크기가 교환비율을 규제한다는 사실이 명료해진다.

**** 특수한 등가형태**

상품 B, C, D, E는 어느 것이나 상품 A의 가치표현에서는 등가물로서 의미를 지니며 또한 가치체로서 의의를 지닌다. 각 상품들의 특정한 현물형태는 다른 수많은 등가형태들과 나란히 하나의 특수한 등가형태이다. 이와 마찬가지로 다양한 상품들에 포함되어 있는 다양한 구체적 유용노동도 이제 인간노동 일반의 현상형태로서만 의의를 지닌다.

** 전개된 가치형태의 결함

* 전개된 상대적 가치형태의 결함

① 상품의 상대적 가치표현은 그 표시계열이 결코 종결되지 않아 미완성이다.

② 한 가지 등식이 다른 가치등식에 연결되어 만드는 사슬은 제각기 떨어져 있는 다양한 가치표현의 다채로운 모자이크를 이룬다.

③ 당연히 그렇게 될 수밖에 없지만, 만약 각 상품의 상대적 가치가 전개된 형태로 표현된다면 각 상품의 상대적 가치형태는 다른 모든 상품들의 상대적 가치형태와는 상이한 가치표현의 무한한 계열이 된다.

* 전개된 등가형태의 결함

전개된 상대적 가치형태의 결함은 그에 대응하는 등가형태에도 반영된다.

① 여기에서는 개개의 상품의 현물형태가 무수히 많은 등가형태들 중의 하나의 특수한 등가형태이기 때문에 일반적으로 서로가 서로를 배제하는 제한된 등가형태들만 존재하게 된다.

② 마찬가지로 하나하나의 특수한 등가상품에 포함되어 있는 특정한 구체적인 유용노동도 인간노동의 특수한, 따라서 불완전한 현상형태에 불과하다. 즉, 인간노동 일반의 유일한 현상형태는 아니다. 인간노동은 분명히 다양하고 특수한 구체적인 형태들의 전체 속에서 자신을 적절하게 표현할 수 있다. 그러나 이 경우에는 인간노동은 하나의 통일적인 현상형태를 가지지는 못한다.

* 전개된 가치형태는 일반적 가치형태로 전환된다.

그런데 전개된 상대적 가치형태는 단순한 상대적 가치표현 또는 제1형태

의 등식들의 총계에 지나지 않는다:

x량 상품 A = y량 상품 B,
x량 상품 A = w량 상품 C 등등.

그러나 이 등식들은 아래와 같은 등식도 암시하고 있다.

y량 상품 B = x량 상품 A,
w량 상품 C = x량 상품 A.

실제로 어떤 사람이 자신의 상품 A를 수많은 다른 상품들과 교환하고, 따라서 상품 A의 가치를 일련의 다른 상품으로 표현한다면, 수많은 다른 상품의 소유자들도 자신들의 상품을 상품 A와 교환해야 하고, 따라서 그들 개개 상품의 가치를 동일한 제3의 상품, 즉 상품 A로 표현해야 한다. 그 결과 우리는 다음과 같은 일반적 가치형태를 얻게 된다:

u량 상품 B
v량 상품 C
w량 상품 D = x량 상품 A.
y량 상품 E
등등

1-4-3. 일반적 가치형태(III)

***** 가치형태의 변화된 성격**

**** 상대적 가치형태의 성격 변화**

*** 간단하며 통일적이다.**

앞에서 언급한 내용들을 다시 한 번 종합 정리해 보기로 하자.

모든 상품은 자신의 가치를 이제 하나의 상품으로 표현함으로써 단순하게 표시하고, 그리고 동일한 상품으로 표현하므로 통일적으로 표시한다. 따라서 그 상품들의 가치형태는 단순하고 공통적이며, 따라서 일반적이다.

*** 제3형태가 비로소 가치 개념에 상응한다.**

제1형태(단순한 가치형태)나 제2형태(전개된 가치형태)는 상품의 가치를 그 사용가치와는 구별되는 어떤 것으로 표현하는 데 그쳤다.

제1형태: 이러한 가치형태가 실제로 명확하게 나타나는 것은 노동생산물이 우연적이고 임시적인 교환행위에 의해 상품으로 전환되는 교환의 최초 시기에서뿐이다.

제2형태: 제2형태는 제1형태보다 좀 더 완전하게 한 상품의 가치를 그 상품 자체의 사용가치로부터 구별시킨다. 왜냐하면 상품 A의 가치는 이제 상품 A를 제외한 다른 모든 상품에 동등한 것으로서 아마포의 현물형태와 대립하고 있기 때문이다. 반면에 여기에서 모든 상품들의 공통적인 가치표현은 직접적으로 배제되어 있다. 왜냐하면 각 상품의 가치표현에서 다른 모든 상품들이 이제는 등가형태로서만 나타나기 때문이다. 전개된 가치형태는, 예를 들어 가축이 어느새 예외적으로가 아니라 이미 관습적으로 각종 상품들과 교환되게 되었을 때 비로소 실제로 나타난다.

제3형태: 일반적 가치형태에서는 상품세계로부터 배제된 하나의 동일한 상품 A로 상품세계의 가치를 표현하는데 모든 상품의 가치를 그 상품과 상품 A와의 동등성을 통하여 표현한다. 달리 표현하면, 각 상품의 가치는 상품 A와 동등한 것으로서 이제는 그 상품(상품 A) 자신의 사용가치로부터 구별될 뿐만 아니라 모든 사용가치로부터도 구별되며, 바로 이를 통해서 그 상품과 모든 상품에 공통적인 것으로 표현된다. 그러므로 일반적 가치형태가 비로소 현실적으로 모든 상품들을 서로 가치로서 관계를 맺어 준다. 달리 말하면, 모든 상품을 서로 교환가치로서 나타나게 한다.

단순한 가치형태(제1형태)와 전개된 가치형태(제2형태)는 단 하나의 다른 종류의 상품으로서든 그 상품과 다른 수많은 계열로서든 상품 하나씩의 가치를 표현한다. 어떤 경우이든 개별 상품이 하나의 가치형태를 얻게 되는 것은 개별 상품의 개인적인 일이고, 또 개별 상품은 다른 상품들의 협력 없이 이것을 수행한다. 다른 모든 상품은 그 개별 상품에 대하여 등가물이라는 수동적 역할만을 한다. 반면 일반적 가치형태(제3형태)는 오직 상품세계의 공동사업으로서만 성립한다. 어떤 상품이 일반적인 가치표현을 획득하는 것은, 동시에 다른 모든 상품들이 자신들의 가치를 동일한 등가물로 표현하며, 이리하여 상품들의 가치는 그것이 순전히 이들 물적 존재의 사회적 현존재인 까닭에 상품들의 전면적인 사회적 관계를 통해서만 표현될 수 있다는 사실이, 따라서 상품들의 가치형태는 사회적으로 타당한 형태이어야 한다는 사실이 명백해진다.

*** 모든 상품은 양적으로 비교할 수 있는 가치로서 나타난다.**

모든 상품들이 상품 A와 동등하게 되는 이 형태(제3형태)에서는 모든 상품들은 이제 질적으로 동등한 것, 즉 가치 일반으로서 나타날 뿐만 아니라 동시에 양적으로 비교될 수 있는 가치크기로서 나타난다.

**** 등가형태의 성격 변화**

*** 상품 A의 자연적 형태(현물형태)가 인간노동의 체화물이 된다.**

상품세계의 일반적 상대적 가치형태는 상품세계로부터 배제된 등가상품(상품A)에 일반적 등가물이라는 성격을 부여한다. 그리하여 상품 A의 현물형태는 상품세계의 공통적인 가치자태이며 따라서 상품 A는 다른 모든 상품과 직접 교환될 수 있다. 그리하여 상품 A(아마포)를 생산하는 사적 노동인 직포노동은 동시에 일반적 사회적 성격, 즉 다른 모든 노동과의 동등성이라는 성격을 획득한다. 달리 표현하면, 직포노동은 인간노동 일반의 일반적 현상형태가 된다는 것이다.

*** 노동의 일반적 성격이 특수한 사회적 성격으로 나타난다.**

노동생산물을 무차별한 인간노동의 단순한 응결물로 표현하는 일반적 가치형태는 그 자신의 구조에 의해 자신이 상품세계의 사회적 표현임을 보여 준다. 그리하여 일반적 가치형태는 상품세계의 내부에서는 노동의 일반적 인간적 성격이 노동의 특수한 사회적 성격을 형성한다는 것을 명확히 보여 주고 있다. 조금 더 쉽게 설명하자면, 상품생산자들이 그들의 노동을 교환할 경우에는 사회적인 노동, 추상적인 인간노동으로서 서로 관계하는 것인데 이것은 그들이 상품으로서, 가치로서 서로 관계를 맺는다는 것이다. 가치로서의 상품들 상호 관계는, 교환과정에서는 상품가치의 일반적 표현으로서의 특수한 상품(상품 A)에 대한 상품들의 전면적 관계로 나타나며, 관계는 역으로 보면 이 특수한 상품이 다른 모든 상품들에 대하여 관계하는 독자적인 관계로 나타난다. 따라서 그것은 특수한 한 상품의 자연적 속성으로 나타난다. 즉, 상품 A는 생겨나면서부터 다른 모든 상품들과 직접적으로 교환될 수 있는 성격을 갖고 있는 듯이 보인다는 의미이다.

**** 상대적 가치형태의 발전과 등가형태 발전 사이의 관계**

*** 등가형태의 발전은 상대적 가치형태의 발전의 표현이다.**

상대적 가치형태의 발전 정도에 등가형태의 발전 정도가 대응한다. 그러나 주의해야 할 점은 등가형태의 발전은 상대적 가치형태의 발전의 표현 내지 결과에 불과하다는 것이다.

*** 상대적 가치형태의 발전**

한 상품의 단순한 상대적 가치형태는 다른 한 상품을 개별적인 등가물로 되게 한다. 한 상품의 가치를 다른 모든 상품들로 표현하는 상대적 가치의 전개된 형태는 이 상품들에게 상이한 종류의 특수한 등가물이라는 형태를 부여한다. 특수한 하나의 상품이 일반적 등가물의 형태를 취하게 된다. 왜냐하면 이 하나의 상품을 다른 모든 상품들이 자신들의 통일적 일반적 가치형태의 재료로 삼기 때문이다.

*** 두 가치형태 사이의 대립(모순)의 발전**

가치형태 일반이 발전하는 것과 동일한 정도로 그 양극인 상대적 가치형태와 등가형태의 대립도 또한 발전한다.

제1형태(x량 상품 A = y량 상품 B)도 이 대립을 내포하고 있지만 그것을 고정시키고 있지는 않다. 동일한 등식을 앞에서부터 읽느냐 거꾸로 읽느냐에 따라서 두 상품극의 어떤 것이든 상대적 가치형태도 되고 등가형태도 된다. 따라서 양극의 대립성(모순)을 파악하는 것은 여기에서는 아직 곤란하다.

제2형태에서는 오직 하나의 상품만이 상대적 가치형태를 완전히 전개시킬 수 있을 뿐이고 또 다른 모든 상품이 이 상품에 대하여 등가형태에 있을 때, 또한 그때에만, 이 하나의 상품 자신은 전개된 가치형태를 취하게 된다. 이미 여기서는 가치등식의 양변을 바꾸어 놓을 수 없다. 이 형태에서는 상대적 가치형태와 등가형태의 대립은 제1형태에 비하여 훨씬 발전해 있다. 만약 가치등식의 양변을 바꾼다면 이 등식의 전체 성격이 변경되어 전개된 가치형태로부터 일반적 가치형태로 전환된다.

제3형태는 단 하나의 상품을 제외하고는 상품세계에 속하는 모든 상품이 일반적 등가형태로부터 배제되어 있기 때문에, 또 그러한 한에서만, 상품세계에 일반적 사회적인 상대적 가치형태를 부여한다. 따라서 하나의 상품이 다른 모든 상품과의 직접적 교환 가능성의 형태, 곧 직접적으로 사회적인 형태를 얻게 되는데, 이것은 모든 다른 상품들이 이러한 형태를 얻지 못하기 때문이며 또 그러한 한에서이다.

다른 한편으로, 지금까지 설명한 내용을 일반적 등가물의 측면에서 다시 한 번 설명해 보면, (제3형태에서) 일반적 등가물로 등장하는 상품은 상품세계의 통일적이고 따라서 일반적인 상대적 가치형태로부터 배제되어 있다.

일반적 등가형태에 있는 한 상품(상품 A)이 동시에 일반적 상대적 가치형태에도 참가한다면 그 상품은 스스로 자신의 등가상품의 역할을 해야 할 것이다. 이것을 등식으로 표현하자면 다음과 같을 것이다. x량 상품 A = x량 상품 A. 따라서 가치도 가치크기도 표현되어 있지 않은 하나의 동어반복만을 얻게 될 것이다.

일반적 등가물의 상대적 가치를 표현하기 위해서는 오히려 제3형태를 거꾸로 뒤집어야 한다. 일반적 등가상품은 다른 모든 상품과 공통된 상대적 가치형태를 취하지 않고, 그것의 가치는 다른 모든 상품체의 무한한 계열로서 상대적으로 표현된다. 그리하여 전개된 상대적 가치형태, 즉 제2형태가 등가상품의 상대적 가치형태로 나타난다.

1-4-4. 일반적 가치형태로부터 화폐형태로의 이행

일반적 등가형태는 가치 일반의 한 형태이다. 그러므로 그것은 어떠한 상품에도 귀속될 수 있다. 한 상품이 일반적 등가형태에 있는 것은 오로지 그 상품이 다른 모든 상품에 의해 등가물로 배제되었기 때문이고, 또 그렇게 배제된다는 한에서이다. 그리고 이 배제가 궁극적으로 하나의 특수한 상품에 한정되는 순간부터 비로소 상품세계의 통일적인 상대적 가치형태는 객관적 공정성과 일반적인 사회적 타당성을 획득하게 된다.

현물형태에 등가형태가 사회적으로 결합된다는 특수한 상품은 이제 화폐상품이 된다. 상품세계 내부에서 일반적 등가물의 역할을 하는 것이 그 상품의 특수한 사회적 기능이 되고, 따라서 그 상품의 사회적 독점이 된다. 제3형태에서 자신들의 상대적 가치를 공통적으로 표현한 상품들 가운데에서 하나의 특정한 상품이 이 독점적 지위를 차지하게 되었는데 이것이 바로 금이다. 그리하여 제3형태에서 상품 A를 상품 금으로 대체시키면 다음과 같은 형태, 즉 화폐형태를 얻는다.

u량 상품 B
v량 상품 C
w량 상품 D = 2온스 금.
y량 상품 E
등등

1-4-5. 화폐형태(IV)

제1형태로부터 제2형태로 이행할 때, 그리고 제2형태로부터 제3형태로 이행할 때 본질적인 변화가 일어난다. 반면 제4형태(화폐형태)가 제3형태와 구별되는 점은 상품 A(아마포) 대신에 금이 일반적 등가형태를 취한다는 것 말고는 없다. 이제 금은 일반적 등가물로서의 역할을 수행한다. 진보한 것은 일반적 등가형태가, 즉 직접적인 일반적 교환 가능성이라는 성격이, 이제는 사회적 관습에 의하여 금이라는 상품의 특수한 현물형태와 최종적으로 결합되었다는 점에 있다. 금이 다른 상품에 대해 화폐로서 대응하는 것은 오로지 금이 이전에 등가상품으로서 다른 모든 상품에 대립해 있었기 때문이다. 다른 모든 상품과 마찬가지로 금도 역시 단순한(개별적) 교환행위에서는 개별적 등가물로서든, 그리고 전개된 교환행위에서는 다른 등가상품과 나란히 특수한 등가물로서든 등가상품으로서의 기능을 수행하게 되었다. 금은 점차 그 범위를 좁히거나 넓혀 가면서 일반적 등가물의 기능을 맡게 되었다. 금이 등가물로서의 지위를 독점하자 금은 곧 화폐상품이 되고, 이 순간부터 일반적 가치형태는 화폐형태로 전화되는 것이다.

이미 화폐상품의 기능을 담당하는 상품, 곧 금에 의한 한 상품(예를 들어, 상품 A)의 단순한 상대적 가치표현이 가격형태이다. 상품 A의 가격형태는 x량 상품 A = 2온스 금 또는 2파운드 스털링이 2온스 금의 주화 명칭이면 x량 상품 A = 2파운드 스털링이다.

화폐형태의 개념을 파악하기 위해서는 일반적 등가형태, 따라서 일반적 가치형태, 즉 제3형태를 명확하게 이해해야 한다. 제3형태는 뒤집으면 제2형태, 즉 전개된 가치형태로 해소되고, 이 제2형태의 구성 요소는 제1형태, 즉 x량 상품 A = y량 상품 B이다. 그러므로 단순한 상품형태는 화폐형태의 맹아인 것이다.

주요 개념

전개된 가치형태: 전개된 상대적 가치형태/특수한 등가형태, 단순한 가치형태의 모순의 일시적 해결, 전개된 가치형태의 결함: 전개된 상대적 가치형태의 결함/전개된 등가형태의 결함, 전개된 가치형태의 일반적 가치형태로의 전환.
일반적 가치형태: 상대적 가치형태의 성격 변화/등가형태의 성격 변화, 노동의 일반적 인간적 성격이 노동의 특수한 사회적 성격으로 나타나는 현상, 상대적 가치형태와 등가형태의 발전 및 두 형태 사이의 모순의 확대.
화폐형태: 단순한 상품형태로부터 화폐형태로의 발전과정, 금이 화폐상품이 된 이유.

끝으로, 이미 곳곳에서 언급되었지만 노동시간에 의한 가치규정을 이해하기 위한 개념들에 대해 체계적인 설명이 부족했는데 이에 대해 상품의 물신적 성격을 논하기에 앞서 다시 한 번 언급하기로 하자. 그것은 다음과 같다.

① 무특질적인, 단순한 노동으로의 환원, ② 사적 노동이 교환가치를 규정하는, 즉 상품을 생산하는 노동, 사회적 노동으로 되게 하는 특수한 방식, ③ 사용가치를 형성하는 노동과 가치를 형성하는 노동의 차이, ④ 추상적 일반적 노동.[MEW, 13, S. 17-24 참조.]

1) 노동의 단순노동으로의 환원

상품들의 가치들을 상품들에 포함된 노동시간으로 측정하기 위해서는 상이한 노동들 자체가 무차별적으로 동형이며 단순한 노동, 간단히 말해서 질적으로는 동일하고 따라서 양적으로만 구별되는 노동으로 환원되어 있어야 한다. 이 환원은 하나의 추상으로 나타나나 그것은 사회적 생산과정에서 매일 수행되는 하나의 추상이다. 시간에 의해 측정된 노동은 사실 상이한 주체들의 노동으로서 나타나는 것이 아니다. 오히려 노동하는 상이한 개인들이 그 노동의 단순한 기관들로 나타난다. 또는 노동은 가치에서 보여지는 바와 같이 일반적 인간노동으로 표현될 수 있을 것이다. 일반적 인간노동의 이러한 추상은 주어진 한 사회의 각 평균개인이 수행할 수 있는 평균노동, 즉 인간의 근육, 신경, 두뇌 등의 일정한 생산적 사용 속에 실재하고 있다. 그것은 각 평균개인에게 가르쳐질 수 있고 각 평균개인이 이런저런 형태로 수행하는 단순노동이다. 이 평균노동의 성격 자체는 상이한 나라들과 상이한 문화시대들에서 상이하나, 존재하는 하나의 사회에서는 주어진 것으로 나타난다. 어떤 통계에서나 확인할 수 있는 바와 같이 단순노동은 부르주아 사회노동자의 압도적인 대중을 이룬다. 복잡노동은 복합된 단순노동, 몇 배의 단순노동으로 환원된다.

2) 가치를 규정하는 노동의 조건은 노동의 사회적 규정 또는 사회적 노동의 규정이다. 그러나 단순하게 사회적인 것이 아니라 특수한 방식으로 인해 사회적이다.

노동의 무차별적 단순성이란 우선 상이한 개인들의 노동의 동등성이며, 이들 노동이 동등한 노동으로서 상호 관계를 맺는다는 것이며, 나아가 이러한 관계는 모든 노동들이 동질의 노동으로 환원됨으로써 이루어진다는 것이다. 각 개인의 노동은 그것이 가치로 제시되는 한 이러한 사회적 성격의 동등성을 가지며, 다른 모든 개인들의 노동에 동등한 노동으로서 관계를 맺는 한에서만 가치로 제시된다. 나아가 가치에서는 개별적 개인의 노동시간이 직접적으로 일반적 노동시간으로 나타나고 개별화된 노동의 이러한 일반적 성격이 이 노동의 사회적 성격으로 나타난다. 가치를 형성하는 노동시간은 개별적 개인의 노동시간이지만 다른 모든 개인들이 동등한 노동을 수행하고 따라서 그 개인이 일정 상품을 생산하기 위해 요구되는 노동시간은 다른 모든 개인이 동일한 상품을 생산하기 위해서 사용할 필요노동시간인 한에 있어서, 다른 개별적 개인, 모든 개별적 개인과 구별되지 않는 개별적 개인의 노동시간이다.

앞에서의 설명이 다소 어려운 독자들은 아래의 서술을 이해하면 된다.

인간의 노동은 어떠한 사회구성체에서든지 서로를 위해 노동을 한다. 그래서 노동은 사회적 성격을 가지고 있으며 그 노동을 사회적 노동이라 한다. 상품생산사회 이외의 사회에서는 구체적 유용노동이 사회적 노동이었다. 그러나 상품생산사회에서는 구체적 유용노동이 그대로 사회적 노동의 역할을 하지 못한다. 구체적 유용노동이 사회적 역할을 하기 위해서는 생산물이 상품으로서 서로 다른 사적 노동의 생산물과 교환되어 필요로 하는 사람의 손으로 넘어가야 한다. 서로 독립된 사적 생산자들에 의해 생산된, 자신들에게는 비사용가치이나 타인들에게는 사용가치인 생산물들이 전면적으로 교환에 의해 상품으로서 타인의 손에 넘어갈 때 그들의 사적 노동은 서로 동등한 노동으로서, 추상적 인간노동으로 위치한다. 즉, 상품생산사회에서는 구체적 유용노동의 사회적 성격은 교환을 통해 노동의 추상적 인간적 성격을 획득하게 된다. 상품생산사회에서는 구체적 유용노동의 사회적 역할은 구체적 유용노동 그 자체로서 직접적으로 이루어지는 것이 아니라 노동의 추상적, 인간적 성격을 매개로 이루어지는 것이다.

3) 사용가치를 형성하는 노동 / 가치를 형성하는 노동

가치를 규정하는 노동은 일반등가물로서의 상품들의 동등성에서 실현되는 반면에, 합목적적인 생산적 활동으로서의 노동은 그것들의 사용가치의 무한한 다양성 속에서 실현된다. 가치를 규정하는 노동은 추상적 일반적 동등한 노동인 반면에 사용가치를 규정하는 노동은 형태와 소재에 따라 무한히 다양한 노동방식들로 분열된다는 구체적이고 특수한 노동이다.

노동이 사용가치를 산출하는 한 그 노동이 그것에 의해 산출된 것, 즉 소재적 부의 유일한 원천이라고 말하는 것은 잘못이다. 그 노동은 이런저런 목적을 위한 소재적인 것을 습득하는 활동이므로 소재를 전제로서 필요로 한다. 이런저런 형태로 자연적인 것을 습득하기 위한 합목적적인 것으로서의 노동은 인간존재의 자연조건, 즉 모든 사회적 형태와는 무관하게 인간과 자연 사이의 소재대사를 위한 하나의 조건이다. 노동은 소재적 부의 아버지이고, 땅(자연)은 그 어머니이다.

이에 반해 가치를 규정하는 노동은 고유하게 사회적인 노동형태이다. 예를 들어, 재봉노동은 특수한 생산적 활동으로서 그것의 소재적 규정성에서는 상의를 생산하는 것이지 상의의 가치를 생산하는 것이 아니다. 그것은 상의의 가치를 재봉노동으로서가 아니라 추상적 일반노동으로서 생산하며 추상적 일반노동은 재봉사가 꿰매지 않은 사회적 관계에 속한다.

4) 추상적 일반적 노동 / 구체적 유용노동

(교환)가치를 정립하는 노동은 사용가치들의 특수한 소재들에 대해서는 무차별적인 것으로서 노동 자체의 특수한 형태에 대해서는 무차별적이다. 상이한 사용가치들은 상이한 개인들의 활동의 생산물, 즉 개인적으로 상이한 노동들의 결과이다. 그러나 그들은 (교환)가치들로서는 동일한, 무차별적인 노동, 즉 노동하는 자들의 개인성이 해소된 노동을 표시한다. 따라서 (교환)가치를 정립하는 노동은 추상적 일반적 노동이다.

(교환)가치를 정립하는 노동은 일반등가물로서의 상품들의 동등성에서 실현되는 반면에, 합목적적인 생산적 활동으로서의 노동은 그들 사용가치의 무한한 다양성 속에서 실현된다.

(교환)가치를 정립하는 노동은 추상적이고 일반적이고 동등한 노동인 반면에 사용가치를 정립하는 노동은 형태와 소재에 따라 무한히 다양한 노동방

식들로 분열되는 구체적이고 특수한 유용노동이다. 질적으로 상이한 유용노동들은 상품생산사회에서는 서로 독립적인 사적 생산자들의 사회적 분업이 형성되어 있음을 의미한다.

*** '가치형태 또는 교환가치'의 주요 내용

이 절에서는 교환가치의 정확한 해독이, 따라서 상품이 교환의 경우에 취하는 형태가 문제이다. 교환가치는, 우리가 보았듯이, 사회적 관계이다. 처음에는 사용가치와 교환가치로 묘사된 상품은 이제는 이중형태를 취한다. 상품은 현물형태와 가치형태를 갖는다.[MEW, 23, S. 62 참조.] 그로 인해 언급하고자 하는 것은 사용가치는 단순히 자연적 특성일 뿐만 아니라 상품의 형태, 즉 현물형태라는 것이다. 이것은 가치형태를 해독하기 위해 가장 중요하다.

** 단순한 가치형태

가치대상성은 순전히 사회적이다. 『자본론』 제1권 제1장 제3절의 목적은 화폐형태의 발생을 입증하는, 따라서 부르주아 경제학에서는 한 번도 시도되지 않은 것을 수행하는 것이다. 화폐형태 분석의 출발점은 단순한, 개별적인 또는 우연한 가치형태이다. x상품 A = y상품 B.

"모든 가치형태의 비밀은 이 개별적인 가치형태 속에 숨어 있다."[상동, S. 63.] 이 등식에서 상품 A의 가치는 상대적 가치로 표현되는데, 그것은 자신의 가치표현을 상품 B라는 등가물에서 발견한다. 따라서 두 번째 상품은 등가형태로 존재한다.

이 두 상품들이(맑스의 예에서는 아마포와 상의) 양적으로 비교된다는 것은 아마포와 상의를 동일시하는 것에서 기인한다. 현물형태로는 다른 것들이 가치형태로는 동일시되고, 동일한 단위로 환원된다.

만약 가치형태에 근거를 두고 그리고 가치가 노동에 의해 생산된다는 것이 고려된다면, "우리들의 분석은 상품들을 추상적 가치로 환원하는 것이지만 상품들에 그 현물형태들과는 다른 가치형태를 부여하는 것은 아니다. 한 상품의 다른 상품에 대한 가치관계에서는 다르다. 이 경우에는 그 상품의 가치성격은 다른 상품과의 관계에 의해서 나타난다."[상동, S. 65.] 여기에서 다시 한 번 분명하게 노동만으로는, 비록 그 노동이 상품을 생산하는 노동일지라도, 어떠한 가치관계가 정립될 수 없다는 것이 언급되었다. 가치관계는 사실 다른 상품들과의 관계에서 비로소 형성된다. 즉, 소위 사회적 승인이 필요하다.

물론 동일한 단위로의 환원은 단지 모든 상이한 상품들이 동일한 표준으로 도량할 수 있는 크기들이기 때문에 가능하다. 이것은 그 상품들 모두 추상적 인간노동의 외화의 결과물이기 때문이다. 가치관계 그 자체는 물론 단순한 교환등식으로 나타난다. 20엘레 아마포 = 1벌 상의. 이 등식에서 아마포의 가치형태는 상의형태를 취하는데, 가치관계 내에서는 "따라서 상품 B의 현물형태는 상품 A의 가치형태가 된다. 또는 상품 B의 몸체는 상품 A의 가치의 거울이 된다."[상동, S. 67.]

등식은 또한 양적 관계를 함유하고 있다. 이것은 비교되는 상품들 속에 체화된 가치실체로부터, 즉 시간의 길이로 측정한 추상적 인간노동이 상품의 생산을 위해 사용되어야만 하는 사실로부터 발생한다. 실체 또한 사회적 관계를 표현한다. 왜냐하면 사회적 필요노동만이, 즉 평균노동이 가치실체를 형성하는 데에 계산되기 때문이다.

그러나 여기에서는 상대적 가치들이 문제이다. 그런데 이 상대적 가치들은, 아마포 생산에 있어서나, 상의 생산에 노동의 생산성이 변하기 때문이거나 또는 상의를 바느질할 때 재단사의 또는 이 두 직업에서의 노동생산성이 변했기 때문에, 변할 수 있다. 따라서 추가적인 정보 없이는 상대적 가치형태의 상품의 가치 변화에 의해 아마포 직조업에서 소비된 노동을 추론할 수는 없다.

상대적 가치형태를 고찰한 후 맑스는 등가형태로 자신의 관심을 돌린다. 가치등식 내에서 상의는 단지 한 사물의 규정된 양으로서만 기능을 한다. 비록 등가물 또한 수량의 단위로 표현되지만 "한 상품의 등가형태는 결코 양적인 가치규정을 포함하고 있지 않다."[상동, S. 70.] 왜냐하면 2벌의 상의는 분명히 "40엘레의 가치크기를 표현하지만 결코 자신의 가치크기, 즉 상의의 가치크기를 표현하지는 못한다."[상동, S. 70.] 따라서 여기에서 등가형태의 질로 되돌아오게 된다.

⁂ 등가형태의 특성

맑스는 등가형태의 세 가지 특성에 대해 다음과 같이 언급한다.

첫째, "사용가치가 그 대립물인 가치의 현상형태로 된다."[상동, S. 70.] 따라서 상품의 현물형태는 그것의 가치형태를 위해 매우 중요하다. 따라서 사용가치를 고려하지 않고서는 정치경제학(그리고 그것의 비판)을 추구한다는 것은 불가능하다. 등가상품의 사용가치에는 사회적 관계가, 즉 가치가 표현된다. 맑스가 『자본론』 제1권 제1장 제4절에서 따로 분석한 물신숭배가 여기에서 이미 언급되고 있다. "그러나 어떤 사물의 속성들은 그것이 다른 사물들과 갖는 관계로부터 생겨나는 것이 아니라 오히려 그러한 관계 속에서 단지 작용하기만 할 뿐이기 때문에 상의도 또한 무게가 있다든지 보온을 한다든지 하는 속성과 마찬가지로 자신의 등가형태를, 즉 직접적 교환 가능성이라는 자신의 속성을 본래 지니고 있는 듯이 보인다. 등가형태의 수수께끼, 이것은 정치경제학자들의 부르주아적 미숙한 눈에는 이 등가형태가 완성되어 화폐로 마주 서게 될 때에서야 비로소 보이게 된다."[상동, S. 72.]

둘째, 등가형태의 두 번째 특성은 사용가치를 생산할 때 사용되어야 하는

구체적 노동이 그 대립물인 추상적 인간노동의 현상형태가 된다는 것이다.[상동, S. 72 참조.]

셋째, 사적 노동이 그 대립물인 직접적인 사회적 노동으로 된다는 것이다.[상동, S. 72 참조.]

**** 아리스토텔레스(Aristoteles)에 관한 소견**

아리스토텔레스에 관한 짧은 소견에서 맑스는 다시 한 번 형태와 실체의 관계를 다룬다. 아리스토텔레스는 두 가지 상이한 사물들의 교환은 그것들의 동등성을 전제하고 동등성은 다시 도량 가능성을 포함한다는 것을 인식하고 있었으나 그는 이것을 서술한 후에, 침대와 가옥과 같은 다양한 종류의 사물들이 도량할 수 있다는 것, 즉 질적으로 동등할 수 있다는 것은 사실상 불가능하다고 그는 말한다. 맑스는 아리스토텔레스가 교환등식을 천재적으로 올바르게 해석하였으나 도량 가능성의 조건들을 파악하는 데 불가능했던 점은 그리스 사회에는 임노동과 따라서 자본주의적 상품들의 생산을 위해 추상적 노동을 실행하는 사회적 형태가, 도량 가능성의 실제 사회적 조건들을, 즉 추상적 노동의 공동의 가치실체를 인식하기에는, 너무 적게 확산된 데에 그 원인이 있다.

**** 일반적 가치형태와 화폐**

형태 II (또는 총체적 그리고 전개된 가치형태)에서는 모든 상품들이 서로 관계를 맺고 있다. z상품 A = u상품 B = v상품 C = w상품 D 등등.

이 형태는 즉시 모든 상품들이 상대적 가치형태로 존재하는 일반적 가치형태(형태 III)로 인도한다. 하나의 특화된 상품은 자신의 현물형태로 다른 모든 상품을 위한 가치거울을 제공한다. "새로 획득된 형태는 상품세계로부터 분리된 하나의 동일한 상품종류, 예를 들어 아마포로 상품세계의 가치를 표현한다. 그리하여 모든 상품들의 가치는 그 상품들과 아마포와의 동등성을 통하여 표시된다."[상동, S. 80.] "아마포와 동등한 것이라는 형태로 이제 모든 상품은 질적으로 동등한 것, 즉 가치 일반으로서만 아니라 동시에 양적으로 비교할 수 있는 가치크기로서 나타난다."[상동, S. 81.] 사적 노동인 동시에 구체적 직포노동은 배제된 일반적 등가물로서 "일반적인 사회적 형태, 즉 다른 모든 노동과의 동등성의 형태"[상동, S. 81.]로 존재한다. 모든 구체적 노동들은 가치표현에서 구체적 노동으로서 모든 노동들의 사회적 성격을 표현할 위치에 있는 하나의 노동으로 환원된다.

모든 상이한 상품들이 자신을 화폐등가물로 표현할 때 제3형태(일반적 가치형태)를 화폐형태(제4형태)로 표현하는 것은 용이한 일이다. 다른 모든 형태들에 비해 진보했다는 것은 단지 직접적 일반적 교환 가능성의 형태, 또는 일반적 등가형태가 이제는 사회적 관습에 의해 최종적으로 금이라는 상품의 특수한 현물형태와 결합되었다는 데에 있다. 모든 상대적 가치표현들이 화폐로 이루어짐으로써 그것들은 가격형태를 얻는다. 20엘레 아마포 = 2온스 금 = 2파운드 스털링.

사회성에 관한 이러한 순전히 화폐적 표현에는 가치들은 비교가 가능할 수 있기 위해서는 실체를 보유해야 한다는 실상이 사라진다. 따라서 가격형태는, 맑스가 뒤에서 보여 주듯이, 가치형태와 가치실체에 대해 자립화된다. 이것은 결함이 아니라 가치에 기초한 생산양식에게 유일무이한 유연성을 부여한다.

1-5. 상품의 물신적 성격과 그 비밀

맑스는 『자본론』 제1권 제2판 후기에서[MEW, 23, S. 18.] 제1장의 마지막 절인 '상품의 물신적 성격'을 대부분 고쳐 썼다고 간략하게 언급했으나 그 이유에 대해서는 전혀 언급하지 않았다. 이 제1장 제4절 '상품의 물신적 성격과 그 비밀'은 맑스 자신의 정치경제학, 부르주아 고전학파 경제학(근대 경제학), 철학 – 특히 독일 고전철학, 공상적 사회주의 이론, 종교학, 문학, 역사학 등 인문, 사회과학과 자연과학에 이르는 광범위한 지식의 이해에 기초하고 있는바, 맑스(주의)에 관심이 있는 자(者)라면 제1장 제4절은 전공과는 무관하게 읽고 이해하려는 노력이 필요하다고 생각된다.

이 제4절이 이해하기 어렵다고 생각되는 이유는 당연히 제1절에서 제3절까지의 내용을 완전히 이해하지 못했기 때문이라고 생각된다. 그러므로 제1절에서 제3절까지를 반복해서 생각하며 읽고 또 읽어서 특히 다음과 같은 개념에 대한 이해도를 심화시켜야 한다. 상품: 사용가치로서의 노동생산물의 가치로서의 상품으로의 전화, 상품형태, 생산자들의 사회적 관계/노동생산물들의 사회적 관계, 교환, 사적 노동/사회적 노동(노동의 사회적 성격), 노동생산물의 상품으로의 전환, 가치, 인간노동의 동등성(동등한 추상적 인간노동), 화폐형태.

미리 앞서서 결론적으로 말하자면, 맑스는 이 절에서 상품의 물신적 성격은 상품생산사회의 특수한 구조에 의해 조건지어진 객관적 현상이지 두뇌의 산물이 아니다라는 것을 설명하고자 한다. 엥겔스는 맑스의 『정치경제학 비판을 위하여』에 대한 첫 번째 서평에서 상품의 물신적 성격에 대해 다음과 같이 서술한다. "정치경제학은 **상품**에서부터, 생산물들이 – 개별자들에 의해서든 자생적 공동체에 의해서든 – 서로 교환된다는 순간부터 시작한다. 교환에 들어오는 생산물이 상품이다. 그러나 그것은 **사물**에, 즉 생산물에 인간들이나 공동체들 사이의 **관계**, 여기에서는 더 이상 동일한 인간성에 하나가 되어 있지 않는 생산자와 소비자 사이의 관계가 결부됨으로써만 상품이다. 여기에서 우리는 경제학 전체를 관통하고 있고 부르주아 경제학자들의 머릿속에서는 격심한 혼돈을 야기시킨 사실의 한 예를 곧 얻는다: 경제학은 사물들이 아니라 인간 사이의 관계들, 종국적으로는 계급 사이의 관계들을 취급한다; 그러나 이 관계들은 언제나 **사물들에 연결되어** 있고 **사물들로서 나타난다**. 개별적인 경우들에서 몇몇 경제학자들의 의식에서는 물론 어렴풋이 나타난 이러한 관계를 맑스는 우선 경제학 전체에 적용하여 발견했고, 그럼으로써 가장 어려운 문제들을 매우 간단하고 분명하게 밝힘으로써 이제는 부르주아 경제학자들조차도 이 문제들을 이해할 수 있게 되었다." [MEW, 13, S. 475-476.]

이에 대해 맑스 자신의 글을 통해 좀 더 자세히 살펴보기로 하자.

**** 상품의 물신적 성격의 근원**

*** 상품의 물신적 성격은 사용가치에서는 생겨나지 않는다.**

상품의 물신적 성격의 근원을 설명하기 위해 맑스는 먼저 사용가치 측면으로부터 시작한다. 상품을 분석해 보면 상품이란 형이상학적인 교활함과 신학적 변덕으로 가득찬 매우 기묘한 물건임을 알게 된다. 인간이 자신의 활동(노동)을 통해 자연소재의 형태를 자기에게 유용한 방식으로(사용가치로) 변형시킨다는 것은 매우 명료한 사실이다. 따라서 상품이 사용가치인 한에서는 상품에는 아무런 신비한 것이 없다. 반면 사용가치로서의 노동생산물이 가치로서의 상품으로 나타나면 "그것은 하나의 감성적인 동시에 초감성적인 물품으로 전화한다." [MEW, 23, S. 85.] 따라서 상품의 물신적 성격은 그 사용가치로부터 나오는 것은 아니다.

*** 상품의 물신적 성격은 가치규정의 내용으로부터는 생겨나지 않는다.**

그것은 또한 가치규정, 즉 가치의 질과 양과 사회적 성격을 결정하는 것의 내용으로부터 나오는 것도 아니다. 그 이유는,

① 상품의 물신적 성격은 상품가치의 질을 결정하는 것의 내용으로부터 생겨나지 않는다. 유용노동이 아무리 서로 다를지라도 그것은 언제나 인간 유기체의 기능이라는 것과, 이러한 기능이 그 내용과 형태가 어떻든간에 인간의 두뇌나 신경, 근육, 감각기관들의 지출이라는 것은 생리학상의 진리인데, 그러나 이것은 상품생산사회에 특유한 일은 아니므로 이것 때문에 상품의 물신성이 나타날 수는 없다.

② 상품의 물신적 성격은 상품가치의 양을 결정하는 내용으로부터 생겨나지 않는다. 가치크기를 규정짓는 노동 지출의 지속시간 또는 그 노동의 양은 명백하게 노동의 질과는 구별될 수 있는 것이기 때문에 어떠한 사회 상태 아래에서도 생활수단의 생산에 소요되는 노동시간은 인간의 관심사가 아닐 수 없었다. 그 때문에 그 노동시간은 누구나 쉽게 알 수 있으므로 상품의 물신성은 생겨날 리 없다.

③ 상품의 물신적 성격은 상품가치의 사회적 성격을 결정하는 것의 내용으로부터도 생겨나지 않는다. 상품가치의 사회적 성격은 노동의 사회적 성격에 의해 결정되는데, 노동의 사회적 성격은 상품생산사회만의 특유한 것은 아니다. 어떠한 방식으로든 사람들이 서로 다른 사람들을 위해 노동을 하게 되면 그 순간부터 그들의 노동은 사회적 형태를 취하게 된다. 예를 들면, 상품생산사회가 아닌 가부장제 경제공동체에서의 노동도 자연발생적인 분업, 즉 사회적 관계에 의해 수행되는 사회적 기능이다.[MEW, 23, S. 92 참조.] 따라서 노동의 사회적 성격에서 상품의 물신성이 생겨날 리 없다.

*** 상품의 물신적 성격은 상품형태 그 자체로부터 생겨난다.**

그렇다면 노동생산물이 상품형태를 취하자마자 갖게 되는 그 물신적 성격은 어디에서 나오는 것일까? 한마디로 말해 그것은 상품형태 자체로부터 나온다. 이를 좀 더 구체적으로 언급하면,

① 인간노동의 질적인 동등성은 노동생산물의 동등한 가치라는 물적 형태를 취하며, 즉 동등한 인간노동으로서의 추상적 인간노동이 노동생산물에 대상화되어 가치로 되고 노동생산물은 상품으로서 교환되며,

② 그 지속시간에 의한 인간노동력 지출의 척도는 노동생산물의 가치크기라는 형태를 취하고,

③ 생산자들의 상호 관계는 노동생산물 사이의 사회적 관계라는 형태를 취하기 때문이다.

따라서 상품형태의 비밀은 다음과 같은 점에 있다.

① 상품형태는 인간에 대하여 인간 자신의 노동이 갖는 사회적 성격들을 노동생산물 자체의 물적 성격들로 보이게 하거나 이 물적 존재들의 사회적인 자연속성으로 보이게끔 하며,

② 따라서 총노동에 대한 생산자들의 사회적 관계도 생산자들 외부에 존재하는 갖가지 물적 존재들의 사회적 관계로 보이게끔 하는 데 있다.

이와 같은 치환에 의하여 노동생산물은 상품이 되고, 감성적인 동시에 초감성적인 물적 존재 또는 사회적인 물적 존재가 된다.

다시 한 번 요약하면, 상품형태나 이 상품형태가 표현되는 바의 노동생산물의 가치관계는 인간 자신들의 일정한 사회적 관계일 뿐인데, 그 관계가 사람들의 눈에는 물체와 물체의 관계라는 환상적인 형태를 취하게 된다. 그 결과

상품생산사회에서는 물체와 물체의 관계가 인간으로부터 분리되어 자립적 모습을 취하고 인간을 지배하게 되고 그 배후에 있는 인간과 인간의 관계는 은폐된다. 맑스는 이와 유사한 환상적 형태를 종교세계에서 찾아 이를 물신숭배라 칭하였다. 종교적 세계에서는 인간 두뇌의 산물이 스스로의 생명을 부여받고 그 자신들 사이에 또는 사람들과의 사이에 관계를 맺는 자립적인 모습으로 나타난다. 마찬가지로 상품세계에서는 인간의 손의 산물이 그렇게 나타난다. 물신숭배는 노동생산물이 상품으로 생산되자마자, 즉 상품형태를 취하자마자 이들에 달라붙는 것으로서 상품생산과는 불가분한 것이다.

*** 상품생산사회에서의 노동은 사적 노동인 동시에 사회적 노동이다.**

맑스는 다시금 상품세계의 물신적 성격이, 앞에서 이미 언급했듯이, 상품을 생산하는 노동 특유의 사회적 성격으로부터 생겨난다는 것을 교환이라는 측면을 매개로 다음과 같이 언급한다.

사용 대상이 상품으로 되는 것은 바로 이것들이 서로 독립적으로 수행되는 사적 노동의 생산물이기 때문이다. 이 사적 노동의 복합체가 사회적 총노동을 형성한다. 생산자들은 자신들의 노동생산물들을 교환함으로써 비로소 사회적으로 접촉하기 때문에, 그들의 사적 노동이 지닌 특수한 사회적 성격도 이 교환 속에서 비로소 나타나게 된다. 달리 말하면, 사적 노동은 교환에 의하여 노동생산물들 사이에 수립되는 관계들과, 그것들을 중개로 하여 생산자 자신들 사이에 수립되는 관계들을 통해서 비로소 사회적 총노동의 일부로서 나타난다. 이와 같이 노동이 사회적 성격과 사적 성격이라는 모순된 두 개의 성격을 갖고 있다는 것은 상품생산사회의 노동의 특수성이다. 때문에 사적 노동의 사회적 성격은 구체적 유용노동의 형태로는 나타나지 않고 추상적 인간노동으로서 무차별적인, 동질의, 동등한 노동이라는 형태를 취하는 것이다.

그러므로 생산자들에게는 그들의 사적 노동의 사회적 관계가 노동에서 맺는 개인들 사이의 직접적 사회적인 관계로서가 아니라, 오히려 개인들 사이의 물적 관계로, 그리고 물적 존재와 물적 존재 사이의 사회적 관계로 나타난다.

*** 사적 노동의 특수한 사회적 성격은 노동생산물의 가치성격이라는 물적 형태를 취한다.**

아울러 맑스는 사적 노동의 사회적 성격인 인간노동의 질적인 동등성으로 하여금 노동생산물이 가치라는 동등한 물적 형태를 취하게 하는 것을 앞에서와 마찬가지로 교환이라는 측면을 매개로 재차 설명한다. 노동생산물들은 교환 속에서야 비로소 그들의 사용 대상으로서의 존재형태와는 구별되는, 사회적으로 동등한 가치를 부여받는다. 노동생산물의 이러한 유용물과 가치물로의 분화가 실제로 나타나는 것은 교환이 이미 충분한 범위와 중요성을 갖게 되고 따라서 유용물들이 교환을 위해 생산되며, 그리하여 이 물건들의 가치성격이 생산 그 자체에서부터 미리 고려되는 경우이다.

*** 사적 노동의 이중의 사회적 성격**

이 순간부터 개별 노동자들의 사적 노동은 이중의 사회적 성격을 부여받는다.

① 사적 노동은 한편으로는 일정한 유용노동으로서 일정한 사회적 욕망(다른 사적 생산자들의 욕망)을 충족시켜야 하며, 그리하여 자신을 총노동의 한 부분이자 사회적 분업의, 자연발생적 체제의 한 부분으로서 실증되지 않으면 안 된다.

② 다른 한편, 사적 노동이 개별 생산자 자신의 다양한 욕망을 만족시킬 수

있는 것은 다만 각각의 특수한 유용한 사적 노동들이 서로 교환될 수 있으며 서로 동등한 것으로 인정되는 경우에 한에서이다.

서로 완전히 다른 여러 노동의 동등성이란 오직 그 현실적인 차이점들을 사상함으로써만, 즉 모든 노동은 인간노동력의 지출, 곧 추상적 인간노동이라는 공통적인 성격으로 환원됨으로써만 이루어질 수 있다.

상품생산사회에서는 사적 생산자들의 두뇌에는 사적 노동의 이중적인 사회적 성격이 실제의 상품매매와 생산물의 교환에서 볼 수 있는 그러한 형태로만 반영되고, 다시 말해서 노동생산물이 유용해야 할 뿐만 아니라 남을 위해 유용하지 않으면 안 된다는 형태로 그들의 사적 노동의 사회적 유용성이 반영되며, 물질적으로 상이한 물적 존재인 노동생산물들이 공통된 성격을, 가치를 지닌다는 형태로 서로 상이한 노동의 동등성이라는 사회적 성격이 반영된다. 그러므로 사람들은 자신들의 노동생산물들이 종류가 같은 인간노동의 단순한 물적 외피로서 간주되기 때문에 그것들이 서로 가치로서 관계를 맺는다고 보지 않고, 그 반대로 생각한다. 즉, 종류가 다른 자신들의 생산물들을 서로 교환할 때 그것들을 가치로서 등치시킴으로써 그들의 상이한 노동을 인간노동으로서 서로 등치시키는 것이다. 그들은 그것을 알지 못하지만, 그것을 행한다. 맑스는 이 상황을 다음과 같이 표현한다. "가치의 이마에는 가치란 무엇인가가 쓰여 있지 않다. 가치는 각 노동생산물을 일종의 사회적 상형문자로 전환시키는 것이다. 후일에 사람들은 상형문자의 의미를 해독하여 그들 자신의 사회적 산물, 즉 가치의 비밀을 알고자 한다. 왜냐하면 사용 대상이 가치가 되는 것은 마치 언어와 같이 인간의 사회적 산물이기 때문이다."[MEW, 23, S. 88.]

한마디로 말해 노동생산물의 가치라는 성격 또는 노동생산물 상호간의 가치관계는 생산자들의 노동관계가 물적 존재의 성격 또는 물적 존재와 물적 존재의 관계라는 형태를 취한 것에 불과하다는 것이다.

노동생산물이 가치인 한에서 그 생산에 지출된 인간노동의 단순한 물적 표현에 지나지 않는다고 하는 후세의 과학적 발견은 인류의 발전사에서 획기적인 것이긴 하나, 그것은 결코 노동의 사회적 성격이 생산물로 되어 나타나는 외관을 벗겨 내지는 못한다.

상품생산이라는 특수한 생산형태에만 타당한 사실, 즉 서로 독립된 사적 노동의 특수한 사회적 성격은 그 노동이 지니는 인간노동으로서의 동등성에 있으며, 이 사적 노동의 사회적 성격이 노동생산물의 가치형태를 취한다는 사실은 상품생산의 관계에 사로잡혀 있는 사람들에게는 상술한 과학적 발견 이전이나 이후에나 여전히 절대적인 타당성을 지니는 것으로 보인다.

이어서 맑스는 상품교환의 배후에 숨겨져 있는 노동 지출의 지속시간에 의한 가치크기의 규정이라는 비밀을 교환이라는 측면을 매개로 관찰한다. 생산물의 교환 당사자들이 실제로 가장 먼저 관심을 갖는 것은 자신의 생산물과 타인의 생산물이 어떠한 비율로 교환되는가 하는 문제이다. 이 비율은, 어느 정도 관습적으로 고정되기까지에 이르면, 마치 노동생산물의 본성으로부터 나오는 것같이 보인다. 사실상 노동생산물의 가치성격은 그것이 가치크기로서 실증됨으로써 비로소 확고해진다.

한편, 가치크기는 교환자들의 의지나 예견 및 행위와는 상관없이 끊임없이 변동하는데, 교환 당사자들 자신의 사회적 운동은 그들 자신에 의해 통제되는 것이 아니라 그들이 통제를 받는 물적 존재들의 운동이라는 형태를 취한다.

서로 독립적으로 수행되면서도 사회적 분업의 자연발생적인 한 부분으로서 서로 전면적으로 의존하고 있는 사적 노동들이 끊임없이 사회적인 양적 관계로 환원된다는 이유가, 생산물 생산에 사회적으로 필요한 노동시간을 사적 노동의 생산물들의 부단히 변동하는 교환비율을 통하여 마치 중력법칙과도 같은 규제적인 자연법칙으로서 자신을 폭력적으로 관철시키기 때문이라는 과학적 인식이 경험 그 자체로부터 나오자면 먼저 충분히 발전된 상품생산이 필요하다.

그러므로 노동시간에 의한 가치크기의 규정은 상대적인 상품가치의 현상적인 운동의 배후에 숨겨져 있는 비밀이다. 이 비밀의 발견이 노동생산물의 가치크기가 단순히 우연적으로 규정된다고 하는 외관을 지양하기는 하지만 결코 가치크기가 결정되는 방식을 지양하지는 못한다.

*** 상품의 물신적 성격은 객관적 현상이다.**

끝으로 맑스는 상품의 물신적 성격이 객관적 현상이라는 사실을 언급하기 위해 정치경제학 방법론을 아래와 같이 간략하게 언급한다. 먼저 정치경제학 방법론을 살펴보면, 인간생활의 여러 형태들에 대한 고찰과 그 과학적 분석은 일반적으로 현실의 발전과는 반대의 길을 걷는다.

맑스는 1857년에 집필한 『정치경제학 비판 서설』에서 다음과 같이 서술하였다. "부르주아 사회는 가장 발전한, 그리고 가장 다양한 역사적인 생산조직이다. 그러므로 그 사회의 관계들을 표현해 주는 범주들과 그 조직에 대한 이해는 동시에 이미 몰락해 버린 모든 사회형태의 조직과 생산관계에 대한 인식을 가능하게 된다. … 인간의 해부는 원숭이의 해부를 위한 하나의 열쇠이다. … 따라서 부르주아 경제는 고대 등 그 이전의 경제에 대하여 열쇠를 제공한다. … 그러므로 경제학적 범주들을 그것들이 역사적으로 결정적이었던 순서에 따라 차례로 배열하는 것은 실행이 불가능하며 또한 오류이다. 오히려 그 순서는, 그것들이 근대 부르주아 사회에서 상호간에 갖는 관계에 의하여 결정되며, 이 관계는 자연 그대로의 순서에 따라 또는 역사적 발전의 계열에 상응하는 것과는 완전히 반대이다."[MEW, 13, S. 636, 638.] 즉, 그것은 발전과정이 이미 완성된 결과들에서부터 시작한다. 노동생산물에게 상품이라는 성격을 부여해 주는, 따라서 상품유통의 전제조건이 되는, 여러 형태들은 사람들이 이미 불변의 것으로 여기는 이 형태들을 역사적 성격에 대해서가 아니라 이 형태의 내용에 대해서 해명을 하려고 하기도 전에 사회생활의 자연형태라는 고정성을 갖는다.

그리하여 가치크기를 규정할 수 있게 해 준 것은 상품가격에 대한 분석이었을 뿐이며 그 상품의 가치성격을 확정할 수 있게 해 준 것은 여러 상품들에 공통된 화폐표현이었을 뿐이다. 그러나 상품세계의 완성형태인 화폐형태야말로 사적 노동의 사회적 성격과 사적 노동자들의 사회적 관계를 표시하는 것이 아니라 도리어 그것을 물적 관계로 나타냄으로써 은폐하고 있다. 이러한 형태들(가격형태, 화폐형태)이야말로 바로 부르주아 경제학의 범주들을 이룬다. 이 형태들이야말로 상품생산 생산양식의 생산관계에 대한 사회적으로 타당한, 따라서 객관적인 사유형태들이다. 여기에서 우리는 상품의 물신적 성격은 객관적 현상일 뿐임을 강조하고자 한다. 인간의 두뇌는 객관적으로 존재하는 특유한 생산관계를 무의식적으로 반영한다는 것이다.

물신적 성격에 대한 이해를 돕기 위해 앞에서 언급한 내용을 다시 한 번 되새겨 보기로 하자: 상품생산사회에서의 생산자들이 그들의 노동생산물들을 동등한 인간노동의 단순한 대상화로 간주하기 때문에 그것들을 가치로서 서로 등치시켜 교환하는 것이 아니라, 그 반대로 그들은 그들의 노동생산물들을 가치로서 등치시켜 교환함으로써 그들의 서로 다른 사적 노동을 질적으로 동등한 인간노동으로 등치시키는데, 그들은 그것을 알지 못하지만, 그것을 행한다는 사실을 파악했다. 노동생산물은, 그것이 가치인 한, 단지 생산에 지출된 인간노동의 물적 표현이라는 것은 과학적 분석에 의해 알 수 있는 것이다. 다른 한편, 노동생산물의 교환자들의 최대 관심사는 생산물들이 어떠한 비율로 교환되느냐 하는 것이다. 그런데 이 교환비율은 상품생산과 교환이 보편화되면 관습적으로 일정한 공정성을 갖게 되어 그 교환비율은 노동생산물의 본성으로부터 나오는 것같이 보인다. 그런데 노동생산물의 가치크기는 그 생산물을 생산하기 위해 사회적으로 필요한 노동량에 의해 결정되는 것이니까 교환당사자들의 의지나 예견과는 상관없이 끊임없이 변동한다. 그 때문에 교환 당사자 자신의 사회적 운동이 물적 존재의 운동이라는 형태를 취함을 파악했다. 따라서 상품의 물신적 성격은 상품생산사회의 특유한 구조에 의해 조건지어진 객관적인 현상이지 혼란된 인간 두뇌의 산물은 아니다. 맑스는 이 점에 대해 다음과 같이 언급하고 있다. "이 사물들이 동등한 인간노동의 단순한 물적 외피로 간주되기 때문에 사람들이 그들의 생산물들을 서로 가치로 관계시킨다면 그 속에는 동시에 그 반대로 그들의 서로 다른 노동들이 물적 외피 속에서 단지 동등한 인간노동으로 간주된다는 사실이 존재한다. 그들은 그들의 생산물들을 서로 가치로서 관계시킴으로 인해 그들의 서로 다른 노동들을 동질의 인간노동으로 관계시킨다. 인간관계는 물적 형태에 의해 은폐된다. 가치의 이마에는 가치란 무엇인지가 쓰여 있지 않다. 사람들은 그들의 생산물들을 상품으로 관계시키기 위해서는 그들의 서로 다른 노동들을 추상적 인간노동으로 등치시키지 않을 수 없다. 그들은 그것을 모른다. 그러나 그들은 물적 존재물을 가치로 추상화함으로써 그것을 행한다. 물적 존재물을 가치라는 추상적인 것으로 환원하는 것은 그들의 물적 생산의 특유한 방식과 이 생산이 그들을 몰아넣은 생산관계로부터 필연적으로 생겨나는 그들의 두뇌의 자연발생적인, 따라서 의식적이고 본능적인 작용이다."[Karl Marx, Ware und Geld(Das Kapital, 1. Auflage 1867, 1. Buch Kapitel 1); aus Herausgegeben von Iring Fetscher, Karl Marx Friedrich Engels Band 2, S. 242-243; 『자본론』, 제1권, 초판, 제1장: 상품과 화폐.]

주요 개념

상품형태: 노동생산물/상품, 생산물의 사회적 관계/물적 존재들의 사회적 관계, 가치관계, 물신숭배, 사적 노동/사회적 노동, 교환: 유용물과 가치물로의 분화, 사적 노동의 이중의 성격, 객관적 현상으로서의 물신적 성격.

**** 상품생산사회 이외의 사회에서는 물신적 성격은 사라진다.**

그러므로 상품세계의 모든 신비, 상품생산의 기초 위에서 노동생산물을 둘러싸고 있는 모든 환상, 즉 물신적 성격은 우리가 다른 생산양식으로 옮아가면 곧 사라져 버린다. 그러면 이제 다른 생산양식으로 옮아가서 상품의 물신적 성격에 대해 살펴보기로 하자. 여기에서 맑스는 상품의 물신적 성격이 상품생산사회에서의 특유한 현상임을 밝히기 위해 상품생산사회 이외의 다른 사회적 생산관계에 대해 살펴본다.

*** 상품생산이 존재하지 않는 무인도의 로빈슨 크루소의 경우[10]**

로빈슨 크루소는 본성이 검소하지만 그래도 다양한 욕구를 충족시켜야 하므로 다양한 종류의 유용노동을 하지 않으면 안 된다. 그는 자신의 생산적 기능이 다양함에도 불구하고 그 기능들이 똑같이 자신의 다양한 활동형태에 지나지 않으며, 따라서 인간노동의 다양한 방식에 불과하다는 것을 알고 있다.

절실한 필요 그 자체가 그로 하여금 자신의 시간을 자신의 다양한 기능 사이에 정확히 분배하도록 한다. 그의 총활동 가운데 어떤 기능이 보다 큰 범위

10 맑스 주: 맑스는 『자본론』 제1권 제2판 각주에서 다음과 같이 리카도를 비판한다. "리카도에게도 로빈슨 이야기가 없지 않다. 리카도는 원시적 어부와 원시적 사냥꾼을 곧바로 상품소유자로 간주하여, 물고기와 짐승을 그것들의 교환가치 속에 대상화된 노동시간을 비례에 따라 교환되게 하고 있다. 이 경우 그는 원시적 어부나 사냥꾼이 자기네 노동용구에 대해 계산을 하기 위해 1817년 당시 런던 증권거래소에서 통용되고 있던 연금표를 참고로 한다는 시대착오적 사고에 빠져 있다." [MEW, 23, S. 90, 각주 29.]

를 차지하고 또는 작은 범위를 차지하는가는 기대하는 유용한 효과를 달성하기 위해 극복해야 하는 곤란의 크기에 달려 있다. 그는 경험으로 그것을 안다. 난파선에서 구해 낸 펜과 잉크로 장부에 기록한 그의 재산목록에는 그가 소유하고 있는 사용 대상들과 그것들을 생산하기 위해 필요한 작업들과 끝으로 이 생산물들의 일정량을 생산하기 위해 그가 평균적으로 필요로 하는 노동시간에 관한 명세표가 들어 있다. 그러나 로빈슨은 자신의 생산물들을 상품으로 서로 교환할 필요가 없다.

로빈슨과 그 자신의 손으로 직접 창조한 부를 구성하는 물건(사용 대상)들 사이의 모든 관계는 여기서는 극히 간단명료하기 때문에 쉽게 이해할 수 있다. 즉, 교환관계가 존재하지 않는 자급자족의 무인도에서는 상품(형태)이 존재할 수 없다. 따라서 상품의 물신성이란 나타날 수 없다. 그럼에도 불구하고 이 관계는 벌써 가치를 규정하는 본질적인 모든 것을 포함하고 있다.

*** 유럽 중세의 경우**

여기에서는 노동의 일반성이 아니라 특수성이 사회적 끈을 이룬다. 즉, 독립된 인간 대신에 모든 사람들이 농노와 영주, 가신과 제후, 속인과 성직자로 서로 의존하고 있다. 인격적 예속성이 물질적 생산의 사회적 관계들뿐 아니라 이에 기초하고 있는 생활의 모든 영역들까지도 규정하고 있다. 그러나 인격적 예속성이 사회의 기초를 이루고 있기 때문에 노동이나 생산물은 그것들의 현실과는 다른 환상적인 자태를 취할 필요가 없다. 노동이나 생산물은 사회적 거래에서 부역이나 공납의 모습을 취한다. 여기에서는 노동의 현물형태와, 상품생산의 기초 위에서와 같이 노동의 일반성이 아니라 그 특수성이 노동의 직접적 사회적 형태인 것이다.

상품을 생산하는 노동과 같이 부역노동도 시간으로 측정되지만 그 어떤 농노라도 자신의 영주를 위해 지출하는 것이 자기 노동력의 일정한 분량임을 알고 있다. 그가 성직자에게 바쳐야 하는 십일조는 그가 성직자로부터 받는 축복에 비하면 훨씬 더 분명하다. 그러므로 여기에서 상대하고 있는 사람들의 역할이 어떻게 평가되던 그들의 노동에 있어서 사람들 사이의 사회적 관계는 언제나 그들 자신의 인격적 관계들로 나타나지 물적 존재와 물적 존재의 사회적 관계로, 즉 노동생산물들의 사회적 관계로 변장되어 있지는 않다.

결론적으로 말해, 인간노동의 동등성에 기초한 독립된 사적 노동에 의해 노동생산물이 가치라는 동등한 물적 형태를 취하고, 인간노동 지출의 지속시간에 의해 노동생산물의 가치크기가 결정된다는 사실이 교환을 매개로 상품의 배후에 있는 생산자들의 관계는 은폐되고 생산물들의 물적 관계가 전면에 나타나는데 인격적 예속성이라는 노동의 특수성에 기초한 유럽에서의 부역노동에 의해 생산되는 노동생산물은 가치형태, 즉 상품형태를 취득하지 못하고, 공납이라는 형태로 이루어지는 생산물 이전은 교환이 아니기 때문에, 즉 노동생산물은 상품형태를 취하지 못하기 때문에, 아울러 어떠한 농노도 그가 행한 부역노동이 그의 개인적 노동량의 일부분임을 잘 알고 있기 때문에 노동생산물들의 사회적 관계로서의 물적 관계보다는 인격적 관계가 전면에 나타난다. 따라서 상품의 물신적인 성격은 이 봉건적 생산관계에서도 나타날 수 없다.

*** 농가의 가부장제적인 생산의 경우**

가족의 경계 내에서 산출된 노동생산물들은 사회적 생산물들이고 그것들을 생산하는 노동은 사회적 노동이다. 그러나 그것들의 사회적 성격은 일반적 등가물로서 서로 교환된다는 데 있는 것이 아니다. 즉, 자신의 필요에 의해 생산되는 가족노동 생산물들은 서로 상품으로 교환되지 않는다. 이 생산물들을 생산하는 노동들은 그 현물형태 그대로, 즉 자연적 형태에서 사회적 기능으로 된다. 왜냐하면 그것들은 상품생산과 마찬가지로 그 자신의 자연발생적인 분업체계를 가진 가족의 기능들이기 때문이다.

성별과 연령의 차이 및 계절의 변화와 더불어 변화하는 노동의 자연적 조건들은 가족 사이에서의 노동의 배분이나 가족 성원 하나하나의 노동시간을 규제한다. 그러나 여기서는 지속시간에 따라 도량된다는 개인노동력의 지출이 본래부터 노동 그 자체의 사회적 규정으로서 나타난다. 그것은 개인적 노동력이 처음부터 가족의 공동 노동력의 일정한 부분으로 작용할 뿐이기 때문이다.

결론적으로 말해, 사회적 분업에 의해 생산이 이루어지니 그 생산물들은 사회적 생산물들이고 분업노동 또한 사회적 노동이나 자신의 필요에 의해 생산되는 형태의 노동생산물은 사용가치로서의 기능을 할 뿐 가치로서의 사회적 관계(교환관계)를 맺을 수 없기 때문에 상품형태를 취할 수 없다.

아울러 상품의 가치크기는 인간노동 일반의 사회적 필요노동시간에 의해 결정되어 교환을 통해 사회적 관계를 맺는 데 반해, 가치크기가 개인 노동력 지출에 의해 규정되는 생산물들은 교환의 원칙인 등가교환이 이루어지기 어려워 생산물들은 상품으로 서로 대면할 수 없다. 따라서 상품의 물신적 성격은 나타나지 않는다.

***공동의 생산수단으로 노동하여서 자신들의 많은 개인적 노동력을 하나의 사회적 노동력으로서 다각적으로 지출하는 자유인들의 결사체의 경우, 즉 공산주의적 사회의 경우**

여기서도 로빈슨의 노동에 관한 모든 규정이 재현되는데, 다만 그것이 개인적으로가 아니라 사회적으로 재현되는 것일 뿐이다. 로빈슨의 모든 생산물은 순전히 그 한 사람의 개인적인 생산물이고 따라서 그를 위한 직접적인 사용

대상인 데 반해 이 결사체의 총생산물은 사회적 생산물이다. 이 생산물 중 일부는 다시 생산수단으로 사용된다. 그것은 여전히 사회적이다. 그러나 다른 일부는 결사체 구성원의 생활수단으로 소비된다. 그러므로 그것은 그들 사이에 분배되어야 한다.

이 분배방식은 사회적 생산조직 자체의 성격에 따라서, 또 이에 대응하는 생산자들의 역사적 발전수준에 따라 변화할 것이다. 상품생산과 대비해 보기 위해서 여기에서는 다만 각 생산자에게 돌아가는 생활수단의 배당이 각자의 노동시간에 의해 규정된다고 가정한다. 즉, 공산주의의 제1단계를[11] 가정한다

---

11 맑스는 공산주의 제1단계에 대해 다음과 같이 서술하였다. "생산수단의 공동 소유에 기초한 집단주의 사회에서는 생산자들이 자신들의 생산물들을 교환하지 않는다, 마찬가지로 여기서는 생산물을 생산하는 데 지출된 노동이 이 생산물의 **가치로서**, 즉 그 생산물에 붙어 있는 어떤 물적 속성으로 나타나지 않는다. 왜냐하면 자본주의 사회와는 달리 여기서는 벌써 개인적인 노동이 더 이상 간접적으로 존재하는 것이 아니라, 직접적으로 노동 전체의 구성 부분으로 존재하기 때문이다. 따라서 오늘날에도 그 애매모호함 때문에 비난받아 마땅한 '노동소득'이라는 말은 … 아무 뜻도 없게 된다. 우리가 여기서 문제 삼는 것은 자체의 토대 위에서 **발전한** 공산주의 사회가 아니라, 거꾸로 자본주의 사회에서 방금 생겨난 공산주의 사회이다. 따라서 이 공산주의 사회는 모든 면에서, 즉 경제, 도덕, 정신적인 면에서 그 모체였던 낡은 사회의 흔적을 아직 지니고 있다. 그러므로 생산자 개개인은 정확히 자신이 사회에 주는 만큼 – 공제할 것은 공제한 뒤에 – 사회로부터 돌려받게 된다. … 상품교환이 등가교환인 한, 여기에서는 분명히 상품교환을 규제하는 원칙과 같은 원칙이 지배하고 있다. 그러나 내용과 형식은 달라져 있다. 왜냐하면 변화된 조건 아래서는 누구도 자신의 노동 이외의 아무것도 줄 수 없기 때문이며, 또한 개인적 소비수단 이외에 어느 것도 개인의 소유물이 될 수 없기 때문이다. 그러나 개인적 소비수단이 개개의 생산자 사이에 분배될 때에는 상품의 등가물의 교환에서와 같은 원칙이 지배하여 하나의 형태의 노동이 동일한 양의 다른 형태의 노동과 교환되는 것이다. 그러므로 여기서 말하는 **평등한 권리**는 아직도 여전히 원칙상 **부르주아적 권리**이다. 그러나 여기에서는, 비록 상품교환에서의 등가물 교환은 **평균적으로**만 존재하고 개별적인 경우에는 존재하지 않으나, 이 원칙과 실제가 더 이상 충돌하지 않는다. 이러한 진보에도 불구하고 이 **평등한 권리**는 여전히 부르주아적 한계를 벗어나지 못하고 있다. 생산자들의 권리는 자신들이 제공하는 노동에 **비례한다**. 평등은 **동일한 척도**로, 즉 노동으로 측정된다는 데에 있다. 그러나 어떤 사람은 다른 사람보다 육체적 또는 정신적으로 뛰어나서, 동일한 시간 내에 더 많은 노동을 제공하거나 아니면 더 오랫동안 노동할 수 있다. 그런데 노동이 척도 역할을 하기 위해서는 그 길이와 강도에 의해 규정되어야 한다. 그렇지 않으면 그것은 척도가 될 수 없다. 이 **평등한** 권리는 불균등한 노동에 대해서는 불평등한 권리이다. 누구든 다른 사람과 똑같은 노동자일 뿐이므로 이 권리는 아무런 계급 차별을 인정하지 않는다. 그러나 그것은 암암리에 불균등한 개인적 소질을, 따라서 노동자들의 불균등한 노동능력을 자연적 특권으로 인정하고 있다. **그러므로 그것은 모든 권리가 다 그러하듯이 그 내용상 불평등한 권리인 것이다**. 권리는 그 성질상 동일한 척도를 적용할 경우에만 성립된다. 그런데 불평등한 개인들이 … 동일한 척도로 측정될 수 있다면, 그것은 그들을 동일한 관점에서만 보는 경우, 즉 어떤 **특정한** 측면에서만 파악하는 경우에 한해서이다. … 이 경우에는 그들은 **단지 노동자로서만** 간주되어 그 밖의 점은 인정되지 않고 다른 측면은 모두 무시된다. 더구나 어느 노동자는 결혼했는데 다른 노동자는 결혼하지 않았고, 어떤 사람은 다른 사람보다 아이가 많다든가 등등. 그러니까 노동의 성과가 동

면 노동시간은 이중의 역할을 하게 될 것이다.

① 사회적으로 계획된 노동시간의 배분은 수행되어야 할 여러 가지 종류의 작업과 결합체의 다양한 욕망 사이의 적절한 비율을 규제한다.

② 다른 한편으로, 노동시간은 생산자의 공동 노동에 대한 개인적 참가도를 측정하는 척도로서 이용되고 그리하여 공동 생산물 중 개인적으로 소비할 수 있는 부분 가운데 생산자의 개인적인 몫을 측정하는 척도로서도 이용된다.

여기서는 사람들이 자신들의 노동이나 노동생산물에 대해 갖는 사회적 관계가 생산에서나 분배에서 한결같이 간단명료하다.

결론적으로 말해, 앞에서 이미 언급하였듯이 상품생산사회에서는 노동생산물이 상품이 되기 위해서는 무엇보다도 사회적 사용가치를 생산해야 하며, 이 사용가치가 교환에 의해 타인을 위한 사용가치로서의 기능을 수행해야 한다. 결사체의 생산물 역시 사회적 사용가치라 할 수 있으나 이 생산물들은 교환을 목적으로 생산되지 않기 때문에 결사체에서의 생산물은 사용 대상이지 상품이 되지 않는다. 따라서 상품의 물신적 성격은 나타나지 않는다.

*** 자생적 공동 소유 체제**

여기에서는 개별적 노동이 일반성의 추상적 형태 또는 그것의 생산물이

일하고 따라서 사회적 소비기금에 대한 지분이 균등하더라도, 어떤 사람은 남보다 사실상 많이 받고 어떤 자는 남보다 부유하다는 등 모든 이러한 결함을 피하기 위해서는 권리는 평등하지 않고 오히려 불평등해야 할 것이다. 그러나 오랜 산고 끝에 자본주의 사회로부터 갓 탄생한 공산주의 사회의 제1단계에서는 이러한 결함은 피할 도리가 없다. 권리는 사회적 경제적 구성과 그에 의해 제약받는 문화의 발전단계보다도 절대로 높을 수는 없다. 공산주의 사회의 보다 높은 단계에 있어서, 즉 개인이 분업에 노예처럼 예속되는 것이 사라진 후, 이와 함께 또한 정신노동과 육체노동의 대립이 사라진 후, 노동이 단지 생활을 위한 수단이 아니고, 노동 그 자체가 삶의 제1차적인 욕구가 되고 난 후, 개인의 전면적 발전과 더불어 생산력도 증대하여, 협동사회적인 부의 모든 샘물의 모든 원천이 흘러넘치고 난 후 – 그때에서야 비로소 부르주아적 권리의 좁은 한계를 완전히 극복할 수 있게 되고 사회는 자신의 깃발 위에 다음과 같이 쓸 수 있게 된다: 능력에 따라 일하고, 필요에 따라 분배를!" [MEW, 19, S. 19-21.]

일반적 등가물 형태를 취함으로 인해 노동의 사회적 성격이 매개되지는 않는다는 것은 자명하다. 이 공동체에서는 개별 노동이 사적 노동이 되지 못하게 하고 그것의 생산물이 사적 생산물이 되지 못하게 하며 오히려 개별 노동이 직접 공동체의 한 구성원의 기능으로 나타난다. 교환가치 속에 제시된다는 노동은 분산된 개별자의 노동으로 전제된다. 이 노동은 그가 그것의 직접적인 반대 형태, 추상적 일반성의 형태를 취함으로써 사회적으로 된다.

종합적으로 보아, 노동은 어느 사회체제에서도 타인을 위한 사회적 노동이라는 성격을 지니고 있다. 그러나 상품생산사회 이외의 사회에서는 노동의 구체적 형태가 그대로 노동의 사회적 형태이고, 구체적 노동이 사회적 노동이다. 로빈슨 크루소의 구체적 노동은 자기 자신만을 위한 노동이므로 굳이 타인을 위한 노동이라는 사회적 노동의 성격을 지니고 있지는 않으나 가부장제적 농가의 경우 그 구성원들의 생산적 노동은 구체적 노동 그대로 다른 가족 구성원을 위한 사회적 노동이다. 중세 유럽의 봉건사회에서 노동과 노동생산물들은 그 일부가 부역과 현물지대로 봉건영주나 성직자에게 이전되어 농노의 노동은 사회적 성격을 지니고 있다. 상품생산사회에서는 구체적 유용노동만으로는 타인을 위한 노동이라는 노동의 사회적 성격을 수행하지 못한다. 그 이유는 상품생산사회에서의 사회적 노동이란 그 구성원인 사적 생산자들이 그들에게는 비사용가치인 노동생산물을 사용가치로서 필요로 하는 타인과의 전면적 교환을 통해 이루어지는 것이기 때문이다. 이러한 교환을 통해 노동생산물은 상품이 되고 서로 상이한 사적 노동이 동등한 추상적 인간노동 일반으로 된다. 그러므로 구체적 노동만으로 생산된 상품의 경우 물신적 성격이 나타날 리 없다.

*** 상품형태(상품의 물신적 성격)와 종교형태와의 관계**

맑스는 사회적 생산관계 발전의 각 단계에는 그 경제적 토대에 의해 제약된 다양한 종교형태가 존재함을 다음과 같이 피력하였다.

① 상품생산자 사회의 일반적인 사회적 생산관계는 생산자들의 생산물을 상품으로 취급하며, 따라서 가치로서 취급할 뿐 아니라 이 물적인 형태에서 그들의 사적 노동을 동등한 인간노동으로서 서로 관련시킨다. 따라서 이러한 사회에서는 인간은 상품생산자인 한 평등(동등)하다는 의식이 지배적이다. 아울러 이러한 상품생산자 사회에서는 인간이 생산관계를 지배하는 것이 아니라 거꾸로 생산관계가 인간을 지배한다. 이러한 상품생산자 사회에서는 인간 두뇌의 산물로서 그 자신의 생명을 부여받고 사람들과의 관계를 맺는 자립적인 모습을 한 추상적 인간에게 예배하는 기독교, 특히 그것의 부르주아적 발전인 프로테스탄트교나 이신교 따위가 가장 적합한 종교형태이다. 신적 존재물이 아닌 인간의 모습을 갖고 있는 마리아를 성모로 추앙하는 천주교보다 마리아의 존재를 도외시하고 예수만을 인간 두뇌의 산물인 하느님의 독생자로 간주하는 프로테스탄트교가 물신주의적 성격이 더욱 강하다고 할 수 있겠다.

② 고대 아시아적 생산양식 또는 다른 고대적 생산양식에서 생산물의 상품으로의 전화와 그에 따른 인간의 상품생산자로서의 존재는 오로지 종속적인 역할만을 수행한다. 고유한 의미에서의 상업민족은 에피쿠로스가 생각한 신들처럼 또는 폴란드 사회의 곳곳에 사는 유대인들과 같이 고대사회의 틈새에만 존재한다. 고대의 사회적 생산조직들은 부르주아적 생산조직보다 훨씬 단순하고 투명하지만 그것들은 개인적 인간의 미성숙에 기초하고 있거나 아니면 직접적인 지배와 예속 관계에 기초하고 있다. 이러한 생산조직들은 노동의 생산력이 낮은 발전단계에 의하여 제약받으며, 또 그에 상응하여 제한을 받는 물질적 생산과정에서 맺어지는 사람들과의 관계와 자연과 인간 사이에

맺어지는 관계에 의해 제약을 받는다. 이 현실적인 제한성이 관념적으로는 고대의 자연종교나 민속신앙에 반영되어 있다.

현실세계의 종교적 반영은 일상생활의 현실적인 관계들이 인간과 인간 사이, 그리고 인간과 자연 사이에 놓인 합리적인 관계를 나날이 투명하게 나타낼 때에야 비로소 소멸될 수 있다. 물질적 생산과정(사회적 생활과정)은, 그것이 자유롭게 사회화된 인간들의 생산으로 되고 또한 그들의 의식적 계획적 통제 아래 놓이게 될 때 비로소 그 신비의 베일을 벗어버린다. 그러나 그렇게 되려면 사회의 물질적 기초가 필요하다. 그런데 이 물질적 기초 또한 장구하고 고통에 찬 발전사의 자연발생적인 산물인 것이다.

* 상품의 물신적 성격(상품형태)을 이해하지 못한 고전파 경제학

고전파 정치경제학은 불완전하게나마[12] 가치와 가치크기를 분석하고 이 형태들 속에 있는 내용(노동, 노동시간)을 발견하였다. 그러나 왜 이 내용(노동, 노동시간)이 저 형태(가치, 가치크기)를 취하는가, 즉 왜 노동이 가치로 표시되고 그 지속시간에 의해 노동생산물의 가치크기가 규정되는가 하는 문제는 아직 제기조차 되지 않았다.[13] 생산과정이 인간을 지배하고 인간은 아직 생산과정을

12 맑스 주: 맑스에 의하면, "가치크기에 관한 리카도의 분석이 지닌 불충분함은 … 이 책(『자본론』: 필자)의 제3권 및 제4권(『잉여가치론』: 필자)에서 보게 될 것이다. 그러나 가치 일반에 대해서 말하면, 고전학파 경제학은 가치로 나타나는 노동과 그 생산물의 사용가치로 나타나는 그 동일한 노동을 어디에서도 뚜렷이 또는 명료한 의식을 갖고 구별하지 못하였다. 물론 고전학파 경제학도 노동을 때로는 양적으로 때로는 질적으로 고찰하고 있으므로 실제로는 그 구별을 하고 있기는 하다. 그러나 노동의 단순한 양적 차이는 노동의 질적 통일성 또는 동등성을 전제로 하고 있고, 따라서 노동의 추상적 인간노동으로의 환원을 전제로 한다는 것을 고전학파 경제학은 깨닫지 못하였던 것이다." [MEW, 23, S. 94, 각주 31.]

13 맑스 주: "고전파 경제학의 근본적인 결함의 하나는 상품, 그리고 특히 상품가치의 분석으로부터, 상품가치가 바로 교환가치로 되게 하는 가치형태를 발견하는 데에 성공하지 못했다는 데에서 찾을 수 있다. 스미스와 리카도 같은 고전경제학의 가장 뛰어난 대표자들조차도 가치형태를 아무래도 상관없는 것 또는 상품 자체의 성질에 대해서는 외적인 것으로 취급하고 있다. 그 원인은 고전경제학이 오로지 가치크기에만 정신을 팔고 있다는 데에 있지는 않다. 그것은 보다 깊은 곳에 있다. 노동생산물의 가치형태는 부르주아적 생산양식에서 가장 추상적이면서도 가장 일반적인 형태로서, 이것을 통해 이 생산양식은 사회적 생산양식의 특수한 한 종류로서, 그리

지배하지 않는 그러한 사회구성체(자본주의적 사회구성체)에 속한다는 것을 이마에 써 붙인 정식들이, 경제학자의 부르주아적 의식에서는, 생산적 노동[14] 그 자체와 같이 자명한 자연필연성으로 나타난다.

상품세계에 달라붙는 물신숭배 또는 노동의 사회적 성격의 물질적 외관으로 말미암아 얼마나 혼란에 빠져 있는가를 가장 잘 보여 주고 있는 것은 교환가치(가치: 필자)의 형성에서 자연의 역할에 관한 지루한 논쟁이다.

간략하게 말해, "이런저런 형태로 자연적인 것을 습득하기 위한 합목적적인 활동으로서 노동은 인간존재의 자연조건, 즉 모든 사회적 형태와는 무관하게 인간과 자연 사이의 소재대사를 위한 하나의 조건이다. 이에 반해 교환가치를 규정하는 노동은 고유하게 사회적인 노동형태이다. 예를 들어, 재봉노동은 특수한 생산적 활동으로서 그의 소재적 규정성에서는 상의를 생산하는 것이지 상의의 교환가치(가치: 필자)를 생산하는 것이 아니다. 그것은 후자를 재봉노동으로서가 아니라 추상적 일반노동으로서 생산하며, 추상적 일반노동은 재봉사가 꿰매지 않은 사회적 관계에 속한다."[MEW, 13, S. 23-24.] 교환가치란 어떤 물품의 생산에 사용된 노동(가치: 필자)을 표현하기 위한 일정한 사회적 방식이기 때문에 그것은 자연소재를 포함할 여지가 없다.

하여 동시에 역사적 성격을 지니게 된다. 그러므로 이 부르주아적 생산양식을 사회적 생산의 영원한 자연형태로 잘못 본다면, 필연적으로 가치형태와 이에 따른 상품형태 나아가서는 화폐형태라든지 자본형태 따위의 특수성을 간과하게 된다. 따라서 노동시간에 의한 가치크기의 측정에 관해서 의견이 완전히 일치하는 경제학자들 사이에서도 화폐, 즉 일반적 등가물의 완성된 자태에 대해서는 가장 잡다하고도 가장 모순된 견해를 보이는 것이다." [MEW, 23, S. 95, 각주 32.]

14 필자 주: 맑스는 『자본론』 제1권 제5장 '노동과정과 가치증식 과정'에서 "노동 그 자체는 생산적 노동으로 나타난다"라는 문장에 대해 다음과 같이 각주를 달았다. "단순한 노동과정의 관점에서 도출된 이러한 생산적 노동에 대한 이 규정은 자본주의적 생산과정을 다루는 데는 결코 충분하지 않다." [MEW, 23, S. 196, 각주 7.] 사실 맑스 경제학의 측면에서 볼 때 생산적 노동이란 잉여가치를 생산하는 노동을 의미하나 여기에서는 통속적인 의미를 따른다.

*** 보다 더 발전된 생산관계에서의 상품의 물신적 성격**

상품형태가 부르주아적 생산의 가장 일반적이면서도 가장 미발달된 형태라는 것 때문에 상품형태는 일찍부터 나타나는 것이고, 그 때문에 그 물신적 성격은 비교적 용이하게 간파될 수 있을 듯이 보인다. 그러나 보다 구체적인 형태에서는 이 단순성의 외관조차 소멸해 버린다.

중금주의의 환상은 어디에서 유래하는가: 그것은 금과 은이 화폐로서 인간들의 관계에 불과한 사회적 생산관계를 표현한다는 것을 파악하지 못하고 단지 특별한 사회적 속성을 지닌 자연물의 형태로만 보았기 때문이다.[MEW, 13, S. 22 참조.]

근대경제학자들의 착오: 근대경제학자들이 저지른 동일한 착오는 그들이 보다 높은 경제적 범주, 예를 들어 자본을 다루자마자 드러난다. 이 착오는 그들이 방금 서투르게 사물로서 견지할 작정이었던 것(자본: 필자)이 때로는 사회적 관계로 나타나고 그러다가 그들이 사회적 관계로 고정시키자마자 다시 사물로서 그들을 우롱한다는 순진한 놀라움을 고백하는 속에서 나타난다.[MEW, 13, S. 22 참조.]

중농주의자들은 지대가 사회로부터가 아니고 토지로부터 발생한다는 환상에 사로잡혀 있는데, 지대란 토지로부터 발생한다는 것은 외관상 그렇게 나타나는 것이고 본질적으로는 인간(계급: 필자)들의 사회적 관계들로부터 발생하는 것이다.

맑스는 상품의 물신적 성격을 쉽게 설명하기 위해 상품형태를 예로 들어 다음과 같이 언급한다: 상품의 측면에서 볼 때, 사용가치가 인간들의 관심사일지는 모르나 그것은 물적 존재로서의 상품에게는 속하지는 않는다. 물적 존재로서의 상품에게 속하는 것은 상품 자신의 가치이다. 상품들로서 자신들이 교환된다는 것이 이것을 증명하고 있다. 상품들은 오직 교환가치로서만 관계를 맺을 따름이다. 즉, 상품의 견지에서 보면, 사용가치 이면에 존재하는 인간들과의 관계를 맺기보다 교환을 통해, 다시 말해 물적 존재들의 사회적 관계를 통해 상품 자신의 가치를 실현하는 데 그 목적이 있을 뿐이라는 것이다.

교환가치를 발견한 경제학자들의 견해에 의하면, 사용가치는 그 물적 속성과는 관계가 없이 존재하지만 그 가치는 물적 존재로서 그 사물에 속한다는 사실을 발견한다. 그러나 그들의 이와 같은 견해를 확증시켜 주는 것은 물적 존재의 사용가치는 교환 없이, 다시 말하면 그 물적 존재와 인간의 직접적 관계에 의해 실현되지만 가치는 오직 교환에서만, 즉 하나의 사회적 과정에서만 실현된다고 하는 기묘한 상황이다.

그러나 상품은 사용가치와 가치의 통일체이다. 동시에 그것은 다른 상품들과의 관계 속에서만 상품이다. 그리하여 물적 존재가 상품이 되기 위해서는 사용치가 실현되기 이전에 교환과정에서 먼저 가치로서 실현되어야 한다. 그 후 교환과정이 완료된 후 그 상품은 비로소 사용가치로 된다. 그러므로 사용가치는 교환 없이 실현된다는 견해는 받아들일 수 없다.

끝으로, 앞에서 서술한 상품의 물신적 성격에 대한 이해를 돕기 위해 『정치경제학 비판을 위하여』에서 교환가치의 측면에서 서술한 문장을 인용해 보자. "… 교환가치(가치)를 규정하는 노동은 인간들의 사회적 관계가 … 전도되어서, 즉 사물들의 사회적 관계로서 나타난다는 것에 의해 특징지어진다. 한 사용가치가 교환가치(가치)로서 다른 사용가치에 관계하는 한에 있어서만, 상이한 인간들의 노동은 서로 동등하고 일반적인 노동으로 관계된다. 따라서 교환가치(가치)가 인간들 사이의 관계라고 말하는 것이 옳다면, 물적 외피 속에 숨겨진 관계라는 것이 덧붙여져야 한다. … 동일한 노동시간이 포함되어 있는 … 상품들의 사용가치는 **동일한 교환가치**(가치)를 제시한다. 그리하여 교환가치(가치)는 사용가치의 사회적 자연규정성으로, 사물로서의 사용가치들에게 귀속된다는 규정성으로 나타난다. 그리고 이 규정성에 따라서 … 사용가치들은 교환과정에서 일정한 양적 비율로 서로 대체돼서 등가를 이룬다. 사회적 생산관계가 사물들의 형태를 취하고 그리고 이것이 인간들에 대해서 취하는 관계로서 제시된다는 것이 사소하고 자명한 것으로 생각하는 것은 일상생활의 습관일 뿐이다. 상품의 경우에는 이러한 신비화는 아직 매우 단순하다. 교환가치(가치)들로서 상품들의 관계가 오히려 인간들 서로의 생산적 활동에 대한 인간들의 관계라는 것은 모든 사람에게 다소 상상된다. 그러나 보다 높은 생산관계에서는 단순성의 이러한 허상은 사라진다."[MEW, 13, S. 21-22: 괄호는 필자.]

***** '상품의 물신적 성격과 그 비밀'의 주요 내용 및 문제 제기**

이 절은 1873년『자본론』제2판에서 독립된 절로 가치의 등가형태의 서술로부터 분리되었다. 가치형태와 화폐형태에 대한 사고의 과정과 도출관계를 이해할 때 나타난 많은 오해들이 그 이유를 제공하였다. 이런 것은 맑스의 생존 시절에도 그러하였고 오늘날까지도 그리 변하지 않았다. 사실 가치형태 분석에서는 상품과 가격과의 관계처럼 다소 자명하고 평범한 것이 전혀 명백하지도 않고 지극히 복합적인 것으로 만들어졌다.

따라서 오해들은 흔히 있는 일이다. 예를 들어, 슘페터와 같은 경제학자들에 의해 가치의 형태분석이 정치경제학 비판에서 철학의 영역으로 추방되었다. 사실 경제학자들은 전통적으로 그들이 매일 다루는 범주의 형태 특성을 파악하는 데에 특히 커다란 어려움을 가지고 있다. 맑스는 이렇게 말했다: 상품은 하나의 "감성적이며 초감성적"[MEW, S. 85.]인, 진부하며 동시에 기묘한 사물이다. 진부한 것은 상품들의 사용가치의 속성이다. 이것을 파악하는 것은 외관상 어떠한 어려움을 야기하지 않는다. 그럼에도 불구하고 사용가치의 속성이 나타나야 한다면 사용설명서를 힐끗 보는 것으로 충분하다. 가치실체 역시 이해할 수 있다. 실상은 요컨대 상품은 노동에 의해 생산되어야만 하고 교환동등성은 추상적 노동으로서 상품을 생산하는 노동의 질적인 동등성을 함축한다는 것이다. 이미 페티로부터 흄을 거쳐 애덤 스미스 또는 리카도에 이르기까지 정치경제학의 고전파들은 이러한 실상을 분석하였다.

이와는 반대로 어려운 것은 가치형태의 분석이다. 가치형태는 단지 사회적 관계로서 파악되어야만 한다. 이 관계는 마치 하나의 특수한 상품의 현물형태인 등가형태의 분석에서와 같이 기묘하게 나타난다. 화폐조차도 물적 형태로 나타난다.

"따라서 상품형태의 신비성은 단순히 상품형태가 인간에 대하여 인간 자신의 노동이 갖는 사회적 성격들을 노동생산물 자체의 물적 성격들로 보이게 만들거나 이 사물들의 사회적인 자연속성으로 보이게끔 하며, 따라서 총노동에 대한 생산자들의 사회적 관계도 생산자들 외부에 존재하는 갖가지 대상들의 사회적 관계로 보이게끔 하는 데에 있다."[상동, S. 86.]

인간 노동의 동등성은 생산물의 가치대상성이라는 형태를 취한다. 노동지출의 척도는 노동시간이며, 그것은 가치크기의 양으로 나타난다. 상이한 상품들의 생산자들의 사회적 관계는 그들의 노동생산물들의 사회적 관계의 형태로 나타난다. 따라서 가치의 사회적 관계는 사물들의 자연 속성으로 비춰진다. 우리는 이것을 이미 가치의 등가형태의 세 가지 특성을 서술할 때에 감지하였다.

물적 관계들의 이러한 연관은 화폐에서 그 정점을 발견한다. 이러한 물신숭배 – 노동의 생산물이 화폐형태에서야 비로소 사회적으로 인정되는 – 때문에 가치론을 화폐가치론으로 복원하려는 것이 사실상 정당화되었다.

사회적 물상화, 사회적 관계가 사물들의 관계로 나타나는 것, 그것을 위해 화폐로 표현되는 것은 또한 일상생활의 사유의 틀뿐만 아니라 과학적 논쟁의 사유의 틀 또한 규정한다. 상품의 물신성 내지 사회적 관계들의 신비화는 상품물신과 화폐물신을 넘어 자본물신과 임금물신으로까지 이어진다.

노동생산물의 가치성격은 그것이 가치크기로서 실증됨으로써 비로소 확립된다. "가치크기는 교환하는 자들의 의지나 예견 및 행위와는 관계없이 끊임없이 변화한다. 그들 자신의 사회적 운동은 그들에게 있어서는 그들이 통제하는 것이 아니라 그들이 통제를 받는 사물들의 운동이라는 형태를 취한다." [상동, S. 89.] 가치형태 속에 부착된 물신숭배는 사회적으로 불가피한 강제로서 반작용을 한다.

교환가치에서 중요한 것은 그것이 사회적 형태라는 것이다. 이것은 시간 및 공간 좌표들을 제시한다. 다시 말해 사회적 형태는 그때마다의 자신의 역사를 가지고 있으며 다른 사회적 형태의 노동과 노동 분업이 존재한다. 맑스는 이러한 관점에서 로빈슨 크루소의 1인 경제에서의, 음울한 유럽의 중세에서의, 아시아적 생산양식에서의, 자유민들의 조합에서의 노동과 노동생산물의 분할을 논한다. 가치에 기초한 생산양식을 대신하는 단지 가능한 대안에 관한 이 매우 짧은 서술들은 자본주의적 생산양식의 역사적인 일회성을 암시하기 위한 역할을 할 뿐이다. 그리하여 부르주아 경제학, 즉 속류 경제학에 대한 맑스의 비판은 더욱더 거칠다. 왜냐하면 속류 경제학은 부르주아-자본주의적 사회화의 형태들을 바로 역사적으로 특수한 것으로서가 아니라 자연적이고 따라서 인류역사상 영원한 것으로 파악하기 때문이다. 경제에 대한 이러한 관점은 경제 이론에 있어서는 오늘날까지도 근본적으로 바뀌지 않았다.

[부록 1] *Grundrisse der Kritik der Politischen Oekonomie, Rohentwurf* (1857-1858)

II. 화폐에 관한 장

*** 프루동주의자들의 '노동화폐'에 대한 맑스의 비판적 견해(요약)

맑스의 프루동주의자들에 대한 비판이 『정치경제학 비판을 위하여』에서는 간략한 요약에 그치고,[15] 『자본론』에서는 몇 개의 각주뿐이므로[16] 『자본론』

15 "… 화폐의 퇴화와 상품의 승천을 사회주의의 핵심으로 설교하고 그럼으로써 상품과 화폐 사이의 필연적인 관계에 관한 근본적인 오해로 사회주의를 폐지한 것은 프루동과 그 학파에 와서 이루어졌다." [MEW, 13, S. 68-69.]

16 "일반적이고 직접적인 교환 가능성의 형태를 본다 해도, 그것이 하나의 대립적인 상품형태이고 – 마치 자기(磁氣)의 양극이 그 자기의 음극과 불가분이듯이 – 비직접적 교환 가능성의 형태와 불가분적으로 연결되어 있다는 사실은 결코 알 수 없다. 그러므로 모든 상품에 대하여 동시에 직접적 교환 가능성을 새겨 놓을 수 있다는 망상이 생겨날 수 있으며, 이는 마치 모든 가톨릭교도를 교황으로 삼을 수 있다는 망상이 생겨날 수 있음과 마찬가지이다. 상품생산에서 인간의 자유와 개인적 독립의 절정을 보는 소부르주아에게는, 이 형태에 결부되어 있는 여러 가지 불합리함 특히 상품의 비직접적 교환 가능성으로부터 벗어난다는 것은 물론 전적으로 바람직한 일일 터이다. 이 속물적 유토피아를 묘사한 것이 프루동의 사회주의인데, 내가 다른 곳[칼 맑스, 『철학의 빈곤』(MEW, 4, S. 67-124.)]에서 지적한 바와 같이 그것은 결코 독창적인 것이 아니라 오히려 그보다 조금 먼저 그레이(Gray)나 브레이(Bray) 등 다른 사람에 의해 훨씬 잘 전개되었던 바이다. 그럼에도 불구하고 그런 지식은 오늘날까지도 어떤 사람들 사이에서는 '과학'이라는 이름하에 유행하고 있다. 프루동학파만큼이나 '과학'이란 말을 남용한 학파도 없었다. 실제로 "개념이 결여된 곳에는 말이 지체 없이 들어선다." [MEW, 23, S. 82-83, 각주 24.]. "프루동은 먼저 정의, 영원한 정의라는 자신의 이상을 상품생산에 대응하는 법적인 관계들로부터 끄집어낸다. 그럼으로써 그는 또 상품생산의 형태는 정의처럼 영원하리라는 – 모든 속물들에게 대단히 위안을 주는 – 논증을 제공하고 있다. 그 다음에 그는 거꾸로 현실적인 상품생산과 그에 대응하는 현실의 법률을 이 이상에 따라 개조하려 한다. 물질대사의 현실적 법칙들을 연구하여 그것들에 기초하여 일정한 과제를 해결하기보다는, 자연 그대로의 상태와 친화력이라는 영원한 이상에 따라서 물질대사를 개조하려는 화학자를 사람들은 어떻게 생각할까? 우리가 고리대금업에 대하여, 그것은 영원한 정의와 영원한 공정과 영원한 상호 부조, 그리고 그 밖의 영원한 진리와 모순된다고 말할 때, 교부들이 고리대금업은 영원한 은총, 영원한 신망, 그리고 영원한 의지와 모순된다고 말할 때보다도 얼마나 고리대금업에 대하여 알고 있는 것일까?[MEW, 23, S. 99-100.] "이로부터 상품생산을 영구화하고 또 동시에 화폐와 상품의 대립을 폐지하며 그리하여 화폐 그 자체를 폐지하려는 – 왜냐하면 화폐는 오직 그 대립에 있어서만 존재하기 때문이다 – 소부르주아적 사회주의의 교활함을 판단해 볼 수 있을 것이다. 만약 그것이 가능하다면 교황을 폐지하고도 가톨릭교를 존속시킬 수 있을 것이다. 이 점에 대한 상세한 논의는 『정치경제학 비판을 위하여』(MEW, 13, S. 66ff.)를 보라." [MEW, 23, S. 102, 각주 40.] "왜 화폐는 직접 노동시간 그 자체를 대표하지 않는가. 왜 한 장의 지폐가 x 노동시간을 표시하는 것처럼 되지 않는가 하는 문제는 아주 단순히, 왜 상품생산의 기초 위에서는 노동생산물이 상품으로 표현되어야만 하는가 하는 문제로 귀착된다. 왜냐하면 상품으로 표현된다는 것은 상품이 상품과 화폐상품으로 이중

이나 『정치경제학 비판을 위하여』만을 읽어 가지고는 그의 프루동주의자들에 대한 비판의 근거를 정확하게 알 수 없다. 아울러 맑스가 프루동주의자인 다리몽(Alfred Darimon)의 『은행개혁론』에 대한 비판으로 『정치경제학 비판 요강』을 시작한 데에는 그 나름의 이유가 있다고 보기 때문에, 특히 노동화폐에 대한 비판은 맑스의 화폐이론의 형성에 중요한 부분을 차지하고 있기 때문에 맑스의 가치이론, 화폐이론, 잉여가치론에 관해 언급하기 전에 맑스의 『정치경제학 비판 요강 초고』의 서술 순서에 따라 프루동주의자들의 노동화폐론과 그에 대한 비판에 대해서 먼저 살펴보기로 한다.

로스돌스키(Roman Rosdolsky, *Zur Entstehungsgeschichte des Marxschen "Kpital"*, 1968, S. 126.)의 견해에 의하면, 『정치경제학 비판 요강 초고』에서 맑스는 처음으로 가치론과 잉여가치론을 상세하게 완성시켰다. 이로써 그는 유물론적 역사관을 정립한 이후 두 번째 위대한 발견을 완성하였으나, 맑스의 화폐이론은 미완성에 그쳤다고 한다.

『요강 초고』는 'II. 화폐에 관한 장'으로 시작된다. 그것은 맑스가 원래 '가치'라는 표제를 붙이려고 했던 장을 '화폐에 관한 장'보다 앞에 두려고 했던 데에 그 이유가 있다. 그런데 맑스는 그 후 『정치경제학 비판을 위하여』라는 저서에서는 제1장에 '상품'이라는 제목을 달았다. 맑스는 자신의 가치론에 대한 작업을 프루동주의자들의 화폐이론에 대한 비판으로 시작하였다. 이러한 상황은 결코 우연한 것이라고 간주할 수는 없다. 여기에서 맑스의 연구방식이 서

화됨을 포함하고 있기 때문이다. 또는 왜 사적 노동이 직접 사회적 노동, 즉 그 대립물로 취급될 수 없는가 하는 문제로 귀착된다. 상품생산의 기초 위에서의 '노동화폐' 라는 천박한 유토피아에 대해서는 다른 곳에서(『정치경제학 비판을 위하여』. MEW, 13, S. 66ff.) 상세하게 논한 바 있다. 여기에서 다시 한 번 말해 두고 싶은 것은 가령 오웬의 '노동화폐'는 극장의 입장권이 화폐가 아닌 것과 마찬가지로 화폐가 아니라는 점이다. 오웬은 직접적으로 사회화된 노동을 전제하고 있는데 그것은 상품생산과는 정반대의 생산형태를 전제한다. 노동증명서는 그저 공동 노동에 대한 생산자의 개인적 참가분과, 공동 생산물의 소비 충당분에 대한 그의 개인적 청구권을 확증해 줄 뿐이다. 그러나 상품생산을 전제로 하면서도 그 필연적인 조건들을 화폐장난을 갖고 회피하려는 것은 오웬이 생각하지 못했던 일이다." [MEW, 23, S. 109-110, 각주 50.]

술방식과 구별되는 다른 중요한 특수성과 만나게 된다. 화폐는 요컨대 상품가치의 가장 함축성 있는 현상형태이다. 맑스는 그의 『자본론』에서 상품 속에 숨어 있는 가치를 추적하기 위해 상품의 교환가치 또는 교환관계로부터 시작하였다. 화폐 또는 가치의 화폐형태는 자본주의적 사회에 가장 적합한 형태이다. 그러므로 화폐론도 직접 가치론에서 유래한다. 맑스는 『요강 초고』에서 사물의 외적 현상형태에서 내적 본질로 이행하여 '화폐에 관한 장'에 숫자 II를 붙이고 화폐론에 관한 연구를 시작하였다.

'II. 화폐에 관한 장'은 프루동주의자인 다리몽의 저서 『은행개혁론』(*Ueber die Reform der Banken*)에 대한 상세한 비평으로 시작된다. 이 책의 특징을 맑스는 『정치경제학 비판을 위하여』에서 프루동의 "멜로드라마적인 화폐론"[MEW, 13, S. 69, 각주 *.]이라고 묘사하였다. 맑스는 이처럼 자신의 이론적 작업을 프루동주의자들의 소부르주아적 경제관에 대한 비판으로 시작한다. 거기에는 의미심장한 이유들이 있다. 맑스는 프루동주의에 대한 비판을, 즉 사이비 사회주의적 '거짓 형제'와의 경계 설정을 과학적 사회주의의 중요한 과업으로 여겼기 때문이다.[17]

프루동주의자들은 금과 은이 모든 상품들에 대해 취하고 있는 특권적 지위를 경제위기와 자본주의 체제의 모든 악의 근원으로 간주하였다. "그러나

---

17 맑스가 바이데마이어(Weydemeyer)에게 보낸 1859년 2월 1일자 편지에서 다음과 같이 적고 있다: (『정치경제학 비판을 위하여』: 필자)의 이 두 장(1. 상품, 2. 화폐 또는 단순유통: 필자)에서는 – 현재 프랑스에서 유행하고 있는 – 사적 생산을 그대로 두고 사적 생산물의 교환을 조직하기를 원하며, 상품은 원하지만 화폐는 원하지 않는 프루동주의적 사회주의의 토대를 파괴할 것입니다. 공산주의는 무엇보다도 먼저 이 '거짓 형제'부터 제거해야 합니다. 그러나 모든 논쟁적인 목적을 제외하고 나면 당신도 알다시피 단순한 화폐형태의 분석이 가장 추상적이기 때문에 가장 어려운 부분입니다.[Marx/Engels, *Briefe ueber "Das Kapital"*, S. 96; MEW, 29, S. 573.] 또한 맑스가 엥겔스에게 보낸 1859년 7월 22일자 편지에서도 이와 유사한 문제의식을 엿볼 수 있다: "자네가 (『정치경제학 비판을 위하여』에 관해) 무엇인가를 쓰고자 할 경우 잊지 말아야 할 것은 ① 프루동주의가 그 뿌리까지 철저하게 파괴되었다는 것과 ② 부르주아적 생산의 결코 **절대적**이지 않은 **특유한** 사회적 성격이 바로 가장 단순한 형태, 즉 **상품**형태에서 분석되었다는 것이네. 립크네흐트(Liebknecht)는 '지금까지 나를 이렇게 **실망시킨** 책은 없었다'라고 비스캄프(Biskamp)에게 말했고, 비스캄프 자신은 아무런 '쓸모'도 없다고 나에게 말했다네." [Marx/Engels, *Briefe ueber "Das Kapital"*, S. 100; MEW, 29, S. 463.]

화폐의 퇴화와 **상품**의 승천을 사회주의의 핵심으로 진지하게 설교하는 것은 … **프루동**과 그의 학파에 의해 비로소 이루어졌다."[MEW, 13, S. 68-69.] 악으로부터 벗어나기 위해 프루동주의자들은 금과 은을 '노동화폐' 또는 '시간전표', 즉 노동자에게 교부되고, 그가 몇 시간이나 노동을 했는지 증명해 주는 영수증으로 대체하려고 하였다. 이처럼 그들은 일거양득을 취하려고 하였다: 첫째, 금과 은의 특권이 폐지될 수 있을 것으로 보았다. 왜냐하면 프루동주의자들은 '노동화폐'는 지출된 노동을 액면 그대로 직접적으로 표현하므로 '노동화폐'는 통상적인 지폐처럼 금과 은으로 태환할 필요가 없을 것이기 때문이었다. 그것으로써 그들은 그들이 금의 부족 때문에 발생한다고 간주하였던 경제위기의 근본적인 원인이 사라지게 될 것이라고 믿었다. 둘째, '노동화폐'의 도입으로 모든 상품에게 직접적인 교환 가능성의 형태를 부여하면 그것에 의해 상품 실현의 문제가 영구히 지양될 것이라고 생각했다.

'노동화폐'는 프루동에 의해 고안된 것이 아니었다. 오웬(Robert Owen)도 그것을 널리 알렸다. 그러나 오웬은 노동화폐의 전제조건들이 형성될 수 있기 위해서는 우선 자본주의적 생산이 제거되어야 하고 공산주의적 관계가 생성되어야 한다고 생각한 반면, 프루동주의자들은 '노동화폐'를 자본주의적 생산의 결함을 제거시킬 수단으로 간주하였다. 달리 표현하면, 프루동주의자들은 상품생산과 상품관계들을 유지시키면서도 화폐를 제거할 것을 제안하였다. 프루동주의자들은 자본주의적 생산의 결함을 제거시킬 실천적 조처로서 은행개혁을 제안하였다. 그들은 은행개혁을 통해 그들의 '노동화폐'이론을 실현시키고자 하였다. 프루동주의자들의 주장에 대한 비판은 궁극적으로 화폐의 존재는 상품생산의 관계들로부터 필연적으로 발생한다는 것을 입증하기만 하면 되었다. 그런데 바로 이 필연적인 관계들을 밝히는 것이 가치이론의 근본적인 과제들 중의 하나이다. 바로 이 점이 가치이론에 앞서서 화폐이론을 언급한 이

유이기도 하다.

맑스는 다리몽이 그의 책에서 인용한 통계자료에 의거하여 무엇보다도 다리몽이 은행으로 하여금 화폐유통을 통제하게 하고, 신용과 화폐시장을 독점적으로 조정하게 하기 때문에 그가 신용과 화폐유통을 서로 혼동하고 그 결과 자본주의에서 은행의 역할을 과도하게 과장한다는 것을 입증한다. 프루동주의자들은 또한 은행으로 하여금 유통의 조정자로서의 기능을 정확하게 수행하게 하기 위해 화폐유통의 금속적 토대인 금을 폐지하면 경제위기를 충분히 피할 수 있을 것으로 믿었다. 맑스는 화폐유통의 금속적 기반인 금이 완전히 없어졌다고 할 경우에도 자본주의적 조건들하에서는 어떠한 은행도 경제위기의 발생을 피할 수 없을 것임을 입증하였다. 프루동주의자들의 견해에 의하면 은행개혁은 완전히 새로운 생산조건들과 유통조건들을 창출할 것으로 판단하였다. 생산에 비해 유통의 우위를 선언한 프루동주의자들이 생산관계들, 분배관계들 그리고 유통관계들의 내적 관계를 오해하고 있음을 증명하는 것이 맑스의 주요 임무이었다. 이 내적인 관계를 드러내기 위한 첫걸음은 화폐를 상품시장의 내적인 그리고 불가피한 관계들로부터 등장한 것이라고 설명하는 것이었다.[18] 이리하여 맑스는 자신의 분석을 화폐이론에서 가치이론으로 옮겨 간다. 맑스에게 실제적인 문제는 다음과 같다: 부르주아적 교환체계 자체가 특유한 교환도구를 필요로 하는 것은 아닌가? 그 교환체계가 필연적으로 모든 가치들에 대한 특수한 등가물을 창조한 것이 아닌가? 여기에서 맑스는 화폐의 본질에 관한, 즉 상품과 화폐의 필연적인 관계에 관한 문제를 제기

18 맑스가 베를린에 있는 슈바이처에게 1865년 1월 24일에 보낸 편지(P. J. 프루동에 관하여)에 다음과 같이 적혀 있다. "**자유신용**과 그것에 기초한 **인민은행**을 발견한 것이 프루동의 마지막 경제학적 '행위'였습니다. 저의 저서 『**정치경제학 비판을 위하여**』에서 사람들은, 이러한 견해의 이론적 기초가 부르주아적 정치경제학의 일차적인 요소, 즉 **상품**과 **화폐** 사이의 관계를 잘못 이해하는 데서 생겨난다는 사실의 증명을 발견할 것입니다." [칼 마르크스, 『철학의 빈곤』(강민철, 김진영 역), 1988, 202쪽.]

한다. 맑스는 이 문제를 『철학의 빈곤』(1847)에서 처음 제기하였으나 비로소 『요강 초고』(1857-1858)에서 해결하였다.

프루동은 '노동화폐'의 주요 장점을 '노동화폐'는 금과 은으로 태환할 필요가 없다는 데에서 찾았다. 그러나 맑스는 이 명제를 다음과 같이 반박한다. "요컨대, 태환성은, 법적이든 아니든, 모든 화폐에 대한 요구이다."[『요강 초고』, S. 53.] 그것이 여하튼 지폐가 되었든, '노동화폐'가 되었든, 또는 어떤 다른 화폐가 되었든지 간에 "은행권의 금 태환성은 은행권에게는 여전히 경제법칙이 된다는 것, 이 법칙은 정치적으로 존재할 수도 존재하지 않을 수도 있다는 것"[『요강 초고』, S. 50.]을 증명한다. "요컨대, 금과 은으로의 태환성은 금과 은으로부터 자신의 명칭을 받은 모든 지폐가 법적으로 태환이 가능한지 아닌지를 판정하는 실질적인 가치척도가 된다."[『요강 초고』, S. 51-52.] 지폐는 단지 금 또는 은의 대변인일 뿐이고, 따라서 결코 이것들과 동일하지는 않다. 만일 그 때문에 발행된 지폐의 양이 유통에 필요한 금의 양을 (금화폐가 유통되었을 때) 능가하면 지폐는 가치절하될 것이고 자신의 예전의 태환성은 더 이상 문제가 되지 않을 것이다. 그 때문에 맑스는 "… 태환성은 그것의 반대인 불환성을 … 내포한다"[『요강 초고』, S. 53.]고 서술한다. 이에 따라 금 화폐는 예를 들어 가격이 전반적으로 상승하는 시기에는 가치절하가 된다는 것을 부언코자 한다.

맑스는 지폐의 태환성을 다룬 후 금이 '노동화폐'에 의해 교체되는 경우를 가정한다. 이전에 금주화가, 예를 들어 영국 1파운드 화폐가 일정한 금의 양과 일치하였다면 이제 과거 노동이 구현된 이 금의 양은 현재 지출된 노동의 일정한 양인 '시간전표'와 일치할 것이다. 맑스는 다음과 같은 결론에 도달한다: "생산비가 끊임없이 하락한다는, 산노동이 끊임없이 더 생산적으로 된다는, 그리하여 생산물에 대상화된 노동시간이 끊임없이 줄어든다는 일반적인 경제법칙에 따라서 끊임없는 평가절하는 금으로 된 이 노동화폐의 숙명일 것이다."[『요강 초고』, S. 53.] 일정한 금의 양에 내포된 과거 노동시간은 불변의 크기로서 '시간전표'에 표현된 현재의 산노동에 대해 끊임없이 상승할 것이다. 이러한 고찰에는 금으로 된 화폐의 자리에 종이로 만든 '노동화폐'가 대신 들어선다 해도 아무것도 변하지 않을 것이다. 이 경우에 '시간전표'는 일정한 금의 양이 아니라 이 금의 대변자로서의 지폐의 일정한 양과 균등해질 것이다.

이를 논한 후 맑스는 "가치를 규정하는 것은 생산물에 포함된 노동시간이 아니라 현재 필요한 노동시간이다"[『요강 초고』, S. 54.]라는 결론을 내리면서 자신의 주제를 가치론으로 전환한다. 이하에서는 직접 『정치경제학 비판 요강 초고』를 이용하여 앞에서 언급한 내용을 분석해 보기로 하자.

알프레드 다리몽: 『은행개혁론』(파리, 1856년)

*** 프루동주의자 다리몽의 주장

* "모든 폐해는 사람들이 유통과 교환에서 귀금속의 우위를 유지할 것을 끈질기게 고집하는 데에서 유래한다."[『요강』, I권, 86쪽.]

* "지금과 같은 원칙에 따라 조직된, 즉 금과 은의 주도에 기초해서 설립된 은행은 공중이 은행의 서비스를 가장 필요로 하는 바로 그 순간에 공중에 대한 서비스를 회피한다."[상동, 92쪽.]

* "따라서 지금의 위기뿐만 아니라 주기적인 상업위기도, 유일하게 신빙성 있는 유통수단과 교환수단이 된 금은이 누리는 특권 탓임에 틀림없다."[상동, 100쪽.]

* "따라서 위기의 모든 불편을 방지하기 위해서는 금은이 다른 모든 것과 마찬가지로 상품이 되는 것, 또는 정확히 말하자면 모든 상품이 (그 명칭 덕분에)

금은과 동일한 지위를 가지는 교환수단이 되는 것, 생산물들이 진정으로 생산물과 교환되는 것으로 충분할 것이다."[상동, 100쪽.]

* "금은은 다른 모든 상품과 마찬가지로 상품이다. 금은은 다른 상품들과는 다른 상품이다. 일반적 교환도구로서 그것들은 특권 있는 상품이며, 바로 이 특권 덕택에 다른 모든 상품을 격하시킨다. … 다리몽은 금은의 특권을 폐지하면 그것들은 다른 모든 상품들과 같은 지위로 격하된다고 최종적으로 결론짓고 있다. 그러면 너희들은 금화와 은화, 또는 금은으로 태환 가능한 은행권의 특유한 폐해를 지양하는 것이 아니다. 또는 금은만이 보유했던 독점적 지위로 모든 상품을 고양하는 것이다. 교황은 그대로 놓아두되 모든 사람을 교황으로 만들라. 너희들이 모든 상품들을 화폐로 만들고 이것들에게 화폐의 특유한 속성들을 부여함으로써, 화폐를 폐지하라."[상동, 101쪽.]

* "화폐를 폐지하라, 그리고 화폐를 폐지하지 말라! 금은이 화폐로서의 배타성 때문에 보유하고 있는 배타적 특권을 폐지하되, 모든 상품을 화폐로 만들어라. 즉, 배타성에 의해 분리되어 더 이상 존재하지 않는 속성을 모든 상품에게 공통적으로 부여하라."[상동, 102쪽.]

*** 프루동주의자들의 화폐를 폐위시키는 방법

여기에서는 태환성이 문제가 된다. 태환성에 대한 맑스의 언급을 먼저 살펴보기로 하자.

* "지폐가 그 명칭을 금으로부터 받는 한에 있어서 … 금 태환성이 은행권에게 여전히 경제법칙이 된다는 것, 이 법칙은 **정치적으로** 존재할 수도 존재하지 않을 수도 있다는 것은 거의 의심할 나위가 없다(?)."[상동, 107쪽.]

* "그러므로 금으로의 태환성은 금으로부터 자신의 명칭을 부여받은 모든 지폐가 법적으로 태환이 가능한지 아닌지를 판정하는 실질적인 가치척

도가 된다. 명목가치는 그것의 신체 옆에서 그림자로서만 따라다닌다. 양자가 일치하는지 여부는 지폐의 실재적 태환성(교환 가능성)이 입증해야 한다. 명목 가치 이하로 실질가치가 하락하는 것은 평가절하이다. 실재적인 병존, 교환이 태환성이다."[상동, 108-109쪽.]

"그러므로 태환성은 – 법적이든 아니든 – 그 명칭에 의해 가치표장이 되는, 즉 제3의 상품과 등치되는 일정량의 모든 화폐에 대한 요구이다. 등치는 이미 배치, 즉 비등가의 가능성을 내포한다. 태환성은 그 반대인 불환성도 내포한다. 평가절상은 평가절하의 가능성을 … 내포한다."[상동, 111쪽.]

**** 화폐를 폐위시키는 방법**

1) 금으로 된 노동화폐: 금과 은을 화폐 소재로 존속시키되 이것들에 체현된 노동시간을 직접 대표하는 방법

"예컨대, 미터가 일정한 길이에 대한 단순한 명칭이듯이, 소브린이 금 1온스의 1/x에 대한 단순한 명칭(계산 명칭)으로서의 소브린일 뿐만 아니라, 말하자면 x시간의 노동이기도 하다고 가정하자. 사실 금 1/x온스는 물질화되고 대상화된 **x시간의 노동**일 뿐이다. 그러나 금은 과거 노동시간, 규정된 노동시간이다. 그것의 명칭은 일정량의 노동 일반을 자신의 척도로 삼는다. 금 1파운드는 x시간의 노동과 태환 가능해야 할 것이고, 이것을 언제라도 구매할 수 있어야 한다. 그것이 더 많이 또는 더 적게 구매된다면, 그것은 평가절상되거나 평가절하될 것이다. 후자의 경우에는 그것의 태환성이 중지될 것이다. 가치를 규정하는 것은 생산물에 체화된 노동시간이 아니라 현재 필요한 노동시간이기 때문이다. 금 1파운드의 예를 들어 보자. 그것이 20시간 노동의 산물이라고 가정하자. 그 후 어떤 정황에 의해 금 1파운드를 생산하는 데 10시간이 필요하다고 가정하자. 명칭에 따르면 20시간의 노동과 같은 금 1파운드가 이제는 20시간

노동 = 금 2파운드이므로 그것은 10시간 노동과 같을 것이다. 실제로 10시간 노동과 금 1파운드가 교환된다. 요컨대, 금 1파운드가 이제는 더 이상 20시간의 노동과 교환될 수 없다. **x노동시간**이라는 평민적인 명칭을 가지는 금화는 다른 어떤 화폐, 특히 현재의 (소브린이라는 명칭을 가진: 필자) 금화보다 훨씬 커다란 변동을 겪었을 것이다. 왜냐하면 금이 금과 비교해서 상승하거나 하락할 수는 없겠지만(자기 자신과는 동일하겠지만), 일정량의 금에 포함된 과거 노동은 현재의 산노동 시간에 비해 끊임없이 증가하거나 감소하기 때문이다." [상동, 111-112쪽.]

*** 1)의 견해에 대한 맑스의 비판**

"금의 태환성을 유지하기 위해서는 노동시간의 생산성이 불변으로 유지되어야 할 것이다. (그러나: 필자) 생산비가 끊임없이 하락한다는, 산노동이 끊임없이 더 생산적으로 된다는, 따라서 생산물에 대상화된 노동시간이 끊임없이 줄어든다는 일반적인 경제법칙에 따라서 끊임없는 평가절하는 금으로 된 이 노동화폐의 불가피한 숙명일 것이다." [상동, 112쪽.]

2) 금으로 된 노동화폐 대신 종이로 된 노동화폐

앞에서 언급한 폐해를 방지하기 위해서는 "금이 노동시간 명칭을 유지해야 하는 것이 아니라, 바이틀링(Wilhelm Weitling)이 제안했고, 그에 앞서서는 영국인들이, 그 다음에는 프랑스인들, 그중에서도 프루동과 그 일당이 제안했듯이, 지폐, 단순한 가치표장이 이 명칭을 유지해야 한다" [상동, 112쪽.]는 주장이 대두되었다.

"여기에서 지폐 자체에 투여된 노동시간은 은행권의 종이가치만큼이나 감안되지 않을 것이다. 후자가 금은의 단순한 대리자이듯이, 전자는 노동시간의 단순한 대리자일 것이다. 바로 지금 다른 상품들과 비교한 금의 상대적 가치가 상승하느냐 하락하느냐에 따라 5파운드 지폐가 더 많이 구매하거나 더 적게 구매하듯이, 노동시간이 보다 생산적이 되면 이를 표현하는 증서는 자신의 구매력을 상승시킬 것이며, 그 반대의 경우에는 반대일 것이다. 금으로 된 노동화폐가 끊임없이 평가절하를 겪는다는 동일한 법칙에 따라 종이로 된 노동화폐는 끊임없는 평가절상을 누릴 것이다."[상동, 112쪽.]

이에 대해 프루동주의자들은 그것은 염려할 바가 아니라고 하면서 다음과 같은 근거를 제시한다. "우리가 원하는 것이 바로 이것이다. 이제 노동자는 노동에 낯선 부에 비례해서, 이제 자신의 가치 하락을 창출하는 것이 아니라, 노동생산성의 상승을 기뻐할 것이다."[상동, 112쪽.]

*** 2)의 견해에 대한 맑스의 비판**

"그러나 불행하게도 여기에서 몇 가지 사소한 우려가 발생한다. 우선, 시간전표(Stunden -zettel)라 할지라도 일단 화폐를 상정한다면, 우리는 이 화폐의 축적을 전제해야 하고, 이 화폐의 형태로 체결될 계약, 채권, 고정부채 등도 전제해야 한다. 축적된 증서는 새로 발행된 증서와 마찬가지로 끊임없이 증가할 것이며, 그리하여 한편으로 노동생산성의 상승은 비노동자들에게 이익을 가져다줄 것이고, 다른 한편으로 과거에 계약된 채무는 노동생산성 향상과 동일한 보조를 맞출 것이다."[상동, 113쪽.]

*** **결론**: 노동생산성 증가의 법칙은 노동화폐, 시간전표에 대한 상품의 지속적인 평가절하를 야기시켜 결과적으로 노동화폐, 시간전표의 불환성을 야기시킬 것이라는 것이다. "그러므로 태환성은 법적이든 아니든 모든 화폐에 대한 요구이다." 이로써 프루동주의자들의 노동화폐인 시간전표는 생산성 증

가의 법칙 앞에서 좌초하고만 유토피아에 불과함이 증명된다.

*** 태환성에 관한 프루동주의자들의 오류의 근원

"금화나 은화(주화의 복본위제가 아닌 곳에서)는 다른 모든 상품에 대한 상대적 가치가 변화할 때마다 평가절하된다고 말해지지는 않는다. 왜 그런가? 그것들이 자신의 명명자를 이루기 때문이다. 그것들의 명칭이 가치의 명칭이 아니기 때문에, 즉 그것들은 제3의 상품을 기준으로 평가되는 것이 아니라 단순히 1소브린 = 이러저러한 양의 금이라는 식으로 자체의 질료의 비례분할적 부분을 표현하기 때문이다. 그러므로 금은 그것만이 유일하게 **신빙성 있는 가치**를 가지기 때문이 아니라 화폐로서 **전혀 아무런 가치도** 표현하지 **않기** 때문에, 자신의 질료의 일정량, 자신의 양적 규정성을 이마에 붙이고 다니기 때문에, 명목적으로 평가절하될 수 없다. … 금속화폐의 이러한 명목적 평가절하 불가능성에 속아 다리몽과 그 일당은 거의 모든 나머지 상품에 대한 금은의 평가절상이라는, 위기 시에 표출되는 이 측면만을 보고 있다. 그들은 소위 **호황기**, 일시적인 전반적 가격 상승기에 나머지 모든 상품(언제나 그런 것은 아니지만 아마도 노동은 제외된다)에 대한 금은(金銀), 또는 **화폐의 평가절하**라는 다른 측면은 보지 못하고 있다. 평가절상에 앞서서 언제나 금속화폐(그리고 그것에 기초하는 모든 화폐 종류)의 이러한 평가절하가 있기 때문에, 그들은 그 문제를 반대로, 즉 주기적으로 돌아오는 화폐의 평가절하를 방지하는(그들의 언어로 말하자면 화폐에 대한 상품들의 특권을 폐기하는) 쪽으로 제기했어야 한다. 이 후자의 표현에서는 과제가 즉각 해결되었을 것이다. 그것은 가격 상승과 하락을 해소하는 것. 결국에는 가격을 지양하는 것. 이는 교환가치를 폐지하는 것. 이 문제는 부르주아 사회조직에 상응하는 바와 같은 교환을. 따라서 이 마지막 문제는 부르주아 사회를 경제적으로 변혁하는 것이다. 그렇다면 부르주아 사회의 폐해는 은행 '변환'이나 합리적인 '화폐제도'의 수립에 의해 제거될 수 있는 것이 아니라는 점이 처음부터 증명되었을 것이다."[상동, 109-111쪽.]

***** 노동화폐(시간전표)를 주장하는 프루동주의자들의 근본적인 환상**

"시간전표론자들의 … 근본적인 환상은 그들이 실질가치와 시장가치, 교환가치와 가격 사이의 **명목적인 상이성**을 지양함으로써 – 따라서 가치를 노동시간의 일정한 대상화, 즉 금은이 아니라 노동시간 자체로 표현함으로써 – 가격과 가치 사이의 실제적인 차이와 모순도 제거하려는 데 있다. 그렇게 된다면 시간전표를 도입하는 것만으로도 모든 위기, 부르주아적 생산의 모든 폐해가 제거될 것이라는 것은 명백하다. 상품의 화폐가격 = 그것의 실제가치. 수요 = 공급. 생산 = 소비. 화폐는 폐지되면서 동시에 보존된다. 상품을 생산물로 하며, 상품에 물질화되어 있는 노동시간은 그것에 상응하는 거울상을 어떤 가치표장, 화폐, 시간전표들로 산출하기 위해서 단지 확인되기만 하면 될 것이다. 그럼으로써 각 상품은 직접 화폐로 전환되고, 금은은 다른 모든 상품들의 지위로 전락할 것이다."[상동, 115-116쪽.]

"시간전표는 다른 모든 상품들에 대립하여 관념적 노동시간을 대표할 것인데, 이 관념적 노동시간은 때로는 더 많은 실제 노동시간과 교환하고 때로는 더 적은 실제 노동시간과 교환되면서, 이 불일치에 상응하는 하나의 특유의 분리된 존재를 전표 속에서 유지할 것이다. (이 시간전표는: 필자) 일반등가물, 유통수단, 상품척도가 자체의 고유한 법칙을 따르면서, 다시 다른 모든 상품들에 맞서서 개별화되고 소외되어 지금의 화폐가 기능은 수행하지 못하면서, 그것의 모든 속성을 지니고 등장할 것이다. 그러나 상품들, 이들 대상화된 노동시간량들을 비교하는 수단이 제3의 상품이 아니라 그 자체의 가치척도인 노동시간 자체이므로 혼란은 전혀 다른 수준에 이르게 될 것이다. 3시간 노동의 대상화인 a상품 = 2노동시간 전표. 3시간 노동의 대상화인 b상품 = 4노동시간 전표. 사실 이 모순은 화폐가격으로 표현되어 은폐되어 있을 뿐이다. 가격과 가치 사이의 차이, 노동시간의 생산물로서 노동시간에 의해 측정된 상품과, 이것과 교환되는 노동시간의 생산물 사이의 차이는 상품의 실질적인 교환가치가 표현되는 척도로서 제3의 상품을 필요로 한다. **가격이 가치와 같지 않기 때문에 가치규정적 요소 – 노동시간 – 가 가격들을 표현하는 요소일 수 없다. 왜냐하면 노동시간이 규정적이면서 동시에 비규정적인 것으로, 자신과 동일하면서 동시에 동일하지 않은 것으로 표현되어야 할 것이기 때문이다.**"[상동, 117쪽.]

*** 프루동주의자들의 근본적인 오류 및 환상에 대한 맑스의 비판**

지금까지 논의한 것은 노동생산성 증가 법칙으로 인해 시간전표에 대한 상품의 지속적인 평가절하가 초래되어, 결국에는 시간전표의 불환성을 야기시킨다는 주장인 데 반해 "지금 논하는 시간전표의 불환성은 실질가치와 시장가치, 교환가치(가치: 필자)와 가격 사이의 불환성의 다른 표현에 지나지 않는다."[상동, 116-117.] 이것은 당연히 가격이 가치, 즉 상품에 체화된 노동량과 일치되는 경우에만 가능하다. 바로 여기에서 심각한 근본적인 오류가 존재한다. 프루동주의자들의 근본적인 오류는 가치와 가격을 혼동하였을 뿐만 아니라 이 두 형태들의 필연적인 대립성을 파악하지 못한 데에 있다: "(노동을 포함하는) 모든 상품의 가치(실재적 교환가치)는 그들의 생산비, 다른 말로 하자면 그것들을 산출하는 데 필요한 노동시간에 의해 결정된다. **가격**은 이 교환가치가 화폐로 표현된 것이다. 자신의 명칭을 노동시간 자체로부터 받은 노동화폐에 의한 금속화폐(그리고 금속화폐의 명칭을 이어받은 지폐나 신용화폐)의 대체는 상품의 **실재적 가치**(교환가치)와 **명목가치**, **가격**, **화폐가치**를 일치시킬 것이다. **실재적 가치**, **명목가치**, **가치와 가격**의 일치. 그러나 이는 가치와 가격이 단지 명목적으로만 상이하다는 전제하에서만 달성될 것이다. 그러나 그러한 경우는 결코 없다. 노동시간에 의해 결정된 상품가치는 상품의 **평균가치**일 뿐이다. 한 시기의 평균수치로 합산되는 한에 있어서 외적인 추상으로 현상하는 평균이다. … 그러나 이 평균은, 일정한 시기 동안 상품가격들이 거치는 진동이라는 운동 원칙과 추동력으로 동시에 인식된다면, 매우 현실적이다. … 상품의 **시장가치**는 그 상품의 평균가치와 언제나 상이하며, 언제나 그보다 높거나 낮다. 시장가치는 끊임없는 진동을 통해서, 제3자로서의 실질가치와의 균등화를 통해서가 아니라 자신과의 지속적인 불일치를 통해서(헤겔의 표현을 빌자면 추상적 동일성이 아니라 끊임없는 부정의 부정, 즉 실질가치의 부정으로서의 자신의 부정을 통해서), 실질가치에 접근한다."[상동, 114쪽.] … "따라서 **가격**은 **가치**와 구별되는데 … 그것은 전자가 겪는 운동의 법칙으로 후자가 나타난다는 사실에 의해 구별된다. 그러나 그것들은 끊임없이 상이하며 결코 일치하지 않거나, 아주 우연히 예외적으로만 일치한다. 상품가격은 항상 상품가치보다 높거나 낮으며, 상품가치 자체는 상품가격의 상승과 하락 속에서만 존재한다. 수요와 공급이 상품가격을 결정하며, 결코 일치하지 않거나 또는 우연히 일치할 뿐이다. 그러나 생산비가 다시 수요와 공급의 진동을 규정한다. … 상품의 생산비와 금은의 생산비가 불변이라는 전제하에서, 이것들의 시장가격의 상승이나 하락은 한 상품 = x 노동시간이 시장에서 끊임없이 x노동시간 이상이나 이하를 요구하고, 노동시간에 의해 결정된 상품의 평균가치보다 높거나 낮다는 것을 의미할 뿐이다." [상동, 115쪽.] 바로 이러한 이유 때문에 "**평균노동시간**을 대표하는 시간전표는 결코 **실질적 노동시간**에 상응하지 못할 것이며 결코 이와 태환이 가능하지 않을 것이다. 즉, 한 상품에 대상화된 노동시간은 자신과 같은 양의 노동화폐만큼의 가치를 가지지 않고, 오히려 이제는 시장가치의 모든 진동이 상품의 금 표시 가격이나 은 표시 가격의 상승이나 하락에서 표현되듯이 더 많거나 더 적

은 노동화폐를 명령할 것이다."[상동, 116쪽.]

따라서 앞에서 언급한 불환성은 노동생산성 증가 법칙으로부터 야기되는 시간전표에 대한 상품의 지속적인 평가절하를 초래해, 결과적으로 시간전표의 불환성을 야기시킨다는 논리인 반면 여기서 "지금 논하는 시간전표의 불환성은 실질가치와 시장가치, 교환가치와 가격 사이의 불환성의 다른 표현에 지나지 않는다."[상동, 116-117.] "시간전표는 다른 모든 상품에 대립하여 관념적 노동시간을 대표할 것인데, 이 관념적 노동시간은 때로는 더 많은 실제노동시간과 교환하고 때로는 더 적은 실제노동시간과 교환되면서, 이 불일치에 상응하는 하나의 특유의 분리된 존재를 전표 속에서 유지할 것이다."[상동, 117쪽.]

••• 중앙교환은행의 설립

앞에서 언급한 노동화폐의 결함들은 프루동주의자들이 주장하는 중앙교환은행에 의해 제거될 수 있는지에 대해 살펴보기로 하자. 맑스는 다음과 같이 언급한다. "상품의 가격 = 상품의 교환가치가 되는 전제 조건들, 수요와 공급의 일치, 생산과 소비의 일치, 궁극적으로 **비례적** 생산(소위 분배관계 자체가 생산관계이다)이 충족된 것으로 전제된다면, 화폐 문제, 특히 파란색이든 초록색이든, 양철로 만든 것이든 종이로 만든 것이든 전표가 발행될 것인지 또는 어떤 다른 형태로 사회적 회계가 관리되는지의 문제는 전적으로 부차적이다. 그렇다면 실질적인 화폐관계에 관한 연구를 수행해야 하는 구실을 찾는 것은 지극히 무의미하다."[상동, 133쪽.]

그러면 이제 시간전표를 발행하여 개별 생산자들의 상품을 그 생산비대로 구입하는 은행이 존재함을 가정해 보자: "은행은 (어떤 은행이든) 시간전표를 발행한다. 상품 a = x교환가치, 즉 상품 a = x노동시간은 x노동시간을 대표하는 화폐와 교환된다. 은행은 … 금을 받고 은행권을 지불하듯이 상품을 사야 한다. 즉, 상품을 그의 화폐 대표자와 교환해야 한다. 상품, 교환가치의 실체적이고 따라서 우연적인 존재가 교환가치로서의 교환가치의 상징적인 존재와 교환된다. 그러므로 그것을 상품형태로부터 화폐형태로 변환시키는 것은 어렵지 않다. 그것에 포함되어 있는 노동시간은 신빙성 있게 확인되기만 하면 되며, … 그럼으로써 즉각 그것의 **대응가치**, 그것의 화폐 존재를 낳는다."[상동, 133-134쪽.]

이 문제는 궁극적으로 다음과 같이 귀결된다: "시간전표를 발행하는 은행은 상품을 그 생산비에 구매하고 모든 상품들을 구매하며, 더욱이 이 구매가 은행에게는 판매자가 일정한 실체적 형태로 보유하는 교환가치 대신에 상품의 상징적 교환가치, 다른 말로 표현하자면 동일한 교환가치 액수의 다른 모든 상품에 대한 위탁증권을 판매자에게 주는 종이조각 생산비만을 부담지울 뿐이다. … 따라서 은행은 상품을 받고 화폐, 정확히 말하자면 상품의 교환가치, 즉 동일한 가치를 가지는 모든 상품에 대한 위탁증권인 화폐를 지급한다. 은행이 구매한다. 은행은 이런저런 상품의 구매자가 아니라 모든 상품의 구매자, 즉 일반적 구매자이다. 왜냐하면 은행은 각 상품이 교환가치로서 그것의 상징적 존재로 변환시키는 것을 실행해야 하기 때문이다. 그러나 은행이 일반적 구매자라면, 그것은 모든 상품이 저장되는 창고일 뿐만 아니라 일반적 판매자이기도 해야 한다. 또한 은행은 다른 모든 상인이 그러하듯이 일반적 백화점일 뿐 아니라 상품보유자이기도 해야 한다."[상동, 134쪽.]

앞의 인용문에서 표명하였듯이, 은행은 일반적 구매자이자 판매자로서의 기능 이외에도 "모든 상품의 교환가치, 즉 이것들에 물질화된 노동시간을 신빙성 있게 확정하는 또 하나의 … 기능이 필요할 것이다."[상동, 135쪽.] 그러나 이것은, 맑스가 언급한 바와 같이, "금과 은의 순도와 무게를 확인하는 것처럼 쉽지는 않을 것이다."[상동, 134쪽.] 그러면 은행의 이 기능에 대해 살펴보기로 하

자. “은행은 주어진 산업에서 이용 가능한 평균적인 수단으로 상품들이 산출될 수 있는 노동시간, 즉 이들이 산출되어야 하는 노동시간을 결정해야 할 것이다. 그러나 이것으로도 부족할 것이다. 은행은 일정량의 생산물이 산출되어야 하는 시간을 결정해야 하고, 노동생산성이 동일하게 되도록 생산자들을 배치해야 (따라서 노동수단의 분배도 조정하고 할당해야) 할 뿐만 아니라, 다양한 생산부문들에 투하될 노동시간량도 결정해야 할 것이다. 후자가 필요한 것은, 교환가치를 실현하고 은행의 화폐를 실제로 태환 가능하도록 하기 위해서, 교환당사자들의 욕구가 충족될 수 있는 비율로 보편적인 생산이 보장되어야 할 것이기 때문이다. 여전히 이 문제가 끝난 것은 아니다. 가장 중요한 교환은 상품교환이 아니라 상품과 노동의 교환이다. … 노동자들은 자신들의 노동을 은행에 파는 것이 아니라 자신들의 노동생산물 전체에 대한 교환가치를 받을 것이다. 그렇다면 이제 은행은 일반적 구매자이자 판매자일 뿐만 아니라 일반적 생산자일 것이다. 사실 은행은 전제적(專制的)인 생산정부 겸 분배관리자이거나, 또는 공동으로 노동하는 사회를 위해서 회계를 맡은 관청에 지나지 않을 것이다. … 생시몽주의자들은 그들의 은행을 생산의 교황으로 만든다.”[상동, 135-136쪽.]

*** 맑스의 프루동주의자들의 노동화폐에 대한 총체적 비판**

맑스는 프루동주의자들의 노동화폐에 대해 총체적으로 다음과 같이 비판한다. “여기에서 우리는 출발점과는 더 이상 관련이 없는 근본 문제에 이르렀다. 이 문제는 일반적으로 다음과 같을 것이다. 유통수단 – 유통조직 – 의 변화를 통해서 기존의 생산관계들과 그에 상응하는 분배관계들이 변혁될 수 있는가? 다음 질문이 계속된다. 그러한 유통의 변환은 기존의 생산관계들과 이들에 기초하는 사회적 관계들을 공격하지 않고 실행될 수 있는가? … 그러한 모든 유통 변화 자체가 다시 다른 생산조건의 변화와 사회적 변혁을 전제로 한다면, 한편으로는 변화의 폭력적 성격을 피하기 위해서 유통의 책략을 제안하면서, 다른 한편으로는 이 변화 자체를 전제로 하는 것이 아니라 반대로 유통 변환의 점진적인 결과로 만들려는 견해는 처음부터 당연히 틀린 것이다."[상동, 96쪽.] "교환가치의 토대가 유지되는 한에 있어서 이것은 미숙한 짓거리이고, 금속화폐가 교환을 위조할 것이라는 환상은 화폐의 본성에 대한 전적인 무지에서 유래한다는 것이 이제는 틀림없이 명백해졌을 것이다."[상동, 234쪽.] "다른 한편으로는 지배적인 생산관계들에 대한 대립이 증가하고, 이 생산관계들 자체가 더욱 강제적으로 구태(舊態)를 벗어나야 한다고 내몰릴수록, 그만큼 체제가 명백하게 마주 서는 가장 두드러지고 모순적이며 엄연한 현상으로서의 금속화폐나 화폐 일반을 겨냥하는 공박이 이루어진다는 것도 마찬가지로 명백하다. 그리하여 화폐를 눈에 띄는 단순한 현상으로 가지는 대립들이 화폐에 대한 온갖 교묘한 조작을 통해 대립들 자체가 지양되는 것으로 간주된다. 화폐에 대한 공격이 다른 모든 것을 그대로 놓아두고 다만 그것을 수정하는 것처럼 보이는 한에 있어서, 화폐를 동원하는 몇몇 혁명적 조작들이 수행될 수 있다는 점도 마찬가지로 분명하다."[상동, 234쪽.] "이 경우에 사람들은 당나귀를 때리고자 하면서 자루를 때리는 것이다. 그렇지만 자루를 때린 것을 당나귀가 느끼지 못하는 한, 사람들은 실제로 자루를 때릴 뿐이지 당나귀를 때리는 것이 아니다. 당나귀가 그것을 느낄 때, 사람들은 자루가 아니라 당나귀를 때리는 것이다. 조작이 화폐 자체를 겨냥하는 한에 있어서, 그것은 결과에 대한 공격이며 그 원인은 그대로 남아 있게 된다. 따라서 이것은 일시적인 생산과정 **장애**로서, 생산과정의 견고한 기반은 다소 강제적인 반작용을 통해서 이러한 교란을 극복할 수 있는 힘도 역시 가지고 있다."[상동, 234-235쪽.]

결론적으로 말해, 맑스는 '화폐의 등장과 본질'에 대해 언급하기 바로 직

전에 "가치관계가 왜 그리고 어떻게 화폐에서 물질적이고 특수한 존재를 유지하는지가 … 분명해진다"[상동, 117쪽.]면서 프루동주의자들의 화폐의 지위 격하와 상품의 지위 격상이라는 사고가 화폐와 상품 사이의 필연적 관계를 이해하지 못한 데에 있음을 다음과 같이 피력하였다. "생산물의 교환가치는 생산물 곁에 화폐를 산출한다. 특수한 상품들과 나란히 화폐가 존재함으로써 발생하는 혼란과 모순을 화폐의 형태를 변화시킴으로써 지양하는 것이 불가능하듯이 … 교환가치가 생산물의 사회적 형태로 남아 있는 한에서 화폐 자체를 지양하는 것도 불가능하다. 불가능한 과업을 설정하지 않고, 화폐 개혁과 유통 변환이 생산관계들과 이것들에 기초하는 사회적 관계들을 변경시킬 수 있는 한계를 알기 위해서는 이 사실을 뚜렷하게 통찰할 필요가 있다."[상동, 124쪽.]

[부록 2] *Grundrisse der Kritik der Politischen Oekonomie, Rohentwurf* (1857-1858)

화폐의 등장과 본질

***** 화폐 형성의 필연성: 가치로부터 화폐로의 이행**

여기에서의 문제점은 왜, 어떻게 그리고 무엇을 통해서 상품이 화폐로 되는가를 분석하는 것이다. 『자본론』에서는 가치형태, 즉 단순한 가치형태, 전개된 가치형태, 일반적 가치형태에 대한 역사적, 논리적 분석을 통해 화폐 형성을 설명하였는데, 비록 『정치경제학 비판 요강 초고』에서는 이와 같은 방식을 취하지는 않으나, 화폐 형성에 대한 분석의 문제점은 근본적으로 유사하다고 할 수 있다. 아래에서 이에 대해 살펴보기로 하자.

**** 노동 일반에 대하여: 개별적 노동시간, 노동의 특수성 및 일반성**

*** 상품은 일정한 노동시간의 실현으로써 교환가치[19]이다.**

"상품은 교환가치이기 때문에, 화폐와 교환될 수 있고 화폐와 등치된다. 상품이 화폐와 등치되는 비율, 즉 그것의 교환가치의 규정성은 그것이 화폐로 전환되는 데 **전제되어** 있다. 특수한 상품이 화폐와 교환되는 비율, 즉 일정량의 상품이 전환될 수 있는 화폐량은 상품에 대상화된 노동시간에 의해 결정된다. 상품은 **일정한** 노동시간의 실현으로써 교환가치이다. 그것이 대표하는 노동시간은 화폐로 측정될 뿐만 아니라 그 개념에 상응하는 일반적이고 교환 가능한 형태로 포함되어 있다. 화폐는 교환가치들을 세례하고, 이것들의 일반적 규정에 상응하는 자태를 취득하도록 하는 물적 매개물이다. 애덤 스미스는 노동(노동시간)이란 모든 상품을 살 수 있는 본래적 화폐라고 말한다. … 어떤 상품이든 생산에서 끊임없이 노동시간과 교환된다."[상동, 149쪽.]

*** 화폐의 필요성의 근거: 노동의 특수성과 일반성 사이의 모순**

"(그러나: 필자) 노동시간과 구별되는 화폐의 필요성은 바로 노동시간의 양이 그것의 직접적이고 특수한 생산물이 아니라 매개되고 일반적인 생산물로 표현되어야 하기 때문에, 동일한 노동시간의 다른 모든 상품들과 동일하고 교환 가능한 것으로서의 특수한 생산물로 표현되어야 하기 때문에 생겨난다. 여

19 맑스는 『정치경제학 비판 요강 초고』와 『잉여가치론』에서 가치 대신 교환가치라는 표현을 자주 사용하였다. 그는 그 두 표현들을 구별하지 않고 사용하였다. 그러나 『자본론』 제1권에서의 맑스의 글을 잘 이해한다면 가치 대신 교환가치라고 표현해도 별 무리가 없을 것으로 여겨진다. 맑스는 말하기를, "이 장(제1장 상품: 필자)의 앞머리에서 우리는 흔히 말하는 대로 상품을 사용가치 및 교환가치라고 이야기한 바 있는데, 엄밀하게 말한다면 이것은 틀린 말이다. 상품은 사용가치 또는 사용 대상이자 가치이다. 상품은 그 가치가 상품의 현물형태와 다른 독자적인 현상형태 곧 교환가치라는 현상형태를 취하게 되자마자 곧바로 그러한 이중적인 것으로 나타난다. 상품은 고립적으로 고찰될 때에는 결코 이러한 형태를 갖지 않으며, 오직 제2의 다른 종류의 상품과 가치관계나 교환관계를 맺을 때에만 이러한 형태를 취한다. 우리가 이러한 사실을 한번 알고 나면, 앞서의 표현방식도 해가 되지 않으며 오히려 축약에 도움이 될 것이다."[MEW, 23, S. 75.]

기서 이 노동시간은 한 상품에 포함된 것이 아니라 모든 상품들에 동시에 포함되었고, 따라서 다른 모든 상품들을 대표하는 하나의 특수한 상품에 포함된 것이다. 노동시간은 사실상 언제나 특수한 생산물에게만 (대상으로서) 존재하기 때문에 스스로는 직접 화폐일 수 없다(직접 화폐이어야 한다는 것은, 다른 말로 하자면 각 상품이 직접 자기 자신의 화폐이어야 한다는 것과 동일한 요구이다). 일반적 대상으로서 노동시간은 상징적으로만, 그것도 화폐로서 정립된 하나의 특수한 상품에서만 다시 존재할 수 있다. 노동시간은 상품들의 자연적 속성들로부터 독립적이고 분리된(이탈된) 일반적 교환 대상으로 존재하지 않는다. 화폐의 조건을 직접 충족시키기 위해서는 노동시간이 그러한 대상으로 존재해야 할 것이다. 노동(따라서 교환가치에 포함된 노동시간)의 일반적, 사회적 성격의 대상화는 그 생산물을 교환가치로 만들고 상품에 화폐의 속성을 부여하지만, 이 속성은 다시 상품 밖에서 자립적으로 존재하는 화폐 주체를 내포한다."[상동, 149-150쪽.]

"일정한 노동시간은 특수한 속성들을 가지고, 욕구들에 특수한 관계들을 가지는 일정한 특수한 상품에서 대상화된다. 그러나 교환가치로서 노동시간은 노동시간의 질이나 양을 표현할 뿐 그것의 자연적 속성들에는 무차별하며, 따라서 동일한 노동시간을 대상화하는 다른 어떤 상품으로도 변환될 수 있는 상품, 즉 그것과 교환될 수 있는 상품에서 대상화되어야 한다. 대상으로서 노동시간은 그것의 자연적 속성과는 모순되는 이러한 일반적 성격을 가져야 한다. 이 모순은 그 자체가 대상화됨으로써만, 즉 상품이 이중적으로, 한편으로는 자연적인 직접적 형태로, 다른 한편으로는 매개된 형태, 즉 화폐로 정립됨으로써만 해결될 수 있다. 후자는, 말하자면 한 특수한 상품이 교환가치들의 일반적 실체가 되기 때문에, 또는 상품들의 교환가치가 나머지 모든 상품들과는 구별되는 한 특수한 상품과 일치되기 때문에 가능하다. 즉, 상품이 먼저 이 일반적 상품, 상징적인 일반적 생산물, 노동시간의 대상화와 교환되고, 그리고 나서 교환가치로서 다른 모든 상품과 임의로 교환 가능하고 이것들로 전환 가능하게 됨으로써 이루어진다. 화폐는 일반적 대상으로서의 노동시간, 또는 일반적 노동시간의 대상화, **일반적 상품**으로서의 노동시간이다."[상동, 150쪽.]

***** 가치 일반에 대하여**

**** 가치로서의 상품**

* "상품의 가치는 상품 그 자체와 구별된다."[상동, 118쪽.]

* "상품은 (실제적이거나 상상된) 교환 속에서만 가치(교환가치)일 뿐이다."[상동.]

* "가치는 이 상품의 교환능력 일반일 뿐만 아니라 상품의 특유한 교환 가능성이다."[상동.]

* "동시에 가치는 상품이 다른 상품들과 교환되는 비율의 지수(指數)이며, 상품이 이미 생산에서 다른 상품들(물질화된 노동시간)과 교환된 비율의 지수이다."[상동.]

* "가치는 양적으로 규정된 교환 가능성이다."[상동.]

* "모든 상품은 가치로서 질적으로 동일하고 양적으로만 구별된다. 그러므로 그것들은 모두 상호 측정되며 일정한 양적 비율로 대체된다(서로 교환되고 태환 가능하다)."[상동.]

* "가치는 상품의 사회적 관계이고 경제적 특질이다."[상동.]

* "가치로서 상품은 일정한 비율로 다른 모든 상품에 대한 등가물이다. 가치로서의 상품은 등가물이다. 등가물로서의 상품에는 상품의 모든 자연적 속성이 소멸되었다. 그것은 다른 상품들과 더 이상 질적인 특수관계에 있지 않으며, 다른 모든 상품의 일반적 척도이자 일반적 대표자, 일반적 교환수단이다. 가치로서 그것은 **화폐**이다."[상동, 119쪽.]

* "가치로서의 상품의 속성은 그것의 자연적 존재와는 다른 존재를 획득할 수 있을 뿐만 아니라 동시에 획득해야만 한다. 왜? 가치로서의 상품들은 서로 양적으로만 상이하기 때문에, 각 상품은 질적으로 그 자체의 가치와 상이해야 한다. 따라서 그것의 가치도 그것과 질적으로 구별될 수 있는 존재를 가져야 한다. 그리고 이러한 분리 가능성이 실재 교환에서는 실재적 분리가 될 수밖에 없는데, 그 까닭은 상품들의 자연적 상이성이 그것들의 경제적 등가성과 모순에 빠질 수밖에 없고, 양자는 상품이 이중적 존재, 즉 자연적 존재와 더불어 그것이 하나의 생산관계에 대한 하나의 단순한 표장, 하나의 철자, 자체의 가치에 대한 단순한 표장이 되는 순전히 경제적인 존재도 가짐으로써만 병존할 수 있기 때문이다."[상동.]

* "가치로서 각 상품은 균등하게 분할될 수 있다. 그러나 그것의 자연적 존재에 있어서는 그렇지 않다. 가치로서 상품은 그것이 아무리 많은 형태변환과 존재형태를 거친다고 할지라도 불변이다."[상동.]

* "상품들은 실제로 동일하지 않고 다양한 욕구체계에 부응하기 때문에 교환된다. 가치로서 상품은 일반적이고, 실재적 상품으로서 상품은 하나의 특수성이다. 가치로서 상품은 언제나 교환될 수 있다. 다만 실제 교환에서 그것은 특수한 조건을 충족시킬 때에만 교환될 수 있다. 가치로서 상품의 교환 가능성의 척도는 상품 그 자체에 의해 결정된다. 교환가치는 바로 상품이 다른 상품을 대체하는 비율을 표현하는 것이다. 실제 교환에서 상품은 그것의 자연적 속성과 관련되고, 교환자들의 욕구에 부응하는 양만큼씩만 교환될 수 있다. (간단히 말해 화폐의 특수한 속성으로 열거되는 모든 속성은 교환가치로서의 상품, 생산물로서의 가치와 구별되는 가치로서의 생산물의 속성들이다.)"[상동, 119-120쪽.][20]

---

20 "가치의 일반적 성격과 특정한 상품에서의 소재적 현존재 사이의 모순으로부터 화폐의 범주가 발생하는데, 가

노동 일반과 가치 일반에 관해 서술한 내용을 간략하게 요약해서 결론적으로 말해 보면, 일반적인 노동시간과 개별적인 노동시간 사이의 모순이 발전하여 이제 가치로서의 상품이 갖는 일반성과 사용가치로서의 상품이 갖는 특수성 사이의 모순으로 나타난 것인데, 이 모순은 실제 교환과정에서 상품이 자신을 이중화함으로써만, 즉 상품이 화폐에서 자신의 자연적 존재형태로부터 분리된 사회적 존재형태를 획득함으로써만 해결된다는 것이다: "… 교환가치로서의 생산물규정은 교환가치가 생산물로부터 분리된 별도의 존재를 필연적으로 갖게 한다. 상품들로부터 분리되고 이것들 곁에서 그 자체가 하나의 상품으로 존재하는 교환가치가 **화폐**이다. **화폐**에서 교환가치로서의 상품의 모든 속성은 그것과는 상이한 대상, 그것의 자연적 존재형태로부터 분리된 사회적 존재형태로 나타난다."[상동, 123쪽.]

이에 대해 좀 더 살펴보기로 하자.

** 상품의 관념적 이중화

이 부분은 맑스가 반복해서 서술을 하기 때문에 우선 간략하게 설명을 한 후에 맑스 자신의 문장을 인용하기로 한다.

두 상품을 서로 교환할 때 상품소유자로서 나는 이것들 각자를 그 자신과의 등치관계에 두는 것이 아니라 제3자와의 등치관계에 둔다. 하나의 관계를 표현하기 때문에 교환되는 두 상품들과는 다른 제3자가 곧 이것들의 가치이다. 상품은 다른 상품과 비교될 수 있으려면, 먼저 자신과 질적으로 다른 어떤 것으로서의 노동시간으로 변환되어야 한다. 이러한 형태변환은 종이 위에서, 머릿속에서 단순한 추상에 의해 진행된다. 그러나 현실적 교환과정에서는 현

치의 일반적 성격들은 나중에 화폐에서 다시 나타나네." [MEW, 29, S. 315. 맑스가 엥겔스에게 보낸 1858년 4월 2일자 편지. Marx/Engels, *Briefe ueber "Das Kapital"*, S. 89.]

실적 매개가 필요하고, 이 추상화는 다시 대상화되어야 한다. 그러나 이러한 일은 상품과 상품의 관계에서만 발생할 수 있다. 왜냐하면 상품소유자들은 생산공동체의 관계에 있지 않고 생산물을 통해 서로 관계를 맺고 있기 때문이다. 상품의 가치를 표현할 수 있는 것은 다른 상품뿐이다. 이제 상품이 단순히 머릿속에서만 이중의 존재를 획득하는 것만으로는 충분치 않다. 이 관념적 이중화는, 상품이 현실적 교환에서 이중적으로 나타나는 시점까지 진행되며 또 진행되어야 한다. 즉, 상품의 교환가치는 상품과 분리된 물질적 존재를 획득하고 화폐의 형태로 독립한다.[상동, 120-123쪽 참조.] "상품 자체와 나란히 서 있는 특수한 존재로서의 상품의 교환가치가 **화폐**이다."[상동, 120쪽.][21]

* "어떤 순간에든, 계산할 때나 부기를 할 때 등, 우리는 상품을 가치표장으로 전환시키고, 단순한 교환가치로 고정시키며, 그것의 소재와 모든 자연적 속성을 추상한다. 이 형태변환은 종이 위에서, 머릿속에서 단순한 추상에 의해 진행된다. 그러나 실재적인 교환에서는 실재적인 **매개**, 이 추상을 실행하기 위한 수단이 필요하다. 이 상품은 그것의 자연적 속성에 있어서 끊임없이 교환 가능한 것도 아니고, **다른 어떤 상품과도** 그것의 자연적 동등성에 있어서 교환 가능한 것도 아니다. 그 상품은 자신과는 다른 것, 자신과는 부동한 그 어떤 것, 즉 교환가치로 정립된다. 우리는 이 상품을 먼저 교환가치로 전환시키고 나서 이 교환가치를 다른 것들과 비교하고 교환해야 한다."[상동, 120쪽.]

맑스의 문장을 직접 인용해 보기로 하자.

* "생산물들은 … 상품들로만 교환된다. 교환 자체에서 상품들은 가치들로만 존재한다. 그것들은 그러한 것들로만 비교된다. … 각 상품을 제3의 것과

21 엥겔스는 화폐의 형성에 관해 다음과 같이 언급한다. "상품생산과 상품교환은 비천한 상품 무리들로부터 다른 모든 상품들의 가치를 확실하게 표현할 수 있는 하나의 군주격의 상품, 즉 사회적 노동의 직접적인 화신으로 인정되는, 따라서 모든 상품과 무매개적으로, 무조건적으로 교환될 수 있는 하나의 상품을 선택한다. 이것이 바로 화폐이다."[F. Engels, *Anti-Duehring*; MEW, 20, S. 287.]

등치시킨다. 즉, 자기 자신과 차별시킨다. 비율 일반이 서로 관계하는 주체들과 구별되어 고정될 때에만 생각될 수 있는 것과 마찬가지로, 그것이 관계를 표현하기 때문에 양자와는 상이한 이 제3의 것이 우선은 머릿속에서, **상상** 속에서 존재한다. 한 생산물이 … 교환가치가 되기 위해서는 일정한 양적 비율, 비례 수치 – 즉, 다른 상품의 어떤 양이 그것과 같은가, 그것의 등가물인가 또는 그것이 어떤 비율로 다른 상품의 등가물이 되는가를 표현하는 수치 – 로 전환될 뿐만 아니라, 두 상품이 동일한 종류의 크기가 되어 동일한 단위로 비교 가능할 수 있도록 질적으로 전환되고, 다른 요소로 전환되어야 한다. 상품은 먼저 노동시간으로, 즉 상품과는 질적으로 상이한 어떤 것으로 전환되어야 한다. 질적으로 상이해야 하는 이유는, ① 상품이 노동시간으로서의 노동시간이 아니라 물질화된 노동시간이고 운동형태의 노동시간이 아니라 휴지(休止)형태의 노동시간이며, 과정형태가 아니라 결과형태이기 때문이다. 또한 ② 상품이 상상 속에서만 존재하는 (그것의 특질로부터 분리되고 양적으로만 상이한 노동인) 노동시간 일반의 대상화가 아니라 일정한, 자연적으로 규정된, 다른 노동과 질적으로 상이한 노동의 결과이기 때문이다."[상동, 121쪽.] 생산물들의 관념적 가치규정을 위해서는, 이 전환을 머릿속에서 수행하는 것으로 충분하다. 그러나 실제로 교환될 때, 이 추상은 다시 대상화되고 상징화되며 부호에 의해 실현되어야 한다.

* "… 상품을 한꺼번에 교환가치로서 화폐로 실현하고 그것에 교환가치의 일반적 효력을 부여하기 위해서는, 한 특수한 상품과의 교환으로는 부족하다. 그 상품은 그 자체가 특수한 상품이 아니고, 상품으로서 상품의 상징, 상품 교환가치의 상징, **따라서 노동시간 자체를 대표하는** 제3의 사물, 예컨대 비례분할적 노동시간을 대표하는 종이 한 장이나 가죽 한 조각과 교환되어야 한다. (그러한 상징은 일반적인 인식을 가정한다. 그것은 사회적 상징일 수밖에 없다. 그것은 사

실 사회적 관계만을 표현한다.) … 이 상징,[22] 교환가치의 이 물질적 부호는 교환 자체의 산물이지, 선험적으로 파악된 관념의 실행이 아니다. (사실상 교환의 매개자로 이용되는 상품은 단지 점차적으로 화폐로, 상징으로 전환된다. 이렇게 되자마자 이 상품의 상징이 다시 이 상품 자체를 대체한다. 그 상품은 이제 교환가치의 의식적 부호가 된다.)"[상동, 122-123쪽.]

* "따라서 과정은 단순히 다음과 같은 것이다. 생산물이 상품, 즉 교환의 단순한 계기가 된다. 상품이 교환가치로 전환된다. 그것을 교환가치로서의 자신과 등치시키기 위해서 상품은 교환가치 자체로서 자신을 대표하는 상징과 교환된다. 그리고 나서 그것은 그러한 상징화된 교환가치로서 다시 다른 모든 상품과 일정한 비율로 교환될 수 있다. 생산물은 상품이 되고 상품은 교환가치가 됨으로써, 그 생산물은 머릿속에서 비로소 이중적 존재를 가지게 된다. 이 관념적 이중화는 상품이 실재 교환에서 이중적으로 나타나는 지점, 즉 한편에서는 자연적 생산물로서, 다른 한편에서는 교환가치로서 나타나는 데까지 이른다. (그리고 이르러야 한다.) 즉, 상품의 교환가치는 상품과 분리된 물질적 존재를 획득하게 된다. 따라서 교환가치로서의 생산물규정은 교환가치가 생산물로부터 분리된 별도의 존재를 필연적으로 갖게 된다. 상품들로부터 분리되고, 이것을 곁에서 그 자체가 하나의 상품으로 존재하는 교환가치가 **화폐**이다. **화폐**에서 교환가치로서의 상품의 모든 속성은 그것과는 상이한 대상, 그것의 자연적 존재형태로부터 분리된 사회적 존재형태로 나타난다."[상동, 123쪽.]

* "모든 상품은 일시적인 상품이다. 화폐는 불멸의 상품이다."[상동, 128쪽.]

22 화폐는 상품의 가치를 대표할 뿐만 아니라 상징한다고 한 『정치경제학 비판 요강 초고』의 '화폐에 관한 장. 노트 I권'에서의 표현방식은 맑스의 화폐이론이 갖는 실질적 의미와 현저하게 대립하고 있다. 이 때문에 이 표현은 나중에 『정치경제학 비판을 위하여』에서는 누락되었고 그 이후로 맑스의 저작에서는 이러한 상징설은 더 이상 흔적을 찾을 수 없다[Roman Rosdolsky(1968), S. 179-180. 참조.] 이에 반해 라살레(Lassalle)는 화폐를 단순한 가치표장이라고 잘못 설명하고 있다.[MEW, 23, S. 120, 각주 65 참조.]

* "노동시간과 구별되는 화폐의 필요성은 바로 노동시간의 양이 그것의 직접적이고 특수한 생산물이 아니라 매개되고 일반적인 생산물로 표현되어야 하기 때문에, 동일한 노동시간의 다른 모든 상품과 동일하고 교환 가능한 것으로서의 특수한 생산물로 표현되어야 하기 때문에 생겨난다. 여기서 이 노동시간은 한 상품에 포함된 것이 아니라 모든 상품에 동시에 포함되었고, 따라서 다른 모든 상품을 대표하는 하나의 특수한 상품에 포함된 것이다. 노동시간은 사실상 언제나 특수한 생산물들에만 (대상으로서) 존재하기 때문에 스스로는 직접 화폐일 수 없다. (직접 화폐이어야 한다는 것은, 다른 말로 하자면 각 상품이 직접 자기 자신의 화폐이어야 한다는 것과 동일한 요구이다.) 일반적 대상으로서 노동시간은 상징적으로만, 그것도 화폐로서 정립된 하나의 특수한 상품에서만 다시 존재할 수 있다. 노동시간은 상품들의 자연적 속성들로부터 독립적이고 분리된(이탈된) 일반적 교환 대상으로 존재하지 않는다. 화폐의 조건을 직접 충족시키기 위해서는 노동시간이 그러한 대상으로 존재해야 할 것이다. 노동(따라서 교환가치에 포함된 노동시간)의 일반적, 사회적 성격의 대상화는 그 생산물을 교환가치로 만들고 상품에 화폐의 속성을 부여하지만, 이 속성은 다시 상품 밖에서 자립적으로 존재하는 화폐 주체를 내포한다."[상동, 149-150쪽.]

* "일정한 노동시간은 특수한 속성들을 가지고, 욕구들에 특수한 관계들을 가지는 일정한 특수한 상품에서 대상화된다. 그러나 교환가치로서 노동시간은 노동시간의 질이나 양을 표현할 뿐 그것의 자연적 속성들에는 무차별하며, 따라서 동일한 노동시간을 대상화하는 다른 어떤 상품으로도 변환될 수 있는 상품, 즉 그것과 교환될 수 있는 상품에서 대상화되어야 한다. 대상으로서 노동시간은 그것의 자연적 속성과는 모순되는 이러한 일반적 성격을 가져야 한다. 이 모순은 그 자체가 대상화됨으로써만, 즉 상품이 이중적으로, 한편으로는 자연적인 직접적 형태로, 다른 한편으로는, 매개된 형태, 즉 화폐로 정

립됨으로써만 해결될 수 있다. 후자는 말하자면 한 특수한 상품이 교환가치들의 일반적 실체가 되기 때문에, 또는 상품들의 교환가치가 나머지 모든 상품들과는 구별되는 한 특수한 상품과 일치되기 때문에 가능하다. 즉, 상품이 먼저 이 일반적 상품, 상징적인 일반적 생산물, 노동시간의 대상화와 교환되고, 그리고 나서 교환가치로서 다른 모든 상품과 임의로 교환 가능하고 이것들로 전환 가능하게 됨으로써 이루어진다. 화폐는 일반적 대상으로서의 노동시간 또는 일반적 노동시간의 대상화, **일반적 상품**으로서의 노동시간이다."[상동, 150쪽.]

**** 화폐의 논리적 도출: 교환가치의 자립화로서 화폐는 사회적 필연이다/화폐는 교환으로부터 교환 속에서 자생적으로 등장하며 교환의 산물이다.**

* "(상품 자체와 나란히 서 있는 특수한 존재로서 상품의 교환가치가 **화폐**이다. 모든 상품들이 서로 같아지고 비교되고 측정되는 그러한 형태. 모든 상품들이 그것으로 용해되고, 그것이 모든 상품들로 용해되는 그러한 형태. 즉 일반등가물.)"[상동, 120쪽.]

* "따라서 교환가치로서의 생산물규정은 교환가치가 생산물로부터 분리된 별도의 존재를 필연적으로 갖게 된다. 상품들로부터 분리되고, 이것들 곁에서 그 자체가 하나의 상품으로 존재하는 교환가치가 **화폐**이다. **화폐**에서 교환가치로서 상품의 모든 속성은 그것과는 상이한 대상, 그것의 자연적 존재형태로부터 분리된 사회적 존재형태로 나타난다. … 그러므로 생산물의 교환가치는 생산물 곁에 화폐를 산출한다. 특수한 상품들과 나란히 화폐가 존재함으로써 발생하는 혼란과 모순을 화폐의 변화시킴으로써 지양하는 것이 불가능하듯이 … 교환가치가 생산물의 사회적 형태로 남아 있는 한에서 화폐 자체를 지양하는 것도 불가능하다."[상동, 123-124쪽.]

* "① 상품교환의 척도로서, ② 교환수단으로서, ③ 상품들의 대표자로서(그렇기 때문에 계약의 대상으로서), ④ 특수한 상품들과 나란히 있는 일반적 상품

으로서의 화폐의 속성들은, 단지 모두 상품들 자체에서 분리되고 대상화된 교환가치라는 규정으로부터 생겨난다."[상동, 124쪽.]

* "생산물이 상품이 된다. 상품은 교환가치가 된다. 상품의 교환가치는 상품의 내재적 화폐 속성이다. 상품의 이 화폐 속성은 화폐로서 상품으로부터 분리되어 모든 특수한 상품들과 이것들의 자연적 존재방식과 구별되는 다른 하나의 일반적인 사회적 존재를 얻게 된다. … 생산물들의 실제 교환이 그것들의 교환가치를 낳듯이 그것들의 교환가치는 화폐를 낳는다."[상동, 125쪽.]

* "생산물이 … 상품이 되고, 상품은 교환가치가 되며, 교환가치는 화폐가 된다."[상동, 131쪽.]

* "일반적 교환수단, 즉 각 교환수단의 특유한 생산과는 무관한 교환수단의 필요성이 생긴다. 화폐에서 사물들의 가치는 그것들의 실체로부터 분리되어 있다."[상동, 128쪽.]

* "생산물이 상품이 된다. 상품은 교환가치가 된다. 상품의 교환가치는 상품 곁에서 특수한 존재를 얻게 된다. 즉, ① 다른 모든 상품과 교환될 수 있고, ② 따라서 일반적 상품이 되고, 자연적 특수성이 해소되었으며, ③ 교환 가능성의 척도가 정립되어 있는 그러한 형태의 상품이다. 그것이 다른 모든 상품과 등치되는 일정한 비율은 화폐로서의 상품. 그것이 다른 모든 상품과 등치되는 일정한 비율은 화폐로서의 상품, 그것도 화폐 일반으로서가 아니라 **일정한 액수의 화폐**로서의 상품이다. 왜냐하면 교환가치의 모든 차이를 나타내기 위해서 화폐는 셀 수 있고 양적으로 나누어질 수 있어야 하기 때문이다. 화폐 – 교환가치로서의 모든 상품이 전환되는 일반적 형태, 일반적 상품 – 는, 다른 상품들이 머릿속에서 그것에 따라 측정될 뿐만 아니라 실제 교환에서 그것과 교환되어야 하기 때문에, 그 자체가 하나의 **특수한** 상품으로서 다른 상품들과 더불어 존재해야 한다."[상동, 146-147쪽.]

* “화폐는 국가와 마찬가지로 협정에 의해 등장하는 것이 아니다 그것은 교환으로부터 교환 속에서 자생적으로 등장하며 교환의 산물이다.”[상동, 147쪽.]

* “상품이 일반적 교환가치가 됨으로써 교환가치는 하나의 특수한 상품이 된다. 교환가치가 이렇게 될 수 있는 것은 한 특수한 상품이 다른 모든 상품에 대해서 이들의 교환가치를 대표하고 상징하는, 즉 **화폐**가 되는 특권을 획득함으로써 가능하다. 모든 상품의 화폐 속성에 대하여 한 특수한 상품이 화폐의 주체로 나타나는 것은 교환가치 자체의 본질에서 유래한다. 발전이 계속되면서 화폐의 교환가치는 지폐처럼 다시 자신의 물질, 실체로부터 분리된 존재를 획득하는데, 그렇다고 해서 이 특수한 상품의 특권을 지양하는 것은 아니다. 분리된 존재가 특수한 상품으로부터 자신의 명칭을 계속 받아야 하기 때문이다.”[상동, 148-149쪽.]

**** 화폐형태에 내재된 모순들: 상품의 이중화와 그것에 내재된 모순들**

지금까지 언급한 핵심적인 내용을 간략하게 요약하면 다음과 같다. “… 노동시간이 교환가치들을 규율하기 때문에, 사실상 교환가치들의 내재적 척도일 뿐만 아니라 교환가치들의 실체 자체이기도 하다(왜냐하면 교환가치들로서 상품들은 다른 실체, 자연적 소질을 가지지 않기 때문에), 또한 직접적으로 이것들의 **화폐**로 기능할 수 있는 것(즉, 교환가치들이 그 자체로 실현되는 요소를 공급하는 것)이 매우 단순한 것처럼 보인다. 그러나 이 단순성의 외양은 허구적이다. 오히려 교환가치들의 – 서로 동일하고 등치될 수 있는 노동시간의 대상화들인 상품들의 – 관계는 노동시간과는 **상이한 화폐들**에서 물적 표현을 획득하는 모순들을 내포하고 있다”[상동, 150-151쪽.]는 것이다. 이것을 달리 표현하면 상품은 자신이 사용가치인 동시에 교환가치임을 증명해야 하고, 또 그것에 함유된 사적 노동은 그 자체가 사회적 노동임을 증명해야 했는데, 이 모순을 해결하기 위한 방법이 바로 하나의 배타적인 상품에게 일반적 등가물이라는 독점적 지위를 부여하는 것이었다. 이 상품이 곧 화폐로 되었다. 좀 더 단순하게 표현하면, 상품이 생산물로서 갖는 특수한 본성과 상품이 교환가치로서 갖는 보편적 본성 사이의 모순으로부터, 즉 사용가치와 교환가치의 직접적인 통일로서의 상품의 존재가 포함하고 있는 기본 모순으로부터, 화폐가 발생된다는 것이다. 그렇다면 이를 통해 상품생산의 모순들이 근본적으로 지양될 수 있는가? 아니면 "상품과 나란히 있는 화폐의 존재는 이 관계 자체에 의해 주어진 모순들을 처음부터 안고 있는 것은 아닌가?" 결론적으로 말해, "생산이 각 생산자가 자기 상품의 교환가치에 의존하는 방식으로 조성될수록, 즉 생산물이 실제로 교환가치가 되고, 교환가치가 생산의 직접적인 목표가 될수록, **화폐관계**는 틀림없이 발전될 수밖에 없고, **화폐관계**, 생산물이 화폐로서의 자신에 대해 갖는 관계에 내재한 모순들 또한 발전할 수밖에 없다."[상동, 124-125쪽.]

이 모순들에 대해 살펴보기로 하자.

"**첫째**, 상품이 이중적으로 존재한다는 단순한 사실, 한편으로는 자신의 자연적인 존재형태에 자신의 교환가치를 관념적으로 내포하고 있는(잠재적으로 내포하고 있는) 일정한 생산물로서, 다른 한편으로는 생산물의 자연적 존재형태와의 모든 연관을 다시 벗어버린 명시된 교환가치(화폐)로서 존재한다는 사실, 이러한 이중적인 **상이한** 존재는 **차이**로, 차이는 **대립**과 **모순**으로 진전된다. 생산물로서의 상품이 지닌 특수한 본성과 교환가치로서의 상품이 지닌 일반적 본성 사이의 바로 그 모순은, 상품을 이중적으로, 즉 한편으로는 특정한 상품으로서, 다른 한편으로는 화폐로서 정립할 필요성을 낳는다. 상품의 특수한 자연적 속성들과 일반적인 사회적 속성들 사이의 이러한 모순은, 상품의 두 가지 분리된 존재형태가 서로 태환되지 못할 가능성을 처음부터 안고 있다. 상품의 교환 가능성은 그 자체에서 벗어나 상품과 나란히 있는 화폐에서, 한 사물로서, 화폐로서, 상품과는 상이한 것으로서, 더 이상 상품과 직접적으로 동일한 것이 아닌 것으로서 존재한다. 화폐가 상품과 나란히 있는 하나의 외적인 사물이 되자마자, 상품이 화폐로 교환될 가능성은 나타날 수도 있고 나타나지 않을 수도 있는 외적인 조건들과 즉각 결부된다. 즉, 외적인 조건들에 내맡겨진다. 교환에서 상품은 그것의 자연적 속성들 때문에, 상품을 목표로 하는 욕구 때문에 필요해진다. 그에 반해 화폐는 오직 교환가치 때문에, 교환가치로서 요구된다. 따라서 상품이 화폐를 받고 판매될 수 있는지, 화폐와 교환될 수 있는지, 상품의 교환가치가 정립될 수 있는지의 여부는, 일단 교환가치로서의 상품과는 아무런 상관도 없고 그와는 무관한 여건들에 좌우된다. 상품의 변환 가능성은 상품의 자연적 속성들에 좌우된다. 화폐의 변환 가능성은 상징화된 교환가치로서의 화폐의 존재와 일치한다. 따라서 생산물이라는 일정한 형태의 상품은, 화폐라는 일반적 형태와 더 이상 교환될 수 없고 등치될 수 없는 가능성이 생겨난다. 상품의 교환 가능성은 상품 밖에 화폐로 존재함으로써, 상품은 이제 상품이 비로소 등치되어야 하고, 따라서 그것과는 일단 부등한 것, 그것과는 상이한 것, 그것에게 낯선 것이 된 데 반해, 등치 자체는 외적인 조건들에 좌우된다. 즉, 우연적이 된다."[상동, 126-127쪽.]

"**둘째**, 상품이 화폐로서 일정한 상품과 이중적으로 존재하듯이, 교환행위는 상품의 화폐와의 교환과 화폐의 상품과의 교환, 판매와 구매라는 서로 독립적인 두 행위로 분리된다. 이들이 이제는 공간적, 시간적으로 분리되고, 서로 무관한 존재형태를 획득했기 때문에, 그것들의 직접적인 일치는 중지된다. 그것들은 상응할 수도 있고 상응하지 않을 수도 있다. 그것들은 일치할 수도 있고 그렇지 않을 수도 있다. 그것들은 서로 비례하지 않을 수도 있다. 그것들은 끊임없이 서로 일치되고자 하겠지만, 과거의 직접적인 동일성이 이제는 끊임없는 부등화를 전제로 하는 끊임없는 상쇄운동으로 대치되었다. 이제는 일

치가 아마도 극단적인 불일치들을 통과함으로써만 달성될 수 있을 뿐이다."[상동, 127쪽.]

"**셋째**, 나아가 구매와 판매가 분리되고, 교환이 공간적, 시간적으로 서로 독립적인 두 행위로 분열되면서, 새로운 다른 관계가 등장한다. 교환 자체가 서로 독립적인 두 행위로 분리되듯이 교환의 전체 운동 자체도 교환자들, 상품생산자들로부터 분리된다. 교환을 위한 교환이 상품을 위한 교환과 분리된다. 상인 신분, 단지 판매하기 위해서 구매하고 단지 다시 구매하기 위해서 판매하며, 이 과정에서 생산물로서의 상품의 보유가 아니라 단지 교환가치 자체, 화폐의 획득을 목표로 하는 신분이 생산자들 사이에 끼어든다. … 교환(상업)이 교환자들로부터 분리된 기능으로 자립하는 것은, 교환가치가 생산물들로부터 분리되어 화폐로 자립하는 것에 상응한다. 교환가치는 상품교환의 척도였다. 그러나 그 목적은 교환된 상품의 직접적인 점유, 그것의 소비였다. … 상업의 목적은 직접 소비가 아니며 화폐, 교환가치의 취득이다. 교환의 이러한 이중화 – 소비를 위한 교환과 교환을 위한 교환 – 에 의해서 새로운 불비례가 등장한다. 교환에서 상인은 단순히 상품의 구매와 판매의 차액에 의해 규정된다. 그러나 소비자는 자신이 구매하는 상품의 교환가치를 최종적으로 대체해야 한다. 유통, 즉 상인 신분 안에서의 교환과 유통의 종식, 즉 상인 신분과 소비자 사이의 교환은 … 전혀 다른 법칙들과 동기들에 의해 규정되며, 서로 커다란 모순에 빠질 수 있다. 이미 이 분리에 상업 위기의 가능성이 놓여 있다. 그러나 생산이 직접적으로는 상업을 위해 이루어지고 간접적으로만 소비를 위해서 이루어지고 있기 때문에, 생산은 상업과 소비 교환의 불일치를 야기하는 만큼 이 불일치로부터 타격을 받을 수밖에 없다. (수요와 공급의 관계들이 전적으로 전도된다.) (그러면 본래적인 상업에서 다시 금융업이 분리된다.)"[상동, 127-128쪽.]

넷째, 화폐에서 교환가치가 **일반적 상품**으로 모든 특수한 상품 곁에 등장하면, 그럼으로써 동시에 교환가치는 화폐에서 **특수한 상품**으로서 (그것이 특수한 존재를 가지므로) 다른 모든 상품 곁에 등장하게 된다. 화폐는 교환 속에서만 존재하므로 일반적 교환능력으로서 상품들의 특수한 교환능력에 맞서고 일반적 교환능력을 직접 소멸시키는데, 그럼에도 불구하고 양자는 끊임없이 서로 교환 가능해야 한다는 사실에 의해서만 불일치가 등장하는 것은 아니다. 이와 동시에 화폐는 그 자체가 (비록 부호에 지나지 않을지라도) 하나의 **특수한** 상품이 되고, 따라서 다른 상품들과의 교환에서 자신의 일반적인 무조건의 교환 가능성에 모순되는 특수한 교환조건들에 다시 내맡겨짐으로써, 자기 자신 및 자기의 규정과 모순에 빠진다. … 교환가치는 상품에서의 존재 이외에 화폐에서 자신의 존재를 얻고 자신의 실체로부터 분리되었는데, 이는 바로 이 실체의 자연적 규정성이 교환가치로서의 화폐의 일반적 규정에 모순되었기 때문이다. 각 상품은 교환가치로서 다른 상품과 동일하다. (또는 비교 가능하다.)"[상동, 129-130쪽.]

"다른 한편에서 화폐는 더 이상 상품들의 속성이나 상품들의 일반자로 존재하는 것이 아니라 상품들 곁에 개별화되어 있기 때문에, 스스로가 다른 상품들 곁에 있는 … 하나의 **특수한** 상품이 된다. 화폐는 다른 상품들과 같은 상품이 되며, 동시에 다른 상품들과 같은 상품이 아니다. 자신의 일반적 규정에도 불구하고, 화폐는 다른 교환 가능한 것과 나란히 있는 하나의 교환 가능성이다. 그것은 일반적 교환가치일 뿐만 아니라 동시에 다른 특수한 교환가치들과 나란히 있는 하나의 특수한 교환가치이다. 여기에 실제로 대두되는 모순들의 새로운 원천이 있다."[상동, 130쪽.]

이 문장에 이어서 맑스는 "화폐의 특수한 본성은 실재의 상업에서 금융업이 분리되는 데에서 다시 드러난다"라는 문장을 덧붙인다. 이에 대해서는 『자본론』 제3권에서 다루기로 한다.

맑스는 다시 프루동주의자들의 '시간전표'에 대한 비판을 시도하기 전에 다음과 같은 결론을 내린다. "우리는 자신의 목적들을 부정함으로써 동시에 그 목적들을 달성하고, 상품들에 대해 자립하며 수단에서 목적으로 되고, 상품들로부터 분리됨으로써 상품들의 교환가치를 실현하며, 교환을 분열시킴으로써 교환을 용이하게 하고, 직접적인 상품교환의 난관들을 일반화함으로써 그 난관들을 극복하며, 생산자들이 교환에 의존하는 만큼 교환을 생산자들에 대해 자립시키는 것이 화폐에 내재적이라는 것을 알게 된다."[상동, 131쪽.]

* "화폐는 단지 물물교환에 내재한 어려움들을 일반화하고, 보편적으로 만듦으로써 그 어려움들을 지양할 수 있다. 본질적으로 함께 속하면서도 강제로 분리된 요소들은 반드시 강제적인 폭발에 의해서 본질적으로는 함께 속하는 것들의 **분리**로 증명되는 것을 절대적으로 필요로 한다. 통일성이 **강제적으로** 회복되는 것이다. 적대적인 분열이 폭발에 이르자마자 경제학자들은 **본질적인 통일성**을 지적하고 소외를 사상한다."[상동, 129쪽.]

**** 화폐물신성**

맑스는 사실 상품, 또는 화폐의 물신성에 대해 『정치경제학 비판 요강 초고』에서는 『자본론』에서와 같이 정치경제학적 논리에 근거하지는 못했으나, 한 가지 분명한 것은 『요강 초고』에서는 상품생산경제에서 노동생산물이 사회적 가치를 획득하기 위해서는 제3의 사물과 교환이 이루어져야 하며, 왜 이 제3의 물적인 매개물이 화폐로 자립화되어야 하는지를 분명히 밝힘으로써 상품 및 화폐 물신성에 대한 분석의 토대가 마련되었다는 점이다.

그러나 상품 및 화폐 물신성에 대한 개념이 『정치경제학 비판 요강 초고』 이전에는 전혀 언급되지 않았음을 의미하지는 않는다. 아래의 문장들이 이를 증명해 준다. "화폐의 본질은 무엇보다도 **매개적인 행위** – 또는 인간의 생산물들로 하여금 서로를 보충해 주도록 하는 **인간적이며** 사회적인 행동 – 가 **소외되고** 인간의 외부에 있는 소재적 산물, 즉 화폐의 속성으로 된다는 사실에 있다. 인간이 이 매개적인 행동을 외화시킴에 따라, 인간은 추방되고 비인간화된 인간으로서만 활동적이며, 사물들 사이의 **관계**와 사물과 갖는 인간의 행동은 인간의 외부에서 인간에 군림하는 존재의 행동이 된다. 인간이 인간 사이의 매개자가 되어야 함에도 불구하고, 이러한 **외부의 매개자**를 통해 인간은 자신의 의지와 행동 그리고 타인들과의 관계를 자신과 타인들로부터 독립된 힘으로 보게 된다. 인간의 노예 상태가 정점에 달한다. 이 매개자가 이제 현실적인 신이 된다는 것은 명백하다. 왜냐하면 매개자는 그가 매개하는 것의 상위에 있는 현실적인 힘이기 때문이다.[23] 매개자 숭배는 그 자체가 하나의 목적이 된다. 이 매개자로부터 분리된 대상들은 그 가치를 잃는다. 그러므로 애초에는 매개자가 이것들을 대표함으로써만 가치를 갖는 것으로 보였으나, 이제는 이것들이 매개자를 대표함으로써만 가치를 갖는다."[24] [MEGA, III, S. 531. Roman Rosdolsky, *Zur Entstehungsgeschichte des Marxschen "Kapital"*, 1968, S. 158에서 재인용.]

또 다른 곳에서는 다음과 같이 묻고 대답한다: "왜 사적 소유는 화폐제도로 나아가야만 하는가? 그것은 사회적 존재로서의 인간은 교환으로 나아가야

---

23 "이 매개자(즉, 교환가치와 사용가치라는 극단들의 매개자: 필자)는 언제나 대립물들을 요약하고 있기 때문에, 언제나 완성된 **경제적** 관계로 나타나고, 마침내 극단들에 비해 언제나 일방적으로 더 강력한 활력으로 나타난다. 운동, 또는 **본원적으로** 극단들 사이를 매개하는 것으로 나타나는 관계는 그것이 변증법적으로 그 자신과의 매개, 그것이 자립적인 전제들을 지양해버리는 극단들을 계기로 하고, 이것들의 지양에 의해 스스로 유일한 자립자로 정립되는 주체로서 필연적으로 나타나게 된다. 예수는 종교 영역에서 이처럼 신과 인간의 매개자 – 양자 사이의 단순한 유통도구 – 인데, 그는 이들의 통일체, 즉 신인간(神人間)이 되고 그 자체로 신보다 더욱 중요해진다. 총체적인 경제적 표현은 그 자체가 극단들에 대해서는 일방적이지만, 그것이 매개 고리로 정립되어 있는 곳에서는 언제나 교환가치이다. 예를 들어, 단순유통에서의 화폐. 생산과 유통 사이의 매개자로서의 자본. 자본 자체 안에서 그것의 한 형태는 다시 교환가치로서의 다른 한 형태에 대하여 사용가치의 지위를 가진다." [『요강』, I권, 341쪽.]

24 "원래는 화폐가 모든 가치의 대표자이다. 실제에 있어서는 사태가 역전되어 모든 실질적인 생산물과 노동이 화폐의 대표자가 된다." [『요강』, I권, 128쪽.]

하고, 교환은 – 사적 소유의 전제하에서는 – **가치**로 나아가야 하기 때문이다. 즉, 교환자들의 매개적인 행동은 **인간적 관계**가 아니다. 그것은 사적 소유에 대한 사적 소유의 **추상적 관계**이고, 이 추상적 관계가 **가치**인데, 이것이 가치로서 갖는 현실적 존재가 **화폐**이다. 교환자들은 인간으로서 상호 관계를 맺고 있지 않기 때문에, 사물은 인간적이며 개인적인 소유로서의 의미를 상실한다." 따라서 화폐에 있어서는 "소외된 **사물**의 **인간**에 대한 완전한 지배가 나타난다. 인간에 **대한** 인간의 지배이었던 것이 이제는 **인간**에 대한 **사물**의 일반적 지배, 생산자에 대한 생산물의 지배가 된다.[25] 등가물, 즉 가치에서 사적 소유의 외화가 규정하는 것과 마찬가지로, **화폐**는 이러한 **외화**의 감각적이며 대상적인 존재이다."[상동, S. 532, 540; Roman Rosdolsky, S. 158-159에서 재인용.]

상품에 대한 물신성은 화폐의 형성과 밀접하게 관련되어 있다. 우리는 앞에서 화폐는 상품의 실체로부터 분리된 교환가치이며, 순수하게 정립되려는 이 교환가치의 경향 덕분에 탄생된 것이지만 상품이 직접 화폐로 전환될 수는 없다. 즉, 교환과정이 필연적으로 상품의 이중화, 즉 상품의 상품과 화폐로의 분리를 가져온다는 것을 살펴보았다: "화폐는 이제 그 상품의 밖에 그리고 옆에 존재한다. 상품의 교환가치, 모든 상품의 교환가치는 그것과는 독립적이고, 자체적인 재료, 한 특유한 상품에서 자립화된 존재를 획득했다."[『요강』, I권, 174쪽.] "노동시간은 상품들의 자연적 속성들로부터 독립적이고 분리된(이탈된) 일반적 교환 대상으로 존재하지 않는다. … 노동(따라서 교환가치에 포함된 노동시간)의 일반적, 사회적 성격의 대상화는 그 생산물을 교환가치로 만들고 상품에 화폐의 속성을 부여하지만, 이 속성은 다시 상품 밖에서 자립적으로 존재하는 화폐 주체를 내포한다."[상동, 150쪽.]

25 "각 개인은 사물의 형태로 사회적 권력을 보유한다. 사물로부터 이 사회적 권력을 박탈하면, 인간들에 대한 인간들의 사회적 권력이 있을 것이 틀림없다."[『요강』, I권, 138쪽.]

이로써 상품생산에 수반되는 상품물신성이 화폐 형성의 과정에서 화폐물신성으로 발전되어 나타남을 알 수 있다. 아래에서는 화폐물신성에 대한 맑스의 문장을 인용해 보기로 하자.

* "상품의 교환 가능성은 그 지체에서 벗어나 상품과 나란히 있는 화폐에서, 한 사물로서, 화폐로서, 상품과는 상이한 것으로서, 더 이상 상품과 직접적으로 동일한 것이 아닌 것으로서 존재한다."[상동, 126쪽.]

* "일정한 노동시간은 특수한 속성들을 가지고 … 일정한 특수한 상품에서 대상화한다. 그러나 교환가치로서 노동시간은 노동시간의 질이나 양을 표현할 뿐 그것의 자연적 속성들에는 무차별하며, 따라서 동일한 노동시간을 대상화하는 다른 어떤 상품으로도 변환될 수 있는 상품, 즉 그것과 교환될 수 있는 상품에서 대상화되어야 한다. 대상으로서 노동시간은 그것의 자연적 속성과는 모순되는 이러한 일반적 성격을 가져야 한다. 이 모순은 … 상품이 이중적으로, 한편으로는 자연적인 직접적 형태로, 다른 한편으로는 매개된 형태, 즉 화폐로 정립됨으로써만 해결될 수 있다."[상동, 150쪽.]

* "상품을 교환가치로 정립하기 위해서는 매개가 필요하다. 따라서 화폐에서 교환가치는 상품에 대해서 다른 어떤 것으로 마주 선다. 화폐로 정립된 상품이 비로소 순수한 교환가치로서의 상품이다. 또는 순수한 교환가치로서의 상품이 화폐이다. 그러나 동시에 화폐는 이제 그 상품의 밖에 그리고 옆에 존재한다. 상품의 교환가치, 모든 상품의 교환가치는 그것과는 독립적이고, 자체적인 재료, 한 특유한 상품에서 자립화된 존재를 획득했다. … 이제 화폐는 모든 상품의 교환가치로서 이들 옆에, 그리고 밖에 서 있다."[상동, 174쪽.]

* "한 사물의 교환가치는 그것이 **교환수단**으로 기능하는 능력을 양적으로 표현한 것에 지나지 않는다. 화폐에서는 **교환수단** 자체가 사물이 되거나, 또는 사물의 교환가치가 사물 밖에서 자립적인 존재를 획득하게 된다."[상동, 188쪽.]

* "서로 무차별적인 개인들의 상호적이고 전면적인 의존이 그들의 사회적 연관을 이룬다. 이 사회적 연관이 **교환가치**에서 표현되는데, 각 개인에게는 그 자신의 활동이나 생산물이 교환가치 속에서 비로소 그를 위한 활동이나 생산물이 된다. 그는 일반적 생산물 – **교환가치**, 또는 이것을 대자적으로 고립시키고 개별화된 **화폐**를 생산해야 한다. 다른 한편에서 각 개인이 타인의 활동이나 사회적 부에 대해서 행사하는 권력은 그가 **교환가치들**, **화폐**의 보유자라는 점에 있다. 개인들은 사회와의 연관뿐만 아니라 사회적 권력도 보유하고 있다. 활동의 개인적 현상형태가 어떠하든, 그리고 그 활동의 산물이 어떠한 특수한 성질을 보유하건, 그것은 **교환가치**, 즉 일반자인데, 여기에서는 모든 개성과 독특성이 소멸된다. 이러한 상태는 사실상 개인 또는 가족과 부족(나중에는 공동체)에서 자생적으로나 역사적으로 확대된 개인이 직접 자연으로부터 재생산되거나, 그의 생산적 활동이나 그의 생산 지분이 일정한 형태의 노동과 생산물에 의거하고, 타인과의 관계도 그렇게 규정되던 상태와는 매우 다르다."[상동, 137-138쪽.]

"생산이 각 생산자가 자기 상품의 교환가치에 의존하는 방식으로 조성될수록, 즉 생산물이 실제로 교환가치가 되고 교환가치가 생산의 직접적인 목표가 될수록, **화폐관계**는 틀림없이 발전될 수밖에 없고, 화폐관계, 생산물이 화폐로서의 자신에 대해 갖는 관계에 내재한 모순들 또한 발전할 수밖에 없다. 교환 욕구와 생산물의 순수한 교환가치로의 전환은 분업, 즉 생산의 사회적 성격과 동일한 정도로 진전된다. 그러나 생산의 사회적 성격이 성장하는 만큼 **화폐**의 권력도 성장한다. 즉, 교환관계가 생산자들에 대하여 외적인, 이들로부터 독립적인 권력으로 정착된다. 당초 생산을 촉진하기 위한 수단으로 나타났던 것이 생산자들에게 낯선 관계가 되는 것이다."[상동, 124-125쪽.]

* "모든 상품은 일시적인 화폐이다. 화폐는 불멸의 상품이다. 분업이 발전

할수록 직접적인 생산물은 교환수단이 아니게 된다. 일반적 교환수단, 즉 각 교환수단의 특유한 생산과는 무관한 교환수단의 필요성이 생긴다. 화폐에서 사물들의 가치는 그것들의 실체로부터 분리되어 있다. 원래는 화폐가 모든 가치의 대표자이다. 실재에 있어서는 사태가 역전되어 모든 현실적 생산물과 노동이 화폐의 대표자가 된다."[상동, 128쪽.]

* "교환가치에서 인간들의 사회적 관계는 사물들의 사회적 관계로, 인간의 능력이 사물의 능력으로 전환되었다. 교환수단이 가진 사회적 힘이 작을수록, 그것이 직접적 노동생산물의 본성 및 교환 상대자들의 직접적 욕구들과 밀접하게 연관될수록, 개인들을 결속시키는 … 힘은 여전히 클 수밖에 없다. … 각 개인은 사물의 형태로 사회적 권력을 보유한다. 사물로부터 이 사회적 권력을 박탈하면, 이 권력은 인간들에 대한 인간들의 직접적인 권력이 될 것이 틀림없다."[상동, 138쪽.]

* "화폐에서는 교환수단 자체가 사물이 되거나, 또는 사물의 교환가치가 사물 밖에서 자립적인 존재를 획득하게 된다."[상동, 188쪽.]

* "부르주아 사회의 기본적인 전제는 노동이 직접 교환가치, 즉 화폐를 생산한다는 것이고, 마찬가지로 화폐는 노동자가 자신의 활동을 교환해서 판매하는 한에 있어서만, 노동을, 따라서 노동자를 직접적으로 구매한다는 것이다. 요컨대 첫 번째 측면에서의 **임노동**, 두 번째 측면에서의 **자본**은 발전된 교환가치와 이 교환가치의 체현으로서의 화폐의 다른 형태일 뿐이다. 그에 따라 화폐는 모든 사람들에게 존립의 일반적 실체이자 동시에 모든 사람들의 공동 산물인 한에 있어서 직접적으로 **현실적인 공동체**이다."[상동, 217쪽.]

* "화폐에서는 교환가치가, 즉 교환가치들로서의 상품들의 모든 관계가 사물로 나타나는 것과 마찬가지로 자본에서는 교환가치를 창조하는 활동, 노동의 모든 규정이 사물로 현상한다."[상동, 252쪽, 각주.]

**** 화폐에 내포된 모순이 화폐 권력을 증대시킨다.**

* "생산이 각 생산자가 자기 상품의 교환가치에 의존하는 방식으로 조성될수록, 즉 생산물이 실제로 교환가치가 되고, 교환가치가 생산의 직접적인 목표가 될수록, **화폐관계**는 틀림없이 발전될 수밖에 없고, **화폐관계**, 생산물이 화폐로서의 자신에 대해 갖는 관계에 내재한 모순들 또한 발전할 수밖에 없다. 교환 욕구와 생산물의 순수한 교환가치로의 전환은 분업, 즉 생산의 사회적 성격과 동일한 정도로 진전된다. 그러나 생산의 사회적 성격이 성장하는 만큼 **화폐**의 권력도 성장한다. 즉, 교환관계가 생산자들에 대하여 외적인, 이들로부터 독립적인 권력으로 정착된다. 당초 생산을 촉진하기 위한 수단으로 나타났던 것이 생산자들에게 낯선 관계가 되는 것이다. 생산자들이 교환에 의존하는 데 비례하여 교환은 그들로부터 독립적으로 되고, 생산물로서의 생산물과 교환가치로서의 생산물 사이의 간극이 커지는 것처럼 보인다. 화폐가 이러한 대립과 모순을 초래하는 것이 아니라, 역으로 이러한 모순과 대립의 발전이 화폐의 초월적인 권력을 초래하는 것이다. (모든 관계의 화폐관계로의 전환, 즉 현물세의 화폐세로의 전환, 현물지대의 화폐지대로의 전환, 전시 징발의 용병대로의 전환, 모든 인적 용역의 화폐용역으로의 전환, 가부장적, 노예적, 농노적, 길드적 노동의 순수한 임노동으로의 전환 …)"[상동, 124-125쪽.]

* "모든 조세가 화폐 조세로 전환하면서 절대 왕정이 등장하던 시기에, 화폐는 사실상 실제의 부가 바쳐져야 하는 화신으로 나타난다."[상동, 187쪽.]

**** 화폐의 역사적 도출: 화폐상품에 필요한 물리적 속성**

*** 첫 번째 화폐형태**

"화폐는 국가와 마찬가지로 협정에 의해 등장하는 것이 아니다. 화폐는 교환으로부터 교환 속에서 자생적으로 등장하며 교환의 산물이다. **처음에는**

욕구 대상으로서 가장 많이 교환되고 통용되는 상품, 그러므로 가장 확실하게 다른 특수한 상품과 다시 교환될 수 있는 상품, 주어진 사회조직에서 부를 각별하게 대표하고, 가장 일반적인 수요와 공급의 대상이며, 특수한 사용가치를 가지는 상품이 화폐로 기능한다. – 즉, 욕구와 소비의 대상이 아니라 그것을 다른 상품들과 다시 교환하기 위해서 교환된다. 소금, 모피, 가축, 노예가 그런 것이다. 그러한 상품이 실제로 … 교환가치로서의 자신에 더 잘 상응한다. 여기에서 특수한 소비 대상으로서든(모피), 직접적인 생산도구로서든(노예), 상품의 특수한 유용성은 그 상품을 화폐로 만든다. 발전이 계속됨에 따라 그 정반대의 현상이 나타난다. 즉, 가장 덜 직접적인 소비 대상이거나 생산도구인 상품이 **교환 그 자체**의 욕구에 기여한다. 전자의 경우에는 상품이 그것의 특수한 사용가치 때문에 화폐가 되고, 후자의 경우에는 상품이 화폐로서 기능한다는 사실로부터 특수한 사용가치를 갖게 된다. 특히 귀금속들은 내구성, 불변성, 가분성(可分性), 재혼합 가능성, 큰 교환가치를 작은 공간에 담을 수 있기 때문에 생기는 상대적으로 용이한 수송 가능성, 이 모든 것 때문에 두 번째 단계에서 화폐로 적합하게 된다. 동시에 이것들은 첫 번째 화폐형태로부터의 자연적인 이행을 이룬다."[상동, 147-148쪽.]

"첫 번째 화폐형태는 화폐가 실재적인 **교환도구**보다는 **척도**규정으로 등장하는 낮은 단계의 교환과 물물교환에 조응한다. 이 단계에서 척도는 아직 순전히 상상적일 수 있다."[상동, 148쪽.]

• 두 번째 화폐형태

"약간 높은 생산과 교환 단계에서는 생산도구가 생산물에 대해 **우선하게** 된다. 그러나 **금속들**(처음에는 돌)이 최초이자 가장 필수적인 생산도구들이다. 고대인들의 화폐에서 대단히 큰 역할을 했던 **구리**에는 생산도구로서의 특수한 사용가치라는 속성과, 상품의 사용가치로부터 유래하는 것이 아니라 (교환수단을 내포하는) 교환가치로서의 규정에 상응하는 기타 속성들 모두가 여전히 결합되어 있다. 그러다가 **귀금속들**이 산화되지 않고 균등한 질을 가지며 높은 단계에 더 잘 상응함에 따라 소비와 생산을 위한 직접적인 유용성이 후퇴했지만, 이미 그것들의 희소성 때문에 순전히 교환에 기초한 가치를 더 많이 나타냄으로써 다른 금속들로부터 다시 분리된다. 처음부터 그것들은 잉여, 부가 최초로 나타나는 형태를 표상한다. 금속들도 다른 상품들보다는 차라리 금속들과 더 잘 교환된다. 첫 번째 화폐형태는 화폐가 실제적인 **교환도구**보다는 **척도**규정으로 등장하는 낮은 단계의 교환과 물물교환에 상응한다. 이 단계에서 척도는 아직 순전히 상상적일 수 있다."[상동, 148쪽.]

제1편 상품과 화폐

제2장

교환과정

제2장 '교환과정'은 제1장 '상품'에서 언급한 내용들을 축약해서 교환(과정)의 측면에서 다시금 종합적으로 서술한 장이다. 그러나 그 내용을 단순히 요약한 것이 아니라 다각도에서 바라본 상품 및 화폐의 발생에 대한 분석의 확장이며, 제3장 '화폐 또는 상품유통'으로 넘어가는 데 징검다리 역할을 하는 장이니 더욱 숙고, 매진해 이해의 정도를 증진하기 바란다.

제2장에서는, 제1장 '상품'에서와 같이 상품을 한편으로는 사용가치 관점에서, 다른 한편으로는 가치의 관점에서 따로 분리해서 분석하지 않고, 상품이 사용가치와 가치의 통일로서 교환되는 과정을 분석한다: "이제까지 상품은 두 가지 입장, 즉 사용가치와 교환가치(가치: 필자)라는 이중적 관점에서, 매번 일면적으로 관찰되었다. 그러나 그것은 상품으로서는 직접적으로 사용가치와 교환가치(가치: 필자)의 **통일**이다. 동시에 그것은 다른 상품들과의 관계 속에서만 상품이다. 상품들의 **실제적** 상호 관계는 상품들의 **교환과정**이다."[MEW, 13, S. 28.]

맑스는 이에 대해 『자본론』 제1권 초판에서도 다음과 같이 언급하였다. "상품은 **사용가치와 가치의**, 즉 두 대립물의 **직접적인 통일**이다. 그러니까 그것은 하나의 직접적 **모순**이다. 이 모순은 상품이 이제까지와 같이 때로는 사용가치의 관점에서 때로는 교환가치의 관점에서 번갈아 관찰되지 않고 하나의 전체로서 현실적으로 다른 상품과 관계를 맺게 되자마자 스스로 전개되지 않으면 안 된다. 그런데 상품들 상호간의 **실제적인** 관계는 그것들의 **교환과정**이다."[Karl Marx, Ware und Geld(Das Kapital, 1. Auflage 1867, 1. Buch Kapitel 1.); aus Herausgegeben von Iring Fetscher, Karl Marx, Friedrich Engels Band. 2 Politische Oekonomie, S. 246: 『자본론』, 제1권, 초판, 제1장.]

그뿐만 아니라 상품에 내재되어 있는 사용가치와 가치 사이의 모순이 교환의 역사적 발전과정에서 특정한 한 상품이 화폐로 전화됨으로써 일시적으로 해결됨을 밝히고 있다.

**** 교환과정에서 발생하는 법률관계는 경제적 관계가 반영된 의지관계이다.**

교환과정은 "서로 독립적인 개인들이 개입하는 사회적 과정이지만 개인들은 이 과정에 상품소유자들로서 개입한다. 그들의 서로를 위한 상호 존재는 그들 상품의 존재이고 그리하여 그들은 사실상 교환과정의 의식적 담지자로서만 나타난다."[MEW, 13, S. 28.]

그리하여 맑스는 제2장 '교환과정'을 다음과 같이 시작한다: "상품들은 스스로 시장에 걸어갈 수도 없고 또 스스로 자신들을 교환할 수도 없다. 따라서 우리는 그것들의 보호자인 상품소유자들을 찾아내지 않으면 안 된다. 상품은 물적 존재인 만큼 인간에게 반항할 수는 없다. 그것들이 만약 순종하지 않는다면 인간은 폭력을 사용할 수 있다. 바꾸어 말하면 인간은 그것들을 점유할 수 있다. 이 물적 존재들을 서로 상품으로서 관계를 맺기 위해서는 상품보호자들은 자신들의 의지를 그 물적 존재들에 담은 사람들로서 서로 상대해야만 한다. 그리하여 한편은 다른 편의 동의에 의해서만, 즉 양쪽 모두 양자에 공통된 하나의 의지행위를 매개로 해서만 자기의 상품을 상대방의 것으로 만들고 상대방의 상품을 자기의 것으로 만드는 것이다. 그러므로 그들은 서로를 사적 소유자로 인정해 주어야만 한다. 법률적으로 확정되건 않건 간에 계약의 형식을 취하는 이 법률관계는 경제적 관계가 반영되어 있는 하나의 의지관계이다. 이 법률관계나 의지관계의 내용은 경제적 관계 자체에 의해 주어진다."[MEW, 23, S. 99.][1]

1 필자 주: 맑스는 제2장 '교환과정'에서 상품교환 당사자들의 교환의지에 대해 누구든지 쉽게 이해할 수 있는 문장으로 시작한다. 그러므로 이 첫 단락의 중요성을 간과하기 십상이다. 이 첫 단락의 문장은 소비에트 연방 공화국(소련)의 법학자인 오이겐 파슈카니스(Eugen Paschukanis: 1891-1937)의 '법의 일반이론'에 이론적 기초를

여기에서 사람들은 서로에 대해 오로지 상품의 소유자로서만, 즉 대리인으로서만 존재할 뿐이다. 사람들의 경제적 분장은 그저 경제적 관계들의 인격화에 지나지 않으며 사람들은 경제적 관계들의 담지자로서 서로 대면할 것이다.

**** 상품들의 전면적 교환에 내포된 모순**

*** 상품은 사용가치로 실현되기 전에 가치로서 실현되어야 한다.**

상품소유자들을 상품들과 구별해 주는 것은, 상품은 다른 모든 상품체를 오로지 자기 자신의 가치의 현상형태(교환가치: 필자)로서만 인식할 뿐이라는 사실이다. 따라서 태어날 때부터 수평주의자이며 냉소주의자인 상품은 다른 어떤 상품과도 교환할 준비가 되어 있다. 그러나 상품에는 다른 상품체의 구체적 속성을 파악할 감각이 결여되어 있으므로 상품소유자는 이것을 자신의 오관과 그 이상의 감각을 동원하여 보완해야 한다.

제공했으며 잠시나마 그의 이론이 소련 내 법학계에서 하나의 학파인 '법의 상품교환학파'(Commodity Exchange School of Law)를 형성하는 데 기여하였다. 그러나 부르주아 법률학에 대한 맑스주의적 비판으로서 파슈카니스의 이론은 특히 법의 소멸에 대한 그의 견해가, 즉 상품교환이 존속하는 한 부르주아 법은 사라질 수 없다는 그의 논리적인 귀결은 프롤레타리아트의 독재의 필요성, 그리고 그것의 보조적인 역할을 해야 하는 소비에트 법의 필요성과 양립할 수 없게 되어 그는 1937년 초에 숙청당하였다. 파슈카니스는 순수 법학이론을 정립하려고 하기보다는 법형태와 이 법형태를 표현하는 특유한 법률적 범주들, 즉 법률관계나 권리 주체 등등의 사회학적 해석을 제공하려 노력했다. 그는 이러한 법형태의 분석을 위해 맑스의 정치경제학 비판의 방법, 특히 『자본론』 제1권의 상품형태 분석의 방법을 발전시켰다. 위에 인용한 맑스의 문장은 파슈카니스의 법률관계, 권리 주체 등의 개념을 이해하는 데 결정적이다. 상품소유자들 사회의 생산과정에서 사회적 관계들은 물적 형태를 취하고 교환과정에서의 가치 실현은 상품소유자들의 의식적인 의지행위를 전제로 한다. 따라서 법률관계는 단지 상품화된 노동생산물 간 관계의 이면에 불과하며 권리 주체란 바로 상품을 처분하는 상품소유자이다. 이것을 바탕으로 한 파슈카니스의 국가론에 관한 문제의식은 다음과 같다: 왜 인구의 한 부분이 다른 부분에 종속되지 않고 공식적인 국가지배의 형태를 취하는가, 왜 국가는 지배계급으로부터 분리되어 비개인적인 사회로부터 분리된 공적 권력기구의 형태를 취하는가이다. 그의 견해에 의하면 국가는 시장에서 두 교환자들 중 어느 누구도 교환행위를 독단적으로 규제할 수 없고 교환행위를 위해 상품소유자들이 서로 수여해야 하는 보장을 구현하고 그에 따라 상품소유자들 사이의 교제의 규칙들을 구체화하기 위해 발생한다는 것이다.[오이겐 파슈카니스, 『법의 일반이론과 맑스주의』(박대원 역), 2008, 신서원; 박대원, 「파슈카니스의 법의 일반이론 – 그것의 해석과 비판」, 『러시아어문학연구논집』, 제24집 별쇄본, 2007, 한국러시아문학회 참조.]

모든 상품은 사용가치와 가치의 통일인데, 그것의 소유자에게는 비사용가치이고 그것의 비소유자에게는 사용가치이다. 그러므로 상품들은 모두 그 소유자를 바꾸어야 하는데, 이것을 상품의 교환이라 한다. 하나의 상품이 다른 상품과 교환되기 위해서는 그 상품은 다른 상품과 가치관계를 맺어야 한다. 달리 말해, 이러한 교환을 통해서만 상품은 가치로서 서로 관계를 맺고 또 가치로서 실현된다. 따라서 상품들은 사용가치로서 실현되기에 앞서 가치로서 실현되어야 한다.

『정치경제학 비판을 위하여』에서는 이에 대해 보다 더 현학적으로 다음과 같이 서술되어 있다. "상품은 … 사용가치**이다**. 그러나 동시에 그것은 상품으로서는 사용가치가 **아니다**. 그것이 그것의 소유자를 위한 사용가치, 즉 그 자신의 욕구를 충족시키기 위한 수단이라면 그것은 상품이 아닐 것이다. 상품소유자에게 상품은 오히려 **비사용가치**, 즉 단순히 교환가치의 소재적 담지자 또는 단순한 **교환수단**이다. 교환가치의 적극적 담지자로서 사용가치는 교환수단이 된다. 상품소유자에게 상품은 교환가치로서만 사용가치이다. 따라서 상품은 우선은 타인을 위해서 비로소 사용가치가 **되어야 한다**. 상품은 원래의 소유자에게는 사용가치가 아니므로 다른 상품의 소유자에게 사용가치이다. 그렇지 않으면 그의 노동은 쓸모없는 노동이고 그러므로 그것의 결과는 상품이 아니다. 다른 한편으로 상품은 상품소유자 자신을 위해서 사용가치이어야 하는데, 그 까닭은 그의 생활수단들이 그 상품 이외의 다른 상품들의 사용가치들로 존재하기 때문이다. 사용가치로 **되기** 위해서 상품은 자신이 충족의 대상이 되는 특수한 욕구에 마주 서야 한다. 그러므로 상품들의 사용가치들은 자신들이 전면적으로 위치를 바꾸면서, 자신들이 교환수단인 손에서부터 자신들이 사용 대상이 되는 손으로 옮아가면서 사용가치들로 **된다**. 상품들의 이러한 전면적인 **양도**에 의해서만 그것들에 포함된 노동은 유용노동이 된다. 사용가치들로서 상품들의 이러한 **진행 중에 있는** 상호 관계에서 상품들은 아무런 새로운 경제적 형태규정성도 얻지 않는다. 오히려 그것들을 상품으로 특징지었던 형태규정성이 사라진다. 예를 들어, 빵은 제빵공의 손에서 소비자의 손으로 넘어가면서 빵으로서의 자신의 존재를 변화시키지 않는다. 빵이 제빵공의 손에서는 한 경제적 관계의 담지자, 감각적으로 초감각적인 사물이었던 데 반해, 소비자가 비로소 사용가치로서의, 일정한 식량으로서의 빵에 관계를 맺는다. 그러므로 상품들이 사용가치들로 되면서 겪는 유일한 형태 변화는 그것들의 소유자에게는 비사용가치였고, 비보유자에게는 사용가치였던 그것들의 형식적 존재의 지양이다. 상품들의 사용가치들로서의 형성은 그것들의 전면적인 양도, 즉 교환과정 속으로의 진입을 전제로 하나, 교환을 위한 그것들의 존재는 교환가치(가치: 필자)들로서의 그것들의 존재이다. 따라서 사용가치들로서 실현되기 위해 상품들은 교환가치(가치: 필자)들로서 실현되어야 한다." [MEW, 13, S. 28-29.]

*** 상품은 가치로서 실현되기 전에 사용가치로서 실증되어야 한다.**

다른 한편, 상품들이 사용가치와 가치라는 대립물의 통일이라는 사실 때문에 상품들은 가치로서 실현될 수 있기 전에 자신들이 사용가치임을 증명해야 한다. 왜냐하면 그 상품들에 지출된 인간노동이 타인에게 유용한 형태로 지출되었을 경우에만 유효하게 계산이 되기 때문이다. 그런데 그 노동이 타인에게 유용한지는, 따라서 그 생산물이 타인의 욕망을 만족시키는지는 오직 교환을 통해서만 증명될 수 있다: "사용가치의 관점에서는 개별 상품이 원래의 자립적 사물로서 나타난다면, 이에 반해 교환가치로서의 그것은 처음부터 다른 모든 상품들과의 관계 속에서 관찰되었다. 그렇지만 이 관계는 이론적인, 생각된 관계일 뿐이었다. 그것이 실증되는 것은 교환과정에서뿐이다. 다른 한편으로 상품은 노동시간을 일정량이 그 속에 소비되어 있고, 따라서 그것이 **대상화된 노동시간**인 한에 있어서 교환가치(가치: 필자)**이기는** 하다. 그러나 그것은 직접 그대로는 특수한 내용의, 대상화된 개인적 노동시간이지 **일반적** 노동시간은 아니다. 따라서 그것은 직접적으로는 교환가치(가치)가 **아니므로** 비로소 그것이 **되어야** 한다. 우선 그것은 그것이 일정한 유용한 사용, 즉 사용가치로 노동시간을 제시하는 한에 있어서만 일반적 노동시간의 대상화일 수 있다. 이는 상품들에 포함된 노동시간을 일반적, 사회적 노동시간으로 전제했던 소재적 조건이었다. 따라서 상품이 교환가치(가치: 필자)로서 실현됨으로써만 사용가치로 될 수 있다면, 다른 한편 그것은 자신의 양도에서 사용가치로 입증됨으로써만 교환가치(가치)로서 실현된다."[MEW, 13, S. 29.]

*** 교환과정에 내포된 모순**

앞에서 우리는 다만 상품들 스스로가 어떻게 서로 사용가치들로서 관계되는가, 즉 상품들이 사용가치들로서 교환과정 안에서 어떻게 등장하는가만 보았다. 이에 반해서 가치는 단순히 개별 상품소유자의 추상 속에 존재하고 있었다. 그러나 상품들 자신은 교환과정 내에서는 사용가치들로서뿐만 아니라 서로에 대한 교환가치들로서 존재하고 있어야 하며, 이러한 그들의 존재는 그들 자신의 상호 관계로서 나타나야 한다. 우리가 직면한 난관은 가치로서, 즉 대상화된 노동으로서 제기되기 위해서는 상품이 미리 사용가치로서 양도되어야 하는 한편, 그 반대로 상품의 양도는 그것의 가치로서의 존재를 전제로 한다는 것이다. 이를 간략하게 표현해 상품들은 한편으로는 사용가치로 실현되기 이전에 가치로서 실현되어야 하며, 다른 한편으로는 가치로서 실현되기 이전에 사용가치로서 실증되어야 한다고 했다. 이것은 상품들이 사용가치와 가치라는 대립물의 통일이라는 사실의 당연한 귀결이다. 교환과정 속에 존재하는 이 모순은 해결되어야 하는데 이 모순은 다음과 같이 서술될 수 있다: 상품소유자는 누구든지 자신의 욕구를 만족시켜 줄 사용가치를 지닌 다른 상품소유자와의 교환을 통해서만 자신의 상품을 양도하려고 한다. 그러한 한에서 교환은 상품소유자에게는 그저 개인적 과정에 불과하다. 다른 한편, 그는 자신의 상품을 가치로서 실현하고자 한다. 즉, 그는 자신의 상품이 다른 상품소유자에게 사용가치가 있든지 없든지 간에 상관없이 단지 자신의 상품을 동등한 가치를 포함한 다른 상품과 교환하고자 한다. 그러한 한에서 교환은 그에게는 일반적 사회적 과정이다. 그러나 동일한 과정이 동시에 오로지 개인적인 것이면서 또한 동시에 일반적 사회적일 수만도 없다.

좀 더 자세히 가치형태 측면에서 살펴보면, 어떤 상품소유자라도 타인의 상품들은 모두 자기 상품의 특수한 등가물로 간주하며 자신의 상품은 타인의 상품들의 일반적 등가물로 간주한다. 그러나 이것은 모든 상품소유자들에게 적용되므로, 사실상 어떤 상품도 일반적 등가물일 수 없고, 그리하여 상품들은 상품들이 가치로서 등치되고 가치크기로서 비교되는 일반적 상대적 가치형태도 갖지 못한다. 그러므로 그것들은 결코 상품(가치: 필자)으로서 대면하는 것이 아니라 다만 사용가치들로서 대면하는 것이다. 따라서 모든 상품들이 가치로서 서로 등치되어 가치크기로서 서로 비교될 수 없다. 이것이 상품들의 교환에 존재하는 모순이다.

맑스는 이 모순을 또한 다음과 같이 묘사하고 있다. "한 상품은 그것이 사용가치, 즉 특수한 욕구의 대상이 되는 사람에게만 사용가치로서 양도될 수 있다. 다른 한편, 상품은 다른 상품의 소유자가 그 상품을 대상으로 하는 특수한 욕구와 자신을 접촉시킴으로써만 다른 상품을 받고 양도되거나 또는 다른 상품의 소유자 편에 서자면 그 소유자는 그의 상품을 마찬가지로 양도, 즉 실현할 수 있다. 따라서 **사용가치**들로서의 상품들의 전면적인 양도에서는 그들의 고유한 속성들에 의해 특수한 욕구들을 충족시키는 특수한 사물들로서 상품은 그들의 소재적 상이성에 따라 서로 관계를 맺는다. 그러나 그러한 단순한 사용가치들로서는 그것들은 서로에게 무차별적인 실존들이고 오히려 무관계하다. 그것들은 특수한 욕구들과 관계를 맺음으로써만 사용가치들로서 교환될 수 있다. 그러나 그것들은 등가물로서만 교환 가능하며 똑같은 양의 대상화된 노동시간으로만 등가물들이므로 사용가치들로서의 그것들의 모든 속성들에 대한 모든 고려, 따라서 상품들의 특수한 욕구들과의 관계에 대한 모든 고려는 완전히 말소되어 버린다. 오히려 한 상품은 그것이 다른 상품의 소유자에게 사용가치이든 아니든 상관없이 임의로 등가물로서 다른 상품의 일정량을 대치하면서 교환가치로서 작동된다. 그러나 그것은 다른 상품의 소유자에게는 이를 위한 사용가치인 한에서만 상품이며, 상품 자신의 소유자에게는 타인을 위한 상품인 한에서만 교환가치이다. 이러한 관계는 본질적으로 똑같은, 다만 양적으로는 상이한 크기들로서의 상품들의 관계이고, 일반적 노동의 물상화로서의 그들의 등치이지만, 동시에 질적으로 상이한 사물들로서, 특수한 욕구들을 위한 특수한 사용가치들로서의 그들의 관계, 간단히 말해 그들을 실제적 사용가치들로서 구별하는 관계이어야 한다. 그러나 이 등치와 구별은 상호 배타적이다. 그리하여 한 문제의 해결은 다른 문제의 해결을 전제로 하므로 문제들의 악순환이 제시될 뿐 아니라, 한 조건의 충족은 그 반대의 충족에 직접 묶여 있으므로 모순되는 요구들의 총체가 제시된다." [MEW, 13, S. 30.]

**** 화폐의 내재적 발생에 의한 모순의 해결**

*** 모순은 화폐의 발생에 의해 해결된다.**

이 곤경에 처한 상품소유자들은 파우스트처럼 생각한다. 태초에 행동이 있었다. 상품소유자들은 본능적으로 상품 본성의 법칙들에 순응하였다. 그리하여 상품소유자들은 자신들의 상품을 일반적 등가물로서의 다른 어떤 한 상품에 대립적으로 관련시킴으로써 자신들의 상품을 가치로서 관련시키며 또 그럼으로써 상품으로서 서로 관련시킬 수 있다.

우리는 상품을 분석함으로써 이를 알게 되었다.(1-4. '가치형태 또는 교환가치'를 참조할 것: 필자.) 그러나 오직 사회적 행위만이 어떤 특정한 상품을 일반적 등가물로 만든다. 그러므로 다른 모든 상품들의 사회적 행동이 어느 특정한 상품을 배제시키며, 배제된 이 상품을 통해 다른 모든 상품들은 자신들의 가치를 전면적으로 표시한다. 그 결과 바로 이 상품의 현물형태에 사회적으로 통용되는 등가형태, 즉 일반적 등가물이라는 특수한 기능이 부여된다. 결과적으로 이 상품이 화폐가 된다.

다시 언급하면, "화폐결정체는 서로 다른 노동생산물들이 실제로 상품들로 전화되는 교환과정의 필연적인 산물이다. 교환의 역사적인 확대와 진화는 상품 속에 내재된 사용가치와 가치의 대립을 발전시킨다. 상거래를 위하여 이 내적 대립을 외적으로 나타내려는 욕구는 상품가치의 자립적 형태를 추구하며, 그리하여 상품과 화폐로의 상품의 이중화를 통해 이러한 형태, 즉 화폐형태에 최종적으로 이를 때까지는 결코 멈추지 않는다. 따라서 노동생산물의 상품으로의 전화가 성취되는 것과 같은 정도로 상품의 화폐로의 전화가 이루어진다."[MEW, 23, S. 101-102.][2]

2 맑스 주: "이로부터 상품생산을 영구화하고 또 동시에 '화폐와 상품의 대립'을 폐지하며 그리하여 화폐 그 자체를 폐기하려는 – 왜냐하면 화폐는 오직 그 대립에서만 존재하기 때문이다 – 소부르주아적 사회주의의 교활함을 판단해 볼 수 있을 것이다. 만약 그것이 가능하다면 교황을 폐지하고도 가톨릭교를 존속시킬 수 있을 것이다." [MEW, 23, S. 102, 각주 40.] 여기에서는 우선 맑스의 프루동과 그의 학파에 대한 비판적 입장에 대해 간략하게 언급하기로 하고 좀 더 상세한 맑스의 비판적 견해는 MEW, 13, S. 66-69에서 다루기로 한다: 맑스는 자신의 이론작업을 프루동 및 프루동주의자들의 소부르주아적 경제관에 대한 비판으로 시작한다. 왜냐하면 맑스는 프루동주의에 대한 비판을, 즉 사이비 사회주의적 '거짓 형제'와의 경계 설정을 과학적 사회주의의 중요한 과업으로 여겼기 때문이다. 맑스와 엥겔스는 1857년의 경제위기와 관련해서 기대하였던 혁명적 상황은 부르주아적 질서가 혁명적 과정에 의해 전복되었을 때만 가능하다고 믿었다. 따라서 은행의 개혁을 통해 자본주의의 적대적 모

앞의 문장들만으로는 화폐의 발생을 통해 교환과정 내에 존재하는 모순이 해결된다는 것을 현재로서는 쉽게 이해하기 힘들다. 그러므로 약간의 설명이 필요하다고 생각된다.

아래에서 언급한 직접적인 물물교환으로부터 화폐에 의한 상품교환으로의 전화가 이루어지면 상품의 전면적 교환에 내포된 모순이 해결된다는 것은 화폐는 일반적 등가물로서 모든 다른 상품들과 직접적으로 교환이 가능하니까 상품소유자는 가치물로서의 자신의 상품을 가치의 체화물이며 일반적 등가물인 화폐에 대립시켜 교환과정을 통해 자신의 상품의 가치를 실현(판매)하고, 화폐소유자는 자신의 화폐로 교환과정에서 자신이 원하는 사용가치로서의 상품을 실현하게(구매) 된다. 모든 판매는 동시에 상대방에게는 구매이다. 그러므로 동일한 행위가 가치를 실현하는 동시에 사용가치를 실현하게 되는 것이다. 교환과정의 모순은 이렇게 화폐의 발생에 의해 해결된다는 것이다.

**** 화폐 발생의 내재적 근거**

필자는 화폐의 본질과 그 발생의 논리적 내재적 근거에 대한 이해와 제3장 '화폐와 상품유통'에 대한 이해를 돕기 위해 여기에서 화폐의 발생에 대해 다시 한 번 언급하고자 한다.[MEW, 13, S. 30-34 참조.]

순들이 제거될 수 있을 것이라는 프루동주의의 명제 역시 반박되어야만 했다. 맑스는 부르주아 사회의 개혁을 목표로 하는 프루동의 이론을 『철학의 빈곤』(1847)에서 비판하였으나 거기에서는 여전히 리카도의 경제적 관점에 상당히 의존해야만 하였다. 그러나 『요강』(1857-1858)에서는 프루동주의를 맑스 자신의 경제이론의 입장에서, 즉 과학적 사회주의의 입장에서 프루동주의를 비판하는 것이 문제였다. 자본주의적 사회의 적대적인 모순들은 "조용한 형태의 변화에 의해서는 결코 폭파될 수 없다" [『요강 초고』, S. 77.]는 것을, 부르주아 사회를 유지하고 그것의 결함을 고치려는 프루동주의자들의 시도들은 노동자 계급을 분열시키고 사회주의 혁명에 대한 각오를 다른 곳으로 돌리게 하는 파렴치한 공상을 의미한다는 것을 입증해야만 하였다. 이 과업의 중요성은 맑스의 『프랑스 내전』에 대한 엥겔스의 서문에 의해 판단할 수 있을 것이다. 이 서문에서 엥겔스는 직접적으로 코뮌의 경제적 실패에 대한 책임을 프루동학파에게 지운다. 엥겔스는 코뮌은 "사회주의 프루동학파의 무덤" [F. Engels, Einleitung zu Karl Marx' "Buergerkrieg in Frankreich 1848 bis 1850", 출처: MEW, 22, S. 197.]이라고 기술하였다.

우리는 제2장의 첫머리에서 인용한 맑스의 글에서 상품들이 사용가치들로서 교환과정 속으로 어떻게 등장하는가만을 파악했다. 이에 반해 (교환: 필자) 가치는 단순히 개별 상품소유자의 추상 속에 존재하고 있었다. 그러나 상품들 자신은 교환과정 내에서는 사용가치들로서뿐만 아니라 서로에 대한 (교환: 필자)가치들로서 존재하고 있어야 하고, 이러한 그것들의 존재는 그것들 자신의 상호 관계로서 나타나야 한다. 우리가 맨 먼저 직면하였던 어려움은 (교환: 필자)가치로서, 대상화된 노동으로서 제시되기 위해서는 상품이 미리 사용가치로서 양도되어야 하는 한편, 상품의 양도는 그것의 (교환: 필자)가치로서의 존재가 전제되어야 한다는 것이다.

그 상품이 자신의 특수한 사용가치를 벗어버리고 개별자 자신을 위한 특수한 노동이 아니라 사회적으로 유용한 노동이라는 소재적 조건이 양도에 의해 충족되었다고 하더라도 그 상품은 교환과정에서 다른 상품들에 대한 교환 가능한 일반등가물, 대상화된 일반적 노동시간으로 되어야 하고, 더 이상 하나의 특수한 사용가치라는 제한된 작용이 아니라 그것의 등가물로서의 모든 사용가치들로 직접 제시될 수 있는 능력을 획득해야 한다.

그러나 각 상품은 자신의 특수한 사용가치를 양도함으로써 일반적 노동시간의 물상화로 나타나야만 하는 상품이다. 그러나 다른 한편으로 교환과정에서는 특수한 상품들만이, 즉 특수한 사용가치들에 체화된 사적 개인들의 노동들만이 마주 선다. 일반적 노동시간 자신은 그 자체로서는 상품들에게는 존재하지 않는 하나의 추상이다.

제2형태(전개된 가치형태)에서의 등식에는 상품 A, 상품 B, C, D 등에 똑같은 크기의 일반적 사회적 노동시간이 대상화된 것처럼 보인다. 그러나 실은 이들 특수한 사용가치로 제시된다는 사적 노동들은 그 안에 포함된 노동시간의 지속에 비례해서 서로 실제로 교환됨으로써만 일반적 노동이 되고 이 형태로 사회적 노동이 된다. 말하자면 사회적 노동시간은 이들 상품에 잠재적으로만 존재하며 비로소 교환과정에서 드러난다. 따라서 사회적 노동은 완성된 전제가 아니라 이루어지는 결과이다. 그리하여 상품들은 한편으로는 대상화된 일반적 노동시간으로서 교환과정에 들어가야 하고, 다른 한편으로는 개인들의 노동시간을 일반적 노동시간으로서의 대상화 자체는 교환과정의 결과라는 새로운 어려움이 생겨난다.

상품은 그것의 사용가치를 양도함으로써만 가치라는 그것에 상응하는 존재를 획득한다. 따라서 상품은 교환과정에서 자신의 존재를 이중화해야 한다. 다른 한편으로, 가치 그 자체인 그 상품의 제2의 존재는 다른 하나의 상품일 수밖에 없다. 왜냐하면 교환과정에서는 단지 상품들만이 마주 보고 서 있기 때문이다.

그렇다면 어떻게 한 특수한 상품이 직접적으로 대상화된 일반적 노동시간을 제시하는가? 달리 말해, 한 특수한 상품에 대상화된 개인적 노동시간이 어떻게 일반적 노동시간이라는 성격을 갖게 되는가?

한 특수한 상품의 일반적 등가물로서의 존재는, 제2형태(전개된 가치형태)의 등식을 단지 도치시켜 제3형태(일반적 가치형태)의 등식으로 전환시키면, 단순한 추상에서 교환과정 자체의 사회적 결과가 된다. 제3형태에서는 모든 상품이 자신에 포함된 노동시간을 상품 A로 표현함으로써 상품 A의 가치는 그 반대로 자신의 등가물로서의 모든 상품들에서 표현되고, 아마도 자신에 대상화된 노동시간은 다른 모든 상품들의 상이한 분량에서 균등하게 제시된다는 일반적 노동시간이 된다. 상품 A는 그에 대한 다른 모든 상품들의 전면적 행위에 의해 일반적 등가물이 된다. 가치로서의 각 상품은 다른 모든 상품들의 가치척도가 되었다. 이제는 반대로 모든 상품들이 그것들의 가치를 하나의 특수한 상품으로 측정함으로써 이 배제된 상품은 교환가치의 적절한 존재, 즉 일반적 등가물이라는 존재가 된다. 그리하여 이제 교환과정 안에서 상품들은 서로에 대해 존재하거나 또는 상품 A 형태의 교환가치들로 서로 나타난다. 모든 상품들이 교환가치들로서, 다만 대상화된 일반적 노동시간을 상이한 양으로서 서로 관계되었던 것이 지금은 그들이 교환가치로서 상품 A라는 동일한 대상의 상이한 양들로서만 제시되는 것으로 나타난다. 따라서 일반적 노동시간도 하나의 특수한 상품, 즉 모든 상품의 옆과 밖에 있는 한 상품으로서 나타난다. 그러나 동시에 상품이 상품에 대해 교환가치로 나타나는 등식(u량 상품 B = x량 상품 A)은 아직 실현되어야 하는 등치이다. 교환과정에서 상품이 한 욕구의 대상으로서 입증되느냐가 달려 있는 상품의 사용가치로서의 양도에 의해서만 상품은 실제로 상품 B로부터 상품 A로 전환되며, 그리하여 일반적 등가물의 형태를 취하고 실제로 다른 모든 상품에 대한 교환가치가 된다.

그와는 반대로 모든 상품들이 사용가치들로서의 양도에 의해 상품 A로 전환됨으로써 상품 A는 다른 모든 상품의 전환된 존재가 되고, 다른 모든 상품들의 상품 A로의 이러한 전환의 결과로서만 상품 A는 직접 일반적 노동시간의 대상화, 즉 개별적 노동들의 전면적 양도의 산물이 된다.

상품들이 서로에 대한 교환가치들로서 나타나기 위해 이렇게 그들의 존재를 이중화시키면, 일반적 등가물로 배제된 상품도 자신의 사용가치를 이중화시킨다. 즉, 특수한 상품으로서의 특수한 사용가치 이외에도 그 상품은 일반적 사용가치를 획득한다. 이 사용가치는 교환과정에서 다른 상품들이 그 상품에 대해 전면적으로 작용한 결과 이 상품이 연출하는 특수한 역할에서 유래한다. 한 특수한 욕구의 대상으로서 각 상품의 사용가치는 상이한 손에서 상이한 가치를, 예를 들어 그것을 양도하는 자의 손에서는(교환가치) 그것을 획득하는 자의 손에서와(사용가치) 다른 가치를 갖는다. 일반적 등가물로 배제된 상품은 이제 교환과정 자체에서 발생하는 욕구의 대상이며 교환가치의 담지자, 일반적 교환수단이라는 동일한 사용가치를 모든 사람들에 대해 갖는다.

그리하여 상품 자체에 내포된 모순은, 즉 특수한 사용가치이자 동시에 일반적 등가물이고 따라서 모든 사람에 대한 사용가치, 일반적 사용가치인 이 상품에 의해 해결되었다. 그러므로 이제 다른 모든 상품들은 우선 자신들의 교환가치를 배타적 상품과의 관념적인, 이제 실현되어야 할 등식으로 나타내야 하는 반면에, 이 배타적 상품에게는 그 사용가치가 현실적임에도 불구하고 과정 자체에서 실제적 사용가치들로 전환됨으로써 비로소 실현될 수 있는 단순한 형태현존재로 나타난다.

원래 상품은 상품 일반으로서, 한 특수한 사용가치에 대상화된 일반적 노동시간으로 제시되었으나 교환과정에서는 모든 상품들은 상품 일반, 대표 상품, 한 특수한 사용가치에 대상화된 일반적 노동시간의 존재인 배타적 상품과 관계를 맺는다. 따라서 특수한 상품들로서 그들은 일반적 상품으로서의 특수한 한 상품과 대립적인 관계를 맺는다. 그리하여 상품소유자들이 일반적 사회적 노동으로서의 그들의 노동으로 서로 관계하는 것이 그들이 교환가치들로서의 그들의 상품에 관계하는 것으로 나타난다. 교환과정에서 상품들의 교환가치들로서의 상호 관계는 한 특수한 상품의 다른 모든 상품들에 대한 그것들의 전면적 관계인데, 이는 반대로 다시 이 특수한 상품의 다른 모든 상품들이 대한 고유한 관계로, 따라서 한 사물의 일정한 흡사 자연발생적으로 사회적인 성격으로 나타난다. 이렇게 모든 상품의 가치의 존재를 제시하는 특수한 상품, 또는 한 특수한 배타적인 상품으로서의 모든 상품들의 교환가치가 화폐이다. 그것은 상품들이 교환과정 자체에서 형성한 상품들의 교환가치의 결정화이다. 따라서 상품들은 모든 형태규정성을 벗고 그들의 직접적인 소재적 형태로 서로 관계를 맺으면서 교환과정 안에서 서로에 대한 사용가치들로 되는 한편, 서로 교환가치들로 나타나기 위해서는 화폐 형성으로 나아가야 한다.

** 교환의 역사적 발전

* 직접적인 물물교환으로부터 상품교환으로의 발전

직접적인 물물교환은 한편으로는 단순한 가치표현의 형태를 가지고 있으나, 다른 한편으로는 아직 그것을 갖고 있지 못한다.

단순한 가치표현 형태는 x량 상품 A = y량 상품 B이다.

직접적인 물물교환의 형태는 x량 사용 대상 A = y량 사용 대상 B이다.[3]

이 직접적인 물물교환의 형태에서 A와 B라는 물품은 교환 이전에는 아직 상품이 아니었으나 교환에 의하여 비로소 상품이 된다.

어떤 사용 대상이 잠재적 교환가치(상품: 필자)일 수 있는 첫 번째 조건은 그 소유자의 직접적인 욕망을 초과하는 양의 사용가치, 즉 비사용가치로서 대상의 존재이다.

물적 존재는 그 자체로서는 인간에 외적인 것이므로 양도될 수 있다. 이 양도가 상호적이기 위해서는 사람들이 양도할 수 있는 물품들의 사적 소유자로 서로 대면하고, 또 그렇게 함으로써 서로 독립된 인격으로 대면하기만 하면 된다.

그러나 서로가 서로에 대해 타인이라는 관계는 자연발생적인 공동체 – 그것이 가부장제적인 가족의 형태를 취하든, 고대 인도적인 형태를 취하든, 또는 페루의 잉카 제국의 형태를 취하든 간에 – 의 구성원에게는, 즉 공동체의 품 안에서는 존재하지 않는다.

그리하여 상품교환은 이러한 공동체가 끝나는 곳, 즉 하나의 공동체가 다른 공동체 또는 다른 공동체의 구성원들과 접촉하게 되는 바로 그 지점에서 비

3 맑스 주: "두 개의 서로 다른 사용 대상이 교환되지 않고, 미개인 사회에서 가끔 보듯이 여러 잡다한 물건들이 제3의 물건에 대하여 등가물로서 제공되는 동안은 직접적인 물물교환 그것은 겨우 시작 단계에 들어섰을 뿐이다." [MEW, 23, S. 102.]

로소 시작되며 거기에서 공동체 내부로 침투하여 궁극적으로 공동체 자체 내에서 화폐를 발생시켜 공동체에 해체적 영향을 미친다. 직접적인 물물교환이 화폐의 발생으로 인해 소멸되고 상품생산으로 전화되는 과정을 맑스는 다음과 같이 서술하고 있다. "교환과정의 자생적 형태인 직접적인 물물교환은 상품들의 화폐로의 전환이 시작되는 것보다는 오히려 사용가치들의 상품들로의 전환이 시작되는 것을 나타낸다. 교환가치는 자유로운 형체를 얻지 않고 아직 사용가치에 직접적으로 묶여 있다. 이는 이중적으로 보여진다. 생산 자체가 그 전체적 구조에 있어서 교환가치가 아니라 사용가치를 지향하며, 따라서 여기에서 사용가치들이 사용가치이기를 중단하고 교환의 수단이 되는 것은 오직 소비를 위해 필요한 정도를 넘는 사용가치들의 잉여에 의해서만이다. 다른 한편으로 그들은 비록 양극적으로 배분되지만 직접적인 사용가치의 한계 내에서만 상품들이므로 상품소유자들에 의해 교환될 상품들은 양자를 위해 사용가치들이어야 하며, 더 나아가 각 상품은 그것의 비소유자에게도 사용가치이다. 사실 상품들의 교환과정은 원래 자생적 공동체들의 품 안에서 나타나지 않고 그것이 멈추는 곳, 그것의 경계에서, 그들이 다른 공동체들과 접촉하는 소수의 지점에서 나타난다. 여기에서 물물교환은 시작되며 거기에서 공동체 내부로 침투하여 공동체에 해체적 영향을 미친다. 따라서 노예, 가축, 금속처럼, 상이한 공동체들 사이의 물물교환에서 상품들이 되는 특수한 사용가치들이 대부분 공동체 자체 내에서 최초의 화폐를 이룬다. 우리는 한 상품의 교환가치가 그 등가물의 행렬이 길수록 또는 그 상품의 교환 영역이 클수록 어떻게 보다 광범위하게 교환가치로서 제시되는가를 보았다. 따라서 물물교환의 점진적 확대, 교환의 증대 및 물물교환이 되는 상품의 다양화는 상품을 교환가치로서 발전시키고 화폐 형성을 재촉하며 그럼으로써 직접적인 물물교환에 해체적 영향을 미친다."[MEW, 13, S. 35-36.]

어찌되었든 일단 어떤 한 공동체의 대외적인 관계에서 상품들이 되면 그 즉시 그것들은 반사적으로 공동체 내부에서도 상품들이 된다. 그것들의 양적 교환비율은 최초에는 전적으로 우연적이다. 그것들이 교환될 수 있는 것은 그것들을 서로 양도하려는 그 소유자들의 의지행위를 통해서이다. 그러는 가운데 타인이 소유하고 있는 사용 대상에 대한 욕망은 더욱 강화된다. 교환의 끊임없는 반복은 그것을 규칙적인 사회적 과정으로 만든다. 그리하여 시간이 지남에 따라 노동생산물의 일부분은 처음부터 의도적으로 교환을 목적으로 생산되지 않을 수 없게 된다.

이 순간부터 한편으로는 직접적 필요를 위한 물품의 유용성과 교환을 위한 물품의 유용성 사이의 분리가 고정화된다. 물품의 사용가치는 교환가치와 분리된다. 다른 한편, 이들 물품이 교환된다는 양적 비율은 그것들의 생산 자체에 의존하게 된다. 관습은 그것들을 일정한 가치크기로 고정시킨다.

*** 직접적인 물물교환에는 사용가치로부터 자립된 가치형태는 존재하지 않는다.**

직접적인 물물교환에서는 어떤 상품도 그것의 소유자에게는 직접적인 교환수단이며 그것의 비소유자에게는 등가물인데, 그러나 그것은 그 상품이 비소유자들에게 사용가치인 경우에 한한다. 그리하여 교환되는 물품은 아직 그 자신의 사용가치 또는 교환하는 사람들의 개별적인 욕망으로부터 자립된 가치형태를 취하지 않는다.

**** 화폐의 발생**

*** 화폐 발생의 내재적 원인**

자립된 가치형태의 필요성은 교환과정 속에 등장하는 상품의 수와 그 다양성이 증대함에 따라 발전한다. 과제는 해결수단과 함께 발생하는 법이다. 수많은 상품소유자들의 다양한 상품들이 그 상거래에서 하나의 동일한 제3의 상품과 교환되며 또 여러 가치로서 등치되지 않고서는, 상품소유자들이 그들 자신의 물품을 여러 다른 물품들만 등치시켜 교환하는 상거래는 결코 있을 수 없다. 그러한 제3의 상품은 그것이 여러 다른 상품의 등가물이 됨으로써, 비록 좁은 한계 안에서이지만 직접적으로 일반적인 또는 사회적인 등가형태를 취한다. 이 일반적 등가형태는 그것에 생명을 불어넣어 준 일시적인 사회적 접촉들과 함께 발생 소멸한다. 그리하여 일반적 등가형태는 일시적으로 이 상품에 달라붙었다 저 상품에 달라붙었다 한다. 그러나 상품교환이 발전함에 따라서 그것은 어느 특수한 종류의 상품에 배타적으로 고착된다. 달리 말해 화폐형태로 결정화(結晶化)된다. 그것이 어떤 특정한 상품에 강하게 고착되는가 하는 것은 처음엔 우연에 따른다: "화폐는 숙고나 협정의 산물이 아니고 교환과정에서 본능적으로 형성되므로 매우 상이한, 다소 부적합한 상품들이 돌아가면서 화폐의 기능을 수행했다. 교환과정의 발전이 일정 단계에 이르면 교환가치와 사용가치의 규정들이 상품들에 양극적으로 배분됨으로써 한 상품은 … 교환수단으로서 역할을 하는 한편, 다른 상품은 사용가치로서 판매되어야 한다는 필연성은 가장 일반적인 사용가치를 가진 상품, 또는 여러 상품들이 도처에서 우연히 화폐의 역할을 수행하도록 했다."[MEW, 13, S. 35.]

대체로 두 가지 사정이 그것을 결정한다.

① 화폐형태는 외부로부터의 수입물 중에서 가장 중요한 물품에 부착된다. 사실 이 물품들은 내부 생산물들의 교환가치를 표현하는 자연발생적인 현상형태이다.

② 내부의 물품으로서 양도할 수 있고 재산의 주요 요소를 이루는 사용 대상, 예를 들면 가축과 같은 것에 부착된다. 유목민족은 그들의 모든 재산이 유

동적이고 따라서 직접 양도 가능하고 또한 그들의 생활방식이 그들을 끊임없이 다른 공동체와 접촉하게 함으로써 생산물의 교환을 자극하였기 때문에 최초로 화폐형태를 발전시켰다.

*** 화폐상품에 필요한 물리적 속성**

상품교환이 그 지역적인 한계를 타파하고, 따라서 상품가치가 점차로 인간노동 일반의 물상화로까지 확대되어 감에 따라 화폐형태는 일반적 등가물이라는 사회적 기능을 수행하기에 적합한 상품, 곧 귀금속(금과 은)으로 옮아간다.

그 이유는 금과 은의 자연적인 속성들이 화폐의 기능에[4] 적합하기 때문이었다. 금과 은이 날 때부터 화폐인 것은 아니지만 화폐는 날 때부터 금과 은이다라는 말이 바로 금과 은의 자연적 속성들이 화폐의 여러 기능들에 적합함을 잘 나타낸다. 그러면 귀금속의 자연적 속성이란 무엇인가?

① 가치의 적절한 현상형태, 또는 추상적이며 따라서 동등한 인간노동의 체화물로 될 수 있는 것은 어느 한 부분을 떼어내 보아도 동일하고 균등한 질로 되어 있는 물질뿐인데 금과 은이 이러한 속성을 지니고 있다.

② 가치크기의 구별은 순전히 양적인 것이기 때문에 화폐상품은 순전히 양적 구별이 가능해야 한다. 즉, 화폐상품은 마음대로 분할할 수 있어야 하고 그 부분들을 다시 합칠 수 있어야 하는데 금과 은은 본래부터 이러한 속성을 지니고 있다: "모든 상품에 내재되어 있는 화폐성이 그 안에 결정되어야 하는 특수한 상품에 필요한 물리적 속성들은 그들이 교환가치의 속성에서 직접 유

4 필자 주: "지금까지 우리는 화폐의 기능 가운데 하나만을, 이른바 상품가치의 현상형태로서의 기능 또는 갖가지 상품의 가치크기가 사회적으로 표현되기 위한 재료로서의 역할을 하는 기능(가치척도로서의 기능: 필자)만을 알고 있을 뿐이다." [MEW, 23, S. 104.]

래하는 한, 임의의 분할 가능성, 부분들의 동형성, 이 상품의 모든 표본의 무차별성이다. 일반노동의 물상화로서 이 상품은 동질의 물상화이어야 하고, 단순히 양적인 차이만을 제시할 수 있어야 한다. 이 상품은 유통과정에서 지속적으로 유지되어야 하므로 또 다른 필요한 속성은 그의 사용가치의 내구성이다. 귀금속들은 이러한 속성들을 탁월하게 가지고 있다."[MEW, 13, S. 35.]

다른 곳에서도 이에 대해 다음과 같이 언급된다. "일반적 노동시간 자체는 양적 차이들만을 허용함으로써 그것의 고유한 화신으로서 기능해야 할 대상은 순전히 양적인 차이만을 제시할 능력이 있어야 하고 따라서 품질의 동일성과 동형성이 전제된다. 이것은 한 상품이 가치척도로서 기능하기 위한 첫 번째 조건이다. 예를 들어, 내가 만일 모든 상품을 황소, 가죽, 곡물 등으로 평가한다면 황소마다, 곡물마다, 가죽마다 질적으로 상이하므로 사실 나는 그것들을 관념적인 평균황소, 평균가죽으로 측정해야 한다. 이에 반해 금과 은은 단일체로서 언제나 똑같고 따라서 그것들의 동일한 양들은 똑같은 크기의 가치들을 제시한다. 일반적 등가물로서 기능할 상품의, 순전히 양적인 차이들만을 제시하는 기능에서 직접 유래하는 다른 조건은, 그것들을 임의의 부분들로 분할 가능하다는 것과 나아가 다시 재결합할 수 있다는 것이므로 계산화폐가 또한 감각적으로 제시될 수 있다. 금과 은은 이러한 속성들을 훌륭하게 갖추고 있다."[MEW, 13, S. 129.]

*** 화폐상품의 사용가치의 이중화**

화폐상품(금)의 사용가치는 이중화된다.

① 그것은 상품으로서의 특수한 사용가치, 예를 들어 금과 은은 치아의 땜질용이나 사치품의 원료로 사용되는 그러한 사용가치와

② 특수한 사회적 기능(교환)으로부터 생겨나는 형태적 사용가치(일반적 등

가물)이다. 다른 모든 상품은 화폐의 특수한 등가물에 불과하고, 화폐는 그들의 일반적 등가물이므로, 그 상품들은 일반적 상품으로서의 화폐에 대하여 특수한 상품들로서 관계한다.

** 화폐의 본질에 대한 사고의 오류

앞에서 이미 살펴보았듯이 가치형태의 하나인 화폐형태란 교환과정 속에서 다른 모든 상품의 관계가 반사되어 하나의 상품에 고착된 것일 따름이다. 그렇기 때문에 화폐가 상품이다라는 것은 나중에 화폐의 완성된 형태로부터 출발하여 화폐를 분석하려는 사람에게만 하나의 발견일 뿐이다. 그러면 화폐의 본질에 대한 사고의 오류의 근거는 무엇인가. 화폐의 발생 근거에 대한 잘못된 견해를 맑스는 『정치경제학 비판을 위하여』에서 다음과 같이 서술한다. "경제학자들은 흔히 화폐를 확대된 물물교환이 부딪히는 외적 어려움에서 야기된다고 생각하는 게 보통이지만, 이때 이 어려움들이 교환가치의 발전에서, 따라서 일반적 노동으로서의 사회적 노동의 발전에서 유래한다는 것을 망각한다. 예를 들어 보자. 상품들은 사용가치로서는 임의로 분할할 수 없지만 교환가치로서는 분할할 수 있어야 한다. 또는 B의 상품은 A에게는 사용가치가 아닌 반면, A의 상품은 B에게 사용가치일 수 있다. 또는 상품소유자들은 그들의 상호 교환될 분할 가능한 상품들을 다른 가치 비율로 필요로 할 수 있다. 다른 말로 하자면, 단순한 물물교환을 고찰한다는 구실 아래 경제학자들은 실은 사용가치와 교환가치(가치: 필자)의 직접적 통일로서의 상품의 존재가 안고 있는 모순의 일정한 측면들을 구체적으로 보여 주고 있는 것이다. 다른 한편에서 그들은 일관하여 물물교환을 상품교환 과정의 적절한 형태로서 고집하고 다만 거기에는 일정한 기술적 불편이 따르기 때문에 이를 메꾸기 위해 하나의 교활하게 생각해 낸 것이 화폐라고 주장한다."[MEW, 13, S. 36.]

이러한 화폐의 본질에 대한 그릇된 견해들의 근거로는 다음과 같은 것들을 들 수 있다.

*** 가치와 가치형태를 혼동**

교환과정은 그것이 어떤 상품을 화폐로 전화시킨 그 상품에게 가치를 주는 것이 아니라 그 특수한 가치형태를 부여하는데, 이 두 가지 규정(가치와 가치형태)을 혼동함으로써

① 금과 은의 가치를 가상적인 것이라고 보는 오류에 빠지게 되었다.[5]

② 화폐는 일정한 기능들에 있어서는 자기 자신의 단순한 표장에 의해 대체될 수[6] 있기 때문에 화폐는 단순한 표장에 불과하다는 또 다른 오류가 생겨났다.

이 오류 속에는 물품의 화폐형태가 물품 그 자체에 대해 외적인 것으로서 그 배후에 숨어 있는 인간관계들의 단순한 현상형태라는 예감이 놓여 있다. 이런 의미에서는 어떤 상품 – 그것이 가치라는 점에서는 그 상품에 지출된 인간노동의 물적 외피에 불과하므로 – 이든지 하나의 표장이라는 것이다. 그러나 만약 어떤 사람이 일정한 생산양식의 기초 위에서 물품들이 받게 되는 사회적 성격이나 노동의 사회적 규정이 받게 되는 물적 성격을 단순한 표장이라고 설명한다면, 그것은 동시에 그러한 성격들을 인간 이성의 자의적 산물이라고 설명하는 것과 마찬가지이다. 이 수법은 발생과정이 아직도 해명할 수 없었던 인간관계를 수수께끼 같은 모습들로부터 잠정적으로나마 그 기이한 외모를 제거하고자 하였던 것이다.

5 맑스의 『정치경제학 비판을 위하여』의 제2장 B. 화폐의 도량 단위에 관한 이론들[MEW, 13, S. 66-77.]을 참조하시오.

6 필자 주: 이 내용은 『자본론』 제3장 '화폐 또는 상품유통', 3-2. '유통수단'에서 다루게 된다.

*** 화폐의 가치크기에 대한 오류**

이미 앞에서 언급했듯이[MEW, 23, S. 66.] 한 상품의 등가형태는 그 상품의 가치크기의 양적 규정을 포함하고 있지 않다. 그러므로 금이 화폐이고 따라서 다른 모든 상품들과 직접 교환될 수 있다는 것을 알았다고 해서, 예를 들어 10g의 금이 얼마만큼의 가치가 있는지를 알 수 있는 것은 아니다. 다른 모든 상품들과 마찬가지로 화폐도 그 자신의 가치크기를 다른 상품들로써 오직 상대적으로 표현할 수 있을 뿐이다. 그 자신의 가치는 그 생산에 필요한 노동시간에 의해 규정된다. 같은 양의 노동시간이 응결되어 있는 다른 상품의 양으로 표현된다. 그 금의 상대적 가치크기는 그 금의 산출지에서 직접적인 교환거래에 의하여 확정된다. 그 금이 화폐로서 유통에 들어올 때 그 가치는 이미 주어져 있는 것이다.

*** 화폐의 물신숭배성**

이미 앞에서 노동생산물은 상품형태를 취하자마자 물신적 성격을 갖게 된다는 것과[MEW, 23, S. 85-90.] 상품의 물신적 성격은 등가형태에 있어서 더욱 현저하게 나타난다는 것이 밝혀졌다[MEW, 23, S. 72.]. 맑스는 여기에서 다시 한 번 등가형태의 완성형태인 화폐형태의 물신적 성격에 대해 아래와 같이 언급한다. "우리는 이미 x량 상품 A = y량 상품 B라는 가장 단순한 가치표현에서, 다른 어떤 물품의 가치크기를 표현해 주는 물품은 등가형태를 마치 이러한 관계와는 독립된 사회적인 자연속성으로서 가지고 있는 것처럼 보인다는 것을 알았다. 우리는 이 잘못된 외관이 확립되는 과정을 추적해 보았다.[MEW, 23, S. 62-85: 필자.] 일반적 등가형태가 어떤 특수한 상품의 현물형태에 달라붙게 되거나 화폐형태로 결정화되자마자 이 외관은 완성된다. 다른 상품들이 각자의 가치를 전면적으로 어느 한 상품으로 표현하기 때문에 그 상품이 비로소 화폐가 되는 것으로 보이지 않고 오히려 거꾸로 그 한 상품이 화폐이기 때문에 다른 상품들이 그 한 상품으로 각자의 가치를 일반적으로 표현하는 듯이 보인다. 그것을 매개하는 운동(교환: 필자)은 그 자체의 결과만을 남긴 채 소멸하여 아무런 흔적도 남기지 않는다. 상품들은 아무것도 하지 않으면서도 자신들의 가치자태가 상품들 외부에, 그리고 상품들과 나란히 존재하는 하나의 상품체(화폐: 필자)로 완성되어 나타남을 보게 된다. 이 물품들, 곧 금과 은은 그것들이 대지의 뱃속에서 나올 때부터 이미 모든 인간노동의 직접적 화신이다. 그리하여 화폐의 마술이 생긴다. … 그러므로 화폐물신의 수수께끼는 한결 분명해지는데 이것은 인간의 눈을 현혹시키는 상품물신의 수수께끼일 따름이다."[MEW, 23, S. 107-108.]

맑스는 이 내용을 아주 간략하게 다음과 같이 서술한다. "한 사용가치의 상품으로서의 존재가 상징이 아니듯이 화폐는 상징이 아니다.[7] 한 사회적 생산관계가 개인들 밖에 존재하는 하나의 대상으로서 제기되고 개인들이 그들의 사회적 생활의 생산과정에서 맺는 일정한 관계들이 한 사물의 고유한 속성으로 제시되는 것, 이러한 전도와 공상적이지 않고 무미건조하고 현실적인 신비화가 교환가치를 규정하는 노동의 모든 사회적 형태를 특징짓는다. 이 전도 및 신비화가 상품에서보다 화폐에서는 더욱 현저하게 나타날 뿐이다."[MEW, 13, S. 34-35.]

제3장으로 건너가기 전에 『자본론』을 이해하는 데 매우 중요하면서도 핵심적인 문장을 인용하는 것으로 제2장을 마칠까 한다. 맑스는 다음과 같이 언

---

7 맑스는 『정치경제학 비판 요강 초고』(『요강 초고』)에서 다음과 같이 서술하였다. "상품이 일반적 교환가치가 됨으로써 교환가치는 하나의 특수한 상품이 된다. 교환가치가 이렇게 될 수 있는 것은 한 특수한 상품이 다른 모든 상품에 대해서 이들의 교환가치를 대표하고 상징하는, 즉 화폐가 되는 특권을 획득함으로써 가능하다." [『요강』, I권, 148쪽.] 그러나 이러한 화폐의 '상징설'은 맑스의 화폐이론과 현저하게 대립되는 것이다. 그리하여 『정치경제학 비판을 위하여』에서는 "화폐는 상징이 아니다" [MEW, 13, S. 34.]라고 기술하였는데, 그 이후의 저작에서는 '상징설'의 흔적을 찾을 수 없다.

급한다. "… 상품의 교환과정은 모순되고 상호 배제적인 관계들을 내포하고 있다. 상품의 발전(상품과 화폐로의 상품의 이중화: 필자)은, 이들 모순들을 지양하는 것은 아니지만 이들 모순이 운동할 수 있는 형태를 창조한다. 그것은 일반적으로 현실적 모순들이 해결되는 방법이다."[MEW, 23, S. 118.]

그러면 새로운 모순들의 발생과 그것들의 해결방법을 제3장 '화폐 또는 상품유통'에서 고찰해 보기로 한다.

주요 개념

교환과정, 법률관계/경제적 관계, 상품교환에 내포된 모순: 상품은 사용가치로 실현되기 전에 가치로서 실현되어야 한다/상품은 가치로서 실현되기 전에 사용가치로서 입증되어야 한다, 모순의 해결책으로서의 화폐의 내재적 발생: 화폐는 교환과정의 필연적 산물이다/상품 속의 내적 대립을 외적으로 나타내려는 욕구/상품가치의 자립적 형태/상품과 화폐로의 상품의 이중화, 특수한 사용가치/일반적 등가물/일반적 사용가치인 배타적 상품, 화폐 발생의 내재적 원인, 화폐상품의 물리적 속성, 화폐의 본질에 대한 사고의 오류 및 그것의 근거, 화폐의 물신성.

*** '교환과정'에서의 주요 내용

맑스는 이 장을 다음과 같은 문장으로 시작한다. "상품들은 스스로 시장에 걸어갈 수도 없고 또 스스로 자신들을 교환할 수도 없다. 따라서 우리는 그것들의 보호자인 상품소유자들을 찾아내지 않으면 안 된다."[MEW, 23, S. 99.] 제1장에서는 가치와 화폐의 형태가 분석의 중심에 서 있었으나 이제는 거래하는 인간들이, 등장인물들이 분석의 집중 조명을 받는다. 따라서 제2장에서는 행동이론의 방법론과 같은 것이 제시된다.

상품 A와 B의 사회적 관계가 성립되기 위해서는 인간들로서 상품소유자들이 사회적 관계에 동의해야 한다. 따라서 가치형태는 사회적 관계로서의 상품의 실현을 위해 인간들의, 상품소유자들의 적극적인 행동을 요구한다. 상품소유자들은 서로 자신들의 의지를 이 사물들에 담고 있는 인간들로서 행동해야만 한다. "그리하여 한편은 다른 편의 동의에 의해서만, 따라서 각자는 양자에 공통된 하나의 의지행위를 매개로 해서만 자신의 상품을 양도하고 타인의 상품을 자신의 것으로 만드는 것이다. 따라서 그들은 서로를 사적 소유권자로 인정해야 한다. 계약의 형태를 취하는 이 법률관계는, 이제 적법한 것이든 아니든 간에, 경제적 관계가 반영되어 있는 하나의 의지관계이다. 이 법률관계 또는 의지관계는 경제적 관계 그 자체에 의해 주어진다."[상동, S. 99.]

▪▪ 사회계약과 인정

여기에서 맑스는 부르주아 정치철학에서 중요한 정칙을 끄집어낸다: 비사회화된 개인들의 원시 상태에서 어떻게 사회가 생성되는가; 어떻게 개별화된 인간들이 사회계약을 체결하게 되었는가? 그들은, 맑스가 서술하듯이, 서로 인정해야만 한다. 그러나 이것은 그들이 다른 사람들 속에서 '일반화된 타인'을 목격함을 의미한다. 왜냐하면 그들 자신 또한 많은 다른 사람들에게는 그때그때 다른 사람이기 때문이다. 계약론이라는 이러한 사유의 틀은 상대적 가치형태와 등가형태의 모습과 유사하다; '일반화된 타인'은 소위 등가물로서의 다른 사람이다.

자립적인, 자율적인 법률 주체로서 인정한다는 것은 개인들이 동일한 권리들을, 그들의 인격에 대한 권리, 그리고 또한 소유에 대한 권리를 부여받았다는 것을 함축하고 있다. 왜냐하면 그들이 시장으로 운반하는 상품들은 그들의 소유물이어야 하기 때문이다. 소유권은 진화된 것이라는 사실이 중요하다. 이 소유권을 다시 세분화하면 다음과 같다. 첫째, 아무에게도 속하지 않는 사물에 대한 소유권, 따라서 이것에 대한 소유권 역시 존재하지 않는다. 둘째, 공동 소유권, 그리고 셋째 공공 재산에 대한 소유권. 이러한 맥락에서 보아 흥미로운 것은 넷째로서 사적 소유가 가능한 모든 사물들에 대한 소유권. 사적 소유권을 위하여 가능한 한 모든 소유형태들을 억제하는 경향은 사라지고 있다.

** 자유로운 개인과 화폐

한 개인이 상품인 자신의 노동력을 처분할 수 있기 위해서는 그 개인은 자유로워야 한다. 따라서 사적 소유라는 제도는 개인의 자유 또한 함축하고 있다. 그러나 개인들이 자유롭다 하더라도 그들은 그들의 행동(거래)에서 그들에게 경제적 논리를 요구하는 역할들을 수행한다. 그들은 배우 또는, 맑스가 언급하였듯이, 분장가면들이다: "우리는 일반적으로 서술이 전개되는 과정 속에서 인간들의 경제적 분장가면들이 단지 경제적 관계들의 의인화일 뿐이고 경제적 관계의 담지자로서 서로 대면하는 것을 발견하게 될 것이다."[상동, S. 100.]

왜 상품소유자들은 그들의 상품들을 교환하는가? 그 이유는 그 상품들이 소유자에게는 비사용가치이나 비소유자에게는 사용가치라는 데에 있다. 따라서 교환은 사회적 다양한 인간의 욕구들을 가장 잘 만족시킬 수 있는 노동분업을 실현시킨다.

이미 제1장에서 일반적 가치형태로의 그리고 화폐형태로의 발전과정 속에서 자신의 현물형태로 모든 다른 가치들을 반영하는 하나의 등가상품이 형성됨을 보여 주었다. 이제 계약에 의해 일반적 등가상품에 대한 결정을 내리는 것이 가정될 수 있다. 그러나 이것은 오히려 있음직하지 않다. 맑스는 화폐 창조라는 조물주적 행위를 언급함으로써 문제를 해결한다: "곤경에 처한 우리의 상품소유자들은 파우스트처럼 생각한다. 태초에 행동이 있었다. … 오직 사회적 행위만이 어떤 특정한 상품을 일반적 등가물로 만든다. … 이 상품의 현물형태가 사회적으로 통용되는 등가형태가 된다. 일반적 등가물이라는 것은 사회적 과정에 의해 배제된 상품의 특수한 사회적 기능이 된다. 그리하여 그 상품이 화폐가 된다."[상동, S. 101.]

** 화폐는 어떻게 유통 속으로 들어오는가?

그리하여 상품의 상품과 화폐로의 이중화가 발생한다. 노동생산물이 상품으로 전환되는 것과 동일한 규모로 상품은 화폐로 전환된다. 이제는 화폐에 대한 사회적 인정이 존재한다. 따라서 상품소유자는 자신의 상품을 화폐로 전환하는 데에 성공해야만 한다. "사물들 그 자체는 인간에 대하여 외적인 것이며 따라서 양도될 수 있다."[상동, S. 102.] 따라서 사람들은 서로 낯선 관계 속에 마주 선다. 그리하여 또한 공동체가 끝나는 곳에서, 즉 다른 공동체 또는 다른 공동체의 구성원들과의 그들의 접촉이 이루어지는 곳에서 시작한다고 설명할 수 있다. 교환의 반복이 비로소 그 교환을 규칙적인 사회적 과정으로 만든다.[8]

사회적 거래의 관습은 완전히 서로 다른 사용가치들을 등가상품으로, 즉 화폐로 분리시키는 것은 화폐의 모든 역사가 증명한다. 예를 들어, 유목민족들의 경우에는 가축이 일반적 등가물이었다(pecunia stammt von pecus - das Vieh). 노예소유자 사회에서는 노예들이 등가상품이었다. 국지적 경계선을 넘어서는 거래의 확장으로 인해 화폐형태는 "본래 일반적 등가물이라는 사회적 기능을 수행하기에 적합한 상품으로, 즉 귀금속으로 옮아간다."[상동, S. 104.] 이것은 귀금속들의 자연적 속성들이 화폐의 기능들에 적합함을 나타낸다.

화폐는 귀금속의 생산지에서 상품유통 속으로 들어간다. "모든 상품들과 마찬가지로 화폐는 자기 자신의 가치크기를 단지 다른 상품으로 상대적으로만 표현할 수 있다. 그 자신의 가치는 자신의 생산에 필요한 노동시간에 의해

8 이제야 비로소 교환은 사회에 구조적으로 영향을 미친다. 즉, 시장은 사회로부터 유리(遊離)될 수 있다. 칼 폴라니는 이 유리를 시장경제로의 거대한 변환의 특징으로 보았다.

규정된다."[상동, S. 106.] 화폐는 다른 상품들과 같은 상품이다. 물론 이것은 단지 본래 귀중한 화폐재료에게만 옳다. 현대의 중앙은행 화폐의 경우에는 그 상황이 다르다. 이에 대해서는 제3장에서 다시 다루게 될 것이다.

이제 사회성이 실은 화폐에 있는 것처럼 보인다. 금과 은은 대지의 뱃속에서 나올 때부터 이미 모든 인간노동의 직접적 화신이다. 따라서 세계문학에서 그렇게 많은 목격자들이 존재하는 화폐의 마술이 발생한다. 화폐물신은 완료되었다. 노동생산물의 상품으로의 그리고 상품의 화폐로의 전환은 상품소유자들 사이의 계약을 위해 필수적인 사회적 인정은 금과 은(화폐)에 대한 처분으로 이행하는 것을 함축하고 있다. 다른 사람보다 그것을 더 큰 규모로 더 많은 양을 처분하는 자는 또한 사회적으로 인정하는 더 많은 체화물(Materiatur)을 처리한다.

**** 법규체제와 국가**

자주적, 개인적인 법률 주체들 사이의 사적 소유권과 계약의 형태로 되어 있는 사회적 부의 배분에 대한 처분권이 다양한 사회적, 정치적 형태들에 대한 토대를 부여한다면(비록 그 형태들에서 경제적 관계들이 반영된다고 하더라도), 경제적 관계와 그것에 상응하는 형태들을 규제하고, 그때에 어느 한쪽의 이해관계를 따르지 않고 일반적 이해관계를 배려하는 소송절차가 요구된다. 따라서 사적, 개인적 법률 주체들이 그들의 권리들을, 특히 소유권과 또한 취득권을 행사할 수 있는 법규체제의 확보가 중요하다. 국가와 정치체제를 구성하는 제도들이 중요하다. 맑스는 국가이론으로 확대될 수 있는 이러한 추론을 더 이상 진행시키지는 않았다. 이것은 훗날 파슈카니스(Eugen Paschukanis, Allgemeine Rechtslehre und Marxismus, 1929.)에 의해 그리고 국가도출론 논쟁에서 시도되었다. 맑스는 그 반대로 화폐의 기능분석으로 자신의 연구를 계속해 나간다.

제1편 상품과 화폐

제3장

화폐 또는 상품유통

"상품들의 교환은 사회적 소재대사, 즉 사적 개인들의 특수한 생산물들의 교환인 동시에 이 소재대사에서 개인들이 맺는 일정한 생산관계가 산출되는 과정이다. 상품들의 진행 중에 있는 상호 관계들은 일반적 등가물의 여러 가지 규정으로서 결정(結晶)되며 그리하여 교환과정은 동시에 화폐 형성과정이다. 상이한 과정들의 진행으로 제시되는 이 과정의 전체가 **유통**이다."[MEW, 13, S. 37.] 그러면 이제 상품이 유통하는 가운데서 화폐가 취하는 형태(기능)에 대해 알아보기로 하자.

로버트 필 경의 1844년과 1845년의 은행법에 관한 의회 논쟁에서 글래드스턴(William E. Gladstone)은 사랑마저도 화폐의 본질에 관한 고민만큼 인간을 바보로 만들지는 않았다고 지적했다. 그만큼 화폐의 본질을 파악하는 것이 어려운 일이라는 의미일 것이다. 맑스에 의하면, "어려운 것은 화폐가 상품임을 이해하는 것이 아니라 어떻게, 무엇 때문에, 무엇에 의해 상품이 화폐가 되는가를 파악하는 일이다."[MEW, 23, S. 107.] 그런데 화폐분석에서의 주요 난관은 상품 자체로부터 화폐가 유래한다는 것이 이해되자마자 극복되었다.

이러한 전제하에서 또 하나의 문제는 화폐의 독특한 형태규정성을 순수하게 파악하는 것인데, 이러한 파악도 "부르주아적 관계가 금도금이나 은도금되어 화폐관계들로서 나타나고 따라서 화폐형태가 그 자신에게 낯선, 무한히 다양한 내용을 가지는 것처럼 보이기 때문에 상당히 방해받는다."[MEW, 13, S. 49.]

여기에서는 상품들의 교환으로부터 직접 생겨나는 화폐형태들이 문제이지 신용화폐처럼 생산과정의 보다 높은 단계에 속하는 화폐형태들이 문제가 되는 것이 아니라는 점이 강조되어야 한다. 신용화폐의 발생과 자본주의적 축적에 있어서의 신용화폐의 역할과 그 과정 속에서의 모순의 발생과 그것으로 인한 경제적 모순의 폭발 등의 문제는 『자본론』 제3권 제5편(제21-36장)에서 다루게 된다. 오늘날의 금융위기에 대한 이해를 위해서는 이 장들의 내용을 정확하게 파악하는 것이 무엇보다도 중요한 일이라고 할 수 있으나 그것을 위해 선결적으로 해결되어야 하는 문제는 상품의 유통과정 중에 화폐가 취하는 형태(기능)를 정확하게 이해하는 것이다.

본론으로 들어가기 전에 언급할 것은 다음과 같다: 화폐의 형태 또는 기능을 논하는 장인데 화폐와 상품유통은 어떠한 관련이 있기에 제3장의 제목을 '화폐와 상품유통'으로 정하였을까 의아하게 생각할 수 있다. 이에 대해 설명하자면, 화폐는 교환(상품유통)의 결과물이며 교환의 발전에 따라 화폐의 상이한 형태(기능)들이 발전한다. 따라서 화폐의 형태 발전에 대한 분석은 곧 상품유통의 발전에 대한 분석과 같기 때문이다. 여기서 말하는 상품유통이란 단순상품유통을 의미한다. 『정치경제학 비판을 위하여』 제2장의 제목이 '화폐 또는 단순유통'임을 상기해 보면 이해가 쉽게 될 것이다.

아울러 첨가해서 언급하고자 하는 것은 맑스가 화폐의 기능을 가치척도, 유통수단, 화폐의 순으로 고찰하고 화폐를 다시 화폐축장, 지불수단, 세계화폐 순으로 고찰하는데, 이는 상품생산과 상품유통의 모순이 발전함에 따라 화폐의 기능이 발생한 역사적 순서에 따른 결과라는 것이다.

3-1. 가치척도

제3장의 첫 문장은 다음과 같이 시작한다: 설명의 "단순화를 위해 본 저서에서는 어디서나 금을 화폐상품으로 전제하기로 한다."[MEW, 23, S. 109.] "단순화를 위해 금이 어디에서나 화폐상품으로 가정된다."[MEW, 13, S. 49.]

"사용가치로서 존재하는 상품들은 그들이 서로 관념에 있어 교환가치로,

대상화된 **일반적** 노동시간의 일정량으로 **나타나는** 형태를 우선 취한다. 이 과정에서 필요한 첫 번째 행위는 … 상품들이 하나의 특별한 상품, 말하자면 **금**을 일반적 노동시간의 직접적 물상화 또는 일반적 등가물로 배제하는 것이다."[MEW, 13, S. 49-50.]

왜 금을 화폐상품으로 전제할 수 있는지는 이미 앞에서 살펴보았다. 그러나 가치척도로서의 기능을 살펴보기 전에 화폐의 발생을 되새겨 보는 의미에서 상품들이 금을 화폐로 전화시키는 형태(제4형태: 화폐형태)로 잠시 되돌아가자.[MEW, 13, S. 49-50 참조.]

**** 화폐형태의 발생**

사용가치로 존재하는 상품들은 그들이 서로 관념상의 교환가치로, 대상화된 일반적 노동시간의 일정량으로 나타나는 형태를 우선 창조한다. 이 과정에서 필요한 첫 번째 행위는, 이미 위에서 언급했듯이, 상품들이 특수한 한 상품, 즉 금을 일반적 노동시간의 직접적 물상화 또는 일반적 등가물로 배제하는 것이다.

제4형태의 등식행렬에서 상품 B, C, D 등은 서로 상이한 사용가치에서 제시된 실제 노동의 모든 특수성이 완전히 해소된, 동형 노동, 즉 금으로 물질화된 노동의 물상화로 나타난다. 동일한 노동의 동형의 물상화로서 그들은 단 하나의 차이, 즉 양적인 차이만을 보이거나 또는 상이한 가치크기들로서 나타난다. 그 까닭은 그들의 사용가치들에는 부등한 노동시간이 포함되어 있기 때문이다. 이 개별 상품들은 하나의 배제된 상품, 즉 금으로서 일반적 노동시간 자체에 관계하면서 동시에 일반적 노동시간의 대상화로서 서로 관계를 맺는다. 그들이 서로에 대해 교환가치로 제시되게 하는 동일한 과정적 관계가 금에 포함된 노동시간을 일반적 노동시간으로 제시되게 하고, 이 일반적 노동시간의 주어진 양은 모든 상품의 사용가치들에서 표현된다. 상품들이 자신들의 가치를 전면적으로 금으로 표현하면서 금은 자신의 교환가치를 직접 모든 상품으로 표현한다. 상품들이 스스로 서로에 대해 교환가치 형태를 부여하면서 그들은 금에 일반적 등가물, 즉 화폐형태를 부여한다.[MEW, 13, S. 49-50 참조.]

3-1-1. 가치척도로서의 금의 기능

*** 금의 제1의 기능은 가치의 척도이다.**

금의 첫 번째 기능은 상품세계에 그 가치표현의 재료를 제공하는 것, 또는 갖가지 상품가치를 같은 이름의 크기, 곧 질적으로 동등하고 양적으로 비교할 수 있는 크기로 표현하는 데 있다. 이리하여 금은 가치의 일반적 척도의 기능을 가지며, 오로지 우선 이 기능을 통해서만 금이라는 특수한 등가상품은 화폐로 된다: "**모든** 상품이 자신들의 교환가치를 금으로, 금 일정량과 상품 일정량이 똑같은 노동시간을 포함하는 비율로 측정하기 때문에 금은 **가치척도**가 되며, 금은 우선 자기 자신의 가치는 직접 상품등가물들의 전체 범위에서 측정된다는 가치척도로서의 이 규정에 의해서만 일반적 등가물 또는 화폐가 된다."[MEW, 13, S. 50.]

동일한 내용이기는 하나 다른 곳에서도 화폐의 가치척도 기능에 대해 다음과 같이 서술한다. "상품들이 자신들의 가치를 금가격으로 표시하는 동일한 과정에 의해 상품들은 금을 가치척도로, 따라서 화폐로 제시한다. … 금이 가치척도가 되는 것은 다만 모든 상품들이 자신들의 교환가치(가치: 필자)를 금으로 평가하기 때문이다. 그러나 척도로서의 금의 특성이 발생된다는 이러한 진행 중에 있는 관계의 전면성은 개별 상품이 각각에 포함된 노동시간에 비례해서 금으로 측정된다는 것, 그리하여 상품과 금 사이의 실제적 척도는 노동 그 자체라는 것, 또는 상품과 금은 직접적인 물물교환에 의해 서로 교환가치들로서 등치된다는 것을 전제로 한다."[MEW, 13, S. 51.]

이처럼 화폐의 가치척도로서의 기능이 첫 번째 화폐의 형태규정성으로 나타나는 것은 이 기능이 화폐의 형성과정으로부터 출현하기 때문이다. 맑스는 이미 제2장 교환과정에서 이에 대해 다음과 같이 언급한다. "화폐결정체는 서로 다른 노동생산물이 실제적으로 서로 등치되고, 따라서 실제적으로 상품들로 전환되는 교환과정의 필연적인 산물이다. 교환의 역사적인 확대와 심화는 상품의 본성 속에 잠자고 있는 사용가치와 가치의 대립을 발전시킨다. 교역을 위하여 이 대립을 외적으로 표현하려는 욕구는 상품가치의 자립적 형태를 추구하며, 그리하여 상품과 화폐로의 상품의 이중화를 통하여 이러한 형태에 최종적으로 도달할 때까지는 결코 멈추지 않는다. 따라서 노동생산물의 상품으로의 전환이 성취되는 것과 같은 정도로 상품의 화폐로의 전환이 이루어진다."[MEW, 23, S. 101-102.]

"노동시간이 금과 상품 사이의 척도이고 금은 모든 상품들이 그것으로 측정되는 한에서만 가치척도가 되기 때문에 화폐가 상품들을 동일한 기준으로 측정할 수 있게 만드는 듯이 보이는 것은 유통과정의 단순한 허상이다. 오히려 금을 화폐로 만드는 것은 바로 대상화된 노동시간으로서 상품들의 동일 기준에 의한 도량 가능성이다."[MEW, 13, S. 52.]

상품들이 화폐에 의해 비로소 서로 양적으로 비교될 수 있게 되는 것은 아니다. 오히려 그 반대이다. 모든 상품이 가치로서는 대상화된 인간노동이며 따라서 그 자체로서는 양적으로 비교될 수 있기 때문에, 그 모든 상품들은 자신들의 가치를 하나의 동일하고 특수한 상품으로 도량할 수 있으며 또 그렇게 함으로써 이 특수한 상품을 공통적인 가치척도, 즉 화폐로 전화시킬 수 있는 것이다.

가치척도로서의 화폐는 상품의 내재적인 가치척도, 즉 노동시간의 필연적인 현상형태이다.[1]

1 맑스 주: 맑스는 여기에서 노동화폐에 대한 비판을 다음과 같이 피력하고 있다. "왜 화폐는 직접 노동시간 그 자체를 대표하지 않는가. 왜 한 장의 지폐가 x노동시간을 표시되는 것처럼 되지 않는가 하는 문제는 아주 단순히, 왜 상품생산의 기초 위에서는 노동생산물이 상품으로 표현되어야만 하는가 하는 문제로 귀착된다. 왜냐하면 상품으로 표현된다는 것은 상품이 상품과 화폐상품으로 이중화됨을 포함하고 있기 때문이다. 또는 왜 사적 노동이 직접 사회적 노동, 즉 그 대립물로 취급될 수 없는가 하는 문제로 귀착한다. … 여기에서 다시 한 번 말해 두고 싶은 것은 가령 오웬(Owen)의 '노동화폐'는 극장의 입장권이 화폐가 아닌 것과 마찬가지로 '화폐'가 아니라는 점이다. 오웬은 직접적으로 사회화된 노동을 전제하고 있는데 그것은 상품생산과는 정반대의 생산형태를 전제한다. 노동증명서는 그저 공동 노동에 대한 생산자의 개인적 참가분과, 공동 생산물의 소비 충당분에 대한 그의 개인적 청구권을 확증해 줄 뿐이다. 그러나 오웬은 상품생산을 전제로 하면서도 동시에 그것의 필연적인 조건들을 화폐의 요술로써 제거해 보려는 엉뚱한 생각을 한 것은 아니었다." [MEW, 23, S. 109, 각주 50.] 앞의 문장만으로는 프루동(Proudhon)주의적 화폐이론에 대한 맑스의 비판을 정확하게 이해하기 어려운 것이 사실이다. 프루동주의적 화폐이론에 대한 비판을 알고자 할 경우에는 맑스의 『정치경제학 비판 요강』(『요강 초고』)의 "알프레드 다리몽: 은행개혁에 관하여"와 『정치경제학 비판을 위하여』[MEW, 13.]의 S. 66-69를 참고하기 바란다. 『자본론』에서는 이에 대해 거의 다루지 않는다. 그러면 『정치경제학 비판을 위하여』와 특히 『요강』을 이용하여 프루동주의자들에 대한 맑스의 비판적 견해를 살펴보기로 하자. 『요강』(1857) 속의 "화폐에 관한 장"은 1856년에 간행된 프루동주의자 다리몽(Darimon)의 저서 『은행개혁론』에 대한 상세한 비판으로 시작한다. 맑스는 이 책의 특징을 자신의 저서 『정치경제학 비판을 위하여』에서 프루동의 "멜로드라마적인 화폐론" [MEW, 13, S. 69, 각주 *]의 요강으로 묘사하였다. 프루동주의자들은 금과 은이 모든 상품들에 대해 취하고 있는 특권적 지위를 경제위기와 자본주의적 체제의 모든 악의 근원으로 간주하였다. "그러나 **화폐**의 퇴화와 **상품**의 승천을 사회주의의 핵심으로 진지하게 설교하는 것은 … **프루동**과 그의 학파에 의해 비로소 이루어졌다." [MEW, 13, 68-69.] 악으로부터 벗어나기 위해 프루동주의자들은 금과 은을 '노동화폐', '시간전표', 즉 노동자에게 교부되고, 그가 몇 시간이나 노동을 했는지를 증명해 주는 영수증으로 대체하려고 하였다. 이와 같이 그들은 일거양득을 하려고 하였다: 첫째, 금과 은의 특권은 폐지될 수 있을 것이다. 왜냐하면 프루동주의자들은 '노동화폐'는 지출된 노동을 액면 그대로 직접적으로 표현하므로 '노동화폐'는 통상적인 지폐처럼 금과 은으로 태환할 필요가 없을 것이라고 주장하였기 때문이다. 그것으로써 그들은 그들의 금의 부족이 원인이라고 간주했던 경제위기의 근본적인 원인이 사라지게 될 것이라고 믿었다. 둘째, '노동화폐'의 도입으로 모든 상품에게 직접적인 교환 가능성의 형태를 부여하면 그것에 의해 상품 실현의 문제가 영구히 지양될 것이다. 간략하게 말해 프루동주의자들은 상품생산과 상품관계들을 유지시키면서도 화폐를 제거할 것을 제안하였다. '노동화폐'는 프루동에 의해 고안된 것이 아니었다. 앞에서 언급한 오웬도 그것을 널리 알렸다. 그러나 오웬의 견해에 의하면 '노동화폐'의 전제조건들이 형성되기 위해서는 우선 자본주의적 생산이 제거되어야 하고 공산주의적 관계가 생성되어야 한다는 것이다. 이에 반해 프루동주의자들은 '노동화폐'를 자본주의적 생산의 결함을 제거시킬 수단으로 간주하였다. 따라서 맑스는 이 결함이 사실 자본주의적 생산의 불가피한 결과임을 입증해야만 하였다. 프루동주의자인 다리몽은 실천적 조처로서 은행개혁을 제안하였는데, 그는 은행개혁을 통해 '노동화폐' 이론을 실현시키려고 하였다. 맑스는 다리몽이 인용한 통계자료를 이용하여 다리몽이 은행으로 하여금 화폐유통을 통제하게 하고, 신용과 화폐유통을 독점적으로 조정하게 하기 때문에 다리몽이 신용과 화폐유통을 서로 혼동하고 그 결과 자본주의에서 은행의 역할을 과도하게 과장했음을 입증한다. 프루동주의자들은 또한 은행으로 하여금 유통의 조정자로서의 기능을 수행하기 위해 화폐유통의 금속적 기반(금)을 폐지하면 경제위기를 피할 수 있을 것이라고 믿었다. 반면에 맑스는 화폐유통의 금속적 기반이 완전히 없어졌다고 할 경우에라도 자본주의적 조건들하에서는 어떠한 은행도 경제위기의 발생을 피할 수 없음을 입증하였다. 이러한 입증을 위한 중요한 첫걸음은 화폐란 상품들의 교환과정 속에서 필연적으로 발생한다는 것을 설명하는 것이었다. 프루동은 노동화폐의 주요 장점을 그것은 금과 은으로 태환될 필

*** 상품의 가치를 금(화폐)으로 표현한 것이 가격이다.**

금에 의한 어느 상품의 가치표현, 즉 x량 상품 A = y량 화폐상품 B(금)는 그 상품의 화폐형태 또는 그 상품의 가격이다: "이제는 모든 상품의 교환가치가 금으로 표현된다. 이 표현에서는 질적 계기와 양적 계기가 구별되어야 한다. 상품의 교환가치는 동일한 동형의 노동시간의 물상화로서 주어져 있다. 상품의 가치크기는 완전히 제시되어 있다. 왜냐하면 상품들이 금과 등치되는 비율

요가 없다는 데에서 보았다. 맑스는 이 명제를 반박함으로써 화폐의 필연성을 입증하기 시작한다. "요컨대, 태환성은 법적이든 아니든 모든 화폐에 대한 요구이다." [『요강 초고』, S. 53.]. 그것이 여하튼 지폐가 되었든 노동화폐가 되었든, 또는 어떤 다른 화폐가 되었든지 간에. 맑스는 "은행권의 금으로의 태환성이 은행권에게 여전히 경제법칙(금의 태환성을 유지하기 위해서는 노동시간의 생산성이 불변으로 유지되어야 할 것이다. 그러나 생산비는 지속적으로 하락하며, 살아 있는 노동은 지속적으로 생산성이 높아진다는 일반적인 경제법칙에 따라, 지속적인 평가저하야말로 금으로 된 노동화폐의 불가피한 숙명이 된다.)이 된다는 것, 이 법칙은 **정치적으로** 존재할 수도 존재하지 않을 수도 있다는 것" [상동, S. 50.]을 증명한다. "요컨대, 금과 은으로의 태환성은 금과 은으로부터 자신의 명칭을 받은 모든 지폐가 법적으로 태환 가능한가 아닌가를 판정하는 실질적인 가치척도가 된다." [상동, S. 51-52.] 지폐는 단지 금 또는 은의 대변인일 뿐이고, 따라서 결코 이것들과 동일하지는 않다. 만일 그 때문에 발행된 지폐의 양이 유통에 필요한 금의 양을 능가하면 지폐는 평가절하될 것이고, 그 역은 평가절상이 될 것이다. 맑스는 또한 금이 '노동화폐'에 의해 교체되는 경우를 가정한다. 그러나 금으로 된 노동화폐도 위에서 언급한 일반적인 경제법칙에 따라 지속적인 평가절상을 누리게 될 것이다. 이러한 고찰에는 금으로 된 화폐의 자리에 종이로 만든 '노동화폐'가 대신 들어선다 해도 아무것도 변하지 않을 것이다.

이러한 프루동주의자들의 주장에 대한 비판으로서 맑스는 화폐의 존재는 상품생산의 관계들로부터 필연적으로 발생한다는 것을 입증해야만 하였다. 맑스는 『철학의 빈곤』(1847)에서 이 문제를 처음으로 제기한 후 10여 년이 지나 비로소 『정치경제학 비판 요강 초고』(『요강 초고』, 1857-1858)에서 해결하였다. 이에 대해 간략하게 요약하면 다음과 같다: 맑스의 견해에 의하면, 상품의 내적 모순, 가치로서의 상품의 질적인 동일성과 사용가치로서의 상품의 자연적 상이함 사이의 모순은 교환과정에서, 상품의 상품과 화폐로의 이중화에서 상품의 가치가 특수한 상품에서, 화폐에서, 자립적 실존을 획득함으로써, 자신의 외적 해결을 찾는다는 것이다. 상품의 두 가지 모순된 요소들의 분석을 토대로 맑스는 교환가치는 상품의 불가피한 현상형태라는 결론에 도달한다. 즉, 화폐는 필수불가결하다는 결론에 도달한다. 맑스의 이러한 결론에 의해 프루동주의자들의 '노동화폐'를 매개로 상품을 직접 화폐로 전환시키려는, 상품과 화폐를 서로 동일시하려는, 그리고 모든 상품의 직접적인 교환성을 보증하려는 시도는 최상의 공상이었다는 것이 증명되었다. 달리 표현하면, 프루동주의자들은 모든 상품유통은 화폐 발생을 초래하고, 바로 이 때문에 교환가치가 생산물의 사회적 형태로 남아 있는 한 화폐 자체를 폐지하는 것이 불가능하다는 것을 파악하지 못했음이 증명되었다. 맑스는 『정치경제학 비판 요강 초고』(『요강 초고』, 1857-1858)에서 다음과 같이 프루동주의자들의 '노동화폐'에 대해 매우 간략하게 비판하였다. "화폐로부터 금속형태를 박탈하고, 화폐를 사회에 의해 외적으로 **정립된** 것으로 만들며, 노동화폐형태를 화폐의 최종적인 형태로 할 사회적 관계의 표현으로 정립함으로써, 이 모순(교환가치와 이것에 조응하는 사회적 생산양식에 포함되어 있는 기본모순: 필자)을 지양하려는 시도들은 이미 … 비판되었다. 교환가치의 토대가 유지되는 한에 있어서 이것은 미숙한 짓거리이고, 금속화폐가 교환을 위조할 것이라는 환상은 화폐의 본성에 대한 전적인 무지에서 유래한다는 것이 … 틀림없이 명백해졌을 것이다." [『요강 초고』, S. 151-152.] "화폐라는 존재의 규정이 단지 사회적 과정의 결과라는 사실은 화폐의 표면에는 전혀 나타나지 않는다. 그것이 화폐이다." [상동, S. 151.]

로 그들은 서로 등치되기 때문이다. 한편으로는 상품들에 포함된 노동시간의 **일반적** 성격이 나타나고 다른 한편으로는 그 노동시간의 양이 그들의 금등가물로 나타난다. 그리하여 일반적 등가성으로서, 동시에 이 등가성의 표준으로서 특수한 한 상품으로, 또는 특수한 한 상품과의 유일한 등식으로 표현될 때, 상품들의 교환가치는 **가격**이다. 가격은 교환가치가 유통과정에서 **나타나는** 전환된 형태이다."[MEW, 13, S. 50-51.]

이 등식은 이제 다른 상품들의 가치등식과 같이 열을 지어 나갈 필요가 없어졌다. 왜냐하면 등가상품인 금은 이미 화폐의 성격을 가졌기 때문이다. 그러므로 모든 상품의 일반적인 상대적 가치형태는 이제 다시 단순한 상대적 가치형태의 모습을 취한다. 이에 반해 화폐는 가격을 갖지 않는다. 다른 상품들의 통일적인 상대적 가치형태에 참가하기 위해서는 화폐는 자기 자신의 등가물로서 자기 자신과 관계를 맺지 않으면 안 될 것이기 때문이다.

*** 상품가치표현이나 상품가격 표시에는 관념적인 금만으로 충분하다.**

[상품가격의 표현]

상품들이 교환과정에 들어갈 때 실제적인 모습은 사용가치로서의 모습이다. 상품들은 다른 상품과 교환되었을 때 비로소 실제적인 화폐상품 금이 된다.

상품의 가격 또는 상품의 화폐형태는 상품의 가치형태 일반과 마찬가지로 손으로 만질 수 있는 실제적 물체형태와는 구별되며, 따라서 그저 관념적인 또는 표상화된 형태이다. 상품들의 가치는 눈에 보이지는 않으나 그 상품들 자체 속에 존재하고 있다. 이 가치는 이 상품들과 금과의 동등성에 의해, 말하자면 그저 머릿속에 있을 뿐인 금과 이 상품들과의 관계에 의해 표현된다. 그러므로 이 상품들의 가격을 외부 세계에 알리려면 상품소유자는 자신의 혀를 이 상품들 속에 찔러 넣어 보거나 이 상품들에 정가표를 걸어 놓아야 할 것이

다.[2]

모든 상품은 현실적으로는 사용가치로서, 관념적으로는 교환가치로서 대립하고 있는 것이다.

[상품가치의 표현]

금에 의한 상품가치의 표현(금의 가치척도로서의 기능)은 관념적인 것이므로, 이 기능을 위해서는 역시 표상화된 관념적인 금만이 이용될 수 있다. 상품소유자가 상품의 가치에 가격형태 또는 표상화된 금형태를 부여할 때에도 그는 아직 자신의 상품을 금으로 전환시킨 것이 아니며, 또 수백만의 상품가치를 금으로 평가한다고 해도 현실적인 금은 한 조각이라도 필요하지 않다. 따라서 가치척도라는 기능에 있어서 화폐는 오직 표상화된 화폐, 관념적인 화폐로서의 역할만을 맡는 것이다.

어느 상품소유자도 자신의 상품의 가치에 가격형태를 부여해도 단지 그것만으로는 아직 자신의 상품이 실제 금으로 전환되지 않음을 안다.

『자본론』에서의 표현보다 보다 더 논리적이고 현학적인 『정치경제학 비판을 위하여』로부터 이에 대한 글을 인용해 보면 다음과 같다. "상품들이 교환과정에 들어설 때의 현실적 자태는 그들의 사용가치의 자태이다. 그들은 양도에 의해 비로소 실제적인 일반적 등가물(화폐형태: 필자)이 될 수 있다. 그들의 가격규정은 그들이 다만 관념적으로만 일반적 등가물로 전환되는 것이며, 아

2 맑스 주: "미개인이나 반미개인은 혀를 다른 용도에 사용하고 있다. … 이 경우에(생산물 교환 당시에: 필자) … 그들은 그것(그들에게 제시된 물건: 필자)을 혀로 두 번 핥았다. 그 다음에 그들은 거래가 만족스럽게 끝났다고 생각하는 것처럼 보였다. 마찬가지로 동부 에스키모인의 경우에도 교환하는 물품을 인수받을 때마다 그것을 핥는다. 이와 같이 북방에서는 혀가 취득용 기관으로 간주되고 있다면 남방에서는 배가 축적된 재산의 기관으로 간주되고 있으며, 따라서 카피르인(Kaffern)이 한 사람의 부를 그의 불룩한 배의 크기로 평가한다 해서 조금도 이상할 것이 없다." [MEW, 23, S. 110, 각주 51.]

직 실현되어야 할 금과의 등식이다. 그러나 상품들은 그들의 가격에서 관념적으로만 금으로 또는 다만 상상된 금으로만 전환되고 그들의 화폐존재는 그들의 현실적 존재로부터 아직 실제로 분리되어 있지 않기 때문에 금은 관념적 화폐, 가치척도로만 전환되었고, 일정한 금의 양은 사실상 일정한 노동시간의 양에 대한 이름으로서만 가능하다. … 이제 상품들은 이중적 존재로서, 실제로는 사용가치로서, 관념적으로는 교환가치로서 마주 선다. 특수한 실제 노동은 상품들의 사용가치로서 실제로 존재하는 반면에 일반적 추상적 노동시간은 상품들이 동일한 가치실체의 균등하면서 양적으로만 상이한 물상화가 되는 하나의 상상된 존재를 그들의 가격으로 얻음으로써 상품들은 이제 그들에 포함된 노동의 이중형태를 서로에 대해 제시한다."[MEW, 13, S. 52-53.]

*** 상품의 가격은 화폐금속의 소재에 의존한다.**

그저 표상화되었을 뿐인 화폐가 가치척도의 기능을 맡고 있음에도 불구하고 가격은 완전히 실제적인 화폐 재료(예를 들어, 금, 은, 동 등)에 의존한다. 그러므로 가치척도로서의 역할을 하는 것이 금이냐 은이냐 동이냐에 따라 상품의 가치는 완전히 다른 가격표현을 취하게 된다. 즉, 완전히 다른 양의 금이나 은 또는 동으로 표현된다.

*** 가치척도 이중화의 모순**

그러므로 서로 다른 두 개의 상품, 예를 들어 금과 은이 동시에 가치척도로서의 역할을 한다면 모든 상품은 금 가격과 은 가격이라는 서로 다른 두 종류의 가격표현을 갖게 될 것이다. 그리고 금 대 은의 가치비율이 예를 들어 15:1이라는 비율이 변하지 않는 한 두 종류의 가격표현은 나란히 사용될 것이다.

그러나 이 가치비율이 변동할 때마다 금가격과 은가격 사이의 비율은 교란될 것이다. 비록 금과 은이 법률상 가치척도로 규정되어 있고 모두 강제통용력을 가지고 있다고 하더라도 그 어느 쪽으로든지 지불이 가능하다면 가치가 보다 높게 평가된 금속으로 지불하게 되어 궁극적으로는 고평가된 금속화폐가 가치척도로서 역할을 하게 된다. 그러므로 사실상 가치척도의 이중화는 가치척도의 기능과는 모순된다는 사실이 증명된다.

이러한 모순을 맑스는 금이 계산화폐로 기능하는 과정에서 발생할 수 있는 것으로 보고 다음과 같이 서술한다. "금이 가격규정의 요소로서, 따라서 계산화폐로서 가능했던 곳에서 금은 **고정된** 가격뿐만 아니라 가격 **일체를 가지지 않는다**. 가격을 갖기 위해서는, 즉 한 **특수한** 상품이 **일반적** 등가물로 표현되기 위해서는 다른 상품이 유통과정에서 금과 동일한 배타적 역할을 수행해야 할 것이다. 그러나 다른 모든 상품을 배제한 두 상품들은 서로 배제한다. 따라서 금과 은이 법적인 화폐로서, 즉 가치척도로서 병존하는 곳에서는 그들을 하나의 동일한 재료(화폐 재료: 필자)로 취급하려는 헛된 시도가 언제나 있었다. 동일한 노동시간이 금과 은의 동일한 비율로 변함없이 대상화된다고 가정한다면 이는 사실상 금과 은은 **동일한** 재료이고 가치가 적은 은은 금의 불변의 파편이라고 가정하는 것이다. … 모든 역사적 경험은 법적으로 두 상품이 가치척도의 기능을 하는 곳에서는 사실상 언제나 하나만이 가치로서 유지될 수 있다는 것으로 요약된다."[MEW, 13, S. 58-59.]

주요 개념

가치척도: 금(화폐)의 제1기능으로서의 가치척도 및 그것의 근거: 가치척도로서의 금은 상품의 내재적인 가치척도, 노동시간의 필연적인 현상형태이다, 가격: 상품의 가치를 화폐(금)로 표현한 것/그러나 화폐는 가격을 갖지 않는다, 상품가치 표현이나 상품가격 표시에는 관념적인 금만으로 충분하다, 가치척도 이중화의 모순.

3-1-2. 가격의 도량기준으로서의 금의 기능

가격이 결정된 상품은, 예를 들어 a량 상품 A = x량 금, b량 상품 B = z량 금으로 표현된다. 즉, 상품가치는 표상화된 금의 일정한 분량으로 표현된다. 상이한 금의 양 자체는 서로 비교되고 도량되는 것이기 때문에 이들 금의 양을 도량하는 단위(Masseinheit)를 만들 필요가 기술적으로 요청된다. 이 도량 단위 자체는 몇 개의 분할 가능한 부분으로 세분되어 도량기준(Massstab)으로 발전한다: "금 일정량을 도량 단위로서 확정하고 분할 가능한 부분들을 이 단위의 세목으로서 확장할 필요성은 자연적으로 가변적인 가치를 가지는 일정한 금의 양이 마치 상품들의 교환가치들과 하나의 고정적 가치관계를 맺은 듯한 상상을 낳았는데, 이 상상에서는 다만 금이 가격의 도량기준으로서 발전되기 이전에 상품들의 교환가치는 가격, 즉 금의 양으로 전환되었다는 것이 간과되었다."[MEW, 13, S. 55.]

모든 금속유통에서는 중량의 도량기준의 기존 명칭이 그대로 화폐의 도량기준 또는 가격의 도량기준의 명칭이 되었다: "금량 자체는 … 무게로 측정된다. 그러므로 도량기준은 이미 금속의 일반적 중량척도들에 완성되어 주어져 있고, 따라서 이 척도들이 모든 금속유통에서 그대로 가격의 도량기준으로 기능을 수행한다."[MEW, 13, S. 54.]

*** 가치척도로서의 금과 가격의 도량기준으로서의 금의 차이점**

화폐(금)는 가치척도 및 가격의 도량기준이라는 전혀 다른 형태규정(기능)을 가지고 있는데 전자의 후자와의 혼동은 가장 어리석은 이론들을 야기했다. 서로 다른 기능들을 살펴보면 다음과 같다.

① 화폐는 인간노동의 화신이라는 면에서는, 즉 추상적 인간노동의 대상화로서는 가치의 척도이고 고정된 금속 중량으로서는 가격의 도량기준이다.

② 화폐는 가치척도로서는 상품의 가치를 가격 곧 표상화된 관념적인 금의 양으로 전화시키는 가격의 도량기준으로서는 그러한 금의 양을 도량한다.

③ 가치척도로서는 모든 상품을 가치로서 도량하는데, 즉 화폐상품 금의 가치를 가지고 다른 상품의 가치를 측정하는데, 가격의 도량기준으로는 다양한 금의 양을 어떤 일정한 금의 양으로 측정하는 것이다. (어떤 금의 양의 가치를 다른 금의 양의 중량으로 측정하는 것이 아니다.)

④ 금은 그의 가치가 가변적이기 때문에 가치척도이고 가변적 무게 단위로 고정되기 때문에 가격의 도량기준이다.[MEW, 13, S. 55 참조.]

금이 가격의 도량기준으로 전환되기 위해서는 가격의 단위가 될 금의 중량이 도량 단위로서 고정되어야 한다. 어떤 동일한 양의 금이 도량 단위로서 불변적인 역할을 할수록 가격의 도량기준은 그만큼 그 기능을 잘 수행할 수 있게 된다. 이와 반대로 금은 그 자체가 노동생산물이고 따라서 가변적일 수 있는 가치이기 때문에, 오직 그 때문에 가치척도로서의 역할을 할 수 있는 것이다: "가치척도로 기여할 수 있기 위해서 금은 될 수 있는 한 **가변적인** 가치이어야 한다. 그 까닭은 금은 노동시간의 물상화로서만 다른 상품들의 등가물이 될 수 있으나 실제 노동의 생산력이 변함에 따라 동일한 노동시간이 동일한 사용가치들의 부등한 분량으로 실현되기 때문이다."[MEW, 13, S. 51.]

*** 금의 가치변동은 가격의 도량기준의 기능도 가치척도의 기능도 방해하지 않는다.**

① 금의 가치변동은 가격의 도량기준으로서의 기능을 조금도 손상시키지

않는다. 그 이유는,

a) 금의 가치가 아무리 변동하여도 서로 다른 금의 분량은 언제나 서로 동일한 가치관계를 유지하기 때문이다. 예를 들어, 금의 가치가 하락하더라도 12온스의 금은 1온스 금의 12배의 가치가 있을 것이며, 그리고 가격에 있어서는 각기 다른 금의 분량끼리의 상호 관계만이 문제가 된다.

b) 금의 가치가 증감한다고 해서 금의 중량이 변하지는 않으므로 그 분할 가능한 부분의 중량도 변하지 않는다. 그러므로 금은 그 가치가 아무리 변동하여도 가격의 고정적 도량기준으로서는 충분히 그 기능을 다할 수 있다.

② 또한 금의 가치변동이 가치척도로서의 기능을 방해하지도 않는다. 그 이유는, 금의 가치변동은 모든 상품에 대하여 동시에 영향을 미치기 때문에 다른 사정이 동일하다면 모든 상품끼리의 상대적 가치에는 아무런 변화를 가져오지 않기 때문이다.

한 상품의 가치를 다른 상품의 사용가치로 표시할 때와 마찬가지로, 모든 상품을 금으로 평가(금이 가치척도로서 기능)하는 경우에도 오직 일정한 시기에 일정한 노동량이 필요하다는 전제만 있으면 된다.

*** 상품가격의 일반적 변동**

상품가격의 변동에 대해서는 일반적으로 앞에서 전개된 단순한 상대적 가치표현의 법칙들이 적용된다.

① 상품가격이 상승하는 것은, 화폐가치가 불변일 경우 상품가치가 상승하는 경우뿐이고, 상품가치가 불변일 경우 화폐가치가 하락하는 경우뿐이다.

② 상품가격이 하락하는 것은, 화폐가치가 불변이라면 상품가치가 허락하

는 경우뿐이고, 상품가치가 불변이라면 화폐가치가 상승하는 경우뿐이다.

그러므로 화폐가치의 상승은 상품가격의 비례적 하락을 반드시 초래하고, 또 화폐가치의 하락은 상품가격의 비례적 상승을 반드시 초래한다는 결론은 나오지 않는다.

그렇게 말할 수 있는 것은 단지 가치가 변동하지 않는 상품에 한해서만 타당하다: 그 가치가 화폐가치와 같은 정도로 동시에 상승하는 상품은 동일한 가격을 유지한다.

상품가치가 화폐가치보다 더 완만하게 상승하거나 또는 급격하게 상승하는 경우에는 그 상품가격의 하락 또는 상승은 상품의 가치변동과 화폐의 가치변동 사이의 차이에 의해 결정된다.

*** 금속의 중량명칭으로부터 화폐명칭으로의 전환 및 화폐명칭의 중량명칭으로부터의 분리**

금, 은 또는 동은 화폐가 되기 이전에 이미 그 금속 중량에 대한 도량기준(중량의 명칭)을 가지고 있었다. 그러므로 모든 금속유통에서는 중량의 도량기준의 기존 명칭이 화폐의 도량기준(화폐명칭) 또는 가격의 도량기준(가격명칭)이 되었다. 그러나 화폐명칭은 여러 가지 원인으로 인해 본래의 중량명칭으로부터 차츰 분리되었다. 역사적으로 가장 결정적인 원인들은 다음과 같다.

① 발전 정도가 낮은 민족에게 외국화폐가 수입되어 그곳의 통용화폐가 된 경우. 이런 경우 외국화폐의 명칭은 국내의 중량명칭과는 달랐다.

② 부의 발전에 따라 보다 저급한 귀금속은 보다 고급한 귀금속에 의해, 동은 은에 의해, 은은 금에 의해 가치척도의 기능으로부터 구축된다.

③ 수백 년에 걸쳐 계속되어 왔던 왕과 제후들의 화폐 위조. 이것은 실제

주화의 본래 중량에서 명칭만을 남겨 놓았다.

＊가격은 화폐명칭으로 표현되고 화폐는 계산화폐가 된다.

이러한 역사적 과정으로 말미암아 금속 중량의 화폐명칭은 중량명칭으로부터 분리되는 것이 국민적 관습이 된다. 화폐의 도량기준은 한편으로는 순전히 관습적이고 다른 한편으로는 보편타당성을 요구함으로써 법률의 규제를 받는다: "… 역사적으로 금속 무게의 화폐명칭들은 그것들의 무게명칭들로부터 나왔다. 도량 단위, 이것의 분할 가능한 부분들 및 이것들의 명칭들의 규정은 한편으로는 순전히 관습적이고 다른 한편으로는 유통 내에서 일반성과 필연성의 성격을 가져야 하므로 그것은 **법으로** 규정되어야 했다. 그래서 순수하게 형식적인 조작이 정부들에게 맡겨졌다. 화폐 재료로서 기여하는 특정 금속은 사회적으로 주어져 있었다. 상이한 나라들에서 가격의 법정 도량기준은 당연히 상이하다. … 그러나 국경들이 사라지는 세계시장에서는 화폐척도의 이러한 국민적 성격들이 다시 사라지고 금속들의 일반적 무게척도로 환원된다." [MEW, 13, S. 56-57.]

법적 규정에 의해 금속의 일정한 중량 부분은 공식적으로 몇 개의 부분으로 나뉘어 법정 세례명을, 즉 화폐명칭을 갖게 된다. 이 부분들은 그 뒤로 화폐의 고유한 도량 단위로서 통용되면 이것도 화폐명칭을 받게 된다. 그러나 일정한 금속 중량이 금속화폐의 도량기준이라는 것은 여전히 변함이 없으며 법률에 의해 변하게 된 것은 그 분할과 붙여진 화폐명칭일 뿐이다.

이리하여 상품들의 가격은, 즉 상품들의 가치가 관념적으로 전형된 갖가지 금의 분량은 이제는 화폐명칭으로, 즉 금의 도량기준의 법률상 유효한 계산명칭으로 표현된다. 이로써 상품들은 자신의 가치를 화폐명칭으로 표시하고 화폐는 계산화폐가 된다: "한 상품의 가격 또는 그 상품이 관념적으로 전환되어 있는 금의 양은 이제 금의 도량기준의 화폐명칭으로 표현된다. … 상품들이 그들의 교환가치에 부여하는 독특한 형태가 **화폐명칭**으로 전환되고 이로써 상품들은 그들의 가치가 얼마라고 서로 말한다. 화폐(금)가 스스로 **계산화폐**가 된다."[MEW, 13, S. 57.]

"두뇌 속에서, 종이 위에서, 언어 속에서 상품이 계산화폐로 전환되는 것은 부의 어떤 한 종류가 교환가치의 관점에서 고정되자마자 언제나 이루어진다. 이 전환을 위해 금의 재료가 필요하지만 단지 상상된 재료로서 필요할 뿐이다. … 실제 금은 조금도 필요 없다. … 실제로 존재하는 화폐는 전혀 다른 도량기준에 따라 주조되는 반면에 계산화폐로서의 화폐는 관념적으로만 존재할 수도 있다."[MEW, 13, S. 57-58.]

"가격의 도량기준으로서 금은 상품가격들과 동일한 계산명칭으로 나타나므로 … 사람들은 이 계산명칭을 금의 **주화가격**이라 불렀다. 따라서 마치 금이 자기 자신의 재료로 평가되곤 다른 모든 상품과는 달리 국가로부터 **고정적** 가격을 받는 듯한 놀라운 상상이 등장했다. 일정한 금 무게에 대한 계산명칭들의 고정이 이 무게의 가치의 고정으로 오인되었다."[MEW, 13, S. 58.]

어떤 물품의 명칭은 그 물품의 성질에 대해 외적인 것이다. 어떤 사람의 이름이 야곱이란 것을 알더라도 그 사람에 관해서는 아무것도 알지 못한다. 이와 마찬가지로 파운드, 탈러, 프랑, 루카트 등등의 화폐명칭에는 가치관계의 모든 흔적이 소멸되어 있다. 이 불가사의한 표장의 숨은 의미에 대한 혼란은 화폐명칭이 모든 상품의 가치를 표현하기 때문에 더욱 심해진다. 다른 한편에서는 가치가 상품세계의 다양한 물체와 분리되어 이러한 무의미하게 물적인, 그러나 동시에 순전히 사회적인 형태로 계속 발전해 가는 것은 필연적인 일이다.

3-1-3. 가격형태가 지니는 모순

지금까지 맑스는 상품의 가치와 가격을 양적으로 일치하는 것으로 간주하였다. 그러나 이곳에서는 상품의 가치와 가격이 일치하지 않을 수 있음을 지적하고 그 원인을 가격형태 그 자체 속에서 찾는다. 즉, 상품의 가치크기는 그 상품을 생산하기 위해 사회적으로 필요한 노동시간에 의해 규정되는데, 상품의 가치가 가격으로 전환되면 가격이 가치크기로부터 분리될 가능성이 발생할 수 있다는 것이다. 그러나 이것은 가격형태의 결함이 아니라 상품생산사회에서 가치법칙이 관철될 수 있는 방식이라는 것이다.

*** 상품생산사회에 적합한 가치법칙**

똑같은 크기의 사회적 필요노동이 1쿼터의 밀로 표시되며, 또 2파운드 스털링으로 표시된다고 가정하자. 2파운드 스털링은 밀 1쿼터의 가격이다. 만약 1쿼터의 밀의 가격을 3파운드 스털링으로 인상하거나 1파운드 스털링으로 인하시킨다면 밀의 가치크기로서의 표현으로는 많거나 적을지 모른다. 그럼에도 불구하고 이것은 밀의 가격이다. 왜냐하면 ① 1파운드와 3파운드는 밀의 가치형태, 즉 화폐이고, ② 밀과 화폐의 교환비율의 지수이기 때문이다.

생산조건이 변하지 않는 한, 즉 노동생산력이 변하지 않는 한 1쿼터의 밀을 재생산하기 위해서는 가격의 변화 이전이나 이후에나 여전히 동일한 양의 사회적 노동시간이 지출되지 않으면 안 될 것이다. 이러한 사정은 밀 생산자의 의지와도 관계가 없고, 다른 상품소유자의 의지와도 관계가 없다. 따라서 상품의 가치크기는 사회적 노동시간에 대한 어떤 필연적인 관계, 그 상품의 형성과정에 내재해 있는 관계를 표현하는 것이다.

가치크기가 가격으로 전환함에 따라 이 필연적인 관계는 어느 한 상품과 그 외부에 존재하는 화폐상품 사이의 교환비율로 나타난다. 그러나 이 비율에는 상품의 가치크기가 표현되는 것과 동시에 일정한 조건하에서 그 상품이 양도될 때 발생하는 가치 초과분 혹은 가치 부족분이 표현될 수 있다.

그러므로 가격과 가치가 양적으로 불일치하거나 가치크기로부터 가격이 괴리될 가능성은 가격형태 그 자체에 있는 것이다. 이것은 가격형태의 결함이 아니며 오히려 가격형태를 어느 특정한 생산양식, 곧 거기에서는 규칙이 맹목적으로 작용하는 불규칙성의 평균법칙으로서만 관철된다는 그러한 생산양식에 적합한 형태로 만든다.

*** 가치를 갖지 않으면서도 가격을 가질 수 있는 경우**

그러나 가격형태는 가치크기와 가격이, 즉 가치크기와 그것의 화폐표현이 양적으로 불일치할 가능성을 허용할 뿐만 아니라 가격이 전혀 가치표현이 아니게 되는 질적 모순, 즉 가격은 단지 가치의 화폐적 표현에 지나지 않는데도 불구하고 가격이 전혀 가치를 표현하지 못하고 있다는 모순을 내포하고 있을 수 있다.

맑스는 여기에서 질적 모순의 두 가지 예를 들고 있다.

① 가령 양심이나 명예 등은 분명히 노동생산물은 아니지만 그 소유자는 화폐를 받고 팔 수 있어 그 가격을 통해 상품형태를 취할 수 있다. 그러므로 아무런 가치를 갖고 있지 않으면서도 형식적으로 가격을 갖는 물적 존재가 있을 수도 있다.

② 미개간지는 아무런 인간노동이 대상화되어 있지 않기 때문에 조금의 가치도 없지만 가격은 가지고 있다.

*** 관념적인 금은 실제적인 금으로 전환되어야 한다.**

상품에 단지 가격을 부여하기 위해서라면 표상화된, 관념적인 금을 상품에 등치시키는 것만으로도 충분하다. 그러므로 상품이 그 소유자에게 일반적 등가물의 역할을 해 주려면 상품은 금으로 교체되어야 한다. 달리 말해, 상품이 실제로 교환가치로서 작용하기 위해서는 상품은 그 자연적인 육체(현물형태)를 벗어버리고 오로지 표상화된 금으로부터 실제적인 금으로 자기 자신을 전환시켜야만 한다. 가격형태는 상품을 화폐에 대해 양도할 수 있는 가능성과 양도해야 할 필연성을 내포하고 있다.

*** 가격형태에 내포된 모순: 종합**

그러면 이제 가격형태에 내포된 모순, 즉 가치크기와 가격 사이의 양적인 불일치 가능성과 관념적인 금만으로 충분한 가치척도로서의 기능에 내재된 잠재적 모순을 맑스의 글을 통해 종합적으로 파악해 보자. 여기에서 우선 가치와 가격의 차이가 내포하고 있는 잠재적 모순에 대해 언급하고자 한다. 이것에 관한 맑스의 글을 인용해 보자. "교환가치와 가격의 차이는 한편으로는 단지 명목적인 차이로서 나타날 뿐이다. … 금 1온스가 30노동일의 생산물이라면 밀 1쿼터는 30노동일로 평가된다는 대신 이제는 금 1온스로 평가된다. 다른 한편으로 그 차이는 단순히 이름 차이만이 아니고 오히려 실제 유통과정에서 상품을 위협하는 모든 악천후가 그 차이에 집중되어 있다. 30노동일은 밀 1쿼터에 포함되어 있고, 따라서 밀 1쿼터는 이제는 노동시간으로 제시되어야 할 필요는 없다. 그러나 금은 밀과는 상이한 상품이며, 밀 1쿼터가 그의 가격에 예측되어 있는 것과 같이 실제로 금 1온스가 될지는 유통과정에서만 증명될 수 있다. 이는 이 밀 1쿼터가 사용가치로서, 또는 그에 포함된 노동시간의 양이 밀 1쿼터를 생산하기 위해 사회에서 필연적으로 요구되는 노동시간의 양(가치크기)

으로 증명되느냐에 좌우된다. 상품 그 자체는 교환가치**이며** 가격을 **갖는다**. 상품에 포함된 특수한 개별 노동이 양도과정에서 비로소 그 반대로서, 즉 무개별적, 추상적이고 일반적인, 그리고 이 형태로서만 사회적인 노동으로, 즉 화폐로서 제시되어야 한다는 것은 교환가치와 가격의 이 차이에서 나타난다. 이 개별 노동이 이렇게 제시될 능력이 있는지 없는지는 우연히 나타난다. 따라서 가격에서 상품의 교환가치가 단지 관념적으로만 상품과 구별되는 존재를 취하고 상품에 포함된 노동의 이중존재는 다만 상이한 표현방식으로서만 존재하며, 따라서 다른 한편으로 일반적 노동시간의 물상화인 금은 단지 표상화된 가치척도로서만 실제 상품과 대립하지만, 가격으로서의 교환가치의 존재 또는 가치척도로서의 금의 존재에는 경화(실제 금)를 받고 상품을 양도해야 할 필요성, 그 상품의 비양도 가능성, 간단히 말해 생산물이 상품이라는 것으로부터, 또는 사적 개인의 특수한 노동이 사회적 작용을 갖기 위해서는 그것의 직접적인 반대로, 즉 추상적 일반적 노동으로 제시되어야 한다는 것으로부터 기인하는 모든 모순이 잠재적으로 내포되어 있다."[MEW, 13, S. 53-54.]

*** 관념적인 가치척도에는 경화가 숨어 있다.**

그러나 상품의 화폐로의 실체 전환은 상품으로서 매우 어려운 일이다. 이 상황을 맑스는 다음의 예를 들어 설명하고 있다. "철의 소유자가 … 향락상품 소유자에게 철의 가격을 가리켜 이것이 화폐형태라고 말한다면 향락상품의 소유자는, 마치 천국에서 성 베드로가 자기를 향하여 신앙고백을 낭독한 단테에게 대답하듯이, 이렇게 대답할 것이다. '이 주화의 품질과 중량은 충분히 검토되었다. 그러나 그대는 그것(경화: 필자)을 그대의 주머니 속에 가지고 있는가?'"[MEW, 23, S. 118.]

"금이 관념적인 가치척도로서 기능할 수 있는 것은 금이 이미 화폐상품으로서 교환과정을 누비고 다녔기 때문이다. 그러므로 관념적인 가치척도 속에 경화가 숨어 있다"라고 맑스는 말한다: "상품은 원하면서 화폐는 원하지 않는, 사적 교환에 기초한 생산을 이 생산의 필요조건 없이 희망하는 공상가들은 그들이 화폐를 비로소 그것의 구체적인 형태에서가 아니라 이미 가치척도로서 안개꽃같이 흐릿한 몽상적인 형태에서 폐기하는 한 그들은 일관성이 있다. 보이지 않는 가치척도 속에는 경화가 숨겨져 있다."[MEW, 13, S. 54.]

주요 개념

금의 가격의 도량기준으로서의 기능: 금속의 중량의 도량기준의 명칭이 가격(화폐)의 도량기준의 명칭이 됨, 가치척도로서의 금과 가격의 도량기준으로서의 금의 차이점: 가치척도로서의 금의 가치는 가변적이어야 하나 가격의 도량기준으로서의 금의 중량은 불변이어야 한다, 금의 가치변동이 가격의 도량기준으로서의 기능과 가치척도로서의 기능에 미치는 영향, 화폐명칭의 금속의 중량명칭으로부터의 분리, 계산화폐, 가격형태에 내포된 모순: 가격의 가치크기로부터 분리될 가능성/상품생산사회에서 가치법칙이 관철되는 방식, 관념적인 금의 실제적인 금으로의 전환: 관념적인 가치척도에는 경화가 숨겨져 있다.

*** '화폐 또는 상품유통'에서의 주요 내용

기능이 형태를 뒤따른다. 맑스는 제1장에서 상품의 가치형태로부터 그것의 두 가지 측면, 즉 상대적 가치형태와 등가형태를 규정하고, 그것으로부터 화폐형태를 도출하고, 제2장에서 화폐가 거래 주체들의 행동에 의해 어떻게 유통 속으로 들어오는지를 서술한 후, 제4장에서 화폐가 어떻게 그리고 어떠한 조건들하에서 자본으로 변환하는지를 표명하기 전에, 제3장에서 화폐형태의 더 상세한 규정인 화폐 기능들을 서술한다.

** 다섯 가지 화폐 기능들과 맑스 화폐이론의 두 가지 특징

맑스는 화폐의 기능들을 5가지로 분류한다. 그것들은 다음과 같다. 첫째, 가치척도, 둘째 유통수단, 셋째 축장화폐(가치저장수단), 넷째 지불수단, 그리고 다섯째 세계화폐(국제교환수단). 화폐 기능들은 거의 모든 경제학 교재에 서술되어 있으나 피상적으로 관찰해 보면 그것들은 맑스의 서술과 그리 차이가 나지 않는다.

그러나 맑스의 분석에는 현대 화폐이론과 비교해 보아도 두드러지게 나타나는 두 가지 특성이 존재한다. 맑스의 화폐의 기능분석의 첫 번째 특성은 기능분석을 형태분석에 연결시켰다는 데에 있다. 이것으로부터 화폐에 의해서 비로소 상품세계에 교환능력이라는 특성이 주어진 것이 아니라 상품형태와 가치형태 속에 이미 내포된 특성들을 화폐에서 적합한 표현을 찾았다는 것이 분명해진다. 따라서 제3장의 첫 페이지에 다음과 같이 적혀 있다. "상품들이 화폐에 의해 비로소 양적으로 비교될 수 있게 되는 것은 아니다. 오히려 그 반대이다. 모든 상품들이 가치로서는 대상화된 인간노동이며 따라서 그 자체로서 양적으로 비교될 수 있기 때문에, 그 모든 상품들은 자신들의 가치를 하나의 동일하고 특수한 상품으로 도량할 수 있으며 또 그렇게 함으로써 이 특수한 상품을 공통적인 가치척도, 곧 화폐로 전환시킬 수 있는 것이다."[MEW, 23, S. 109.]

화폐에는 말하자면 '이성의 술책'(List der Vernunft)이 실현되어 있다: 화폐에는 공동성이 이미 물상화된 자태로 존재한다. 그렇지 않으면 계약에 의한 모든 교환행위 속에서 비로소 무로부터 재현되어야만 했다. 그런 의미에서 화폐는 '진정한 공동체'이다. 사람들은 누구든지, 사회적으로 인정받기 위해서는 화폐를 획득해야 한다.

맑스의 화폐의 기능분석의 두 번째 특성은 개별적 특성들이 부가적으로 작성되지 않고 겹쳐서 잇달아, 그것도 가장 모순적인 방식으로, 구성된다는 점에 있다. 따라서 화폐 기능들은 단순히 서로 보충되는 것이 아니라 그 기능들은 특정한 상황 속에서의 특정한 사정에 따라서 모순될 수 있다.

예를 들어, 가치척도에서 화폐 자신은 가치가 있어야 하는데 물론 가상으로만 존재해야 한다. 이것을 표현해 보면, 자동차는 10,000달러 가치가 있다고 하자. 이것은 한편으로는 그 자동차는 양도 가능하고, 다른 한편으로는 그것의 가치가 화폐로 측정해서 10,000달러에 달한다는 것을 의미한다. 10,000달러 뒤에는, 내재된 가치(예를 들어, 금)를 가지고 있는 특정한 양의 화폐에 대한 표상 또는 10,000달러가 유통 속에서(시장에서) 자동차의 가치와 일치하는 하나의 상품다발(Warenbuendel)로 용이하게 전환할 수 있다는 확신이 존재한다.

그러나 유통수단으로서의 화폐의 기능에서야 비로소 화폐는 상품다발 X 대신 상품인 자동차와의 교환을 사실상 실행해야만 한다. 이 기능에서는 화폐가 가치척도로서 관념적으로 존재해서는 더 이상 충분치 않다. 그것은 실제로 유통해야 한다. 그러나 교환 상대자가 자동차의 가치가 사실상 원하는 상품다발로 전환할 수 있다는 확신을 가지고 있는 한 화폐의 실제 가치는 의미가 없다. 유통 기능을 '위조지폐'(falscher Fuenfziger)도 실행할 수 있을 것이다. 따라서 가치가 있는 금화폐가 가치가 없는 지폐나 전자표장으로 대체될 수 있다는 것이 사실상 가능하다.

유통수단으로서 화폐는 상품 A(자동차)와 상품 X(상품다발)의 교환을 매개한다. 그러나 화폐는 이제, 유통과정에서 두 상품의 위치 변경을 염려하는 대신, 상품세계에 대립해 자립화할 수 있다: 화폐로서의 화폐. 판매되고 곧 이어서 화폐매상금으로 다시 구매되지 않을 때 화폐는 축장화폐(가치저장수단)로서 유통과정에서 배제된다. 그것이 양적으로 증대하여 화폐축장이 이루어진다. 상품세계는 화폐축장자에게는 자립화된 화폐를 증가시키는, 즉 축장화폐를 축적하는 수단일 뿐이다.

그러나 사전에 판매되지 않고 구매될 수도 있다. 즉, 구매가 지불약속으로 이루어진다. 이 경우에 화폐는 지불수단으로서 기여한다. 그것은 신용화폐가 된다. 후자로서 그것은 자립화된다. 왜냐하면 신용에 대한 가격, 즉 이자가 지불될 수 있을 때만이 신용이 채권자에 의해 보증되기 때문이다.

축장화폐로부터 화폐자산이, 경우에 따라서는 또한 축적기금이 발생한다. 지불수단이 화폐를 일반적 상품, 즉 신용화폐로 변화시킨다. 후자는, 케인스 이론이 암시하듯이, 투자에 자금을 조달할 경우에 비축된 축적기금을 대체한다. 과거의 기금(축장화폐)이 아니라 현재의 신용과 미래의 수익금이 미래의 투자를 위한 자금을 조달한다. 물론 이것이 현대 생산과정에서 화폐축장이 중요하지 않음을 의미하는 것은 아니다.

세계화폐(국제지불수단)로서의 화폐는 이미 세계시장을 형성하려는 포교적 경향을 암시한다. 세계화폐로서의 화폐는 자신의 민족국가적 특별한 성격을 벗어난다. 세계화폐는 공동성이, 화폐에 관계되는 한, 민족국가적 경계를 넘어서서 전 지구적 공간으로 영향을 미친다는 사실의 표현이다.[3]

가치는, 이미 살펴보았듯이, 사회적 관계이다. 이 관계는 화폐 속에 물상화된 형태로 나타난다. 따라서 화폐는, 그것이 더 이상 스스로(내적인) 물질적

---

3 이와 관련해서 맑스의 화폐이론의 또 다른 특성이 언급되어야 한다. 그런데 이 특성은 매우 자주 오해를 불러일으키기도 하였다. 맑스는 "단순화를 위해 금을 화폐상품으로 전제한다." [상동, S. 109.] 이것은 금본위제도의 시기에는 정당할 수 있었으나, 오늘날에는 당연히 더 이상 "단순화를 위해" 전제될 수는 없다. 가치는 더 이상 노동(금의 추출)에 의해 가치로 정립된 물질에 의해서 화폐에 귀속되지 않고 화폐가 제도상으로 중앙은행에 의해 불충분하게 제공됨으로써 가치로 정립된다. 이러한 전제조건으로 인해 화폐 기능에 대한 맑스의 규정은, 많은 사람들이 생각하듯이, 결코 평가절하되지 않는다. 맑스 자신은, 『자본론』의 분석이 진행되는 과정에서 거듭해서 명백해지듯이, 자본이 어떻게 모든 외적인 구속으로부터 해방되는지, 그리고 모든 외적인 한계를 어떻게 극복하는지를 보여 준다. 자본은 상대적 잉여가치의 생산에서, 즉 노동생산성의 증대 과정에서 노동력의 한계로부터 해방된다. 그러나 그때 자본은 노동자의 이해관계와는 상관없이 이루어진다. 세계화 과정에서 공간적, 시간적 한계들을 가능한 한 최대한 사소한 것으로 만들려고 노력하였다. 만일 화폐의 기능적 존재가 귀금속의 제한된 물질적 처분 가능성에 얽매어 있다면, 자본은 화폐에 존재할 한계를 넘어서려고 노력을 할 것이다.

가치실체(금)를 구체화하지 못한다면, 제도상의 규정을 통해(외적인) 사회적 가치관계를 표현하고 자신의 발전을 위해 필요한 기능들을 수행할 수 있어야만 한다. 언급한 기능들을 수행할 수 있기 위해서는 화폐는 부족을 유지해야만 한다. 화폐의 부족에 대해서는 중앙은행의 권한이다. 중앙은행이 화폐가치의 조정을 통해 화폐 속에 나타나는 사회적 관계를 발생시키고 재생산한다. 따라서 화폐의 물신성이 중앙은행의 물신화로 계속 이어지는 것은 명백하다. 어떻게 그리고 어떤 규칙에 의해 화폐의 부족이 발생하는지를 개별적으로 다루는 것은 이 장(章)의 주제가 아니다 이것은, 신용, 이자, 환율(『자본론』 제3권 제5편)의 범주들과 관련해서 언급되어야 할 것이다.

*** '가치척도'의 주요 내용

화폐는 상품에게 가치표현의 재료를 제공한다. 그러는 한에서 그것은 가치척도로서 기능을 한다. 가치의 화폐형태가 상품의 가격이다. 가격은 가치를 사회적으로 적법하게 표현한다. 물론 가격에서 화폐는 단지 표상적인, 관념적인 화폐, 가치의 명칭이다. 이제 요한 묵시록(Apokalypse)에서의 인용문이 이해가 될 것이다: "그들은 모두 한뜻이 되어 자기들의 권능과 권한을 그 짐승에게 넘겨주더라. 그리하여 그 짐승의 이름이나 그 이름을 뜻하는 숫자로 표가 찍힌 사람 말고는 아무것도 사거나 팔지 못하게 하였다."[MEW, 23, S. 101.][4] 따라서 상품의 가격은 사회적으로 유효한 표장이다.

척도는 도량 단위로 세분된다. 금에 있어서는 이것은 중량 단위(그램, 온스

4 요한 묵시록, 제17장 13절, 제13장 17절. (번역은 한국 천주교주교회의·한국 천주교중앙협의회에서 편찬 발행한 『성경』을 따랐다.) 맑스 주: 요한의 계시로서 신약성서에 실렸던 초기 기독교 문헌의 한 작품이다. 그 원작은 거의 사도 요한의 손에서 이루어진 것으로 되어 있다. 이 작품은 중세에 종종 이단적인 민중운동을 초래하였던 '세계의 종말'과 '그리스도의 재림'에 관한 신비적 예언을 포함하고 있다. 후에 교회는 요한묵시록의 예언을 민중을 위협하는 데에 이용하였다.[MEW, 23, S. 101; Anmerkungen, 33, S. 848 참조.]

등등)일 수 있다. 지폐의 경우에는 작은 단위로의 다른 분할을 찾아내야 한다. 가치척도의 기능으로부터 도출된 가격의 도량기준으로서의 화폐의 기능이 발전된다. 따라서 계산화폐는 경제 주체들로 하여금 경제적 행위 속에서 경제적 합리성을 사용할 수 있게 한다. 그러나 그것은 개인들이 합리적이기 때문이 아니라 화폐("논리란 정신의 화폐이다"라고 헤겔은 말한다) 속에는 합리성이 이미 첨부되었기 때문이다.

금속화폐(금화폐)하에서조차도 금속 중량의 화폐명칭들은 점차 그것들의 본래의 중량명칭으로부터 분리된다. 파운드, 리라, 페소 또는 페세타는 오늘날에도 여전히 화폐 재료의 옛 중량명칭이 탈물질화된 화폐의 명칭이다.

가치의 가격형태, 즉 가격은 양적으로 가치와 일치할 필요는 없다. 따라서 가치의 화폐표현과 가치 자체 사이에는 일 대 일 결합은 결코 존재하지 않는다. 가치의 화폐표현은 가치보다 클 수도 또는 작을 수도 있고 당연히 같을 수도 있다. "가치크기가 가격으로 전환됨에 따라 이 필연적인 관계는 어느 한 상품과 그것의 외부에 존재하는 화폐상품 사이의 교환비율로서 나타난다. 그러나 이 비율은 상품의 가치크기를 표현할 수 있는 동시에 또한 주어진 사정하에서 상품이 양도될 때 발생하는 가치보다 많거나 적은 화폐량도 표현할 수 있다. 따라서 가격과 가치크기 사이의 불일치 또는 가격의 가치크기로부터의 편차 가능성은 가격형태 그 자체에 내재되어 있다. 이것은 가격형태의 결함이 아니라 오히려 반대로 가격형태를 어느 특정한 생산양식, 곧 그곳에서는 규칙이 단지 맹목적으로 작용하는 불규칙성의 평균법칙으로서만 관철될 수 있는 생산양식에 적합한 형태로 만든다."[상동, S. 117.] 『자본론』 제3권에서 가치와 가격의 불일치는 잉여가치의 이윤으로의 전환과 사회적 평균이윤율의 형성의 조건으로 다루어진다.

가치와 가격의 불일치는 어떤 모순으로 발전될 수 있다. 사물들은 가치를 지니지 않고도 가격을 가질 수 있다. 맑스는 이와 관련하여 "그 자체로서는 상품이 아닌 것들, 예를 들면 양심이나 명예 등등"[상동.]을 지적한다. 다른 한편, 가격에는 가치들이, 예를 들어 현재의 토지의 가치가 예상된 미래의 자본소득의 할인을 통해 결정됨으로써, 사회적으로 구성될 수 있다.

가격형태는 상품의 화폐에 대한 양도 가능성과 이 양도의 필연성을 포함하고 있다. "관념적인 가치척도 속에는 경화가 숨어 있다."[상동, S. 118.] 상품이 실제 화폐와 교환됨으로써 이 화폐는 이미 유통수단으로서 기능을 한다.

[부록 3] *Grundrisse der Kritik der Politischen Oekonomie, Rohentwurf* (1857-1858)

화폐의 회전

"**화폐의 유통** 또는 **회전**은 **상품**의 반대되는 **유통 또는 회전**에 상응한다. … 우리가 여기에서 고찰하는 단계의 화폐 회전인 **직접적인** 유통에서는 한 중심에서 주변의 다양한 지점들로의 출발과, 주변의 모든 지점들로부터 한 중심으로의 귀환은 일어나지 않는다. 이것은 은행제도에 의해 **매개된** 유통에서 비로소 일어난다."[『요강』, I권, 172쪽.]

"이 최초의 자생적인 유통은 수많은 회전들로 구성되었을 것이다. 그러나 본래적인 회전은 금은이 더 이상 상품이 아닐 때 비로소 시작된다. 금은이 화폐가 아니라 상품으로 기능함으로써, 귀금속을 수출하는 나라들과 수입하는 나라들 사이에서는 이러한 의미에서의 유통은 일어나지 않고 단순한 교환이 일어난다. 화폐가 상품교환, 즉 여기에서는 상품유통을 매개하는 한, 즉 교환수단인 한에 있어서 그것은 **유통도구**, **유통바퀴**이다. 그러나 이 과정에서 화폐가 스스로 유통되고 회전하며 그 자체의 운동을 따르는 한, 그 자체가 하나의 **유통**, **화폐유통**, **화폐회전**을 갖는다. … 화폐가 상품들을 유통시킨다면, 상품들은 화폐를 유통시킨다. 따라서 상품유통과 화폐유통은 서로를 조건지운다."[『요강』, 1권, 172쪽.]

화폐회전에는 다음과 같은 세 가지가 고찰되어야 한다. ① 운동형태 자체, ② 유통 화폐량, ③ 화폐의 유통속도.

화폐가 유통시키는 것은 교환가치들, 따라서 **가격들**이라는 점이 지적되어야 한다. 그러므로 상품유통에서는 상품의 양뿐만 아니라 상품가격도 고찰되어야 한다. 따라서 유통 개념에 앞서 가격 개념이 발전되어야 한다. 유통은 가격의 정립이고, 상품이 가격으로 전환되는 운동이며 상품의 가격으로서의 실현이다.

화폐는 ① 상품이 교환가치로 실현되는 **척도**이자, ② **교환수단**이라는 이중적 규정을 지니는데, 이것은 전혀 상이한 방향으로 작용한다.

화폐는 **관념적으로**, 개별자의 머릿속에서뿐만 아니라 사회(매매과정의 당사자들)의 상상 속에서 이미 화폐로 전환된 상품만을 유통시킨다. 화폐로의 이러한 관념적 전환과 실제적 전환이 결코 동일한 법칙들에 의해 결정되는 것은 아니다[상동, 173쪽 참조.]

아래에서 이에 대해 상세하게 살펴보자.

a) 가치척도로서의 화폐

화폐의 형태규정성 가운데 가치척도로서의 기능이 제일 먼저 차지하는 이유는 그것이 화폐의 형성과정으로부터 직접적으로 출현하기 때문이다. "화폐가 **교환수단**보다 **척도**로서 먼저 나타났는데[그 예가 호머(Homer)의 소], 그 이유는 물물교환에서는 각 상품 자체가 아직 자신의 교환수단이었기 때문이다. 그러나 상품이 자신의 척도이거나 비교기준일 수는 없다."[상동, 156쪽.]

『자본론』에서 배운 것을 잘 이해했는지를 스스로 확인해 보는 의미에서 『요강』의 요점을 서술해 보기로 하자.

*** 상품교환의 확대로 인한 교환가치 일반의 형성, 노동시간이 교환의 척도가 된다.**

우선 교환과 교환가치가 어떻게 형성되는지를 살펴보기로 하자.

"금이 측정 단위로 확정되어야 하는 한 상품들과 관련하여 금은 다른 모든 상품들의 상호 비율과 마찬가지로 물물교환에 의해 결정된다. 그렇지만 물물교환에서 생산물은 **즉자적으로**만 교환가치이다. 생산물은 교환가치의 첫 번째 현상형태인 것이다. 그러나 생산물이 아직 교환가치로 정립된 것은 아니다. 첫째로 이 규정이 전체 생산에 파급되지 않고 단지 잉여에만 해당되며, 따라서 그것 자체가 (교환 자체와 마찬가지로) 다소 **불필요하다**. 충족, 향유(새로운 대상과의 관계) 범위의 우연적인 확대에 따라서 교환은 몇몇 지점에서 (처음에는 자생적인 공동체가 끝나고 타인과 접촉되는 곳에서) 이루어지며, 작은 구역에만 제한되어 있고, 생산에 대해 잠정적인 것, 부차적인 것을 이룬다. 등장하는 것만큼이나 사라지는 것도 우연적이다. 자기 생산의 잉여가 우연히 타인 생산의 잉여와 교환되는 물물교환은, 생산물이 교환가치 일반으로 **최초로 등장하는 것**이며, 우연적인 요구, 욕망 등에 의해 결정된다. 그러나 그것이 계속되면, 즉 자체 내에 지속적인 갱신을 위한 수단을 포함하고 있는 연속적인 행위가 되면, 상호 생산의 규제에 의한 상호 교환의 규제가 외적으로, 우연히, 점차적으로 시작되며, 궁극적으로는 모두 노동시간으로 환산되는 생산비가 교환의 척도가 될

것이다."[상동, 193-194쪽.]

*** 가치실체로서의 노동과 가치척도로서의 노동시간**

"노동은 운동이므로, 시간이 그것의 자연적 척도이다. 가장 조야한 형태의 물물교환은 상품의 실체로서 노동을, 척도로서 노동시간을 가정하는데, 이는 물물교환이 정기화되고 연속적으로 되자마자, 그것이 자체 내에 자신의 상호 갱신 조건을 포함하자마자 대두된다."[상동, 194쪽.]

*** 교환가치로서의 상품**

"상품이 교환가치로 규정된다. 교환가치로서의 상품은 일정한 비율로 (그것에 포함된 노동시간에 비례해서) 다른 모든 가치(상품)를 위한 등가물이다. 그러나 교환가치로서의 상품이 자신의 이러한 규정성에 직접적으로 상응하는 것은 아니다. 그것(교환가치로서의 상품: 필자)은 자연적인 현존으로서의 자신과 상이하다. 상품을 교환가치로 정립하기 위해서는 매개가 필요하다. 따라서 화폐에서 교환가치는 상품에 대해서 다른 어떤 것으로 마주 선다."[상동, 174쪽.]

*** 가치형태로서의 교환가치**

"상품은 다른 것으로, 즉 관계로서 표현되는 한에 있어서만 **교환가치**이다. 밀 1세펠은 호밀 몇 세펠의 가치가 있다. 이 경우에 밀은 호밀로 표현되는 한에서만 교환가치이고, 호밀은 밀로 표현되는 한에서만 교환가치이다. 각각이 자기 자신에만 관계한다면 그것은 교환가치가 아니다. 이제 화폐가 척도로 나타나는 관계에서는 화폐 자체가 관계로서, 교환가치가 아니라 일정한 재료의 자연적 양으로서, 금이나 은의 자연적 무게 부분으로 표현되고 있다. 다른 상품의 교환가치가 표현되는 상품은 결코 교환가치로, 관계로 표현되지 않으며, 자연적 속성을 가지는 일정량으로 표현된다. 밀 1셰펠이 호밀 3셰펠의 가치가 있다면, 밀 1셰펠만 가치로 표현되었고 호밀 1셰펠은 그렇지 않다. **즉자적으로는** 후자도 정립되어 있기는 하다. 그러면 호밀 1셰펠 = 밀 1/3셰펠. 그러나 이것은 **정립되어** 있지는 않고 두 번째 관계일 뿐이며, 그것도 첫 번째 관계에 직접 존재한다. 한 상품이 다른 상품으로 표현된다면, 그것은 관계로서, 다른 상품은 일정한 재료의 단순한 양으로 정립된 것이다. 호밀 3셰펠은 즉자적으로 가치가 아니며, 일정량을 채우는 호밀은 양적 척도로 측정된다."[상동, 194-195쪽.]

*** 자립화된 교환가치로서의 화폐**

"화폐는 우선 상품들이 교환가치들로서 자유로운 존재를 획득하기 위해 교환되고, 금화(金化)되고 은화(銀化)되어야 하는 일반적 질료이다. 그것들은 화폐로 번역되고 화폐로 표현되어야 한다. 화폐가 교환가치의, 교환가치로서의 상품들의 일반적 명명자가 된다."[상동, 174쪽.]

"… 화폐에서 교환가치는 상품에 대해서 다른 어떤 것으로 마주 선다. 화폐로 정립된 상품이 비로소 순수한 교환가치로서의 상품이다. 또는 순수한 교환가치로서의 상품이 화폐이다. 그러나 동시에 화폐는 이제 그 상품의 밖에 그리고 옆에 존재한다. 상품의 교환가치, 모든 상품의 교환가치는 그것과는 독립적이고, 자체적인 재료, 한 특유한 상품에서 자립화된 존재를 획득했다."[상동, 174쪽.]

"화폐가 교환가치에 대하여 자립적인 것으로 정립된 이후, 교환가치들은 자신들에게 주체로 마주 서는 화폐의 규정성 속에서 정립된다. 그러나 각 교환가치는 일정한 양, 양적으로 규정된 교환가치이다. 그러한 것으로서 교환가치는 = 일정량의 화폐. 이 규정성은 일반법칙에 따라 교환가치로 실현된 노동시간에 의해 주어진다. 그러므로 하루의 생산물의 교환가치 = 하루분의 노동시간량, 하루 노동일의 생산물인 양의 금이나 은으로 표현된다. 교환가치의 일반적 척도가 이제는 각 교환가치 및 그것과 **등치되는** 화폐 사이의 척도가 된다." [상동, 174-175쪽.]

"화폐가 상품들로부터 자립적이고 분리된 교환가치로 정립된 후에, 개별 상품, 특수한 교환가치는 다시 화폐와 **등치된다**. 즉, 화폐로 표현되고 화폐로 번역된다. 교환가치로서 개념적으로 그러하듯이, 상품들은 화폐와 등치됨으로써 다시 서로 관계된다. 다시 말해, 그것들이 일정한 비율로 부응하고 비교됨으로써 특수한 교환가치로서의 상품은 자립화된 교환가치인 화폐의 규정성으로 표현되고 포섭되며 정립된다." [상동, 176쪽.]

*** 화폐로 표현된 교환가치가 가격이다.**

"화폐로 표현된, 즉 화폐와 등치된 교환가치가 **가격**이다." [상동, 174쪽.]

"… 가격은 일정량의 노동을 … 주고, 광산 보유국으로부터 직접 또는 간접적으로 받을 수 있는 금은의 양에 좌우된다." [상동, 175쪽.]

"화폐는 우선 모든 교환가치의 평등관계를 표현한다. 화폐에서 그것들은 동일한 명칭을 갖는다." [상동, 175쪽.]

"**화폐의 규정성으로 정립된 교환가치가 가격이다**. 가격에서 교환가치는 일정량의 화폐로 표현된다. 가격에서 화폐는 첫째로 모든 교환가치의 **단위**로 나타난다. 둘째로 이 교환가치들이 일정 수를 포함하고 있어서 화폐와 비교됨으로써 그것들의 양적 규정성, 양적 비율이 표현되는 단위이다. 따라서 여기에서 화폐는 교환가치들의 **척도로**, 가격은 화폐로 측정된 교환가치로 정립되어 있다. 화폐가 가격의 척도라는 것, 즉 화폐로 교환가치들이 서로 비교된다는 것은 저절로 생겨나는 규정이다. 그러나 … 보다 중요한 것은 가격에서 **교환가치가 화폐와 비교된다**는 것이다." [상동, 175-176쪽.]

"특수한 교환가치로서의 상품은 자립화된 교환가치인 화폐의 규정성으로 표현되고 포섭되며 정립된다."[상동, 176쪽.]

*** 교환가치를 측정하는 단위인 가격과 교환가치의 구별**

"다른 상품들의 교환가치를 측정하는 단위, 척도로서의 화폐의 경우도 마찬가지이다. 그것은 금, 은 등 그것이 나타내는 자연적 실체의 일정한 무게이다. 밀 1셰펠이 77실링 7펜스의 가격을 갖는다면, 그것은 동일한 것과는 다른 것으로서, 금 1온스로서, 관계로서, 교환가치로서 표현된다. 그러나 금 1온스는 즉자적으로 교환가치가 아니며, 교환가치로서 표현된 것이 아니라 일정량의 자기 자신, 자기의 자연적 실체인 금으로 표현된 것이다. 금 1온스의 가치가 그 생산에 필요한 노동량에 비례하여 상승하거나 하락하기 때문에, 밀 1셰펠이 77실링 7펜스 또는 금 1온스의 가격을 갖는다면, 이 가격은 더 많거나 더 적은 가치일 수 있다. 그러나 이것이 가격규정 자체를 위해서는 상관없다. 77실링 7펜스라는 그것의 가격은 그것이 다른 모든 상품에 대한 등가물이 되는, 즉 그가 살 수 있는 비율을 정확하게 표현해 주기 때문이다. … 가격은 모든 상품에게 공통된 단위로 교환가치를 표현할 뿐이다. 그러므로 이 교환가치가 이미 다른 관계들에 의해 규제되고 있다고 가정한다. 물론 밀 1쿼터가 금 1온스의 가격을 가진다는 것은 – 금과 밀은 자연 대상들로서 전혀 아무런 상호 관계도 가지지 않기 때문에 **그 자체로서는** 서로에 대한 척도가 아니며, 서로 **무차별적이기** 때문에, – 금 1온스 자체가 다시 그 생산에 필요한 노동시간과 비율로 정립되고 그리하여 밀과 금 양자가 제3의 노동과 비율로 정립되고, 이 비율과 등치되며, 따라서 양자가 교환가치로서 서로 비교됨으로써 발견되었다. 그러나 이는 우리에게 밀가격, 밀과 등치되는 금량이 어떻게 발견되는가만을 보여줄 뿐이다. 화폐가 밀가격으로 나타나는 이 관계 자체에서 화폐 자체는 관계로, 교환가치가 아니라 일정량의 자연적 재료로 정립되어 있다.

교환가치에서 상품들(생산물들)은 자신의 사회적 실체, 노동에 대한 관계로 정립되어 있다. 그러나 가격으로서 그것은 자연적 속성이 다른 생산물들의 양으로 표현되어 있다. 물론 이제는 화폐가격도 밀 1쿼터, 호밀 3쿼터, 금 1온스의 가격을 가지는 다양한 상품의 다른 양들로 정립되어 있다고 말할 수 있다. 그러나 이때 화폐가격을 표현하기 위해서는 모든 상품이 각각 금 1온스와 동등한 양으로 열거되어야 할 것이다. 말하자면 화폐는 화폐 자신으로 가격이 표현되는 상품의 수만큼 많은 가격을 가질 것이다. 가격의 주요 규정인 **통일성**이 없어질 것이다. 어느 상품도 다른 모든 상품과 화폐의 관계, 화폐의 일반적 교환가치를 표현하지 않을 것이기 때문에, 화폐가격을 표현하지 않을 것이기 때문에, 화폐가격을 표현하지 않을 것이다. 그러나 가격의 특유성은 교환가치 자체가 그것의 일반성으로 표현되어야 하지만, 일정한 상품에서 표현되어야 한다는 것이다. 이것조차 무차별적이다. 화폐가 모든 상품의 가격을 표현하고 측정하는 재료로 나타나는 한에 있어서, 화폐 자체는 일정량의 금, 은 등, 간단히 말해 자신의 자연적 재료로 정립되어 있다. 일정한 재료의 단순한 양이지 스스로 교환가치, 관계로 정립되어 있는 것은 아니다. 그리하여 다른 상품을 가격으로 표현하는 모든 상품은 스스로 교환가치로 **정립되어** 있지 않으며, 자기 자신의 일정량으로 **정립되어** 있다. 상품가격으로서의 교환가치, 관계가 아니라, … 일정 무게의 금은이므로, 교환가치들의 단위, 그것들의 척도, 그것들의 일반적 비교점이라는 화폐규정에서는 화폐의 자연적 재료인 금은이 중요하게 된다. 그리하여 화폐가 처음부터 파운드 아에스 그라베(aes grave)로[5] 나타난다. 바로 이것이 가격을 교환가치와 구별 짓는다."[상동, 195-197쪽.]

5 아에스 그라베란 주조되지 않은 고대 동화(銅貨)를 말한다. 고대 로마의 중량 단위이자 주화 단위. [『요강』, I권, 439쪽, 미주 80.]

이로써 맑스는 프루동주의자들을 다음과 같이 비판한다. "우리는 교환가치가 필연적으로 가격규정으로 나아간다는 것을 보았다. 따라서 노동시간 자체를 화폐로 만들려는 것, 즉 가격과 교환가치의 차이를 정립했다가 정립하지 않으려는 것은 어처구니없는 짓이다."[상동, 197쪽.]

*** 가치와 가격은 일치하지 않을 수 있다.**

"**화폐의 규정성으로 정립된 교환가치가 가격이다**. 가격에서 교환가치는 일정량의 화폐로 표현된다. 가격에서 화폐는 첫째로 모든 교환가치의 **단위**로 나타난다. 둘째로 이 교환가치들이 일정 수를 포함하고 있어서 화폐와 비교됨으로써 그것들의 양적 규정성, 양적 비율이 표현되는 단위이다. 따라서 여기에서 화폐는 교환가치들의 **척도로**, 가격은 화폐로 측정된 교환가치로 정립되어 있다. 화폐가 가격의 척도라는 것, 즉 화폐로 교환가치들이 서로 비교된다는 것은 저절로 생겨나는 규정이다. 그러나 … 보다 중요한 것은 가격에서 **교환가치가 화폐와 비교된다**는 것이다."[상동, 175-176쪽.]

"… 화폐가 상품들 밖에서 자립적인 존재를 획득함으로써, 상품가격은 화폐에 대한 교환가치들 또는 상품들의 **외적인** 관계로 나타난다. 상품은 상품의 사회적 실체가 교환가치로서의 상품에 각인되는 방식으로 **가격에 각인되지는 않는다**. 이러한 규정성은 상품과 **직접적으로** 일치하지 않으며, 화폐와의 비교에 의해 매개된다. 상품은 교환가치**이다**. 그러나 가격을 **갖는다**."[상동, 176쪽.]

*** 지금까지 서술한 것을 요약해 보면**

"교환가치는 상품과 직접적으로 통일되어 있었는데, 상품의 이러한 직접적인 규정성에 의해서 상품이 직접적으로 분리되어, 한편에는 상품이, 다른 한편에는(화폐에서는) 교환가치가 놓여 있게 하는 것이었다. 그러나 지금 **가격**

에서 상품이 한편으로는 상품의 밖에 존재하는 것으로서 화폐와 관계되고, 다른 한편으로는 화폐가 상품과는 상이한 실체를 가지므로, 상품 자체가 화폐로서 **관념적으로** 정립된다. 가격은 상품의 한 속성이며, 상품이 화폐로 **상상되는** 한 규정이다. 그것은 더 이상 상품의 직접적인 규정성이 아니라 성찰된 규정성이다. 상품이 이제는 실제 화폐 옆에 관념적으로 정립된 화폐로 존재한다. 이 두 번째 규정, 즉 **척도로서의** 화폐뿐만 아니라 **가격**으로서의 상품이라는 이 두 번째 규정도 **실재화폐**와 **계산화폐**의 차이에 의해 가장 간단하게 보여진다. 척도로서의 화폐는 언제나 계산화폐로 기능하며, 가격으로서의 상품은 언제나 관념적으로만 화폐로 전환된다."[상동, 176-177쪽.]

"그러므로 원래 화폐가 교환가치를 표현한다면, 이제는 상품이 관념적으로 정립되고, 머릿속에서 실현된 교환가치로서 어떤 화폐액, 일정한 비율의 화폐를 표현한다. 다양한 형태의 모든 상품은 가격으로서 화폐의 대표자인 반면, 이전에 자립화된 교환가치로서 화폐는 모든 상품의 대표자였다. 화폐가 실제로 상품으로 정립된 후 상품은 관념적으로 화폐로 정립된다."[상동, 177쪽.]

* 가치척도로서 필요한 화폐량

"상품의 화폐로의 이러한 관념적 전환 또는 상품의 **가격**으로의 정립에서 실제로 존재하는 화폐량은 아중적인 의미에서 전적으로 무관하다는 것이 이제 분명하다. **첫째로**, 상품의 화폐로의 관념적 전환은 언뜻 보기에도 실제 화폐량과 무관하며, 그것에 의해 제한받지 않는다. … 이 과정을 위해서 단 한 푼의 화폐도 필요치 않다. 예컨대, 영국의 전체 국부가 화폐로 측정된다면, 즉 가격으로 표현된다면, 이 가격을 실현하기에는 세상의 화폐가 충분하지 않다는 것을 누구나 알고 있다. 이를 위해서는 화폐가 범주로서만, 생각된 비율로서만 필요할 뿐이다. **둘째로**, 화폐가 단위로 간주되므로, 즉 상품이 화폐의 일정한 부분액을 포함하고 그것에 의해 측정되도록 표현되므로, 양자 사이의 척도는 교환가치의 일반적 척도 – 생산비 또는 노동시간 – 가 된다."[상동, 177-178쪽.]

3-2. 유통수단

교환과정이 상품들을 그것들이 비사용가치인 사람의 손에서 그것들이 사용가치인 사람의 손으로 옮기는 한 그 교환과정은 사회적인 물질대사이다. 사용가치로서의 역할을 하는 장소에 일단 도착하면 상품은 상품교환 영역으로부터 소비의 영역으로 떨어진다. 우리의 관심은 상품교환 영역뿐이다. 그러므로 우리는 사회적 물질대사를 매개하는 상품들의 형태변환, 전형을 고찰하려 한다.

맑스는 유통의 전제조건으로 두 가지 점을 들고 다음과 같이 언급한다. "상품세계와 더불어 실제로 발전된 분업(교환행위: 필자)이 전제되면 상품은 다만 발전된 교환가치라는 것을 우리가 본 바와 같이 유통은 전면적 교환행위와 그것의 갱신의 지속적인 흐름을 전제로 한다. 두 번째 전제는 상품들이 **가격이 정해진** 상품들로서 교환과정에 들어가거나 또는 교환과정 내에서 서로에 대해 이중존재들로서, 즉 실질적으로는 사용가치들로서, 관념적으로는 – 가격에서는 – 교환가치들로서 **나타난다는** 것이다."[MEW, 13, S. 69.]

위의 문장이 유통수단으로서의 기능과 관련하여 언급하고자 하는 핵심적인 내용은 다음과 같다. 상품들이 가격을 갖는다는 것은 모든 상품들이 실제로 화폐상품인 금과 전면적으로 교환되고 있다는 것을 의미하며, 전면적으로 교환행위가 화폐(금)를 매개로 이루어진다는 것은 화폐상품인 금이 가치척도로서의 기능을 한다는 것을 의미하고, 전면적인 교환행위가 지속적으로 갱신된다는 것은 화폐상품인 금이 유통수단으로서 기능한다는 것을 의미한다. 즉, 가치척도로서의 기능은 유통수단으로서의 기능을 전제하고 있음을 의미한다.

달리 표현하면 상품들의 화폐상품(금)과의 실제적 교환은 상품들의 가치가 이미 화폐상품(금)으로 관념적으로 표현되어 가격으로 되어 있는 것을 전제하고 화폐상품인 금이 실제로 유통수단으로 기능하는 것은 그것이 이미 가치척도로서 관념적으로 기능하고 있음을 전제로 함을 의미한다. 즉, 유통수단의 기능은 가치척도의 기능의 기초 위에서만 가능하다. 가치척도와 유통수단과는 상호 전제가 되어 있지만 기초적인 것은 가치척도이다.

맑스는 화폐의 유통수단으로서의 기능을 본격적으로 논하기 전에 먼저 앞에서 이미 논의한 교환과정에서 발생하는 모순과 그 해결책에 대해 다시 간략하게 다음과 같이 서술한다: 상품은 날 때 그대로의 모습(현물형태)으로 교환과정에 들어온다. 교환과정은 상품과 화폐로의 상품의 이중화, 그 상품에 내재하는 사용가치와 가치의 내적 대립이 그 안에 표현되는 외적 대립을 만들어낸다. 이 대립에서는 사용가치로서의 상품이 교환가치로서의 화폐와 대립한다. 다른 한편, 이 대립의 어느 쪽에 있든 그것은 모두 상품이며 따라서 사용가치와 가치의 통일체이다. 그러나 이와 같은 사용가치와 가치의 통일은 각 양극에 반대로 표현되고 있으며, 이를 통하여 동시에 양극의 상호 관계를 나타낸다. 상품은 실제적으로는 사용가치이고 가치존재는 가격에서 단지 관념적으로만 표현되고 있을 뿐이다. 그리고 상품은 이 가격을 통해 그 대립물과, 즉 그 상품의 실제적인 가치자태인 금과 관계를 맺는다. 그와는 반대로 금은 가치재료, 즉 화폐로서만 의미가 있다. 금은 실제적으로는 교환가치이다. 금의 사용가치는, 금이 다른 모든 상품들을 자신의 실제적인 사용자태의 총체로 대면하고 있는 일련의 상대적 가치표현들에서 관념적으로만 나타날 뿐이다. 상품들의 이러한 대립적인 형태들이 교환과정에서 나타나는 현실적 운동형태, 즉 모순의 해결책인 것이다.[MEW, 23, S. 119 참조.] "가격을 부여하는 과정에서 상품이 그의 유통 가능한 형태를, 그리고 금이 화폐 성격을 획득한 다음에 유통은 상품교환과정이 내포했던 모순들을 제시하면서 동시에 해결한다. 상품들의 실제 교환, 즉 사회적 소재대사는 사용가치와 교환가치로서의 상품의 이중성이 전개되고, 상품 자신의 형태변환은 동시에 일정한 화폐형태들로 결정(結晶)되는 식의 형태변환 속에서 이루어진다."[MEW, 13, S. 69.]

이 형태변환에 대한 서술은 유통에 대한 서술이다. 이와 유사하게 『자본론』에는 다음과 같이 서술되어 있다. "상품은 … 날 때 그대로의 모습으로 교환과정에 들어온다. 교환과정은 상품과 화폐로의 이중화, 곧 사용가치와 가치의 내적 대립이 그 안에 표현되는 외적 대립을 만들어 낸다. 이 대립에서는 사용가치로서의 상품이 교환가치로서의 화폐와 대면한다. 다른 한편, 이 대립의 어느 쪽에 있든 그것은 모두 상품이며 따라서 사용가치와 가치의 통일이다. 그러나 이 같은 구별의 통일은 각 양극에 거꾸로 표현되고 있으며, 이를 통해 동시에 양극의 상호 관계를 나타낸다. 상품은 실제적으로 사용가치이며, 그 가치존재는 가격에서 그저 관념적으로만 표현되고 있을 뿐이다. 그리고 이 가격이 상품을 그것에 대면해 있는 그 상품의 실제적인 가치자태로서의 금과 관련시킨다. 거꾸로 금 재료는 가치 재료, 즉 화폐로서만 의미가 있다. 금 재료는 실제적으로는 교환가치이다. 금 재료의 사용가치는, 그것의 실제적인 사용자태의 전 범위로서 대면해 있는 모든 상품에 스스로를 관련시키는 일련의 상대적 가치표현에 그저 관념적으로만 나타날 뿐이다. 모든 상품의 이러한 대립적인 온갖 형태들이 이 상품의 교환과정에서 나타나는 현실적 운동형태(즉, 모순들의 해결책: 필자)인 것이다."[MEW, 23, S. 119.]

3-2-1. 상품의 형태변환

*** 교환과정은 이중성을 가지고 있다.**

첫째로, 교환과정이 상품들을 그것들이 비사용가치인 사람의 손에서 그것들이 사용가치인 사람의 손으로 옮기는 한, 그 교환과정은 사회적인 물질대사이다.

둘째로, 교환과정은 상품들의 형태변환, 전형이다.

교환과정의 이 두 가지 측면을 혼동해서는 안 된다. 사용가치로 쓰이는 곳에 일단 도착하면 상품은 상품교환의 영역으로부터 소비의 영역으로 떨어진다. 그러나 여기에서의 관심사는 사회적 물질대사를 매개하는 상품들의 형태변환 또는 전형이다.

***형태변환의 이해가 불충분한 이유**

이 형태변환을 언급하기 전에 먼저 형태변환에 대한 이해가 부족한 이유를 파악해 보기로 하자. 형태변환에 대한 이해가 불충분한 이유를 맑스는 두 가지를 들고 있다.

① 가치 개념을 정확하게 파악하지 못했기 때문이다. 가치와 사용가치를 혼동하면 질량의 변환과 형태의 변환을 혼동하게 된다.

② 한 상품의 형태변환은 늘 보통의 상품과 화폐상품이라는 두 개의 상품의 교환에서 행해지기 때문이다.

상품과 금의 교환이라는 소재적 계기에만 집착하면 형태상으로 일어나는 변환을 간과하게 될 것이며, 또 단순한 상품으로서의 금은 화폐가 아니라는 사실, 그리고 다른 모든 상품들은 그것들의 가격을 통해 그것들 자신의 화폐형태인 금과 관계를 맺는다는 사실을 간과하게 된다.

** 상품의 제1전형(형태변환) 또는 판매

자세히 관찰해 보면 유통과정은 두 개의 상이한 순환형태를 보인다. 상품을 W, 화폐를 G라 하면 우리는 이 두 형태를 다음과 같이 표현할 수 있다.

W–G–W,

G–W–G.

여기에서는 첫 번째 형태, 즉 직접적 상품유통 형태만을 고찰하고자 한다.

상품의 교환과정은 서로 대립하면서 동시에 서로를 보완하는 두 개의 전형 – 상품의 화폐로의 전환과 화폐의 상품으로는 재전환 – 으로 이루어진다. 상품이 전형되는 여러 계기들은 동시에 상품소유자의 갖가지 거래들 – 판매 곧 상품의 화폐와의 교환과, 구매 곧 화폐의 상품과의 교환, 그리고 두 행위의 통일 곧 구매하기 위한 판매 – 을 구성한다. 그러나 그 소재적 내용으로만 본다면 이 운동은 W–W 곧 상품과 상품의 교환이며 사회적 노동의 물질대사인데, 이 물질대사가 끝날 때에는 과정 그 자체는 소멸되어 버린다: "첫 번째 상품의 항에서 출발하면 W–G–W는 그 상품의 금으로의 전환과 금으로부터 상품으로의 재전환이거나, 또는 상품이 처음에는 특수한 사용가치로서 존재하다가 이 존재를 벗고 교환가치나 일반적 등가물로서 그것의 자생적 존재와의 모든 관계에서 벗어난 존재를 획득하고 이것을 다시 벗어 마침내는 개별적 욕구들을 위한 실제적 사용가치로서 뒤에 남는 운동을 제시한다. 이 마지막 형태로 그 상품은 유통으로부터 소비로 떨어진다. 따라서 W–G–W 전체는 일단 개별 상품이 그의 주인을 위한 직접적인 사용가치가 되기 위해서 거치는 형태 전

환들의 전체 순서이다."[MEW, 13, S. 70.]

첫 번째 형태 전환은 유통의 전반부 W-G에서 실행되고 두 번째 형태 전환은 후반부 G-W에서 실행되어 전체 유통이 상품의 생애를 이룬다. 그러나 유통 W-G-W는 다른 상품들의 일정한 일방적 형태 전환들의 합이면서 동시에 하나의 개별 상품의 전체 형태 순환이다. 그 이유는 첫 번째 상품의 각 형태 전환은 그것의 다른 상품으로의 전환, 즉 다른 상품의 첫 번째 상품으로의 전환, 즉 동일한 유통단계에서 실행된다는 쌍방적 전환이기 때문이다.

이제 유통 W-G-W가 분할되는 두 교환과정의 각각을 고립시켜서 관찰해 보자.

*** W-G는 필사의 도약이다.**

"상품 W는 특수한 사용가치, … 일정한 가격을 갖는 사용가치로서 유통과정에 들어선다. 이 가격은 한편으로는 상품 W에 포함된 노동시간량의 지수인 한편, 동시에 금이 되려는, 즉 그 자체에 포함된 노동시간에 일반적인 사회적 노동시간의 형태를 주려는 상품 W의 경건한 소망을 표현한다."[MEW, 13, S. 70.]

그러나 상품가치의 상품체로부터 금으로의 건너뛰기(실체 변환)는 내가 다른 곳에서 말한 바와 같이[MEW, 13, S. 71; MEW, 23, S. 118.] 목숨을 건 도약(Salto mortale)이다. 이 도약이 실패하면 상품이야 괜찮겠지만 상품소유자는 심한 타격을 받는다. W는 더 이상 상품이 아닐 뿐만 아니라 더 이상 생산물도 아니다. 그 이유는, "그것은 그 소유자에게는 비사용가치이기 때문에만 상품이고, 또는 그의 노동은 타인을 위한 유용노동으로서만 실제노동이며 상품소유자에게는 추상적 일반적 노동으로서만 유용하기 때문이다."[MEW, 13, S. 71.]

따라서 상품 W가 금의 마음을 끌어당기는 순간을 찾아내는 것이 상품 W의, 또는 그 소유자의 임무이다. 그러나 이 필사의 도약은 "헤겔의 개념에 있어서 필연에서 자유로 이행하는 것보다, 새우가 껍질을 벗는 것보다, 또는 교부 히에로니무스(Hieronymus)가 원죄를 벗어나는 것보다"[MEW, 23, S. 118.] 훨씬 더 어려운 것이다. 그 이유를 맑스는 자연발생적인 사회적 분업에서 찾고 있다. 즉, 상품은 무엇보다도 먼저 화폐소유자에게 유용한 사용가치이어야 한다. 따라서 상품들에 투입되는 노동들은 사회적으로 유용한 형태로, 즉 타인들의 욕구를 충족시켜 줄 형태로 지출되어야 한다. 그러나 사회적 욕구에는 한계가 있는데 사회적 분업이란 생산자들의 의사와는 독립적으로 자연발생적으로, 배후에서 이루어지는 것이기 때문에 사회적 욕구가 사회적 분업에 의해 충족된다는 것은, 바꿔 말하면 상품에 지출된 노동이 사회적 분업의 한 부분으로 실증된다는 것은 어려운 일이다.

맑스 자신의 글을 통해 그 이유를 더 자세히 살펴보기로 하자.[MEW, 23, S. 120-122 참조.]

① 상품은 새로이 생겨난 욕구를 만족시키려고 하든지, 아니면 욕구를 자기 스스로의 힘으로 야기시키려고 하는 어떤 새로운 노동양식의 생산물일 수 있다.

② 어제까지는 한 명의 동일한 상품생산자가 맡은 기능들 중의 하나의 특수한 작업이 오늘에 이르러서는 그 연관으로부터 분리, 독립하여 그 부분의 생산물들을 독립된 상품으로서 시장에 내보낼 수 있다.

③ 오늘은 어떤 하나의 사회적 욕망을 만족시키는 생산물이 내일은 그 전부 또는 그 일부가 유사한 종류의 생산물에 의해 그 지위로부터 쫓겨나는 일도 있을 수 있다.

④ 어떤 상품을 생산하는 노동이 사회적 분야의 한 부분이라는 것이 인정되었다 해도 그것만으로는 결코 그 상품의 사용가치가 보장된 것이라고는 할 수 없다. 만일 그 상품이 경쟁자인 다른 생산자들에 의해 이미 충족되어 있다

면 그의 생산물은 과잉이 되어 쓸모없게 된다. "거저 주는 선물의 흠을 잡을 사람은 없겠지만, 그는 선물을 하기 위해 시장에 가는 것은 아니다."[MEW, 23, S. 121.]

⑤ 어떤 상품이 사회적 사용가치를 지니는 것이 확실하고 그것이 화폐와 교환된다고 해도 그 상품이 얼마만큼의 화폐와 교환되느냐가 문제가 된다. 그것은 그 상품의 가치투자의 지수인 그 상품의 가격에 의해 예상된다. 상품의 가격이란 그 상품 속에 대상화된 사회적 노동량의 화폐명칭일 뿐이다. 따라서 기존의 생산조건이 생산자의 동의도 없이, 그가 인식하지 못한 상태에서 격변할 경우 그 상품을 생산하는 데 사회적으로 필요한 노동시간의 변화를 초래하고 그 결과 생산자의 의사와는 상관없이 상품의 가격 변화를 낳을 수 있다.

⑥ 시장에 존재하는 상품들이 사회적으로 필요한 노동시간만을 포함하고 있다고 가정하자. 그럼에도 불구하고 이 상품들의 총계는 과잉 지출된 노동시간을 포함하고 있을 수 있다. 이것은 개별 생산자가 자신의 개인적 생산물에 사회적 필요노동시간보다 많은 시간을 지출한 것과 마찬가지가 된다. "함께 붙잡혀서 함께 교수형에 처해진다"[MEW, 23, S. 122.]라는 속담이 이 상황에 잘 어울린다고 하겠다.

*** 단순상품유통을 가정한다.**

분업은 노동생산물을 상품으로 전환시키며, 그렇게 함으로써 노동생산물의 화폐로의 전환을 필연적인 것으로 만든다. 동시에 분업은 이 실체 전환의 성공 여부를 우연적이게끔 한다. 상품은 화폐를 사랑하고 있으나 "참된 사랑의 길은 결코 평탄하지 않다."[MEW, 23, S. 122.] 그러나 이 난관은, 즉 상품의 목숨을 건 도약은, 이제까지 단순상품유통을 분석하면서 가정했듯이, 상품의 판매가 이루어지면 극복된다. 사실 맑스는 현상을 순수하게 고찰하기 위해 현재의 이론적 단계에서는 상품의 화폐로의 전환이 순조롭게 이뤄짐을, 즉 단순상품유통을 가정하기로 한다: "… 여기에서는 현상을 순수하게 고찰해야 하며, 따라서 그 정상적인 진행을 전제로 해야만 한다."[MEW, 23, S. 122.]

＊판매는 동시에 구매이다.

상품의 제1전형(W–G)의 과정을 보면 상품소유자에게는 화폐가 그의 상품과 바뀌고 화폐소유자의 입장에서 보면 상품이 그의 화폐와 바뀐다. 눈에 띄는 현상은 상품과 금의 소유자 변경, 즉 교환이다. 그러면 상품은 무엇과 교환되는가? 그 자신의 일반적인 가치자태(금)와 교환된다. 금은 무엇과 교환되는가? 그 사용가치의 특수한 자태(상품)와 교환된다. 왜 금은 상품에 화폐로서 맞서는가? 상품의 가격 또는 화폐명칭이 이미 상품을 화폐로서의 금에 관련시키고 있기 때문이다. 상품이 원래의 상품형태를 벗어버리는 것은 상품의 양도에 의해 이루어진다. 다시 말하면 상품의 사용가치가 상품의 가격에서는 그저 상상 속에만 존재했을 뿐이었던 금을 실제로 자기 측으로 끌어오는 순간에 행해진다. 그러므로 상품가격의 실현이나 상품의 단순한 관념적인 가치형태의 실현은 동시에 화폐의 단순한 관념적인 사용가치의 실현이며, 상품의 화폐로의 전환은 동시에 화폐의 상품으로의 전환이다. 이 하나의 과정은 양면적인 과정으로서, 상품소유자의 극에서는 판매이며, 화폐소유자라는 반대의 극에서는 구매이다. 바꾸어 말하면 판매는 구매이고 W–G는 동시에 G–W이다. 상품의 양도 과정 중에 나타나는 이러한 양극의 변환을 『정치경제학 비판을 위하여』에서는 다음과 같이 서술하고 있다: 상품이 "양도됨으로써, 즉 그것이 비사용가치인 사람의 손에서 사용가치로 되는 사람의 손으로 넘어감으로써 사용가치로 실현되면서, 그것은 동시에 그것의 가격을 실현하고 단순히 상상된 금에서 실제적 금이 된다. … 판매 W–G에 의해 그 가격에서 관념적 금으로 전환되었던 상품이 실제적 금으로 전환되었을 뿐만 아니라 동일한 과정에 의해 가치척도로서 관념적 금일 뿐이었고 사실상 상품 자체의 화폐명칭으로 가능했던 금도 실제적 금으로 전환된다. 모든 상품이 그들의 가치를 금으로 측정했기 때문에 금이 관념적으로 일반적 등가물이 되었듯이 이제 금은 상품들의 전면적인 양도의 산물로서 일반적 등가물이 되고, 판매 W–G는 이 일반적 양도의 과정이며, 절대적으로 양도 가능한 상품(금: 필자)은 실질화폐로 되는 것이다. 그러나 금은 상품의 교환가치들이 가격에서 이미 관념적 금이므로 판매에서만 실제적 화폐가 된다."[MEW, 13, S. 71.]

"구매 G–W에서와 마찬가지로 판매 W–G에서는 교환가치와 사용가치의 통일인 두 개의 상품이 마주 선다. 그러나 상품에서는 그의 교환가치가 가격으로서 관념적으로만 존재하는 반면 금에서는 금 자체가 실제 사용가치이지만 그것의 사용가치는 교환가치의 담지자로서만 존재하고, 따라서 실제적인 개별 욕구와는 관계없는 형식적인 사용가치로서만 존재한다. 그리하여 사용가치와 교환가치의 대립이 W–G의 양극으로 배분되어 상품은 화폐에 대하여 관념적 교환가치인 가격을 금으로 비로소 실현해야 하는 사용가치인 반면에, 금은 상품에 대하여 형식적 사용가치를 상품에서 비로소 물질화하는 교환가치이다. 이러한 상품의 상품과 화폐로의 이중화에 의해서만, 그리고 다시 이중적이고 대립된 관계에 의해서만, 즉 각 극이 관념적이면 그 반대 극은 실제적이고, 각 극이 실제적이면 그 반대 극은 관념적인 이러한 관계에 의해서만, 따라서 상품들이 양극적인 대립으로서 제시됨으로써만 상품들의 교환과정에 내재된 모순들이 해결된다."[MEW, 13, S. 71-72.]

*** 한 상품의 판매(W–G)는 다른 상품의 형태변환의 제2단계이다.**

지금까지는 단순상품생산 및 단순상품유통의 가정하에 서술되었다. 달리 표현하면, 상품소유자들의 관계 이외의, 즉 그들이 자신들의 노동생산물을 타인의 것으로 만들어야만 타인의 노동생산물을 자신의 것으로 만들 수 있다는 관계 이외의 어떠한 경제관계가 존재하지 않는 것으로 가정한다.

따라서 하나의 상품소유자에게 다른 상품소유자가 화폐소유자로서 대립할 수 있는 것은 그의 노동생산물이 원래부터 화폐형태를 취하고 있는 경우, 즉 금과 같은 화폐 재료의 경우이든가, 또는 이미 그의 상품이 이미 그 최초의 사용가치 형태를 탈피하고 있는 경우이다: "우리는 상품의 첫 번째 전형, 상품의 화폐로의 전환을 첫 번째 유통단계 W–G 경과의 결과로서 제시하면서 동시에 우리는 다른 한 상품이 이미 화폐로 전환되었다는 것, 즉 이미 두 번째 유통단계에 놓여 있다는 것을 가정한다. 그리하여 우리는 전제들의 불완전한 순환논법에 빠진다. 유통 자신이 이러한 불완전한 순환이다. W–G에서 G를 이미 다른 한 상품의 전형으로 간주하지 않으면 우리는 교환행위를 유통과정에서 끌어내는 것이 된다. 그러나 유통과정 밖에서는 W–G는 사라지고 다만 두 개의 상이한 상품이 … 마주 서 있고 이들의 교환은 유통의 특수한 행위가 아니라 직접적인 물물교환이다."[MEW, 13, S. 72.]

물론 금이 화폐로 기능하기 위해서는 어떤 지점에선가 상품시장에 등장해야 하는데, 그 장소는 금의 원산지이다. 그곳에서 금은 노동생산물로서 동일한 가치를 갖는 다른 노동생산물과 교환된다. 그 순간부터 그 금은 항상 실현된 상품가격을 나타낸다: "금은 다른 상품과 마찬가지로 그것의 생산지에서는 상품이다. 여기에서는 금의 상대가치와 … 다른 각 상품의 상대가치는 그것들이 서로 교환되는 양들에서 제시된다. 그러나 유통과정에서는 이 작업이 전제되어 있고 상품가격들에는 금 자신의 가치가 이미 주어져 있다. 따라서 **유통과정 내에**서 금과 상품이 직접적인 물물교환을 관계를 맺고 따라서 그들의 상대가치는 단순상품들로서 그들의 교환에 의해 산정된다는 상상만큼 잘못된 것도 있을 수 없다. 유통과정에서 금이 단순상품으로서 상품들과 교환된다는 것처럼 보인다면 이 허상은 단지 가격들에서 상품 일정량은 이미 금 일정량에 등치되어 있다는 것, 즉 이미 화폐, 일반적 등가물로서의 금과 관련되어 있고 **따라서** 그것과 직접 교환이 가능하다는 데에서 연유한다. 한 상품의 가격이 금으로 **실현되는** 한 이 상품은 상품으로서의, 노동시간을 특수한 물상화로서의 금과 교환된다. 그러나 금이 그것에 실현된 상품의 **가격**인 한에 있어서 이 상품은 상품이 아니라 화폐로서의 금과, 즉 노동시간의 일반적 물상화로서의 금과 교환된다. 그러나 두 관계에서 상품과 유통과정 내에서 교환되는 금의 양이 교환에 의해 규정되는 것이 아니라 교환이 상품가격, 즉 금으로 평가된 그것의 교환가치에 의해 규정된다."[MEW, 13, S. 72-73.]

금의 원산지에서의 금과 상품의 교환을 제외하면 어떠한 상품소유자의 수중에서도 금은 그가 양도한 상품의 소외된 모습이며 판매, 즉 상품의 제1전형 W–G의 산물인 것이다.

금이 관념적인 화폐 또는 가치척도가 된 것은 모든 상품들이 자신들의 가치를 금으로써 도량하고 그리하여 금을 상품들의 가치자태로 삼기 때문이다. 금이 실재적인 화폐가 되는 것은 모든 상품이 자신들을 전면적으로 양도함으로써 금을 자신들의 소외된 또는 전화된 사용자태로 삼고 따라서 자신들의 현실적인 가치자태로 삼기 때문이다. 그 가치자태에 있어서는 상품은 그 자연발생적인 사용가치의 모든 흔적과, 그것을 만들어 낸 특수한 유용노동의 모든 흔적과, 그것을 만들어 낸 특수한 유용노동의 모든 흔적을 지워 없애버리고 무차별한 인간노동의 똑같은 사회적 물상화로 탈바꿈시킨다. 그 때문에 화폐를 보아도 그것으로 전화한 상품이 어떤 종류의 상품인지는 알 수 없다. 따라서 쓰레기는 화폐가 아니지만 화폐는 쓰레기일지도 모른다.

이미 언급했듯이, 판매 W–G는 동시에 구매 G–W이다. 그러나 예를 들어 상품 아마포의 판매로서의 과정은 그 대립물인 『성경』의 구매로 종결된다는 하나의 운동을 시작하는 것이며, 아마포의 구매로서의 과정은 그 대립물인 밀의 판매로 시작된 하나의 운동을 종결하는 것이다. 즉, W–G–W(아마포–화폐–성경)의 제1단계인 W–G(아마포–화폐)는 동시에 G–W(화폐–아마포), 즉 또 하나의 운동 W–G–W(밀–화폐–아마포)의 마지막 단계이다.

따라서 한 상품의 제1전형은 곧 상품형태로부터 화폐로의 전환은 동시에 늘 다른 한 상품의 제2의 대립적인 전형 곧 화폐형태로부터 상품으로는 재전환이다.

*** 상품의 금으로의 변태**

G–W, 즉 구매로 넘어가기 전에 상품의 금으로의 변태와 그것과 노동의 이중성과의 관계에 대해 『자본론』에는 생략되어 있으나 『정치경제학 비판을 위하여』에는 서술되어 있기 때문에 여기에서 소개하고자 한다. 맑스는 이에 대해 다음과 같이 언급한다. "유통의 첫 번째 과정, 즉 판매의 결과로서 두 번째 과정의 출발점, 즉 화폐가 생긴다. 첫 번째 형태의 상품 대신에 금으로 만든 그의 등가물이 들어섰다. 이 두 번째 형태의 상품(금: 필자)은 고유한 내구성을 보유하고 있으므로 이 결과는 일단 하나의 휴지기를 형성할 수 있다. 소유자의 수중에서는 사용가치가 아닌 상품이 이제는 언제라도 교환 가능하기 때문에 언제라도 사용 가능한 형태로 주어져 있고 그가 언제 어떤 지점에서 다시 상품세계의 표면에서 유통 속으로 들어갈지는 여러 상황들에 달려 있다. 상품의 금으로의 변태(Goldverpuppung)는 그의 생애에서 짧게 혹은 오래 머무를 수 있는 독자적인 한 국면을 이룬다. 물물교환에서는 하나의 특수한 사용가치의 교환이 다른 특수한 사용가치의 교환과 연계된 반면에 교환가치(가치: 필자)를 규정하는 노동의 일반적 성격은 구매행위와 판매행위의 분리이자 무차별적인 붕괴에서 나타난다."[MEW, 13, S. 73.]

** G–W: 상품의 제2전형(형태변환) 또는 구매

상품의 제2전형의 출발점은 화폐인데, 화폐는 다른 모든 상품들의 소외된 자태이며 상품들의 전반적인 양도의 산물이니까 절대적으로 양도 가능한 상품이다. 금의 상품으로의 전형에는 아무런 질적 제한이 없고 오직 양적 제한이 있을 뿐이다: "G–W, **구매**는 W–G의 반대 운동이자 동시에 상품의 두 번째 또는 최종 전형이다. 금으로서의 또는 현존재에서는 일반적 등가물로서의 상품은 다른 모든 상품들의 사용가치들로 직접 제시가 가능한데, 이 상품들은 모두 동시에 그것들의 가격에서 금을 그것들의 피안으로 추구하지만, 그것들의 육체들, 즉 사용가치들은 화폐 쪽으로, 그것들의 정신, 즉 교환가치는 금속으로 뛰어들기 위해서 금이 울려야 하는 악보를 동시에 공고한다. 상품들의 양도의 일반적 산물은 절대적으로 양도 가능한 상품이다. 금의 상품으로의 전형에는 질적 한계는 없고 오직 양적 한계, 자기 자신의 양, 또는 가치크기의 한계만이 존재한다."[MEW, 13, S. 73-74.]

화폐는 다른 모든 상품들의 소외된 자태이거나 그것들의 일반적인 양도의 산물이기 때문에 절대적로 양도될 수 있는 상품이다. 상품이 화폐에 보내는 추파인 그 상품의 가격이 화폐의 전환능력의 한계, 즉 화폐 자신의 양을 나타낸다. 아울러 상품은 그것이 화폐로 되는 그 순간에 소멸하는 까닭에, 그 자연발생적인 사용가치의 모든 흔적과 그것을 만들어 낸 특수한 유용노동의 모든 흔적을 지워버리고 무차별한 인간노동의 한결같은 사회적 물상화로 전환시킨다. 그리고 화폐를 보아도 그것으로 전환한 상품이 어떤 종류의 상품인지는 알 수 없다. 따라서 "쓰레기는 화폐가 아니지만 화폐는 쓰레기일지도 모른다." [MEW, 23, S.124.] 또한 그 출신지가 어디든지 화폐는 냄새를 풍기지 않는다.[6]

---

6 맑스 주: "그것은 냄새를 풍기지 않는다."(Non Oleg.) 로마의 황제 베스파시아누스(Vespasian, 69-79)는 자기 아들이 자기에게 공중변소에 대한 과세를 비난하자 화폐에 대해 이렇게 말했다.[MEW, 23, S. 124; Anmerkungen, 53, S. 849.]

화폐는 한편으로 판매된 상품을 대표하면서 다른 한편으로는 구매할 수 있는 상품을 대표한다.

*** 구매는 동시에 판매이다.**

G-W, 곧 구매는 동시에 판매인 W-G이며, 따라서 어떤 상품의 최후의 전형은 동시에 다른 한 상품의 최초의 전형이다. 예를 들어 설명하면, G-W 곧 W-G-W, 즉 아마포-화폐-성경의 마지막 전형은 동시에 W-G 곧 W-G-W, 즉 성경-화폐-위스키의 제1단계이다.

그리고 "W-G 운동에서의 상품은 사용가치로서 양도에 의해 자신의 가격과 타인의 화폐의 사용가치를 실현하는 반면 G-W 운동에서는 상품은 교환가치로서 양도에 의해 자신의 사용가치와 다른 상품의 가격을 실현한다. (제1전형에서는: 필자) 상품이 자신의 가격을 실현하고자 동시에 금을 실제 화폐로 전환시킨다면 상품은 자신의 재전환(제2전형: 필자)에 의해 금을 상품 자신의 단지 사라지는 화폐 존재로 전환시킨다."[MEW, 13, S. 74.]

마지막 문장을 달리 표현하면, 금이 상품가치의 일시적으로 소외된 모습을 취한다는 것인데 이는 금이 머지않아 다른 상품으로 전형되기 때문이다.

*** 한 개의 판매는 다수의 구매로 나누어진다.**

어떤 일면적인 생산물만을 공급하는 까닭에 그것을 대량으로 판매하지만, 다른 한편 다면적인 그의 욕구는 그로 하여금 실현된 가격 곧 획득한 화폐액을 끊임없이 다수의 구매로 분산시키지 않을 수 없게 한다. 따라서 하나의 판매는 각종 상품에 대한 수많은 구매로 나누어진다. 맑스는 이 상황을 사회적 분업과 관련지어 다음과 같이 기술한다. "상품유통은 발전된 분업을, 즉 개발자의 생산물의 일면성에 반비례하는 개발자 욕구의 다양성을 전제로 하기 때문에 구매 G–W는 때로는 한 상품등가물과의 등식에서 제기되고 때로는 구매자의 욕구 범위와 그의 화폐액 크기에 의해 한정된 상품등가물 행렬로 분산된다."[MEW, 13, S. 74.]

*** 판매와 구매는 서로 대립적이며 상호 보완적이다.**

한 상품의 총전형(W–G–W)은 서로 대립하며 서로 보완하는 운동, W–G와 G–W의 통일이다. 이 두 운동이 대립적이라는 이유는 판매는 상품의 화폐로의 전형이며 구매는 화폐의 상품으로의 전형이기 때문이며, 이 두 운동이 상호 보완적이라는 이유는 판매와 구매가 상품의 형태변환 중 일부분을 이루고 있는 데 불과하기 때문이다.

우리가 전제로 하고 있는 단순상품생산과 단순상품유통하에서는 모든 상품생산자는 자기에게 사용가치인 상품을 얻기 위해 자기에게 비사용가치인 상품을 생산하여 판매한다. 이 전제하에서는 상품의 화폐로의 전형과 화폐의 상품으로는 재전형은 상품소유자의 대립하는 두 가지 행위, 즉 판매와 구매에 의해 이루어지며 상품소유자의 서로 대립하는 두 가지 경제적 역할에 반영된다. 즉, 그는 판매를 하는 사람으로는 판매자가 되고 구매를 하는 사람으로는 구매자가 된다. 똑같은 상품소유자에 대해 그가 판매자일 때에는 다른 구매자가 그에 대립하고 그가 구매자일 때에는 다른 판매자가 그에 대립하는 것이다. 따라서 상품소유자 자신은 판매자의 역할도 하고 구매자의 역할도 하게 되는 것이다. 그러므로 판매자와 구매자는 결코 고정된 배역이 아니며 상품유통 속에서 끊임없이 그 등장인물이 뒤바뀌는 배역이다.

*** 한 상품의 총전형은 4개의 극과 3명의 등장인물을 전제로 한다.**

한 상품의 총전형은 가장 단순한 형태(W–G–W)에서는 4개의 극과 3명의 등장인물을 전제로 한다. 우선 W–G에 있어서는 상품과 그 가치의 자태인 화폐가 대립하고, 1명의 상품소유자와 1명의 화폐소유자가 대립한다. 그리고 G–W에 있어서는 이 상품의 일시적인 가치의 자태인 화폐와 그 화폐의 사용가치인 상품이 대립하고, 첫 번째 상품소유자이었던 현재의 화폐소유자와 제3의 상품소유자가 대립하게 된다.

*** 한 상품의 전형은 하나의 순환을 형성한다.**

한 상품의 전형의 두 단계는 상품형태–상품형태의 탈피–상품형태로의 복귀라는 하나의 순환을 형성한다. 그러나 이 순환에 있어서 ① 최초의 상품은 최후의 상품과 동일하지 않다. 최초의 상품은 그 소유자에게 비사용가치이지만 최후의 상품은 사용가치이다. ② 이 순환에서 화폐는 처음에는 상품이 전형된 가치결정(結晶)으로 나타나고 전형의 2단계에서는 단지 상품의 단순한 등가형태로서 소멸된다.

*** 상품들의 순환은 상품유통을 형성한다.**

어떤 한 상품의 순환을 이루고 있는 두 개의 전형은 동시에 다른 두 상품의 역의 부분전형을 이루고 있다. 동일한 상품(아마포)이 그 자신의 전형의 계열을 시작하면 동시에 다른 한 상품(밀)의 총전형은 끝난다. 그 제1전형, 즉 판매에서 아마포는 혼자서 이 두 개의 역할을 연출한다. 이에 반해 스스로가 죽어서 된 황금번데기(금: 필자)로서 그 상품은 동시에 제3의 어느 한 상품의 제1전형을 끝맺는다. 이리하여 각 상품의 전형계열이 그리는 순환은 다른 갖가지 상품들의 순환과 풀 수 없을 만큼 얽혀 있다. 이 총과정은 상품유통으로서 나타난다.

위의 『자본론』에서의 간략한 문장을 이해하기란 『자본론』을 처음 접하는 사람들에게는 쉽지 않다. 이것의 이해를 위해서는 『정치경제학 비판을 위하여』의 도움이 필요하다. 그곳의 문장을 인용해 보기로 하자: "… 총유통 W-G-W로 되돌아가면 거기에서는 한 상품이 전형의 총순서를 거치는 것이 보인다. 그러나 동시에 그 상품의 유통의 전반을 시작하여 첫 번째 전형을 실행하는 동안 두 번째 상품은 유통의 후반부에 들어서서 두 번째 전형을 하고 유통에서 빠져나간다. 그리고 반대로 세 번째 상품이 유통에 들어서서 그 과정 전반부를 거치면서 첫 번째 전형을 실행하는 동안 첫 번째 상품은 유통의 후반부에 들어서서 두 번째 전형을 실행하고 유통에서 빠져나간다. 그러므로 한 상품의 총전형으로서 총유통 W-G-W는 항상 동시에 두 번째 상품의 총전형의 끝이고 세 번째 상품의 총전형의 시작이다. 이렇게 해서 시작도 끝도 없는 행렬이 계속된다. 상품들의 구별을 분명히 하기 위해 W를 양극에서 상이하게, 예를 들어 W′-G-W″로 나타내자. 사실 첫 번째 고리 W′-G는 G를 다른 W-G의 결과로 간주한다. 그러면 자신은 W-G-W′의 마지막 고리일 뿐이다. 반면에 두 번째 고리 G-W″는 그 결과에 있어서 W″-G이고 따라서 자신은 W″-G-W‴의 첫 번째 고리로 제시된다. 나아가 마지막 G-W는 비록 G가 한 판매의 결과일 뿐이지만, G-W′+ G-W″ +G-W‴+ … 로, 즉 다수의 구매, 즉 다수의 판매, 즉 상품들의 새로운 총전형들의 다수의 첫 번째 고리들로 분열될 수 있다는 것이 보인다. 그러므로 한 개별 상품의 총전형이 시작도 끝도 없는 하나의 전형사슬의 고리로서뿐만 아니라 수많은 전형사슬들의 고리로서도 제시된다면, 상품세계의 유통과정에서 각 개별 상품이 유통 W-G-W를 거치므로, 무한히 다양한 지점들에서 끊임없이 끝나고 끊임없이 새로 시작되는 운동의 무한히 얽힌 사슬묶음으로 제시된다."[MEW, 13, S. 74-75.]

"그러나 각 개별 판매 또는 구매는 동시에 무차별적이고 고립된 행위로서 존재하며 그것의 보완적 행위는 시간적으로나 공간적으로 그것으로부터 분리

되어 있을 수 있고 따라서 연속적으로 직접 이어질 필요가 없다."[MEW, 13, S. 75.]

"각 특수한 유통과정에서 W–G 또는 G–W는 모두 한 상품의 사용가치로의 전환과 다른 상품의 화폐로의 전환으로서, 유통의 첫 번째와 두 번째 단계로서, 두 측면으로부터 하나의 독자적인 휴식기를 형성하지만 다른 한편으로는 모든 상품들이 그것들에게 공통적인 일반적 등가물, 즉 금의 자태로 그것들의 두 번째 전형을 시작하고 유통의 후반부의 출발점에 서기 때문에 실제 유통에서는 임의의 G–W가 임의의 W–G와, 한 상품 생애의 제2의 장이 다른 상품 생애의 제1의 장과 나란히 선다. … 따라서 실제 유통과정에서 W–G–W는 상이한 총전형들의 다채로운 고리들의 끝없이 우연적인 병존과 연속으로서 제시된다. 그리하여 실제 유통과정은, 상품의 총전형이나 그 대립된다는 국면을 통과하는 상품의 운동으로서가 아니라, 우연히 병존하여 일어나거나 또는 연속적으로 이어지는 수많은 구매 및 판매의 단순한 종합으로 나타난다."[MEW, 13, S. 75.]

이리하여 과정의 형태규정성은 사라지는데, 각 개별적인 유통행위, 예를 들어 판매는 동시에 구매이고 또한 그 역도 성립할수록 더욱 완벽하게 사라진다.

* 상품유통과 직접적 물물교환의 차이점

상품유통은 형태적으로뿐만 아니라 실질적으로도 직접적 물물교환과는 다르다.

① 상품유통에서는 한편으로 상품교환이 직접적 물물교환의 개인적 및 국지적 제한을 깨뜨리고 인간노동의 물질대사를 발전시킨다: 우리의 예로 되돌아가 보자. 아마포 생산자는 무조건적으로 아마포와 성경을 교환했다. 그러나 이 현상은 오로지 그에게만 진실일 뿐이다. 성경 판매자는 성경과 교환하여 아

마포를 손에 넣으려고는 생각하지 않았고 아마도 생산자도 자신의 아마포와 밀이 교환되리라는 것을 알지 못했다. B의 상품이 A의 상품으로 교체되기는 하지만 A와 B가 서로 자신들의 상품을 교환하는 것은 아니다. 실제로는 A와 B가 서로 상대방으로부터 구매하는 경우가 있을 수 있지만, 이러한 특수한 관계는 상품유통의 여러 일반적인 관계들에 의해 규정당하고 있는 것은 결코 아니다.

② 상품유통에서는 유통 당사자들에 의해서는 제약될 수 없는 사회적인 자연발생적 관계들이 발전한다: 아마포 생산자가 아마포를 판매할 수 있는 것은 이미 밀이 팔렸기 때문이고, 성경이 판매될 수 있었던 것은 이미 아마포가 팔렸기 때문이며, 위스키가 팔릴 수 있다는 것은 이미 성경이 팔렸기 때문이다. 이러한 관계들은 개개의 판매자들로서는 어찌할 수 없는 그들로부터 독립된 관계들이다.

③ 상품유통과정은 직접적인 물물교환처럼 사용가치의 위치 변경이나 소유자 변경에 의해 그 과정이 소멸되어 버리는 것은 아니다: 화폐는 그것이 결국에는 한 상품의 전형계열로부터 탈락한다고 해서 없어지는 것은 아니다. 그것은 항상 상품이 비워 놓은 유통장소에 침전한다. "유통은 끊임없이 화폐를 땀 흘리게 한다."[MEW, 23, S. 127.]

*** 판매와 구매는 균형을 이룬다는 학설의 오류**

어떠한 판매도 구매이며 그 역도 성립함으로써 상품유통이 판매와 구매의 필연적인 균형을 만들어 낸다는 주장이 있는데, 그것의 대표적인 인물이 영국 경제학자 존 스튜어트 밀의 아버지 제임스 밀이다. 그는 다음과 같이 말한다. "모든 상품에 있어서 구매자 부족이란 결코 있을 수 없다. 한 상품을 판매하기 위해 언제나 제공하는 자는 그것과 교환해서 한 상품을 얻기를 요구한다. 따라서 그는 판매자라는 단순한 사실에 의해 구매자이기도 하다. 따라서 모든 상품들의 판매자들과 구매자들을 총괄하면 형이상학적 필연성에 의해 균형이 유지되어야 한다. 따라서 한 상품의 판매자가 구매자보다 많다면 다른 한 상품에서는 구매자가 판매자보다 많을 것이 틀림없다."[MEW, 13, S. 78.]

"밀은 유통과정을 직접적 물물교환으로 전환시키지만, 다시 직접적 물물교환에는 교환과정으로부터 표절한 구매자 및 판매자 형상들을 밀수해 들여옴으로써 균형을 회복시킨다. 그의 혼란스러운 언어로 말하자면, 예를 들어 … 1857/58년 상업공황의 일정 기간 동안에서처럼 모든 상품이 판매 불가능한 그러한 순간들에는 사실상 한 상품, 즉 화폐는 판매자보다 구매자가 더 많고 다른 모든 화폐, 즉 상품들은 구매자보다 판매자가 더 많다."[MEW, 13, S. 78.]

따라서 제임스 밀의 오류는 ① 상품유통과 직접적 물물교환의 차이점을 단순히 사상해 버림으로써 양자를 동일시했다는 점, ② 자본주의적 생산과정의 생산 담당자들의 관계들을 상품유통으로부터 생겨난 단순한 관계들로 바꾸어 버림으로써 자본주의적 생산과정의 온갖 모순들을 부정해 버리려는 점에 있다.[MEW, 23, S. 128, 각주 73 참조.]

* 모순의 해결방법

경제위기의 가능성을 다루기 전에 이 자리에서 언급되어져야 할 것은 "상품들의 교환과정은 모순되고 상호 배제적인 관계들을 포함하고 있다. 상품의 발전은 이 모순들을 지양하는 것이 아니라 이 모순들이 운동할 수 있는 형태를 만들어 낸다. 이것이 일반적 현실적 모순이 해결되는 방법이다"[MEW, 23, S. 118.] 라는 점이다. 모순의 해결은 모순의 제거와 극복과는 일치하지 않는다. 모순의 해결이란 그때그때의 모순의 운동형태 변화에 의해 모순의 계속적인 전개와 이로 인해 모순의 심화를 가능하게 하는 상대적 해결이다. 모순의 심화 역시 전적으로 상대적 해결을 포함하는데, 자동적인 붕괴를 의미하지는 않는다.

*** 단순상품유통 속에 내포된 위기의 추상적 가능성(추상적 단계에서의 위기의 제1 가능성)**

"상품들의 유통과정이 W–W로 해소되고 따라서 단순히 화폐에 의해 매개된 물물교환인 것처럼 보인다고 해서, 또는 일반적으로 W–G–W가 두 개의 고립된 과정으로 분열될 뿐만 아니라 동시에 그들의 동적인 통일을 제시한다고 해서 구매와 판매 사이에 분리가 아니라 통일만이 존재한다고 결론짓는 것은 하나의 사유방식인데 그것에 대한 비판은 논리학에 속하지 경제학에 속하지 않는다. 교환과정에서 구매와 판매의 분리가 사회적 소재대사의 국지적이고 자생적인, 본연의 경건한, 평온하지만 불합리한 제약을 무너뜨리듯이, 동시에 그 분리는 그 소재대사의 서로 관련된 계기들을 파열시키고 대립적으로 고정시키는 일반적 형태, 한마디로 말하자면 상업위기의 일반적 가능성이다. 그렇지만 그 까닭은 오직 상품과 화폐의 대립이 부르주아적 노동에 포함된 모든 대립의 추상적이고 일반적인 형태이기 때문이다. 따라서 화폐유통은 위기 없이 이루어질 수 있으나 위기는 화폐유통 없이 발생할 수 없다."[MEW, 13, S. 77.]

"판매와 구매의 분리는 상품생산자들과 상품소비자들 사이의 최종적인 교환 이전에 본래적 상거래와 더불어 다수의 허위거래를 가능하게 한다. 그리하여 이 분리는 다수의 기생자들이 생산과정에서 침투하여 분열을 착취하는 것을 가능하게 해 준다. 그러나 이것은 다만 부르주아적 노동의 일반형태인 화폐와 더불어 부르주아적 노동의 모순들의 발전 **가능성**이 주어져 있다는 것을 의미할 뿐이다."[MEW, 13, S. 79.]

『자본론』을 통해 이에 대해 좀 더 자세히 살펴보기로 하자. "판매와 구매는 대극적으로 대립하는 … 상품소유자와 화폐소유자 사이의 상호 관계로서는 하나의 동일한 행위이다. … 그러므로 판매와 구매의 동일성은, 상품이 유통이라는 연금술의 용광로에 투입되어 만약에 화폐로서 나오지 않는다면, 즉 상품소유자들로부터 판매되지도 않고 따라서 화폐소유자들에 의해 구매되지도 않는다면 그 상품은 무용지물이 되고 만다는 의미를 내포하고 있다. 더욱이 이 동일성은 이 과정이 만약 성공한다면, 장기간이랄 수도 있고 단기간이랄 수도 있는 상품 생애의 한 시기인 하나의 휴식기를 이룬다는 것을 함축하고 있다. 상품의 제1전형은 동시에 판매이며 구매이므로 이 부분적 과정은 동시에 자립적인 과정이다. 구매자는 상품을 얻고 판매자는 화폐를 … 얻게 된다. 다른 누군가가 구매하지 않는다면 아무도 판매할 수 없다. 그러나 누구든 자신이 판매했다고 해서 곧 구매해야 하는 것은 아니다. 유통은 물물교환에 존재하는 두 과정, 즉 자신의 노동생산물을 인도하는 과정과 그것과 바꾸어 타인의 노동생산물을 수취하는 과정 사이의 직접적인 동일성을 판매와 구매의 대립으로 분열시킴으로써 물물교환의 시간적, 공간적, 개인적 한계를 타파한다. 자립적으로 상대하는 여러 과정들이 하나의 내적 통일을 이루고 있다는 것은 이들 과정들의 내적 통일이 갖가지 외적 대립 안에서 운동한다는 것과 같은 의미이다. 서로 보완하고 있기 때문에 내적으로는 자립하여 있지 않은 것들의 외적인 자립화가 어느 지점까지 진행되면 이 통일은 위기를 통하여 폭력적으로 관철된다. 상품에 내재하는 사용가치와 가치의 대립, 사적 노동이 동시에 사회적 노동으로 나타나지 않으면 안 된다는 모순, 특수한 구체적 노동이 동시에 추상적 일반적 노동으로서만 인정된다고 하는 모순, 물적 존재의 인격화와 인격의 물화라는 대립 – 이러한 내재적인 모순이 상품전형의 모순들에서 자신의 발전된 운동형태를 취하는 것이다. 그러므로 이들 형태들은 위기의 가능성을 그러나 오로지 그 가능성만을 함축하고 있다. 이 가능성이 현실성으로 발전하기 위해서는 단순상품유통의 입장에서는 아직 전혀 존재하지 않는 관계들

의 총체가 필요하다."[MEW, 23, S. 127-128.]

끝으로 맑스는 다음과 같은 말로 이 절을 마친다.

상품유통의 매개자로서 화폐는 유통수단이라는 기능을 지니게 된다. "이제 우리가 W–G–W의 결과를 관찰하면 그것은 소재대사 W–W로 압축된다. 상품 대 상품, 사용가치 대 사용가치가 교환되었고 상품의 화폐화 또는 화폐로서의 상품은 이 소재대사를 중개하는 데에만 기여한다. 그리하여 화폐는 상품들의 단순한 **교환수단**으로서 나타난다. 그러나 교환수단 일반으로서가 아니라 유통과정에서 성격지어진 교환수단, 즉 **유통수단**으로서 나타난다."[MEW, 13, S. 77.]

주요 개념

단순상품유통/직접적 상품유통(W-G-W), 유통의 전제조건: 상품들은 교환과정 내에서 실질적으로는 사용가치들로서 관념적으로는 교환가치들로서 나타나야 한다, 유통수단의 기능은 가치척도의 기능의 기초 위에서만 가능하다, 상품의 제1전형(형태변환: W-G), W-G가 필사의 도약인 이유, 판매는 동시에 구매이다/구매는 동시에 판매이다, 유통은 화폐를 끊임없이 땀을 흘리게 한다, 상품의 금으로의 변태, 상품의 제2전형, 판매와 구매의 균형론(J. Mill)과 그에 대한 맑스의 비판, 추상적 단계에서의 위기의 제1 가능성(판매와 구매의 분리), 상품에 내재하는 사용가치와 가치의 대립/사적 노동과 사회적 노동과의 대립/특수한 구체적 노동과 추상적 일반적 노동과의 대립/물적 존재의 인격화와 인격의 물화와의 대립이 발전하여 상품전형의 대립의 형태로 나타난다, 위기의 가능성 및 현실성, 모순의 해결방법.

3-2-2. 화폐의 유통

상품들의 형태변환인 W–G–W는 동일한 가치가 상품으로서 그 과정의 출발점을 이루고 또한 상품으로서 같은 지점으로 다시 돌아올 것을 조건으로 내세운다. 따라서 상품의 이러한 운동은 순환이다.

한편, 이 운동형태는 화폐의 순환을 배제한다. 이 운동형태의 결과 화폐는 그 출발점으로부터 끊임없이 멀어져 가며 그곳으로는 다시 복귀하지 않는다. 판매자가 자신의 상품이 전환된 자태인 화폐를 쥐고 있는 한 상품은 제1전형의 단계에 있는 것이다. 구매를 위한 판매(W–G–W)라는 과정이 완성되면 화폐는 또한 원래의 소유자로터 더욱 멀어지게 된다. 화폐는 오직 새로운 상품을 위한 동일한 유통과정에서 갱신 또는 반복에 의해서만 복귀하는 것이며, 이 경우에도 그 전의 경우와 같은 결과로 끝난다. 그러므로 상품유통에 의하여 화폐에 직접 주어지는 운동형태는 화폐가 출발점으로부터 끊임없이 멀어져 가는 과정, 화폐가 한 상품소유자의 손에서 다른 상품소유자의 손으로 흘러가는 과정, 즉 화폐의 유통이다.

*** 화폐운동은 상품유통의 표현에 불과한데 상품유통이 화폐운동의 결과처럼 보인다.**

화폐의 유통은 동일한 과정의 항상적이고 단조로운 반복으로 나타난다. 상품은 언제나 판매자 쪽에 서고 화폐는 언제나 구매수단으로서 구매자 쪽에 있다. 화폐는 상품의 가격을 실현함으로써 상품을 판매자로부터 구매자에게로 옮겨 놓으며 동시에 자신은 구매자로부터 판매자 쪽으로 멀어져 가면서 또 다른 상품에 대하여 같은 과정을 되풀이한다.

화폐운동의 이러한 일면적인 형태가 상품의 양면적인 형태운동으로부터 발생한다는 사실은 은폐되어 있다: "실제 유통은 우선 우연히 병렬적으로 이루어지는 다수의 구매 및 판매로 제시된다. 판매에서나 구매에서나 상품과 화폐는 동일한 관계 속에서, 판매자는 상품 쪽에서 구매자는 화폐 쪽에서 마주 선다. 따라서 유통수단으로서의 화폐는 언제나 **구매수단**으로 나타나며 이로써 상품전형의 대립된 국면들에서의 화폐의 여러 가지 규정들이 인식될 수 없게 되었다."[MEW, 13, S. 79.]

상품유통의 본성 그 자체가 이같이 반대되는 외관을 빚어낸다. 상품의 형태변환 W-G-W에서 상품의 제1전형은 화폐의 운동으로 보일 뿐 아니라 상품 자신의 운동으로도 보이지만, 상품의 제2전형은 화폐의 운동으로만 보인다.

상품은 그 유통의 전반부에서 화폐와 자리를 바꾼다. 그와 동시에 상품의 사용가치 자태는 유통에서 빠져나와 소비의 영역으로 떨어진다. 상품의 가치자태 또는 화폐가면이 상품의 자리에 들어온다: "… 상품이 유통으로 내디디는 첫걸음은 동시에 그의 마지막 걸음이다. 금이 상품에 의해 끌어당겨졌기 때문에(W-G) 상품이 자리에서 움직이든, 금에 의해 상품이 끌어당겨졌기 때문에 상품이 자리에서 움직이든, 한 차례의 밀기, 한 차례의 위치변경으로써 상품은 유통에서 벗어나 소비로 떨어진다. 유통은 상품들의 지속적인 운동이지만 언제나 다른 상품의 운동이며 각 상품은 단 한번만 운동한다. 각 상품은 그것의 유통의 후반부를 동일한 상품으로서가 아니라 다른 상품, 즉 금으로 시작한다. 그러므로 형태변환된 상품의 운동은 금의 운동이다."[MEW, 13, S. 79-80.]

상품은 이미 그 자신의 자연적 껍데기가 아닌 금이라는 껍데기를 쓰고 유통의 후반부를 통과한다. 그와 동시에 운동의 연속성은 완전히 화폐 쪽에 있게 되고, 상품의 입장에서 볼 때는 두 개의 대립적인 과정으로 이루어져 있는 동일한 운동이, 화폐의 고유한 운동으로서는 화폐가 항상 다른 상품과 계속 위치 변경을 하는 동일한 과정들을 내포하고 있다. 그러므로 상품유통의 결과, 즉 한 상품의 다른 상품에 의한 대체는 상품 자신의 전형에 의하여 매개되는 것이 아니라 유통수단으로서의 화폐의 기능에 의해 매개된다는 것처럼 보인다: "상품은 항상 화폐와 반대 방향으로 한 걸음만 움직이지만 화폐는 언제나 이 상품을 위해 두 번째 걸음을 옮기기 때문에 … 상품들의 형태 변경이 화폐의 위치 변경으로 나타나고 유통과정에서 연속성이 전적으로 화폐의 편에 속한다면, 비록 판매에서는 상품이 화폐를 그의 위치에서 끄집어내지만, 즉 구매에서 화폐에 의해 상품이 유통되듯이 판매에서는 상품이 화폐를 유통시키지만, 이 전체 운동은 화폐로부터 출발하는 것처럼 **보인다**. 나아가 화폐가 동일한 관계에서 언제나 상품에게 **구매수단**으로 마주 서고 그 자체로서 상품들을 그들의 가격을 실현함으로써만 운동시키므로 총유통운동은 동일한 화폐가 다양한 상품가격을 순서에 따라 실현함으로써 연속적으로든, 동시에 병렬적으로 이루어지는 특수한 유통행위들에서든 화폐가 상품가격들을 실현하면서 화폐가 상품들과 자리를 바꾸는 것처럼 나타난다. 예를 들어, W–G–W′–G–W″–G–W‴ 등을 실제 유통에서 식별할 수 없는 질적 계기들에 대한 고려 없이 관찰하면 동일한 단조로운 작업만이 보여진다. G는 W의 가격을 실현한다는 순서에 따라서 W′–W″ 등의 가격들을 실현하고 상품들 W′–W″–W‴ 등은 화폐가 떠난 자리에 끊임없이 들어선다. 그리하여 화폐가 상품들의 가격을 실현하면서 그것들을 유통시키는 것처럼 보인다. 때로는 단순히 위치를 바꾸고, 때로는 유통곡선을 거치고, 때로는 출발점과 귀환점이 같은 작은 원을 그리면서 화폐 스스로 이 가격 실현 기능에서 지속적으로 유통한다. 유통수단으로서의 화폐가 독자적인 유통을 가진다. 따라서 진행 중에 있는 상품들의 형태운동은 화폐 자신의, 그 자체로는 운동이 없는 상품들의 교환을 매개하는 운동으로 나타난다. 그리하여 상품유통과정의 운동은 화폐의 유통수단으로서의 운동, 즉 **화폐유통** 속에서 제시된다."[MEW, 13, S. 81.]

유통수단으로서의 화폐는 그 스스로는 운동하지 않는 상품을 유통시키면서, 그 상품이 비사용가치인 사람들로부터 그 상품이 사용가치인 사람들에게로, 항상 화폐 자신의 진행과는 반대 방향으로 상품들을 이전시킨다. 화폐는 끊임없이 유통하는 상품이 있던 자리에 대신 들어가며, 그리하여 상품들을 끊임없이 유통 영역으로부터 떨어져 나가게 한다. 그러므로 화폐는 상품들의 가격을 실현함으로써 상품들을 유통시키는 것처럼 보인다. 그리하여 화폐운동은 상품유통의 표현에 불과한데도 불구하고 거꾸로 상품유통이 화폐운동의 결과인 것처럼 보인다.

*** 상품의 형태변환 운동은 화폐의 운동에 반영된다.**

화폐가 유통수단이라는 기능을 갖게 된 까닭은 오로지 화폐가 상품의 자립화된 가치이기 때문이다. 따라서 유통수단으로서의 화폐의 운동은 사실상 상품 자신의 형태변환 운동이다. 그러므로 상품들의 형태변환 운동은 화폐의 유통 속에 반영되지 않을 수 없다.

상품의 제1전형인 W–G의 마지막 극인 화폐형태는 제2전형인 G–W의 재전환의 최초의 극이 된다. 그런데 이 두 개의 형태변환은 그 어느 것이나 상품과 화폐 상환의 위치 변경에 의하여 이루어진다. 동일한 화폐가 상품의 소외된 자태로서 판매자의 손으로 들어가고 상품의 절대적으로 양도 가능한 자태로서 판매자의 손을 떠난다. 달리 표현하면 상품의 제1전형에서는 화폐가 상품의 소외된 형태로 화폐소유자의 손으로부터 상품판매자의 손으로 들어가고 제2전형에서는 화폐가 절대적으로 양도 가능한 모습으로 판매자의 손으로 옮겨 간다.

똑같은 화폐가 두 번 그 위치를 바꾼다. 따라서 동일한 상품에 대해 나타나는 서로 대립하는 이 두 개의 형태변환은 화폐의 두 번에 걸친 반대 방향으로의 위치 변경 속에 반영된다. 이와 반대로 만일 제1전형 또는 제2전형만이 행해지는 경우 화폐는 단 한번만 자리를 바꿀 뿐이다. 동일한 화폐의 위치 변경이 빈번하고 되풀이된다면 그것은 어떤 한 상품의 전형계열뿐만 아니라 상품에게 일반의 무수한 전형이 뒤엉켜 있음을 반영하는 것이다. 말할 것도 없이 이 모든 것은 단순상품유통의 형태에 관해서만 타당하다.

* 유통수단으로서 필요한 화폐량

어떠한 상품이든 제1전형을 통하여 유통으로부터 떨어져 나오게 되며, 그곳에는 늘 새로운 상품이 들어온다. 화폐는 이와 반대로 유통수단으로서 항상 유통 영역에 머물러 있으면서 끊임없이 유통 영역을 떠돌아다닌다: "유통수단으로서 화폐(금)의 사용가치는 그의 유통 자체인 반면에 상품의 사용가치는 유통에서 빠져나감으로써 시작된다. 유통에서 쉴 새 없이 떠돌아다니는 것이 화폐의 기능이 되는 반면 유통에서 상품들의 운동은 단지 하나의 사라지는 계기일 뿐이다."[MEW, 13, S. 82.]

교환과정 내에서 화폐의 이러한 독특한 기능이 유통수단으로서의 화폐에 새로운 형태규정성을 부여하게 되는데, 그것은 바로 유통 영역에 얼마나 많은 화폐가 필요한가라는 문제이다.

*고전파 경제학의 화폐수량설

유통수단으로서 기능하는 화폐량에 대한 맑스의 견해를 서술하기 전에 맑스가 비판을 가하였으나 자신의 이론의 비판적 기초로 사용한 화폐수량설에 대해 간략하게 언급하기로 하자.

화폐수량설은 통화량과 물가 수준의 관계를 설명하고자 하는 화폐이론 중에서 이미 오래 전부터 로크(J. Locke), 흄(D. Hume), 몽테스키외(C. Montesquieu), 스미스(A. Smith), 리카도(D. Ricardo), 밀(J. S. Mill) 등에 의해 보편화되어, 비록 그동안에 다양한 이론적 발전을 거쳤으나, 그 이론적 근간은 오늘날까지도 용인되고 있는 이론이다: "우리는 이 견해가 17세기 이탈리아 경제학자들에 의해 다소 암시되고, 로크에 의해서는 때로는 긍정되고 때로는 부정되며, '스펙테이터'(*Spectator*)지(1711년 10월 19일자), 몽테스키외 및 흄에 의해서는 일정하게 발전됨을 발견한다."[MEW, 13, S. 135.]

화폐수량설의 주장은 다음과 같은 방정식으로 표현될 수 있다. MV = PT. M은 통화량, V는 화폐의 유통속도,[7] P는 상품의 가격(물가 수준), T는 상품의 총거래량을 의미한다. 이때 V와 T를 단기적으로는 불변이라고 가정할 수 있으므로 M이 증가하면 그에 비례해서 P가 상승하고 M이 감소하면 P가 하락한다는 것이다. 즉, M의 증감이 1차적인 운동이고 P의 상승과 하락은 파생된 운동이라는 것이다.

*** 유통수단으로서의 화폐량(M)은 상품가격의 총액(PT)에 정비례한다.**

한 나라 안에서는 매일 동시적이며, 공간적으로 병행되는 수많은 상품전형, 즉 한쪽에서의 단순한 판매와 다른 쪽에서의 단순한 구매가 행해지고 있다. 그런데 상품은 가격에 의해 이미 일정량의 관념적인 화폐량과 등치되어 있다. 그런데 우리가 고찰하고 있는 직접적인 유통형태에서는 언제나 상품과 화폐가 동시에 위치를 바꾸는 것이니까 상품세계의 유통과정에서 필요한 유통수단의 양은 이미 상품들의 가격 총액에 의해 정해져 있다. 실제로 화폐는 모든 상품의 가격 총액에서 관념적으로 표현되어 있는 금의 총액을 실제적으로 표시하는 것에 지나지 않으므로 이 두 가지 총액이 서로 같다는 것은 자명하다. 따라서 화폐의 유통속도를 사상하면(V는 일정하다고 가정하면) 유통수단으로서의 화폐량(M)은 무엇보다도 우선 상품들의 가격 총액(PT)에 의해 정해지는

7 필자 주: "… 유통의 횟수 또는 화폐의 유통속도의 … 상품들이 상이한 변환 국면들을 거치는 속도, 이 형태변환들이 사슬로서 계속되는 속도 그리고 전형을 거친 상품들이 유통과정에서 새로운 상품들에 의해 대체된다는 속도에 의해 규정되거나 이 속도를 표현한다." [MEW, 13, S. 83.]

것은 분명하다.

＊금의 가치가 변동하는 경우에도 상품들의 가격 총액, 즉 화폐유통량은 변동한다.

상품의 가치가 불변인 경우,

금의 가치가 하락하면 상품의 가격은 그것에 (반)비례하여 상승하고,

금의 가치가 상승하면 상품의 가격은 그것에 (반)비례하여 하락한다.

그리하여 금의 가치가 하락하면 상품가격이 상승하여 상품들의 가격 총액이 상승하고 그에 비례해서 화폐유통량은 증가한다. 반대로 금의 가치가 상승하면 상품가격이 하락하여 상품들의 가격 총액이 하락하고 그에 비례해서 화폐유통량은 감소한다.

유통수단의 양적 변동이 이 경우에는 화폐 그 자체로부터 생겨나기는 하지만, 유통수단으로서의 화폐의 기능으로부터 생겨나는 것이 아니라 가치척도로서의 기능으로부터 생겨난다. 즉, 상품들의 가격이 먼저 화폐의 가치에 반비례하여 변동하고 다음에 유통수단의 양이 모든 상품의 가격에 정비례하여 변동한다.

이와 같은 현상은 ① 금의 가치가 감소하지 않더라도 은이 가치척도로서의 금을 대신하는 경우, 혹은 ② 은의 가치가 증가하지 않더라도 금이 가치척도로서의 기능으로부터 은을 몰아내는 경우에도 전적으로 동일한 현상이 일어날 것이다. 전자의 경우에는 이전에 금이 유통했던 것보다 많은 양의 은이 유통하게 되는 것이다. 예를 들어, 은이 가치척도로서의 금을 대신할 경우 금과 은의 비율이 1:15라면 유통수단으로서의 화폐량은 15배가 증대할 것이다. 그리고 후자의 경우에는 그전에 은이 유통하였던 것보다 적은 양의 금이 유통하게 될 것이다.

그 어느 경우에나 화폐 재료(금)의 가치, 다시 말해 가치척도로서의 기능을 하는 상품(금)의 가치가 변동하고 그리하여 상품가치의 가격표현이 변동하여 나아가서 모든 상품의 가격을 실현하는 역할을 하는 유통화폐량이 변동할 것이다.

*** 금의 가치변동이 상품들의 가격을 변동시키는 경로**

맑스는 이어서 금가치의 변동이 상품가격을 변동시키는 경로에 대해 주목할 만한 설명을 다음과 같이 한다. 이미 살펴보았듯이 상품들의 유통에는 하나의 구멍이 있어서 그 구멍을 통해서 금 또는 은이라는 화폐 재료가 주어진 가치를 갖는 상품으로서 유통 영역으로 들어온다.

화폐가 가치척도로서의 기능을 하고 또 가격을 규정할 때 이 화폐 재료의 가치가 전제되어 있다. 예를 들어, 이제 가치척도 자체의 가치가 감소한다면 그것은 당장 귀금속의 원산지에서 상품으로서의 귀금속과 직접 교환되는 상품들의 가격 변동으로 나타난다. 이와는 달리 다른 상품들 대부분은 당분간은, 특히 부르주아 사회가 덜 발달된 상태에서는, 이미 환상적으로 되어버린 낡은 가치척도의 가치대로 평가된다. 그러나 그러는 동안에 한 상품은 다른 상품을 그것들 서로의 가치관계에 의하여 영향을 미치면서, 상품들의 금가격 또는 은가격은 점점 모든 상품의 가치 자체에 의하여 규정된 비율들로 조정되어 마침내는 모든 상품의 가치가 화폐금속의 새로운 가치에 상응하여 평가될 것이다.

이 조정과정에서는 직접적으로 귀금속과 교환되는 상품들에 대한 대가로서 유입되는 귀금속이 끊임없이 증대한다. 그러므로 각 상품가격의 정정된 가격이 얼마나 일반화되었는지에 따라서, 다시 말해서 이미 하락하였거나 어느 일정한 점까지는 하락할 금속의 새로운 가치에 따라서, 상품들의 가치가 평가

되는 것과 같은 비율로 이미 상품들의 가격 실현에 필요한 귀금속의 분량은 증가한다.

따라서 새로운 금 생산지나 은 생산지가 발견됨에 따라서 발생한 여러 사실들에 대한 일면적인 관찰로 말미암아 17세기 및 특히 18세기에 상품가격이 등귀한 것은 보다 많은 금과 은이 유통수단으로 기능을 했기 때문이라는 엉터리 같은 주장이 나오게 되었다. 이에 대한 설명은 잠시 뒤로 미루기로 한다.

*** 금의 가치가 일정한 경우 유통수단의 화폐량(M)은 실현되어야만 할 상품들의 가격 총액(PT)에 의해 규정되는데, 상품들의 가격 총액은 개개 상품의 가격(P)과 유통하는 상품의 양(T)에 의존한다.**

위의 경우에서와 같이 상품들의 가격 총액은 금의 가치가 변동하는 경우에도 변동하지만 맑스는 금의 가치를 주어진 것으로 전제하고 고찰할 것을 권하고 있다: "유통수단의 양과 상품의 가격 변동의 관계에 관한 어떠한 과학적 연구도 화폐 재료의 가치는 주어진 것으로 전제해야 한다."[MEW, 13, S. 135.]

금의 가치가 일정한 경우에는 상품들의 가격 총액은 ① 개개 상품의 가격과, ② 유통되는 상품의 양에 의해 결정된다. 따라서 상품의 가격이 일정하다면 상품들의 가격 총액은 유통 내에 존재하는 상품의 양에 따라 결정된다: "상품들의 가격규정 자체에서는 도량 단위로서 기능하는 금의 양의 가치크기 또는 금가치는 주어진 것으로 전제되어 있다. 그러므로 이 전제하에서 유통을 위해 필요한 금량은 우선 실현될 상품가격들의 총액에 의해 규정된다. 그러나 이 총액 자신은, 첫째 상품들의 가격 수준, 즉 금으로 평가한 교환가치들과, 둘째 규정된 가격으로 유통될 상품의 양, 즉 주어진 가격으로의 매매량에 의해 규정된다."[MEW, 13, S. 84.]

또한 상품들의 양이 일정하다면 상품들의 가격 총액은 개개 상품의 가격의 변동에 따라 결정된다.

맑스는 여기에서 다음과 같은 두 가지 중요한 주의를 환기시키고 있다.

① 상품들의 가격 총액을 증가 또는 감소시키기 위해서는 모든 상품의 가격이 동시에 상승 또는 하락할 필요는 없다. 단지 일정한 수의 주요 상품가격이 상승 또는 하락하는 것만으로 충분하다.

② 상품의 가격 변동이 현실의 가치변동을 반영하든 시장가격의 단순한 동요를 반영하든, 그것이 유통수단의 양에 미치는 영향은 마찬가지이다.

*** 유통수단으로서의 화폐의 양은 화폐의 유통속도에 반비례한다.**

유통수단으로서의 화폐의 양은 화폐의 유통속도에 의해서도 좌우된다. 화폐의 유통속도라는 것은 주어진 시간 안에 동일한 화폐조각이 유통하는 횟수를 말한다. 만약 상품들이, 예를 들어 밀, 아마포, 성경, 위스키 등이 이미 아는 바와 같은 전형계열인 밀-2파운드 스털링-20엘레 아마포-2파운드 스털링-1권의 성경-2파운드 스털링-4갤런의 위스키-2파운드 스털링이라는 고리가 하루 동안에 이루어졌다면 2파운드 스털링은 각 상품의 가격을 차례차례로 실현하고 그리하여 결국은 8파운드 스털링이라는 가격 총액을 실현한다. 2파운드 스털링은 4번의 유통을 수행한다. 즉, 실현될 가격 총액은 8파운드 스털링이며 하루 동안 동일한 화폐가 유통하는 횟수는 4번이고 유통화폐량은 2파운드 스털링이다. 그러므로 유통과정에서 어떤 주어진 기간에 있어서는

$$\text{유통수단으로서의 기능을 하고 있는 화폐의 양(M)} = \frac{\text{상품가격의 총액(PT)}}{\text{동일한 명칭의 화폐조각의 유통횟수(V)}},$$

$$M = \frac{1}{V} \cdot PT$$

이라는 관계가 성립된다. 이 법칙은 일반적으로 타당하다.

어떤 주어진 기간 안에서의 한 나라의 유통과정은, 한편으로는 동일한 화폐조각이 단 한 번만 위치를 바꾸는, 즉 한 번만 유통하는 다수의 분열된 그러나 동시적이며 공간적으로 병행하는 판매 또는 구매, 즉 부분전형을 포함하고 있다. 그러나 다른 한편으로는 동일한 화폐조각이 정도의 차이는 있지만 여러 번 유통하는, 부분적으로는 병행적이며 부분적으로는 서로 얽힌, 정도의 차이는 있으나 여러 개의 고리로 구성된 다수의 전형계열을 포함하기도 한다.

그런데 유통 상태에 있는 동일한 명칭의 화폐조각이 유통하는 총횟수에 의하여 하나하나의 화폐조각이 유통하는 평균횟수 또는 화폐유통의 평균속도를 알 수 있다. 따라서 여기서 '동일한 명칭의 화폐조각의 유통횟수'라는 것은 평균유통횟수를, 화폐의 유통속도는 화폐의 평균유통속도를 의미한다.

예를 들어, 하루하루의 유통과정의 시초에서 유통과정에 투입되는 화폐량은 동시에 공간적으로 병행하여 유통하는 상품들의 가격 총액에 의하여 규정된다. 그러나 이 과정 내부에서는 하나의 화폐조각은 다른 화폐조각에 대하여 이른바 연대책임을 지고 있다. 한쪽의 화폐조각의 유통속도가 빨라지면서 다른 화폐조각의 유통속도는 느려진다. 혹은 다른 화폐조각은 유통부문에서 완전히 사라져버리고 만다. 왜냐하면 유통 분야는 오직 금의 일정한 양만을 흡수할 수 있을 뿐인데, 이 금의 양은 그것에다가 그 개별적 요소의 평균유통횟수를 곱하면 실현되어야 할 가격 총액과 같아지는 양이기 때문이다. 따라서 화폐조각의 유통횟수가 증가하면 화폐의 유통량은 감소하고, 그 유통횟수가 감소하면 그 유통량은 증가한다.

*** 화폐의 유통속도는 상품의 형태변환의 속도를 반영한다.**

화폐유통 일반에서는 오직 상품의 유통과정, 즉 서로 대립하는 갖가지 전형들을 통한 상품의 순환만이 나타나지만, 화폐운동이 신속할 경우에는 상품의 형태변환의 신속성과 전형계열들의 연속적인 맞물림, 물질대사의 신속함 그리고 유통 영역으로부터의 상품들의 급속한 소멸 및 새로운 상품에 의한 그것들의 급속한 대체의 현상이 나타난다. 이리하여 화폐유통이 신속할 경우에는 사용자태의 가치자태로의 전환 및 가치자태의 사용자태로의 재전환이라는 서로 대립하면서도 보완적인 두 단계, 즉 판매와 구매라는 두 과정의 유동적인 통일이 나타난다. 반대로 화폐유통이 완만할 경우에는 이 두 과정의 분리 및 대립적인 자립화와 형태변환의 정체 및 이에 따른 물질대사의 정체현상이 나타난다. 이 정체가 어디서 발생하는가는 물론 유통 그 자체를 본다고 해도 알 수 없다. 유통은 현상 자체만을 보여 줄 뿐이다. 화폐유통이 완만해짐에 따라서 화폐가 유통의 표면 또는 모든 점에 출몰하는 빈도수가 감소한다는 사실에 착안한 통속적인 견해를 가진 사람들이 이 현상의 원인을 유통수단의 양적 결핍에서 찾는 것도 있을 법한 일이다.[8]

*** 유통수단으로서의 화폐량은 3가지 요인의 조합에 달려 있다.**

유통수단으로서 기능하는 화폐의 양(M)은 상품의 가격(P), 유통상품의 양(T), 화폐의 유통속도(V)라는 세 가지 요인에 의해 결정된다. 이 세 가지 요인은 각각 다른 방향과 다른 비율로 변동할 수 있는 것이며, 이리하여 실현되어야 할 가격 총액과 이에 따라서 제약을 받는 유통수단의 양은 매우 많은 수의 조합을 가질 수 있다.

여기에서는 상품가격의 역사에서 극히 중요한 조합만을 열거해 보기로

8 맑스 주: "생산과정 및 유통과정의 정체를 유통수단이 부족한 탓으로 돌리는 것은 통속적인 환상이라고 할 수 있겠지만, 그렇다고 해서 그 반대로 예를 들어 정부의 졸렬한 '통화조절'의 결과로 발생하는 유통수단의 현실적인 결핍이 그것만으로는 정체를 야기하지 못한다고 말할 수는 결코 없다." [MEW, 23, S. 133-134, 각주 77.]

하자.

① 상품가격이 불변인 경우 유통수단의 양(M)은, 유통하고 있는 각 상품의 양(T)이 증가하거나 화폐의 유통속도(V)가 감소할 경우, 또는 양자가 함께 적용함으로써 증대할 수 있다. 유통수단의 양(M)은, 이와 반대로 상품의 양(T)의 감소 또는 화폐의 유통속도(V)의 증가에 따라서 감소할 수 있다.

② 유통하고 있는 상품의 양(T)이 그 상품가격(P)의 상승과 같은 비율로 감소할 때, 또는 유통하는 상품의 양(T)은 불변이지만 화폐의 유통속도(V)가 가격(P)의 상승과 같은 속도로 증가할 때에는 상품가격(P)이 전반적으로 상승하는 경우에도 유통수단의 양(M)은 변하지 않을 수 있다. 유통수단의 양(M)은 상품가격(P)에 비해 상품의 양(T)이 더 급속히 감소한다든지 아니면 유통속도(V)가 더 급속히 증가함으로 말미암아 감소할 수 있다.

③ 상품의 양(T)이 그것의 가격(P)의 하락과 같은 비율로 증가할 때나 화폐의 유통속도(V)가 가격(P)과 같은 비율로 감소할 때에는, 상품가격(P)이 전반적으로 하락하는 경우에도 유통수단의 양(M)은 변하지 않을 수 있다. 유통수단의 양(M)은 상품가격(P)의 하락에 비하여 상품의 양(T)이 더 급속히 증가할 때나 유통속도(V)가 더 급속히 감소할 때에는 증가할 수 있다.[9]

여러 가지 요인들 변동들은 서로 상쇄될 수도 있기 때문에, 그 요인들의

9 필자 주: "일반적으로 하락하는 가격들과 더불어 증가하는 유통수단의 양, 일반적으로 상승하는 가격들과 더불어 감소하는 유통수단의 양은 상품가격의 역사에서 가장 잘 확인된 현상 중의 하나이다. 그러나 가격 수준의 상승과 동시에 화폐 유통속도의 더 높은 상승을 야기시키는 원인들과 그 반대 운동을 야기시키는 원인들은 단순유통의 고찰 밖에 속한다. 예로서는 무엇보다도 신용이 지배적인 시기에는 화폐 회전속도가 상품가격들보다 급속히 증가하는 반면에 신용 감소와 더불어 상품가격들은 유통속도보다 늦게 하락한다는 것을 들 수 있다. 단순화폐유통의 피상적이고 형식적인 성격은 유통되는 상품의 양, 가격들의 등락, 동시적 매매의 수, 화폐의 회전속도와 같이 유통수단의 수를 규정하는 모든 계기들이 상품세계의 전형과정에 좌우되고 이 과정은 다시 생산양식의 전체 성격, 인구 수, 도시와 농촌의 관계, 수송수단의 발전과 분업의 정도, 신용 등, 간단히 말해 모두 단순화폐유통 **밖에** 있고 여기에서 다만 반영되는 여건들에 의해 좌우된다는 데에서 보여지고 있다." [MEW, 13, S. 85-86.]

끊임없는 불안정성에도 불구하고 실현되어야 할 상품가격 총액과 이에 따른 유통화폐량은 변하지 않을 수도 있다.

그러므로 이것을 비교적 장기간 동안 고찰해 보면 각 나라에서 유통하고 있는 화폐량의 평균수준이 외관상 예상되는 것보다는 훨씬 더 불변적이라는 것을 알게 되며, 또 주기적으로 생산위기 및 상업위기 때문에 발생하는 혼란과 이것보다는 드물지만 화폐가치 자체의 변동으로 말미암아 발생하는 격심한 혼란을 제외한다면 이 평균 수준으로부터의 괴리는 예상보다는 훨씬 적다는 것을 알게 된다: "한 일정한 나라에서 금속유통 수준 또는 유통된다는 금이나 은의 양은 일시적인 급락 및 급증의 위험이 있지만 장기적으로는 대체로 균등화며 평균 수준으로부터의 일탈은 미미한 진동으로 이행한다는 것이 경험에 의해 보여진다면 이 현상은 유통화폐량을 규정하는 여건들을 대립적 본성으로 간단히 설명된다. 이 여건들을 동시적 수정은 그들의 영향을 상쇄하고 모든 것을 옛날대로 놓아둔다."[MEW, 13, S. 86.]

* 화폐수량설에 대한 맑스의 비판

유통수단의 양(M)이 유통하고 있는 상품들의 가격 총액(PT)과 화폐유통의 평균속도(V)에 의해 규정된다는 법칙은, 상품들의 가치 총액과 그 전형의 평균속도가 주어져 있는 경우에는 유통하고 있는 화폐 또는 화폐 재료의 양이 그 자신의 가치에 의해 정해진다는 식으로도 표현될 수 있다.

따라서 맑스는 다음과 같이 화폐수량설을 비판하고 있다.

앞의 내용과는 반대로 상품가격(P)이 유통수단의 양(M)에 의해 규정되며 유통수단의 양은 또 한 나라에 존재하는 화폐 재료의 양에 의해 규정된다는 환상은, 그 최초의 대표자들에게 있어서는 다음과 같은 어리석기 짝이 없는 가설에 뿌리박고 있다. 그 가설이란 다음과 같다: 화폐 그 자체는 내재적인 자립적인 가치를 가지고 있지 않다. 화폐의 가치는 유통 가운데서 형성된다. 즉, 상품은 가격이 없이 유통과정에서 들어가고 화폐는 가치가 없이 우선 유통과정에 들어가며, 일단 들어가면 거기에서 잡다한 상품집단의 일부분이 무더기로 쌓여 있는 귀금속의 일부분과 교환된다는 것이다: “유통수단의 양이 유통하고 있는 상품들의 가격 총액과 화폐유통의 평균속도에 의해 규정된다는 법칙은, 상품들의 가치 총액과 그 전형의 평균속도가 주어져 있는 경우에 유통하고 있는 화폐 또는 화폐 재료의 양이 그 자신의 가치에 의해 규정된다는 식으로도 표현될 수 있다. 이와 반대로 상품가격이 유통수단의 양에 의해 규정되며 유통수단의 양은 또 한 나라에 있는 화폐 재료의 양에 의해 규정된다는 환상은 그 최초의 대표자들에게 있어서는, 상품은 가격 없이 유통과정에 들어가고 화폐는 가치 없이 유통과정에 들어가며, 일단 들어가면 거기에서 잡다한 상품의 일정한 부분이 산처럼 쌓인 귀금속의 해당 부분과 교환된다는 어리석기 짝이 없는 가설에 뿌리박고 있다.”[MEW, 23, S. 136-138.]

맑스는 18세기 화폐수량설의 대표주자인 흄(D. Hume)에 대해 비판을 가했다. 흄의 이론의 핵심적 내용을 언급하기 전에 고전학파 경제학이 어리석은 결론에 이를 수밖에 없게 된 논리적 역사적 근거를 직접 맑스의 글을 통해 살펴보기로 하자. 맑스는 다음과 같이 서술한다. “화폐를 다만 유통의 결정적(結晶的) 산물로서의 형태규정성으로만 이해하는 중금주의 및 중상주의와는 반대로, 고전파 경제학이 화폐를 일단 그것의 유동적 형태에서 상품전형 자체 내에서 산출되고 다시 사라지는 교환가치형태로서 파악한 것은 지극히 당연한 일이었다. 따라서 상품유통이 오직 W–G–W의 형태에서는, 그리고 이 형태가 다시 판매와 구매의 과정 중에 있는 통일의 규정성에서만 파악되듯이, 화폐는 화폐로서의 형태규정성에 반대해서 유통수단으로서의 형태규정성으로 주장된다. 유통수단 자체가 주화로서의 기능으로 고립되면, 그것은 … 가치표장으로 전환된다. 그러나 고전파 경제학에서는 우선 금속유통이 유통의 지배적 형태로서 전면에 등장했기 때문에 고전파 경제학은 금속화폐를 주화로, 금속주화를 단순한 가치표장으로 이해한다. 그래서 가치표장의 유통법칙에 상응하여서 상품가격들이 유통되는 화폐량에 의해 좌우된다는 것이지, 그 반대로 유통된다는 화폐량이 상품가격들에 의해 좌우된다는 것이 아니라는 명제를 세운다. … 일정한 전제들하에서는 유통된다는 금속화폐이든, 유통된다는 가치표장이든 그 양의 증가나 감소는 상품가격이 **균등하게** 영향을 미치는 것처럼 보인다. 상품의 교환가치가 가격으로서 평가되는 바의 금이나 은의 **가치**가 하락하거나 상승하면 그 가치척도가 변했으므로 **가격**은 상승하거나 하락하며, 가격들이 상승했거나 하락했으므로 더 많거나 더 적은 금과 은이 주화로서 유통될 것이다. 그러나 눈에 띄는 현상은 상품들의 교환가치는 변동하지 않는데도, 유통수단의 양의 증가 또는 감소에 따른 가격의 변화이다. 유통된다는 가치표장의 양이 필요한 수준 이상으로 증가하거나 그 이하로 감소하면, 그 수량은 상품가격의 상승이나 하락에 의해 강제로 필요한 수준으로 환원된다. 두 경우에서 동일한 결과가 동일한 원인에 의해 야기되는 것처럼 보이고 흄은 이 허상을 고수했다.

유통수단의 양과 상품의 가격변동의 관계에 관한 어떠한 과학적 연구도 화폐 재료(귀금속: 필자)의 가치는 주어진 것으로 전제해야 한다. 이에 반해 흄은 오로지 귀금속 자체의 가치 변동, 즉 가치척도의 변동의 시기만을 관찰한다. 통화주의 및 중상주의에 반대하는 논쟁이 그의 이론의 실천적 동기를 부여했듯이, 미국 광산들의 발견 이후 금속화폐의 증가와 더불어 동시에 상품가격들의 상승이 그의 이론의 역사적 배경을 이룬다. … 흄의 유통이론은 다음과 같은 명제들로 요약된다. ① 한 나라에서 상품가격의 그 나라에 존재하는 화폐(실제적 화폐나 상징적 화폐)량에 의해 규정된다. ② 한 나라에서 유통된다는 화폐는 그 나라에 존재하는 모든 상품들을 대리한다. 대리인들의, 즉 화폐의 수가 증가하는 것에 (반)비례하여 개별 대리인들에는 대리된 사물(상품)이 더 적게 할당된다. (그 결과 상품가격은 상승한다.) ③ 상품들이 증대되면 그것들의 가격이 하락하거나 또는 화폐의 가치가 상승한다. 화폐가 증대되면 반대로 상품의 가격은 상승하고 화폐의 가치는 하락한다."[MEW, 13, S. 134-137.] (괄호는 필자)

이러한 흄의 명제에 대해 맑스는 다음과 같이 반박한다. "유통속도가 전제되어 있으면 유통수단의 양은 상품가격들에 의해 간단히 규정된다. 그러므로 화폐가 많이 또는 적게 회전하기 때문에 가격들이 높거나 낮은 것이 아니라 가격들이 높거나 낮기 때문에 많거나 적은 화폐가 회전한다. 이것은 가장 중요한 경제법칙들 중의 하나로서 상품가격들의 역사에 의해 이것을 증명한 것은 아마도 리카도 이후 영국 경제학의 유일한 업적을 이룬다."[MEW, 13, S. 86.]

유통되는 금의 양이 상품가격의 변화와 유통속도의 변화에 좌우되므로 금속 유통수단의 양은 축소되거나 팽창될 수 있어야 한다. 간단히 말해 유통과정의 욕구에 상응해서 금은 때로는 유통수단으로서 과정에 들어가고 다시 그것으로부터 벗어나야 한다. 유통과정에서 자신이 이 조건들을 어떻게 실현하는지를 아래에서 살펴볼 것이다.

주요 개념

화폐유통/화폐유통은 상품유통의 표현에 불과하나 상품유통이 화폐유통의 결과처럼 보인다, 고전파 경제학의 화폐수량설 및 그것의 환상, 흄의 화폐수량설의 명제 및 이에 대한 맑스의 비판.

3-2-3. 주화, 가치표장

*** 유통수단으로부터 주화가 발생한다.**

유통수단으로서의 화폐의 기능으로부터 화폐의 주화자태가 발생한다. 상품의 가격 또는 화폐명칭으로서 표상화된 금의 중량은 유통에서는 같은 명칭의 금조각, 즉 주화로서 상품에 마주 서야 한다.

가격의 도량기준의 확립이 그러하듯이 주화의 주조업무는 국가가 담당한다. 금과 은이 주화의 역할을 할 때에는 몸에 걸치고 있으나 세계시장에 나타날 때에는 다시 벗어버리는 여러 가지 국민적 제복에서 상품유통의 국내적 또는 국민적 범위와 그 일반적인 세계시장 범위 사이의 분리를 나타낸다: "유통수단으로서 기능하는 경우에 금은 독특한 자신의 모양을 얻어 **주화**가 된다. 금은 그 유통이 기술적 어려움들에 의해 저지되지 않도록 계산화폐의 도량기준에 따라 주조된다. 그것들이 화폐의 계산명칭들, 즉 파운드 스털링, 실링 등에 표상화된 금 무게들을 포함하고 있다는 것을 그것들의 각인과 모양으로써 보여 주는 금조각이 주화이다. 주화가격의 결정과 마찬가지로 주조의 기술적 사업은 국가에 속한다. 계산화폐로서와 마찬가지로 주화로서의 화폐는 **국지적이고 정치적인 성격**을 띠고 상이한 말을 하며 상이한 나라의 제복을 입는다. 따라서 화폐가 주화로서 유통하는 영역은 한 공동체의 경계에 의해 에워싸인, **내부적인** 상품유통으로서 상품세계의 **일반적** 유통으로부터 분리된다."[MEW, 13, S. 87.]

*** 금주화와 금지금은 단지 형태가 다를 뿐이다.**

금지금과 금주화는 본래 그 형상만을 달리할 뿐 금은 언제나 한쪽 형태로부터 다른 쪽 형태로 전환할 수 있다. 주화는 주조소로부터 나오자마자 곧 용

해로로 갈 수 있다: "금지금 상태의 금과 주화로서의 금의 차이는 금의 주화명칭과 무게명칭의 차이에 지나지 않는다. 지난번의 경우에는 명칭 차이였던 것이 이제는 단순한 모양 차이로 나타난다. 금지금은 주화형태를 얻기 위해 다만 조폐국에 보내지기만 하면 되듯이 반대로 금주화는 도가니 속으로 던져져 다시 금 자체로 전환될 수 있다. 한 모양으로부터 다른 모양으로의 전환 및 재전환은 순전히 기술적인 작업으로 나타난다."[MEW, 13, S. 87-88.]

*** 유통수단의 제1의 관념화**

이것에 대한 내용은 『자본론』에는 생략되어 있는 대신 『정치경제학 비판을 위하여』에 있다는 것을 참고하고 읽어 주기 바란다.

주화는 유통과정 속에서 하루에도 일정 수의 회전을 한다. 만약 금 100파운드, 즉 1,200온스가 하루에 10회 유통되었다고 하면 금 1,200온스는 12,000온스에 달하는 상품가격 총액을 실현할 것이다. 금 1온스를 아무리 돌려 보아도 그것은 결코 금 10온스 무게가 나가지는 않는다. 그러나 유통과정에서는 사실상 1온스가 10온스 무게가 나간다. 즉, 유통과정 내에서의 주화의 존재는 주화에 포함되어 있는 금의 양에 그것의 유통횟수를 곱한 것과 같다. 그리하여 일정한 무게를 가진 개별 금주화로서의 실제 존재 이외에 주화는 그 기능에서 발생하는 관념적 존재를 갖는다. 맑스는 이것을 제1의 관념화라 하였다. 1온스 금주화는 1번을 회전하든 10번을 회전하든 개개의 판매와 구매에서는 오직 1온스의 금주화로서 작용할 뿐이다. 이 사실을 맑스는 다음과 같이 비유한다. "이것은 1명의 장군이 전투에서 10군데 상이한 지점들에 적시에 나타남으로써 10명의 장군을 대체하더라도 각 지점에서는 동일한 장군이 되는 것과 마찬가지이다."[MEW, 13, S. 88.]

"화폐유통에서 속도로써 양을 대체함에서 기인하는 유통수단의 관념화는 유통과정 내에서 주화의 기능적 존재에만 관계될 뿐 개별 금조각의 존재에는 영향을 미치지 않는다."[MEW, 13, S. 88.]

*** 유통수단의 제2의 관념화**

이것에 대한 내용 역시 『자본론』보다 『정치경제학을 위하여』에서 보다 쉽게 서술되어 있으므로 『정치경제학을 위하여』와 『자본론』을 종합해서 언급하기로 한다: "화폐회전은 외적 운동이며, 소버린(Sovereign; 영국의 1파운드 주화: 필자)은 비록 냄새는 나지 않지만 난잡한 사회에서 돌아다닌다. 주화는 모든 종류의 손, 봉투, 주머니, 지갑, 전대, 금고, 상자들과 마찰하면서 여기저기에 금원자를 떨어뜨리며 그리고 그렇게 세계를 돌아다니며 마모됨으로써 점차 자신의 내적 성분을 잃는다. 주화는 사용됨으로써 마멸된다. … 그러므로 상품이 그가 유통에 내디딘 첫걸음에서 유통으로부터 빠져나가듯이 주화는 유통에서 몇 걸음 걷고 나면 그것이 가지는 것보다 더 많은 금속성분을 표상한다. 주화가 똑같은 유통속도로 오래 회전할수록 … 주화의 주화로서의 존재는 그것의 금 또는 은으로 된 존재로부터 벗어난다. 남는 것은 '위대한 이름의 그림자'뿐이다. 주화의 육체는 그림자일 뿐이다. 처음에는 과정에 의해 주화가 좀 더 무거웠으나 지금은 과정에 의해 더 가벼워지고 더욱이 각 개별 구매나 판매에서는 계속 원래의 금의 양으로 간주된다. 소버린은 **허위** 소버린, **허위** 금으로 계속 정당한 금화의 기능을 수행한다. 즉, 중량이 부족한 금주화들도 중량이 완전한 금화와 동등하게 유통되고 동등한 상품가격을 실현한다는 것이다. 달리 표현하면, 금의 명칭과 금의 실체가, 명목적인 내용과 실재적인 내용이 분리되기 시작한다. 금주화들은 그 중량이 달라지면서 서로 다른 가치들을 갖게 된다. 유통수단으로서의 금은 가격의 도량기준으로서의 금과 다르게 되고 따라서 상품들의 가격은 유통수단으로서의 금으로 실현되지만 그 유통수단으로서의 금은 이미 상품들의 현실적인 등가물은 아니게 된다. 주화의 명목상의 내용과 실재적인 내용의 이러한 분리는 피할 수 없는 것이다. 맑스는 이 현상을 유통수단의 제2의 관념화라고 하였다. 다른 존재들은 외부 세계와의 마찰에 의해 그들의 관념주의를 상실하는 반면에 주화는 실천에 의해 관념화되고 금으로나 은으로 된 그들의 단순한 허위존재로 전환된다. 유통과정에서 자체에 의해 야기된 이러한 두 번째 금속화폐의 관념화 또는 그의 명목성분과 실질성분 사이의 분리는 부분적으로는 정부에 의해, 부분적으로는 사적 모험가들에 의해 다양한 종류의 주화위조로서 착취되었다. 중세 초기부터 18세기까지 오랜 기간 주화제도의 역사는 이러한 양면적이고 적대적인 위조의 역사로 종결되었다."[MEW, 13, S. 88-89.]

이 현상을 맑스는 다음과 표현하였다. "금의 허위존재는 그것의 기능 내에서 그것의 실제 존재와 갈등에 빠진다. 회전되면서 어떤 주화는 많이, 어떤 주화는 적게 그것의 금속성분을 상실하고 따라서 후자는 전자보다 이제 사실상 더 많은 가치가 있다. 그러나 주화로서 그것들의 기능적 존재에서는 똑같이 간주되고 1/4온스인 주화가 1/4온스인 것처럼 보이는 주화보다 더 가치가 있는 것이 아니므로 온전한 중량의 소버린들은 부분적으로 양심 없는 보유자들의 손에서 외과수술을 당하고, 유통 자체가 그것들의 가벼운 형제들에게 집행한 것을 그것들에게 인위적으로 실행한다. 그것들은 위조되고 그것들의 과다한 금 지방분은 도가니로 들어간다."[MEW, 13, S. 90.]

그 결과 각 화폐는 설사 온전한 중량이라 할지라도 그것의 주화형태에서는 금지금형태에서 보다 더 적은 가치로 간주될 것이다. 금속성분 이하로의 이러한 하락이 금 시장가격으로 하여금 주화가격 이상으로 상승시키기에 충분한 양의 소버린을 침범하자마자 주화의 계산명칭은 불변이되 앞으로는 더 적은 금의 양을 고지할 것이다. 즉, 화폐의 도량기준이 변하고 금은 앞으로 이 새로운 도량기준에 상응해서 주조될 것이다. 유통수단으로서 자신을 관념화함으로써 금은 그것이 가격의 도량기준이었던, 법적으로 확정된 관계들에 영향을 미치면서 변화할 것이다. 주화로서의 그것의 자연적 실체는 그것의 기능과 끊임없는 갈등에 빠진다. "금 소버린(주화)이 허위화폐로 전환되는 것은 완전히 피할 수 없으나 입법은 소버린(주화)이 일정 정도의 실체결손에서는 폐기하도록 함으로써 주화로서 정착하는 것을 저지하고자 한다."[MEW, 13, S. 91.] (괄호는 필자) 즉, 주화의 명목상의 내용과 실제적인 내용의 분리가 극단적으로 되는 것을 막기 위해 국가는 그 최소한의 한계를 설정하여 주화의 금속 내용이 이 한도를 넘어 감소한 경우에는 주화로서의 자격을 상실하도록 법률로 정하고 있다.

주화로서의 금과 가격의 도량기준으로서의 금 사이의 모순은 마찬가지로 주화로서의 금과, 국경 내에서만이 아니라 세계시장에서도 유통하는 일반적 등가물로서의 금 사이의 모순이 된다. 이것에 대한 설명은 세계화폐를 다룰 때 언급될 것이다.

*** 금속 보조화폐**

화폐유통 자체가 주화의 실제적 내용을 명목적 내용으로부터, 즉 그 금속으로서의 존재를 그 기능상의 존재로부터 분리시킨다면, 화폐유통은 금속화폐를 다른 재료로 만들어진 표장이나 상징으로 대체할 수 있다는 가능성을 잠재적으로 내포하고 있다. 달리 표현하면, 주화를 금보다 가치가 적은 금속인 은이나 동으로 만든 명목화폐(금속가치가 명목가치보다 작은 화폐)로 대체할 가능성이 화폐유통 그 자체 속에 내재되어 있다는 것이다.

금속 보조화폐로서는 역사상 은과 동이 가장 널리 사용되어 왔다. 그것은 ① 금 또는 은의 극히 작은 중량 부분을 주조하기에는 기술적으로 곤란하였기 때문이고, ② 역사적으로 보아 비교적 저급한 금속이 비교적 고급스런 금속 대신에, 즉 금 대신에 은이, 은 대신에 구리가 가치척도로서의 역할을 하였다는 것, 즉 저급한 금속이 본래부터 화폐로서 유통되고 있었다는 것 때문이다. 이것이 은 표장이나 동 표장이 금주화의 대용물로서의 역할을 설명해 준다.

금속 보조화폐가 금주화를 대신하게 된 것은 주화가 가장 급속히 유통되고 따라서 주화가 급속히 마모되는 영역, 즉 판매와 구매가 끊임없이 극히 작은 규모로 갱신되는 상품유통 영역에서이다.

그리하여 모든 금화는 유통과정 자체에 의해 점차 그들 실체의 단순한 표장이나 상징으로 전환된다. 그러나 어떤 사물도 자기 자신의 상징일 수는 없다. … 금은 따라서 자기 자신의 상징이 될 수 없고 자기 자신의 상징으로 기능할 수 없으므로 그가 가장 빨리 마모된다는 범위, 즉 매매가 가장 작은 비율로 끊임없이 갱신되는 범위에서는 금 존재로부터 분리된, 상징적인 은이나 동의 존재를 얻는다. 즉, 금속 보조화폐가 금주화를 대신하게 된 것은 주화가 가장 급속히 유통되고 따라서 주화가 급속히 마모되는 영역, 즉 구매와 판매가 끊임없이 극히 작은 규모로 갱신된다는 상품유통 영역에서이다. 비록 동일한 금화들은 아니지만 이 범위들에서는 언제나 전체 금화의 일정 비율이 주화로서 돌아다닐 것이다. 이 비율만큼 금은 은이나 동으로 된 표장으로 대체된다. 그러므로 한 나라 안에서 한 고유한 상품이 가치척도로서, 따라서 화폐로서 기능할 수 있는 반면에 상이한 상품들이 금과 더불어 주화로서 기능할 수 있다. 이러한 보조적 유통수단들, 예를 들어 은이나 동으로 된 표장은 유통 내에서 금화의 일정 부분을 대리한다. 금속 보조화폐는 그 금속가치보다 큰 가치로 유통되는 것이니까 그것을 무제한으로 유통시키면 결국에는 금의 지위를 빼앗기게 될 것이다. 따라서 이러한 위성(금속 보조화폐)들이 결정적으로 금 자체의 지위를 차지하는 것을 막기 위해서, 금 대신에 그것을 지불해도 받아야만 하는 비율을 매우 낮게 법률로 정하고 있다. 아울러 그들 자신의 은 함유량이나 동 함유량은 은 및 동의 금에 대한 가치비율에 의해서 규정되지 않고 법에 의해 자의적으로 확정된다[MEW, 13, S. 91-92 참조.]

내부 유통의 일정한 영역들에서 금화를 대리하는 은표장과 동표장은 법적으로 규정된 은 성분과 동 성분을 가지지만, 금화와 마찬가지로 유통에 의해 마모되어, 그것들의 회전속도 및 지속성에 상응하여 금주화보다 훨씬 빨리 단순한 그림자 육체들로 관념화한다. 따라서 그것들의 주화 기능은 사실상 그 중량이나 그 가치와는 전혀 관계가 없어진다. 금주화의 존재는 그 가치실체로부터 완전히 분리된다. 은표장과 동표장이 그들의 금속 성격을 상실한 탈금속화의 경계선이 이제 다시 그어진다면 그것들은 그것들 자신의 유통 영역의 일정 범위 내에서 다시 다른 상징적 화폐, 예를 들어 철 및 납에 의해 대체되어야 할 것이고, 다른 상징적 화폐에 의한 상징적 화폐의 제시는 끝없는 과정일 것이다. 따라서 유통이 발전된 모든 나라에서 화폐회전 자체의 필요성은 은표장과 동표장의 금속 성격으로 하여금 그들의 어떠한 금속 손실 정도로부터 독립적이기를 강요한다. 그럼으로써 이 표장들이 은이나 동으로 만들어진 상징이고 그것들이 가치를 가졌기 때문이 아니라 아무런 가치를 가지지 않기 때문에 금화의 상징들인 것으로 나타나는데, 이는 사태에 본질적인 것이었다.[MEW, 13, S. 93 참조.]

*** 금주화는 지폐로 대체될 수 있다.**

그러므로 상대적으로 무가치한 사물인 지폐가 금 대신에 주화로서의 기능을 할 수 있다. 계속 소액 화폐로 유통되어야 하는 금 부분이 금속표장들에 의해 대체되듯이 유통 영역 내부에서 계속 흡수된다는, 즉 끊임없이 회전해야 하는 금 부분은 무가치한 표장들에 의해 대체될 수 있다. 이렇게 금속주화의 명목성분과 금속성분 사이의 눈에 띄지 않는 격차가 절대적 분리로까지 진전될 수 있다. 화폐의 주화명칭이 그것의 실체로부터 분리되어 그 밖에서는 무가치한 종이쪽지(지폐)로 존재한다. 이렇듯이 화폐는 자신의 필요성에 따라 그 형태를 승화시켜 왔는데, 이에 대해 맑스는 다음과 같이 표현하고 있다. "상품들의 교환가치가 그것들의 교환과정에 의해 금화폐로 결정(結晶)되듯이, 금화폐는 회전 속에서 처음에는 마모된 금화의 형태로, 다음에는 보조 금속주화의 형태로, 그리고 마침내는 무가치한 징표, 종이, 단순한 **가치표장**의 형태로서 자기 자신의 상징으로 승화된다. 금화는 자신의 금속손실에도 불구하고 계속해서 주화로서 기능하기 때문에 처음에는 자신의 금속으로 된 대리인만을, 그 후에는 종이로 된 대리인을 산출했다. 그것은 마모되기 때문에 유통된 것이 아니라 계속 유통되었기 때문에 마모되어 상징이 되었다. 이 과정 내에서 금화폐 스스로가 자기 자신 가치의 단순한 표장이 되는 한에서 단순한 가치표장이 그것을 대체할 수 있다."[MEW, 13, S. 94.]

주화의 순전히 상징적인 성격이 금속 보조화폐에는 약간 은폐되어 있다. 지폐에서는 그러한 성격이 보기만 하면 금방 알 수 있을 정도로 뚜렷하게 나타나고 있다.

여기에서는 국가가 발행하여 강제통용력을 지닌 국가지폐(불환지폐)만을 문제로 삼는다. 국가지폐는 금속 유통화폐로부터 직접적으로 발생한다. 신용화폐는 단순상품유통의 입장에서는 알 수 없는 관계들을 전제로 한다: "금은 … 자기 그림자를 판 것이 아니라 자기의 그림자로 구매한다.[MEW, 13, S. 89, 95 참조: 필자.] 따라서 가치표장은 그것이 과정 내에서 다른 상품에 대해서 한 상품의 가격을, 또는 각 상품소유자에 대해서 **금을 표상하는** 한에서만 작용한다. 상대적으로 무가치한 일정한 사물, 가죽조각, 종이쪽지 등이 일단은 습관적으로 화폐 재료의 표장이 되지만, 상징으로서의 그것의 존재가 상품소유자들의 일반적 의지에 의해 보장되면서, 즉 법적으로 관습적인 존재를 그리고 따라서 강제통용력을 획득하면서, 단지 그것 나름으로는 자기 지위를 유지한다. 강제통용력이 있는 국가지폐는 완성된 **가치표장** 형태이며, 금속유통이나 단순상품유통 자체에서 직접 발생하는 유일한 지폐형태이다. **신용화폐**는 사회적 생산과정의 보다 높은 영역에 속하며 전혀 다른 법칙들에 의해 규정된다. 상징적 지폐는 사실상 보조주화들과 전혀 다른 것이 없고 다만 보다 넓은 유통 영역에서 작용할 뿐이다. 가격의 도량기준이나 주화가격의 단순히 기술적인 발전과 나아가 가공하지 않은 금의 금화로의 외적 변형이 이미 국가 개입을 야기시켰다. 그럼으로써 내부 유통이 일반적 상품유통으로부터 눈에 띄게 분리되었다면, 이 분리는 주화가 가치표장으로 발전함으로써 완성된다. 단순한 유통수단으로서 화폐는 내부 유통의 영역에서만 독자화될 수 있다."[MEW, 13, S. 95.]

"강제통용력이 있는 지폐를 … 발행하는 국가의 개입은 경제법칙을 지양하는 것처럼 보인다. 주화가격에서 일정한 금 무게에 단 하나의 세례명만을 주었고 주조하면서 금에 자기 도장만을 찍었던 국가는 이제 그의 도장의 요술에 의해 종이를 금으로 전환시키는 것처럼 보인다. 종이쪽지들은 강제통용력을 가지므로 국가가 임의로 많은 종이쪽지 수를 유통에 밀어 넣고 … 임의의 주화명칭을 새기는 것을 아무도 저지할 수 없다. 일단 유통에 밀어 넣어진 지폐들을 거기에서 빼내버리는 것은 불가능하다. 왜냐하면 국경 말뚝들이 그것들의 행로를 방해할 뿐만 아니라 그것들은 유통 **밖에서는** 모든 가치, 사용가치 및 교환가치를 상실하기 때문이다. 지폐는 그것의 기능적 존재로부터 분리되면 아무 쓸모없는 종이조각으로 전환된다. 그렇지만 국가의 이러한 권력은 단순한 허상이다. 국가는 임의의 주화명칭이 붙은 임의의 양의 종이쪽지를 유통에 던져 넣을 수 있으나 국가의 통제는 이 기계적 행위로서 끝난다. 유통에 의해 포착되면 가치표장이나 지폐는 그것들의 내재적 법칙들에 지배받는다."[MEW,

13, S. 98.]

이로써 우리는 금의 실체 자체로부터 이탈될 가치표장으로서 금의 주화 존재는 유통과정에서 자체로부터 기인하는 것이지 합의나 국가 개입으로부터 기인하지 않는다는 것을 살펴보았다. 그러나 여기에서 유의해야 할 점은, 고유한 의미에서의 지폐가 유통수단으로서의 화폐의 기능에서 발생하는 것과 마찬가지로 신용화폐는 지불수단으로서의 화폐의 기능에 그 자연발생적인 근원을 두고 있다. "중국과 같이 신용이 전혀 발전하지 않은 나라들에서는 강제통용력이 있는 지폐(국가지폐: 필자)가 이미 일찍이 발견된다."[MEW, 13, S. 96-97.][10]

*** 지폐유통의 법칙**

여러 가지 화폐명칭들이 인쇄되어 있는 지폐는 국가에 의해 외부로부터 유통과정에서 투입된다. 그것들이 동일한 명칭의 금의 액수를 대신하여 실제로 유통되는 한, 즉 지폐의 액면 가격이 금의 유통 필요량과 정확하게 동일하다면, 지폐는 단지 화폐유통의 법칙에 따라 운동할 뿐이다.

① 지폐유통의 특수한 법칙은 금에 대한 지폐의 대리관계로부터만 발생할 수 있다. 이 법칙은 지폐의 발행은, 지폐에 의하여 상징적으로 대표되는 금 또는 은이 실제적으로 유통되어야 하는 양에 국한되어야만 한다는 것이다.

그런데 유통 영역이 흡수할 수 있는 금의 양은 사실 어느 일정한 평균 수준을 끊임없이 오르내리고 있다. 그러나 유통수단의 양은 어떤 주어진 나라에서는 경험적으로 확인되는 일정한 최소량 이하로는 결코 감소하지 않는다. 이

10 맑스 주: "중국(19세기 중엽의 청나라)의 재정관 왕무음(Wan-Mao-in)은 중국의 국가지폐를 은밀하게 태환은행권(신용화폐: 필자)으로 바꾸고자 꾀하는 하나의 계획안을 천자에게 올리려고 생각했다. 1854년 4월의 지폐위원회의 보고에서 그는 맹렬한 공격을 받았다. 그도 흔히 그러하듯이 대나무로 두들겨 맞았는지 여부는 쓰여 있지 않지만 보고서의 맨 마지막 부분에는 다음과 같이 쓰여 있다. '본 위원회는 그의 계획안을 면밀히 검토한 결과, 그의 계획안은 모두가 상인들에게 이익이 되는 것이고 황제 폐하께 유리한 점은 아무것도 없다는 것이 판명되었다.'" [MEW, 23, S. 141, 각주 83.]

최소량은 끊임없이 자신의 구성 부분을 바꾼다는 사실, 다시 말해 그것을 구성하는 금조각들이 항상 새로운 금조각들에 의해 대체되고 있다는 사실은, 물론 이 최소량의 크기나 유통 영역 내부에서의 끊임없는 순환이든 아무런 영향을 주지 않는다. 그러므로 이 최소량은 종이로 만든 상징에 의해 쉽게 대체될 수 있다.

② 그러나 만약 모든 유통 수로가 화폐 흡수능력의 최대한도까지 지폐로 가득 차 있다고 하면 이 유통의 수로들은 상품유통의 변동에 따라 내일은 범람할지도 모른다. 그러나 지폐가 아무리 그 한도를, 다시 말해 유통하였을 동일한 명칭의 금주화의 양을, 초과한다고 해도 지폐는, 전반적인 신용 추락의 위험을 도외시한다면, 상품유통의 내재적 법칙에 의해 규정된 금의 양만을 대표하게 된다. 만약 일정량의 지폐가 예를 들어 2온스씩의 금 대신에 1온스씩의 금을 표시한다면, 즉 지폐의 발행액이 적정 수준보다 2배 증가한다면 사실상 1파운드는 금 1/4온스가 아니라 금 1/8온스의 화폐명칭이 된다. 그 결과는 가치척도로서의 금의 기능에 변동이 일어난 것과 마찬가지다. 그러므로 이전에는 1파운드의 가격으로 표현되었던 동일한 가치가 이제는 2파운드의 가격으로 표현된다.

*** 지폐는 금의 표장이다.**

지폐는 금표장 또는 화폐표장이다. 일정한 양의 금이 그 자체로서는 절대로 가치관계를 나타내고 있지 않은 것과 마찬가지로 그것을 대리하는 표장인 지폐 역시 결코 가치관계를 나타내고 있지 않다.

상품가치에 대한 지폐의 관계는 지폐에 의해 상징적으로 표시되는 것과 동일한 금의 양에 의해 상품가치가 관념적으로 표현되어 있다는 것뿐이다. 단 지폐는 다른 모든 상품들과 마찬가지로 가치를 가진 금을 대표하는 경우에 한

에서만 가치표장이다: "… 주화로서 기능하는 지폐는 그것의 주화명칭에서 표현된 금의 양, 즉 **금표장**이다. 일정한 금의 양이 즉각적으로 가치관계를 표현할 수 없듯이 금 대신에 들어서는 표장도 또한 그러하다. 일정한 금의 양이 대상화된 노동시간으로서 일정한 가치크기를 가지는 한, 금표장은 가치를 표상한다. 그러나 그것에 의해 표상되는 가치크기는 언제나 그것에 의해 표상된 금의 양의 가치에 의해 좌우된다. 단지 상품들의 가치가 그것들의 가격에 표현되어 있기 때문에 상품들에 대한 가치표장은 **그것들 가격의 실재**를 표상하며 가격표장이고 가치표장이다." [MEW, 13, S. 94.]

이어서 가치표장에 대한 허상에 대해서 언급해 보기로 한다.

"W–G–W가 두 전형의 과정 중에 있는 통일 또는 직접적인 상호 거래로서 제시되는 한에서 – 가치표장(지폐: 필자)이 기능하는 유통 영역에서는 이 과정이 그렇게 제시된다 – 상품들의 교환가치는 가격에서는 다만 관념적인 존재를, 화폐에서는 다만 표상화된 상징적 존재를 얻는다. 그리하여 교환가치는 생각된, 또는 물적으로 상상된 것으로 나타나지만, 일정한 노동시간량이 상품들에 대상화되어 있는 한에서, 상품들 자체 이외에서는 어떠한 실재성도 가지지 않는다. 따라서 가치표장이 금의 표장으로서가 아니라, 가격에는 다만 표현되어 있으나 상품 속에만 존재하는 교환가치의 표장으로서 제시됨으로써 마치 가치표장이 상품들의 가치를 **직접적으로** 대변하는 것처럼 **보인다**. 그러나 이 허상은 잘못된 것이다. 가치표장은 직접적으로는 **가격표장**, 즉 **금표장**일 뿐이며 이 우회로를 거쳐야만 상품가치의 표장이다." [MEW, 13, S. 94-95.]

＊금은 왜 무가치한 표장에 의해 대체되는가?

마지막으로 맑스는 왜 금이 무가치한 표장에 의해 대체될 수 있는지를 언급한다. 금이 무가치한 표장에 의해 대체될 수 있는 것은 금이 오직 주화, 즉 유통수단으로서의 기능만을 담당하는 것으로 고립화되거나 자립화되는 경우뿐이다. 그런데 화폐는 이 외에도 다른 기능들을 가지고 있으며, 단순한 유통수단으로서 사용된다는 독립된 기능이 금주화에 부여된 유일한 기능은 아니다. 이 기능의 자립화는 마모된 금화가 계속 유통하는 경우에 나타나기는 하지만, 그것이 하나하나의 금주화에 대해 나타나는 것은 결코 아니다.

금화가 단순한 주화, 즉 유통수단으로 되는 것은 오직 그것이 유통되고 있는 동안뿐이다. 그러나 이것은 지폐에 의해서 대리될 수 있는 최소량의 금에 해당되는 경우이다. 이 최소량의 금은 항상 유통 영역에 머물러 있으면서 계속해서 유통수단으로서의 기능을 하며, 따라서 오로지 이 기능의 담지자로서만 존재한다. 따라서 이 최소량의 금의 운동은 다만 상품의 전형 W–G–W의 서로 대립하는 과정들의 계속적인 상호 전환을 표시할 뿐인데, 이 과정들에서는 상품의 가치자태(금)가 상품에 대립해 있다고 생각하는 순간에 이미 그 대립은 소멸되어 버린다. 상품의 교환가치의 자립적인 실재(實在: 금)는 여기에서는 그저 순간적인 계기에 지나지 않는다. 그것(금)은 다시 곧 다른 상품으로 대체된다. 그러므로 화폐를 끊임없이 한 사람의 손으로부터 다른 사람의 손으로 멀어져 가게 하는 (유통)과정에서는 화폐의 단순한 상징적인 존재만으로도 충분하다. 말하자면 화폐의 기능적인 존재가 화폐의 물질적인 존재를 흡수하는 것이다. 화폐가 상품가격을 일시적이고 객관적으로 반영할 때에는 화폐는 다만 그 자신의 표장으로서 기능할 뿐이고, 따라서 표장에 의해 대리될 수도 있다.

그러나 화폐의 표장은 그 자신의 객관적으로 사회적인 타당성을 필요로 하며 종이로 된 상징인 이것을 강제통용력에 의해 부여받는다. 이러한 국가적인 강제력은 한 공동체의 경계에 의해 구분되거나 국내의 유통 영역 안에서만 유효한 것이며, 나아가서 오로지 이 유통 영역 안에서만 화폐는 유통수단이나 주화로서의 그 기능으로 완전히 환원되며, 따라서 화폐는 지폐의 형태로 금속

실체로부터 외적으로 분리되어 순전히 기능적 존재양식만을 얻게 된다: "W-G-W 운동이 직접적으로 서로 겹치는 두 계기, W-G, G-W의 과정 중에 있는 통일인 한에서, 또는 상품이 그것의 총전형과정을 거치는 한에서만 상품은 자신의 교환가치를 가격 및 화폐로 발전시키고 즉시 이 형태를 지양하기 위하여 다시 상품이 되거나 또는 오히려 사용가치가 된다. 그리하여 상품은 자신의 교환가치의 **단지 외관상의 자립화**로 나아간다. 다른 한편에서 우리는 화폐가 주화로서만 가능하거나 끊임없이 유통하는 한에 있어서 화폐는 사실상 상품전형들의 연쇄와 **상품의 단지 사라지는 화폐존재**만을 제시하고 한 상품의 가격을 단지 다른 상품의 가격을 실현하기 위해서만 실현하며, 그러나 어디에서도 교환가치의 휴식하는 존재로서나 스스로 휴식하는 상품으로서 나타나지 않는다는 것을 보았다. 화폐가 자신의 회전 속에서 제시하는 상품들의 교환가치가 이 과정에서 얻는 현실은 전기섬광과 같은 현실일 뿐이다. 비록 실제 금이지만 그것은 단지 허위 금으로서만 기능하며, 따라서 이 기능에 있어서 그 자신의 표장에 의해 대체될 수 있다."[MEW, 13, S. 94.]

주요 개념

주화의 발생 근거, 유통수단의 제1, 2의 관념화, 금속 보조화폐의 발생/금주화의 지폐(무가치한 표장)로의 대체와 그 근거.

*** '유통수단'의 주요 내용

첫 외관상으로 보아 유통과정에서는 사용가치로서의 상품이 교환가치로서의 화폐와 마주선다. 그리하여 가치자태는 소위 이중적으로, 상품과 화폐로서 존재한다. 사용가치와 가치의 내재된 대립이 외적인 대립으로 변환된다. 항상 되풀이하여 지양되어야만 하는 이 대립 때문에 결국에는 교환되어야 한다.

상품소유자는 상품가치를 가치표현의 재료, 즉 화폐로 변환시키려고 하며 화폐소유자는 자신의 실제 화폐가치를 실제 사용가치로 전환시키려고 한다. "이리하여 상품의 교환과정은 대립되며 서로 보완하는 두 개의 전형들 – 상품의 화폐로의 전환과 화폐의 상품으로의 재전환 – 로 실현된다."[MEW, 23, S. 120.] 두 행위의 통일은 다른 상품을 구매하기 위해 상품들이 판매되는 데에 있다. 화폐는 유통사슬 상품–화폐–상품으로 표현되는 이 과정을 매개한다. 상품–화폐–상품(W–G–W).

전형 W–G는 판매이다. 상품소유자는 판매자이다. 이 행위는 맑스에 의해 "목숨을 건 도약"(Salto mortale)으로, 상품가치의 상품체로부터 금체로 건너뛰는 것으로 묘사되었다. 이러한 전환은 항상 성공할 수는 없다. 목숨을 건 도약은 – 완전히 또는 부분적으로 – 실패할 수 있다. 왜냐하면 가격은 가치를 완전히 재현하지 않으므로 가격형태와 가치형태가 서로 일치하지 않기 때문이다. 그 속에 대상화된 사회적 노동의 양의 화폐명칭일 뿐"[상동, S. 121.]이기 때문에 목숨을 건 도약이 실패했을 때 노동은 무상으로 소비될 수 있다. 사적 노동은 준자동적으로 사회적 노동에 속하지 않는다. 그러나 그것 때문에, 사회적 필요를 간과하여 노동을 하거나 생산을 한다면, 이미 수행된 사적 노동이 그 전 상태로 될 수는 없다. 하지만 어떠한 가치실체도 노동에 의해 생산되지 않는다면 사회적 관계는 전혀 정립되지 않는다. 노동과 그것의 생산물은 무가치하게 된다. 왜냐하면 그것이 사회적으로 가치가 있는 것으로 인정되지 않기 때문이다.

"노동분업은 하나의 자연발생적 생산조직이라서, 그 조직망은 상품생산자들의 배후에서 짜여진 것이며 또 끊임없이 짜여지고 있는 것이다."[상동, S. 121.] 따라서 상품의 상품과 화폐로의 이중화에는 또한 사회적 노동시간의 이중적 규정이 포함되어 있다. 사회적 노동시간은 생산성과 강도에 의해서뿐만 아니라 사회적 필요, 즉 시장이란 위장의 크기에 의해서도 정해진다.

"사람들의 상호 독립성은 전면적인 물적 의존 체제에 의해 보완된다."[상동, S. 122.] 생산물이 상품으로 생산되었다면 이 의존은 상품의 가치자태가 화폐의 일반적 가치자태로 전환되는 필연성에서 유래한다. 상품은 판매되어야 한다. 그러나 상품을 판매하는 것과 다른 측면에서 화폐로 구매하는 것은 일치하기 때문에 판매의 가능성은 구매자의 구매할 각오를 전제로 한다. 이 구매자는 그러나 화폐만을 획득하였다. 왜냐하면 그가 사전에 상품을 팔아야만 했기 때문이다. 판매자의 측면에서 보아 상품의 화폐로의 변환은 구매자의 측면에서 보아 화폐의 상품으로의 변환을 의미한다.

이러한 행위는 양도가 뒤따르는 구매계약에 의해 실현된다. 판매자가 화폐를 획득했을 때 그 자신은 구매자로 나타나 계속 이어지는 구매계약을 맺는데, 이 계약에 따라 구매된 상품의 새로운 양도가 뒤따른다. 유통의 형태, 상품–화폐–상품은 항상 상품으로부터 화폐로 그리고 화폐로부터 상품으로의 연속적인 전환 이외에도 화폐의 상품으로의 그리고 상품의 화폐로의 전환의 병존을 포함하고 있기 때문에 다양한 유통행위들이 서로 얽혀 있다. 상품의 총 전형의 경우 – 상품–화폐; 화폐–상품 – 에는 세 사람이, 즉 첫 번째 판매자와 두 번째 판매자 그리고 구매자가 참여하는데, 그때마다 구매자는 화폐를 가지고 상품에 마주 선다.

** 위기의 가능성

"다른 사람 누군가가 구매하지 않는다면 아무도 판매할 수 없다. 그러나 누구든 자신이 판매했다고 해서 즉시 구매해야 하는 것은 아니다. 유통은, 생산물 교환에 존재하는 자신의 노동생산물의 교환과 타인의 노동생산물의 교환 사이에 존재하는 직접적인 동일성을 판매와 구매의 대립으로 분열시킴으로써, 생산물 교환의 시간적, 공간적, 개인적 제한을 타파한다."[상동, S. 127.] 구매와 판매의 이러한 분리에는 이미 위기의 가능성이 놓여 있다. "서로 보완하기 때문에 내적으로 자립화하지 못한 것들의 외적인 자립화가 어느 지점까지 진행되면 이 통일은 위기를 통하여 폭력적으로 관철된다. 상품에 내재된 사용가치와 가치의 대립, 사적 노동과 동시에 직접 사회적 노동으로 나타나야만 하는 대립, 특수한 구체적 노동이 동시에 추상적 일반적 노동으로서만 인정된다는 모순, 물적 존재의 인격화와 인격의 물화 사이의 대립 – 이러한 내재적인 모순은 상품전형의 대립들에서 그것의 발전된 운동형태들을 취하는 것이다. 따라서 이 형태들은 위기의 가능성, 그러나 오로지 그 가능성만을 함축하고 있다."[상동, S. 127-128.]

맑스는 상품유통의 관점에서 볼 때에는 사실 위기의 현실성이 아니라 가능성만이 확증될 수 있음을 첨언한다. 위기의 현실성을 분석하기 위해서는 자본의 생산과정과 재생산과정의 고찰과 그리고 또한 역사적 분석에서 비로소 획득될 수 있는 규정들이 필요하다.

** 화폐유통

개별적인 상품전형을 다룬 후에 화폐유통이 분석된다. 화폐는 유통에서 구매수단으로 기능을 한다. 따라서 화폐는 상품소유자의 손에서 다른 상품소유자의 손으로 유통한다. 상품이 화폐와 교환되었다면 상품은 유통을 떠났고 상품의 가치는 단지 화폐형태로만 유통한다. "상품은 유통의 후반부를 더 이상 자신의 자연적 외피가 아니라 금의 외피를 쓰고 통과한다."[상동, S. 129.] 화폐는 유통 영역을 떠나지 않는 반면 화폐는 상품을 끊임없이 유통 영역으로부터 멀어지게 한다. 그러나 그것으로부터 이 영역은 얼마나 많은 화폐를 흡수하는가 하는 문제가 발생한다. 상품들은 상상된 가치를 가지고서, 즉 이미 가격이 정해져서 시장에 나온다. 상품들은 가격 없이 유통 속으로 들어오고 그런 후에 화폐의 양에 일치하는 가격을 얻는다는 것은 오류이다. 맑스는 이러한 순진한 수량설적 견해에 대해 이의를 제기한다.

따라서 상품의 양과 가격의 총액이 주어진 유통속도에서 유통수단의 양을 규정한다. 1911년도 피셔(I. Fisher)의 교환방정식 – 통화량 × 거래유통속도는 거래량×가격과 동일하다(MV=PT) – 은 이미 그에 앞서서 맑스에 의해 상세하게 서술되었다. 물론 맑스는 수량설적 환상에 대해 반대한다: "유통수단의 양은 유통되는 상품들의 가격 총액과 화폐유통의 평균속도에 의해 규정된다는 법칙은 또한 상품들의 가치 총액과 상품들의 전형속도가 주어진 경우에 유통하고 있는 화폐 또는 화폐 재료의 양이 그 자신의 가치에 달려 있다고 표현될 수 있다. 반대로 상품가격이 유통수단의 양에 의해 규정되며 유통수단의 양은 또 한 나라에 존재하는 화폐 재료의 양에 의해 규정된다는 환상은, 그 최초의 대표자들에게는 상품은 가격 없이 유통과정에 들어가고 화폐는 가치 없이 유통과정에 들어가며, 일단 들어가면 거기에서 잡다한 상품의 일정한 부분이 산처럼 쌓인 귀금속의 해당 부분과 교환된다는, 어리석기 짝이 없는 가설에 뿌리박고 있다."[상동, S. 136-138.]

"화폐의 유통수단으로부터 화폐의 주화자태가 발생한다."[상동, S. 138.] 화폐는 상품의 상품에 대한 교환을 매개하기 때문에 화폐 자신의 실제 자태는 전적으로 가치가 적거나 또는 전혀 가치가 없는 재료로 이루어질 수 있다. (예를 들어, 지폐.) "지폐는 국가에 의해 외부로부터 유통과정에 투입된다."[상동, S. 141.] 맑스는 이 점에 관해서는 강제통용력을 지니고 있는 국가지폐에 대해 언급한다. 통용력은 금에 대한 지폐의 대리관계로부터 생겨난다.[11]

11 여기에서 맑스는 금본위 통화제도(Goldwaehrung) 내지 금핵본위제도(Goldkernwaehrung)를 염두에 두고 있다. 이것들은 오늘날 더 이상 존재하지 않는다. 지폐는 금에 대해 강제통용력을 가지고 있지 않다. 지폐의 가치척도로서의 그리고 유통수단으로서의 기능은 금이 제도상의 부족으로부터 생겨난 것이다. 이것은 끊임없이 유

[부록 4] *Grundrisse der Kritik der Politischen Oekonomie, Rohentwurf* (1857-1858)

b) 유통수단으로서의 화폐

『정치경제학 비판 요강 초고』에서는 『자본론』이나 『정치경제학 비판을 위하여』에 비하여 유통수단으로서의 화폐의 기능에 대해서 서술 내용이 빈약하다고 할 수 있다. 특히 주화나 지폐에 대한 고찰이 결여되어 있고 상품-화폐-상품 순환에 대한 상세한 분석이 결여되어 있다. 그럼에도 불구하고 『정치경제학 비판 요강 초고』에서는 상품가격의 실현과 진정한 유통수단으로서의 화폐가 수행하는 기능에 주목함으로써 『정치경제학 비판을 위하여』와 『자본론』을 보완할 뿐만 아니라 이해시키는 데 기여하고 있다.

*** 유통의 전제 조건

"유통의 본질적 규정은 그것이 교환가치들, 그것도 **가격들로** 정립된 교환가치들을 유통시킨다는 것이다. 따라서 모든 종류의 상품교환, 예를 들어 물물교환, 현물공급, 봉건적 용역 등이 유통을 구성하는 것은 아니다. 유통을 위해서는 무엇보다도 두 가지가 필요하다. **첫째**, 상품들이 가격들로 된다는 전제. **둘째**, 개별적인 교환행위가 아니라 교환의 순환, 끊임없이 흐르고 사회의

통 영역에 머무르는 화폐는 구매수단으로도 입증되어야 함을 의미한다. 상품소유자들은 그들의 상품들을 화폐를 상대로 판매하는 데 관심을 가져야 한다. 그들은 단지 그들이 화폐로 전환된 가치를 구매수단으로 보증할 수 있을 때 판매를 한다. 이러한 조건을 고찰하면, "화폐가 끊임없이 한 사람의 손에서 다른 사람의 손으로 멀어져 가는 과정에서는 화폐의 단순히 상징적인 존재만으로도 충분하다. 말하자면 화폐의 기능적 존재가 화폐의 물질적 존재를 흡수한다. 화폐가 상품가격을 순간적이고 객관적으로 반영할 때에는, 화폐는 단지 그 자신의 표장으로서 기능을 할 뿐이고, 따라서 또한 다른 표장에 의해 대체될 수도 있다. 화폐의 표장은 단지 자신의 객관적 사회적인 유효성을 필요로 할 뿐이다." [상동, S. 143.] 그런데 이 유용성은 국가의 강제력에 의해 화폐표장에게 부여된다. 강제력을 행사할 가능성은 물론 중앙은행의 자치권의 근거가 되지는 않는다.

전체 표층에서 이루어지는 교환들의 총체, 교환행위 체제.”[『요강』, 1권, 174쪽.]

**** 사회적 물질대사로서의 상품의 형태변환**

*** 유통의 첫 번째 전제는 상품유통이다.**

“유통의 첫 번째 전제는 상품유통 자체, 즉 끊임없이 다방면으로부터 출발하는 상품유통이다. 상품유통의 조건은 상품이 **교환가치**로 생산된다는 것, **직접적인 사용가치**가 아니라 교환가치에 의해 매개되는 것으로 생산된다는 것이다. 양도와 판매에 의하고 이에 의해 매개되는 전유가 기본전유이다. 교환가치의 실현으로서의 유통에는 다음과 같은 것들이 포함되어 있다. ① 나의 생산물은 그것이 타인을 위한 것, 즉 지양된 개별자, 일반자인 한에 있어서만 생산물이다. ② 이 생산물은 그것이 양도된, 타인을 위한 것이 되는 한에 있어서만 나를 위한 생산물이다. ③ 이 생산물은 타인도 자신의 생산물을 양도케 하는 한에 있어서만 타인을 위한 것이다. ④ 생산이 나에게는 자기 목적이 아니라 수단으로 나타난다는 것. 유통은 일반적 양도가 일반적 전유로, 일반적 전유가 일반적 양도로 나타나는 운동이다.”[상동, 184쪽.]

*** 상품유통과 화폐유통**

“첫눈에 보기에 유통은 **단지 무한한 과정**으로 나타난다. 상품은 화폐와 교환되고 화폐는 상품과 교환되는데, 이것이 무한히 반복되는 것이다. 동일한 과정의 이처럼 끊임없는 갱신이 사실상 유통의 본질적인 계기를 이룬다. 그러나 보다 정확히 관찰하면 유통은 다른 현상들도 제시한다. 연결 또는 출발점의 자기 자신으로의 회귀라는 현상들. 상품은 화폐와 교환되고 화폐는 상품과 교환된다. 그리하여 상품이 상품과 교환되는데, 다만 이 교환은 매개된 교환이다. 구매자는 다시 판매자가 되고 판매자는 다시 구매자가 된다. 그리하여 각자는 이중적이고 반대되는 규정에 정립되어 있으며, 그럼으로써 양자는 두 규정의 살아 있는 통일체이다."[상동, 185쪽.]

＊유통수단으로서의 화폐는 상품이 아니라 상품가격의 실현자이다.

"교환가치가 가격에서는 **관념적으로** 화폐로 전환된다면, 교환, 매매에서는 **실제로** 화폐로 전환, 즉 화폐와 교환되고, 그 후 화폐로 다시 상품과 교환된다. 특수한 교환가치(W: 필자)는 우선 **일반적** 교환가치(G: 필자)와 교환되고, 그 후 다시 특수한 교환가치와 교환된다. 교환가치로서의 상품은 화폐가 중개자 역할을 하는 이러한 매개운동에 의해서만 실현된다. 요컨대, 화폐는 상품과는 반대 방향으로 회전한다. 그것은 상품교환의 중개자, 교환수단으로 나타난다. 그것은 상품회전을 위한 유통바퀴, 유통도구이다. 그러나 그러한 것으로서의 화폐는 동시에 자신의 유통, **화폐회전**, **화폐유통**을 가진다. 상품가격은 실제 화폐와의 교환에서 또는 화폐와의 실제 교환에서 비로소 실현되는 것이다."[상동, 180쪽.]

앞에서 언급한 것으로부터 다음과 같은 결론이 나온다. "상품은 먼저 관념적으로 화폐로 전환된 다음에, 즉 **가격으로서 가격 결정**을 얻은 다음에 비로소 화폐와 실제로 교환되고, 실제 화폐로 전환된다. 그러므로 가격의 실현은 화폐유통의 결과로 나타날지라도, **가격**은 화폐유통의 **전제**이다."[상동, 180-181쪽.] … "상품의 실제 유통은 화폐에 의해 실행되는 것이 아니다. 화폐는 상품의 **가격**만을 실현하며, 그럼으로써 상품에 대한 요구권을 구매자, 교환수단을 제공한 사람의 수중으로 이전시킨다. 화폐에 의해 유통되는 것은, 상품이 아니라 상품에 대한 소유 증서이다. 그리고 구매에서든 판매에서든, 이 유통에서 화폐를 받고 실현되는 것은 다시 상품이 아니라 상품가격이다."[상동, 181쪽.]

• 유통수단으로서의 화폐는 일시적 매개의 담지자이며 그 물질적 존재는 무차별적이다. 따라서 상징적인 화폐가 실제 화폐를 대체할 수 있다.

"… 유통이 나타내는 본래적 형태, 직접적 형태인 W–G–G–W를 보다 자세히 관찰하면, 이 형태에서는 화폐가 순수한 교환수단으로 나타난다. 상품이 상품과 교환되며, 화폐는 단지 교환의 중개자로 나타난다. 첫 번째 상품의 가격이 화폐로 실현되고, 이 화폐로 두 번째 상품의 가격을 실현하며, 그리하여 이를 첫 번째 상품 대신에 취득하는 것이다. 첫 번째 상품의 가격이 실현된 후, 두 번째 상품의 가격을 획득하는 것은 자신의 가격을 화폐로 획득한 사람의 목적이 아니며, 그는 상품을 획득하기 위해서 가격을 지불한다."[상동, 198쪽.] "… 화폐가 상품가격을 실현하는 한에 있어서, 상품은 그것의 현실적 금은 등가물과 교환되며, 그것의 교환가치는 실제로 다른 상품으로서의 화폐로 표현된다. 그러나 이 과정이 화폐를 다시 상품으로 전환시키기 위해서만, 즉 첫 번째 상품을 두 번째 상품과 교환하기 위해서만 이루어지는 한에 있어서 화폐는 일시적으로만 나타나며, 그것의 실체는 그것이 계속해서 이러한 일시성으로서, 매개의 담지자로서 나타나는 데 있을 뿐이다. … 화폐가 가격을 실현하는 한에 있어서 그것의 금은으로서의 물질적 존재는 **무차별적**이다. 그것은 마치 상품을 특수한 상품으로서의 금이나 은과 교환하는 것 같은 **외양일** 뿐이다. 이 외양은 금은이 다시 상품과 교환되고 그에 따라 상품이 상품과 교환되자마자 과정이 종료되면서 사라지는 **외양**이다. 따라서 단순한 유통수단으로서의 금은 또는 금은으로서의 유통수단은 하나의 특수한 자연적 상품으로서 그것의 속성에 대해 무차별적이다."[상동, 198-199쪽.] "이 사실에서 이끌어지는 결론은 금은으로서의 화폐는 그것이 유통수단, 교환수단인 **한에 있어서만** 그 단위의 일정량을 표현하는 다른 어떤 **표장**에 의해서 대체될 수 있고, 따라서 상징적인 화폐가 실질적인 화폐를 대체할 수 있다. 왜냐하면 단순한 교환수단으로서의

물질적 화폐는 그 자체가 상징적이기 때문이다."[상동, 203쪽.]

* **가치표장으로서의 유통수단**

"… 우리가 유통 전체를 살펴본다면, 즉 유통을 W-G-G-W이라는 자기 완결적인 과정으로 살펴본다면 사정은 달라진다. 첫 번째 경우에 가격은 단지 외양적으로만 실현될 것이다. 상품가격의 일부만이 실현될 것이다. 상품에 관념적으로 정립된 가격은 실제로 정립되지 않을 것이다. 관념적으로 얼마만큼의 금과 같은 것으로 정립된 상품이 실제 교환에서는 그만큼의 무게 부분의 금과 결재되지 않을 것이다. 그러나 진짜 파운드 스털링 대신에 위조 파운드 스털링이 유통된다면, 그것은 마치 진짜인 것처럼 전체 유통에서 절대적으로 동일한 기능을 수행할 것이다. 상품 A가 1파운드 가격으로 위조된 1파운드와 교환되고, 이 위조 파운드가 다시 1파운드 스털링의 상품 B와 교환된다면, 이 위조 파운드는 마치 진짜인 것처럼 전체 유통에서 절대적으로 동일한 기능을 수행할 것이다. 따라서 파운드가 가격을 실현하는 계기로 관찰되는 것이 아니라, 그것이 유통수단으로만 기능하고 가격실현은 **외양**이자 단지 사라지는 매개일 뿐인 그러한 과정 전체가 관찰된다면, 이 과정에서 진짜 파운드는 사실상 **표장**일 뿐이다."[상동, 200-201쪽.]

* **유통수단으로서의 화폐는 모든 상품에 대한 가격의 대표자이며, 상품들이 동일한 가격으로 교환하는 데 필요한 수단으로 기능할 뿐이다.**

"단순한 유통수단, 끊임없는 흐름으로서 유통과정에서의 역할에서 본 화폐는 그 자체로 이미 가격 자체에 정립되어 있기 때문에 가격척도가 아니며, 그 자체로 유통의 한 계기에는 존재하지만 계기들의 총체 속에서는 사라지기 때문에 가격 실현의 수단도 아니다. 그것은 모든 상품에 대한 가격의 단순한

대표자이며, 상품들이 동일한 가격으로 교환되는 데 필요한 수단으로 기능할 뿐이다."[상동, 202쪽.]

**** 앞의 4개의 단락을 종합해서 서술한 맑스의 글을 인용해 보기로 하자.**

"그것(유통수단으로서의 화폐: 필자)은 한 상품의 교환가치의 일반적 대표자이고, 동일한 가치를 가지는 다른 모든 상품의 **대표자**, 일반적 대표자이며, 그러한 것으로서 유통 자체에 존재하기 때문에 한 상품과 교환된다. 그것은 다른 모든 상품에 대하여 한 상품의 가격을 **표상하거나** 또는 한 상품에 대하여 모든 상품의 가격을 표상한다. 이 점에서 그것은 상품가격의 **대표자**일 뿐만 아니라 자기 자신의 **표장**이다. 즉, 유통행위 자체에서 금은이라는 그것의 재료가 무차별적이다. 그것이 가격**이다**. 그것은 일정량의 금이나 은이다. 그러나 가격의 이러한 현실이 여기에서는 단지 사라지는 현실, 끊임없이 사라지고 지양되며 최종적인 실현이 아니라 끊임없이 중간의 매개적인 실현으로만 간주되도록 결정된 현실인 한에 있어서, 또한 가격 실현이 아니라 한 특수한 상품의 교환가치의 다른 상품 재료로의 실현이 이루어지는 한에 있어서, 그것 자체의 재료는 무차별적이며, 가격 실현 자체가 사라지기 때문에 가격 실현으로서 화폐는 사라진다. 따라서 화폐가 이 끊임없는 운동 속에 들어 있는 한, 그것은 교환가치의 대표자로만 존재하는데, 이 교환가치는 실재적인 교환가치가 끊임없이 그것의 대표자를 대체하고, 그것과 끊임없이 자리를 바꾸며, 그것과 끊임없이 교환됨으로써 비로소 실재적인 것이 된다. 따라서 이 과정에서 화폐의 현실은 그것이 가격이라는 점이 아니라 가격을 **표상하고** 이것의 대표자 – 대상적으로 존재하는 가격 대표자, 즉 자기 자신의 대표자 –, 그러한 것으로서 상품의 교환가치의 대표자라는 점이다. 단지 한 상품의 교환가치를 그것의 단위로서 다른 상품으로 정립하기 위해서, 그것의 교환가치를 다른 상품으로 실현하기 위해서, 즉 다른 상품을 그것의 교환가치의 재료로 정립하기 위해서, 교환수단으로서 화폐는 상품가격을 실현한다." "그러므로 그러한 대상적 표장으로서의 화폐는 유통 속에만 존재한다. 유통으로부터 벗어나면, 그것은 다시 실현된 가격이 된다. … 화폐가 상품에 맞서 실존하는 것으로 나타나는 유통에서는, 일정량의 금은이라는 화폐의 물질적 실체는 … 무차별적이고, 이와는 반대로 화폐는 이 단위의 일정 수에 대한 **표장**에 지나지 않으므로, 화폐의 수가 기본적으로 규정된다. 다른 한편으로 화폐가 관념적으로만 도입되던 척도로서의 규정에서는 그것의 물질적 실체가 본질적이지만, 그것의 양과 그것의 실존은 전적으로 무차별적이다. 이 사실에서 이끌어지는 결론은 금은으로서의 화폐는 그것이 유통수단, 교환수단인 **한에 있어서만** 그 단위의 일정량을 표현하는 다른 어떤 **표장**에 의해서 대체될 수 있고, 따라서 상징적인 화폐가 실질적인 화폐를 대체할 수 있다. 왜냐하면 단순한 교환수단으로서의 물질적 화폐는 그 자체가 상징적이기 때문이다."[상동, 202-203쪽.][12]

*** 유통수단으로서 필요한 화폐량

"… 구매에서든 판매에서든, 이 유통에서 화폐를 받고 실현되는 것은, 상품이 아니라 상품가격이다. 그러므로 유통에 필요한 화폐량은 우선 유통에 던져진 상품의 가격의 높고 낮음에 의해 결정된다. 그러나 이 가격의 총액은, **첫째** 개별 상품의 가격에 의해서, **둘째** 일정한 가격으로 유통될 상품량에 의해 결정된다. … 그러나, **셋째** 유통에 필요한 화폐량은 실현될 가격 총액에 좌우

12 "단순한 유통수단으로서의 화폐에 관해서는 그것의 재료가 무차별적이고 교환 자체의 욕구만을 충족시킬 뿐 다른 어떤 직접적인 욕구도 충족시키지 않으므로, 그것이 더 이상 상품(**특수한 상품**)이 아니라고 말할 수 있다. 금은은 화폐로 유통하자마자 더 이상 상품이 아니다. 다른 한편으로 그것들은 오직 더욱더 상품(**일반적 상품**), 즉 그것들의 자연적 속성에 무차별적이고, 따라서 모든 직접적인 욕구에 무차별적이며, 특정한 욕구 자체와는 자연적인 관계가 없는 순수한 형태의 상품이라고 말할 수 있다. 중금주의 추종자들, 부분적으로는 보호무역주의 추종자들도 … 첫 번째 측면에, 근대 경제학자들은 두 번째 측면에 집착한다."[『요강』, I권, 205쪽.]

될 뿐만 아니라, 화폐가 회전하는, 이 실현 업무를 수행하는 속도에도 좌우된다. … 속도는 부정적 계기이다. 그것은 양을 대체하는 것이다. 그것에 의해 화폐 한 개가 수배로 늘어난다. … 많거나 적은 화폐가 유통되기 때문에 가격이 높거나 낮은 것이 아니라, 가격이 높거나 낮기 때문에 많거나 적은 화폐가 유통된다는 점, 나아가 유통되는 화폐의 속도가 화폐량에 좌우되는 것이 아니라, 아마도 유통되는 수단의 양이 그것의 속도에 좌우된다는 점은 분명하다."[상동, 181-182쪽.] "그러나 … 화폐회전은 (발권은행들처럼 그리고 부분적으로는 국가화폐의 경우처럼) … 한 중심에서 출발하는 것도 아니고, 주변의 모든 점에서 한 중심으로 되돌아오는 것도 아니며, 무한히 많은 점에서 출발해서 무한히 많은 점으로 되돌아오는 것이다. (이 복귀 자체와 그것이 보낸 시간은 우연적이다.) 그러므로 유통수단의 속도는 일정한 수준까지만 유통되는 수단의 양을 대체할 수 있다. … 같은 양의 화폐는 어떤 속도로든 **연속적으로**만 일련의 지불을 실행할 수 있다. 그러니 일정량의 지불은 **동시에** 이루어져야 한다. 유통은 수많은 점을 동시에 출발점으로 삼아야 한다. 따라서 유통을 위해서는 언제나 유통 속에 있어야 하는 일정량의 화폐를 필요로 하는데, 이 양은 동시적인 유통 출발점에서 출발하는 총액과, 이것이 자신의 경로를 거치는 (되돌아오는) 속도에 의해 결정된다. 유통하는 수단의 이 같은 양도 증감을 겪기는 하지만 평균 수준이 있다. 항구적인 변화가 매우 점진적이고 장기간에 걸쳐서만 진행되고, … 수많은 주변 사정에 의해 끊임없이 상쇄됨으로써."[상동, 182-183쪽.][13]

"… 교환수단, 가격의 실현자로서의 화폐의 두 번째 규정(유통수단으로서의

13 "가격이 통화량을 규제하지 통화량이 가격을 규제하는 것은 아니라는 명제. 또는 다른 말로 하자면 거래가 통화(유통수단의 양)를 규제하지 통화가 거래를 규제하는 것이 아니라는 명제에서는, 물론 우리의 추론이 보여주는 바와 같이, 가격이 다른 언어로 통역된 가치일 뿐이라고 가정된다. 이것의 전제는 가치와 노동시간에 의해서 규정된 가치이다. 따라서 이러한 법칙이 모든 시기의 - 예를 들어, 통용되는 수단이 유통과 교환으로부터 저절로 유래된 것이 아니라 약탈, 강도질에 의해서 유래된 고대 세계, 예컨대 로마 시대의 - 가격 변동에 똑같이 적용될 수 없다는 것은 분명하다." [MEW, 42, S. 704; 『요강』, III권, 101쪽.]

화폐: 필자)으로 옮겨 가면, 여기에서는 화폐가 일정한 **양**만큼 존재해야 한다는 것, 이 규정에 적합하기 위해서는 단위로 정립된 무게의 금이나 은이 일정한 수만큼 필요하다는 것을 발견했다. 한편에는 상품의 양과 곱한 일정한 상품의 가격에 좌우되는 실현될 가격액이, 다른 한편에는 화폐의 유통속도가 주어져 있다면 일정량의 유통수단이 필요하다."[상동, 198쪽.]

"유통에서 실현될 가격의 총합은 상품가격과 유통에 던져진 상품량과 더불어 변동한다. 다른 한편으로 회전하고 있는 유통수단의 속도도 그 자신과는 독립적인 여건에 의해 결정되므로, 유통수단의 양은 변동, 즉 팽창하고 축소될 수 있어야 한다 – **유통의 축소와 팽창**."[상동, 204-205쪽.]

***** 위기의 가능성**

*** 구매와 판매의 시간적, 공간적 분리 가능성**

"유통의 본질적인 두 계기인 구매와 판매가 서로 무관하고 시간적, 공간적으로 분리되어 있는 한, 그것들은 결코 서로 일치할 필요가 없다. 그것들의 무관성은 공고화와, 전자의 후자에 대한 외견상의 자립성으로 발전할 수 있다. 그러나 양자가 한 전체의 본질적인 계기들을 이루는 한, 자립적인 형체가 강제적으로 부서지고, 내적 통일성이 강제적 폭발에 의해 외적으로 형성되는 순간이 등장해야 한다. 그리하여 이미 매개자로서 화폐의 규정에, 교환의 두 행위로의 분리에, 위기의 맹아, 적어도 고전적으로 형성된 위기의 가능성, 즉 그것의 개념에 상응하는 유통의 기본 조건들이 존재하는 때 이외에는 실현될 수 없는 위기의 가능성이 놓여 있다."[상동, 186쪽.]

*** 구매와 판매의 분리는 허구적 거래(투기)를 낳는다.**

"구매와 판매로의 교환의 분리는, 내가 팔지 않고 단지 사거나(상품의 매점

買占), 또는 사지 않고 파는 것(화폐축적)을 가능하게 한다. 이러한 분리는 투기를 가능하게 한다. 그것은 교환하는 것을 특수한 사업으로 만든다. 즉, 그것은 **상인계층**의 근거가 된다. 이 분리는 상품의 최종적인 교환 사이에 수많은 거래가 가능하도록 했으며, 다수의 사람들이 이 분리를 악용할 수 있게 했다. 그것은 수많은 **허구적 거래**를 가능하게 했다."[상동, 188쪽.]

**** 위기의 발생 시 화폐는 사물의 형리이고 모든 상품의 전제 군주가 된다.**

"… 유통에서 화폐는 가격만을 실현한다는 것이 입증되었다. 가격은 일단 상품의 관념적 규정으로 나타난다. 그러나 상품과 교환된 화폐는 상품의 실현된 가격, 실제 가격이다. 따라서 가격은 상품에 붙어서 관념적으로 존재하는 것으로 나타나는 것과 마찬가지로, 상품 **밖에서** 그리고 **곁에서** 자립적으로 나타난다. … 상품이 화폐로 실현될 수 없다면 그것은 더 이상 유통능력이 없게 되며, 그것의 가격은 단지 상상일 뿐이다. … a)(가치척도로서의 화폐: 필자)에서 고찰할 때 **가격은 상품에 붙어 있는 규정으로** 나타났다. 그러나 b)(유통수단으로서의 화폐: 필자)에서 고찰할 때 **화폐는 상품 밖의 가격으로** 나타났다. 필요한 것은 상품에 대한 수요뿐 아니라 화폐화된 수요이다. 따라서 상품은 그 가격이 실현될 수 없다면, 그것이 화폐로 전환될 수 없다면, 가치 하락된 것, 즉 가격이 하락한 것으로 나타난다. 화폐로의 이 특유한 전환이 필요해지자마자 가격에서 표현되는 교환가치는 희생되어야 한다. 따라서 … 화폐가 모든 사물의 형리(刑吏)이고, 모든 것이 바쳐져야 하는 화신(火神)이며, 모든 상품의 전제군주"[상동, 186-187쪽.]이다. … "그것은 모든 화폐위기에서도 그렇게 나타난다. 상업의 하인이던 화폐가 상업의 전제군주가 된다. … 그러나 화폐와의 교환에서 정립되는 것이 사실상 이미 가격규정에 즉자적으로 존재한다. 그것은 화폐가 더 이상 상품을 대표하는 것이 아니라, 상품이 화폐를 대표한다는 것이다."

[상동, 187쪽.]

*** 위기의 발생 시(투기 시) 가격이 일반적으로 상승하는 이유**

"본질적으로 분리된 행위로 나타났던 것이 본질적으로 서로 관련된 것임이 밝혀지기도 하고, 본질적으로 관련된 행위로 생각되었던 것이 실제에 있어서는 본질적으로 분리된 것임이 밝혀진다. 구매와 판매가 본질적으로 상이한 행위들로서 자신을 주장하는 순간에, 모든 상품의 일반적 가치절하가 발생한다. 화폐가 교환의 매개자로만 등장하는 순간에는 화폐의 가치절하가 발생한다. 가격의 일반적 하락이나 상승(이 발생한다: 필자). … 투기 시에 가격의 일반적 상승은 상품의 **교환가치**나 생산비가 일반적으로 증가하기 때문이 아니다. 왜냐하면 금의 **교환가치**나 **생산비**가 다른 모든 상품의 생산비와 동등하게 증가했다면, 화폐로 표현된 이들의 교환가치, 즉 이들의 **가격**은 동일할 것이기 때문이다. 그것은 마찬가지로 금 생산가격의 하락 때문도 아니다. (여기에서는 아직 신용에 관해서 논하지 않는다.) 그러나 화폐가 일반적 상품**일 뿐만 아니라** 특수한 상품이기**도** 하며, 특수한 상품으로서 수요와 공급의 법칙을 따르므로, 화폐와 대립되는 특수한 상품들에 대한 일반적 수요는 화폐를 틀림없이 하락시킬 것이다."[상동, 188-189쪽.]

***** 자립적인 일반적 교환수단의 필요성이 등장**

"분업이 발전할수록 생산물은 더 이상 교환수단이 아니게 된다. 각자의 특유한 생산으로부터 독립적인 일반적 교환수단의 필요성이 등장하게 된다. 직접적인 생존을 지향하는 생산에서는 **모든** 상품이 **모든** 상품과 교환될 수는 없으며, **정상적으로** 활동이 **일정한** 생산물들과 교환될 수 있을 뿐이다. 생산물들이 특화되고 다양해지며 비자립적이 될수록 일반적 교환수단이 더욱 필요해진다. 처음에는 노동생산물이나 노동 자체가 일반적 교환수단이다. 그러나 그 생산물이 특화될수록 일반적 교환수단이 아니게 된다. 어느 정도 발전된 분업은 각자의 요구가 매우 다양해지고 그의 생산물이 매우 일방적이 되는 것을 전제한다. **교환 욕구**와 **직접적인 교환수단**은 반비례해서 발전된다. 따라서 일정한 생산물과 일정한 노동이 **교환능력**과 교환되어야 할 때, **일반적 교환수단**의 필요성. 한 사물의 교환가치는 그것이 **교환수단**으로 기능하는 능력의 양적으로 특유화된 표현에 지나지 않는다. 화폐에서는 **교환수단** 자체가 사물이 되거나, 또는 사물의 교환가치가 사물 밖에서 자립적인 존재를 획득하게 된다. 상품이 화폐에 대해서는 제한된 힘만을 가지는 교환수단이므로, 그것은 화폐에 대해서 교환수단임을 중지할 수 있다."[상동, 187-188쪽.]

***** 자립화된 교환가치로서의 화폐**

**** 두 가지 유통형태: W–G–G–W / G–W–W–G**

"유통의 한 계기는 상품이 화폐를 통해 상품과 교환되는 것이다. 그러나 다른 계기도 마찬가지로 작용하는데, 상품이 화폐와 교환되고 화폐가 상품과 교환된다는 것뿐만 아니라 화폐가 상품과 교환되고 상품이 화폐와 교환된다는 것이 그것이다. 따라서 화폐가 상품을 통해 자기 자신과 매개되고, 자신의 회전에서 자기 자신과 함께 가는 통일체로 나타난다는 것, 그리하여 그것은 더 이상 유통의 수단이 아니라, (예를 들어, 상인계층에서처럼) (상업 일반에서) 목적으로 나타난다. 유통이 끊임없는 교체뿐 아니라 그것이 스스로 묘사하는 순환으로 관찰된다면, 이 순환은 이중적으로 나타난다. 상품(W)–화폐(G)–화폐(G)–상품(W). 다른 한편으로는 화폐(G)–상품(W)–상품(W)–화폐(G). 즉, 내가 구매하기 위해서 판매한다면, 나는 마찬가지로 판매하기 위해서 구매할 수도 있다. 전자의 경우에 화폐는 상품을 획득하기 위한 수단이고, 상품이 목적이다. 후자의 경우에 상품은 화폐를 획득하기 위한 수단이고, 화폐가 목적이다. … 단순한 유통으로 고찰한다면 내가 어느 점에 개입하여 그 점을 출발점으로 삼으려고 하는가는 전혀 무차별적인 것임에 틀림없다."[상동, 189-190쪽.]

"물론 유통 속에 있는 상품과 유통 속에 있는 화폐 사이에는 특유한 차이가 있다. 상품은 최종적으로 유통에서 이탈되자마자, 생산행위에서든 본래적인 소비에서든 소비되자마자, 일정한 점에서 유통 밖으로 내던져지며 그것의 최종적인 규정을 충족한다. 그에 반해 화폐의 규정은 유통의 바퀴로서 유통에 머무르는 것, **영구기관**으로서 자기의 회전을 끊임없이 새롭게 시작하는 것이다. 그럼에도 불구하고 두 번째 규정(유통수단으로서의 화폐: 필자)은 첫 번째 규정(가치척도로서의 화폐: 필자)과 마찬가지로 유통에서 발견된다. 이제는 다음과 같이 말할 수 있다. 상품들이 비록 가격들로서 등가물들이지만, 질적으로 상이하고 그리하여 그들의 교환이 마침내 질적으로 상이한 욕구들을 충족시키기 때문에, 상품을 상품과 교환하는 것이 중요하다. 이에 반해 화폐를 화폐와 교환하는 것은 양적인 차이가 있는 경우, 적은 화폐를 더 많은 화폐와 교환하는 경우, 산 것보다 비싸게 파는 경우를 제외하고는 아무런 의미가 없는데, 여기에서 이윤 범주는 아직 고찰 대상이 아니다. 그러므로 … 유통분석에서 이끌어내는 화폐–상품–상품–화폐의 결론은 마치 죽음–삶–죽음이라는 식으로 인생의 순환을 묘사하는 것처럼 자의적이고 무의미한 추상처럼 나타난다."[상동, 190쪽.]

**** 자기 목적으로서의 화폐의 유통 밖으로의 이탈 가능성**

"… 유통행위에서도 화폐의 상품으로의 끊임없는 전환과 동일하게 상품의 끊임없는 화폐화도 그렇지만 다시 팔기 위해 사는 현실적 과정에서는 이때 얻어지는 이윤이 동기이며, 화폐와 화폐 사이에는 아무런 질적인 차이도 없으므로, … 상품을 매개로 해서 적은 화폐를 더 많은 화폐와 교환하는 것이 최종 목적이다. 그렇지만 이 작업이 실패할 수도 있고, 그리하여 양적인 차이가 없는 화폐와 화폐의 교환이 현실에서 자주 발생하고 따라서 발생할 수도 있다는 것은 부정할 수 없다. 그러나 상업이 기초하고 있고, 따라서 그 범위에 있어서 유통의 주된 현상을 이루는 이 과정 일체가 가능하기 위해서는 화폐–상품–상품–화폐라는 순환이 특수한 형태의 유통으로 인정되어야 한다. 이 형태는 화폐가 상품들의 단순한 교환수단으로서, 중간자로서, 결론의 소전제(小前提)로서 나타나는 형태와는 특유하게 구별된다. 화폐–상품–상품–화폐라는 순환은 그것이 상업에서 가지는 양적 규정성 이외에 그것의 순전히 질적인 형태, 그것의 특유한 운동에 있어서 구별되어야 한다. **둘째로**, 이 순환은 화폐가 척도나 교환수단 또는 양자로만 간주되는 것이 아니라 세 번째 규정(부의 물적 대표로서의 화폐: 필자)을 가진다는 것을 포함하고 있다."[상동, 190-191쪽.] "여기에서는, **첫째로** 화폐가 자기 목적으로 나타나며, 상품거래와 교환은 그것의 단순한 실현에 기여한다. **둘째로**, 여기에서는 화폐와 함께 순환이 종료되기 때문에, 화폐를 통해 자신의 등가물과 교환된 상품이 유통에서 내던져지듯이, 화폐는 **순환 밖으로** 벗어난다. 화폐가 유통의 대리인으로만 규정된 한에 있어서, 그것이 끊임없이 유통의 순환 속에 포함되어 있어야 한다는 것은 옳다. 그러나 여기에서 보여지는 것은 화폐가 이 유통도구 이외에 무엇인가 다른 것이라는 점, 그것이 유통 밖에서도 자립적인 존재를 가지며, 상품이 끊임없이 유통으로부터 최종적으로 이탈되어야 하듯이, 이 새로운 규정으로서의 화폐도 유통으로부터 이탈될 수 있다는 점이다. 우리는 첫 번째 두 규정, 즉 척도로 기능하는 규정뿐만 아니라 일반적 교환수단이자 상품가격이 실현되는 규정이 내포되어 있는 세 번째 규정으로 화폐를 고찰해야 한다."[상동, 191-192쪽.]

"상품은 거래 상품에서 **식료품**이 되어 소비된다. 유통수단으로서 화폐는 그렇지 않다. 화폐는 유통수단 규정에 **머물러 있는 동안에** 상품이기를 잠시도 중지하지 않는다."[상동, 206쪽.]

이제 일단 유통의 두 번째 형태에서 야기되는 화폐의 세 번째 규정으로 옮겨 가 보기로 하자.

"화폐가 **수단**으로도 **척도**로도 나타나지 않고 자기 목적으로 나타나지 않고, 따라서 일단 순환을 마치고, 거래상품에서 **식료품**이 된 **상품**처럼 유통에서 벗어나는 G–W–W–G[로 옮겨 가 보자.]"[상동, 206-207쪽.]

3-3. 화폐

앞에서는 화폐(금)를 가치척도와 유통수단이라는 두 가지 측면에서 살펴보았다. 금은 가치척도로서의 기능은 관념적인 화폐로써, 유통수단으로서의 기능은 금을 대신해 여러 가지 표장에 의해 수행되었다. 그러나 이러한 기능들 이외에 금 자체가 화폐상품으로 수행해야 할 기능이 존재한다. 이 기능이 화폐의 화폐로서의 기능으로서 이에 속하는 것들로서는 축장화폐, 지불수단, 세계화폐로서의 기능들을 들 수 있는데 이 기능들은 어느 것이나 교환가치의 절대적 존재, 가치의 결정체(結晶體), 추상적 인간노동 일반의 응결물로서의 금의 기능이다. 금의 화폐로서의 기능은 논리적으로는 가치척도와 유통수단으로서의 기능을 전제로 하고 성립되며, 역사적으로는 상품유통이 일정한 단계에 이르렀을 때 비로소 발생한다. 즉, 화폐의 화폐로서의 기능은 상품유통의 결과로 생성된 것이다. 그리고 이 화폐는 자본의 최초의 현상형태이다.

『자본론』에 간략, 명료하게 금의 화폐로서의 기능이 서술되어 있는데 이에 대해 인용해 보자. "가치척도로서 기능을 하며, 따라서 그 자신(금: 필자)이나 대리자(주화, 지폐: 필자)를 통해서 유통수단으로서 기능을 하는 상품이 화폐이다. 그러므로 금 또는 은은 화폐이다. 금이 화폐로서의 기능을 하는 것은 한편으로는 그것이 금 또는 은의 육체 그대로 나타나고 따라서 화폐상품으로서 나타나야 하는 경우, 곧 가치척도에서와 같이 단순히 관념적이지도 않고 또 유통수단에서와 같이 대리가 가능하지도 않은 경우이며, 다른 한편으로는 그 기능이 금 자신에 의해 행해지는가 대리자에 의해 행해지는가에 상관없이 그 기능이 단순한 사용가치로서의 다른 상품에 대해 금을 유일한 가치자태로서, 즉 교환가치의 유일하게 적당한 존재로서 고정시키는 경우이다."[MEW, 23, S. 143-144.]

본론으로 들어가기 전에 먼저 금의 화폐로서의 기능을 논할 때 화폐가 의미하는 바에 대해서 좀 더 언급해 보기로 하자. 이를 위해 『정치경제학 비판을 위하여』에 다시금 의지해 보기로 한다: "금, 즉 가치척도와 유통수단으로 기능하는 하나의 특유한 상품은 사회의 다른 관여 없이도 **화폐**가 된다. … 따라서 한 상품은 우선 가치척도와 유통수단의 통일로서의 화폐가 되며 또는 가치척도와 유통수단의 통일이 화폐인 것이다. 그러나 그러한 통일로서의 화폐는 다시 독자적이고 그것의 두 기능에 있어서의 현존과는 구별되는 존재를 가진다. 가치척도로서 화폐는 관념적인 화폐일 뿐이고 관념적인 금일 뿐이다. 단순한 유통수단으로서 화폐는 상징적 화폐이고 상징적 금이다. 그러나 그것의 단순한 금속적인 화신 속에서 금은 실제 화폐이고 또는 화폐는 실제 금이다. … 가치표장에서 화폐가 상품가격들의 단순한 대리인으로 나타났던 바와 같이, 반대로 모든 상품들은 그것들의 가격에서 금 일정액을 표상하며 그러므로 상상된 금 또는 상상된 화폐, **금의 대리인들**일 뿐이다. 모든 상품들이 이렇게 다만 상상된 화폐일 뿐이므로 화폐가 유일하게 실제적인 상품이다. 교환가치, 일반적인 사회적 노동, 추상적 부의 독자적 존재를 다만 표상할 뿐인 상품들과는 반대로 금은 **추상적 부의 물적 존재**이다. 사용가치 측면에서 각 상품은 한 특수한 욕구와의 관계에 의해서 소재적 부의 한 계기, 부의 다만 개별 활동의 측면만을 표현한다. 그러나 화폐는 그가 각 욕구의 대상으로 직접 변화 가능한 한 어떤 요구라도 충족시킨다. 화폐 자신의 사용가치는 그것의 등가물을 이루는 사용가치들의 무한한 행렬에서 실현되어 있다. 그의 견고한 금속성 속에 화폐는 상품세계에서 굴러다니는 모든 소재적 부를 미개발된 상태로 포함하고 있다. 그러므로 상품들이 자신들의 가격에서 일반적 등가물 또는 추상적 부, 금을 대리한다면 금은 자신의 사용가치에서 모든 상품의 사용가치들을 대리한다. 따라서 금은 **소재적 부의 물적 대리인**이다. 금은 모든 사물의 육감, 사회적 부의 편람이다. 금은 동시에 형태에 의하면 일반적 노동의 직접적 체현이며 내용에 의하면 모든 실제 노동의 총체이다. 금은 개체로서 일반적 부이다. 유통 매개자로서의 그의 자태 때문에 금은 온갖 종류의 불공평에 시달렸고 절단되었으며 단순히 상징적인 종이조각으로 전락하기조차 했다. 화폐로서 그에게는 자신의 금빛 영광이 되돌려 주어진다. 그는 노예에서 주인이 된다. 단순한 하수인에서 그는 모든 상품의 신이 된다."[MEW, 13, S. 102-103.]

3-3-1. 화폐축장

축장화폐란 "교환가치의 담지자라는 화폐로서의 금의 사용가치는 무형태적 원자재로서 일반적 노동시간의 물상화이다. 무형태적 금속으로서 교환가치는 불멸의 형태를 지닌다. 이렇게 화폐로서 부동화된 금이나 은이 **축장화폐**이다."[MEW, 13, S. 105.] "축장화폐를 형성시키는 과정은 … 한편으로는 끊임없이 반복되는 판매에 의해 화폐를 유통으로부터 이탈시키는 것이고, 다른 한편으로는 단순히 저장하는 것, **축적하는 것**이다."[MEW, 13, S. 111.]

*** 유통수단과 화폐축장의 관계**

① 두 개의 대립적인 상품전형의 계속적인 순환, 즉 판매와 구매의 끊임없는 교체는 화폐의 유통수단으로서의 기능으로 나타난다. 그러나 전형계열이 중단되어 판매에 뒤이어 구매가 이루어지지 않는다면 화폐는 유통이 정지된다. 즉, 가동물로부터 부동물로, 주화로부터 화폐로 전환된다: "상품이 자신의 전형과정을 중단하고 자신의 금으로의 변태에 지체함으로써 금은 우선 화폐로서 유통수단으로부터 이탈했다. 이것은 판매가 구매로 전환되지 않을 때마다 발생한다. 그러므로 화폐로서의 금의 자립화는 무엇보다도 유통과정이나 상품전형이 두 개로 분리되는, 무차별적으로 병존하는 행위들이 분열되는 명백한 표현이다. 주화 자체는 그것(상품전형, 유통과정: 필자)의 진행이 중단되자마자 화폐가 된다. 한 상품을 주고 주화를 지불받는 판매자의 손에서 주화는 화폐이지 주화가 아니다. 주화는 판매자의 손을 떠나자마자 다시 주화가 된다." [MEW, 13, S. 104.] "… 유통 W–G–W는 그것이 동시에 판매와 구매의 지속적인 분리과정인 한에서만 그들의 과정 중에 있는 통일이다. 주화로서의 화폐가 끊임없이 순환하기 위해서는 주화는 지속적으로 화폐로 응결되어야만 한다. … 유통 W–G–W에서 두 번째 고리 G–W는 한번에가 아니라 시간이 지나면서 연속적으로 실행되는 일련의 구매들로 분산되므로 G 일부는 주화로서 순환하는 반면에 다른 일부는 화폐로서 휴식한다. … 여기에서 화폐는 사실상 **휴지된 주화**일 뿐이며, 순환하는 주화의 양의 개별적 구성 부분들은 때로는 이 형태로 때로는 저 형태로 항상 교대로 나타난다. 유통수단의 화폐로의 이러한 첫 번째 전환은 화폐유통 자체의 한 기술적 계기를 제시할 뿐이다." [MEW, 13, S. 104.]

② 상품유통 자체의 발전과 함께 제1전형의 산물인, 상품의 전환된 자태 즉 상품의 황금번데기(금: 필자)를 확보할 필요성과 정열이 명백해진다. 상품을 구매하기 위해서가 아니라 상품형태를 화폐형태로 바꾸기 위해서 상품은 판

매되어야 한다. 이 형태변환은 단순한 매개를 넘어서 자기 목적으로까지 된다. 상품의 소외된 자태(금: 필자)는 절대적으로 양도할 수 있는 상품의 자태로서, 즉 오직 순간적인 화폐형태로서 기능하는 것을 저지당한다. 이리하여 화폐는 축장화폐로 화석화되고 상품판매자는 화폐축장자가 된다: "**대상화된 노동시간**으로서 금은 자기 자신의 가치크기를 보증한다. 그리고 그는 **일반적** 노동시간의 체화물이므로 유통과정은 교환가치로서의 금의 지속적인 작용을 보증해준다. 상품소유자가 상품을 교환가치로서의 자태로 또는 교환가치 자체를 상품으로서 견지할 수 있다는 단순한 사실에 의해 상품을 금의 전환된 자태로 되돌려 받기 위한 상품교환이 유통 본래의 동기가 된다. 상품을 특유한 자연적 부로부터 일반적인 사회적 부로 전환시키기 위해 그것의 전형을 위한 상품전형 W–G가 이루어진다. 소재대사 대신 형태변환이 자기 목적이 된다. 교환가치가 단순한 형태로부터 운동의 내용으로 변환된다. 상품은 유통 영역 내에서 유지되는 한에서만 부로서, 상품으로서 유지되고, 그것은 은 및 금으로 화석화되는 한에서만 이러한 유동적 상태에서 유지된다. 상품은 유통과정에서 결정체(結晶體)로서 흐름 속에 머무른다. 그렇지만 금과 은은 유통수단이 아닌 한에서만 화폐로서 고정된다. **금과 은은 비유통수단으로서 화폐가 된다**. 그러므로 상품이 금형태로 유통시장에서 이탈하는 것이 그가 유통 내에 지속적으로 머무를 수 있는 유일한 수단이다."[MEW, 13, S. 105-106.]

③ "축장화폐는 유통과 끊임없는 긴장 속에 있지 않으면 단순히 쓸모없는 금속일 것이며, 그것의 화폐혼은 유통으로부터 도망쳐서 그것은 유통의 타버린 재로서, 유통의 화학적 잔재로서 남을 것이다. 화폐, 즉 자립화된 교환가치는 그것의 질에 있어서는 추상적 부의 존재이지만, 다른 한편으로 주어진 각 화폐액은 양적으로 제한된 가치크기이다. 교환가치의 양적 한계는 그것의 질적 일반성에 모순되며, 축장자는 이 한계가 사실상 동시에 질적 제약으로 전

환되거나 또는 축장화폐를 소재적 부의 단순히 한정된 대리인들이 만드는 제약이라고 느낀다. 일반적 등가물로서의 화폐는 … 그 자신이 한쪽을 이루고 무한한 상품행렬이 다른 한쪽을 이루는 하나의 등식에서 직접 제시된다. 화폐가 대략 얼마나 그러한 무한한 행렬로서 실현되느냐, 즉 교환가치로서의 그것의 개념에 상응하느냐는 교환가치의 크기에 의해 좌우된다. 교환가치로서, 자동판매기로서 교환가치의 운동은 그것의 양적 한계를 넘어가는 것일 수밖에 없다. 그러나 축장화폐가 일정한 양적 한계를 넘으면서 다시 지양되어야 할 새로운 제약이 창조된다. 제약으로서 나타나는 것은 축장화폐의 한 일정한 한계에서만이 아니라 축장화폐의 어떤 한계에서도 다 마찬가지이다. 그러므로 축장은 아무런 내재적 한계, 자체 내 아무런 한도도 가지고 있지 않으며, 그것의 매번의 결과에서 시작의 동기를 발견하는 끝없는 과정이다. 축장화폐가 보관됨으로써만 증대된다면 또한 증대됨으로써만 보관된다."[MEW, 13, S. 109-111.]

④ "화폐는 치부욕(Bereicherungssucht)의 **한** 대상일 뿐 아니라 그 욕망의 **유일한** 대상(der Gegenstand)이다. 치부욕은 금에 대한 저주받은 탐욕이다. 옷, 보석류, 가축 등과 같은 특수한 자연적 부나 욕망과는 구별되는 치부욕은 일반적 부가 그 자체로서 한 특수한 사물에(화폐: 필자) 개인화될 수 있고 따라서 개별 상품으로서 붙잡아 둘 수 있을 때에만 가능하다. 사실 기본이 되는 것은 교환가치가 그 자체로서, 그리고 그것의 증대가 목적이 되는 것이다. 탐욕(Geiz)은 화폐가 유통수단이 되는 것을 허용치 않음으로써 축장화폐를 붙잡아 두지만, 금 탐욕은 그것의 화폐정신, 그것의 유통과의 끊임없는 긴장을 유지한다." [MEW, 13, S. 111.]

⑤ "금과 은으로서 부는 불멸이다. 그 까닭은 교환가치가 파괴할 수 없는 금속으로 존재하기 때문만이 아니라 요컨대 금과 은은 유통수단으로서 상품의 단지 사라지는 화폐형태가 되는 것을 저지하기 때문이다. 그리하여 순간적

인 내용이 불멸의 형태에 희생된다."[MEW, 13, S. 107.]

*** 상품유통 초기의 화폐축장/ 상품생산(상품유통)의 발전에 따른 화폐축장**

① 상품유통이 시작되는 바로 그 초기에는 사용가치의 잉여분만이 화폐(금)로 전환된다. 그리하여 금과 은은 자연히 부의 사회적 표현이 된다: "최초의 자생적인 부의 형태는 과잉 또는 초과의 형태, 사용가치로서 직접적으로 필요하지 않은 생산물 부분, 또는 그 사용가치가 매우 필요한 범위 밖에 있는 그러한 생산물의 점유이다. … 미발전된 생산단계에서는 생산물들의 이러한 과잉이나 초과가 원래의 상품교환 영역을 이룬다. … 과잉생산물들은 교환 가능한 생산물 또는 상품이 된다. 이 과잉의 적절한 존재형태가 금과 은인데, 그것이 부가 추상적으로 사회적 부로 확정되는 최초의 형태이다."[MEW, 13, S. 105.]

이와 같은 소박한 형태의 화폐축장은 전통적인 자급자족을 목적으로 하는 생산양식에 상응해서 욕망의 범위가 대단히 제한되어 있는 민족들의 경우에는 영구화되고 있다. 아시아인 특히 인도인의 경우가 그러하다.

여기에서 맑스는 고전파 경제학자들이 수용하는 화폐수량설을 비판하면서 화폐축장과 상품가격에 대한 밴더린트(Vanderlint)의 견해를 비판한다: "상품의 가격(P: 필자)은 그 나라 안에 존재하는 금과 은의 양(M)에 의해 규정된다는 망상을 갖는 밴더린트는 인도의 상품이 왜 그리 싸냐고 자문한다. 대답은 인도인은 화폐를 땅속에 묻기 때문이라는 것이다."[MEW, 23, S. 144-145.] 즉, 밴더린트의 견해에 의하면 축장화폐가 증가하면 유통수단으로서의 화폐의 양이 감소하게 되어 그 결과 상품의 가격이 하락한다는 것이다. 그러니까 일반적인 물가의 하락은 축장화폐의 증가가 원인이고, 반면에 일반적인 물가의 상승은 축장화폐의 감소가 원인이라는 것이다. 이 주장을 맑스는 비판하는 것이다.

② 상품생산(상품유통)이 발전함으로써 상품생산자는 누구나 만물의 근원

인 사회적 담보물, 즉 화폐를 더욱 많이 확보해야만 한다. 그 이유는 상품생산자(상품유통자)의 욕망은 끊임없이 갱신되고 끊임없이 타인의 상품을 구매하도록 하지만 그 자신의 상품의 생산과 판매는 시간이 걸리고 또 그것은 우연에 의해 좌우되기 때문이다. 따라서 상품의 제1전형의 산물인 화폐를 보유해야 할 필요성과 욕망이 생겨난다. 그러기 위해서는 다른 상품을 구매하기 위해서가 아니라 단지 상품형태를 화폐형태로 바꾸기 위해서만 상품이 판매되어야 함을 의미한다. 그 결과 상품생산자는 화폐축장자가 되어야 한다.

판매하지 않고서도 구매하기 위해서는 상품생산자는 그 이전에 구매하지 않고서 판매하지 않으면 안 되는데, 이러한 조작이 만일 일반적 순서로 행해진다면, 즉 상품의 제1전형(판매)이 동시에 항상 상품의 제2전형(구매)으로 이어진다면, 그것은 자기 모순적인 것으로 보일 것이다. 맑스는 이 문제를 다음과 같이 해결한다: 귀금속은 그 원산지에서 다른 상품들과 직접 교환되는데 여기에서는 판매(상품소유자에 의한)가 구매(금 또는 은의 소유자에 의한) 없이 행해진다. 그리고 그 이후의 구매가 없는 판매는 모든 상품소유자들 사이에서 새로 생산된 귀금속의 분배를 야기할 뿐이다. 이리하여 교환의 모든 지점에서 다양한 규모의 금과 은의 축장이 형성된다.

*** 화폐는 절대적 사회적 그리고 사적 권력으로 된다.**

상품유통이 발달하여 교환가치를 상품의 형태로 보존하고 축적할 수 있는 가능성과 함께 황금욕이 싹튼다. 상품유통이 확대됨에 따라서 언제라도 이용할 수 있는 부의 절대적 사회적 형태인 화폐의 권력이 증대한다[14]: "고대인

14 필자 주: 화폐가 가지고 있는 속성의 보편성은 그 존재의 전능성임을 맑스는 자신의 『경제학-철학 수고』(1844)에서 다음과 같이 서술하고 있다. "**화폐**는 모든 것을 구입할 수 있는 **속성**뿐만 아니라 모든 대상들을 자기의 것으로 획득할 수 있는 속성을 가지고 있다는 점에서 현저한 의미를 갖고 있는 **대상**이다. 화폐가 지니고 있는 속

들에서처럼 순전히 금속화폐만이 유통되던 민족들에게서는 화폐축장이 개별자에서부터 국고를 감시하는 국가에 이르기까지 하나의 전면적 과정으로 나타난다. 고대시대의 아시아와 이집트에서는 왕과 승려들의 감독하에 있는 이 축장화폐들이 오히려 그들 권력의 증거물로서 나타난다. 그리스와 로마에서는 언제나 안전하고 언제나 전투준비가 되어 있는 과잉의 형태로서 국고금을 형성하는 것이 정치가 된다. 정복자들이 그러한 축장화폐들을 한 나라로부터 다른 나라로 신속하게 옮기고 일부는 갑자기 유통에 쏟아 넣는 것이 고대 경제의 한 특성을 이룬다."[MEW, 13, S. 105.]

"금은 영물이다! 금을 보유한 자는 그가 바라는 모든 것의 주인이다. 금이라면 영혼을 천국에 이르게 할 수도 있다."(콜럼버스의 "자메이카로부터의 편지", 1503년)[MEW, 23, S. 145.]

화폐를 보면 무엇이 화폐로 전환했는지 알 수 없기 때문에, 상품이든 아니든 모든 것이 화폐로 전환된다. 모든 것은 매매될 수 있다. 유통은 모든 물건들이 그곳에 던져졌다가 화폐로 결정화(結晶化)되어 다시 나오는 거대한 사회적 증류기가 된다. 이 연금술에는 성자의 뼈조차도 저항할 수 없거늘 하물며 인간들의 상거래에서 제외되고 있는 성물(聖物)들이야 말할 것도 없다.[15]

성의 보편성은 그 존재의 전능성이다. 따라서 화폐는 전능한 존재로 간주된다. … 화폐는 욕망과 대상, 인간의 삶과 인간의 생활수단 사이에서 활동하는 **뚜장이**이다. 그러나 나에게 **나의** 삶을 매개해 주는 **것은 나에게** 나를 위한 다른 사람의 존재도 매개시킨다. 그것은 나에게 있어서는 **다른** 사람이다. … 나는 정신이 없는 사람이다. 그러나 화폐는 만물의 현실적인 정신이다. 그렇다면 그 소유자가 어떻게 정신이 없는 사람이겠는가? 게다가 그 소유자는 정신이 풍부한 사람들을 사들일 수 있다. … 모든 인간적, 자연적 특질들의 전도와 뒤바뀜, 불가능한 것들의 밀접한 결합 등 화폐의 **신적인** 능력은 소외당하고 외화되었으며 그리고 스스로를 소외시킨 인간의 **유적 존재**로서의 화폐의 **본질**에 근거하고 있다. 화폐는 **인류의** 외화된 **능력**이다. 화폐는 나의 욕구를 표상의 존재로부터 곧 생각과 표상과 욕구의 대상이 되는 존재로부터 **감각적이고 현실적인** 존재로전환시키며, 표상으로부터 삶으로, 표상된 존재로부터 현실적 존재로 변형시킨다. [화폐]는 이러한 매개자로서 **진정한 창조적인 힘으로** 존재한다." [K. Marx, *Oekonomisch-philosophische Manuskripte*(1844); MEW, *Ergaenzungsband, Schriften bis 1844, Erster Teil*, S. 563-565.]

15 맑스 주: "가장 기독교적인 프랑스의 왕 앙리 3세는 수도원으로부터 성유물(聖遺物)을 약탈하여 현금화하였다. 포키아인(Phokaeer)에 의한 델피 신전 재산의 약탈이 그리스 역사에서 어떠한 역할을 하였는가는 널리 알려진

화폐 속에서 상품의 모든 질적인 구별이 소멸되어 버리듯이 화폐 역시 철저한 수평주의자로서 모든 차이를 제거해 버린다. 이를 극적으로 표현하기 위해 맑스는 셰익스피어를 다음과 같이 인용한다.[MEW, 23, S. 146, 각주 90.]

"금! 노랗고 반짝이고 값비싼 금! 이만큼만 있으면 검은 것도 희게, 추한 것도 아름답게;

그른 것도 옳게, 늙은 것도 젊게, 비겁한 것도 용감하게, 천한 것도 귀하게 만든다.

… 젠장, 이것은 웬일이란 말이냐. 도대체 뭐란 말이냐, 신들이여;

그렇다! 이것이 너를 섬기던 승려와 종으로 하여금 너를 배반하도록 하며;

병자가 베고 있는 베개를 빼가기도 한다;

이 노란 노예가 교회도 만들었다 부셨다 하며; 저주받은 자를 축복하며; 문둥병자도 부러워하게 하며 도둑놈들에게도 권세 있는 원로들과 같은 지위나 작위나 명예를 준다.

늙어빠진 과부가 새댁이 될 수 있게 하는 것도 이것이다;

… 에이, 인류 공동의 창녀인 저주받은 흙아."[셰익스피어, "아테네의 타이몬", 제4막 제3장.]

그러나 화폐는 그 자신이 상품이며 누구의 사유물로도 될 수 있는 외적인 물건이다. 그리하여 사회적 권력이 개인의 사적인 권력으로 된다. 그렇기 때문에 고대사회는 화폐를 그 사회의 경제적 및 도덕적 질서의 파괴자라고 비난하였던 것이다.

바이다. 주지하는 바와 같이 고대인들 사이에서 이 신전은 상품의 신을 위한 주택이 되어 있었다. 신전은 신성한 은행이었다. 특히 상업민족이었던 페니키아인(Phoenizier)들에게 화폐는 모든 물건의 소외된 자태로 인정되었다. 따라서 사랑의 여신의 축제일에 이방인에게 몸을 바친 젊은 여인들이 그 대가로 받은 화폐를 여신에게 바쳐야 하는 것은 당연한 일이었다." [MEW, 23, S. 146, 각주 90.]

"세상에서 행세하는 것 중에 황금처럼 고약한 것도 없다.

폭리로 돈을 벌게 해 주는 그것; 국가를 뒤집어 폐허를 만들며 사람들을 파산하게 하며;

도덕지사를 가르치고 유혹하며 귀족적 욕망을 갖겠다며 죄의 수렁에 빠지게 하며 …

죽을 운명의 그 육체에게 사악에 이르는 길을 가르쳐 주며

저주받을 일을 하게 한다." [소포클레스(Sophokles), "안티고네".]

태어나자마자 플루토의 머리털을 잡고 그를 땅속에서 끌어올린 근대 사회는 황금을 성배로서, 자신의 특유한 생활원리의 찬란한 화신으로서 환영하고 있다.

*** 화폐축장에 대한 무제한적인 충동**

사용가치로서의 상품은 어떤 특수한 욕망을 충족시키며 소재적인 부의 한 특수한 요소를 이루고 있다. 그런데 상품의 가치는 그 상품소유자가 지닌 사회적 부의 크기를 나타낸다.

"상품생산이 미발전되어 있을수록 교환가치의 화폐로서의 첫 번째 자립화, 즉 축장은 더욱 중요하고, 따라서 고대 민족들에게 아시아에서는 오늘날까지, 그리고 교환가치가 아직 모든 생산관계들을 포착하지 않은 근대 농업민족들에게는 커다란 역할을 한다." [MEW, 13, S. 112.]

미개하고 단순한 상품소유자에게나 서유럽 농민들에게 가치는 가치형태와 동일한 것이며, 따라서 금, 은의 축장의 증가는 가치의 증가이다. 아울러 금, 은이 지닌 금속으로서의 현물형태는 모든 상품의 일반적 등가형태이며 모든 인간노동의 사회적 화신이다. 그러므로 화폐축장의 충동은 그 본성상 무제한한

적이다.

화폐는 어떤 상품과도 직접 교환될 수 있는 것이므로 질적으로나 형태적으로나 제한이 없다. 즉, 소재적 부의 일반적인 대표자이다. 그러나 동시에 현실의 화폐액은 양적으로 제한되어 있고 따라서 구매수단으로서 한정된 효력만을 가지게 된다. 화폐의 이러한 양적 제한성과 질적 무제한 사이의 모순은 화폐축장자를 축적의 시지프스적 노동(Sisyphusarbeit)으로 끊임없이 몰아넣는다. 맑스는 이것을 다음과 같이 비유한다. "그(화폐축장자: 필자)는 아무리 새로운 국가의 정복을 통하여 국토를 넓혀도 여전히 새로운 국경에 마주치게 될 뿐인 세계정복자와 마찬가지가 된다."[MEW, 23, S. 147.]

*** 화폐축장의 덕목**

금을 화폐로서 확보하고 따라서 화폐축장의 요소로서 확보하기 위해서는 금이 유통하는 것을 또는 향락수단이 되는 것을 막아야만 한다. 즉, 화폐축장자는 금이라는 물신에게 자신의 육체적 욕망을 희생해야 하는 것이다. 그는 금욕이라는 복음을 중요하게 취급한다. 다른 한편 화폐축장자가 유통과정으로부터 화폐로 끌어낼 수 있는 것은 단지 그가 상품으로 유통과정에서 던져 넣은 것만큼뿐이다. 그가 더 많이 생산할수록 더 많이 판매할 수 있고 축장화폐를 증가시킬 수 있다. 그러므로 근면과 절약 그리고 탐욕이 화폐축장자의 주요한 덕목이 되었고, 많이 판매하고 적게 구매하는 것이 그의 정치경제학의 전체가 되었다: "상품소유자는 그가 유통에 상품으로 준 것만을 유통으로부터 화폐로 되돌려 받을 수 있다. 따라서 지속적인 판매, 상품의 유통 속으로의 끊임없는 던짐이 상품유통의 관점에서 볼 때 축장의 첫째 조건이다. 다른 한편으로 화폐는 계속 사용가치들에서 실현되고 순간적인 향유로 해소되면서 유통과정에서 끊임없이 유통수단으로서 사라진다. 그러므로 화폐가 자신의 구매수단 기능을 수행하는 것이 방해됨으로써 유통의 소모적 흐름에서 벗어나야 하거나 또는 상품이 그의 첫 번째 전형에서 고착되어야 한다. … 이제 축장자가 된 상품소유자는 가능한 한 많이 팔고 가능한 한 적게 사야 한다. 근면이 적극적인 조건이듯이 검소는 소극적인 조건이다. 상품등가물이 특수한 상품들이나 사용가치들로서 유통에서 적게 빠져나갈수록 그것은 화폐나 교환가치로서 유통에서 더 많이 빠져나간다. 그러므로 일반적 형태로의 부의 전유는 소재적 실재성에서의 부에 대한 금욕을 전제로 한다. 따라서 축장의 살아 있는 동력은 사용가치로서의 상품이 아니라 상품으로서의 교환가치를 요구하는 **탐욕**이다. … 축장자는 좀도 녹도 부식시키지 못하는, 전적으로 내세적이면서 전적으로 현세적인 영원한 보화를 뒤쫓기 위해서 세속적이고 무상하며 일시적인 향락들을 멸시한다."[MEW, 13, S. 106-107.]

"우리의 축장자는 교환가치의 순교자, 금속기둥 꼭대기에 앉아 있는 신성한 금욕자로서 나타난다. 그에게는 사회적 형태의 부만이 중요하며, 그렇기 때문에 그는 부를 사회로부터 빼내어 매장한다. 그는 계속 유통될 능력이 있는 형태의 상품을 요구하며 그렇기 때문에 그 상품을 유통으로부터 이탈시킨다. 그는 교환가치에 열중하며 그렇기 때문에 교환하지 않는다. … 그의 도착적인 무한한 향유 욕망에서 그는 모든 향유를 단념한다. 그는 모든 사회적 욕구를 충족시키고자 하기 때문에 자연적 욕구를 거의 충족시키지 않는다. 그는 부를 그 금속적 세속성 속에 고착시킴으로써 부를 단순한 환각으로 증발시킨다." [MEW, 13, S. 111.]

*** 화폐축장은 유통수단의 저수지 역할을 한다.**

이미 언급하였듯이 상품유통의 규모(T)나 가격(P) 또는 속도(V)가 끊임없이 변동함에 따라 화폐의 유통량(M)도 끊임없이 증감한다. 그것에 따라 화폐유통량은 수축했다 팽창했다 할 수 있어야 한다. 즉, 어떤 때에는 화폐가 주화로서 유통과정에 흡수되고 또 다른 때에는 주화가 화폐로 유통과정으로부터 밀려 나오지 않으면 안 된다.

실제로 유통하고 있는 화폐량이 항상 유통 영역의 포화도에 상응하기 위해서는 한 국가 내에 존재하는 금이나 은의 양이 현재 주화로서 기능을 하고 있는 금 또는 은의 분량보다 더 많아야 한다. 이러한 조건은 화폐가 축장화폐로 전환됨으로써 충족된다.

축장화폐라는 저수지는 유통하는 화폐의 흘러나가고 흘러들어오는 수로로서의 역할을 하고, 즉 유통수단의 필요량이 증대하면 축장화폐가 유통과정으로 흘러나가 유통수단으로 전환하고, 유통수단의 필요량이 적어지면 유통수단이 축장화폐로 전환하고 따라서 유통하는 화폐는 그 유통수로를 범람하지 않게 되는 것이다: "화폐유통이 단순히 상품전형의 현상이거나 사회적 소재대사가 실행되는 형태 변경의 현상이라는 것을 우리는 보았다. 따라서 한편으로는 유통되는 상품들의 가격의 변동 또는 상품들의 동시적 전형의 규모, 다른 한편으로는 그것들의 형태 변경의 속도와 더불어 유통되는 금의 총량도 끊임없이 확장되거나 축소되어야 하는데, 이것은 한 나라에 존재하는 화폐량이 유통 속에 존재하는 화폐량과 변화하는 관계 속에 있다는 조건하에서만 가능하다. 이 조건은 축장에 의해 충족된다. 가격들이 하락하거나 유통속도가 증가하면 축장화폐 저수지들이 유통에서 분리된 화폐 부분을 흡수한다. 가격이 상승하거나 유통속도가 하락하면 축장화폐(저수지: 필자)들이 열리고 유통 속으로 환류한다. 유통되는 화폐의 축장화폐로의 동결과 축장화폐들의 유통 속으로의 주입은 끊임없이 교대로 변동하는 운동이며, 여기에서는 한쪽 또는 다른 쪽의 우세는 오직 상품유통의 변동에 의해서만 규정된다. 그리하여 축장화폐들이 유통되는 화폐의 공급 및 유통통로들로서 나타남으로써 항상 유통 자체의 직접적 욕구들에 의해 규정된 화폐량만이 주화로서 유통된다. 총유통의 규모가 갑자기 확대되고 판매와 구매의 원활한 통일이 지배적이어서 실현될 가격 총액이 화폐의 회전속도보다 훨씬 빨리 증가하면, 축장화폐들이 두드러지게 비워지고; 총유통이 이상하게 정체되거나 판매와 구매의 분리가 정착되자마자 유통수단은 현저한 비율로 화폐로 동결되고 축장화폐 저수지는 평균 수준을 훨씬 넘도록 채워진다. 순전히 금속화폐 유통이 이루어지거나 생산단계가 저 발전된 나라들에서는 축장화폐들이 무한히 그 나라의 전체 표면에 흩어져 있는 데에 반해, 부르주아적으로 발전된 나라들에서는 은행 저수지들에 집중되어 있다. 축장화폐는, 축장화폐와 유통수단(주화: 필자)의 적극적인 관계는 총화폐량의 감소 또는 증가를 가정하지만, 그 자신이 계속 유통 속에 존재하는 총화폐량의 일부를 형성하는 주화준비금과 혼동되어서는 안 된다."[MEW, 13, S. 113-114.]

*** 화폐축장의 미학적인 형태**

금화폐나 금괴가 상품으로의 전환이 가능하듯이 금, 은으로 만든 상품들은 그것들의 미적 속성들을 제외하면 그것들을 구성하는 재료가 화폐 재료인 한에 있어서 화폐로의 전환이 가능하다. 따라서 화폐축장의 직접적인 형태와 함께 그 미학적인 형태, 즉 금제 및 은제 상품의 소유도 증가한다. 그것은 부르주아 사회의 부와 함께 증대한다. 그리하여 "부자가 되자. 그렇지 않으면 부자처럼 보이도록 하자"는 의식이 고조된다. 따라서 한편으로는 금, 은의 시장이 끊임없이 확대되면서 금, 은이 화폐 기능으로부터 독립하여 형성되고, 다른 한편으로는 화폐의 잠재적인 공급원이 형성되어 사회적 격동기에는 그것이 유출된다.

"축장이 부르주아적 경제에서와 같이 총생산기구의 부차적 기능으로 나타나지 않고 이 형태의 부가 최종 목적으로 고착된 아시아, 특히 인도에서는 금, 은 제품들이 원래 축장화폐의 미학적 형태일 뿐이다. 중세 영국에서는 금, 은 제품들은 그것들의 가치가 비숙련된 노동의 부가에 의해 조금밖에 증대되지 않았기 때문에 법적으로 축장화폐의 단순한 형태로 간주되었다." [MEW, 13, S. 112.]

주요 개념

축장화폐: 정의/형성 근거, 비유통수단으로서의 화폐, 절대적 사회적 사적 권력으로서의 화폐, 교환가치의 화폐로서의 자립화인 화폐축장, 화폐의 양적 제한성과 질적인 무제한성 사이의 모순에 처한 화폐축장자, 화폐축장의 덕목: 근면/절약/탐욕, 유통수단의 저수지로서의 화폐축장, 축장화폐의 미학적 형태.

*** '화폐축장'의 주요 내용

이 장의 제3절은 단순하게 '화폐'라는 제목이 달려 있다. 이 기능에서 화폐는 단지 관념적인 화폐이거나 또는 유통에서 상품들의 가치의 대변자가 아니라 자립화된 교환가치이다. 그 자체로서 화폐는 자신의 고유한 본성에 일치하는 기능을 수행한다. 화폐는 그것이 판매 후에 구매수단으로 기능을 하지 않는다면, 즉 유통 속에 내버려 두지 않고 축장화폐로 화석화된다면 가치저장수단이 된다.

축장화폐는 직접적인 재생산을 위해 필요하지 않은 사물들이 금으로 전환될 수 있을 때 단순한 형태의 축장화폐 형성을 뒤따르는 다양한 원인들에 의해 형성된다. 따라서 축장화폐 자체는 과잉 그리고 부에 대한 표현이 된다. 그러나 축장화폐는 또한 생산, 수송 그리고 무역의 상이한 시간적 주기를 중개하기 위해, 우연에 의존하지 않기 위해 출자된다. 그러나 축장화폐의 형성은 동시에 상품의 화폐자태를 고정시키고, 상품을 교환가치로서 확보하고 교환가치를 상품으로서 확보할 수 있게 함으로써 황금욕을 야기한다. “상품유통이 확대됨에 따라서 언제라도 이용할 수 있는 부의 절대적으로 사회적 형태인 화폐의 권력이 증대한다.”[MEW, 23, S. 145.] 화폐축장으로 인해 사회적 권력이 사적 개인의 사적인 권력으로 된다.[상동, S. 146 참조.]

화폐축장에서는 자신과 단지 양적으로만 구별되는 사회적으로 유효한 가치자태가 발견된다. 따라서 금축장과 은축장의 증대는 가치 증식으로 나타난다. 이것은 이미 프리기엔(Phrygien)의 왕인 미다스(Midas)를 멸망시켰던 환상이다. 그럼에도 불구하고 그러나 “화폐축장의 형성에 대한 충동은 본래 무제한적이다. 질적으로나 형태적으로나 화폐는 제한이 없다. 화폐의 질적인 무제한은 화폐축장자를 축적이라는 시지프스적 노동으로 끊임없이 몰아세운다. 그는 아무리 새로운 정복을 통하여 국토를 넓히려 해도 여전히 새로운 국경과 마주치게 되는 세계정복자와 비슷하다.”[상동, S. 147.] 이러한 화폐의 수량주의는 다음과 같은 심리적인 결과를 낳는다. “화폐축장자는 금이라는 물신에게 자신의 육체적 욕망을 바친다. 그는 금욕이라는 복음을 중요하게 취급한다. 다른 한편 그가 유통으로부터 화폐로 끌어낼 수 있는 것은 그가 상품으로 유통에 던져 넣은 것만큼뿐이다. 그가 더 많이 생산할수록 그는 더 많이 판매할 수 있다. 그러므로 근면과 절약 그리고 탐욕이 그의 주요한 덕목이 되었고 많이 판매하고 적게 구매하는 것이 그의 정치경제학의 전체가 되었다.”[상동, S. 147.][16] 그뿐만 아니라 화폐축장이 미학적 욕구들을 충족시킨다는 사실 또한 맑스에 의해 덧붙여 언급되었다.

16 이것이 막스 베버(Max Weber)가 자본주의적 정신의 형성의 토대라고 분석한 “프로테스탄트티즘의 윤리”의 전체이다.

[부록 5] *Grundrisse der Kritik der Politischen Oekonomie, Rohentwurf* (1857-1858)

c) 부의 물적 대표로서의 화폐 (화폐축적, 그에 앞서 계약 등의 일반적 재료로서의 화폐)

앞에서 가치척도로서의 기능을 하는 화폐와 유통수단으로서의 기능을 하는 화폐에 대해 살펴보았다. 가치척도의 기능을 하는 화폐는 관념적인 화폐만으로도, 유통수단으로 기능을 하는 화폐는 상징적인 화폐만으로도 그 기능을 충분히 수행한다는 것을 고찰하였다. 이제 제3의 규정에서의 화폐, 즉 화폐로서의 화폐에 대해, 더 자세히 언급하자면, 자립화된 교환가치로서의 화폐에 대해 언급할 차례이다: "이제 우리는 일단 유통의 두 번째 형태에서 야기되는 화폐의 세 번째 규정으로 옮아간다. 화폐가 **수단**으로도 **척도**로도 나타나지 않고 자기 목적으로 나타나고, 따라서 일단 순환을 마치고, 거래 상품에서 **식료품**이 된 **상품**처럼 유통에서 벗어나는 G-W-W-G. … 충분히 발전한 화폐의 **세 번째 규정**은 처음 두 규정을 가정하며, 이것들의 통일을 구성한다. 그러므로 화폐는 유통 밖에서 자립적인 존재를 갖게 된다. 그것이 유통에서 벗어난 것이다. **특수한** 상품으로서 화폐는 그것의 화폐형태로부터 사치 대상, 금은 장신구로 전환될 수 있다. … 또는 그것이 화폐로 **축적**될 수 있고 그리하여 **보화**를 이룰 수 있다. 자립적으로 존재하는 화폐가 유통에서 유래하는 한, 그것은 유통의 결과로 나타난다. 그것은 유통에 의해 스스로 자신과 결합되는 것이다. 이 규정성 속에 이미 **자본**으로서 화폐의 규정이 포함되어 있다."[『요강』, I권, 206-208쪽.]

여기에서 한 가지 강조하고 싶은 것은 부의 물적 대표로서의 화폐를 논의하는 과정에서, 즉 세 번째 규정, 화폐로서의 화폐를 도출하는 과정이 『정치경제학 비판 요강 초고』와 『정치경제학 비판을 위하여』 및 『자본론』과 서로 다르다는 점이다. 『정치경제학 비판 요강 초고』에서는 화폐로서의 화폐라는 범주를 본질적으로 G–W–G 형태의 발전으로 파악하고 있다. 이 점은 『정치경제학 비판 요강 초고』가 완성(1857년 10월–1858년 5월)되기 1개월여 전인 1858년 4월 2일에 엥겔스에게 보낸 편지에서도 확인된다. 이 편지에서 맑스는 다음과 같이 기술하였다. "c) 화폐로서의 화폐. 이는 G–W–W–G 형태의 발전이네. 유통에 대해 독자적인 가치의 존재로서의 화폐, 추상적 부의 물적 존재. 유통수단으로서뿐만 아니라 가격을 실현하는 것으로도 나타나는 한에서 이미 유통에서 보여지는 것이네. a)(척도로서의 화폐: 필자)와 b)(교환수단으로서의 화폐: 필자)가 단지 기능으로서만 나타나는 이 속성 c)에서 화폐는 계약상품 … 이고 축장 대상이네."[Marx/Engels, *Briefe ueber "Das Kapital"*, S. 80.]

앞에서 이미 언급하였듯이, 사실상 G–W–W–G 순환에 대한 고찰은 화폐가 가치척도로서만 작용하지 않을뿐더러 교환수단으로서만 작용하지도 않으며, 또 이 두 가지 모두로서 작용하는 것만도 아니고 제3의 규정도 갖는다는 것과 화폐가 유통의 외부에서 자립적 존재를 가지며, 상품이 최종적으로 유통에서 철수되어야 하듯이, 이 새로운 규정으로서의 화폐도 유통으로부터 철수될 수 있다는 점을 분명히 보여 준다.

물론 G–W–G 순환은 단순상품생산이 아닌 자본주의 생산의 지배를 시사하고 있기 때문에 『정치경제학 비판을 위하여』에서는 제3의 화폐규정을 G–W–W–G로부터 전개하지 않고 W–G–G–W로부터 전개하였다. 사실상 G–W–W–G라는 형태규정은 일차적인 형태규정으로 나타나는 W–G–G–W와 마찬가지로 옳다. 어려움은 후자의 상품은 질적으로 상이하지만, 후자의 화폐는 그렇지 않다는 것이다. 그것은 양적으로만 상이할 수 있다. 그러나 필자는 이 글의 목적이 『정치경제학 비판 요강 초고』를 해설하는 것이므로 『요강 초고』의 방식에 따르기로 한다.

맑스의 견해에 따르면, 화폐의 세 번째 규정은 축장, 지불수단, 세계주화(세계화폐)라는 세 가지 형태로 나타난다. 축장화폐로서의 화폐는 유통 밖에 머물러 있으며, 또 유통으로부터 빠져나온다. 지불수단으로서의 화폐는 유통 속으로 진입하지만 유통수단으로 진입하는 것이 아니다. 세계화폐로서의 화폐는 국경에 의해 제한된 국내유통의 한계를 넘어서서 세계시장에서 국제교역의 일반적 등가물로서 기능을 한다. 이러한 세 가지 화폐형태들에 대한 고찰을 통해서만 비로소 화폐로서의 화폐라는 범주가 갖는 진정한 의미를 제대로 파악할 수 있다고 할 수 있다.

***** 축장화폐**

*** 모든 장소나 시간에 걸쳐 화폐는 일반적 영구적인 불멸의 상품이다.**

"다른 모든 상품들의 축적은 금은의 축적에 비해 덜 원시적이다. 왜냐하면 ① 그것들의 일시성(一時性) 때문이다. 금속들은 즉자적으로 다른 상품들에 대하여 지속적인 것을 나타낸다. 또한 희소성과 예외적인 성격[때문에]도 탁월한 생산도구로 각별하게 축적된다. 공기 등에 의한 산화에 노출되지 않은 귀금속들은 다시 비금속(卑金屬)들보다 더욱 내구적이다. 다른 상품들에서 사라지는 것은 바로 그것들의 형태이다. 그러나 그것들의 사용가치는 이 형태의 지양, 즉 소비에 있는 반면, 이 형태는 그것들에게 교환가치를 부여한다. 이와는 반대로 화폐에 있어서 그것의 실체, 그것의 물질성은 화폐가 부를 대표하는 형태 자체에 있다. 화폐가 모든 장소에서 장소규정에 따라 일반적인 상품으로 나타난다면, 이제는 시간규정에 따라서도 일반적인 상품으로 나타난다. 그것은 언제라도 부로 보존된다. 그것의 특유한 내구성. 그것은 좀나방도 녹도 부식시키지 못하는 보화이다. 모든 상품은 일시적인 화폐이다. 화폐는 불멸의 상품이다. 화폐는 널리 퍼진 상품이다. 상품은 단지 국지적인 화폐이다. 그러나 축적은 본질적으로 시간 속에서 진행되는 과정이다."[『요강』, I권, 224쪽.]

**** 화폐의 자립화로서의 축장화폐**

우선 화폐의 자립화는 축장이라는 형태에서 가장 잘 나타난다.

"축장화폐라는 형태는 단지 유통하고 있지 않는 화폐의 형태, 즉 유통이 중단되어 화폐형태로 보존된 화폐의 형태에 불과하다. 화폐축장 과정 그 자체에 대해서 보면, 그것은 모든 상품생산에 공통적인 것이지만, 그것이 하나의 자기 목적으로서 나타나는 것은 단지 상품생산이 미발전된 전(前)자본주의적 형태에서뿐이다. 그러나 여기서는 축장화폐가 화폐자본의 형태로 나타나며, 화폐축장은 자본의 축적에 일시적으로 수반되는 과정으로 나타나는데, 이는 화폐가 여기에서 **잠재적인 화폐자본**으로서의 역할을 하기 때문이며, 또한 이러한 한에서만 그러하다. … 그러나 그것이 축장화폐의 상태인 한, 아직 화폐자본으로서 기능하지 않으며, 여전히 유휴하고 있는 화폐자본이다. 그것은 … 아직 그 기능을 수행할 능력이 없는 화폐자본이다."[MEW, 24, S. 88.]

맑스는 다른 곳에서 화폐축장에 대해 다음과 같이 논한다. "생산물의 상품으로서의 성격이 발전하여 있지 않을수록, 교환가치가 생산을 그의 충분한 넓이와 깊이로 정복하고 있지 않을수록, 더욱더 화폐는 사용가치로서의 부의 국한된 표현양식에 대리하여 본래의 부 자체로서, 일반적인 부로서 나타난다. 이것이 화폐축장의 기초이다. … 화폐축장은 고리(高利)에 있어서 최초로 현실적인 것으로 되고 그의 꿈을 실현한다. 축장화폐의 소유자가 바라는 것은 자본이 아니라 화폐로서의 화폐이다. 그러나 이자에 의해서 그는 이 축장화폐를 그대로 자본으로 전화시킨다."[MEW, 25, S. 611-612.][17]

* **모든 형태의 자연적 부와는 달리 화폐는 오직 사회적 결과로서 오히려 개인성의 부재를 나타내는 반면 동시에 사회에 대한 일반적인 지배를 개인에게 부여한다.**

"… 부가 교환가치에 의해 대체되기 전에, 자연적인 부의 모든 형태는 개인의 본질적인 관계를 가정하므로, 이 개인은 자신의 한 측면에 따라 사물로 대상화되고, 동시에 그의 사물 보유는 개성의 일정한 발전 등으로 나타난다. 양(羊)으로 이루어진 부는 목동으로서의 개인의 발전, 곡식으로 이루어진 부는 농부로서의 그의 발전 등(으로 나타난다: 필자). 이와는 반대로 **화폐는 일반적인 부의 개체**, 스스로 유통에서 유래하면서 일반자만을 대표하는 것, **오직 사회적인 결과로서** 그것의 보유자와는 아무런 개인적인 관계도 가정하지 않는다. 그것의 보유는 개인의 개성이 어떤 본질적인 측면에서 발전한 것이 아니라 오히려 개인성의 부재를 나타낸다. 왜냐하면 이 사회적 [관계]는 기계적으로 파악할 수도 있고, 그만큼 상실될 수도 있는 감각적인, 외적인 대상으로 동시에 존재하기 때문이다. 그러므로 그것의 개인에 대한 관계는 순전히 우연적인 관계로 나타나는 반면, 개인의 개성과는 아무런 관련이 없는 사물에 대한 이 관계가 동시에 이 사물의 성격에 의해서 사회에 대한 일반적 지배, 즉 욕망, 노동 등의 세계 전체에 대한 일반적 지배를 개인에게 부여한다. 이것은 예를 들어 어떤 돌(현자의 돌: 필자)의 발견이 나의 개성과는 전혀 무관하게 내가 모든 과학을 통달할 수 있게 해 주는 것과 마찬가지일 것이다. 부(사회적 부)와의 관계에서 화폐 보유는 내가 과학들과 관련하여 현자의 돌의 발견에 의해 놓여질 관계

---

17 "세계화폐 및 축장화폐로서의 화폐를 별개로 한다면, 특히 화폐가 상품의 절대적 형태로서 나타나게 되는 것은 바로 지불수단으로서의 형태에서이다. 또 특히 지불수단으로서의 화폐의 기능이야말로 이자를, 따라서 화폐자본을 발전시키는 것이다. 낭비를 업으로 하고 퇴폐를 조장하는 부가 바라는 것은 화폐로서의 화폐, 어떠한 것도 살 수 있는 수단으로서의 화폐이다. (또 채무지불을 위해서도) 소생산자가 화폐를 필요로 하는 것은 무엇보다도 우선 지불을 위해서이다." [MEW, 25, S. 611-612.]

와 전적으로 동일한 관계 속에 나를 놓아 둘 것이다."[『요강』, I권, 212쪽.]

***** 화폐축장 주체의 변천: 신과 왕으로부터, 즉 사원과 국고로부터 근대 은행으로**

"모든 고대 민족에게 있어서 상품의 신과 왕(화폐: 필자)이 신과 왕에게만 귀속되기 때문에, 원래 금은의 축적은 성직자나 왕의 특권으로 나타난다. 그들만이 부 자체를 보유할 자격이 있다. 그러다가 이러한 축적은 한편으로는 잉여, 즉 부를 특별한 축제 행사로서 전시하는 것, 사원과 신을 위한 선물, 공공의 예술 작품에 대한 지원으로, 끝으로 극심한 궁핍사태와 무기 구매 등을 위한 확실한 수단으로서, 나중에 고대인들에게 있어서 축적은 정치가 된다. 유보기금으로서의 **국고**와 사원이 그것의 성체(聖體)가 보관되는 최초의 은행이다. 축적과 저장은 근대은행에서 그것의 마지막 발전에 도달한다. 그러나 여기에서 그것은 가일층 발전된 규정을 갖는다."[상동, 223쪽.]

"다른 한편으로 사인(私人)들에게 있어서 저장은 그들이 부를 **매장할 수 있는** 등, 간단히 말해 개인과 전적으로 **비밀스러운** 관계를 갖는 순수한 형태로 외부세계의 변동으로부터 대피시키려는 것으로. 아시아에서는 그것이 아직도 역사적인 대규모로. 부르주아 사회에서는 모든 위기, 전쟁 등에 반복되어 이 사회가 야만적인 상태로 떨어진다. 마찬가지로 반(半)야만인들에게 있어서는 장신구와 장식품으로서 금 등의 축적. 그러나 가장 발전된 부르주아 사회에서는 다량이면서 끊임없이 증가하는 양의 금이 사치 대상으로 유통으로부터 박탈된다. … 그것을 유통에 넘겨주어 특수한 욕구를 위해 사용하지 않고, 그것을 일반적 부의 대표자로서 보유하는 것이 바로 개인들의 부의 증거이다. … 화폐가 그것의 다양한 규정에 있어서 발전하는 데 비례하여, 즉 부 자체가 개인의 가치의 일반적인 척도가 되는 데 비례하여 부의 과시 충동, 따라서 …."

[상동, 223쪽.]

*** 모든 것은 화폐로 전유될 수 있기에 화폐보다 지고한 것, 신성한 것은 없다.**

"그 까닭은 모든 것이 화폐를 받고 양도될 수 있듯이 모든 것은 화폐를 가지고 취득될 수 있기 때문이다. … 그러므로 모든 것은 모두에 의해서 전유될 수 있다. 그리고 한 개인이 어떤 것을 전유할 수 있는지 없는지는 그가 보유한 화폐에 좌우되므로 결국 우연에 달려 있다. 모든 것이 화폐를 받고 양도될 수 있기 때문에 양도 불가능한 것은 없다. 신성한 것은 모든 것이 화폐로 전유될 수 있기 때문에 지고한 것, 신성한 것 따위는 없다. 신 앞에서는 모두가 평등하듯이, 화폐 앞에서 '어떤 인간에 의해서도 점유'될 수 없고 '평가될 수도 없으며, 저당 잡히거나 양도될 수도 없는' 사물들, '인간들의 거래'로부터 해방된 '신성하고' '경건한 사물들'은 존재하지 않는다."[『요강』, III권, 134-135쪽.]

*** 축장은 사용가치에 기반한 낡은 공동체의 해체를 가져온다.**

바로 이 때문에 세 번째 규정에서의 화폐는, 즉 화폐로서의 화폐는 – 화폐 그 자체가 공동체가 아닌 곳에서는 – 필연적으로 사용가치에 기초한 낡은 공동체를 해체하고야 만다[상동, 213-215쪽 참조.]: "물욕은 화폐가 없이도 가능하다. 그러나 치부욕 자체는 일정한 역사적 발전의 산물이며, **역사적인** 것에 대립되는 **자연적인** 것이 아니다. 따라서 화폐가 모든 악의 원천이라는 고대인들의 탄식. 추상적인 향락욕과 인색은 화폐욕의 특수한 두 가지 형태이다. 추상적인 향락욕은 모든 향락들의 가능성을 포함하는 대상을 전제로 한다. 추상적인 향락욕을 실현하는 것은 **부의 물질적 대표자**가 되는 규정의 화폐이고, 화폐가 그것의 특수한 실체들인 상품들에 대하여 부의 일반적 형태에 지나지 않는 한에서의 인색이다. 화폐를 그러한 것으로 유지하기 위해서 치부욕은 화폐 추구

요구를 그 자체로 충족시킬 수 있도록 특수한 욕구 대상들에 대한 모든 관계를 희생하고 단념해야 한다. 화폐욕 또는 치부욕은 필연적으로 고대 공동체에 대한 대립. 화폐 자체가 공동체이며, 그 위의 어떠한 공동체도 용인하지 않는다. 그러나 이는 교환가치들의 충분한 발전, 즉 이에 상응하는 사회조직의 충분한 발전을 전제로 한다."[상동, 213쪽.]

"고대인들에게 교환가치는 연결자가 아니었고, 스스로 생산하지 않고 다만 중개무역만을 수행했던 상업민족들에게만 연결자로 기능하였다. 적어도 페니키아인, 카르타고인 등에 있어서는 그러했다. 부차적인 것. 그들은 유태인들이 폴란드나 중세에 그러했던 것처럼, 고대 세계의 중간 지대에만 살 수 있었다. 오히려 이 세계 자체가 그러한 상업민족들의 전제였다. 이들은 고대 공동체와 심각한 갈등에 빠질 때마다 매번 몰락한다. 로마인, 그리스인 등의 경우에 화폐는 척도와 유통수단이라는 자신의 처음 두 규정에 사로잡히지 않고, 그다지 발전되지 않은 채 등장한다. 그러나 그들의 상업이 그다지 발전되지 않은 채 증장한다. 그러나 그들의 상업 등이 발전하거나 또는 로마인들의 경우처럼 정복이 막대한 화폐를 가져다주자마자 – 간단히 말해 그들의 일정한 경제발전 단계에서 갑자기 화폐의 세 번째 규정이 필연적으로 나타나고, 그것이 완성될수록 이것은 공동체의 몰락으로 나타난다."[상동, 213쪽.]

이것은 부를 축적하고자 하는 욕구가 무제한적이기 때문에 더욱 그러하다: "일반적 형태의 향락욕과 인색은 화폐욕의 특수한 두 가지 형태이다."[상동, 213쪽.] 다른 곳에서도 부를 축적하고자 하는 욕구의 무제한성에 대해 다음과 같이 적고 있다. "금과 은으로 나는 순수한 형태의 일반적 부를 전유한다. 이것들을 더 많이 누적할수록 나는 더 많은 부를 축적한다. 금과 은이 일반적 부이기는 하나, 이것들의 일정한 양은 일반적인 부를 일정한 정도까지만 대표할 뿐이고 따라서 부적절하다. 전체가 지속적으로 자신을 넘어서도록 강제된다."

[『요강 초고』, S. 872.]

*** 화폐가 치부욕의 대상인 동시에 원천이 되었다.**

"따라서 화폐는 치부 욕망의 **한** 대상일 뿐만 아니라 그것의 **유일한** 대상이다. 치부욕은 본질적으로 금에 대한 저주받을 탐욕이다. 충동의 한 특수한 형태로서, 즉 특수한 부에 대한 욕망, 예를 들어 옷, 무기, 장신구, 여자, 포도주 등에 대한 욕망과는 구별되는 치부 욕망 자체는 일반적 부, 부 자체가 한 특수한 사물로 개별화되자마자, 즉 화폐가 세 번째 규정(화폐로서의 화폐: 필자)으로 정립되자마자 비로소 가능해진다. 따라서 화폐가 치부욕의 대상인 동시에 원천인 것이다."[『요강』, I권, 212-213쪽.]

이제 화폐축장을 통해 사회적 권력이 개인의 사적 권력으로 된다. 그러나 "어떠한 대가를 받고서라도 자신을 허용하고, 또 자신을 허락하는 대가로 무엇이든 받고자 하는 것은 부패와 매춘의 일반적 수단이다.[18]"[『요강 초고』, S. 895.] "모든 것과 **차이 없이** 교환될 수 있는 제3의 것, **물적인 것**과 모든 생산물, 활동, 관계의 교환 가능성 – 즉, 교환가치(와 화폐관계)의 발전은 일반적인 매수 및 부패와 일치한다."[『요강』, I권, 144쪽.]

---

18 "내가 화폐를 통해서 얻는 것, 내가 지불하는 것, 즉 화폐가 구매할 수 있는 것, 그것은 곧 화폐소유자인 나 자신이다. 화폐의 힘이 큰 정도에 따라 곧 나의 크기도 결정된다. 화폐의 속성들은 – 그것의 소유자인 – 나의 속성이요, 나의 고유한 능력이다. 나의 **존재**와 나의 **능력**은 결코 나의 개성에 의해 규정되지 않는다. 나는 못생긴 사람이다. 그러나 나는 가장 **아름다운** 부인을 살 수 있다. 따라서 나는 **못생긴** 사람이 아니다. 왜냐하면 **못생김**에서 유래하는 결과 곧 남을 깜짝 놀라게 하는 힘은 화폐에 의해 없어져 버리기 때문이다. … 나는 추악하고 부정직하며 성실치 못한 바보이지만, 화폐는 존경받고 따라서 그 소유자도 존경을 받는다. 화폐는 최고의 선이며, 따라서 그 소유자도 선하다. 화폐는 부정직의 멍에로부터 나를 해방시키고, 그리하여 나는 정직한 것으로 여겨진다. 나는 **정신이 없는** 사람이다. 그러나 화폐는 만물의 **현실적인 정신**이다. 그렇다면 그 소유자가 어떻게 정신이 없는 사람이겠는가? … 인간의 마음이 동경하는 모든 것을 화폐를 통해 가질 수 있는 나는 인간의 모든 능력을 보유하고 있는 것이 아닐까? 그리하여 나의 화폐는 나의 무능력을 그 정반대의 것을 전환시키는 것이 아닐까?" [*Oekonomisch-philosophische Manuskripte*(1844), MEW, *Ergaenzungsband Schriften bis 1844 Erster Teil*, S. 564-565.]

이러한 치부욕의 사실상의 토대는 교환가치 그 자체와 그것의 증가가 목적으로 된다는 사실에 있다. 상품을 특유한 자연적 부로부터 일반적인 사회적 부로 전환시키기 위해 그것의 전형을 위한 상품전형 W-G가 이루어진다. 소재대사 대신 형태변환이 자기 목적이 된다. 이제 "화폐숭배는 금욕, 절제, 자기희생 - 절약과 근검, 세속적이고 일시적이며 무상한 향락의 멸시, 영원한 보화의 추구이다. 따라서 영국의 청교도주의 또는 네덜란드의 프로테스탄티즘과 화폐 증식의 상호 관련성이 나타난다."[상동, 225쪽.]

＊상품생산이 덜 발전될수록 자립화된 교환가치인 축장의 역할이 중요하다.

상품생산이 미발전되어 있을수록 교환가치의 화폐로서의 첫 번째 자립화, 즉 축장은 더욱 중요해지고 따라서 이것은 고대 민족들에게 아시아에서는 오늘날까지, 그리고 교환가치가 아직 모든 생산관계들을 포착하지 않은 근대 농업민족들에게는 커다란 역할을 한다: "연금술에서 추구하는 것은 개별화된 교환가치로서의 따라서 체현된 부로서의 화폐이다. 그것의 이러한 규정은 중금주의에서 나타났다. 근대 산업사회 발전의 전 단계는 개인뿐만 아니라 국가의 전반적인 화폐욕으로부터 시작되었다. 말하자면 부의 원천의 실질적인 발전은 마치 부의 대표자를 보유하기 위한 수단으로서 이 화폐욕의 등 뒤에서 진행된다. 스페인처럼 화폐가 유통에서 유래하지 않고 그 자체로 발견되는 곳에서는 화폐가 민족을 가난하게 만드는 반면, 스페인들로부터 화폐를 받기 위해 노동해야 하는 민족들은 부의 원천을 발전시키고 실제로 풍요해진다. 따라서 신대륙과 신생국에서 금을 찾아내고 발견하는 것이 혁명사에서 그처럼 커다란 역할을 수행했던 까닭은 바로 그곳에서 식민화가 즉흥적으로 이루어지고 대대적으로 진행되었기 때문이다. 모든 나라에서 금 사냥은 국토의 발견, 새로운 국가 형성을 초래하며, 우선은 유통에 들어오고 새로운 욕구를 낳으며 원거리의 대륙을 소재대사, 즉 교환과정에 편입시키는 상품들의 확대를 초래한다. 따라서 이러한 측면에서 보면 부의 일반적 대표자, 개별화된 교환가치로서의 화폐(세 번째 규정으로서의 화폐: 필자)는 부를 보편성으로 확장하고 교환영역을 전 세계로 넓히고, 즉 소재적 측면에서나, 공간적 측면에서 교환가치의 현실적 일반성을 비로소 창출하는 이중의 수단이다."[상동, 216쪽.]

*** 부르주아 사회의 발전에 따라 치부욕에 의한 화폐축장은 유통과정에서 구매와 판매의 분리에 의해 휴지 상태에 놓인 유통수단인 주화에 의해 대체된다.**

교환가치의 제1의 자립화인 화폐축장은 부르주아 사회에서 점차적으로 사라지고 유통과정 자체에서 발생하는, 정확하게 말해 유통의 휴지점에 불과한 여러 가지 형태의 다른 축장에 의해 대체된다. 그리하여 분업과 구매와 판매의 분리라는 사실이 유통수단의 일시적인 축적을 초래한다. 이제 "각자는 그가 생산한 상품의 일방적인 판매자이지만, 사회적 생존을 위해 필요한 다른 모든 상품들의 구매자이기도 하다. 그의 판매자로서의 등장은 그가 자신의 상품을 생산하는 데 필요한 노동시간에 좌우되는 반면에, 그의 구매자로서의 등장은 생활필수들의 갱신에 의해 조건지어진다. 판매하지 않고 구매할 수 있기 위해서는 구매하지 않고 판매했어야 한다."[MEW, 13, S. 104.]

이로부터 다음과 같은 사실을 추론할 수 있다. "유통 W–G–W는 그것이 동시에 판매와 구매의 지속적인 분리과정인 한에서만 그들의 과정 중에 있는 통일이다. 주화로서의 화폐가 끊임없이 순환하기 위해서는 주화는 지속적으로 화폐로 응결되어야만 한다. … 유통 W–G–W에서 두 번째 고리 G–W는 … 시간이 지나면서 연속적으로 실행되는 일련의 구매들로 분산되므로 G 일부는 주화로서 순환하는 반면에 다른 일부는 화폐로서 휴식한다. … 여기에서 화폐는 사실상 **휴지된 주화**일 뿐이며, 순환하는 주화의 양의 개별적 구성 부분들은 때로는 이 형태로, 때로는 저 형태로 항상 교대로 나타난다."[상동.] 이로써 주화준비금이 발생하고 이것의 형성, 분배, 소멸 및 재형성은 지속적으로 변동하고, 동시에 지속적으로 팽창되고 축소되는 화폐유통량에 추가 또는 삭감의 통로로 작용한다.

이러한 주화준비금 이외에 지불수단으로서의 화폐의 기능과 세계화폐로서의 기능에서 발생하는 준비금이 추가된다. 이처럼 화폐축장의 필연성은 이미 단순상품유통에서 발생하나 이 준비금들은 자본주의적 생산에 이르러서야 더 큰 의미를 갖게 된다. 즉, 새롭게 축적되어 아직 투자되지 않은 화폐자본을 포함하여 일시적으로 사용되지 않는 휴지 상태의 자본을 화폐형태로 집적하는 것은 자본주의적 생산의 고유한 특징이다: "자본주의적 생산과정에서, 그리고 전자본주의적 생산양식하에서도 상업 일반으로부터 다음과 같은 현상이 나타난다. 첫째, 축장화폐로서의 화폐가, 즉 이제는 자본 가운데에서 지불수단 및 구매수단의 예비재원으로서 항상 화폐형태로 존재해야만 하는 부분이 집적된다. 이것은 축장화폐의 제1형태로서 자본주의적 생산양식하에서 재현되는 것이며, 상업자본의 발달에 따라 적어도 이 상업자본을 위해서 일반적으로 형성되는 것이다. 이것은 국내유통은 물론 국제적 유통에서도 그대로 나타난다. 이 축장화폐는 끊임없이 유통하면서 계속 유통으로 투입되었다가 다시 환류한다. 축장화폐의 제2형태는 화폐형태의 유휴자본, 즉 외관상 사용되지 않고 있는 자본으로, 여기에는 새롭게 축적되어 아직 투자되지 않고 있는 화폐자본도 포함된다."[MEW, 25, S. 331.]

"자본주의적 생산의 토대 위에서는 화폐축장의 형성 그 자체는 목적이 아니다. 그것은 유통이 정체한 결과이거나 – 이것은 보통의 수준을 초과한 양의 화폐가 축장화폐의 형태를 취하는 경우 – 또는 회전에 의해 필요하게 된 적립의 결과이거나, 마지막으로 생산자본으로 기능해야 할 … 화폐자본의 형성에 지나지 않는다."[MEW, 24, S. 350.] 이처럼 자본주의적 생산이 발전된 나라들에서 축장화폐가 평균 수준을 넘어 과잉되는 것은 상품유통의 정체나 상품의 전형 운동의 중단을 암시하는 것이다.

3-3-2. 지불수단

앞에서 언급한 내용을 화폐의 지불수단으로서의 기능과 관련지어 좀 더 간략하고 추상적으로 요약해 보면, "지금까지 화폐가 유통수단과 구별되던 두 형태는 **유통이 정지된 주화**형태와 **축장화폐**형태였다. 첫 번째 형태는 주화의 화폐로의 일시적인 전환 속에서 W–G–W의 두 번째 고리, 즉 구매 G–W가 일정한 유통 영역 내에서 일련의 연속적인 구매들로 분산되어야 한다는 것을 반영했다. 그러나 축장은 G–W로 진행되지 않은 W–G 행위의 고립에 단순히 기초하거나 또는 다만 상품의 첫 번째 전형의 자립적인 발전이었고 계속 양도되는 형태의 상품의 존재인 유통수단과는 반대로 모든 상품의 소외된 존재로 발전된 화폐였다. 주화준비금과 축장화폐는 비유통수단으로서만 화폐이고, 그것들은 유통되지 않았기 때문에만 비유통수단이었다."[MEW, 13, S. 115.]

아래에서 고찰되는 "화폐는 유통되거나 유통 속에 들어가지만 유통수단 기능으로서가 아니다. 유통수단으로서의 화폐는 언제나 구매수단이었으나 이제는 비구매수단으로서 작용한다."[상동.]

앞에서 주화와 축장화폐 그리고 지불수단으로서의 화폐에 대한 특성을 간략하게 요약하였으나 맑스는 다른 측면에서, 즉 그 화폐의 대리인의 관점에서 각각의 차이점을 다음과 같이 서술한다. "화폐가 축장에 의해 추상적인 사회적 부의 존재와 소재적 부의 물적 대리인으로 발전되자마자 화폐로서의 이 규정성에서 화폐는 유통과정에서 독특한 기능을 얻는다. 화폐가 단순한 유통수단으로 그리고 그렇기 때문에 구매수단으로 유통될 때에는 상품과 화폐가 동시에 마주 선다는 것, 즉 동일한 가치크기가 이중적으로, 한쪽 극에는 판매자의 손에 상품으로서, 다른 한쪽 극에는 구매자의 손에 화폐로서 존재한다는 것이 가정된다. 반대되는 극들에 두 등가물의 이러한 동시적 존재와 그것들의 동시적 위치 변경 또는 그것들의 상호 양도는 다시 판매자와 구매자가 기존 등가물들의 소유자들로서만 서로 관계를 맺는다고 가정한다. 그렇지만 화폐의 상이한 형태규정성들을 낳는 상품전형의 과정은 상품소유자들도 전형시키거나 또는 그들이 서로 나타내는 사회적 성격들을 변화시킨다. 상품의 전형과정에서 상품보호자는 상품이 변형할 때마다 또는 화폐가 새로운 형태를 취할 때마다 자주 그 외관을 변화시킨다. 그렇게 상품소유자들은 원래 상품소유자들로서만 마주 섰고, 그러다가 한 사람은 판매자, 다른 사람은 구매자, 그러다가 각자가 돌아가면서 구매자 및 판매자, 그러다가 축장자, 끝으로 부자들이 되었다. 그리하여 상품소유자들은 그들이 유통과정에서 들어갈 때와는 다르게 유통과정으로부터 나온다. 화폐가 유통과정에서 얻은 상이한 형태규정성들은 사실 상품들 자체의 결정화(結晶化)된 형태변환일 뿐이며, 이 형태변환은 그 자체로서는 상품소유자들의 소재대사가 실행되는, 변화하는 사회적 관계들의 객관적인 표현일 뿐이다. 유통과정에서 새로운 유통관계들이 발생하고 이 변화된 관계들의 담지자들로서 상품소유자들은 새로운 경제적 성격들을 얻는다. 내부 유통에서 화폐가 관념화되고 단순한 종이가 금의 대리인으로서 화폐기능을 수행하듯이, 동일한 과정은 화폐나 상품의 단순한 대리인으로서 그 과정에 들어서는, 즉 장래의 화폐 또는 장래의 상품을 대리하는 구매자 또는 판매자에게 실제 판매자 또는 실제 구매자의 효력을 부여한다."[MEW, 13, S. 115-116.]

＊상품양도와 가격 실현의 분리

지금까지 고찰한 상품유통의 직접적인 형태(현금 매매)에서는 동일한 가치크기가 항상 이중으로, 즉 한쪽 극에는 상품이, 반대 극에는 화폐가 대립하여 있었다. 그러므로 상품소유자들은 존재하고 있는 상품과 화폐라는 등가물의 대리자로서 서로 접촉하였을 뿐이다. 그러나 상품유통이 확대됨에 따라 상품의 양도를 상품가격의 실현으로부터 시간적으로 분리시키는 사정들이 전개된다: "W–G 과정에서 실제적 사용가치 및 관념적 교환가치로서의 상품이 실제적 교환가치 및 관념적 사용가치로서의 화폐와 관계를 맺는다는 것을 보았다. 판매자는 상품을 사용가치로서 양도하면서 상품 자신의 교환가치와 화폐의 사용가치를 실현했다. 반대로 구매자는 화폐를 교환가치로서 양도하면서 그것의 사용가치와 상품의 가격을 실현했다. 이에 상응하여 상품과 화폐의 위치변환이 이루어졌다. 양극적인 이러한 대립의 살아 있는 과정이 이제는 다시 위치변환의 실현에서 분열된다."[MEW, 13, S. 116.]

여기에서는 이러한 사정들 중에서 가장 단순한 것들을 언급해 보자.

① 어떤 상품은 생산을 위해 보다 긴 시간을 필요로 하고, 다른 종류의 상품은 비교적 짧은 시간을 필요로 한다.

② 서로 다른 각 상품은 각각 다른 계절과 연결되어 있다.

③ 어떤 상품은 그 상품의 시장이 존재하는 곳에서 생산되고, 다른 상품은 멀리 떨어진 시장으로 여행하지 않으면 안 된다.

이러한 사정들로 인해 어떤 상품소유자는 다른 상품소유자가 구매자로 나타나기 전에 판매자로 등장할 수도 있다. 즉, 상품의 양도와 가격의 실현이 시간적으로 분리될 수도 있다. 예를 들어, 월세의 경우, 가옥의 이용권(사용가치)을 일정 기간 동안 사고파는 것으로서 일정한 기간이 경과한 뒤에야 비로소 구매자는 그 사용가치를 실제로 수취하게 되는 셈이다. 그러므로 그는 그 대가를 지불하기 전에 그 상품을 구매하는 것이다. 한쪽의 상품소유자는 현재 존재하는 상품을 판매하고 다른 쪽의 상품소유자는 화폐의 단순한 대리자나 장래의 화폐의 대리자로서 구매한다. 판매자는 채권자가 되고 구매자는 채무자가 된다: "판매자는 상품을 실제로 양도하고 그것의 가격을 실현하지만 일단은 다시 관념적으로만 그러하다. 그는 상품을 훗날 확정된 시기에야 비로소 실현되는 가격으로 팔았다. 판매자는 현재 상품의 소유자로서 판매하는 반면에 구매자는 미래 화폐의 대리인으로서 구매한다. 판매자 측면에서는 상품은 가격으로서는 실제로 실현되지 않고 사용가치로서는 실제로 양도된다. 구매자 측면에서는 화폐는 교환가치로서는 실제로 양도되지 않고 상품의 사용가치로서는 실제로 실현된다. 이전의 가치표장 대신에 여기에서는 구매자 자신이 상징적으로 화폐를 대리한다. 그러나 이전에 가치표장의 일반적 상징성이 국가의 보증과 강제통용력을 야기했듯이 이제는 구매자의 개인적 상징성이 상품소유자들 사이의 법적으로 강요된 사적 계약들을 야기한다. … 판매자와 구매자는 채권자와 채무자가 된다. 축장화폐의 보호자로서 상품소유자가 오히려 희극적인 역할을 했다면, 그는 이제 그 자신이 아니라 그의 이웃을 일정한 화폐액의 존재로 파악하고 이웃을 교환가치의 순교자로 만들면서 무서운 존재로 변한다. 그는 신자에서 채권자가 되고 종교로부터 법학으로 떨어진다."[MEW, 13, S. 116-117.]

여기에서는 상품의 가치형태의 전개가 달라지기 때문에 화폐 역시 다른 기능을 갖게 된다. 화폐는 지불수단이 된다.[19]

19 맑스 주: "루터는 구매수단으로서의 화폐와 지불수단으로서의 화폐를 구별하고 있다. '너는 고리대금업으로서, 나로 하여금 여기에서는 지불을 할 수 없고 저기에서는 구매를 할 수 없는 이중의 곤경에 빠지게 한다.'" [Martin Luther, *An die Pfarrherrn, wider den Wucher zu predigen*(고리대에 반대하여 설교할 목회자들에게), Wittenberg 1540, MEW, 23, S. 149, 각주 96.]

*** 지불수단으로서의 화폐의 특성**

이제 W–G의 양극에 상품과 화폐라는 두 개의 등가물이 동시에 나타나지는 않게 되었다. 여기에서 화폐는,

① 가치척도로서 기능을 하여 판매되는 상품의 가격을 결정한다. 계약에 의해 확정된 상품의 가격은 구매자가 정해진 기간에 지불해야 할 채무액의 크기를 표시한다.

② 관념적인 구매수단으로 기능을 한다. 화폐는 단순히 구매자와 화폐 지불 약속을 위해 존재할 뿐이지만 상품을 판매자의 손에서 구매자의 손으로 넘어가게 한다. 즉, 상품의 소유자를 바꾸는 작용을 한다.

③ 지불기일이 되었을 때에서야 비로소 지불수단으로서의 화폐는 실제로 유통 속으로 들어가 구매자의 손에서 판매자의 손으로 넘어간다. 그러나 화폐는 유통수단 또는 구매수단으로서 유통 속으로 들어가는 것이 아니다. 지불수단으로서의 화폐가 유통 속으로 들어가지만 그것은 상품이 이미 유통으로부터 나가버린 후이다.

여기에서 화폐는 이 유통과정을 매개하는 것이 아니라 화폐는 교환가치의 절대적 존재로서 또는 일반적 상품으로서 이 유통과정을 자립적으로 종결짓는다: "상품은 존재하지만 화폐는 단지 대리될 뿐인 변화된 W–G 형태에서 화폐는 일단 가치척도로서 기능을 한다. 상품의 교환가치는 그 척도로서의 화폐로 평가되나, 계약에 의해 측정된 교환가치로서의 가격은 판매자의 머릿속에 존재할 뿐만 아니라 동시에 구매자의 채무척도로서도 존재한다. 둘째로, 화폐는 비록 자신의 미래 존재의 그림자만을 자신 앞에 드리우지만 여기에서는 구매수단으로서 기능을 한다. 즉, 화폐는 상품을 상품의 자리로부터, 판매자의 손으로부터 구매자의 손으로 옮긴다. 계약이행의 날짜가 되면 화폐는 유

통에 들어오는데, 그 까닭은 그가 자리를 바꾸어 과거 구매자의 손으로부터 과거 판매자의 손으로 넘어가기 때문이다. 그러나 화폐는 유통수단이나 구매수단으로서 유통에 들어오는 것이 아니다. … 오히려 화폐는 상품에 대한 유일하고 적절한 등가물로서, 교환가치의 절대적 존재로서, 교환과정의 유언으로서, 간단히 말해 화폐로서, 그것도 **일반적 지불수단**이라는 특정한 기능을 하는 화폐로서 유통 속으로 들어간다. 지불수단으로서의 이 기능에서 화폐는 절대적 상품으로 나타나지만, 유통 자체 내에서 그러할 뿐 축장화폐와 같이 유통 밖에서 그런 것이 아니다."[MEW, 13, S. 117-118.]

＊화폐는 사회적 필연성에 의해 판매의 자기 목적이 된다.

판매자가 상품을 화폐로 전환시키는 이유는,

① 상품판매자는 화폐로 어떤 욕망을 충족시키기 위해,

② 화폐축장자는 상품을 화폐형태로 보존하기 위해,

③ 채무를 진 구매자는 채무를 지불할 수 있기 위해서이다.

만약 이 구매자가 지불하지 않는다면 그의 소유물은 강제매각을 당한다. 그리하여 상품의 가치자태, 즉 화폐는 이제 유통과정 그 자체의 여러 관계로부터 발생하는 사회적 필연성에 의해 판매의 자기 목적으로 된다: "상품소유자의 생산물이 그를 위한 사용가치가 아니라 양도에 의해 비로소 사용가치가 되어야 하는 한에 있어서, 원래 유통에서 생산물의 화폐로의 전환은 상품소유자의 개인적 필요성으로서만 나타난다. 그러나 계약기한에 지불하기 위해서 그는 미리 상품을 판매하지 않으면 안 된다. 따라서 그의 개인적 욕구와는 상관없이 판매는 유통과정의 운동에 의해 상품소유자에게는 하나의 사회적 필요성으로 전환되었다. 과거의 상품구매자로서 그는 화폐를 구매수단으로서가 아니라 지불수단으로서, 절대적 교환가치형태로 취득하기 위해 강제적으로 다른 상품의 판매자가 된다. 궁극적인 행위로서 상품의 화폐로의 전환, 또는 축장에서는 상품소유자의 일시적 기분인 것처럼 보였던 상품의 제1전형이 이제는 하나의 경제적 기능으로 되고 있다. 지불하기 위한 판매의 동기와 내용은 유통과정의 형태 자체에서 기인하는 유통과정의 내용이다."[MEW, 13, S. 118.]

구매자는 자신의 상품을 화폐로 전환시키기 전에 화폐를 상품으로 전환시킨다. 즉, 상품의 제1전형(W-G)에 앞서서 제2전형(G-W)을 수행한다. 판매자의 상품은 유통하지만 그 가격은 상법상의 화폐청구권으로 실현되었을 뿐이다. 그 상품은 화폐로 전환되기 전에 사용가치로 전환된다. 그 상품의 제1전형은 그 뒤에야 비로소 실행된다: "이 판매형태에서는 상품은 자신의 제1전형, 즉 자신의 화폐로의 전환을 유예하는 동안에 자신의 위치변환을 실행하고 유통한다. 이와는 반대로 구매자 쪽에서는 제1전형이 실행되기 전에, 즉 상품이 화폐로 전환되기 전에 제2전형이 실행되었다. 즉, 화폐가 상품으로 재전환되었다. 따라서 여기에서는 제1전형이 시간적으로 제2전형 이후에 나타난다. 그럼으로써 상품의 제1전형의 자태인 화폐는 새로운 형태규정성을 획득한다. 화폐 또는 교환가치의 자립적 발전은 더 이상 상품유통의 매개적 형태가 아니고 상품유통의 궁극적인 결과이다."[MEW, 13, S. 118-119.]

*** 선대되는 화폐는 구매수단으로서 기능할 뿐이다.**

맑스는 『자본론』에서는 이 문제를 직접 다루지 않았는데 그 이유를 『자본론』의 각주에서 『정치경제학 비판을 위하여』로부터의 인용문[MEW, 13, S. 117.]을 소개시킴으로써 설명하고 있다. "이와 반대로 G-W라는 과정에서는 화폐의 사용가치가 실현되기 전에, 즉 상품이 양도되기 전에 화폐가 실제의 구매수단으로서 양도되고, 이리하여 상품의 가격이 실현될 수 있다. 이것은 선불과 같은 일상적 형태로 행해지고 있다. 또는 영국 정부가 인도 농민으로부터 아편을 구입하는 형태로 …. 그러나 이러한 경우에 화폐는 오로지 구매수단이라는 이미 알려져 있는 화폐의 형태로 투하된다. … 자본은 물론 화폐형태로 선대되고 … 그러나 이 관점은 단순유통의 시야에는 들어오지 않는다."[MEW, 23, S. 150-151, 각주 98.]

*** 지불수단으로서 필요한 화폐량**

일정한 기간 내에서 지불수단으로서 필요한 화폐량은 상품판매에 의한 채무 총액, 즉 판매된 상품가격의 총액 중 그 기간 내에 지불기한이 도달한 총액에 의해 결정되는데, 다음과 같은 사정에 의해 현실적으로는 지불기간에 도달한 상품가격 총액보다 적게 된다. 그 사정이란,

① 지불수단의 유통속도: 지불수단의 유통속도가 클수록 지불수단의 양은 적어도 된다. 유통속도가 양을 대신하기 때문이다. 그런데 이 유통속도는 두 가지 사정, 즉

a) A가 자신의 채무자 B로부터 화폐를 받은 다음 이 화폐를 자신의 채권자 C에게 지불하는 것과 같은 채권자와 채무자의 연쇄관계,

b) 지불기간과 지불기간 사이의 시간적 간격으로부터 제약을 받는다.

② 수많은 판매 또는 구매가 동시에 병행하여 행해진다는 사실: 이 사실은 주화의 양, 즉 유통수단의 양이 유통속도에 의해 대체될 가능성을 제한한다. 거꾸로 이것이 지불수단의 절약을 위한 새로운 자극을 준다. 즉, 많은 지불이 동일한 장소에 집중됨에 따라 그 지불들의 결제에 관한 독자적인 설비와 방법이 자연발생적으로 발달한다. B에 대한 A의 채권과 C에 대한 B의 채권 및 A에 대한 C의 채권 등등은 서로 대조되기만 하고 어떤 금액까지는 양(陽, +)의 양과 음(陰, -)의 양으로서 상쇄될 수 있다. 그리하여 나머지 채무차액만이 청산되면

된다. 지불들이 많이 집중될수록 그만큼 차액은 상대적으로 적어지며, 이에 따라 유통되는 지불수단의 양도 적어진다.

* 화폐의 화폐로서의 기능 안에 내포된 형태적 위기의 가능성(추상적 단계에서의 위기의 제2 가능성)

화폐의 지불수단으로서의 기능은 하나의 무매개적인 모순을 내포하고 있다. 여러 지불들이 상쇄되는 한에 있어서는 화폐는 그저 관념적으로 계산화폐 또는 가치척도로서의 기능만을 할 뿐이다.

실제 지불이 행해져야 하는 경우에 그것은 유통수단으로서 나타나는 것이 아니라, 즉 단지 물질대사의 순간적인 매개적 형태로서 나타나는 것이 아니라, 사회적 노동의 개별적인 화신, 교환가치의 자립적인 존재, 절대적 상품으로 등장하는 것이다: "지불이 양과 음의 크기로서 상쇄되는 한 실제 화폐의 개입은 전혀 발생하지 않는다. 이 경우에 화폐는 한편으로는 상품가격에서, 다른 한편으로는 상호간의 채무의 크기에서 가척도로서의 형태로만 발전된다. 여기에서 교환가치는 자신의 관념적 존재 이외에 결코 자립적 존재를, 그리고 가치표장으로서의 존재마저도 취하지 않는다. 또는 화폐는 단지 관념적 계산화폐로 된다. 따라서 지불수단으로서의 화폐의 기능은 화폐가 한편으로 지불들이 상쇄되는 한 관념적으로만 작용하며, 다른 한편으로 지불이 실제로 수행되어야 하는 한에서는 사라지는 유통수단으로서가 아니라 일반적 등가물의 휴식하는 존재로서, 절대적 상품으로서, 한 마디로 말해 화폐로서 유통 속으로 들어온다는 모순을 내포하고 있다. 따라서 지불의 고리와 그것의 상쇄제도가 발전된 곳에서는 지불들의 흐름이 강제적으로 중단되고 그들의 상쇄제도가 교란되는 동요가 발생할 때 화폐는 가치척도로서의 가스 같은 환상적 자태에서 갑자기 경화 또는 지불수단으로 급변한다."[MEW, 13, S. 122.]

"이 모순은 화폐위기라고 불리는 생산위기, 상업위기의 순간에 폭발한다.[20] 화폐위기는 여러 지불들의 연쇄와 그 결제의 인위적인 체제가 충분히 발달한 경우에만 일어난다. 이 기구에서 보다 전반적인 교란이 발생하게 되면 그 교란이 어디에서부터 생겨났건 간에 화폐는 계산화폐라는 순전히 관념적인 자태로부터 갑자기 그리고 아무런 매개도 없이 경화로 돌변한다. 세속적인 상품들로는 더 이상 화폐를 대신할 수 없게 된다. 상품의 사용가치는 무가치하게 되고 상품의 가치는 그 자신의 가치형태(화폐: 필자) 앞에서 그 빛을 상실하고 만다. 호경기에 도취되어 딴에는 개화된 듯한 자부심을 지니게 되었던 부르주아들은 바로 조금 전까지도 화폐란 공허한 환영이라고 단언하며 상품이야말로 화폐라고 설명하였다. 그런데 이제는 '화폐만이 상품이다!'라고 외치는 소리가 세계시장을 덮는다. 사슴이 신선한 물을 찾아서 울듯이 세계시장의 영혼은 유일한 부인 화폐를 찾아서 울부짖는다."[MEW, 23, S. 152.] "신용제도로부터 통화제도로의 이러한 돌변은 실제적인 공황(Panik)에다 이론적인 공황(Schrecken)을 추가하고 유통 당사자들은 그들 자신들의 관계들을 헤아릴 수 없는 비밀 앞에서 몸서리를 친다."[MEW, 13, S. 123.]

위기 시기에는 상품과 그 가치자태, 즉 화폐의 대립이 절대적인 모순으로까지 고양된다. 그러므로 여기에서 화폐의 현상형태는 아무래도 상관없다. 지불에 사용되는 것이 금이든 은행권과 같은 신용화폐이든 화폐기근은 변함이 없다. 그럼에도 불구하고 "구매수단과 지불수단의 차이는 상업공황의 시기에 매우 불편할 정도로 두드러진다."[MEW, 13, S. 118.] "… 금과 은만이 화폐라거나

20 맑스 주: "본문에서 모든 일반적인 생산, 상업위기의 특별한 단계로 규정되고 있는 화폐위기는, 흔히들 똑같이 화폐위기라고 부르지만 자립적으로 나타날 수 있고, 따라서 산업과 사업에 대해서는 오직 반동적으로 작용할 뿐인 특별한 종류의 위기(금융위기)와는 마땅히 구별되어야 한다. 이 후자의 위기에서는 그 운동의 중심이 화폐자본이며 또한 그러한 이유로 그 직접적인 영역도 은행, 증권거래소, 재정이다(엥겔스에 의해 제3판에 실린 맑스의 필사본 주)." [MEW, 23, S. 152, 각주 99.]

화폐 일반은 다른 상품들과는 달리 절대상품이라는 미신에 대해 고상하게 미소 짓는 발전된 부르주아적 생산의 상태에서는 화폐가, 유통의 중개자로서가 아니라 화폐축장자가 이해하는 것과 같이 교환가치의 유일하게 적절한 형태로서, 유일한 부로서 나타난다. 화폐는, 예를 들어 중금주의처럼 모든 소재적 부의 단순히 상상된 가치 저하 및 무가치성에서가 아니라 그것의 실제적 가치 저하 및 무가치성에서, 부의 그러한 배타적 존재로서 나타난다. 이것은 화폐위기라 불리는 세계시장위기의 한 특수한 계기이다. 그러한 순간에 유일한 부로서 갈망되는 최고의 선은 화폐, 현금이며, 그밖에 다른 모든 상품들은 바로 사용가치라는 이유로 무용한 것으로, 잡동사니, 장난감으로 또는 … 단순한 보석 및 탐욕으로 나타난다. 신용제도로부터 통화제도로의 이러한 돌연한 변환은 실제적 공황에 이론적 공황을 추가하고 유통대리인들은 그들 자신들의 관계들을 헤아리기 어려운 비밀 앞에서 몸서리를 친다."[MEW, 13, S. 122-123.]

*** 일정 기간에 유통되는 화폐의 총량**

앞에서 유통수단으로서의 기능을 수행하는 화폐량(M)은 상품의 가격 총액(PT)에 비례하며 화폐의 유통속도(V)에 반비례함을 알았다. M = PT/V.

그런데 유통에 필요한 화폐의 총량은 유통수단 및 지불수단의 양의 합으로 이루어지므로 유통수단으로서의 화폐량보다는 더 많아야 한다. 만일 유통수단 및 지불수단의 유통속도가 주어져 있다면,

일정한 기간 내에 유통하는 화폐의 총액 = (실현되어야 할 상품가격의 총액 + 만기가 된 여러 지불의 총액) − (상쇄되는 지불 + 때로는 유통수단으로서의 기능을 하고 때로는 지불수단으로서의 기능을 하는 유통액).

여기에서 주목해야 할 사실은 화폐의 유통량이 상품가격에 의존한다는 일반법칙은 적용되지 않는다는 것이다. 그 이유는 다음과 같다.

가격과 화폐의 유통속도와 여러 지불들의 절약이 일정하다고 해도,

① 어떤 기간 내에 유통하는 화폐량과 유통하는 상품의 양은 이미 일치하지 않는다. 왜냐하면 오래전에 유통으로부터 이탈한 상품을 대표하는 화폐가 유통하기 때문이며, 또한 그 가격이 장래에서야 화폐로 실현될 상품들이 유통되기 때문이다.

② 날마다 계약된다는 지불액과 같은 날에 기한이 만료되는 지불액이 완전히 다르기 때문이다.

*** 신용화폐는 지불수단으로서의 기능에서 발생한다.**

신용화폐는 화폐가 지불수단으로 기능하게 되면서 발생한다. 신용화폐는 판매된 상품에 대한 채무증서 그 자체가 채권을 이전시키기 위해 다시 유통됨으로써 발생한다. 다른 한편, 신용제도가 확대되면 화폐의 지불수단으로서의 기능도 확대된다. 이러한 지불수단으로서의 화폐는 거액의 상거래 영역에 머물러 있는 한편, 금화 또는 은화는 주로 소액거래의 영역으로 밀려나게 된다: "판매의 두 극이 시간적으로 분리된 가운데 존재하는 그러한 외상판매들이 단순상품유통으로부터 자연발생적으로 생성한다는 것은 결코 상세한 증명들을 필요로 하지 않는다. 유통의 발전은 맨 먼저 동일한 상품소유자들이 판매자들과 구매자들로서 서로 교대로 등장하는 것이 반복된다. 반복되는 현상은 단순히 우연이 아니고 상품은 예를 들어 인도되고 지불되어야 하는 미래 기한에 맞추어 주문된다. 이 경우에 판매는 관념적으로, 즉 이때에는 상품과 화폐가 본래 모습 그대로 나타나지 않고, 법적으로 수행된다. 우선 상품과 화폐가 동시에 위치를 바꾸고 다른 한편으로는 화폐가 상품을 구매하는 것이 아니라 이전에 판매된 상품의 가격을 실현하기 때문에, 여기에서는 유통수단으로서와 지불수단으로서의 화폐의 두 기능이 아직도 여전히 일치한다. 더욱이 일련의 사

용가치들의 본성상 사용가치들이 상품의 사실상의 인도에 의해서가 아니라 일정 기간 동안 그 상품의 위임을 통해서만 실제로 양도되는 것이 당연히 필요하다. 예를 들어, 한 가옥이 한 달 동안 판매되면서 비록 월초에 소유자가 바뀌지만 가옥의 사용가치는 한 달이 지난 후에야 비로소 인도된다. 사용가치의 사실상의 위임과 그것의 실제적 양도는 이 경우에는 시간적으로 분리되기 때문에 그것의 가격의 실현 역시 그것의 위치변환보다 늦게 이루어진다. 그러나 결국에는 상이한 상품들이 생산되는 시간과 시기의 차이는 한 사람은 판매자로 등장하는 반면에 다른 사람은 아직 구매자로 등장할 수 없게 하고, 동일한 상품소유자들 사이에 구매와 판매의 빈번한 반복은 그들 상품들의 생산조건들에 상응하여 판매의 두 계기들이 분리되게 한다. 그러면 상품소유자들 사이에 채권자와 채무자의 관계가 형성되는데, 이 관계가 신용제도의 자연발생적인 기초를 형성하기는 하나 신용제도가 존재하기 전에 완벽하게 발전되어 있을 수 있다. 그럼에도 불구하고 신용제도의, 따라서 부르주아적 생산 일반의 형성으로 지불수단으로서의 화폐의 기능은 구매수단으로서의 그리고 더 나아가 축장의 요소로서의 기능을 희생으로 하여 팽창될 것이라는 것은 분명하다. 예를 들어, 영국에서는 주화로서의 화폐는 생산자와 소비자 사이의 소매업과 소매가의 영역으로 거의 전적으로 쫓겨난 반면에 지불수단으로서의 화폐는 대규모 상업거래 영역을 지배한다."[MEW, 13, S. 119-120.]

*** 금의 가치변동이 화폐의 지불수단으로서의 기능에 미치는 영향**

이에 대한 내용은 『자본론』에서는 다루지 않는다. 맑스는 『정치경제학 비판을 위하여』에서 금의 가치변동이 지불수단으로서의 화폐의 기능에 미치는 영향에 대해 다음과 같이 서술하고 있다. "우리는 금과 은의 가치변동이 가치척도나 계산화폐로서의 기능에 영향을 끼치지 않는다는 것을 보았다. 그렇지만 이 변동은 축장화폐로서의 화폐에게는 결정적으로 중요한데, 그 이유는 금, 은의 가치의 상승이나 하락으로 인해 금 또는 은의 축장화폐의 가치크기가 상승 또는 하락하기 때문이다. 지불수단으로서의 화폐에게는 더욱 더 중요하다. 지불은 상품 판매보다 뒤에 비로소 이루어지거나 또는 화폐가 두 개의 상이한 시간 사이에 두 가지 상이한 기능을, 처음에는 가치척도로서 그 후에는 이 측정에 상응하는 지불수단으로서 작용한다. 이 시간 사이에 귀금속의 가치 또는 그것의 생산에 필요한 노동시간이 변동하면 동일한 양의 금 또는 은은 그것이 가치척도로서 기여했거나 계약이 체결된 때보다 지불수단으로 등장할 때가 가치가 더 많아지거나 적어질 것이다. 금과 은 같은 특수한 상품의 화폐 또는 자립화된 교환가치로서의 기능이 그것의 생산비의 변동에 의해 가치크기가 좌우되는 특수한 상품으로서의 그것의 본성과 바로 이 점에서 충돌한다. … 귀금속의 가치 하락은 채권자를 희생으로 하여 채무자에게, 그것의 가치 상승은 반대로 채무자를 희생으로 하여 채권자에게 이익이 된다는 것은 … 분명해진다."[MEW, 13, S. 124.]

• 지불수단으로서의 화폐의 기능은 상품유통의 범위 밖으로까지 미친다.

상품생산이 발달하여 일정한 수준과 범위에 도달하게 되면 화폐의 지불수단으로서의 기능은 상품유통의 영역을 뛰어넘게 된다. 화폐는 계약상의 일반적 상품이 된다. 지대나 조세 등은 물납제에서 금납제로 바뀐다: "일반적 지불수단으로서 화폐는 – 우선은 단지 상품유통 영역 내에서만 – 계약상의 **일반적 상품**이 된다. 그렇지만 화폐의 이러한 기능이 발전함에 따라 점차 다른 모든 지불형태들이 화폐지불로 귀결된다. 화폐가 유일한 지불수단으로서 발전된 정도는 교환가치가 생산을 그 깊이와 넓이에 있어서 장악한 정도를 보여 준다."[MEW, 13, S. 120.]

맑스는 여기에서 지대나 조세 등을 물납에서 금납으로 전환하려는 시도가 얼마나 많이 생산과정의 총체적인 형태에 의해 제약되는가에 대해서 다음과 같이 언급하고 있다.

① 모든 공납(조세)을 화폐로 징수하려고 두 번이나 시도한 로마제국은 상품생산과 상품유통이 전반적으로 발전되지 못해 두 번 모두 실패하였다.

② 루이 14세 치하의 프랑스 농민이 극심한 궁핍에 빠진 것은 조세가 높았기 때문이기도 하지만 상품생산과 상품유통이 전반적으로 미발전되었음에도 불구하고 조세제도를 현물조세(물납제)에서 화폐조세(금납제)로 바꾸었기 때문이었다.

③ 아시아에서는 지대가 물납제를 채택하고 있었는데 이것은 불변적으로 재생산되는 생산관계, 즉 단순재생산관계에 기초하고 있었기 때문이었다. 한편, 이러한 지대의 물납제(현물조세)는 거꾸로 낡은 생산관계를 유지시키는 역할을 하였다. 이 물납제는 터키제국의 자리보전의 비밀이기도 하였다. 유럽으로부터 강요당한 대외무역이 일본에서 현물지대의 화폐지대로의 전환을 수반한다면 일본의 농업은 그것으로 종말을 고하게 될 것이다. 왜냐하면 이 농업의 협소한 경제적 존재조건들이 붕괴되고 말 것이기 때문이다.

*** 일반적인 지불시기가 확립된다.**

어느 나라에서나 관습적으로 어느 정도의 일반적인 지불기한(예를 들면, 월말, 분기말, 연말 등)이 확립되기 마련이다. 그 기한은, 재생산의 순환의 다른 요인들을 제외한다면, 어느 정도까지는 계절의 변동과 결부된 자연적 생산조건에 달려 있다. 생산의 자연적 조건은 조세나 지대 같은 상품유통으로부터 직접 발생하지도 않는 지불까지 규제한다.

사회의 전면에 분산되어 있는 이들 지불을 위해 필요한 화폐량이 일 년 중

며칠 동안에 집중되어 있기 때문에 상쇄에 의한 지불수단의 절약이 어렵게 되어 거액의 현금이 필요하게 되므로 지불수단의 절약에 주기적인 그러나 완전히 표면적인 교란을 야기한다. 지불수단의 유통속도에 관한 법칙으로부터 다음과 같은 결론이 나온다. 원인이야 어떠하든 주기적 지불에 요구되는 지불수단의 양은 그 지불의 원인이야 무엇이든 간에 지불주기의 길이에 정비례한다.

*** 지불준비금의 적립이 필요하게 된다.**

지불수단으로서의 화폐가 발전하면 채무액의 지불만기일을 위한 화폐축적이 필요하게 된다. 이러한 지불수단의 준비금의 형성은 화폐축장의 경우처럼 유통 밖에서의 활동으로서도, 주화준비금처럼 주화의 단순히 기술상 필요한 정체로서도 나타나지 않는다. 자립적인 치부형태로서의 화폐축장은 부르주아 사회가 진보함에 따라 소멸하지만, 거꾸로 지불수단의 준비금은 이 진보에 따라 증대한다: "지불은 준비금을, 즉 지불수단으로서의 화폐의 축적을 필요로 한다. 이 준비금의 형성은 화폐축장에서처럼 유통 자체의 외부에서의 활동으로서도 나타나지 않고 주화준비금에서처럼 단순히 기술적인 주화정체로서 나타나지도 않는다. 오히려 화폐는 일정한 미래의 지불기한에 존재하기 위해 점차적으로 모아져야 한다. 그러므로 치부로 간주되는 추상적 형태의 축장은 부르주아적 생산의 발전에 따라 감소하는 반면, 교환과정에 의해 직접 필요해지는 이 축장은, 또는 일반적으로 상품유통 영역에서 형성되는 화폐축장의 일부분은 오히려 지불수단의 준비금으로 흡수된다. 부르주아적 생산이 발전할수록 이 준비금은 필요한 최소치로 제한된다." [MEW, 13, S. 123.]

주요 개념

상품의 제1전형의 자립화로서의 축장화폐, 상품 양도와 가격 실현의 분리/채권자 채무자, 지불수단으로서의 화폐의 특성: 유통 내에서 교환가치의 절대적 존재로서의 화폐, 절대적 교환가치로서의 화폐는 판매의 자기 목적이 된다: 절대적 교환가치로서의 화폐의 자립화, 추상적 단계에서의 제2의 위기의 가능성: 화폐위기/관념적인 계산화폐로부터 경화로의 변환/신용제도로부터 통화제도로의 변환, 신용화폐 발생의 근거, 금의 가치 변동이 지불수단으로서의 화폐에 미치는 영향, 화폐의 계약상의 상품으로의 전환(물납에서 금납으로의 전환), 지불수단으로서의 화폐축적의 필요성.

*** '지불수단'의 주요 내용

판매자가 자신의 상품가치를 화폐로 변환시킨 후 이어서 그 화폐로 다시 구매하지 않는다면 축장화폐가 형성되는 반면 지불수단으로서의 화폐는 구매자가 사전에 상품을 판매하지 않고, 즉 진정한 판매행위에 의해 화폐를 얻지 않고 구매자가 구매를 함으로써 생성된다. 구매자는 따라서 그가 지불하기 이전에 구매한다. "한쪽의 상품소유자는 현존하는 상품을 판매하고 다른 쪽의 상품소유자는 화폐의 단순한 대리인 또는 장래의 화폐의 대리인으로서 구매한다. 판매자는 채권자가 되고 구매자는 채무자가 된다."[MEW, 23, S. 149.] 채권자와 채무자로서의 '분장가면들은' 구매자와 판매자로서 다른 행동논리학을 따른다: 상품을 화폐와 교대로 바꾸는 상품소유자들로부터 화폐자산 소유자(채권자)가 되며, 반면에 화폐자산의 비소유자는 채무자로 전환된다.

상품의 전형은 그것의 특성을 변화시킨다. 지불행위가 한 상품의 유통행위보다 선행되지 않고 화폐는 지불수단이 된다. 단순한 상품유통을 고찰해 보면 신용에 의한 구매는 상품들의 상이한 생산시간과 유통시간의 결과이다. "어떤 상품종류는 그것을 생산하는데 좀 더 긴 시간이 필요하고 다른 상품종류는 비교적 짧은 시간이 필요하다. 서로 다른 상품들의 생산은 상이한 계절들과 결부되어 있다. 어떤 상품은 그 상품의 시장이 있는 곳에서 생산되지만 다른 상품은 멀리 떨어진 시장으로 여행하지 않으면 안 된다. 따라서 어떤 상품소유자는 다른 상품소유자가 구매자로 등장하기 전에 판매자로 등장할 수 있다."[상동, S. 149.]. 이러한 괴리된 시간의 주기들은 신용인도에 의해 일치될 수 있다. 가을에서야 자신의 수확을 처분할 수 있는 농부에게 여름에 신용이 보증되면 그는 생필품을 구매할 수 있을 것이다. 그는 채무자가 되고 채무자로서 그는 부채를 상환할 수 있는 지불금에 예속하게 된다.

보다 발전된 자본주의적 관계에서는 화폐의 지불수단으로서의 기능을 수행하는 것이 독립된 영업부문, 즉 신용대부업의 업무가 되었다. 신용대부업은 다양한 시간의 주기를 단순히 상쇄시키는 것 이상을 수행한다. 이것은 물론 이 장의 주제가 아니다. 이 장의 주제는 상품유통 영역에 한정되어 있다.

**** 일반적 상품으로서의 화폐**

"상품과 화폐라는 등가물들이 판매과정의 양극에 동시에 나타나지 않게 되었다."[상동, S. 150.] 화폐는 계속 가치척도로서 기능을 하며 "계약상 확정된 가격은 구매자의 채무, 즉 규정된 기간에 그가 지불할 의무가 있는 화폐액을 측정한다."[상동.] 지불수단으로서 화폐는 관념적인 구매수단[상동.]이며 유통 속으로 들어가 구매자의 손에서 판매자의 손으로 옮겨간다. 화폐는 이제 더 이상 상품과 상품 사이의 과정을 매개하지 않고 상품 판매의 첫 번째 행위를 상품소유자에 의해 독자적으로 종결한다. 따라서 화폐는 "교환가치의 절대적 존재 또는 일반적 상품이다. … 상품의 가치자태, 즉 화폐는 따라서 이제는 유통과정 그 자체의 관계들로부터 발생하는 사회적 필연성에 의해 판매의 자기 목적이 된다."[상동.] 상품의 판매자는 신용에 의한 구매를 실현하기 위해 지불수단을 사용한다. 따라서 이러한 방식으로 진행 중에 있는 지불의 사슬이 형성된다.

수표와 어음의 경우 지불의 사슬은 배서에 의해 투명해진다. 그러한 많은 지불사슬이 동시적으로는 나란히, 연속적으로는 불규칙하게 발생하기 때문에 은행이나 청산소에서는 잔고청산의 가능성이 존재한다. 금융상의 채권과 채무는 서로 상쇄될 수 있다. 따라서 잔액만이 실재 화폐로 지불될 수 있다.

** 채무자와 채권자 사이의 사회적 적대심

한 상품의 가격의 지불과 양도에 관한 구매자와 판매자 사이의 계약은 채무자와 채권자 사이의 계약으로 전환된다. 그 계약에는 사회적 적대심이 포함되어 있다. 계약은 기한이 한정된 원금의 상환채무뿐만 아니라, 수수료를 도외시한다면, 이자의 지불채무도 포함하고 있기 때문이다.[21]

이자의 지불을 위한 채무는 생산의 증가를 위한 채무를 포함한다는 것은 이미 지금 쉽사리 실감 있게 체험할 수 있다. 즉, 지불수단으로서의 화폐는 판매 없는 구매에 의해 취득된 상품등가물에 의해 상환될 수 없다. 지불의무를 청산하기 위해 훗날 구매한 것보다 더 많이 판매해야 한다.

지불수단으로서의 화폐는 채권자-채무자 관계와 잉여생산을 위한 강제를 정립한다. 그러나 이러한 강제는 화폐가 자본이 되고 나서야 비로소 자신의 사회적 형태를 획득한다. 이것이 어떻게 발생하는지는 제4장의 주제이다.

** 위기

지불수단으로서의 기능에서 화폐는 교환가치의 "자립적인 존재, 절대적 상품"[상동, S. 152.]이다. 약정된 지불기일에 계약을 이행하기 위해 화폐는 수중

21 이자채무에 대한 논의는 아직 『자본론』 제1권 제3장에서가 아니라 『자본론』제3권에서 비로소 주제가 된다.

에 존재해야 한다. 돌연 경화가 필요해진다. 누군가가 지불할 의무가 있기 때문에 지불사슬이 끊어지고 채무들이 상환될 수 없다면 어떤 일이 벌어지겠는가? "위기 때에는 상품과 그것의 가치자태, 즉 화폐 사이의 대립은 절대적 모순으로까지 고양된다. 따라서 이때에는 화폐의 현상형태는 어떠하든지 상관이 없다. 지불할 수 있다면 그것이 금이든 은행권과 같은 신용화폐든 화폐기근은 변함이 없다."[상동, S. 152.] "신용제도는 통화제도로 돌변한다."[MEW, 13, S. 123.] 즉, 유통되는 지불약속(수표, 어음, 신용증권, 차용증서 등등) 대신에 경화가, 예를 들어 금이 필요하게 된다. 지불수단으로서의 화폐의 기능과 함께 위기 발생의 더 많은 가능성이 열려져 있다.

**** 유통 속의 신용화폐**

유통 속에는 유통수단으로서의 화폐뿐만 아니라 지불수단으로서의 화폐도 존재한다. "오래 전에 유통으로부터 이탈한 상품을 대표하는 화폐가 유통한다. 자신의 화폐등가물이 장래에서야 비로소 나타나는 상품들이 유통한다." [MEW, 25, S. 153.] 그러므로 화폐량은 유통수단으로서의 특성을 지닌 화폐와 지불수단으로서의 특성을 지닌 화폐로 구성된다. 현대 화폐량 통계와 차이가 있는데, 그것은 현금(M1), 단기정기예금(M2), 그리고 장기저축예금(M3)으로 구성된다. 화폐 총량은 그것이 오늘날 계산되는 것과 마찬가지로 그것의 기한에 따라 구별된다. 신용이 팽창할수록 화폐 또한 더욱더 지불수단으로서 기능을 한다. 유통수단으로서 화폐는 매일의 수요의 소규모 유통을 매개한다. 이와는 반대로 보다 더 큰 거래는 신용으로, 즉 지불수단으로서의 화폐에 의해 수행된다. 그리하여 지불수단으로서의 화폐는 "계약상의 일반적 상품"[상동, S. 154.]이 된다. 모든 영업은 금융업으로 되고 모든 채무는 화폐채무가 된다.

일반적 지불기한을 위해 사전에 축적될 수 있었던 화폐액이 필요하다. 이와 같이 화폐축장은 자립적인 치부형태로서의 중요성은 사라지고, 지불수단의 준비금형태로서의 새로운 의미를 획득한다.

[부록 6] *Grundrisse der Kritik der Politischen Oekonomie, Rohentwurf* (1857-1858)

지불수단으로서의 화폐

화폐의 지불수단으로서의 기능은 우선 『자본론』에서와는 달리 『정치경제학 비판 요강 초고』(*der Kritik der Politischen Oekonomie Rohentwurf*)(1857-1858)의 "화폐에 관한 장" 마지막 부분(S. 146-147; 『요강』, I권, 229-230쪽.)에서 짧게 다루어지고 있으며, 다음으로는 『정치경제학 비판을 위하여』 원문(Urtext)(『요강』, S. 873-878.)에서 다루어지고 있다. 물론 이 두 곳 모두 이 기능에 대해 단편적으로밖에 다루고 있지 않으나 본질적인 논점들은 이미 포함하고 있다고 여겨진다.

지금까지는 화폐가 유통되면서 동시에 구매수단으로 실재하며 교환의 양극인 상품과 화폐가 동시에 존재해야 한다는 가정 위에서 논의되어 왔다. "그러나 교환될 상품들의 존재 사이에 시차가 생길 수 있다. 급부(給付)가 오늘 이루어지지만 반대급부는 1년 후에야 이루어질 수 있다는 것은 상호 급부의 본성에 비추어 볼 때 당연한 것이다."[『요강』, I권, 229쪽.]

*** 지불수단으로서의 화폐에 내재된 모순들: 자립화된 교환가치로서의 화폐의 형성

이러한 모든 경우에 상품전형의 본래 성격이 변동하고, 판매자와 구매자의 관계가 채권자와 채무자의 관계로 대체되며, 화폐 자체는 지불수단이라는 새로운 규정을 갖게 된다. 그러나 화폐가 이러한 기능으로 나타나는 것은 그것이 유일하게 적합한 교환가치의 현존재 또는 상품의 절대적 형태인 한에서이다. 다시 말해, 화폐가 이미 세 번째 규정으로 발전되었을 때에만 가능하다. 그리하여 지불수단의 기능에도 또한 경화가 숨겨져 있다.[MEW, 23, S. 118; MEW, 13, S. 54 참조.]

그러나 그것은 자본주의 체제 속에서 가장 명확하게, 그리고 어이없는 모순과 역설의 가장 기묘한 형태로 나타난다. "왜냐하면 … 신용제도의 발전에 따라 자본주의적 생산은 이러한 부와 그것의 운동의 금속에 의한 제한을, 즉 물적이면서 또한 환상적인 제한을 지양하려고 노력하면서도 또 끊임없이 반복해서 이 제한에 머리를 부딪치기 때문이다."[MEW, 25, S. 589.]

* 맑스는 다음과 같이 언급한다. "지불이 서로 상쇄되는 한 화폐는 사라지는 형태로, 교환되는 가치크기의 단순한 관념적인 상상적인 척도로 나타난다. 화폐의 세속적 개입은 상대적으로 중요하지 않은 차액의 청산에 국한된다. 일반적 지불수단으로서의 화폐는, 매개되고 자신에게 되돌아오며 이미 사회적 통제하에 있는 더 높은 수준의 유통의 발전과 함께 하며, 이러한 유통에서는, 예컨대 고유한 의미의 축장에서처럼 단순한 금속유통의 토대 위에서 화폐가 갖는 배타적 중요성은 지양된다. 그런데 갑작스러운 신용교란에 의해 지불 상쇄의 흐름이 중단되면, 화폐가 갑자기 현실적인 일반적 지불수단으로 필요하게 되고, 부가 전체 범위에 의거하면 한편으로는 상품으로 다른 한편으로는 화폐로 이중적으로 존재하고, 그리하여 이 두 가지 존재방식들이 서로를 보증해야 할 필요가 생긴다. 그러한 위기의 순간에 화폐는 통화주의 체제에서처럼 모든 실제적인 소재적 부의 상상의 평가절하를 통해 표출되는 것이 아니라 실제의 평가절하를 통해 표출되는 배타적 부로 나타난다. 가치는 상품세계와 대

립하여 자신에게 적합한 배타적 형태인 화폐로 존재한다. … 고유한 화폐위기의 순간에 일반적 지불수단으로서의 화폐의 발전에 내재된 모순이 나타난다. 이러한 위기 시에 화폐가 필요로 하는 것은 가치척도로서의 화폐가 아니다. 왜냐하면 가치척도로서의 화폐는 자신의 세속적 존재와 무관하기 때문이다. 또 그것은 주화로서 요구되는 것도 아니다. 왜냐하면 화폐는 지불과정에서 주화의 모습을 갖지 않기 때문이다. 그것은 자립화된 교환가치로서, 물적으로 존재하는 일반적 등가물로서, 추상적인 부의 물질화로서, 단적으로 말해 고유한 의미의 축장 대상이 되는 형태로서, 화폐로서 요구된다. 일반적인 지불수단으로서의 화폐의 발전은 교환가치가 그 존재방식인 화폐로부터 자립된 형태를 취하며, 다른 한편으로는 화폐가 교환가치의 확정적이며 유일하게 적합한 존재방식으로 정립되어 있다는 모순을 은폐한다."[『요강 초고』, S. 875-876.][22]

이와 동일한 모순이 또 다른 측면에서 나타난다.

* "척도로서의 화폐에게는 (가치: 필자)변동이 무의미하다. 그 까닭은 '변동하는 수단에서는 불변의 수단에서와 마찬가지로 언제나 수단에 대한 두 개의 상이한 관계가 표현될 수 있기 때문'이다. 화폐량 자체가 척도에 의해 정립되기 때문에, 유통수단으로서의 화폐에게도 변동은 무의미하다. 그러나 계약에서 나타나는 바와 같은 **화폐로서의** 화폐에게 가치의 변동은 이 규정에서 화폐의 모순들이 어떻게 등장하는가와 관련해서 중요하다."[『요강』, I권, 230-231쪽.]

22 "그러나 금은은 다른 형태의 부와 어떻게 구별되는가? 가치의 크기는 금은에 대상화되어 있는 노동의 양에 의해서 규정되고 있기 때문에 가치의 크기에 의해서 구별되는 것은 아니고 금은은 부의 **사회적인** 성격의 자립적인 화신이며 표현이라는 점에서 구별된다. … 그러므로 이 부의 사회적 존재는 사회적 부의 실제적 요소들과 나란히 그리고 그 밖에서 존재하는 물건, 대상, 상품으로서 나타난다. 생산이 원활히 진행되는 동안은 이러한 것은 잊게 된다. 또한 부의 사회적 형태인 신용은 화폐를 축출하고 그 지위를 빼앗아버린다. 생산의 사회적 성격에 대한 신뢰 그것이 생산물의 화폐형태를 단순히 일시적이고 관념적인 것, 단순한 표상으로서 나타나게 한다. 그러나 신용이 교란되자마자 – 그런데 이러한 국면은 근대 산업의 순환에서는 규칙적이고 필연적으로 출현한다 – 모든 실물적인 부는 갑자기 화폐로, 즉 금은으로 전환되어야만 한다. 그런데 이것은 터무니없는 요구이지만 체제 그 자체로부터 필연적으로 발생하는 것이다." [MEW, 25, S. 588-589.]

* "지불수단으로서의 – 대자적 화폐로서의 – 화폐는 가치 그 자체를 대표한다. 그러나 사실상 화폐는 가변적인 가치를 갖는 동일한 양에 불과하다."[『요강 초고』, S. 871.] "금과 은의 가치변동은 가치척도나 계산화폐로서의 그들의 기능을 저해하지 않는다는 것을 보았다. 그렇지만 이 변동은 축장화폐로서의 화폐에게는 결정적으로 중요한바, 그 까닭은 금은의 가치 상승이나 하락과 더불어 금은으로 구성된 축장화폐의 가치크기가 상승 또는 하락하기 때문이다. 지불수단으로서의 화폐에게는 더욱 중요하다."[MEW, 13, S. 124. 『요강 초고』, S. 877 참조.] 왜냐하면 "지불되어야 할 것은 계약 체결 시 특정의 가치를 함유하고 있었던, 즉 특정의 노동시간을 대상화하고 있었던 특정한 양의 금은이기 때문이다. 그러나 다른 모든 상품과 마찬가지로, 금은 역시 생산에 필요한 노동시간의 변동과 함께 그 가치가 변동하고, 후자가 등락함에 따라 전자가 등락한다. 그러므로 판매의 실현은 구매자 입장에서 보면 판매된 상품의 양도보다 시간적으로 뒤에 이루어지고, 동일한 금은이 계약할 때보다 더 크거나 아니면 더 작은 가치를 함유하는 것이 가능하다. 화폐로서 언제나 실현되고 실현 가능한 보편적 등가물이 되며, 또 언제나 그들 자신의 가치에 비례하여 모든 상품들과 교환 가능하다는 특수한 성질을 금은이 유지한다는 사실은 이들의 가치크기의 변동으로 전혀 영향을 받지 않는다. 그러나 금은도 다른 모든 상품과 동일한 변동을 겪는다. 따라서 지불이 실질적인 등가물로, 즉 애초에 의도했던 크기의 가치로 이행되는가의 여부는 어떤 주어진 양의 금은 생산에 필요한 노동시간이 불변인가의 여부에 의존한다. 어떤 특수한 하나의 상품에 체현된 것으로서의 화폐의 본성은 여기에서 자립화된 교환가치로서의 화폐의 기능과 충돌한다."[『요강 초고』, S. 877.]

* 화폐는 사회적 필연성에 의해 판매의 자기 목적이 된다: "상품소유자의 생산물이 그를 위한 사용가치가 아니라 양도에 의해 비로소 사용가치가 되어

야 하는 한에서, 원래 유통에서 생산물의 화폐로의 전환은 상품소유자의 개인적 필요성으로서만 나타난다. 그러나 계약 기한에 지불하기 위해서는 그는 미리 상품을 판매하지 않으면 안 된다. 따라서 그의 개인적 욕구와는 상관없이 판매는 유통과정의 운동에 의해 상품소유자에게는 하나의 사회적 필요성으로 전환되었다. 과거의 상품구매자로서 그는 화폐를 구매수단으로서가 아니라 지불수단으로서, 절대적 교환가치 형태로 취득하기 위해 강제적으로 다른 상품의 판매자가 된다. 궁극적인 행위로서 상품의 화폐로의 전환, 또는 축장에서는 상품소유자의 일시적 기분인 것처럼 보였던 상품의 제1전형이 이제는 하나의 경제적 기능으로 되고 있다. 지불하기 위한 판매의 동기와 내용은 유통과정의 형태 자체에서 기인하는 유통과정의 내용이다."[MEW, 13, S. 118.]

3-3-3. 세계화폐

*** 화폐는 세계화폐로서는 지금형태로 되돌아간다.**

화폐는 국내유통 영역을 넘어서자마자 그것이 국내유통 영역에서 가지고 있던 국지적 모습인 가격의 도량기준이나 주화, 보조화폐, 가치표장 등의 형태를 벗어버리고 귀금속 본래의 지금형태로 되돌아간다: "금은 그것이 축장화폐로서 유통에서 물러났다가 비유통수단으로서 유통 속으로 들어오고, 결국에는 그러나 상품세계에서 일반적 등가물로 기능하기 위해 국내유통의 제약을 돌파하면서 비로소 주화와 구별되는 화폐가 된다. 금은 이렇게 **세계화폐**가 된다. 귀금속들의 일반적 중량척도가 원래의 가치척도로서 기여했듯이 세계시장 내에서 화폐의 계산명칭은 상응하는 중량명칭으로 다시 전환된다. 무형의 비가공 금속이 유통수단의 본래적 형태이었고, 주화형태는 원래 금속조각에 포함된 무게의 공식적인 표장일 뿐이었던 것과 마찬가지로, 세계주화로서의 귀금속은 자태와 각인을 다시 벗어버리고 무차별한 지금형태로 되돌아간다. … 국제화폐로서 귀금속들은 마침내 상품교환 자체와 마찬가지로 자연발생적 공동체의 내부에서가 아니라 상이한 공동체들의 접촉 지점들에서 기인하는 교환수단으로서의 그것들의 원래의 기능을 다시 수행한다. 그리하여 세계화폐로서의 화폐는 자신의 자연발생적인 첫 번째 형태를 되돌려 받는다. 그것이 국내유통을 떠나면서 그것은 이 특수한 영역 내에서의 교환과정의 발전으로부터 발생한 특수한 형태들, 즉 가격의 도량기준, 주화, 보조화폐 그리고 가치표장으로서의 그것의 국지적 형태들을 다시 벗어버린다."[MEW, 13, S. 125.]

*** 화폐의 존재양식이 세계화폐라는 개념에 부합한다.**

세계무역에서 상품의 가치는 보편적으로 인정받는 형식으로 표현된다. 그러므로 여기에서는 상품의 자립적인 가치형태(화폐)도 세계화폐로서 상품들을 상대한다. 세계시장에서 비로소 화폐는 그 현물형태가 동시에 추상적 인간노동의 직접적 사회적 실현형태인 상품으로서 기능을 한다. 화폐의 존재양식은 그 개념에 적합해진다. 맑스는 이에 대해 『정치경제학 비판을 위하여』에서 다음과 같이 언급하고 있다. "화폐로서의 금과 은은 개념상 일반적 상품이지만 그것들은 세계화폐에서 보편적 상품에 일치하는 존재형태를 획득한다. 모든 상품들이 금과 은에 대해 양도되는 비율에 따라서 금과 은은 모든 상품들의 변환된 형태로 되고 따라서 전면적으로 양도 가능한 상품으로 된다. 일반적 노동시간의 물상화로서의 금과 은은 실재하는 노동들의 소재대사가 지구의 주위를 빙 둘러칠 만큼 실현된다. 금과 은은 그것들의 교환 영역을 형성하는 특수한 등가물들의 행렬이 발전하는 정도에 따라 일반적 등가물로 된다. 세계유통에서 상품들은 그것들 자신의 교환가치를 보편적으로 전개하기 때문에 금과 은으로 전환된 이 교환가치의 자태는 세계화폐로 나타난다. 그리하여 상품소유자들의 나라들은 그들의 전반적인 산업과 일반적인 교역에 의해 금을 적절한 화폐로 변형하는 반면에 그들에게는 산업과 교역은 화폐를 금과 은의 형태로 세계시장으로부터 빼내기 위한 수단으로서만 나타난다. 따라서 세계화폐로서의 금과 은은 일반적 상품유통의 산물인 동시에 일반적 상품유통의 범위를 확장하기 위한 수단이기도 하다. 연금술사들이 금을 만들고자 한 배후에서 화학이 발전하듯이, 마법에 걸린 자태의 상품을 상품소유자들이 추구하는 배후에서 세계산업과 세계무역의 원천이 열린다. 금과 은은 그것들의 화폐 개념에서 세계시장의 존재를 예견함으로써 세계시장의 창조를 돕는다. 그들의 이러한 마법의 효과가, 부르주아 사회의 유년기에만 국한되는 것이 아니라, 상품세계의 담지자들에게 그들 자신의 사회적 노동이 전도되어 나타나는 것으로부터 필연적으로 발생한다는 것은 19세기 중반에 새로운 금 생산국의 발견이 세계교역에 미친 특이한 영향이 증명한다."[MEW, 13, S. 127-128.]

*** 상품소유자는 세계인으로 발전된다.**

이에 대한 내용은 『자본론』에는 생략되어 있기 때문에 『정치경제학 비판을 위하여』에 실린 문장을 인용해 보기로 하자. "화폐가 세계화폐로 발전하듯이 상품소유자는 세계인으로 발전된다. 인간들 상호간의 세계주의적 관계는 원래 그들의 상품소유자들로서의 관계이다. 상품들은 즉자대자적으로 모든 종교적, 정치적, 민족적 그리고 언어적 제약들에 초연해 있다. 그것들의 일반적 언어는 가격이고 그것들의 공동체는 화폐이다. 국내주화에 대립하여 세계화폐가 발전함에 따라 상품소유자들의 세계주의는 인류의 소재대사를 방해하는 본연의 종교적, 민족적 그리고 다른 편견들에 대립된다는 실천적 이성의 신앙으로 발전된다. … 상품소유자에게 전 세계가 떠올리게 하는 숭고한 관념은 하나의 시장의 세계 – **세계시장**이다."[MEW, 13, S. 128.]

*** 세계시장에서는 이중의 가치척도가 통용된다.**

국내유통 영역에서는 하나의 상품만이 가치척도로서, 따라서 화폐로서 사용될 수 있다. 세계시장에서는 이중의 가치척도, 즉 금과 은이 지배한다: "우리는 한 나라의 국내유통에서는 한 상품만이 가치척도로서 기능하는 것을 보았다. 그러나 한 나라에서는 금이 다른 나라에서는 은이 이 기능을 수행하므로 세계시장에서는 이중적 가치척도가 적용되고 화폐는 다른 모든 기능에서도 자기 존재를 이중화한다."[MEW, 13, S. 125.]

*** 세계화폐의 세 가지 기능**

세계화폐는 ① 일반적 지불수단, ② 일반적 구매수단, ③ 부 일반의 절대적 사회적 체화물로서 기능한다.

① 세계화폐의 주된 기능은 국제대차의 결제를 위한 지불수단으로서의 기능이다. 그렇기 때문에 중상주의의 구호는 무역차액이다.

② 국내유통의 영역에서 화폐는 주화이며, W–G–W 과정의 매개자, 즉 상품들의 끊임없는 위치 변경으로 교환가치의 일시적인 형태를 나타내는 한 오로지 구매수단으로 작용했다. 그런데 세계시장에서는 그 반대이다. 금과 은이 국제적 구매수단으로서 역할을 하는 것은 주로 여러 국가들 사이의 생산물 교환의 종래 균형이 돌연히 파괴되는 때이다: "국제적 상품유통에서 금과 은은 유통수단으로서가 아니라 **일반적 교환수단**으로 나타난다. 일반적 교환수단은 **구매수단**과 **지불수단**이라는 두 가지 발전된 형태에서만 기능하는데, 양자의 관계가 세계시장에서는 역전된다. 화폐가 주화인 하에서, 즉 진행 중에 있는 통일 W–G–W의 매개자나 또는 상품들의 부단한 위치 변경 속에서 교환가치의 단지 순간적 형태를 제시하는 한에 있어서 화폐는 오직 구매수단으로만 작용했다. 세계시장에서는 그 반대이다. 물론 금과 은은 소재대사가 일방적이고

따라서 구매와 판매가 분리될 때에는 구매수단으로 나타난다."[MEW, 13, S. 125-126.] 두 나라 사이의 소재대사의 통상적인 균형이 갑자기 깨지자마자, 예를 들어 이 두 나라 중 하나가 흉작이 들어서 통상적인 양을 초과하여 구매하도록 강요되었을 때 금은은 국제적 구매수단으로 기능을 한다.[MEW, 13, S. 126 참조.] 귀금속들은, 그것들이 전환된 상품형태가 아니라 직접적인 생산물이고 상품인, 금은을 생산하는 나라들의 수중에서는 국제적 구매수단이다. 상이한 국민적 유통 영역들 사이의 상품교환이 발전될수록 국제수지의 보정을 위한 지불수단으로서의 세계화폐의 기능은 발전된다.[상동.]

③ 끝으로 세계화폐가 부의 절대적 사회적 체화물로서 역할을 하는 것은 구매에서나 지불에서가 아니라 한 나라에서 다른 나라로 부가 이전되는 경우이며, 더욱이 상품형태에 의한 부의 이전이 상품시장의 경기 상황이나 또는 이전의 목적 그 자체 때문에 불가능한 경우에 그러하다.

*** 세계화폐의 준비금**

어느 나라를 막론하고 국내의 유통을 위해서는 준비금이 필요하듯이 세계시장의 유통을 위해서도 준비금이 필요하다. 그리하여 축적된 축장화폐의 일부분은 세계화폐의 준비금으로 충당된다. 이리하여 축장화폐의 기능은 부분적으로는 국내의 유통수단 및 지불수단으로서의 화폐의 기능으로부터 생겨나고, 또 부분적으로는 세계화폐로서의 화폐의 기능으로부터 생겨난다. 바로 이 후자의 역할을 위해 언제나 실제적인 화폐상품, 즉 실물의 금과 은이 필요한 것이다: "국내유통과 마찬가지로 국제유통도 항상 변동되는 금과 은의 양을 필요로 한다. 따라서 집적된 화폐축장의 일부는 모든 민족에게서 세계화폐의 준비금으로 기여하는데, 이 준비금은 상품교환의 변동에 따라 곧 비워졌다가 다시 곧 채워진다."[MEW, 13, S. 126.]

＊금, 은의 흐름의 이중운동

금과 은의 흐름은 두 개의 방향으로 움직인다.

① 한편으로 금과 은은 각국의 유통 영역 사이를 끊임없이 옮겨 다니는데, 이 흐름은 환율의 끊임없는 변동에 따른 운동이다.

② 다른 한편으로, 금과 은은 자신의 원산지로부터 나와 상품으로써 전 세계시장으로 흘러나가 전전하면서, 각 나라의 유통 영역에 흡수되고, 그 나라들의 국내유통 수로에 들어가 마모된 금주화와 은주화를 보충하며, 사치품의 재료를 제공하고 축장화폐로 응결한다. 이 운동은 상품에 실현되어 있는 각 국민의 노동과 금과 은의 생산국의 귀금속에 실현되어 있는 노동의 직접적인 교환을 통해 매개되고 있다: "국내유통 영역들 사이에서 여기저기 유통하는 특수한 운동들 이외에 세계화폐는 생산의 원산지들을 그 출발점으로 하고 그곳으로부터 금과 은의 흐름이 상이한 방향으로 세계시장에 퍼져 나가는 하나의 일반적 운동을 점유하고 있다. 상품으로서 금과 은은 이때에, 금과 은이 국내유통 영역 속으로 들어서기 전에, 세계유통 속으로 들어서고 그것들에게 포함된 노동시간과 비례해서 등가물로서 상품등가물과 교환된다. 따라서 그것들은 국내유통 영역에서 규정된 가치크기로 나타난다. 따라서 금과 은의 생산비 변동에 있어서의 상승과 하락 어느 것이나 세계시장에서 균등하게 그것들의 상대적 가치에 영향을 미치는 반면에 이 상대가치는 상이한 국내유통 영역이 금과 은을 흡수하는 정도와는 전혀 관계가 없다. 상품세계의 각 특수한 영역들에 의해 파악되는 금속(금과 은: 필자)의 흐름의 일부분은 마모된 금속주화의 대체를 위해 직접 국내 화폐유통 속으로 들어가고, 일부는 주화, 지불수단, 세계화폐의 여러 가지 축장화폐 저수지에 쌓이고, 일부는 사치품으로 전환된다. 반면에 나머지는 결국 축장화폐 일반이 된다."[MEW, 13, S. 126-127.]

부르주아적 생산이 발달한 나라들은 은행이라는 저수지에 대량으로 집적된다는 축장화폐를 은행의 특유한 기능들에 필요한 최소한으로 제한한다: "부르주아 생산의 발전된 단계에서 축장화폐의 형성은 상이한 유통의 과정들이 그것들의 조직의 자유로운 활동을 위해 필요로 하는 최소한으로 제한된다. 여기에서 축장화폐 그 자체는 – 그것이 지불청산을 할 때의 잉여의 일시적 형태, 중단된 소재대사의 결과, 그러므로 상품의 제1전형에서의 그것의 동결이 아니라면 – 놀고 있는 부이다."[MEW, 13, S. 127.]

약간의 예외는 있지만, 축장화폐의 저수지가 평균 수준을 넘어 현저히 과잉이 되는 것은 상품유통의 정체나 상품의 전형운동의 중단을 암시하는 것이다.[23]

주요 개념

금과 은은 국내유통을 벗어나 일반적 등가물인 세계화폐가 된다, 실천적 이성의 신앙으로서의 세계인/세계화폐/세계시장, 세계시장에서의 이중의 가치척도, 세계화폐의 세 가지 기능, 세계화폐의 준비금, 금은의 흐름의 이중운동.

⁂ '세계화폐'의 주요 내용

"세계화폐는 일반적 지불수단으로서, 일반적 구매수단으로서, 그리고 부 일반, 즉 보편적 부의 절대적 사회적인 체화물로서의 기능을 한다. 국제대차

23 맑스는 이에 관해 다음과 같이 여러 저자들의 글을 인용한다. " '국내상업에 절대로 필요한 이상으로 존재하는 화폐는 사장된 자본이며 그것이 외국과의 무역에서 수입되거나 수출되는 경우 이외에는 그것을 보유하고 있는 나라에 아무런 이익도 가져오지 않는다.' 만약 우리가 이제 너무 많은 주화를 갖고 있다면 어떻게 할 것인가? 그러한 경우에 우리는 가장 완전한 무게를 가진 주화를 녹여 금으로 된 갖가지 화려한 용기나 집기를 만들든지 아니면 그에 대한 필요와 욕구가 있는 곳에 상품으로 보내거나 또는 이자율이 높은 곳에 대부하여 이자를 받든지 할 수 있다.' '화폐는 국가라는 신체의 지방분에 지나지 않으며, 따라서 그것이 과다하면 신체의 민활성을 저해하고 과소하면 병을 일으킨다. … 지방이 근육의 운동을 경쾌하게 하고 영양부족에 이르러서는 이것을 공급하며 주름살을 펴게 하여 육체를 아름답게 하듯이, 화폐는 국가의 운동을 경쾌하게 하고 국가적인 기근에 이르면 외국으로부터 식량을 끌어들이며 온갖 채무를 결제할 뿐 아니라 … 전체를 아름답게 한다.' 물론 그것은 '화폐를 많이 가진 특별한 인간을 특히 아름답게 하는 것이지만.' " [MEW, 23, S. 160, 각주 114.]

의 청산을 위한 지불수단으로서의 기능이 세계화폐의 주된 기능이다."[MEW, 23, S. 157.] 상대적 가치형태로 존재하는 다양한 상품들만이 하나의 등가물로, 화폐로 표현되고 따라서 질적으로 단일화되는 것은 아니다. 상이한 국내의 유통 영역들의 차이들도 균등하게 된다.

세계화폐 기능은 그것이 세계사회적인 척도비율을 정립하기 때문에 마땅히 화폐에 귀속되어야 한다. 그리하여 한편으로 국내유통 영역들과 다른 한편으로 세계화폐를 동반한 세계경제 사이에 새로운 모순이 생성된다. 이 모순의 표현들이 경상수지와 환율이다. 후자는 금본위제도에서는 결코 중대한 역할을 하지 않는다. 왜냐하면 "국내유통 영역을 벗어나면 화폐는 그곳에서 가지고 있던 가격의 도량기준이나 주화, 보조화폐, 가치표장이라는 국지적인 형태를 다시금 벗어버리고 귀금속 본래의 지금형태로 되돌아가기 때문이다."[상동, S. 156.]

**** 제도에 의한 가치 고정과 통화경쟁**

이것은 통화들의 가치가 제도상으로, 즉 중앙은행에 의해 보장되는 통화체제에서와는 다르다. 이 제도하에서 환율이란 다른 국가들의 통화들과 비교한 국내화폐의 대외적인 가치의 척도이다. 단지 이 환율이 안정화될 수 있을 때, 더 나은 표현을 하자면 그것이 평가절상 경향에 놓일 때 평가절하 전략이 추구되기 때문에 세계화폐로서 국내화폐는 "부 일반의 사회적 체화물이다." [MEW, 23, S. 157.]

맑스는 르 트론느(Le Trosne)의 다음과 같은 문장을 인용한다. "화폐는 늘 생산물에 의해 끌려나와 … 그 수요에 따라 국민들에게 분배된다."[상동, S. 159, 각주 111.] 그리하여 금 내지 외환축장으로 비축되는 무역수지 흑자가 발생한다. 외환축장은, 사전에 판매가 이루어질 수 없을 때에 대해 지불을 수행할 수 있

는 준비금이다: "국내의 유통을 위해서 준비금이 필요하듯이 세계시장의 유통을 위해서도 준비금이 필요하다. 축장화폐의 기능들은 일부는 국내의 유통수단 및 지불수단으로서의 화폐의 기능으로부터 생겨나고, 또 일부는 세계화폐로서의 화폐의 기능으로부터 생겨난다."[상동, S. 158-159.]

필(Peel)의 은행법하에 있던 19세기 40년대 영국에서는 이 두 가지 준비금 기능들이 엄격하게 분리되었다는 사실이 화폐위기를 되풀이하여 격화시키는 데 기여하였다. 그 점에 대해 맑스는 이 절의 각주에서 다음과 같이 언급한다. "'통화주의' – 19세기 전반기에 영국에서 널리 퍼져 있던 화폐이론으로서 이는 화폐수량설로부터 출발하였다. 수량설의 대표자들은 상품의 가격은 유통되고 있는 화폐량에 의해 결정된다고 주장한다. '통화주의'의 대표자들은 금속유통의 법칙들을 그대로 끌어대려 하였다. 그들은 금속화폐 이외에 은행권도 통화(유통수단)로 간주하였다. 그들은 은행권에 대한 완전한 금준비 보증에 의해 안정된 화폐유통이 이루어진다고 믿고 있었다. 은행권의 발행은 귀금속의 수출입에 상응하여 조달되어야만 했다. 이 이론에 의거한 듯이 보이는 영국 정부의 시도(1844년의 은행법)는 아무런 성과를 거두지 못했으며, 단지 이 이론이 학문적으로 그 근거가 매우 약하며 실용적인 목적에는 완전히 쓸모가 없다는 것을 확인하였을 따름이다."[상동, S. 850, 주석 52.] 그러나 중요한 것은 다른 측면이다. 즉, 세계화폐로서 금은 금광으로부터 세계시장을 거쳐 개별 국가들의 유통 영역에 도달한다. 따라서 노동시간으로 측정된 금의 생산비용은 유통되는 재료의 양 내지 상품들의 가격을 위해 중요하다. 금을 유통 속으로 끌어들일 수 있는 자는 세뇨리지 이득(Seignoragegewinne)을 획득할 수 있을 것이다.

제도상 불충분하게 제공되는, 반드시 금으로 담보되지 않은 화폐로 국제유통수단이 공급되는 경우에 있어서도 그러한 세뇨리지 이득은 획득될 수 있다. 통화경쟁에서 승리하고 따라서 세계화폐 기능을 인계한 통화는 보편적 부의 도량 단위가 된다. 이것은 전적으로 유리하게 만든다. 왜냐하면 한 나라가 실로 사회적 부의 화신을, 즉 세계화폐를 대량으로 스스로 산출할 수 있기 때문이다.

*** 『자본론』 제1-3장의 개요: 형태, 행동, 기능[24]

제3장을 마친 후 요약을 통해 서술과정을 다시 한 번 살펴보고 맑스의 방법론을 좀 더 분명하게 언급하기로 하자.

** 형태분석과 구조분석

제1장에서 상품 그 안에 숨겨진 사회적 관계를 분석하였는데, 그것이 가치형태이다. 교환가치는 사물로서의 개별적 상품에게 귀속되지 않는다. 교환가치는 최소한 서로 마주 보는 두 상품들의 관계로부터 발생한다. 가치의 이러한 사회적 형태는 화폐형태에 이르기까지 계속 발전한다. 그 화폐형태로부터 사회적 관계는 다음과 같이 표현될 수 있다. 화폐는 진정한 공동체이다.

이때에 어려운 것은 이러한 사회적 관계가 생산되고, 재생산되며 그리고 이러한 방식으로 형성될('구조화'될) 실상을 다루는 것이다. 노동은 사회화의 적극적인 행위이다. 그러나 노동의 결과는 물적 존재물, 즉 노동의 생산물이다. 따라서 사회적 관계는 사실 물질적 실체이다. 따라서 가치는 관계일 뿐만 아니라 또한 실체 – 가치실체이다. 관계로서의 그리고 실체로서의 가치의 이중적 존재는 한 사회의, 거대한 상품집적으로 나타나는 사회의 부의 구조를 그 특징으로 한다. 따라서 형태분석은 말하자면 구조분석이다.

이 구조의 요인들은 사회적 행동 속에서 형성된다. 상품들은 사회적 관계

24 이하의 글은 Elmar Altvater u.a. KAPITAL. DOC(1999)에서 인용한 것이다.

속에서 서로 마주 보고 있지 않는다. 그것들은 홀로 시장에 갈 수 없다. 그것들은 상품소유자들이 상품들을 시장으로 운반함으로써 상품소유자들에 의해 사회적 관계를 맺는다.

⁂ 행동분석

그러므로 제2장에서는 행동이 문제이다. 제1장은 구조분석적인 것이 중요한 반면, 제2장은 행동분석적인 경향이 강하다. 행동하는 주체들은 물론 사회적 구조 속에 갇혀 있다. 그들은 주어진 규칙에 따라 행동한다. 따라서 그들은 세계무대 속에 존재하며, 그러므로 '분장가면들'이다. 상품이 생산되고 유통되는 사회 속에서 구조적으로 상품과 화폐의 물신성으로 부과된 것이 행동하는 주체들에게, 즉 분장가면들에게, 불가피한 강제로서 마주 선다. 따라서 사회의 물신구조는 행동의 불가피한 강제들을 낳는다. 이 강제들은 행동하는 주체들에게 확고하게 하나의 논리를 강요한다. 행동하는 주체들은 이 논리 속에서 기능적으로 행동한다. 이것은 예를 들어 그들이 기능적인 것을 고려하여 화폐형태의 기능적 요구들을 최상으로 충족시키는 환본위제도를 위한 장치를 설비하는 것이다. 따라서 유목민-사회에서의 가축화폐, 초기 사회에서의 패각화폐, 상품교환이 상례가 된 사회에서의 금화폐, 그리고 화폐의 유통수단 기능이 지불수단 기능에 비해 매우 감퇴된 곳에서의 지폐 내지 전자화폐.

⁂ 기능분석

이로써 우리는 이미 화폐 기능이 문제인 제3장에 이르렀다. 기능분석은 형태분석이 계속 발전한 것이다. 화폐형태는 보다 더 분명히 화폐 기능들에, 또 한편으로는 화폐 기능들에게 적합한 사회적 제도들에 의해 규정된다.

** 노동과 화폐에 의한 사회화의 이중적 형태

기능분석의 수준에서 다양한 화폐이론적 시각들 사이에 일련의 상응하는 것들이 존재한다. 가치척도로서의 화폐, 유통수단으로서의 화폐, 지불수단으로서의 화폐 사이의 구별은 다른 화폐이론적 시각에서도 발견되는데 이 다른 관점에서는 화폐를 가치측량 도구로, 구매수단으로, 신용화폐로 묘사한다. 맑스 분석의 특징은, 첫째 구조분석, 행동분석 그리고 기능분석의 매개로부터 나온다. 이러한 특징(분석적 관점들의 병합)은 다른 이론적 시각에서는 존재하지 않는다. 둘째, 이 방법론적 진행은 제4장의 중심에 서 있는 범주의 핵심으로, 즉 자본으로 한걸음씩 접근하는 것이다. 지금까지는 자본에 대해서는 전혀 언급되지 않았다. 화폐의 자본으로의 전환의 이론적 가능성과 따라서 자본주의적 생산관계의 역사적 특수성과 형성에 대한 방법론적으로 정확한 이해는, 첫째 화폐(화폐 매개적인 사회적 관계)와 노동(가치실체로서; 노동사회)에 의한 사회화의 이중적 형태가 이해된다면, 가능하게 될 것이다. 둘째, 무엇보다도 의미가 없어 보이는 유통형태 G–G′ 가, 사전에(제3장 제3절: 화폐) 화폐가 가치실체(가치척도로서의 기능에서)에 대하여 그리고 상품(유통수단으로서의 기능에서)에 대하여 자립화될 수 있다는 것이 증명되었을 때만이, 이해될 수 있다. 그것은 이제 화폐이며 그 자체는 자립적이다. 이 자립화는 유통형태 G–G′ 에서 명백하게 표현된다. 이제 이론적 과제는 화폐의 자립화 가능성을 확증하는 것이다. 이것은 『자본론』 제4장의 주제이다. 화폐의 자립화는 글로벌한 금융체제가 형성되는 과정에서의 화폐적 축적과 실물적 축적의 단절을 위한 토대이다. 이 문제에 대해 매우 격렬한 논쟁이 이루어졌다. 그 논쟁은 맑스에 의한 것처럼, 사회화의 형태와 실체에 대한 문제가 제기되자 논리적으로 설명되었다.

[부록 7] *Grundrisse der Kritik der Politischen Oekonomie, Rohentwurf* (1857-1858)

세계주화로서의 화폐

** 세계화폐로서의 화폐의 기능

* 세계화폐로서의 화폐에 관한 내용이 『요강 초고』에서는 『정치경제학 비판을 위하여』와 『자본론』에서보다도 더욱더 간략하게 서술되어 있다. 그럼에도 불구하고 국제적인 지불 및 구매 수단으로서, 즉 세계주화로서 화폐의 기능에 대해 살펴보기로 하자. 세계화폐로서의 화폐의 기능을 고찰함이 없이는 화폐로서의 화폐라는 범주를 완전하게 설명할 수 없기 때문이다. 세계화폐에 관한 『요강 초고』에서의 내용은 다음과 같다. "유통에서 **자립적으로** 유래하고 유통에 대하여 마주 서는 것이라는 세 번째 규정에서, 화폐는 주화로서의 자신의 성격도 부정한다.[25] 화폐가 주화로 주조되든, 금과 은의 무게에 따라서만 평가되든, 그것은 다시 금은으로 나타난다. 그것은 자신의 국민적 성격을 잃고 민족들 사이의 교환수단, 보편적 교환수단으로 기능하지만, 더 이상 **표장**이 아니라 일정량의 금은으로 기능한다. 따라서 금은은 가장 발전된 국제교환 체제에서 이미 본래적인 물물교환에서 역할을 수행할 때와 동일한 형태로 다시 나타난다. 금은은 교환 자체와 마찬가지로, 이미 지적한 바와 같이, 처음에

25 "유통수단의 형태로 **정립된** 화폐가 **주화**이다. 주화로서 화폐는 자신의 사용가치 자체를 잃었다. 화폐의 사용가치는 그것의 유통수단으로서의 규정과 일치한다. 예를 들어, 그것이 화폐 그 자체로 기능하기 위해서는 먼저 주조되어야 한다. 그것은 화폐로서의 사용이 정지되어야 하는 것이다. 그러므로 주화로서의 화폐도 **표장**일 뿐이며, 그것의 재료에 대해 무차별적이다. 그러나 주화로서의 화폐는 화폐의 보편적 성격을 잃고 국민적, 국지적 성격을 가진다. 그것은 금, 은, 동 등 그것을 구성하는 재료에 따라 다양한 종류의 주화로 나누어진다. 그것은 정치적 칭호를 획득하며, 말하자면 상이한 나라들의 상이한 언어들을 말하는 것이다. 마침내 그것은 동일한 나라에서 다양한 명칭들을 얻게 된다." [『요강』, I권, 217쪽.]

는 한 사회적 공동체 내부에서가 아니라 이것이 끝나는 곳, 그 사회의 경계에서, 그다지 많지 않은 다른 공동체와의 접촉점에서 등장한다. 금은이 이제는 모든 장소에서 상품으로서의 성격을 가지게 되는 **상품** 자체, 보편적 상품으로 정립되어 나타난다. 이 형태규정에 따라 금은은 모든 장소에서 동등하게 통용된다. 그렇게 될 때라야만 그것은 **일반적** 부의 물질적 대표자이다. 따라서 중상주의에서는 금은이 상이한 공동체들의 권력의 척도로 간주된다."[『요강』, I권, 217-218쪽.]

* 이어서 맑스는, "… 1600년과 마찬가지로 1857년도 전반적 위기 시에 금은은 전적으로 이러한 규정을 가지고 등장한다. 이러한 성격으로 인해 금은은 세계시장 창조에 중요한 역할을 [한다]. … 원시공동체에서 이러한 금은 거래는 교환 전체와 마찬가지로 잉여에 기초한 부차적인 사항이었을 뿐. 그러나 발전된 상업에서 그것은 본질적으로 생산 전체 등과 관련되는 계기로서 정립. 그것은 더 이상 잉여의 교환을 위해서가 아니라, 국제상품교환의 전체 과정에서의 잔액 정산으로 나타난다. 금은은 이제 **세계주화**로서만 주화이다. 그러나 그러한 것으로서 금은은 유통수단으로서의 그것의 형태규정에 본질적으로 무차별적인 반면, 모든 것이 그것의 재료가 될 수 있다. 이 규정에서 형태로서의 금은은 어디서나 접근할 수 있는 상품, 상품 자체로서 남는다."[상동, 218-219쪽.]

* "화폐는 유통수단 자체, **주화**의 부정이다. 그러나 그것은 소극적으로는 끊임없이 주화로 전환될 수 있기 때문에 적극적으로는 **세계주화**로서 이러한 부정을 동시에 자기 규정으로 포함하고 있다. 그러나 그러한 것으로서 화폐는 형태규정에 무차별적이며, 본질적으로 상품 자체, 장소에 의해 규정되지 않고 널리 존재하는 상품이다. 이 무차별성은 이중적으로 표현된다. **한편으로** 그것은 이제 **가치표장**, 주화형태로서가 아니라 금은이라는 측면에서만 화폐라는 점에서, 따라서 국가가 주화로서 화폐에 부여하는 **형체**가 아니라 그것의 금속

성분이 가치를 가지는 것이다."[상동, 221쪽.]

*세계주화가 화폐로서의 화폐(자립화된 교환가치로서의 화폐)로 기능하는 경우

앞에서 인용한 내용을 종합해서 설명하면: 사실상 화폐는 국내유통 영역을 떠나면서부터 가격표준, 주화, 보조화폐, 가치표장으로서 이 유통 영역에서 가지고 있었던 국지적인 형태를 벗고 다시 귀금속 자태를 한 지금형태로 되돌아간다. 세계시장에서 기능을 수행하는 화폐는 우리에게 이미 알려진 기능, 즉 화폐 일반, 일반적 등가물, 따라서 축장과 지불수단의 기능 이외에 다른 어떠한 특별한 기능을 갖지 않는다.[『요강 초고』, S. 881 참조.] 오히려 화폐는 세계화폐로서 자연적인 최초의 형태를 회복하고 물물교환 당시의 역할을 수행하던 형태를 다시 취한다. 다시 말해 "국제상품유통에서 금은은 유통수단으로서가 아니라 일반적 교환수단으로 나타난다."[MEW, 13, S. 125-126.] "그러나 일반적 교환수단은 구매수단과 지불수단의 두 가지 발전된 형태에서만 기능하는데, 양자의 관계가 세계시장에서는 역전된다."[상동.] 화폐가 주화인 한, 즉 국내유통 영역에서는, 전적으로 구매수단으로서만 기능을 하나, 세계시장에서 화폐는 주로 국제대차결제를 위해 사용되는 지불수단으로서의 기능을 한다. 이 두 가지 경우(구매수단으로서의 기능과 지불수단으로서의 기능)를 위해서 "화폐는 항상 축장화폐로서의 형태를 띠고, 즉 금속의 실체로서 존재해야만 한다. 다시 말하자면 단지 가치의 형태를 띠고 있을 뿐만 아니라 그 가치의 화폐형태와 동일한 액수의 가치로서 존재해야만 하는 것이다."[MEW, 25, S. 468.]

세계시장에서 화폐가 부의 절대적인 사회적 체화물로서 기능하는 또 다른 경우가 있는데 그것은 "구매에서나 지불에서가 아니라 한 나라에서 다른 나라로 부가 이전되는 경우이며, 더욱이 이 이전을 상품형태로 하는 것이 상품시장의 경기변동이나 또는 소기의 목적 그 자체에 의해[26] 배제되고 있는 경우이다."[MEW, 23, S. 158. 『요강 초고』, S. 879 참조.]

따라서 국제 교환수단과 지불수단으로서의 화폐형태는 결코 화폐의 특별한 형태가 아니다.[『요강 초고』, S. 881 참조.] "일반적 국제구매수단과 국제지불수단으로서의 화폐는 결코 화폐의 새로운 규정이 아니다. 그것은 오히려 단지 화폐 개념의 일반성에 상응하는 현상의 보편성을 띠고 있다; 그것은 **사실상 일반적 상품**으로서 활동하는 가장 적합한 화폐의 존재양식이다."[『요강 초고』, S. 885.] 그 이유는 세계시장에서 "축장화폐와 일반적 지불수단으로서의 화폐가 일반적 교환수단이 되기 때문, 즉 "그 개념에 의해서뿐만 아니라 그 존재방식에 따라서 일반적인 상품이 되기"[상동, S. 873.] 때문이고, 또 세계시장에서 "상품으로서의 상품으로, 또 모든 장소에서 부로서의 성격을 유지하는 일반적인 상품으로 정립되기"[상동, S. 878, 881.] 때문이다. 또한 "세계시장에서 비로소 화폐는 전 범위에 걸쳐 그 현물형태가 동시에 추상적 인간노동의 직접적 사회적 실현형태인 상품으로서의 기능을 한다."[MEW, 23, S. 156.] 이러한 의미에서 화폐의 세 번째 규정은, 화폐로서의 화폐는 세계화폐에서 처음으로 실현된다고 할 수 있다.[Rosdolsky(1968), S. 198 참조.]

*** 종합적 결론: 화폐로서의 화폐에 대한 규정

앞에서 우리는 화폐의 발생을 단순상품유통과정, 즉 교환과정에서 나타나는 필연적인 현상, 즉 상품에 내재된 모순의 발전의 산물임을 알았다. 그런데 교환과정의 단순한 매개자로 출발한 화폐가 이제는 교환과정의 외부에서 자립적으로 존재하는 요소가 되었다.

26 예를 들어, 보조금, 전쟁 수행을 위한 또는 은행의 현금지불의 재개를 위한 차입금 등을 말한다. [Rosdolsky(1968), S. 197 참조.]

**** 화폐의 세 번째 규정인 화폐로서의 화폐; 교환가치의 자립화로서의 화폐**

"우리가 살펴본 바와 같이, 유통에서 자립적으로 유래하고, 유통에 대하여 마주 서는 것으로서의 화폐는 유통수단과 척도로서의 규정의 부정(부정적 통일)이다."[『요강』, I권, 220쪽.]

"화폐가 **수단**으로도 **척도**로도 나타나지 않고 자기 목적으로 나타나고 따라서 일단 순환을 마치고, 거래 상품에서 **식료품**이 된 **상품**처럼 유통에서 벗어나는 G-W-W-G."[상동, 206-207쪽.]

*** 화폐의 자립화는 G-W-W-G 순환의 결과에서 기인한다.**

"화폐가 **부의 보편적인 물적 대표자**로서 유통에서 벗어나서, 그 자체로 보다 높은 단계의 교환의 **특수한** 형태인 **유통의 산물**인 한에 있어서, 그것의 세 번째 규정도 유통과 관련되어 있다. 그것은 유통에 대하여 자립적이지만, 이러한 자립성은 유통의 자체적인 과정일 뿐이다. 화폐는 그것이 유통으로 다시 들어가듯이 유통으로부터 나온다. 유통과의 관련이 없다면, 그것은 화폐가 아니라 단순한 자연 대상인 금, 은일 것이다. 그것의 이러한 규정은 유통의 결과이자 전제이다. 화폐의 자립성 자체가 유통과의 관계의 중지가 아니라. 그것과의 **소극적인** 관계이다. 이는 G-W-W-G의 결과에서 기인한다."[상동, 208-209쪽.]

"특수한 상품에서 부가 상품의 한 계기로 나타나거나, 상품이 부의 특수한 하나의 계기로 나타나는 데 반해, 금, 은에서 일반적 부 자체는 특수한 하나의 질료에 집중되어 나타난다." "우리가 상품을 가치로서가 아니라 자연적 속성에서 보게 된다면 "상품은 자신이 충족시키는 특수한 욕구와의 관계에 의해서만 부의 계기일 뿐이고 이러한 관계 속에서 ① 사용가치로 구성된 부, ② 이 부의 전적으로 특수한 한 측면만을 표현한다."[상동, 210-211쪽.] "이에 반해 화폐는 귀중한 상품으로써 그것의 특수한 유용성을 사상한다면, ① 실현된 가격이며, ② 모든 욕구의 대상과 교환할 수 있는 한에 있어서 어떤 특수성에도 상관없이 모든 욕구를 충족시킬 수 있다. 상품은 이러한 속성을 화폐를 매개로 해서 가지나, 화폐는 모든 상품, 따라서 부의 세계 전체, 부 자체에 대하여 이러한 속성을 직접 갖는다. 화폐에서 일반적 부는 형태일 뿐만 아니라 동시에 내용 자체이기도 하다. 말하자면 부라는 개념이 한 특수한 대상에서 실현되고 개별화되었다."[상동, 211쪽.] "특수한 상품에서 그것이 가격인 한 부는 아직 실현되지 않은 관념적 형태로만 정립되어 있다. 특수한 사용가치를 가지는 한, 그것은 부의 전적으로 개별화된 한 측면만을 나타낸다. 이에 반해 화폐에서는 가격이 실현되었고, 화폐의 실체는 부의 특수한 실존방식들을 추상한 후뿐만 아니라 총체적으로도 부 자체이다."[상동, 211쪽.]

**** 화폐로서의 화폐의 규정이 이해하기 어려운 이유**

"충분히 발전된 규정인 화폐로서의 화폐에 대한 이해를 특히 어렵게 만드는 것은, … 여기에서는 한 사회관계, 개인들의 일정한 상호 관계가 개인들 밖에서 금속, 광석, 즉 그 자체로 자연에서 발견되고, 형태규정도 더 이상 자연적 존재와 구별되지 않는 순전히 유형적인 사물로 나타난다는 점이다.[27] … 척도라는 측면에서 화폐는 아직 형태규정으로서 지배적이다. 화폐가 주화로서 각 개인들에게 외적으로 나타나면 더욱 그러하다. 그러나 세 번째 규정, 즉 척도와 주화가 되는 것이 화폐의 기능으로 나타날 뿐인 완성 국면에서 모든 형태규정은 사라지거나 화폐의 금속존재와 직접적으로 일치한다. 화폐로서의 존재라는 규정이 단지 사회적 과정의 결과라는 사실은 화폐의 표면에 전혀 나타

27 "금, 은이 즉자대자적으로 화폐인 것은 아니다. 자연은 환율이나 은행가를 낳지 않듯이 화폐도 낳지 않는다. 페루와 멕시코에서 금, 은이 비록 장신구로 발견되고 완숙한 생산체제가 발견되었지만, 여기에서 그것은 화폐로 기능하지 않았다. 화폐로서의 존재는 금, 은의 자연적 속성이 아니며, 따라서 물리학자, 화학자 등에게 전혀 알려져 있지 않다. 그러나 화폐는 직접적으로 금, 은이다."[『요강』, I권, 233쪽.]

나지 않는다. 그것이 **화폐**이다. 이것은 살아 있는 개인을 위한 화폐의 직접적인 사용가치가 이 역할과 전혀 아무런 관계도 없고, 일반적으로 교환가치와 구별되는 사용가치의 기억이 순수한 교환가치의 구현 속에서 전적으로 구별되기 때문에 더더욱 어렵다. 따라서 여기에서 교환가치와 이것에 상응하는 사회적 생산양식에 포함되어 있는 기본 모순이 완전히 순수하게 드러난다."[상동, 233-234쪽.]

애초에 화폐는 상품을 대표할 뿐이었으나 이제는 반대로 상품들 자체가 화폐의 대표자들이 되었다. "각각의 특수한 상품 자체는 그것이 교환가치인 한에 있어서, 가격을 가지는 한에 있어서, 일정량의 화폐를 불안전한 형태로 표현할 뿐이다. 왜냐하면 화폐가 실현되기 위해서는 우선 유통에 던져져야 하고, 그것이 실현될지의 여부는 자신의 특수성으로 인해 우연적이기 때문이다."[상동, 210쪽.]

그러나 우리가 상품을 가치로서가 아니라 자연적 속성에서 보게 된다면 "상품은 자신이 충족시키는 특수한 욕구와의 관계에 의해서만 부의 계기일 뿐이고 이러한 관계 속에서 ① 사용가치로 구성된 부, ② 이 부의 전적으로 특수한 한 측면만을 표현한다."[상동, 210-211쪽.]

** 화폐는 자립화된 교환가치의 일반적 형태로서 사물들의 특수한 성격이 제거된 모든 사물들 중의 일반자이다.

이에 반해 "… 화폐는 이제 자립화된 교환가치(그러한 것으로서의 화폐는 언제나 일시적으로만 **교환수단**으로 나타날 뿐이다)의 일반적 형태이다. 그것은 금, 은이라는 특수한 형체나 실체를 가지고 있고, 금, 은이 화폐에게 자립성을 부여하기는 한다. … 다른 한편으로 금, 은이라는 이러한 형태적 자립성을 가지고 있는 화폐는 다른 한 상품에 대한 한 상품의 교환가치를 대표할 뿐만 아니라 모든 상품에 대하여 교환가치를 대표한다. 그 자체가 실체를 가지는 동안, 금, 은이라는 자신의 특수한 실존들에서 화폐는 동시에 다른 상품들의 일반적 교환가치로서 나타난다. 한편에서 화폐는 이들 상품의 교환가치로 보유되고, 다른 한편에서 이들 상품은 화폐의 특수한 실체들로 존재하므로, 이것들의 교환가치는 이들 상품의 규정성이나 특수성에 무차별적이고 그것들을 초월하기도 하는 것과 마찬가지로, 교환에 의해서 이들 실체의 어떤 것으로도 전환될 수 있다. 따라서 이 상품들은 우연적인 존재일 뿐이다. 화폐는 상품들의 특수한 성격이 제거된 '모든 사물들 중의 일반자'이다."[상동, 210쪽.]

**** 세 번째 규정은 앞의 두 규정이 발전했을 때에만 발전된 형태로 나타나지 그렇지 않을 경우에는 그것들의 축적은 금, 은의 집적일 뿐 화폐의 축적이 아니다.**

"단순한 교환수단으로서의 규정이 부정되어 있다. 그렇지만 그것은 교환수단으로 나타나기 전에 역사적으로 척도로 정립되어 있고, 그것이 척도로 정립되기 전에 교환수단으로 나타날 수 있다 – 후자의 경우에 그것은 선호되는 **상품**으로만 존재할 것이다. 따라서 그것은 처음 두 규정으로 정립되기 전에 역사적으로는 세 번째 규정으로 나타날 수도 있다. 그러나 화폐로서의 금, 은은 그것들이 이미 두 규정 중의 하나로 존재하고 있을 때에만 축적될 수 있으며, 세 번째 규정은 앞의 두 규정이 발전했을 때에만 발전된 형태로 나타날 수 있다. 그렇지 않을 경우에 그것들의 축적은 금, 은의 집적일 뿐 화폐의 축적이 아니다."[상동, 208쪽.]

* "특수한 상품에서 부가 상품의 한 계기로 나타나거나, 상품이 부의 특수한 하나의 계기로 나타나는 데 반해, 금, 은에서 일반적 부 자체는 특수한 하나의 질료에 집중되어 나타난다." "우리가 상품을 가치로서가 아니라 자연적 속

성에서 보게 된다면 "상품은 자신이 충족시키는 특수한 욕구와의 관계에 의해서만 부의 계기일 뿐이고 이러한 관계 속에서 ① 사용가치로 구성된 부, ② 이 부의 전적으로 특수한 한 측면만을 표현한다."[상동, 210-211쪽.] "이에 반해 화폐는 귀중한 상품으로써 그것의 특수한 유용성을 사상한다면, ① 실현된 가격이며, ② 모든 욕구의 대상과 교환할 수 있는 한에 있어서 어떤 특수성에도 상관없이 모든 욕구를 충족시킬 수 있다. 상품은 이러한 속성을 화폐를 매개로 해서 가지나 화폐는 모든 상품, 따라서 부의 세계 전체, 부 자체에 대하여 이러한 속성을 직접 갖는다. 화폐에서 일반적 부는 형태일 뿐만 아니라 동시에 내용 자체이기도 하다. 말하자면 부라는 개념이 한 특수한 대상에서 실현되고 개별화되었다."[상동, 211쪽.] "특수한 상품에서 그것이 가격인 한 부는 아직 실현되지 않은 관념적 형태로만 정립되어 있다. 특수한 사용가치를 가지는 한, 그것은 부의 전적으로 개별화된 한 측면만을 나타낸다. 이에 반해 화폐에서는 가격이 실현되었고, 화폐의 실체는 부의 특수한 실존방식들을 추상한 후뿐만 아니라 총체적으로도 부 자체이다."[상동, 211쪽.]

**** 유통수단으로서의 화폐와 화폐로서의 화폐와의 차이점**

*** 화폐는 부의 일반적인 물질적 대표자로서 상품들 사이에서 신이 된다.**

"교환가치는 화폐의 실체를 이루며, 교환가치는 부이다. 따라서 화폐는 다른 한편으로 부를 구성하는 모든 특수한 실체들에 대하여 부의 체화된 형태이기도 하다. 따라서 화폐가 대자적으로 관찰되는 한, 한편으로 화폐에서 부의 형태와 내용이 일치하고, 다른 한편으로 화폐가 다른 모든 상품에 대립해서 이것들에 대하여 부의 일반적 형태로 나타나는 반면, 이 특수성들의 총체는 부의 실체를 이룬다. 화폐의 첫 번째 규정이 부 자체라면, 다른 한편으로 그것은 **부의 일반적인 물질적 대표자**이다. 화폐 자체에서 이 총체는 상품들의 상상된 화신(化身)으로 존재한다. 그러므로 부(총체로서의 교환가치뿐만 아니라 추상으로서의 교환가치)는 다른 모든 상품들을 배제함으로써, 그 자체로 개별화되어 금, 은에서 비로소 개별적인 명백한 대상으로 존재한다. 따라서 화폐는 상품들 사이에서 신이다."[상동, 211쪽.]

*** 유통수단으로서의 화폐는 상징적인 종이조각에 불과하나 화폐로서의 화폐는 상품세계의 지배자가 된다.**

"따라서 개별화된 명백한 대상인 화폐는 우연히 구해지고 찾아지며 도난당하고 발견될 수 있으며, 일반적 부는 명백하게 개별적인 개인에 의해 보유될 수 있다. 화폐가 단순한 유통수단으로 나타나는 하인의 형태에서 갑자기 상품세계의 지배자이자 신이 된다. 상품들은 화폐의 지상의 존재인 반면, 화폐는 상품들의 천상의 존재를 표상한다."[상동, 211-212쪽.]

"유통 매개자로서의 형태에서 화폐는 … 단순히 상징적인 종이조각으로 전락하기도 하였다. 화폐로서 그는 자신의 황금빛 영광을 회복한다. 그는 노예에서 주인이 된다. 단순한 하수인에서 그는 모든 상품의 신이 된다."[MEW, 13, S. 103.]

*** 계약의 일반적 재료, 일반적 상품, 일반적 부의 대표자로서의 화폐**

"화폐가 가치의 자립적 대표자로 정립되었을 때, 계약은 비로소 예를 들어 더 이상 곡물량이나 제공된 용역으로 견적되지 않는다. (예를 들어, 후자는 봉건제에서 일상적이었다.) … 사실은 화폐가 계약의 일반적 재료, … **일반적 상품**, **일반적 부의 대표자**, … 자립화된 교환가치로 채택되었다. 화폐가 일반적으로 세 번째 규정의 이러한 역할로 등장하기 위해서는 이미 처음 두 규정에서 매우 발전해 있어야 한다."[『요강』, I권, 230쪽.]

*** 자본으로서의 화폐

** 화폐로서의 화폐의 규정 속에는 자본으로서의 화폐의 규정이 이미 내포해 있다.

"충분히 발전한 화폐의 **세 번째 규정**은 처음 두 규정(가치척도와 교환수단: 필자)을 가정하며, 이것들의 통일을 구성한다. 그러므로 화폐는 유통 밖에서 자립적인 존재를 갖게 된다. 그것은 유통에서 벗어난 것이다. **특수한** 상품으로서 화폐는 그것의 화폐형태로부터 사치 대상, 금, 은 장신구로 전환될 수 있다. … 또는 그것이 화폐로 **축적**될 수 있고 그리하여 **보화**를 이룰 수 있다. 자립적으로 존재하는 화폐가 유통에서 유래하는 한, 그것은 유통의 결과로 나타난다. 그것은 유통에 의해 스스로 자신과 결합되는 것이다. 이 규정성 속에 이미 **자본**으로서 화폐의 규정이 포함되어 있다."[상동, 207-208쪽.]

세 번째 화폐규정 속에는 "단순한 교환수단으로서의 규정이 부정되어 있다. 그렇지만 그것은 교환수단으로 나타나기 전에 역사적으로 척도로 정립되어 있고, 그것이 척도로 정립되기 전에 교환수단으로 나타날 수 있다. – 후자의 경우에 그것은 선호되는 **상품**으로만 존재할 것이다. 따라서 그것은 처음 두 규정으로 정립되기 전에 역사적으로 세 번째 규정으로 나타날 수도 있다. 그러나 화폐로서의 금, 은은 그것들이 이미 두 규정의 하나로 존재하고 있을 때에만 축적될 수 있으며, 세 번째 규정은 앞의 두 규정이 발전했을 때에만 발전된 형태로 나타날 수 있다. 그렇지 않을 경우에 그것들의 축적은 금, 은의 집적일 뿐 화폐의 축적은 아니다."[상동, 208쪽.]

* 교환가치의 생산과정으로서의 유통과정; 화폐의 유통 속으로의 재진입으로 인해 자본으로의 전환

"단순한 척도로서의 화폐는 유통수단으로서의 화폐에서 이미 부정되었

다. 유통수단과 척도로서의 화폐는 화폐로서의 화폐에서 [부정되었다: 필자.]. 그러므로 마지막 규정에 있어서의 그것의 부정은 동시에 앞의 두 규정에 있어서의 그것의 부정이다. 즉, 단순히 **부의 일반적인 형태**로 부정되면 그것은 실제적 부의 특수한 실체들로 실현되어야 한다. 그러나 화폐는 실제로 부의 총체의 **물질적 대표자**로 입증됨으로써 동시에 일반적 형태로 보존되어야 한다. 그것의 유통 진입 자체가 그것의 지속의 한 계기이어야 하고, 그것의 지속은 유통 진입이어야 한다. 즉, 실현된 교환가치로서 그것은 교환가치가 실현되는 과정으로 동시에 정립되어야 한다. 또한 그것은 부의 순전히 물질적인 형태, 개인들에 대해서 외적이고, 우연적인 형태로서의 자신의 부정이다. 오히려 그것은 부의 생산으로 나타나야 하고, 이 부는 생산에서 개인들의 상호 관계의 결과로 나타나야 한다. 따라서 이제 교환가치는 유통을 단지 외적인 운동으로 삼거나, 더 이상 개인으로서 특수한 질료에 실존하는 단순한 사물로 규정되어 있지 않고, 과정으로 규정되어 있다. 유통과정을 통해 자기 자신과 관계하는 것으로 다른 한편에서 유통 자체는 더 이상 상품과 금, 은의 단순한 교환과정으로, 다양한 상품의 가격을 실현하기 위한, 교환가치들로 서로 등치시키기 위해 매개운동으로 나타나지 않는데, 이때 두 가지가 유통 밖에서 나타난다. 한편으로 전제된 교환가치, 상품의 소비로의 최종적 이탈, 따라서 교환가치의 폐기, 화폐의 이탈, 그것의 실체로부터의 자립화, 이는 다시 다른 형태로 그것을 폐기하는 것이다. 교환가치 자신, 이제는 더 이상 교환가치 일반이 아니라 측정된 교환가치가 유통에 의해 정립된 전제로 나타나고, 동시에 유통에 전제되어 유통에 의해 정립된 것으로 나타나야 한다. 그러므로 그것은 한편으로, 교환가치의 노동으로의 복귀이고, 다른 한편으로 화폐의 교환가치로의 복귀이다. 그러나 지금 이 교환가치는 심화된 규정으로 정립되어 있다. 유통에서는 일정한 가격이 전제되어 있으며, 화폐로서의 유통은 이것을 단지 형식적으로 정립할 뿐이다. 교환가치 자체의 **규정성**, 또는 가격척도가 이제는 유통행위로 나타나야 한다. 이렇게 정립될 때 화폐는 **자본**이며, 유통은 동시에 생산행위로 정립된다."[상동, 228-229쪽.]

**** 자본집적의 최초의 역사적 현상이자 첫 번째 수단인 화폐축적이 자본축적을 위해서는 축적된 화폐의 유통으로의 재진입이 필요하다.**

"금은(金銀), 화폐의 축적은 자본 집적의 최초의 역사적 현상이자 그것의 첫 번째 중요한 수단이다. 그러나 그 자체로 그것은 아직 자본축적이 아니다. 이를 위해서는 축적된 것의 유통으로의 재진입이 축적의 계기와 수단으로 정립되어야 할 것이다. 이제 모든 측면에서 볼 때, 화폐는 완성된 마지막 규정에 있어서 스스로 해체되는, 자기 자신의 해체로 나아가는 모순으로 나타난다. **부의 일반적 형태**로서의 화폐에게는 실제적 부의 전체 세계가 마주 서 있다. 화폐는 부의 순수한 추상이다. … 부가 전적으로 물질적인 형태로 존재하는 것처럼 보이는 곳에서 그것은 단지 나의 머릿속에만 존재하는 순수한 망상이다. … 다른 한편에서 **일반적 부의 물질적 대표자**로서의 화폐는 단지 다시 유통 속으로 던져지고, 부의 개별적인 특수한 방식들과 교환되어 사라짐으로써 실현된다. 유통에서 화폐는 유통수단으로 머문다. 그러나 축적하는 개인에게서는 상실되며, 이 사라짐이 그것을 부로 보증하는 유일하게 가능한 방식이다."[상동, 227쪽.]

**** 자본으로서의 화폐의 규정**

"① 유통의 결과이자 전제라는 점,

② 그것의 자립성은 소극적 관계일 뿐이지만 언제나 유통과의 관계라는 점,

③ 유통이 더 이상 양적인 교환이라는 원시적 단순성으로 나타나지 않고 생산과정, 현실적인 물질대사로 나타남으로써, 화폐 자체가 생산도구로 정립되어 있다. 그리하여 화폐 자체가 이러한 생산과정의 특수한 계기로 규정되어 있다. …

④ 따라서 자본으로서의 화폐는 유통을 매개로 한 가지 자신에 대한 관계로 정립되어 나타난다 – 이자와 자본의 관계에서. …"[상동, 209쪽.]

**** 'Ⅲ. 자본에 관한 장'의 핵심 내용: 노동은 타인 소유를 창출하고 소유는 타인 노동을 명령한다.**

맑스는 '화폐에 관한 장' 말미에 다음과 같은 문장으로 다음 장[Ⅲ. 자본에 관한 장]에서 다룰 핵심적인 내용을 지적한다. "단순 교환 자체(운동 속의 교환가치)에서 개인들의 상호 행위는, 그 내용에 있어서 그들의 욕구의 타산적인 상호 충족일 뿐이고, 그 형태에 있어서 교환, 즉 동등한 것(등가물)으로의 정립이다. 그러므로 여기에서는 소유도 노동에 의한 노동생산물의 전유이며, 자기 노동의 생산물이 타인 노동에 의해 구매되는 한 자기 노동에 의한 타인 노동의 생산물의 전유로 정립될 뿐이다. 자기 노동의 등가물에 의해 매개된 타인 노동에 대한 소유, 이 소유형태는 – 자유와 평등과 매우 유사하게 – 이러한 단순한 관계에서 정립된다. 교환가치가 더욱 발전하면서 이것은 전환될 것이며, 마침내 자기 노동의 생산물에 대한 사적 소유가 노동과 소유의 분리와 일치한다는 것, 그리하여 노동은 타인 소유를 창출하고, 소유는 타인 노동을 명령하리라는 것이 증명될 것이다."[상동, 232쪽.]

**** 자본의 개념을 전개하기 위해서는 노동이 아니라 가치, 그것도 이미 유통운동 속에서 발전된 교환가치로부터 출발하는 것이 필요하다.**

"부르주아 사회의 기본적인 전제는 노동이 직접 교환가치, 즉 화폐를 생산한다는 것이고, 마찬가지로 화폐는 노동자가 자신의 활동을 교환에서 판매하는 한에 있어서만, 노동을, 따라서 노동자를 직접 구매한다는 것이다. 그러므로 첫 번째 측면에서의 **임노동**, 두 번째 측면에서의 **자본**은 발전된 교환가치와 이 교환가치의 체현으로서의 화폐의 다른 형태들일 뿐이다. 그에 따라 화폐는 모든 사람에게 존립의 일반적 실체이자 동시에 모든 사람의 공동 산물인 한에 있어서 직접적으로 **현실적인 공동체**이다."[상동, 217쪽.]

그러나 "자본의 개념을 전개하기 위해서는 노동이 아니라 가치, 그것도 이미 유통운동 속에서 발전된 교환가치로부터 출발하는 것이 필요하다. 노동에서 자본으로 직접 이행하는 것은 불가능하다. … 그러므로 자본의 첫 번째 규정은 다음과 같다. 유통에서 유래하고 따라서 유통을 전제로 하는 교환가치가 유통 속으로 들어간다고 해서 자신을 상실하는 것이 아니라 유통 속에서 또 유통에 의해 자신을 보존하는 것이며, 유통은 교환가치가 사라지는 운동이 아니라 오히려 교환가치로서의 자신이 실현되는 운동이며 교환가치로서의 실질적인 자기 정립의 운동이라는 것이다."[상동, 257-258쪽.]

그러므로 단순상품유통 W–G–W 순환의 마지막 산물로서의 화폐가 갖는 기본적인 모순은 자본주의적 생산과정을 통해서, 즉 G–W–G 순환과정 속에서 비로소 지양될 수 있다는 것이다. 이하에서는 이에 관해 언급될 것이다.

제2편 화폐의 자본으로의 전환

제4장

화폐의 자본으로의 전환

4-1. 자본의 일반적 정식

맑스는 제4장을 다음과 같이 시작한다. "상품유통은 자본의 출발점이다. 상품생산과 발달된 상품유통, 즉 상업은 자본이 성립하기 위한 역사적 전제이다. 16세기의 세계무역과 세계시장의 형성으로부터 자본의 근대적 생활사가 시작되었다."[MEW, 23, S. 161.][1, 2]

상품유통의 과정에서 발생하는 경제적 형태만을 관찰한다면 이 과정의

---

1 필자 주: 이에 관한 자세한 내용은 Immanuel Wallerstein의 *The Modern World-System* I 을 참조하시오.

2 맑스는 『공산당 선언』에서 부르주아지가 세계시장의 형성과정에서 행한 혁명적 역할을 간결하나 웅장한 어조로 다음과 같이 서술한다. "아메리카 대륙의 발견과 아프리카 회항로의 발견은 대두하는 부르주아지에게 신천지를 열어 주었다. 동인도와 중국 시장, 아메리카의 식민지화, 식민지와의 교역, 교환수단과 상품량의 증가는 상업, 항해, 공업에 전례 없는 충격을 주었으며, 그리하여 무너져 가던 봉건사회 안에서 혁명적 요소를 급격히 발전시켰다. 예전의 봉건적 또는 동업조합적 공업경영방식은 새로운 시장과 함께 늘어난 수요를 더 이상 충족시킬 수 없었다. 그러한 조직을 대신한 것이 매뉴팩처였다. 동업조합의 장인들은 매뉴팩처 공업에 종사하는 중간계급에게 밀려났다. … 그동안에도 시장은 더욱 넓어지고 수요는 계속 늘어났다. 이제 매뉴팩처도 이미 수요를 충족시킬 수 없게 되었다. 이때 증기와 기계가 공업생산에 혁명을 일으켰다. 매뉴팩처의 자리를 현대적인 대공업이 차지하고 공업에 종사하는 중간계급의 자리를 … 현대 부르주아들이 차지했다. 대공업은 아메리카 대륙의 발견으로 준비되고 있던 세계시장을 만들어 냈다. 세계시장은 상업, 해운과 육상교통의 거대한 발전을 가져왔다. 이러한 발전이 이번에는 거꾸로 공업의 확장에 영향을 끼쳤다. 공업, 상업, 해운, 철도가 확대되는 만큼 부르주아지도 발전했으며, 부르주아지는 자본을 늘림으로써 중세 때부터 내려오던 모든 계급들을 뒷전으로 밀어내 버렸다. 따라서 … 현대 부르주아지 자체가 기나긴 발전과정의 산물이며, 생산과 교환 방식에서 일어난 잇따른 변혁의 산물임을 알 수 있다. … 부르주아지는 세계시장을 이용하여 모든 나라의 생산과 소비를 범세계적인 것으로 만들었다. … 부르주아지는 공업의 민족적 기반을 밑에서부터 허물어 버렸다. 예로부터 내려오던 민족적 공업이 파멸되었거나 나날이 파멸되어 가고 있다. 이 민족적 공업은 새로운 공업, 즉 현지 원료를 가공하는 것이 아니라 지구상의 가장 먼 지역에서 운반되어 오는 원료를 가공하고 그 나라 안에서뿐만 아니라 세계 각지에서 소비되는 공산품을 만드는 공업에 밀려나고 있으며, 이 새로운 공업을 도입하는 것이 모든 문명국가들의 사활의 문제로 되고 있다. 국산품으로 채워지던 옛 수요 대신에, 아주 멀리 떨어져 있으며 풍토도 아주 다른 여러 나라에서 온 생산물이 아니면 채워질 수 없는 새로운 수요가 생겨난다. 낡은 지방, 민족적 단절과 국산품에 의존하던 생존 대신에, 민족들이 서로 전면적으로 교류하고 전면적으로 의존하는 것이 나타난다. 이것은 물질적 생산에서나 정신적 생산에서나 마찬가지이다. 각 민족의 정신활동의 성과는 공동 재산이 된다. 민족적 일면성과 배타성은 더욱더 있을 수 없게 되고 수많은 민족, 지방적 문학으로부터 하나의 세계문학이 형성된다. 부르주아지는 모든 생산도구의 급속한 개선과 한없이 편리해지는 교통수단으로 모든 민족, 심지어는 가장 미개한 민족까지도 문명화한다. 그들 상품의 싼 가격은 모든 만리장성을 쳐부수고 외국인에 대한 야만인들의 집요한 증오까지도 여지없이 굴복시키고야 마는 무기이다. 부르주아지는 모든 민족에게 망하고 싶지 않거든 부르주아적 생산양식을 채용하라고 강요하며, 이른바 문명을 받아들이라고, 즉 부르주아지가 되라고 강요한다. 한 마디로 부르주아지는 자신들의 모습대로 세계를 창조하는 것이다." [MEW, 4, S. 463-466; *Manifest der Kommunistischen Partei*(공산당 선언).]

최종 산물로서 화폐를 발견하게 된다. 이 상품의 최종 산물은 자본의 최초의 현상형태이다. 역사적으로 자본은 어느 곳에서나 처음에는 우선 화폐의 형태로서, 즉 상인자본 및 고리대 자본이라는 화폐재산으로서 토지소유에 대립한다. 어떤 새로운 자본도 최초에는 여전히 화폐로서, 자본으로 전환될 화폐로서 상품시장이나 노동시장 또는 화폐시장 등의 시장에 모습을 드러낸다.

지금까지 W–G–W라는 직접적 상품유통 형태의 관점에서 살펴본 상품 및 화폐 유통의 분석에 익숙한 독자로서는 다소 당황할 것이나, 필자는 그것을 회피하고자 이미 유통수단으로서의 화폐를 논할 때 『정치경제학 비판을 위하여』에서 인용하여 다음과 같이 서술하였다. "자세히 살펴보면 유통과정은 두 개의 상이한 순환형태를 보인다. 상품을 W, 화폐를 G라 하면 우리는 이 두 형태를 다음과 같이 표현할 수 있다. W–G–W, G–W–G. 이 절에서는 … 첫 번째 형태 또는 직접적 상품유통 형태만을 고찰하겠다."[MEW, 13, S. 69-70.]

이처럼 맑스는 지금까지는 단순상품생산 및 단순상품유통만을 관찰하였던 것이다. 그러나 이제는 단순상품유통 대신 화폐의 자본으로서의 유통에 대해, 특히 W–G–W와 G–W–G의 형태적 차이점에 대해 고찰해야 한다. 그렇게 함으로써 이것들의 형태적 차이점의 배후에 숨어 있는 내용적 차이점도 분명해질 것이다. 맑스는 두 가지 유통형태의 동일성과 차별성에 대해 대략 아래와 같이 설명한다: 화폐로서의 화폐와 자본으로서의 화폐는 우선 양자의 유통형태의 차이에 의해 구별될 뿐이다.

상품유통의 직접적 형태는 W–G–W로서, 상품의 화폐로의 전환 및 화폐의 상품으로의 재전환이며 구매(G–W)를 위한 판매(W–G)이다.

자본유통의 형태는 G–W–G로서, 화폐의 상품으로의 전환 및 상품의 화폐로의 재전환이며 판매하기 위한 구매이다. 이 유통에 들어온 화폐는 자본으로 전환되어 자본이 되는 것이며, 이미 그 사명으로 보아 자본인 것이다.

자본유통 G–W–G를 좀 더 상세히 살펴보면, 단순상품유통과 마찬가지로 대립되는 두 단계를 통과한다. 제1단계 구매(G–W)에서는 화폐가 상품으로 전환된다. 제2단계 판매(W–G)에서는 상품이 화폐로 재전환된다. 그러나 이 두 단계의 통일은 상품을 판매하기 위한 상품을 구매하는 총운동이다. 구매와 판매라는 형태적 차이를 무시한다면 G로 W를 구매하고 W로 G를 구매하는 총운동이다. 이 모든 과정이 사라지고 남는 결과는 화폐와 화폐의 교환, G–G이다.

따라서 G–W–G는 보람이 없고 내용이 없는 것이 된다. 자신의 화폐를 유통의 위험에 내맡기지 않고 꼭 쥐고 있는 화폐축장자의 방법이 훨씬 더 확실하고 안전하다. 어찌되었든 여기에서 화폐는 단순상품유통에서와는 달리 독자적인 특유한 운동을 한다. 그러므로 우선 G–W–G와 W–G–W의 형태적 차이를 규정해야 한다. 그렇게 함으로써 이들 형태적 차이의 배후에 숨어 있는 내용적 차이도 분명해질 것이다. 우선 두 형태의 공통점을 살펴보기로 하자.

• 두 형태의 공통점

두 형태는 모두 동일한 대립적인 두 단계, 즉 판매(W–G)와 구매(G–W)로 나누어진다.

두 형태의 어느 경우에서는 상품과 화폐가 대립하고 구매하는 자와 판매하는 자가 대립하고 있다. 두 형태는 모두 대립적인 두 단계의 통일이며, 이 통일은 어느 경우에나 세 명의 당사자의 등장을 매개로 이루어지는데, 그중 한 사람은 구매만 할 뿐이며 다른 한 사람은 판매만 할 뿐이지만 제3의 사람은 번갈아 가면서 판매와 구매를 한다.

• 두 형태의 차이점

이 두 형태의 유통 W–G–W와 G–W–G의 차이점은 다음과 같다.

① 동일한 대립적인 유통단계의 순서가 반대로 되어 있다는 점이다. 단순상품유통(W-G-W)은 판매에서 시작되어 구매로 끝나고 자본으로서의 화폐의 유통(G-W-G)은 구매로 시작되어 판매로 끝난다. 전자에서는 상품이, 후자에서는 화폐가 운동의 출발점과 종결점이다. 전자에서는 화폐가, 후자에서는 상품이 운동의 전 과정을 매개하고 있다.

② W-G-W에서는 화폐가 결국 상품으로 전환되고 이 상품은 사용가치로서의 역할을 한다. 이 경우 화폐는 결국 지출된다. 반대로 G-W-G에서는 구매자가 화폐를 지출하는 것은 결국은 판매자로서 화폐를 취득하기 위해서이다. 즉, 구매자가 상품을 구매할 때 화폐를 유통에 투입하지만 그것은 상품을 다시 판매해서 다시 화폐를 유통으로부터 끌어내기 위함이다. 그가 화폐를 내놓기는 하지만 그것은 다만 그것을 손에 넣으려는 저의를 지닌 것에 불과하다. 그러므로 화폐는 단지 투하되는 것일 뿐이다.

③ W-G-W에서는 동일한 화폐가 두 번 위치를 바꾼다. 즉, 판매자는 구매자로부터 화폐를 받아 다른 판매자에게 화폐를 지불해 준다. 단순상품유통에서는 두 번에 걸친 화폐의 위치 변경이 어떤 사람의 손에서 다른 사람의 손으로 종국적으로 이행시킨다.

G-W-G에서는 동일한 상품이 두 번 위치를 바꾼다. 즉, 구매자는 판매자로부터 상품을 받아 다른 구매자에게 상품을 양도한다. 자본의 유통에서는 두 번에 걸친 상품의 위치 변경이 화폐를 처음의 출발점으로 되돌려 보낸다. 이와 같은 출발점으로의 화폐의 환류가 자본으로서의 화폐의 유통과 화폐로서의 화폐의 유통 사이의 차이점이다.

④ W-G-W의 최종 목적은 소비와 욕망 충족, 즉 사용가치이다. 이 유통형태에서는 하나의 상품이라는 극에서 출발하여 다른 하나의 상품이라는 극으로 종결된다. 이 후자의 상품은 유통에서 떨어져 나와 소비되어 버린다. G-W-

G의 동인과 규정적인 목적은 교환가치(G) 그 자체이다. 이 유통형태에서는 화폐라는 극에서 출발하여 결국 동일한 극으로 돌아온다.

⑤ W–G–W에서는 양쪽 극이 동일한 가치크기의 상품이다. 그러나 질적으로는 다른 사용가치이다. 여기에서 운동의 내용은 생산물의 교환, 즉 사회적 노동이 표시되어 있는 다양한 소재의 변환이다. G–W–G, 이 유통은 무의미한 것으로 보일 수도 있다. 그러나 이 유통의 양쪽 극은 모두 질적으로 서로 다른 사용가치가 아니라, 질적으로는 같으나 양적으로 다른 화폐인 경우에 그 의미가 있다. 즉, 이 운동의 내용은 화폐의 양적 증대이다. 이 과정의 완전한 형태는 G–W–G′(G+ΔG)로서 이 증가분 또는 최초의 가치 이상의 초과분(ΔG)을 잉여가치라 한다. 그러므로 최초에 투하된 가치는 유통 속에서도 자기 자신을 보존할 뿐만 아니라 그 속에서 자신의 가치크기를 변화시키고 잉여가치를 덧붙인다. 다시 말해, 스스로 가치를 증식시킨다. 그리하여 이 운동은 이 가치를 자본으로 전환시킨다.

⑥ W–G–W, 즉 구매(G–W)를 위한 판매(W–G)의 최종 목적은 유통의 밖에 있는 소비, 즉 특정 욕망의 충족이므로 그 한계가 있다. G–W–G, 즉 판매(W–G)를 위한 구매(G–W), 즉 자본으로서의 화폐의 유통 그 자체가 목적이다. 처음과 끝이 동일한 것, 즉 화폐이며 교환가치인 것이 이를 의미한다. 따라서 자본의 운동은 이미 한계가 없이 무한한 것이다.

단순상품유통은 사용가치의 취득 또는 욕망 충족이라는 유통의 외부에 있는 최종 목적을 위한 수단으로서의 역할을 하는 반면 자본으로서의 화폐의 유통은 그 자체가 목적인데, 이는 가치의 증식은 끊임없이 갱신되는 이 운동 속에서만 존재하기 때문이다. 그러므로 자본의 운동은 무제한이다.

화폐소유자는 이 운동의 의식적인 담지자로서 자본가가 된다. 이 운동의 객관적 내용, 즉 잉여가치가 또는 가치의 증식이 그의 주관적 목적이며, 이것을 목적으로 하는 한 끊임없는 운동만이 화폐소유자를 자본가로 만든다.

이 절대적인 치부의 충동이나 열정적인 가치의 추구는 자본가에게나 화폐축장자에게나 공통된 것이지만, 화폐축장자가 광적인 자본가에 지나지 않는 데 반해 자본가는 합리적인 화폐축장자이다. 화폐축장자는 화폐를 유통으로부터 빼냄으로써 가치의 증식을 추구하나 자본가는 끊임없이 반복하여 화폐를 유통에 투입함으로써 끊임없는 가치의 증식을 달성한다.

⑦ W-G-W에서 상품들의 가치가 취하는 자립적인 형태 곧 화폐형태는 오로지 상품교환을 매개하기만 할 뿐이며, 운동의 마지막 결과에서는 사라져 버린다. G-W-G에서는 양쪽, 상품이든 화폐이든 모두 가치 그 자체의 각각 다른 존재양식으로서 기능을 한다. 즉, 화폐는 가치의 일반적인 존재양식으로서, 상품은 그 특수한 존재양식으로서 각기 기능하는 데 지나지 않는다. 이 운동 속에서 가치는 소멸하지 않고 끊임없이 한 형태로부터 다른 형태로 이행하여 하나의 자동적인 주체로 전환한다. 가치는 화폐형태에서 상품형태로 상품형태에서 화폐형태로 끊임없이 모습을 바꾸면서 자신의 크기를 변화시키면서 자기 증식을 한다. 이런 의미에서 자본은 화폐이고 자본은 상품이다. 가치는 그것이 가치이기 때문에 가치를 낳는다는 신비한 성질을 갖는다. 그러나 가치는 오직 화폐형태에 의해서만 자신이 얼마나 증식했는지를 알 수 있을 뿐이다. 그러므로 화폐는 어느 가치증식 과정에서나 그 출발점과 종결점을 이루고 있다. 그러나 화폐는 다만 가치의 한 형태일 뿐이다. 화폐는 상품형태를 취하지 않고서는 자본이 되지 않는다. 그리하여 여기서 화폐는 화폐축장의 경우처럼 상품에 대해 대항적인 태도를 취하지 않는다. 자본가는 모든 상품이 화폐이며 내적으로 할례를 받은 유태인이고 나아가서 화폐를 보다 많은 화폐로 만들기 위한 기적을 행하는 수단임을 알고 있다.

단순상품유통에서는 상품의 가치가 상품의 사용가치에 대립하여 화폐라는 자립적 형태를 얻을 뿐이지만 자본의 유통에서는 그 동일한 가치는 진행 중에 있으며, 자기 스스로 운동하는 실체로서 나타난다. 상품과 화폐는 모두 그 실체에 대해서 단순한 형태에 지나지 않는다. 또 그뿐만이 아니다. 가치는 이제 상품들의 관계를 표현하고 있는 것이 아니라, 자기 자신과의 사적인 관계를 맺는다. 그것은 본원적 가치로서의 자기를 잉여가치로서의 자기로부터 구별 짓는다. 곧 성부로서의 자기를 성자로서의 자기 자신과 구별하는데, 성부나 성자가 모두 같은 나이이고 또 실제로는 둘은 한 몸인 것이다. 왜냐하면 투하된 100파운드는 오직 10파운드라는 잉여가치에 의해서만 자본이 되며, 그것이 자본으로 되는 순간 아들이 태어나고 아들에 의해 아버지가 태어나게 되는 순간 양자의 구별은 다시 소멸해 버리고 양자는 하나가, 곧 110파운드가 되기 때문이다.

이리하여 가치는 진행 중에 있는 가치, 진행 중에 있는 화폐가 되며, 그리고 이러한 것으로서 자본이 된다. 가치는 유통으로부터 나왔다가 다시 유통으로 들어가고, 유통 속에서 자기를 유지하고 자기를 배가시키며 증대되어서 유통 밖으로 돌아 나오고 하는 이러한 동일한 순환을 끊임없이 되풀이되거나 새롭게 시작하는 것이다.

***G–W–G′ 는 자본의 일반적 정식이다.**

판매를 위한 구매, 좀 더 완전하게 말하면 비싸게 판매하기 위한 구매 G–W–G′ 는 분명히 오로지 자본의 한 종류인 상인자본에만 특유한 형태인 것처럼 생각될지 모른다. 그러나 산업자본도 또한 상품으로 형태를 바꾸어 상품의 판매에 의해 보다 많은 화폐로 재전환하는 화폐이다. 구매(G–W)와 판매(W–G′)가 이루어지는 동안에 유통 영역의 외부에서 이루어지는 행위는 운동의 그러한 형태를 조금도 변화시키지 않는다. 이자를 낳는 자본(대부자본)에서는 자본의 유통 G–W–G′가 단축되고 매개가 없어져 그 결과 G–G′로서 나타난다. 즉, 보다 많은 화폐와 동등한 화폐로서, 그 자신보다 더 큰 가치로서 나타난다. 대부자본의 유통 G–G′의 배후에는 산업자본 또는 상인자본의 유통이 존재한다. 그러므로 G–W–G′는 자본(유통)의 일반적 정식이다.

주요 개념

상품유통은 자본의 출발점이다, 단순상품유통/직접적 상품유통/화폐로서의 화폐유통(W–G–W), 자본으로서의 화폐유통(G–W–G), W–G–W와 G–W–G의 공통점 및 차이점, 최종 목적으로서의 질적으로 상이한 사용가치/최종 목적으로서의 양적으로 다른 교환가치 그 자체, 잉여가치/가치증식/자본, 자본의 운동은 무제한적이다, 광적인 자본가로서의 화폐축장자/합리적인 화폐축장자로서의 자본가, 자본은 화폐이고 자본은 상품이다, 가치는 가치이기 때문에 가치를 낳는다, 가치는 진행 중에 있는 가치, 진행 중에 있는 화폐가 되며, 그러한 한에서 자본이 된다, 유통으로부터 나왔다가 다시 유통으로 들어가고, 유통 속에서 자기를 유지하고 자기를 배가시키며 증대되어서 유통 밖으로 다시 나오는 화폐로서의 자본, 유통자본의 일반적 정식.

4-2. 일반적 정식의 모순

화폐가 탈바꿈하여 자본으로 성장하는 경우의 유통형태(G–W–G′)는 상품이나 가치, 화폐 또는 유통 그 자체의 본성에 대하여, 앞에서 전개한 모든 법칙과 모순된다. 자본유통형태(G–W–G′)와 단순상품유통(W–G–W)의 차이는 동일한 두 개의 대립적인 과정 곧 판매와 구매의 순서가 거꾸로 되어 있다는 점이다. 그러면 어떻게 하여 이러한 순전히 형태적인 차이만으로 자본유통은 상품유통과 전혀 다른 성격을 가지게 되며 화폐가 자본으로 전환하여 잉여가치를 낳게 하는 것일까? 이 점이 여기에서 해결해야 할 문제이다.

하지만 그것만이 아니다. 그와 같은 구매와 판매 순서의 전도는 서로 거래하는 3인의 거래 당사자들 중의 한 사람에게만 존재할 뿐이다. 예를 들어, 자본가로서 나는 A로부터 상품을 구매해서 B에게 상품을 판매한다. 반면 단순상품 소유자로서 나는 B에게 상품을 판매하고 A로부터 상품을 구매한다. 이처럼 자본의 유통은 단순상품유통과는 그 순서가 거꾸로 되어 있다. 그러나 A는 내가 B에게 상품을 판매하는 것에 전혀 개의치 않고 B는 내가 A로부터 상품을 구매하는 것에 전혀 개의치 않는다. 그저 A는 상품구매자로서 B는 상품판매자로서 나와 대립하고 있을 뿐이다. 따라서 A에게는 화폐로서 상대하고 B에게는 상품으로서 상대할 뿐이다. 어느 쪽 사람에게도 자본이나 자본가로서 상대하지 않는다.

만일 자본가인 내가 구매와 판매의 순서를 전도시킨다 해도 근본적으로 바뀔 것은 없다. 나의 첫째 행위인 구매(G–W)는 A의 입장에서는 판매이고, 두 번째 행위인 판매(W–G)는 B의 입장에서는 구매이다. 따라서 A는 상품을 직접 B에게 판매하면 되고, B는 직접 A에게서 구매하면 된다. 그러므로 구매와 판매의 순서가 바뀌었다고 해도 단순상품유통의 영역을 벗어난 것이 아니다. 그러므로 문제는 단순상품유통이 잉여가치의 형성을 허용하는가 하지 않는가를 살펴보는 것이다.

*** 상품교환자는 사용가치 측면에서는 이득을 얻는다.**

두 명의 소유자가 서로 상품을 구매하고 서로의 화폐청구권의 차액을 지불날짜에 결제하는 단순상품교환의 경우를 살펴보기로 하자. (이 경우에 화폐는 계산화폐로서 상품의 가치를 상품의 가격으로 표시하는 역할을 하지만 상품 그 자체에 대해 물적 존재로서 상대하지는 않는다.)

사용가치에 관한 한 두 교환자 모두 이득을 얻는다. 왜냐하면 양쪽 모두 자신에게는 사용가치로서는 쓸모없는 상품을 양도해 주고 자신에게 사용가치가 있는 상품을 획득할 수 있기 때문이다.

게다가 이득은 그것뿐이 아니다. 포도주 생산자 A와 곡물 생산자 B가 서로의 생산물을 교환한다고 가정하자. 그러면 A는 B가 동일한 노동시간에 생산할 수 있는 것보다 더 많은 포도주를 생산할 것이다. 또 B는 동일한 노동시간 안에 A가 생산할 수 있는 것보다 더 많은 곡물을 생산할 것이다. 그러므로 사용가치에 관한 한 "교환은 쌍방이 득을 보는 거래이다!"[MEW, 23, S. 172.]라고 할 수 있다.

*** 단순상품유통은 가치 증식을 허용하지 않는다.**

그러나 교환가치에 있어서는 사정이 달라진다. 포도주와 곡물은 교환되기 이전부터 일정한 가치를 가지고 있다. 교환은 등가물끼리 이루어지는 것이므로 교환에 의해 가치증식이 발생하는 것이 아니다. 유통수단으로서의 화폐가 매개자가 되어 구매행위와 판매행위를 분리시킨다 해도 가치에는 변화가 발생하지 않는다.

단순상품유통에서 상품은 등가물끼리 교환이 이루어진다는 사실을 가치가 무엇인지 인식하지 못한 속류 경제학자들은 그들 나름대로 현상을 순수하게 고찰하려고 한 나머지 수요와 공급이 일치한다는 것, 즉 수요-공급의 작용이 없다는 것을 전제한다. 그러므로 사용가치에 관한 한 교환자 쌍방이 득을 볼 수 있다 하여도 교환가치에서는 쌍방이 득을 볼 수는 없다. 여기에서는 "평등이 있는 곳에 이득은 없다"[MEW, 23, S. 173.]고 할 수 있다.

물론 상품은 그 가치와 다른 가격으로 판매될 수도 있으나 이러한 편차는 상품교환의 법칙의 침해로서 나타난다. 상품교환은 그 순수한 모습에서는 등가물끼리의 교환이고 따라서 가치를 증식시키는 수단은 아니다.

*** 상품유통을 잉여가치의 원천이라고 설명하려는 시도**

이러한 시도의 배후에는 사용가치와 교환가치의 혼동이 은폐되어 있다. 콩디악(Condillac)의 경우 그는 다음과 같이 언급한다. "상품교환에서 가치가 그것과 동등한 가치와 교환된다는 것은 잘못이다. 오히려 그 반대이다. 두 계약 당사자는 어느 쪽이나 늘 보다 작은 가치를 보다 큰 가치와 교환한다. … 만일 실제로 언제나 동등한 가치끼리 교환된다면 어느 계약 당사자에게도 이득은 없다. 그러나 쌍방은 모두 이득을 얻고 있으며 또 어쨌든 이득을 얻어야 할 것이다. 왜 그러한가? 물적 존재의 가치는 오로지 우리의 욕망에 대한 이들 물적 존재의 관계 속에 있을 뿐이기 때문이다. 한쪽에 보다 많이 필요한 것이 다른 쪽에는 보다 적게 필요하기도 하며 또 그 반대가 되기도 한다."[MEW, 23, S. 173.]

게다가 생산자가 자신의 생활수단을 스스로 생산하고 자신의 욕망을 채우고 남은 초과분 곧 잉여분만을 유통에 내놓는 상태를 발달된 상품생산이 이루어지고 있는 사회와 바꾸어 놓고 있다. 콩디악의 견해를 계속해서 보기로 하자. 그는 다음과 같이 기술한다. "… 사람들이 자신들의 소비에 없어서는 안 될 것을 판매하리라고는 생각되지 않는다. 우리는 자신에게 필요한 물건을 손에 넣기 위해 자신에게 쓸모없는 것을 내놓으려 한다. 우리는 보다 많이 필요한 것과 바꾸기 위해 보다 덜 필요한 것을 주려고 한다. … 교환된 물건들 하나하나가 가치에 있어서는 동일한 양의 화폐와 동등하다고 할 때, 교환에서는 가치와 그와 동등한 가치와의 교환으로 주어진다고 판단하는 것은 당연하다. … 그러나 또 다른 측면을 고려해야 한다. 쌍방 모두가 여유 있는 것을 필요한 것과 교환하는 것은 아닌가 하는 점이 문제이다."[MEW, 23, S. 173.]

이러한 콩디악의 논거는 때때로 근대경제학자들에 의해 거듭 사용되고 있는데, 그들은 상품교환의 발달된 모습인 상업이 잉여가치를 생산하는 것으로 간주한다: "상업은 생산물에 가치를 부여한다. 왜냐하면 동일한 생산물이라도 생산자의 손에 있는 것보다는 소비자의 손에 있는 것이 보다 많은 가치를 갖게 되기 때문이다. 따라서 상업은 문자 그대로 생산행위로 간주되어야 한다."[MEW, 23, S. 174.]

단순상품유통과정에서 상품들은 등가물끼리의 교환을 조건으로 한다. 그렇다면 단순상품유통으로부터는 잉여가치가 형성되지 않는다. 그러나 현실세계에서는 모든 일들이 순수하게 발생되는 것은 아니다. 그러면 비등가물끼리 교환되는 경우는 어떠한지를 살펴보기로 하자.

① 모든 판매자가 가치보다 비싸게 파는 경우

모든 판매자가 상품을 그 가치 이상으로, 예를 들어 100의 가치를 110으로, 즉 명목적으로 10% 인상해서 판매하는 경우, 판매자들은 10이라는 잉여가치를 얻게 된다. 그러나 그는 판매자가 된 다음에는 구매자가 된다. 이번에는 다른 판매자 역시 그에게 상품을 10% 비싸게 판매할 수 있다. 그러니까 그는 판매자로서는 10% 이득을 보았지만 그 다음 구매자로서는 10% 손해를 보게 된다. 그러므로 모든 상품소유자가 각자의 상품을 가치보다 10% 비싸게 판매한다는 것은 그들이 자신의 상품을 가치대로 판매하는 것과 다를 바 없다. 화폐의 명칭 곧 상품들의 가격은 증가할지 모르지만 상품들의 가치비율에는 변함이 없다.

② 모든 구매자가 가치 이하로 구매하는 경우

그들은 구매자가 되기 전에 이미 판매자였다. 그들은 구매자로서 10% 이득을 얻기 전에 이미 판매자로서 10% 손해를 보았다. 이번에도 역시 모든 것이 원래 그대로이다. 요컨대, 잉여가치는 판매자가 상품을 그 가치보다 비싸게 판매한다든지 구매자가 상품을 그 가치보다 싸게 구매한다고 해서 형성되는 것이 아니다.

③ 생산을 하지 않고 소비만 하는 계급이 있는 경우

잉여가치가 명목상의 가격 인상에서 생긴다든가, 상품을 비싼 가격으로 판매하는 판매자의 특권에서 생긴다는 환상은 판매는 하지 않고 구매만 하는, 따라서 생산은 하지 않고 소비만 하는 계급(지주계급)을 상정하고 있는 것이다. 그러나 이러한 계급의 존재는 단순상품유통의 입장에서는 아직 설명할 수 없다. 그러나 이 계급이 존재한다고 상정하면, 이 계급이 상품을 구매하는 화폐는 교환 없이 무상으로, 그리고 임의의 법적, 폭력적 권한에 의해 상품소유자로부터 약탈한 것이다. 그러므로 이 계급에게 상품을 비싸게 판매한다는 것은 무상으로 주었던 화폐의 일부분을 속여서 다시 회수함을 의미할 뿐이다.

예를 들어, 소아시아인들은 고대 로마에 화폐공납을 바친다. 로마는 이 화폐로 소아시아인들로부터 상품을 지나치게 비싼 가격으로 구매한다. 그러나 사실은 소아시아인들이 상업이라는 방법을 통해 정복자(로마인)로부터 공납의 일부를 다시 회수한 것이다. 그럼에도 불구하고 소아시아인들 역시 속았다. 왜냐하면 그들의 상품 대가는 여전히 그들 자신의 화폐로 지불되기 때문이다.

이런 것은 결코 부의 축적이나 잉여가치 형성의 방법이 아니다.

④ 상품소유자 A만이 상품을 그 가치 이상으로 B에게 판매할 수 있는 경우

교활한 상품소유자 A가 40파운드 스털링의 가치가 있는 포도주를 B에게 판매하고 50파운드 스털링의 가치가 있는 곡물을 구매한 경우 A는 보다 적은 화폐로 보다 많은 화폐로 만들었다.

교환이 이루어지기 전의 총가치는 90파운드 스털링이고 교환이 이루어진 후의 총가치도 90파운드 스털링이다. 변한 것은 단지 A와 B 사이의 배분이 달라진 것뿐이다. A쪽에서 잉여가치로 나타나는 것은 B쪽에서는 부족가치이다.

유통하는 가치의 총액은 그 분배의 어떠한 변화로도 증가시킬 수 없다.

*** 유통과정에서는 잉여가치가 형성되지 않는다.**

이와 같이 등가물끼리 교환된다면 잉여가치는 생기지 않고 비등가물끼리 교환된다 해도 잉여가치는 생기지 않는다. 유통이나 상품교환은 가치를 창조하지 못한다. 그러므로 자본의 기본형태, 근대사회의 경제조직을 규정하는 자본의 형태를 분석할 때 왜 상업자본과 고리대자본을 고려하지 않는가를 이해할 수 있다.

본래의 상업자본에서는 G–W–G′의 형태, 즉 더 비싸게 팔기 위한 구매가 가장 순수하게 나타난다. 다른 한편 상업자본의 모든 운동은 유통 영역 내부에서 이루어진다. 그러나 유통 그 자체로부터는 화폐의 자본으로의 전환이나 잉여가치의 형성을 설명할 수 없기 때문에 등가물끼리 교환되면 상업자본의 존재는 불가능한 것으로 보이고, 따라서 구매하는 상품생산자와 판매하는 상품생산자 사이에 기생하는 상인에 의해 생산자 양쪽이 모두 사취당하는 경우에만 도출되는 것으로 여겨진다. 이런 의미에서 벤저민 프랭클린(Benjamin Franklin)은 "전쟁은 약탈이고 상업은 사취이다"[MEW, 23, S. 178.]라고 하였다.

상업자본의 가치증식이 상품생산자에 대한 사취로 인한 것이 아니라 달리 설명되기 위해서는 일련의 긴 매개 고리가 필요한데 단순상품유통의 입장에서는 결여되어 있다. 맑스는 상업자본의 이윤을 이윤의 파생적인 형태로서 설명한다. 이에 대한 것은 『자본론』 제3권 제4편 '상품자본 및 화폐자본의 상품거래자본 및 화폐거래자본(상인자본)으로의 전환'에서 다룬다.

상업자본에 관해서 언급한 내용은 대부자본에는 더욱 타당하다. 상업자본(G–W–G′)에서는 그 양극은 곧 시장에 투입된 화폐와 시장에서 증식되어 회수된 화폐는 적어도 판매와 구매라는 유통운동에 의해 매개되어 있다. 그러나 고리대자본에서는 G–W–G′의 형태가 무매개적 양극 G–G′로, 보다 많은 화폐와 교환되는 화폐로, 화폐의 본성과 모순되고 따라서 상품교환의 입장에서는 설명할 수 없는 형태로 단축되어 있다. 대부자본 곧 이자를 낳는 자본에 대해서는『자본론』제3권 제5편 '이자 및 기업가수익으로의 이윤의 분할, 이자 낳는 자본'에서 다룬다.

*** 자본의 일반적 정식이 포함하고 있는 모순**

지금까지 밝혀진 대로 잉여가치는 유통에서 발생할 수 없는 것이므로 그것이 형성되려면 유통 그 자체 안에서 눈에 보이지 않는 무엇인가가 유통의 배후에서 일어나야만 한다. 유통이란 상품소유자들의 모든 상호 관계의 총체이다. 유통의 외부에서 상품소유자는 오로지 자기 자신의 상품과 관련될 뿐이다. 그리고 상품소유자들과 그들 상품과의 관계는 가치에 관한 한, 그들이 상품의 생산에 사회적으로 필요한 노동량을 지불한다는 것, 그것뿐이다. 그리고 그 노동량은 그들의 상품의 가치크기로 표현된다. 즉, 상품소유자는 자기의 노동에 의해 가치를 만들어 낼 수는 있다. 그러나 자기 증식하는 가치를 만들어 내지는 못한다. 그는 기존 가치에 새로운 노동을 통해 새로운 가치를 부가함으로써 상품의 가치를 증대시킬 수 있다. 그러나 이것은 가치의 형성일 뿐 가치의 증식은 아니다. 그러므로 상품생산자가 유통의 외부에서 다른 상품소유자와 접촉하지 않고는 가치를 증식시키고, 따라서 화폐 또는 상품을 자본으로 전환시킨다는 것은 불가능하다.

그러므로 자본은 유통에서 발생할 수도 없고, 또 마찬가지로 유통에서 발생하지 않을 수도 없다. 자본은 유통에서 발생해야 하는 동시에 유통에서 발생해서는 안 된다. 맑스는 자본의 일반적 정식이 포함하고 있는 이와 같은 모순을 다음과 같이 표현하고 있다. "화폐의 자본으로의 전환은 상품교환에 내재하는 여러 법칙들의 기초 위에서 전개되어야 하며, 따라서 등가물끼리의 교환이 출발점으로 되어야 할 것이다. 아직 자본가의 애벌레에 불과한 우리의 화폐소유자는 상품을 그 가치대로 구매하고 그 가치대로 판매하며 나아가서 그 과정의 끝부분에는 그가 투입한 것보다 많은 가치를 회수하지 않으면 안 된다. 애벌레로부터 나방으로의 성장, 진정한 자본가로의 발전은 유통 영역에서 일어나야 하며 동시에 유통 영역에서 일어나서는 안 된다. 이것이 문제의 조건이다. 이곳이 로두스 섬이다. 이곳에서 뛰어 보라(Hic Rhodus, hic salta)!"[MEW, 23, S. 180-181.]

주요 개념

자본의 일반적 정식의 모순: 자본은 유통에서 발생할 수도 없고 유통에서 발생하지 않을 수도 없다.

[부록 8] *Grundrisse der Kritik der Politischen Oekonomie, Rohentwurf* (1857-1858)

Ⅲ. 자본에 관한 장[3]

제1편 자본의 생산과정

8. 자본으로서의 화폐에 관한 장

3 Ⅲ. '자본에 관한 장'은 『정치경제학 비판 요강 초고』에서 가장 많은 분량을 차지하고, 『수고 노트』 II권에서 VII권까지의 주된 내용을 이루고 있다. 처음에 맑스는 이 장의 제목을 '자본으로서의 화폐에 관한 장'이라고 명명했었다(『노트』, II권). 그러다가 『노트』 III권에서 계속하면서 '자본에 관한 장'(『노트』 II권의)(계속)이라고 적고 있다. 그러나 『정치경제학 비판 요강 초고』 S. 150에는 다음과 같이 적혀 있어서 혼란을 자초하였다: " '자본에 관한 장'(처음에는 자본으로서의 화폐에 관한 장으로 표기되었다)은 (첫 7면[『정치경제학 비판 요강 초고』, S. 151-162, 901-918.: 필자]을 제외한) 『노트』 II, III, IV, V, VI, VII을 포함한다." 바로 이 부분이 단순유통과정에서 나타나는 전유의 법칙에 관해 서술된 곳이다. MEW, 42에 수록된 『정치경제학 비판 요강』에서는 위의 내용은 삭제되었다.

화폐의 자본으로의 전환

*** 단순상품경제에서의 전유의 법칙

로스돌스키(1968)의 견해에 따르면, 단순상품유통에서 나타나는 전유법칙에 대해서는 『자본론』 제1권에서보다 『정치경제학 비판 요강 초고』에서의 분석이 훨씬 더 탁월하다고 판단하고, 단순상품경제에서의 전유법칙이라는 주제를 "부수적으로만 다루고 있는 『자본론』 제1권에 대한 훌륭한 보완물"[S. 212.]이라고 평가하였다. 단순상품유통에서 교환자들은 먼저 자발적인 교환 합의에 의해서만 상대방의 상품을 획득할 수 있으므로, 서로를 사적 소유자로 인정해야 한다. 이들이 어떻게 상품소유자가 되었으며, 또 어떤 방식으로 상품의 전유가 발생하였는지는 교환관계 자체로부터는 알 수 없다. 우선 먼저 『자본론』 제1권에서 전유법칙에 대해 언급되어 있는 것을 먼저 인용해 보면 다음과 같다. "상품들은 스스로 시장에 걸어갈 수도 없고 또 스스로 자기들을 교환할 수도 없다. 따라서 우리는 그것들의 보호자인 상품소유자들을 찾아내지 않으면 안 된다. 상품은 물적 존재인 만큼 인간에게 반항할 수 없다. 그것들이 순종하지 않는다면 인간은 폭력을 사용할 수 있다. 바꾸어 말하면 인간은 상품들을 손아귀에 넣어버릴 수가 있다. 이 물적 존재들은 서로 상품으로서 관련시키기 위해서 상품보호자들은 자신들의 의지를 그 물적 존재들에 담은 사람들로서 서로 상대해야만 한다. 그리하여 한편은 다른 편의 동의에 의해서만, 즉 양쪽 모두 양자에 공통된 하나의 의지행위를 매개해서만 자기의 상품을 상대방의 것으로 만들고 상대방의 상품을 자기의 것으로 만드는 것이다. 그러므로 그들은 서로를 사적 소유권자로 인정해 주어야만 한다."[MEW, 23, S. 99.]

맑스는 또한 다른 곳에서 단순상품유통은 바로 상품소유자들의 자유와 평등의 실현임을 다음과 같이 서술한다. "노동력의 판매와 구매가 그 한계 안에서 이루어지는 유통 또는 상품교환의 영역은 사실 천부인권의 진정한 낙원이었다. 여기에서 지배하고 있는 것은 오로지 자유, 평등, 소유, 그리고 벤담이다. 자유! 이것은 어떤 한 상품, 가령 노동력의 구매자나 판매자가 오로지 그들의 자유로운 의지에 의해 규정될 뿐이기 때문이다. 그들은 자유롭게 법적으로 대등한 인간으로서 계약을 맺는다. 계약은 이들의 의지가 하나의 공통된 법적 표현을 서로 주고받았다는 것을 보여 주는 최종 결과이다. 평등! 이것은 그들이 오로지 상품소유자로서 서로 관계하며 등가물을 교환하기 때문이다. 소유! 이것은 어느 쪽이나 모두 자기의 것만을 처분하기 때문이다. 그들을 하나의 관계 속에 함께 있게끔 만드는 유일한 힘은 그들의 자기 이익, 그들의 특수한 이익, 그들의 사적 이해의 힘이다. 이렇듯 그들이 자기만을 생각하고 타인을 생각하지 않는 까닭에 모든 사람이 사물의 예정조화의 결과로서, 또는 빈틈없는 섭리의 보호 아래 오로지 그들 상호 이익이 되는, 공익이 되는, 전체 이익이 되는 사업만을 수행하는 것이다."[MEW, 23, S. 189-190.]

***** 타인의 노동에 대한 전유의 근거는 단순유통의 배후에서 발생한다.**

"노동자 자신의 노동의 결과에 대한 소유권은, 그것들 없이는 유통에 의한 부차적인 전유가 이루어질 수 없는, 근본적인 조건인 것 같다. **자신의 노동에 근거하고 있는 소유권은 유통 내에서 타인의 노동에 대한 전유의 토대를 형성한다**. 사실 유통과정 전제조건을 정확하게 관찰해 보면 교환 당사자들은 노동시간의 양들이 사용가치들로 물상화된 교환가치들의 소유자들로 나타난다. 이것들이 어떻게 이 상품들의 소유권자들로 되는지는 단순유통의 등 뒤에서 발생한 과정이다."[『요강 초고』, S. 902.]

*** **단순상품유통 자체로부터 기인하는 상품소유자들의 평등, 자유 및 호혜성**

이제부터는 단순상품경제의 특징이라 할 수 있는 '자신의 노동을 통한 전유의 법칙'의 근간인 부르주아적 자유와 평등과 상품소유자들 사이의 예정조화의 원리인 호혜성에 대해 언급해 보기로 한다.

** **상품소유자들의 평등**

* **교환의 주체들의 관계는 평등관계이다.**

교환에서 개인들은 상품소유자들로서만 상대하며, 이러한 개인들 각자는 다른 사람들이 자신에 대하여 갖는 것과 동일한 관계를 다른 사람들에 대하여 가진다. 이들 사이에 갈등은 물론 어떤 차이도 찾아볼 수 없다: "실제로 상품이나 노동이 교환가치로만 규정되고, 상이한 상품들을 이 교환가치들의 교환으로 서로 관련시키는 관계가 그것들의 등치인 한에 있어서, 이 과정을 진행하는 개인들, 주체들은 단순히 교환자들로만 규정된다. 형태규정이 고찰되는 한에 있어서, 그들 사이에는 전적으로 아무런 차이도 존재하지 않는다. 그리고 이것은 경제적 규정, 그들이 서로 교류관계에 서 있는 경제적 규정이다. … 각 주체는 교환자이다. 즉, 각자는 다른 주체가 자신과 가지는 관계와 동일한 사회적 관계를 다른 주체와 가지는 것이다. 따라서 교환의 주체들로서 그들의 관계는 **평등관계**이다. 그들 사이에 어떠한 차이나 대립은 물론 상이성을 찾아내려는 것도 불가능하다."[『요강』, I권, 235쪽.]

"나아가 그들이 교환하는 상품들은 교환가치들로서 등가물들이거나, 적어도 그러한 것으로 간주된다." 따라서 "한 개인이 다른 개인을 사취한다고 할지라도, **그것이 그들이 서로 마주 서 있는 사회적 기능의 본성에 의해서 발생하는 것은 아니다**. 그 까닭은 이 기능이 **동일한 것**이기 때문이다. 그 속에서 그들은 **평등하다**. 타고난 교활함, 설득술 등, 간단히 말해서 한 개인의 다른 개인에 대한 순전히 개인적인 우월성에 의해서만 발생할 수 있을 뿐이다."[상동, 235-236쪽.] 그러므로 여기에서는 교환의 주체나 교환의 대상 모두가 평등의 원칙에 지배되는 것으로 나타난다.

*** 교환자들의 상이한 욕구와 교환되는 상품 생산의 상이성이 사회적 평등의 전제가 된다.**

물론 교환자들은 상이한 욕구와 상이한 사용가치를 대표한다. 이러한 상황은 개인들의 사회적 평등을 위협하기는커녕, 그들의 자연적 상이성을 그들의 사회적 평등의 근거로 만든다: "A라는 개인이 B라는 개인과 동일한 욕구를 가지고 있고, B라는 개인과 동일한 대상에 자신의 노동을 실현했다면, 이들 사이에는 어떤 관계도 있을 수 없을 것이다. 그들의 생산 측면에서 관찰한다면, 그들은 전혀 상이한 개인들이 아니다. 양자는 호흡 욕구를 가지고 있으며, 공기가 양자를 위해서 대기로 존재한다. 이 사실이 그들을 사회적으로 접촉시키지는 않는다. 그들은 호흡하는 개인들로서 자연체로 서로 관계할 뿐이지 인격체로서 관계하는 것은 아니다. 그들의 욕구와 생산의 상이성만이 교환과 그 속에서 그들의 사회적 평등의 동기를 제공해 준다. 따라서 이러한 자연적 상이성이 교환행위와 그들이 생산적으로 서로 맺는 이러한 관계 일반에서 사회적 평등의 전제가 된다."[상동, 237쪽.]

그러나 교환의 주체나 교환의 대상 모두가 평등의 법칙에만 지배되는 것은 아니다. 상품유통은 바로 상품소유자들의 자유의 실현이기도 하다.

**** 상품소유자들의 자유**

"개인들과 이들의 상품들의 자연적 상이성이 … 이러한 개인들의 통합을 위한 동기, 그들이 평등인들로 **전제**되고 **입증**되는 교환자로서의 사회적 관계를 위한 동기를 이루는 한에 있어서, 평등규정에 덧붙여 **자유**규정이 추가된다: A라는 개인이 B라는 개인의 상품에 대해 욕구를 느끼지만, 그는 이를 폭력을 통해 장악하지 않으며, 그 반대의 경우에도 마찬가지이다. 그들은 상대방을 소유자로, 그들이 상품에 의지가 관철되는 인격들로 인정하는 것이다. 그런 연후에 여기에 우선 인격의 법률적 계기가 들어오며, 거기에 자유가 포함되어 있는 한에 있어서 자유의 계기도 들어온다. 누구도 타인의 소유를 폭력으로 장악하지 않는다. 각자는 소유를 자발적으로 양도하는 것이다."[상동, 238쪽.] "그러므로 로마법에서 **노예**는 교환을 통해 자신을 위한 어떤 것을 취득하지 못하는 자라고 올바르게 규정되어 있다."[상동, 241쪽.]

물론 교환자들의 관계를 동기, 즉 경제적 과정 밖에 속하는 자연적인 동기라는 측면에서 보면, 그 관계가 일정한 강제에 기초하고 있음은 사실이다. 그러나 "나에게 강제력을 행사하는 욕구 및 충동 전체는 나 자신의 본성일 뿐이지 외적인 것은 아니다. … 그러나 내가 타인에게 강제를 가하고, 그를 교환체계로 추동하는 것은 바로 이 측면에 의해서이다."[상동, 241쪽.]

**** 교환의 자연적 조건으로서 호혜성**

그러나 교환에서는 평등과 자유가 전부는 아니다. 교환에서는 자유와 평등이라는 규정 이외에 호혜성이라는 규정이 추가된다: "A라는 개인은 B라는 개인이 b라는 상품을 매개로 해서 A라는 개인에게 기여하는 한에 있어서만, 그리고 그 때문에만 a라는 상품을 매개로 해서 B라는 개인의 욕구에 기여한다. 그 역도 성립한다. 각자는 자신에게 기여하기 위해서 타인에게 기여하는 것이다. 각자는 서로 자신의 수단으로 타인에게 봉사한다. 이제 두 개인의 의식 속에는 두 가지가 존재한다. ① 각자는 타인에게 수단으로 기여하는 한에 있어서만, 자신의 목적을 달성할 수 있다는 것. ② 각자는 자기 목적(자신을 위한 존재)으로서 타인을 위한 수단(타인을 위한 존재)일 뿐이라는 것. ③ 각자는 동시에 수단이자 목적이며, 그것도 각자는 수단이 되는 한에 있어서만 자기 목적을 달성하고, 자기 목적으로 정립되는 한에 있어서만 수단이 된다는 호혜성, 그러므로 각자는 자신을 위한 존재인 한에 있어서만 타인을 위한 존재로 정립된다는 호혜성 – 이 호혜성은 교환의 자연적 조건으로 전제된 필연적 사실이지만, 그 자체로 그것은 두 교환 주체 각각에게 무의미하며, 각각은 이 호혜성이 타인의 이익을 배제하는 것으로서, 그것과 관계없이 자신의 이익을 충족시키는 한에 있어서만 이 호혜성에 관심을 가진다는 것이다."[상동, 238-239쪽.]

맑스는 다른 곳에서도 다음과 같이 서술한다. "개인은 기껏해야 자신의 대립적인 개별 이익의 충족이 바로 지양된 대립의 실현, 사회적인 일반이익의 실현이라는 유쾌한 의식을 가질 수 있다. … 일반이익이란 바로 이기적인 이익의 일반성이다."[상동, 239-240쪽.]

**** 사적 이익 자체는 모든 개인들로부터 독립된 사회적 조건들에 의해 주어진다.**

"경제학자들은 이를 다음과 같이 표현한다. 누구나 자기의 사적 이익을, 또 오로지 자신의 사적 이익만을 추구한다. 그럼으로써 원하지도 않고 알지도 못하는 사이에 모든 사람의 사적이익, 즉 일반 이익에 기여한다. 각자가 자신의 사적 이익만을 추구함으로써, 사적 이익의 총체, 즉 일반이익이 달성된다는 것은 기이한 것이 아니다. 이러한 추상적인 구절로부터 얻어지는 결론은 각자가 서로 타인의 이익 관철을 방해하고, 만인의 만인에 대한 투쟁으로부터 일반적 긍정 대신에 일반적 부정이 귀결된다는 것이다."[상동, 137쪽.] 오히려 요점은 "사적 이익 자체가 이미 사회적으로 규정된 이익이며, 사회에 의해 정립된 조건들 안에서 사회에 의해 주어진 수단들로만 달성될 수 있다는 것, 말하자면 사적 이익 자체가 이러한 조건들과 수단들의 재생산에 묶여 있다는 것이다. 사적 이익은 사인(私人)들의 이익이다. 그러나 그 내용은 사적 이익의 실현형태 및 실현수단과 마찬가지로 모든 개인들로부터 독립적인 사회적 조건들에 의해 주어진다."[상동.]

***** 단순상품교환 자체로부터 기인하는 상품소유자들의 평등과 자유 및 호혜성의 관념들이 화폐제도에 의해 강화되고 완성된다.**

**** 급진적 수평주의자인 화폐의 평등화 역할**

"화폐는 우선 교환가치의 실현이고, 발전된 화폐제도에서 비로소 교환가치 체제가 실현되었거나 또는 그 반대였으므로, 화폐제도는 사실상 이 자유와 평등의 체제의 실현일 수 있을 뿐이다. 척도로서의 화폐는 등가물에게만 특수한 표현을 주고, 이것을 비로소 형태에 있어서도 등가물로 만든다. 유통에서는 아직 형태상의 차이가 나타나기는 한다. 두 교환자가 구매자와 판매자라는 구별되는 규정으로 나타나며, 교환가치가 한편으로는 화폐형태에서 일반적 교환가치로 나타나고, 다른 한편으로는 가격을 가지는 자연적 상품에서 특수한 교환가치로 나타나는 것이다. 그러나 첫째로, 이들 규정이 변한다. 유통 자체는 부등하게 정립하는 것이 아니라 등치시키는 것, 상상될 뿐인 차이를 지양하는 것이다. 부등성은 순전히 형식적인 부등성일 뿐이다. 마침내 유통하기 때문에 이 손에 나타나기도 하고 저 손에 나타나기도 하며, 이러한 현상에 대해서 무차별적인 것으로서의 화폐 자체에서 평등은 물질적으로도 정립된다. 교환과정이 관찰되는 한에 있어서 각자는 타인에 대하여 화폐보유자, 심지어 화폐로 나타나기도 한다. 그러므로 무차별성과 등가성이 사물형태로 분명하게 존재한다."[상동, 241-242쪽.]

* 유통수단의 경우, "상품에 놓여 있던 특수한 자연적인 상이성이 해소되며, 유통에 의해 끊임없이 해소된다. 3실링을 주고 상품을 사는 노동자는 그것을 행하는 왕과 마찬가지로 판매자에게는 동일한 기능, 동일한 평등 - 3실링의 형태로 나타난다. 그들 사이의 모든 차이가 해소되었다. 판매자 자신은 3실링의 가격을 가지는 상품의 보유자로만 나타나므로, 양자는 완전히 평등하다." [상동, 242쪽.]

* 화폐축장의 경우, "한 주체가 축적하고 다른 주체가 축적하지 않는다면, 그것은 어느 누구도 타인에게 손해를 끼치면서 그렇게 하는 것이 아니다. 한 주체는 현실적 부를 즐기는 것이고, 다른 주체는 부의 일반적 형태를 보유하게 되는 것이다. 한 주체가 궁핍해지고 다른 주체가 부유해진다면, 그것은 그들의 자유의지이지 그들이 서로 맺고 있는 경제적 관계, 즉 경제적 연관 자체로부터 유래하는 것이 아니다.[4] (더욱이: 필자) 상속이나 이것에 의해 나타나는 불평등을 영구화하는 법률적 관계들조차 이 자연적인 자유와 평등에 해를 끼치지는 않는다. A라는 개인의 원래의 관계가 이 체계와 모순되지 않는다면, B라는 개인이 A라는 개인을 대신하고 이 체계를 영구화한다고 해서, 이 모순이 초래되는 것은 아니다. 이것은 오히려 자연적 생명 한계를 넘어서 사회적 규정을 관철시키는 것이며, 개인의 자유의 지양을 가져올 자연의 우연적 영향에 맞서 이 관철을 확립하는 것이다. 게다가 이 관계에서 개인은 화폐의 개인화이므로, 그 자체로서 그는 화폐만큼이나 불멸이며,[5] 오히려 상속에 의해 화폐를 대표하는 것은 이러한 규정의 관철이다."[상동, 242-243쪽.]

지금까지 살펴본 바에 의하면, "단순 교환 자체 … 에서 개인들의 상호 행위는, 그 내용에 있어서 그들의 욕구의 타산적인 상호 충족일 뿐이고, 그 형태

4 『요강』(*der Kritik der Politischen Oekonomie Rohentwurf*), S. 915 참조.
5 『요강』(*der Kritik der Politischen Oekonomie Rohentwurf*), S. 915 참조.

에 있어서 교환, 즉 동등한 것(등가물)으로의 정립이다. 그러므로 여기에서는 소유도 노동에 의한 노동생산물의 전유이며, 자기 노동의 생산물인 타인 노동에 의해 구매되는 한 자기 노동에 의한 타인 노동의 생산물의 전유로 정립될 뿐이다. 자기 노동의 등가물에 의해 매개된 타인 노동에 대한 소유, 이 소유형태는 – 자유와 평등과 매우 유사하게 – 이러한 단순한 관계에서 정립된다. 교환가치가 더욱 발전하면서 이것은 전환될 것이며, 마침내 자기 노동의 생산물에 대한 사적 소유가 노동과 소유의 분리와 일치한다는 것, 그리하여 노동은 타인 소유를 창출하고, 소유는 타인 노동을 명령하리라는 것이 증명될 것이다."[상동, 232쪽.]

이로써 단순상품교환 자체로부터 기인하는 상품소유자들의 자유와 평등 및 호혜성에 대해서는 마치기로 하고 이제부터는 자본의 개념에 대해 살펴보기로 하자.

*** 자본으로의 이행: 화폐로부터 자본의 생성

** 자본에 관한 통상적인 정의의 오류

이제 자본에 관한 기존의 개념에 대해 알아보기로 하자.

* 자본이란 새로운 노동(생산)을 위한 수단으로 기능하는 축적된(실현된)[6] 노동(대상화된 노동)이다.

이 정의에 의하면 그것은 자본의 단순한 질료만을 고찰한 것이며, 자본을 자본이게 하는 형태규정은 간과한 것이다. 이에 따르면 "자본은 생산도구인

6 "**축적된** 노동은 개념규정에 있어서 **대상화된** 노동이되, 그 속에 일정량의 노동이 집적되어 있는 노동이어야 하므로, 거기에는 이미 무엇인가 횡령된 것이 존재한다. 그러나 집적된 노동은 이미 노동이 실현되어 있는 그러한 대상들을 일정량 포괄한다." [『요강』, I권, 256쪽.]

데, 그 까닭은 넓은 의미에서는 어떤 것이든, 예를 들어 돌과 같이 순전히 자연에 의해 주어진 대상도, 그것이 도구, 생산수단으로 기능하기 전에는 어떤 활동에 의해 비로소 전유되어야 하기 때문이라고 말하는 것에 지나지 않는다. 이에 따르면 자본은 모든 사회형태에 존재했으며 전적으로 비역사적인 것이다. 이에 따르면 신체의 각 관절은 활동, 노동에 의해 발전되어야 할 뿐만 아니라 기관(器官)으로 활동할 수 있기 위해서, 즉 우선 양육되고 재생산되어야 한다는 점에서 자본이다. 특히 팔, 손은 자본이다. 어떤 종류의 노동이든, 그것이 수렵, 어로 등의 미발전된 노동일지라도, 과거 노동의 생산물이 직접적인 산노동을 위한 수단으로 사용되는 것을 전제하므로, 자본은 인류만큼이나 오래된 사물에 대한 새로운 이름에 지나지 않을 것이다."[상동, 255쪽.]

그러나 "노동으로부터 자본으로 직접 이행하는 것은, 다양한 인종으로부터 은행가로 직접 이행하거나, 자연에서 증기기관으로 직접 이행하는 것과 마찬가지로 불가능하다."[상동, 257쪽.]

이와 같은 정의는 "자본의 단순한 소재만을 고찰한 것이며, 자본을 자본이도록 하는 형태규정을 간과한 것이다." "이렇게 자본의 특정한 형태가 추상되고, **그것이 모든 노동에 대해 필수적인 계기로서의** 내용만 강조된다면, **자본이 인간의 모든 생산의 필요조건이라는 것을 증명하는 것보다 쉬운 일은 물론 없다**. 이러한 증명은 자본을 인간의 생산의 특수하게 발전된 역사적 단계의 계기로 만드는 특유한 규정들을 추상함으로써 이루어진다. 중요한 것은 모든 자본이 새로운 생산을 위한 수단으로 기능하는 대상화된 노동일지라도, 새로운 생산을 위한 수단으로 기능하는 모든 대상화된 노동이 자본인 것은 아니라는 점이다. (자본에 대한 위의 정의에서는: 필자) **자본이 사물로 파악되지 관계로 파악되지 않는다.**[7] "[상동, 256쪽.]

*** 자본은 하나의 가치들의 합 또는 자기 재생산되는 교환가치이다.**

“세(Say)처럼 자본이 **가치들의 합**이라고 말한다면, 그것은 자본 = **교환가치**라고 말하는 것에 지나지 않는다. 어떤 가치의 합이든 그것은 교환가치이며, 어떤 교환가치이든 그것은 가치의 합이다. … 단순한 합산을 통해서 교환가치로부터 자본으로 나아갈 수 없다.[8] … 화폐의 단순한 축적에서는 아직 자본화의 관계가 정립되어 있지 않다.”[상동, 247-248쪽.]

맑스는 다른 곳에서 이에 관해 다음과 같이 서술한다. “… 자본이 가치를 생산하기 위해 사용된 가치액이라고 말한다면, 그것은 자본이 자기 재생산되는 교환가치라고 말하는 것이다. 그러나 교환가치는 형식적으로 단순유통에서도 재생산된다. 이러한 설명에서는 교환가치가 출발점이라는 형태는 고수되었지만, (자본에 있어서는 단순한 교환가치처럼 **무차별적이지** 않은) 내용과의 관계는 포기되었다.”[상동, 256쪽.]

따라서 이와 같은 설명으로는 자본에 대한 정의로는 적합하지 않다.

*** 자본은 이윤을 생산하거나 적어도 이윤을 생산할 의도로 사용된 교환가치이다.**

자본을 이윤을 생산하거나 적어도 이윤을 생산하기 위해 사용된 교환가

---

7 “새로운 생산에 수단으로 기여하는 노동, 축적된 노동이 자본이다. 경제학자들은 그렇게 말한다. 흑인 노예란 무엇인가? 흑인종에 속하는 인간이다. 흑인은 흑인이다. … 어떤 관계를 맺을 때에만 그는 비로소 노예가 된다. 면방적기는 면화에서 실을 뽑는 기계이다. 어떤 관계 속에서만 그것은 자본이 된다. 이러한 관계들로부터 분리되면 그것은 더 이상 자본이 아니다. 이는 금이 그 자체로는 화폐가 아니며, 설탕이 설탕가격이 아닌 것과 마찬가지다.” 한 걸음 더 나아가 “**자본** 역시 생산의 사회적 관계이다. 그것은 부르주아적인 생산관계이다. 즉, 부르주아 사회의 생산관계이다. 자본을 구성하는 생활수단, 노동도구 및 원료는 주어진 사회적 조건들하에서, 즉 특정한 사회적 관계들 속에서 생산되고 축적된 것이 아닌가? 또 그것들은 주어진 사회적 조건들하에서, 특정한 사회적 관계들 속에서 생산에 이용되고 있지 않은가? 바로 이 사회적 성격이 새로운 생산을 위해 기여하는 생산물들을 자본으로 전환시키지 않는가?” [MEW, 6, S. 407: *Lohnarbeit und Kapital*(임노동과 자본).]

8 “모든 자본이 일정한 양의 상품, 즉 교환가치라 하더라도, 일정한 양의 상품, 즉 교환가치가 다 자본은 아니다.” [MEW, 6, S. 408: *Lohnarbeit und Kapital*(임노동과 자본).]

치라고 정의할 경우, 이윤은 자본의 자신에 대한 일정한 관계이기 때문에 그 정의는 설명해야 할 것을 단순히 전제할 뿐이다.[9] 자본은 자신을 증대시키는 가치이므로, 따라서 단순한 관계가 아니라 하나의 과정으로 파악되어야 한다.[상동, 256쪽 참조.] 따라서 "자본 개념을 설명하기 위해서는 노동이 아니라, 가치로부터, 그것도 이미 유통운동 속에서 발전된 교환가치로부터 출발하는 것이 필요하다."[상동, 257쪽.]

문제의 중심이 되는 교환가치에 대해 언급하기 전에 단순상품유통에 대해 다시 한 번 살펴보기로 한다.

** 단순상품유통

자본 개념을 설명하기 위해서 이제 문제가 되는 것은 두 가지 유통형태, W–G–G–W와 G–W–W–G 중 어느 것을 취해야 하는 것이다. 한 가지 분명한 것은 단순유통(W–G–G–W)에서 존재하는 바와 같은 교환가치들의 단순한 운동이 결코 자본을 실현할 수 없다는 것이다. 왜냐하면 여기에서 상품과 화폐의 가치변환은 순전히 일시적인 매개의 역할만을 하기 때문이다: 단순상품유통에서는 "궁극적으로 한 상품이 다른 상품과 교환되며, 유통은 한편으로는 사용가치들이 필요에 따라 교환되도록 하고, 다른 한편으로는 그것들에 함유된 노동시간의 크기에 따라, … 보편적인 사회적 노동이라는 요소의 동일한 비중을

9 이와 관련해서 맑스는 다음과 같이 서술한다. "경제학자들이 자본에서 가치가 자기 보존되는 것으로부터 가치가 배증되는 것으로 이론적으로 진전하는 것, 즉 배증을 우연이나 결과만이 아니라 그것의 기본 규정으로 파악하는 것은 지극히 어렵다. … 물론 경제학자들은 이것을 본질적인 것으로 자본의 관계에 도입하고자 한다. 그러나 그것이 자본이 이윤을 가져오는 것, 자본의 증대 자체가 이미 특수한 **경제적** 형태로 이윤에 정립되는 것으로 규정되는 식의 잔인한 형태로 이루어지지 않는 경우에는, 우리가 경제학자들이 자본의 개념규정에 관해 가르친 모든 것을 나중에 간단히 개관함으로써 보이고자 하는 바와 같이, 눈에 띄지 않고 매우 약하게 이루어진다. 이익을 보지 않고는 아무도 자본을 투하하지 않을 것이라는 잡담은, 대담한 자본가들은 그들의 자본을 투하하지 **않고서도** 자본가들로 남아 있을 것이라는 횡설수설이나, 이윤을 가져다주는 투하는 자본 개념에 내재해 있다고 매우 간단한 형태로 말하는 것으로 귀결된다." [『요강』, I권, 272쪽.]

가지고 상품들이 교환되도록 하는 역할을 담당한다."[『요강 초고』, S. 925.] 그러므로 "이 운동은 화폐의 이탈과 축적을 낳을 수는 있으나, 화폐는 다시 유통에 들어가자마자 소비되는 상품들과의 일련의 교환과정으로 용해되며, 따라서 그것의 구매력이 소진되자마자 상실된다. 화폐를 매개로 해서 상품과 교환된 상품도 역시 소비되고 폐기되기 위해서 유통으로부터 벗어난다. 그러나 상품이 유통으로부터 화폐로 자립하면, 이제 그것은 부의 실체 없는 일반적 형태를 나타낸다. 등가물들이 서로 교환되기 때문에 화폐로 고정된 부의 형태는 그것이 상품과 교환되자마자 사라지고, 상품에 존재하는 사용가치는 상품이 화폐와 교환되자마자 사라진다."[상동, 251쪽.][10] 이처럼 단순상품유통의 형태 그 자체는 "자기 스스로를 새롭게 점화할 수 없다. 따라서 **유통은 자기 갱신의 원칙을 자신 안에 품고 있지 않다. 그것의 계기들은 유통에 전제되는 것이지** 그 자신에 의해서 정립되는 것이 아니다. 연료가 불 속으로 던져지듯이 상품들이 끊임없이 새롭게 외부에서 유통 속으로 던져져야 한다. 그렇지 않으면 그것은 아무 일도 없었다는 듯이 사라져버린다. 더 이상 상품, 가격, 유통과 관계하지 않는 한에 있어서, 그것은 화폐이기를 중지하고, 생산관계를 표현하기를 중지한 무차별적인 결과로서의 화폐로 사라진다."[상동, 252쪽. 『요강 초고』, S. 920 참조.]

이처럼 단순상품유통의 궁극적인 목적과 고유한 내용은 사용가치이다. 따라서 자본에 대해 논하기 위해서는 보다 진전된 형태규정이 필요하다. 이것이 바로 화폐로서의 화폐의 규정을 초월한 자본으로서의 화폐라는 범주이다.[11] 바로 이 범주를 통해서 가치와 화폐의 자본으로의 이행이 이루어진다. 따

10 "유통은 그 자체로서만 고찰하면 **정립된 양극의 매개**이다. 그러나 그 자신이 이 극을 정립하지는 않는다. 그러므로 매개의 총체 또는 총체적인 과정으로서 유통은 그 자체가 매개되어야 한다. **따라서 유통의 직접적인 존재는 가상이다. 유통은 그 배후에서 진행되고 있는 과정의 현상이다.**"[『요강 초고』, S. 920.]

11 "**자본으로서의 화폐**는 화폐로서의 화폐의 단순한 규정을 넘어서는 규정이다. 인간이 진화한 유인원이라고 말할 수 있는 것처럼, 그것은 보다 높은 실현으로 간주될 수 있다. 그렇지만 이때 보다 낮은 형태는 보다 높은 형

라서 여기에서 문제가 되는 것은 세 번째 규정의 화폐, 즉 화폐로서의 화폐이다. 달리 표현하면 교환가치의 화폐로의 자립화이다. 그 이유는 이 규정으로서의 화폐가 순전히 상품교환을 매개하지 않는 형태의 화폐이기 때문이다. 화폐에 대해 다시 한 번 살펴보기로 하자.

*** 직접적인 교환가치 및 화폐와 자본의 규정성의 차이점

** 단순유통 속에서의 교환가치

이미 우리는 다음과 같은 사실, 즉 단순상품유통에서 교환가치 자체가 실현될 수 없다는 사실을 알고 있다: "단순유통에서 교환가치 자체가 실현된다고 말할 수는 없다. 교환가치는 언제나 그것이 사라지는 순간에만 실현된다." "상품이 화폐를 매개로 해서 상품과 교환되면, 상품이 실현되는 순간에 상품의 가치규정은 사라지고, 그것은 관계에서 벗어나서 그 관계에 대해 무차별적이 되며, 욕구의 직접적인 대상이 될 뿐이다." "화폐가 상품과 교환되면, 교환형태의 사라짐은 심지어 상품의 자연적 재료를 손에 넣기 위한 단순히 형식적인 매개로 정립되기도 한다." "상품이 화폐와 교환되면, 교환가치 형태, 교환가치로 정립된 교환가치, 화폐는 교환의 밖에 머무는 동안에만, 교환에서 벗어나 있는 동안에만 유지된다. 그러므로 교환가치의 자립성이 명백하게 존재하는 이 형태에서 화폐는 순전히 환상적인 실현이고 순전히 관념적이다." "… 차이는 둘 중 어디에 강세가 두어지느냐, 두 계기 – 화폐와 상품 – 중 어느 것이 출발점을 이루느냐에 있다. 즉, 화폐가 상품과, 즉 상품의 교환가치가 그것의 물질적 내용에 의해 사라지느냐, 아니면 상품이 화폐와, 즉 상품의 내용이 교환가치로서의 그것의 형태에 의해 사라지느냐이다. 전자의 경우에는 교환

태에 대해 총괄하는 주체로 정립되어 있다. 어쨌든 **자본으로서의 화폐**는 **화폐로서의 화폐**와 구별된다. 이 새로운 규정이 설명되어야 한다." [『요강』, I권, 247쪽.]

가치의 형태가 소멸했고, 후자의 경우에는 그것의 실체. 그러므로 두 경우에 있어서 교환가치의 실현은 사라지는 실현이다."[상동, 258-259쪽.]

"단순유통에서는 각 상품이 번갈아 가면서 사용가치나 교환가치 규정으로 관찰될 수 있다. 두 경우에 각 상품이 상품 자체로 간주된다면, 그것은 욕구 대상으로서 유통을 벗어나서 전적으로 경제적 밖으로 떨어진다. 교환가치 – 화폐 – 로 고정되자마자, 상품은 동일한 무정형성(無定型性)으로 나아가지만 경제적 관계 안에 속하는 것으로 나아간다. 어쨌든 상품들은 그것들이 교환가치를 가지는 한에 있어서만 교환관계(단순유통)에 관심을 갖는다. 다른 한편에서 상품들의 교환가치는 그것이 일방성을 지양하므로 – 일정한 개인에게만 관계되고, 따라서 **직접** 이 개인을 위해서 존재하는 유용성, 사용가치를 지양하되 이 사용가치 자체는 지양하지 않고, 오히려 이것을 타인을 위한 사용가치 등으로 정립하고 매개하므로 잠정적인 관심일 뿐이다."[상동, 268-269쪽.]

*** 단순유통의 결과는 두 측면에 따라 다음과 같이 표현될 수 있다.**

"**단순하게 부정적인 것**: 유통에 던져진 상품들은 자신들의 목적을 달성했다. 그것들은 서로 교환된 것이다. 각 상품은 욕구 대상이 되고 소모된다. 그에 따라 유통은 끝난다. 단순한 잔재로서 화폐 이외에는 아무것도 남지 않는다. 그러나 그러한 잔재로서의 화폐는 더 이상 화폐가 아니며, 그것의 형태규정을 잃는다. 그것은 전체 과정의 무기적(無機的) 재로 남게 되는 그것의 질료로 쇠락한다.

적극적으로 부정적인 것: 화폐가 대상화된, 자립화된 교환가치 – 유통에서 단순히 사라지지 않는 – 로서 부정된 것이 아니라 **대립적** 자립성, 즉 화폐가 정착하고 있는 단순히 추상적인 일반성이 부정되었다."[상동, 261-262쪽.]

**** 자립화된 교환가치로서의 화폐가 고정되었을 경우**

“화폐 자체에서 교환가치는 이미 유통에 대해 자립적인 형태를 취했으나, 고정되었을 때 소극적인, 사라지거나 환상적인 형태만을 취한다. 그것은 유통과 관련해서만, 유통에 들어갈 가능성으로서만 존재한다. 그러나 그것은 실현되자마자 이러한 규정을 잃고, 교환가치의 척도와 교환수단이라는 … 두 규정으로 되돌아간다.”[상동, 257쪽.]

“… 교환가치 자체가 화폐로 고정되는 한, 사용가치는 그것에 추상적인 혼돈으로만 마주 선다. 그리고 바로 자신의 실체로부터 분리됨으로써 교환가치는 자신에 일치되며, 단순유통을 최고의 운동으로 하고 화폐를 최고의 완성으로 하는 단순교환가치의 영역에서 이탈한다. 그러나 이 영역 자체 내에서 차이는 사실상 피상적인 상이성, 순전히 형식적인 구분으로만 존재한다. 최고의 고정성 속에서 화폐는 그 자체로 다시 상품이며, 그것은 교환가치를 더욱 **완전하게** 표현하고 따라서 주화로서 내재적 규정인 **교환가치**를 잃고 비록 상품의 가격 정립 등을 위한 사용가치이기는 하지만, **단순한** 사용가치가 될 때라야만 다른 상품들과 구별된다. 이 규정들은 **직접적으로** 일치하기도 하고, 직접적으로 분열하기도 한다. 소비 대상이 되는 상품처럼 상품들이 적극적으로 서로 자립적으로 대립하는 곳에서, 그것들은 경제적 과정의 계기이기를 중지한다. 화폐처럼 소극적으로 대립하는 곳에서, 그것들은 **광기**(狂氣)가 된다. 그렇지만 경제의 한 계기이자 민족들의 실질적인 생활을 규정하는 것으로서의 광기(가 된다: 필자).”[상동, 269쪽.]

**** 자본에서의 교환가치**

“**자본**에서 교환가치는 유통에서 비로소 보존되고, 즉 실체가 없어지는 것이 아니라 끊임없이 다른 실체들로, 실체들의 총체성으로 실현됨으로써, 자신의 형태규정을 잃는 것이 아니라 다양한 각각의 실체에서 자신의 정체성을 보존함으로써 교환가치로 정립된다. 따라서 교환가치는 언제나 화폐로 남아 있고, 언제나 상품으로 남아 있다. 그것은 유통에서 한쪽이 다른 한쪽으로 사라지는 계기들 모두에서 나타난다. 그것은 오직 스스로가 교환들의 끊임없이 갱신되는 순환이기 때문에 그럴 수 있다. 이 점에서도 그것의 유통은 단순한 교환가치들의 유통 자체와[12] 구별된다." [상동, 259쪽.]

**** 자본에 대한 맑스의 정의**

*** 화폐로서의 화폐 / 자본으로서의 화폐**

자본으로서의 화폐는 화폐로서의 화폐의 단순한 규정을 넘어서는 화폐규정이다. 새로운 규정이 설명되어야 한다. 아래에서 이에 관해 언급해 보기로 하자. 아래에서의 서술이 어렵다고 생각되는 경우에는 본 저서의 I-7. '화폐의 자본으로의 전환'을 다시 한 번 숙독해 주기 바란다. 아울러 로스돌스키(양희석 역), 『마르크스의 자본론의 형성』, 제11장 '자본으로의 이행'(화폐로부터 자본의 생성, 274-287쪽)을 참고하면 많은 도움을 받을 수 있다.

*** 화폐가 유통에 대하여 자립했을 뿐만 아니라 유통 안에 보존되는 경우**

"화폐가 유통에 대하여 자립했을 뿐만 아니라 유통 안에서 보존되는 교환가치로 정립되자마자, 그것은 더 이상 화폐가 아니라 **자본**인데, 그 까닭은 화폐 자체가 소극적인 규정을 넘지 못하기 때문이다. 화폐는 교환가치가 자본규

12 "사실상 단순유통이란 관찰자의 시각에서 볼 때에만 또는 **즉자적으로**만 유통일 뿐이지 결코 그러한 것으로 정립되어 있는 것은 아니다. 화폐가 되고 다시 상품이 되는 것은 … 동일한 교환가치가 아니다. 화폐에 대하여 등장하는 것은 언제나 다른 교환가치들, 다른 상품들인 것이다. 유통, 순환은 단지 상품과 화폐라는 규정의 단순한 반복 또는 교대일 뿐 실제적인 출발점과 귀환점이 동일하다는 것이 아니다 그러므로 단순유통이 그 자체로 관찰되고 화폐만이 머무르는 계기인 한에 있어서, 그것은 단순한 화폐유통, 단순한 화폐순환이라고 명명되었다." [『요강』, I권, 259쪽.]

정으로 나아가는 첫 번째 형태라는 것, 따라서 자본의 첫 번째 **현상형태**가 자본 자신과 혼동되거나 자본의 유일하게 적합한 형태로 간주되는 것은, 우리의 설명에 모순되기는커녕 오히려 그것을 증명해 주는 역사적 사실이다. 그러므로 자본의 첫 번째 규정은 다음과 같다. 유통에서 유래하고, 따라서 유통을 전제로 하는 교환가치가 유통으로 들어감으로써, 상실되는 것이 아니라 유통 속에서 유통에 의해 보존된다는 것(이다: 필자.). 교환가치의 사라지는 운동이 아니라, 오히려 교환가치로서의 자신이 실현되는 운동, 교환가치로서의 자신의 실제적인 자기 정립운동으로서의 유통."[상동, 257-258쪽.]

1. 자본의 전제: 유통과 유통에서 유래하는 교환가치

** 자본의 전제로서의 유통 속에서 발전된 교환가치

"자본 개념을 설명하기 위해서는 노동이 아니라, 가치로부터, 그것도 이미 유통 속에서 발전된 교환가치로부터 출발해야 한다. 다양한 인간 종족에서 은행가로 직접 이행하거나, 자연에서 증기기관으로 이행하는 것이 불가능한 것과 마찬가지로, 노동에서 자본으로 직접 이행하는 것도 불가능하다."[상동, 257쪽 참조.]

"그러므로 자본의 첫 번째 규정은 다음과 같다. 유통에서 유래하고, 따라서 유통을 전제로 하는 교환가치가 유통으로 들어감으로써, 상실되는 것이 아니라 유통 속에서 유통에 의해 보존된다는 것. (유통이란: 필자) 교환가치의 사라지는 운동이 아니라, 오히려 교환가치로서의 자신이 실현되는 운동, 교환가치로서의 자신의 실제적인 자기 정립운동으로서의 유통(을 말한다: 필자.)."[상동, 258쪽.]

**** 자본에서의 교환가치**

*** 자본은 번갈아 가면서 화폐이자 상품이다.**

"**자본**에서 교환가치는 유통에서 비로소 보존되고, 즉 실체가 없어지는 것이 아니라 끊임없이 다른 실체들로, 실체들의 총체성으로 실현됨으로써, 자신의 형태규정을 잃는 것이 아니라 다양한 각각의 실체에서 자신의 정체성을 보존함으로써 교환가치로 정립된다. 따라서 교환가치는 언제나 화폐로 남아 있고, 언제나 상품으로 남아 있다. 그것은 유통에서 한쪽이 다른 쪽으로 사라지는 계기들 모두에서 나타난다. 그것은 오직 스스로가 교환들의 끊임없이 갱신되는 순환이기 때문에 그럴 수 있다. 이 점에서도 그것의 유통은 단순한 교환가치들의 유통 자체와 구별된다."[상동, 259쪽.]

"화폐가 유통에 대하여 부정적으로 정립되고 유통에서 벗어남으로써 추구하는 불멸성은, 자본이 자신을 유통에 내맡김으로써 보존되면서 달성된다. 유통에 전제되거나 또는 유통을 전제하고, 유통 속에서 보존되는 교환가치로서의 자본은, … 매 순간마다 단순유통에 포함된 두 계기 중의 하나일 뿐만 아니라, 이 형태와 저 형태를 번갈아 가면서 취한다. 그러나 더 이상 단순유통처럼 한 계기에서 다른 계기로 넘어가는 식이 아니라, 각 규정에서 동시에 반대되는 규정과의 관계이기도 하는, 즉 이 관계를 관념적으로 내포하고 있는 식이다. 자본은 번갈아 가면서 상품이자 화폐이다. 그러나 ① **자본은 스스로 이 두 규정의 교차이다**. ② 자본은 상품이 된다. 그러나 이런저런 상품이 아니라 **상품들의 총체성**이 된다. 자본은 실체에 대해서는 무차별적이지 않지만, 일정한 형태에 대해서는 무차별적이다. 이러한 측면에서 보면, 자본은 이러한 실체의 끊임없는 전환으로 나타난다. 그러므로 자본이 교환가치의 특수한 내용으로 정립되면, 이 특수성 자체가 특수성의 총체성이다. 따라서 특수성 자체에 대해서가 아니라 개별적인 또는 분산된 특수성에 대해 무차별적이다. 자본이 유지하는 동일성, 즉 일반성의 형태는 교환가치라는 동일성, 일반성의 형태이며, 그러한 것으로서 화폐이다. 따라서 자본은 화폐로 정립되며, 실제로 상품으로서 화폐와 교환된다. 그러나 화폐로 정립되면, 즉 교환가치의 일반성이라는 이 대립 아닌 형태로 정립되면, 자본은 단순유통에서처럼 일반성을 잃는 것이 아니라 이것의 대립적인 규정을 잃어야 하거나 또는 일시적으로만 취한다. 그리하여 자본은 다시 상품과 교환되지만, 그것의 특수성에 있어서 교환가치의 일반성을 스스로 표현하고, 따라서 끊임없이 그것의 특정한 형태를 바꾸는 상품으로 교환된다는 점이 동시에 정립되어 있다."[상동, 260-261쪽.]

*** 유통의 전제이자 결과인 교환가치는 이제 다시 유통에서 이탈해야 한다.**

우리가 지금까지 자본을 논할 때 "그것은 아직 이름일 뿐이다. 자본이 직접적인 교환가치 및 화폐와 구별되어 정립되는 유일한 규정성은 **유통 속에서 유통에 의해 보존되고 영구화되는 교환가치라는 규정성이다**. 지금까지 우리는 유통 속에서 유통에 의한 자기 보존이라는 하나의 측면만을 관찰했다. 이와 마찬가지로 중요한 다른 측면은 교환가치가, 상품이 유통에 들어가기 전에 단순히 관념적인 규정으로서, 상품에 존재하는 바와 같은 단순한 교환가치로서, 또는 상품이 유통에서 사라지면서 비로소 교환가치가 되어야 하기 때문에, 단지 의도된 규정으로서 더 이상 **전제되는** 것이 아니라 유통에서 한 계기로 존재한 바와 같은 교환가치, 즉 화폐로 전제되는 것도 아니라는 것이다. 여기에서 교환가치는 화폐, 즉 대상화된 교환가치로 존재한다. 그러나 그에게는 방금 기술한 관계가 정립되어 있다. 두 번째 규정을 첫 번째 규정과 구별하는 것은 교환가치가 ① 대상성의 형태로 존재한다는 것, ② 유통으로부터 유래, 즉 유통을 전제하지만 동시에 유통에 대하여 전제로서 자신으로부터 출발한다는 것이다. … 셋째, 유통의 전제이자 결과로서의 교환가치는 그것이 유통에서 이탈한 것으로 가정되는 바와 같이 다시 이탈해야 한다. 이것이 형식적으로만 이루어질 경우, 교환가치는 다시 단순한 화폐가 될 것이다. 교환가치가 단순 유통에서처럼 실제적인 상품으로 이탈하면, 그것은 단순한 욕구의 대상이 되고, 그러한 것으로 소모되며 마찬가지로 자신의 형태규정을 잃을 것이다. 이탈이 실제로 일어나기 위해서는, 교환가치가 욕구 대상이 되고 그러한 것으로 소모되어야 한다. 그러나 그것은 노동에 의해 소모되고 그리하여 새롭게 재생산되어야 한다."[상동, 261-262쪽.]

***자립화된 교환가치가 노동을 정립해 자신의 가치를 증대시킴으로써만 교환가치로 정립된다.**

"다른 말로 표현하자면, 원래 교환가치는 그 내용에 있어서 노동 또는 노동시간의 대상화된 양이다. 교환가치는 그 자체로 객관화 속에서 유통을 거쳐, 명백한 화폐로서의 존재로까지 나아간다. 이제는 교환가치 자체가 다시 유통의 출발점, 즉 노동을 정립해야 하는데, 이 출발점은 유통 밖에 놓여 있었고 유통에 전제되어 있었으며, 이 출발점에게는 유통 자체가 교환가치를 밖으로부터 포착해서 유통 내부에서 변환시키는 운동으로 나타난다. 그러나 이제는 노동의 단순한 등가물 또는 단순한 대상화가 아니라, 그 자체로 갱신되고 스스로 다시 유통을 시작하기 위해서 노동에게만 바쳐지고 노동의 재료가 되는, 대상화되고 자립화된 교환가치로서, 그럼으로써 화폐도 더 이상 유통에서처럼 단순한 등치, 동일성의 보존이 아니라 그 자신의 **배증**이다. 교환가치는 증식, 즉 자신의 가치를 증대시킴으로써만 교환가치로 정립된다. (유통에서 자신으로 돌아간) **화폐는 자본으로서 자신의 경직성을 잃었고, 한 유형의 사물이었다가 하나의 과정이 되었다**. 그러나 다른 한편으로 노동은 자신의 대상성에 대한 관계를 변화시켰다. 그것도 자신으로 복귀한 것이다. 그러나 이러한 복귀는 교환가치가 원래 노동의 산물로만 나타났던 반면, 교환가치에 대상화된 노동이 산노동을 자기 재생산의 수단으로 정립한다는 복귀이다."[상동, 262-263쪽.]

2. 유통에서 유래하는 교환가치. 유통에 전제되고 유통에서 보존되며 노동을 매개로 해서 배증되는.

생산물과 자본 사이의 차이는, 바로 자본으로서의 생산물은 하나의 역사적 사회형태에 속하는 일정한 관계를 표현한다는 것이다. 사회는 개인들로 구성되어 있는 것이 아니라, 이 개인들이 서로 맺고 있는 관계들의 합을 표현한다. 인간 A는 그 자체로 노예가 아니다. 그는 사회 속에서, 사회에 의해서 노예가 된다. 노동자와 자본가도 마찬가지이다.

**** 자본과 노동의 내적 관계**

"첫 번째 전제는 한편에는 자본이, 다른 한편에는 노동이 마주 서 있고, 양자가 자립적인 형태로 마주 서 있다는 것이다. … 자본에 마주 서 있는 노동은 타인의 노동이며, 노동에 마주 서 있는 자본은 타인의 자본이다. 서로 마주 서 있는 극단들은 **특유하게** 상이하다. 단순한 교환가치의 첫 번째 정립에서 노동은 생산물이 노동자를 위한 직접적인 사용가치, 직접적인 생존수단이 아니도록 규정되었다. 이는 교환가치, 교환 일반의 창조를 위한 일반적인 조건이다. 그것이 없다면 노동은 생산물 – 자신을 위한 직접적인 사용가치 – 만을 산출했을 뿐 교환가치를 산출하지는 않았을 것이다. 그렇지만 이 교환가치는 그 자체로서 타인을 위한 사용가치를 가지고 욕구 대상인 생산물에 물질화되어 있었다. 노동자가 자본에게 공급해야 할 사용가치, 따라서 그가 타인을 위해서 공급해야 할 사용가치는, 생산물에 물질화되어 있지 않고 노동자 밖에서는 일체 존재하지 않으며, 따라서 실제적이 아니라 가능성에 있어서만, 그의 능력으로만 존재한다. … 그것이 자본으로부터 운동을 얻자마자, 이 사용가치는 노동자의 일정한 생산적 활동이 된다. 그는 특정한 목적을 지향하고, 따라서 특정한 형태로 나타나는 생명성 자체이다. 자본과 노동의 관계에서 교환가치와 사용가치는 서로 관계를 맺는데, 전자(자본)는 일단 후자에 대하여 **교환가치**로 마주 서며, 후자(노동)는 자본에 대하여 사용가치로 마주 선다."[상동, 266-268쪽.]

**** 자본으로서의 화폐의 자기 목적으로서의 자기 증대**

"하나의 관계의 측면으로 정립된, 사용가치 그 자체에 마주 서는 교환가치는 화폐로 마주 선다. 그러나 그렇게 교환가치에 마주 서는 화폐는 더 이상 화폐로 규정된 화폐가 아니라 **자본**으로서의 화폐이다. 자본 또는 정립된 교환가치에 마주 서는 사용가치나 상품은, 화폐에 대하여 나타나는 바와 같이, 내용뿐만 아니라 형태규정성도 중요하지 않고, 다만 전적으로 무한한 실체로만 나타났던 상품이 더 이상 아니다.

① 첫째로 자본을 위한 사용가치로서, 즉 예를 들어 화폐와는 달리 특정한 상품과 교환됨으로써, 자본으로 하여금 그것의 가치규정을 잃지 않는 교환을 거치는 대상으로서. 한 대상이 자본을 위해서 가질 수 있는 유일한 유용성은 자본을 보존시키거나 증대시킬 뿐이다. 우리는 그 자체로 자립화된 가치가 … 증대되는 양적인 운동 이외에 어떤 운동도 할 수 없다는 것을 이미 화폐에서 보았다. … 언제나 일정량의 화폐로서(여기에서는 자본으로서) 그것의 양적인 제약은 그것의 질과 모순된다. 따라서 그것은 본성상 끊임없이 자신의 제약을 뛰어넘고자 한다. … 그러므로 가치로서의 자신을 고수하는 가치에게 증대는 이미 자기 보존과 일치하고, 그것은 자신의 형태규정, 자신의 내적인 일반성에

모순되는 양적인 제약을 끊임없이 뛰어넘음으로써만 보존된다. 그리하여 치부가 자기 목적이다. 자본의 목적규정적 활동은 치부활동, 즉 자기 자신의 증가, 증대일 수밖에 없다. … 그 자신의 생명성은 오직 여기에만 있다. 그것은 **끊임없이 배가**됨으로써 사용가치와 구별되고, 대자적으로 존립하는 교환가치로 보존된다."[상동, 270-272쪽.]

**** 교환가치로서 대상화된 노동으로서의 자본에 유일하게 대립할 수 있는 사용가치로서 대상화되지 않은 노동**

② "자본은 개념적으로 화폐이다. 그러나 더 이상 금은이라는 단순한 형태로 존재하지 않고, 또한 화폐로서 유통에 대립하고 있지도 않으며, 모든 실체 – 상품 – 의 형태로 존재하는 화폐이다. 따라서 그러한 한에서 자본으로서의 화폐는 사용가치에 대립하지 않으며, 화폐 밖에서는 사용가치로만 존재한다. 그것의 이러한 실체 자체는 일시적인 실체인데, 이 실체는 사용가치를 가지지 않으면 일단 교환가치를 가지지 않을 것이다. 그렇지만 그 화폐가 실제로 사용되지 않으면, 사용가치로서 그것들은 자신의 가치를 잃고, 자연의 단순한 물질대사에 의해 해체되며, 실제로 사용될 때에야 비로소 제대로 사라진다. 이러한 측면에서 보면 자본의 반대는 다시 특수한 상품일 수 없다. 그 까닭은 자본의 실체 자체가 사용가치이기 때문이며, 자본은 이런저런 상품이 아니라 모든 상품이기도 하므로, 특수한 상품은 자본에 대립하지 않기 때문이다. 모든 상품의 공통적인 실체, 즉 물질적 소재, 즉 물리적 규정으로서의 실체가 아니라 **상품들**, 따라서 **교환가치들**로서의 그것들의 공통적인 실체는 그것들이 **대상화된 노동**이라는 것이다."[상동, 273쪽.]

"대상화된 노동과의 유일한 차이는 **대상화되지 않은 노동**, 아직 대상화되고 있는 노동, 주체성으로서의 **노동**이다. 또는 **대상화된**, 즉 **공간적으로 존재**

하는 노동은 **과거의 노동**으로서 **시간적으로 존재하는** 노동과 대비될 수 있다. 그것이 시간적으로 살아 있는 것으로 존재해야 하는 한, 그것은 능력, 가능성으로 존재하고, 따라서 노동자로 실존하는 **살아 있는 주체**로만 존재할 수 있다. 따라서 자본에 대한 대립을 이룰 수 있는 유일한 **사용가치는 노동**이다. 그것도 가치를 창출하는, 즉 생산적 노동이다."[상동, 274쪽.]

4-3. 노동력의 구매와 판매

*** 소비가 새로운 가치의 원천이 되는 상품이 W 속에 존재해야 한다.**

자본의 일반적 정식 G-W-G′의 어디에서 잉여가치가 발생하는가?

① 그것은 화폐 그 자체에서는 발생하지 않는다. 왜냐하면 화폐는 구매수단으로서든 지불수단으로서든 그것이 구매하거나 지불하는 상품의 가격을 실현하는 데 지나지 않으며, 또한 화폐가 축장이 되는 경우에는 불변의 가치크기의 화석으로 되기 때문이다.

② 그것은 W-G′에서도 발생하지 않는다. 왜냐하면 이 행위는 그저 상품을 그 현물형태로부터 화폐형태로 재전환시킬 뿐이고 등가물끼리의 교환이 이루어지기 때문이다.

③ 그것은 G-W의 W의 가치 때문에 발생하는 것도 아니다. 왜냐하면 여기서도 등가물끼리 교환되는 것이고 따라서 상품은 그 가치대로 지불되기 때문이다.

그렇다면 이 화폐의 가치변동(G-G′)은 상품 W의 사용가치 자체로부터, 다시 말해 상품 W의 소비에서만 발생할 수 있다. 그러므로 화폐소유자(자본가)는 시장에서, 즉 유통 영역 내부에서 그 사용가치 자체가 가치의 원천이며 그것의 실제적 소비 자체가 가치창조인 상품을 발견하게 되는데, 그 상품이 바로 노동력 또는 노동능력이다. 노동력(노동능력)이란 인간의 신체, 즉 살아 있는 인격 속에 존재하며, 어떠한 종류의 사용가치를 생산할 때마다 움직이는 육체적, 정신적 능력의 총체이다.[13]

*** 노동력의 상품화의 조건**

화폐 소유자가 시장에서 상품으로서의 노동력을 발견하기 위해서는 여러 조건들이 충족되어야 한다. 그 조건들이란 다음과 같다.

① 노동력의 소유자는 인격적으로 자유롭기 때문에 자신의 노동력을 자유로이 처분할 수 있어야 한다. 그러나 노동력의 소유자나 화폐소유자는 법률상 평등한 인격체이므로 그들은 서로 대등한 상품소유자로서 관계를 맺어야 한다. 그리고 이러한 관계가 지속되려면 노동력의 소유자는 일정한 시간 동안만 노동력을 판매해야 한다. 만일 그가 자신의 노동력을 일괄하여 한꺼번에 판매한다면 그는 자신을 판매한 것이 되어 자신을 자유인에서 노예로 상품소유자에서 상품으로 전환시키는 것이 된다. 노동력의 소유자인 그는 자유로운 인격체로서 자신의 노동력을 항상 일시적으로만 구매자가 자유로이 소비하도록 맡기되, 노동력을 양도하여도 노동력에 대한 소유권을 포기하지 말아야 한다.[14]

13 필자 주: 맑스는 그의 정치경제학 연구의 처음부터 노동력이라는 개념을 사용하지는 않았다. 『철학의 빈곤』(1847)과 『임노동과 자본』(1849)에서도 맑스는 노동과 노동력을 구별하지 않았다. 그리하여 맑스는 자본가가 구매하고 노동자가 판매하는 것이 노동력이 아닌 노동으로 보았고 임금을 노동의 가격이라고 하였다. 이렇게 맑스는 노동력과 노동의 차이를 구별하지 못했는데 그 이유는 그때까지만 해도 고전파의 영향하에 있었기 때문이었다. 『임금, 가격 및 이윤』(1865)에서야 비로소 노동과 노동력을 처음으로 구별하기에 이르렀다.

14 맑스 주: "나의 특수한 육체적, 정신적 활동기능 및 활동능력을 나는 … 한정된 시간에 사용하도록 타인에게 양도할 수 있다. 왜냐하면 이 제한에 의해 이것들은 나의 전체성 및 일반성에 대해 외적 관계를 유지하기 때문이

② 화폐소유자가 노동력을 상품으로 시장에서 발견하기 위한 제2의 본질적인 조건은 노동력의 소유자가 생산수단을 소유하지 않아 자신의 노동이 대상화된 상품을 판매할 수 없고 오로지 그의 살아 있는 육체 안에 존재하는 노동력만을 상품으로 팔 수밖에 없어야 한다.

* 자유로운 노동자의 이중적 의미

여기에서 자유롭다는 것은 노동자가 자유로운 인격체로서 자신의 노동력을 자신의 상품으로서 자유로이 마음대로 처분한다는 의미에서 그리고 다른 한편으로는 판매할 다른 상품을 가지고 있지 않고 자기 노동력의 실현에 필요한 모든 물적 조건(생산 수단)으로부터 떨어져 자유롭다는 이중의 의미를 뜻한다.[15]

* 자유로운 노동자와 화폐소유자(자본가)의 발생의 근거

자유로운 노동자가 왜 화폐소유자와 유통 영역에서 대립하고 있는가에

다. 노동에 의해 구체화되는 나의 모든 시간 및 나의 생산 활동 전체를 양도한다면 나는 이 생산 활동의 실체를, 즉 나의 일반적 활동과 현실성, 나의 인격을 타인의 소유물로 만들어 버리게 될 것이다." [Hegel, *Philosophie des Rechts*(법철학), Berlin, 1840, p. 104. 67절: 출처 MEW, 23, S. 182, 각주 40.]

15 "노동력이 늘 **상품**이었던 것은 아니다. 노동은 늘 **임노동**, 다시 말해서 **자유로운 노동**이었던 것은 아니다. 황소가 자신의 능력을 농부에게 팔지 않듯이, **노예**도 자신의 노동력을 노예 소유주에게 팔지 않았다. 노예는 자신의 노동력과 함께 통째로 그 소유자에게 영원히 팔리기 때문이다. 그는 한 소유자의 손에서 다른 소유자의 손으로 넘어갈 수 있는 상품이다. 그 자신이 상품이며, 노동력이 그의 상품인 것은 아니다. **농노**는 자기 노동력의 일부만을 판다. 그가 지주에게서 임금을 받는 것이 아니라 거꾸로 지주가 그에게서 공납을 받아 낸다. 농노는 토지에 딸려 있으며 토지의 주인에게 수확물을 바친다. 반면에 **자유로운 노동자**는 자기 자신을 팔며, 그것도 토막으로 나누어서 판다. 그는 날마다 자기 삶에서 8, 10, 12, 15시간을 가장 비싼 값을 주는 사람, 즉 원자재와 노동도구와 생활수단의 소유자인 자본가들에게 경매한다. 노동자는 주인의 소유물도 아니고 토지의 부속물도 아니지만, 그의 하루하루의 삶에서 8, 10, 12, 15시간은 그것을 산 사람의 것이다. 노동자는 그가 바라면 언제라도 자신을 고용한 자본가에게서 떠난다. … 그러나 노동력 판매가 유일한 소득원인 노동자는 굶어 죽지 않으려면 **구매자 계급 전체**, 즉 **자본가 계급**을 떠날 수 없다. **그는 이 자본가 또는 저 자본가의 소유물은 아니지만 자본가 계급의 소유물인 셈이다.** 따라서 그가 할 일은 주인을 찾는 것, 즉 이 자본가 계급 속에서 자신의 노동력을 살 사람을 찾아내는 것이다." [MEW, 6, S. 401; *Lohnarbeit und Kapital*(임노동과 자본).]

대해 화폐소유자는 관심이 없다. 한 가지 분명한 사실은, 자연은 한편에는 화폐소유자(상품소유자)를 만들어 내고 다른 한편에서는 노동력만을 소유한 노동자를 만들어 내거나 하지는 않는다는 것이다.

이 두 계급의 관계는 결코 자연사적인 것도 아니며, 또 역사상의 모든 시대에 공통되는 사회적 관계도 아니다. 그것은 분명히 선행한 역사적 발전의 결과이며 많은 경제적 변혁의 산물이자 일련의 낡은 사회적 생산구성체의 몰락의 산물이다. 이에 대해서는 『자본론』 제1권 제24장 '이른바 본원적 축적'에서 다룬다.

경제적 범주(상품, 화폐, 자본)들에 내포된 역사적 조건:

① 상품: 생산물의 상품으로서의 존재 속에는 일정한 역사적 조건들이 내포되어 있다. 생산물은 상품이 되기 위해서는 생산자들 자신을 위한 직접적 생활수단으로서 생산되어서는 안 된다. 어떠한 사정 아래에서 모든 생산물 또는 그 대다수가 상품의 형태를 취하는가를 탐구해 보면 그것이 오로지 자본주의적 생산양식의 바탕 위에서만 발생함을 알게 될 것이다. 그러나 이러한 연구는 상품의 분석과는 거리가 멀다: 비록 대부분의 생산물들이 직접 자기 수요를 위한 것이라서 상품으로 전환되지 않는다 하더라도, 또 사회적 생산과정이 그 폭이나 깊이에 있어서 아직 완전히 교환가치의 지배를 받지 않는다 하더라도, 상품생산 및 상품유통은 발생할 수 있다. 즉, 생산물이 상품으로 나타나는 것은 사회 내의 분업이 상당히 발달하여 처음에는 직접적 물물교환으로 시작된 사용가치와 교환가치 사이의 분리가 이미 완성되어 있음을 조건으로 한다.

② 화폐: 화폐는 상품교환의 일정한 수준을 전제로 한다. 여러 가지 특수한 화폐형태, 즉 단순한 상품등가물, 유통수단, 축장화폐, 세계화폐 등은 각 기능의 범위와 상대적 중요성에 따라 사회적 생산과정의 여러 단계를 표시한다. 그

러나 이 모든 형태들이 형성되기 위해서는 경험상으로 보아 비교적 덜 발달한 상품유통으로도 충분하다.

③ 자본: 자본은 그렇지 않다. 상품유통 및 화폐유통이 존재한다고 해서 자본의 역사적 존재조건들이 마련된 것이 결코 아니다. 자본은 생산수단의 소유자가 시장에서 자기 노동력을 판매하는 자유로운 노동자를 발견할 때에만 비로소 가능하다. 자본주의 시대를 특징적으로 규정하는 것은, 노동력이 노동자 자신에게는 그가 지닌 상품의 형태를 취하고 따라서 그의 노동이 임노동이라는 형태를 취한다는 사실이다. 다른 한편 그 순간부터 비로소 노동생산물의 상품형태가 일반화된다. 그리하여 하나의 역사적 조건(임금노동자의 출현)이 하나의 세계사를 마감하는 것이다. 따라서 자본은 처음부터 사회적 생산과정의 한 시대를 알린다.

*** 특수한 상품노동력의 가치규정**

노동력은 상품으로서 매매된다. 따라서 노동력이라는 상품 역시 가치와 사용가치라고 하는 대립물의 통일이다. 먼저 노동력의 가치규정에 대해 알아보기로 하자. 노동력의 가치규정에는 아래와 같은 여러 요인들을 고려해야 할 것이다.

① 노동력의 가치도 다른 상품과 마찬가지로 그 상품(노동력)을 생산하는 데 필요한 노동시간에 의해 규정된다. 노동력을 생산한다는 것은 노동력의 소유자 자신의 재생산 또는 유지이다. 살아 있는 개인으로서 노동력의 소유자는 자기 자신을 유지하기 위해 일정량의 생활수단을 필요로 한다. 그러므로 노동력 생산에 필요한 노동시간은 이 생활수단의 생산에 필요한 노동시간으로 귀착된다. 즉, 노동력의 가치는 그 소유자의 유지를 위해 필요한 생활수단의 가치이다.

a) 노동력의 가치규정 시 노동력 소모의 충분한 보충을 고려해야 한다.

노동력의 소유자가 오늘의 노동을 마쳤다면 내일도 동일한 조건의 힘과 건강을 지닌 채 같은 과정을 반복할 수 있어야만 한다. 그러므로 생활수단의 총액은 노동하는 개인을 정상적인 상태로 유지하기에 충분한 것이어야 한다.

b) 노동력의 가치규정 시 자연적, 역사적, 도덕적 조건을 고려해야 한다.

음식, 의복, 난방, 주택 등과 같은 자연적인 욕망 그 자체는 한 나라의 자연적 특색에 따라 다르다. 다른 한편, 이른바 필수적인 욕망의 범위와 그 충족방식은 역사적 산물이므로 한 국가의 문화 단계에 따라 정해질 것이다. 그러므로 노동력의 가치규정은, 다른 상품의 경우와는 달리, 역사적, 도덕적 요소를 포함하고 있다. 그러나 일정한 국가, 일정한 시대에는 필요생활수단의 평균 범위가 주어져 있다.[16]

② 노동력의 가치규정에는 노동자 자녀들의 생식비용도 포함되어야 한다. 노동력의 소유자는 죽기 마련이다. 화폐의 자본으로의 영속적인 전환이 전제하는 대로 그가 시장에 영속적으로 출현하기 위해서는 노동력의 판매자도 생식을 통해 영구화되어야 한다. 소모와 죽음으로 인해 시장에서 쫓겨난 노동력

16 맑스는 이에 대해 『임금, 가격, 이윤』(1865)에서 다음과 같이 기술한다. "… 순전히 육체적인 요소 이외에도 노동(력: 필자)의 가치는 각 나라의 **전통적인 생활수준**에 의해 결정된다. 그것은 단순히 육체적 생활일 뿐 아니라 사람들이 그 아래 놓여 있고 또 그 아래에서 성장해 가는 사회적 조건들에서 생겨나는 일정한 욕망의 충족이 바로 그것이다. 잉글랜드의 생활수준은 아일랜드의 수준으로까지 떨어질 수도 있고, 독일 농민의 생활수준은 리보니아 농민의 수준으로까지 떨어지는 것이 가능하다. … 노동(력: 필자)의 가치에 포함되는 이러한 역사적 또는 사회적 요소는 확대되거나 축소될 수도 있으며, 아니면 완전히 없어져 **육체적인 한계** 이외에는 아무것도 남지 않게 될 수도 있다. … 반자코뱅 시기에 … 영국의 농업경영자들도 농업노동자들의 임금을 압박하여 **겨우 육체적인 최소한계** 이하로까지 깎아내렸지만, 노동자들의 육체적인 존속에 필요한 부족 부분을 구빈법으로 보충해 주었다. … 다른 여러 나라의 표준임금 또는 노동의 가치를 서로 비교해 보면, 또 같은 나라의 다른 역사적 시대의 그것들을 비교해 보면, … 노동(력: 필자)의 가치 그 자체는, 설사 다른 모든 상품의 가치가 변하지 않는 것이라고 가정하더라도, 고정적인 크기가 아니고 가변적인 크기라는 것을 알게 될 것이다." [MEW, 16, S. 148; *Lohn, Preis und Profit*(임금, 가격과 이윤).]

은 끊임없이 보충되어야 한다. 그러므로 노동력의 생산에 필요한 생활수단의 총액은 보충인원, 즉 노동자의 자녀들의 생활수단을 포함해야 한다. 이렇게 함으로써 독특한 상품인 노동력의 소유자의 종족은 상품시장에서 영구화된다.[17]

③ 노동력의 가치규정에는 노동자의 교육, 훈련비용도 포함되어야 한다. 인간의 일반적인 본성을 변화시켜 일정한 노동 부문에서 기능과 숙련을 체득하여 발달된 특수한 노동력이 되기 위해서는 일정한 교육 또는 훈련이 필요하고 여기에는 일정액의 비용이 소비된다. 이 비용은 노동력이 어느 정도로 복잡한 과정을 거쳐 발휘되느냐에 따라서 달라진다.

그러므로 보통의 노동력에 있어서는 미미할지라도 이 교육비는 노동력의 생산을 위해 지출되는 가치 속에 들어간다.[18]

---

17 맑스는 『임노동과 자본』(1849)에서 다음과 같이 주목할 만한 언급을 피력한다: "… 여기서 또 한 가지 주목해야 할 점이 있다. 공장주는 자기 생산비와 이에 따른 생산물가격을 계산할 때, 노동도구의 소모분을 계산에 넣는다. … 마찬가지로 단순한 노동력의 생산비 속에는 노동자 종족이 번식하고 또 닳아 없어진 노동자들을 새로운 사람들로 교체할 수 있기 위한 비용, 즉 대를 이어가는 비용이 포함되지 않으면 안 된다. 따라서 기계의 마모와 마찬가지로 노동자들의 마모 또한 계산에 포함된다. 따라서 단순한 노동력의 생산비는 **노동자의 생존비와 대를 이어가는 비용**으로 귀착한다. 이러한 생존비와 대를 이어가는 비용의 가격이 임금을 이루는 것이다. 이렇게 결정되는 임금을 **최저임금**이라고 한다. 생산비에 의한 상품가격의 결정이 일반적으로 그렇듯이, 이 최저임금은 개별적인 개인이 아니라 유(類: 노동자 계급: 필자) 전체에 대해서 타당한 것이다. 수백만의 노동자는 반드시 생존하고 대를 이어갈 수 있기에 충분한 보수를 받지 못하고 있다. 그러나 **노동자 계급 전체의 임금은** 그 변동 속에서도 이 최저치에 일치하게 된다." [MEW, 6, S. 406-407; *Lohnarbeit und Kapital*(임노동과 자본).]

18 맑스는 이에 관해 『임금, 가격, 이윤』(1865)에서 다음과 같이 언급하고 있다. "이 기회를 이용해서 말해 두어야 할 것은 서로 다른 질을 가진 노동력을 생산하는 데 드는 비용이 다르듯이 서로 다른 직종에서 고용되는 노동력의 가치도 각기 다를 수밖에 없다는 점이다. 그러므로 **균등한 임금**을 요구하는 것은 잘못된 것이며 결코 이루어질 수 없는 **어리석은** 바람이다. 그것은 전제를 받아들이면서도 그 결론은 회피하려는 그릇되고 피상적인 급진주의의 산물이다. 임금제도를 토대로 하는 한, 노동력의 가치는 다른 모든 상품의 가치와 같은 방식으로 결정된다. 그리고 서로 다른 종류의 노동력이 서로 다른 가치를 가지므로, 즉 이 노동력을 생산하는 데는 서로 다른 노동량이 필요하므로 노동시장에서도 노동력은 서로 다른 가격으로 **팔릴 수밖에 없는 것이다.** 임금제도라는 토대 위에서 **동일한 또는 심지어 공정한** 보상을 요구한다는 것은 노예제도라는 토대 위에서 자유를 요구하는 것과 똑같다. 여러분이 무엇을 정당하거나 공정한 것으로 생각하는가는 논외의 문제다. 문제는 이렇다. 주어진 생산제도에서는 무엇이 필연적이며 피할 수 없는 것인가?" [MEW, 16, S. 131-132; *Lohnarbeit und Kapital*(임노동과 자본).]

노동력의 가치는 일정한 총액의 생활수단의 가치로 귀착된다. 따라서 노동력 가치는 이 생활수단의 가치에 따라, 즉 이 생활수단의 생산에 필요한 노동시간의 크기에 따라 변동한다.

＊노동력 하루분의 가치

노동력 하루분의 가치는 다음과 같이 결정된다: 생활수단의 일부분(음식물, 연료)은 매일 새로이 소비되어 매일 새로이 보충되어야 하는 것도 있고, 비교적 오랜 기간에 걸쳐 소비되며 따라서 비교적 오랜 기간에 걸쳐 보충되어도 되는 생활수단이 있다. 노동력 생산을 위해 매일 필요한 상품의 양을 A라 하고, 매주 필요한 상품의 양을 B라 하고, 3개월마다 필요한 상품의 양을 C라고 한다면 노동력 하루분의 가치는 (365A + 52B + 4C + 기타)/365일 것이다.

＊노동력가치의 최저한계

노동력가치의 최저한계는 육체적으로 필수불가결한 생활수단의 가치이다. 노동력의 가격이 최저한계까지 내려간다는 것은 노동력이 가치 이하로 하락했다는 것이다. 왜냐하면 이것으로는 노동력이 위축된 형태로만 유지되고 전개되기 때문이다. 그러나 모든 상품의 가치는 그 상품을 표준적인 품질로 공급하는 데 필요한 노동시간에 의해 규정된다.[19]

---

19 노동력 가치의 최저한계에 대해서는 맑스가 국제노동자협회에서 행한 강연을 위한 수고인 『임노동, 가격, 이윤』(1865)에서 좀 더 상세하게 서술되었으므로 이것을 인용해 보기로 하자. "노동력의 가치를 … 다른 모든 상품의 가치와 구분하는 몇 가지 특성이 있다. **노동력의 가치**는 두 가지 요소로 이루어져 있는데, 하나는 순전히 육체적인 것이고 다른 하나는 역사적 또는 사회적인 것이다. 노동력 가치의 **궁극적인 한계**는 **육체적** 요소에 의해 결정된다. 다시 말해, 노동자 계급은 자신을 유지하고 재생산하기 위해, 자신의 육체적 존재를 존속시키기 위해 생활과 번식에 필요한 생활필수품을 받지 않으면 안 되는 것이다. 따라서 그 없어서는 안 될 생활필수품의 **가치**는 **노동가치(노동력가치**: 필자)의 궁극적 한계가 된다. … 만약 매일 소모되는 노동자의 생명력이 어느 한도를 넘으면 그것은 나날이 새롭게 지출될 수 없다. 그러나 … 이 한계는 신축성이 매우 크다. 허약하고 수명이 짧은 세대라도 재빨리 계속해서 새로운 세대로 교체될 수 있다면 강건하고 수명이 긴 세대가 완만하게 교체

*** 노동력의 사용가치**

노동력이라는 상품은 구매자와 판매자의 계약으로 매매되는데, 그것만으로 노동력의 사용가치가 구매자의 수중으로 넘어가는 것이 아니다. 노동력의 가치는 노동력이 유통에 들어가기 전부터 결정되어 있는 반면 노동력의 사용가치는 노동력이 유통에 들어간 이후 이루어지는 노동력의 발현에서 비로소 성립한다. 그러므로 노동력의 양도와 그 현실적 발현, 즉 그 사용가치로서의 존재가 서로 시간적으로 분리된다. 이러한 상품의 경우, 즉 판매에 의한 사용가치의 형식적 양도와 구매자에게로의 실제적 인도가 시간적으로 분리되어 있는 상품의 경우에 구매자의 화폐는 지불수단으로서의 기능을 한다. 자본주의적 생산양식이 행해지고 있는 국가에서는 노동력이 판매계약에서 확정된 기간만큼 기능을 수행한 후에야 비로소 지불을 받는다. 그러므로 노동자는 자본가에게 늘 노동력의 사용가치를 전대하는 셈이다. 즉, 노동자는 노동력의 가격에 대해 지불을 받기 전에 구매자로 하여금 소비하게 한다. 따라서 노동자는 자본가에게 언제든지 신용대부를 하는 것이다. 그러나 이 관계를 순수하게 파악하기 위해서는 당분간 노동력의 소유자가 노동력을 판매함과 동시에 계약상 약정된 가격을 받는다고 전제한다.

교환과정에서 화폐소유자가 받게 되는 노동력의 사용가치는 노동력의 소비과정에서 비로소 나타난다. 노동력의 소비과정은 동시에 상품의 생산과정이기도 하며 또 잉여가치의 생산과정이기도 하다. 노동력의 소비는 유통 영역의 외부에서 행해진다. 따라서 생산과정에서는 자본이 어떻게 생산하는가뿐만 아니라, 자본 그 자체가 어떻게 생산되는가도 밝혀질 것이다. 아울러 화폐증식의 비밀도 마침내 폭로될 것이다.

되는 것과 마찬가지로 노동시장에 충분한 공급을 계속해 나갈 수 있을 것이다." [MEW, 16, S. 417-418; *Lohnarbeit und Kapital*(임노동과 자본).]

노동력의 판매와 구매가 이루어지는 유통 영역, 상품교환 영역은 천부인권의 진정한 낙원이었다. 여기에서 지배하고 있는 것은 오로지 자유, 평등, 소유, 그리고 벤담이다. 자유! 이것은 어떤 한 상품, 가령 노동력의 구매자나 판매자가 오로지 그들의 자유로운 의지에 의해 규정될 뿐이기 때문이다. 그들은 자유롭게 법적으로 대등한 인간으로서 계약을 맺는다. 계약은 이들의 의지가 하나의 공통된 법적 표현을 서로 주고받았다는 것을 보여 주는 최종 결과이다. 평등! 이것은 그들이 오로지 상품소유자로서 서로 관계하며 등가물을 교환하기 때문이다. 소유! 이것은 어느 쪽이나 모두 자기의 것만을 처분하기 때문이다. 벤담! 이것은 양쪽 모두에게 중요한 것은 오로지 자기 자신뿐이기 때문이다. 그들을 하나의 관계 속에 함께 있게끔 만드는 유일한 힘은 그들의 자기 이익, 그들의 특수한 이익, 그들의 사적 이해의 힘이다. 이렇듯 그들이 자기만을 생각하고 타인을 생각하지 않는 까닭에 모든 사람이 사물의 예정조화의 결과로서, 또는 섭리의 보호 아래 오로지 그들 상호 이익이 되는, 공익이 되는, 전체 이익이 되는 사업만을 수행하는 것이다.

맑스는 다음과 같은 서술로 이 장을 마감한다. "이제 이 영역을 떠나려 하니 우리 등장인물들의 얼굴들이 약간 변한 것처럼 보인다. 먼젓번의 화폐소유자는 자본가로서 앞서가며, 노동력소유자는 자본가의 노동자로서 그 뒤를 따라간다. 전자는 의미심장하게 웃음을 띠우면서 바쁘게, 후자는 머뭇머뭇 마지못해서, 마치 자기의 가죽을 팔아버리고 이제 무두질당하는 것 외에는 아무것도 기대할 수 없는 사람처럼." [MEW, 23, S. 191.]

주요 개념

상품으로서의 노동력(노동능력): 유통 영역 내부에서 가치의 원천이며 그것의 실제적 소비 자체가 가치창조인 상품, 노동력의 상품화의 조건/자유로운 노동자의 의미, 상품노동력의 가치 규정, 상품노동력의 사용가치, 노동력의 판매와 구매의 신비화.

*** 제4장 '화폐의 자본으로의 전환'의 주요 내용

** 화폐의 자본으로의 전환

『자본론』의 제1편은 '상품과 화폐'라는 제목이 달려 있다. 제4장은 화폐의 자본으로의 전환을 다루는데, 그것은 동시에 제2편을 형성한다. 따라서 서술은 세 걸음, 상품–화폐–자본을 뒤따라왔다: 가치형태, 화폐형태와 화폐기능들을 분석한 이후 제4장에서는 더 이상 가치가 문제가 아니라 가치증식이 문제가 된다. 더 정확하게 말해, 가치의 자기 증식이 문제가 된다. 거기에서 교환가치의 자립화는 화폐에서 특수한 형태를 얻는다. "상품유통의 최종생산물인 화폐는 자본의 최초의 현상형태이다."[MEW, 23, S. 161.]

지금까지 우리는 유통형태 상품(W)–화폐(G)–상품(W)을 고찰하였다. 거기에서는 사용가치가 최종목적이다. 판매자는 그에게는 비사용가치인 상품을 화폐로 전환시킨다. 그 화폐는 비사용가치를 지닌 상품의 최초의 판매자가 사용가치인 다른 상품을 구매하기 위해 사용된다.

교환가치의 자립화는 마찬가지로 유통형태로, 즉 화폐(G)–상품(W)–화폐(G) 형태로 묘사될 수 있다. 여기에서는 사용가치가 아니라 교환가치가 거래의 최종목적이다. "자본으로서의 화폐의 유통은 구매로 시작해서 판매로 끝난다."[상동, S. 163.] 이것은 물론 유통사슬이 시작할 때의 교환가치와 끝날 때의 교환가치가 서로 차이가 날 때만 의미가 있다. 질적 차이로 특징지어지는 사용가치의 경우와는 달리 이것은 단지 양적인 크기 변화의 경우에만 의미가 있다. "따라서 과정 G-W-G는 양극이 화폐이므로 양극의 질적인 차이에 의해 내용을 갖는 것이 아니고 오직 양극의 양적인 차이에 의해서만 내용을 갖는다. … 최초에 투하된 가치는 유통 속에서 보존될 뿐만 아니라 그 속에서 그것은 자신의 가치를 변화시켜 잉여가치를 첨가한다. 달리 표현하자면 스스로를 가치증식시킨다. 그리고 이 운동이 이 가치를 자본으로 전환시킨다."[상동, S. 165.]

**** 자본운동의 무제한성**

지금까지 고찰된 순환과정 W-G-W은 "그 과정 외부에 있는 최종목적인 소비, 즉 특정한 욕구의 만족에서 그 한도와 목표를 발견한다, 이와는 반대로 판매를 위한 구매(G-W-G: 필자)에서는 시작과 끝이 동일한 것, 화폐, 즉 교환가치이다. 그러므로 이미 이 때문에 이 운동은 무한한 것으로 된다. … 화폐는 이 운동의 끝에서 다시 운동의 시작으로서 나타난다. … 자본으로서의 화폐의 유통은 … 자기 목적이다. 왜냐하면 가치의 증식은 끊임없이 갱신되는 이러한 운동 속에서만 존재하기 때문이다. 그러므로 자본의 운동은 무제한적이다."[상동, S. 166-167.]

그 무제한적인 유통의 객관적인 내용은 자본가들의 주관적 목적으로 된다. "그는 의지와 의식이 부여된 의인화된 자본으로서 기능을 한다."[상동, S. 168.] 그는 "절대적 치부의 충동"[상동.]을 따른다. 가치는 운동형태 G-W-G′ 로, 즉 "자동적인 주체"[상동, S. 169.]로 전환된다. 따라서 "가치증식은 자기 증식이다."[상동.] 그리하여 정식 G-W-G′ 는 유통 영역에서 직접적으로 나타나고 있는 "자본의 일반적 정식"[상동, S. 170.]이다.

그러나 잉여가치는 도대체 어디에서 유래하는가 하는 의문이 제기된다. 왜냐하면 등가교환의 가정하에서는 투하된 G로부터는 양적으로 더 커다란

G′로 결코 될 수 없기 때문이다. “평등이 있는 곳에 이득은 없다.”[상동, S. 173.] 교환을 할 경우 W–G와 G–W 가치평등이 존재할지라도 양극의 사용가치들에게는 불평등이 존재할 수 있다. 그러므로 “사용가치에 관한 한 ‘교환은 쌍방이 이득을 보는 거래’라고 말할 수 있을 것이다.”[상동, S. 172.]

그런데 이것은 오늘날까지 무역이론을 지배하고 있는 비용의 비교우위론의 논거이다. 그러나 어떻게 유통과정에서 화폐로부터 더 많은 화폐로 될 수 있는가? 맑스는 이것이 원래 배제되었음을 보여 준다. 판매가격에 어떠한 추가요금이 없는 것이 판매자에게 이익이 된다. 왜냐하면 그는 구매자로서 그와 똑같은 추가요금을 지불해야만 하기 때문이다. 그가 수입에서 이득을 얻은 것은 지출에서 잃는다. 반대의 경우에도 또한 같다. “잉여가치의 형성과 이에 따른 화폐의 자본으로의 전환은 판매자가 상품을 그것의 가치보다 비싸게 판다든지 구매자가 상품을 그것의 가치보다 싸게 산다고 해서 설명될 수는 없다.”[상동, S. 175.] 궁극적으로 유통 영역에서는 제로섬 게임이 행해진다. 등가물들이 교환된다면 어떠한 잉여가치도 발생하지 않고 비등가물들이 교환된다고 해도 잉여가치는 발생하지 않는다. “유통이나 상품교환은 가치를 전혀 창출하지 않는다.”[상동, S. 178.]

물론 맑스는 비등가물 교환의 역사적 형태들을 지적하고 “전쟁은 약탈이고 상업은 사기이다”[상동, S. 178.]라는 벤저민 프랭클린의 진술을 인용한다. 그런데 사실 두 가지 방법 가운데 역사적 상업자본은 부등가교환에 의해 유통으로부터 잉여가치를 끄집어내는 데에 기여하였다. 이러한 역사적 실상은 세계체제론에서 브로델과 특히 월러스틴에 의해 오늘날까지 존재하는 중심과 주변부의 전 지구상의 대립을 설명하기 위해 이용되었다. 착취는 유통과정(세계무역)에서 부등가교환의 형태로 발생한다.

** 유통과 생산

그러나 유통은 "상품소유자들의 모든 상호 관계들의 총체이다. 유통 밖에서는 상품소유자는 오로지 자기 자신의 상품과만 관계를 맺는다."[상동, S. 179.] 자본은 등가교환이라는 가정하에서는 "유통에서 발생할 수 없고 또한 마찬가지로 유통에서 발생하지 않을 수도 없다. 자본은 유통에서 발생해야 하는 동시에 유통에서 발생해서는 안 된다."[상동, S. 180.] "화폐의 자본으로의 전환은 유통 영역에서 일어나며 유통 영역에서 일어나는 것이 아니다. 그것이 유통이라는 매개를 통하여 이루어진다는 것은 그것이 상품시장에서 노동력의 구매에 의해 제약되기 때문이다. 유통에서 일어나지 않는다는 것은 유통은 단지 생산 영역에서 일어나는 가치증식 과정을 준비하기 때문이다."[상동, S. 209.] 지금까지 우리는 그것을 항상 상품유통과 관련지었다. 단지 가치의 실체에 대한 질문의 경우에만 노동 및 생산과 관련지었다. 이제는 자본으로서의 화폐의 특수한 유통형태(G–W–G)는, 생산과정이 분석될 때에만, 이해될 수 있음이 명백해진다.

등가물의 교환이 자본으로서의 화폐의 유통형태의 출발점이다. 그러나 동시에 첫 번째 행위인 G–W에서 구매된 상품은 동시에 비등가물을 산출하기에 적합해야 한다. 그러므로 상품은 변화할 수 있어야 하는데, "그러나 그 상품의 가치에서 변화하는 것은 아니다." 왜냐하면 등가물이 교환되므로 상품은 그것의 가치대로 지불되기 때문이다. 따라서 변화는 그 상품의 사용가치 자체로부터, 즉 그 상품의 소비로부터만 발생할 수 있다. 한 상품의 소비로부터 화폐를 뽑아내려면 우리의 화폐소유자는 유통 영역 내부에서, 즉 시장에서, 그 사용가치 자체가 가치의 원천이라는 독특한 속성을 지니며 그것의 현실적 소비 자체가 노동의 대상화이고 따라서 가치창조인 그러한 상품을 발견하지 않으면 안 된다. 화폐소유자는 시장에서 그러한 특수한 상품 – 노동능력 또는 노동력 – 을 발견한다."[상동, S. 181.]

구매자로서의 화폐소유자가 시장에서 노동력을 발견할 수 있기 위해서는 이중으로 자유로운 노동자라는 역사적 주체가 존재해야만 한다: 그 노동자는 "자기의 노동능력이나 자기의 인격의 자유로운 소유자이어야 한다."[상동, S. 182.] 따라서 그는 모든 봉건적 조건들로부터 해방되어야 하고 노예 또는 봉건적 농노가 되어서는 안 된다. 다른 한편, 자유로운 노동자는 또한 생산수단으로부터 자유로워야 한다. 왜냐하면 그렇지 않으면 자신의 노동력을 시장에서 판매하도록 강요당하지 않을 것이기 때문이다. "그러므로 화폐의 자본으로의 전환을 위해서는 화폐소유자는 상품시장에서 자유로운 노동자를 발견해야 한다. 자유롭다는 것은 한편으로는, 그가 인간으로서 자신의 노동력을 자신의 상품으로서 처분할 수 있다는, 그리고 다른 한편으로는, 판매할 다른 상품을 가지고 있지 않으며 자기 노동력의 실현에 필요한 모든 사물로부터 자유롭다는 이중의 의미에서이다."[상동, S. 183.] 자유는 따라서 긍정적인 측면과 부정적인 측면을 가지고 있다.

노동자의 이중적 자유라는 이러한 관계는 본원적 자본축적에 관한 제24장(이른바 '본원적 축적')에서 좀 더 상세히 분석될 역사적 발전의 결과이다. 여하튼 여기에서 미리 확신할 수 있는 것은 다음과 같다. "우리가 앞에서 고찰한 경제적 범주들은 그것들의 역사적 흔적들을 띠고 있다. 상품으로서의 생산물의 존재 속에는 특정한 역사적 조건들이 내포되어 있다."[상동, S. 183.] 이것은 상품, 재화, 화폐, 그리고 끝으로 자본과 그것의 대립물인 노동력에게 적용된다.

상품노동력의 가치는 다른 상품들의 가치와 마찬가지로 재생산비용에 의하여 규정된다. 물론 노동력은 살아 있는 개인의 능력으로만 존재하며 결국 이러한 개인은 그가 기인한 재생산 과정 때문에 이미 사회적 개인이다. 욕구는 두 가지, 즉 자연적 욕구들과 역사적 욕구들이 존재한다. "그러므로 노동력의 가치규정은 다른 상품들과는 달리 어떤 역사적 그리고 도덕적 요소를 포함하고 있다."[상동, S. 185.] 그러므로 자본관계에 완전히 포섭되지 않은 사회적 형태들로는 가정에서 수행된 노동이 그 예이다. 이 점에 있어서 단지 사회적 재생산을 위한 가사(여성)노동의 의미와 동시에 잉여가치 생산을 위한 간접적 기여가 스스로 증명된다. 노동자들의 노동력의 가치는 그들이 생산한 생산물보다 가치가 적기 때문에 노동자들은 G′ 를 생산한다. 노동력이 이러한 성과를 가져올 수 있는 것은 무엇보다도 가사(여성)노동의 결과이다.

[부록 9] *Grundrisse der Kritik der Politischen Oekonomie, Rohentwurf* (1857-1858)

자본과 노동 사이의 교환

*** 자본과 노동의 관계

"정립된 교환가치로서의 자본에 마주 서는 **사용가치**가 **노동**이다. 자본은 교환되거나 또는 비자본, 자본의 부정과 관련해서만 이 규정성에 있게 되는데, 이것과 관련해서만 그것은 자본이다. 실제적인 **비자본**은 **노동**이다."[『요강』, 1권, 277쪽.]

** 자본과 노동 사이의 교환에 존재하는 모순되는 두 과정

"자본과 노동 사이의 교환을 관찰하면, 우리는 그것이 형식적으로뿐만 아니라 질적으로도 상이하고, 스스로 대립되는 두 과정으로 분할되는 것을 발견하게 된다.

① 노동자는 그의 상품, 즉 다른 모든 상품과 마찬가지로 상품으로서 **가격**

을 가지는 노동력, 사용가치를, 자본이 그에게 양도하는 일정액의 교환가치, 일정액의 화폐와 교환한다.

② 자본가는 노동 자체, 가치 정립하는 행위, 생산적 노동으로서의 노동을 매입한다. 즉, 그는 자본을 보존시키고 증대시키며, 그럼으로써 자본의 생산력이자 재생산력, 자본 그 자체에 속하는 힘이 되는 생산력을 사들인다."[상동, 277쪽.] 이 생산력은 그가 구매한 상품의 가치에서가 아니라 그것의 사용가치에서 기인한다.

여기에서 맑스는 노동자가 자신의 상품인 노동력을 교환할 때에는 단순한 유통형태 W-G-W를 사용하여 설명을 하는 반면, 자본가의 교환에 관해 설명을 할 때에는 그것과 대립되는 유통형태인 G-W-G를 이용하여 설명한다. 그러나 이것은 맑스의 다음과 같은 문장을 이해한다면 문제가 되지 않는다. "모든 점이 출발점인 동시에 종착점으로 나타나며, 그것도 후자로 나타나는 한에 있어서 전자로 나타나는 것은 순환의 본성에 따른 것이다. 따라서 G-W-W-G라는 형태규정은 일차적인 형태규정으로 나타나는 W-G-G-W와 마찬가지로 옳다. 어려움은 후자의 상품은 질적으로 상이하지만, 후자의 화폐는 그렇지 않다는 것이다. 그것은 양적으로만 상이할 수 있다."[상동, 192쪽.] 이에 따라 맑스는 다음과 같이 언급한다. "여기에서는 … 화폐를 주고 교환한 것의 사용가치가 특수한 경제적 관계로 나타나며, 화폐를 주고 교환한 것의 일정한 사용이 두 과정의 최종적 목적을 이룬다. 그러므로 이미 이것이 자본과 노동 사이의 교환을 단순한 교환과 형식적으로 구별 짓는다 – 상이한 두 과정."[상동, 278쪽.]

"두 번째 행위와 첫 번째 행위의 차이 – 즉, 자본에 의한 노동의 특수한 전유과정이 두 번째 행위이다 – 는 정확히 자본과 노동 사이의 교환과 화폐가 상품 사이를 매개하는 교환의 차이이다. 자본과 노동 사이의 교환에서 첫 번째 행위는 교환이며, 전적으로 일상적인 유통에 속한다. 두 번째 행위는 교환과는 질적으로 상이한 과정이며, 그것이 도대체 어떤 종류의 교환으로 불릴 수 있다는 것은 용어의 오용에 의해서만 가능하다. 그것은 교환에 직접 맞서는 것이다. 본질적으로 다른 범주(이다: 필자)."[상동, 278쪽.]

이 과정들 중 첫 번째의 것, 즉 자본과 노동력 사이의 교환을 먼저 고찰해 보기로 한다.

**** 자본과 노동 사이의 첫 번째 행위; 단순상품유통에서 나타난 자본과 노동(력) 간의 교환**

*** 자본가와 노동자 사이의 교환은 등가교환으로서 자본가는 노동자의 노동에 대한 처분이라는 사용가치를 획득한다.**

"노동자의 자본가와의 교환은 단순한 교환이다. 각자는 등가물을 받는다. 전자는 화폐를 받고 후자는 상품을 받는데, 이 상품의 가격은 그것을 위해 지불된 화폐와 정확히 동일하다. 이 단순한 교환에서 자본가가 받는 것은 타인노동에 대한 처분이라는 사용가치이다. 노동 측에서 보면 – 그리고 이것이 그가 판매자로 등장하는 교환이다 –, 다른 모든 상품, 모든 사용가치의 판매자와 마찬가지로, 구매자가 자신에게 양도된 상품을 사용하는 것이 노동자에게 있어서 이 관계의 형태규정과 관련이 없다는 것은 분명하다. 그가 판 것은 일정한 노동, 일정한 숙련 등인 그의 노동에 대한 처분이다."[상동, 286쪽.][20]

20 다른 곳에서 이와 관련하여 맑스는 다음과 같이 언급한다. "노동자가 노동능력이 있는 한, 노동이 그에게 끊임없이 새로운 교환의 – 즉, 교환 일반이 아니라 자본과의 교환의 – 원천이라는 것은, 그가 그의 노동능력에 대한 일시적인 처분권만을 판매하고, 따라서 그가 다시 그의 삶의 표현을 재생산할 수 있기 위해서 적절한 양의 소재를 섭취하자마자 교환을 끊임없이 새롭게 시작할 수 있다는 개념규정 자체에서 보아 당연하다. 부르주아 경제를 미화하는 밀고자들은 그들의 경탄을 이곳으로 향할 것이 아니라 – 그리고 노동자가 충분히 자고 배부

***이 처분권은 특정한 노동과 일정한 노동시간에 국한된 것이다. 그러나 이 노동으로 자본가가 무엇을 하는지는 노동자는 상관이 없다.**

"그(자본가: 필자)의 처분 자체는 **특정한** 노동과 이것에 대한 **시간적으로 일정한** 처분(이러저러한 노동시간)에 국한되어 있지만, 자본가가 그의 노동으로 무엇을 하는지는 전혀 상관이 없다. 물론 성과급 체계는 노동자가 생산물에 일정한 지분을 받는 듯한 외양을 가져다준다. 그러나 이는 시간을 측정하는 다른 형태일 뿐이다. (너는 12시간 일한다고 말하는 대신 개당 이만큼을 받는다. 즉, 우리는 네가 일한 시간을 생산물 수에 따라 측정한다고 말하는 것이다.) … 이 체계는 일반적 관계를 고찰하는 데 있어서 아무런 상관이 없다. 예를 들어, 자본가가 노동자의 노동을 유보해 두거나 그의 경쟁자로부터 처분능력을 박탈하기 위해서 노동자에게 실제로는 노동을 시키지 않은 채 단순한 처분능력만으로 만족할지라도(예를 들어, 연극 감독이 가수를 노래시키기 위해서가 아니라, 경쟁하는 극장에서 노래하지 못하도록 하기 위해서 한 시즌 동안 고용하는 것처럼), 교환은 완벽하게 이루어진 것이다."[상동, 286쪽.]

여기서 한 가지 미리 언급하고자 하는 것은 자본과 노동력 사이의 교환이 이루어질 때 노동자는 자신의 상품인 노동력의 소유자로 나타나는데, 이것(노동력)은 그의 외부에 있는 사물로 존재하는 것이 아니라 그의 살아 있는 신체 내부에 존재한다는 사실이다: "그(노동자: 필자)의 상품의 교환가치는 구매자가

르게 먹자마자 살 수 있다는 것, 그러므로 일정한 생활과정을 매일 반복할 수 있다는 것을 노동자에 대한 자본의 위대한 업적으로 돌릴 것이 아니라 –, 오히려 그가 끊임없이 반복된 노동 후에 언제나 살아 있는 직접적인 노동 자체**만을** 교환해야 한다는 데 주목했어야 한다. 반복 자체는 실제로 피상적일 뿐이다. **그가 자본과 교환하는 것은 말하자면 그가 20년 동안 지출하는 그의 전체 노동능력이다**. 자본은 그에게 노동능력의 대가를 한꺼번에 지불하지 않고, 그가 자본의 처분에 맡기는 바와 같이 일정한 분량씩, 예를 들어 매주 지불한다. 이것이 사태의 본질에는 아무런 영향도 미치지 않으며, 노동자가 자신의 노동은 물론 자본과의 교환을 반복할 수 있기 전에 10-12시간을 잠을 자야 하기 때문에, 노동이 그의 자본을 이룬다는 결론만을 가능케 한다. 이를 따를 때 사실상 자본으로 이해되는 것은 노동자가 영구기관이 아니라는 제약, 그의 노동의 중단이다. 10시간 노동법을 둘러싼 투쟁 등은 자본가가 **노동자의 생명력의 일정한 분량을 가능한 한 쉬지 않고 낭비하는 것**밖에 원하지 않는다는 것을 입증한다." [『요강』, I권, 296-297쪽.]

그의 상품을 사용하는 방식에 의해서가 아니라, 상품 자체에 존재하는 대상화된 노동의 양, 즉 여기에서는 노동자 자신을 생산하는 데 소요되는 노동량에 의해서만 결정될 수 있다. 왜냐하면 그가 공급하는 사용가치는 그의 신체의 능력으로만 존재하며, 신체 밖에서는 존재할 수 없기 때문이다."[상동, 287쪽.]

일반적으로 노동자가 자본가와의 교환에서 받는 가치량(화폐액)은 다른 모든 상품들과 마찬가지로 노동자 자신을 생산하기 위해 필요한 노동시간에 의해 측정된다. 좀 더 자세히 언급하자면, 노동자 자신을 신체적으로 유지할 뿐만 아니라 특수한 능력을 발전시키기 위해서 노동자 자신을 수정하는 데 필요한 대상화된 노동의 시간에 의해 측정된다.

*** 노동자와 자본가 사이의 관계는 외견상 동등하게 보일 뿐이다.**

"노동자는 화폐형태, 일반적 부의 형태로 등가물을 받음으로써, 다른 모든 교환자와 마찬가지로 이 교환에서 자본가에 대하여 적어도 **외견상으로는** 동등한 자로 마주선다. 실제로 이러한 동등성은 노동자로서, 가치로 정립된 가치에는 대립적이고, 교환가치와는 특유하게 상이한 형태의 사용가치로서의 자본가에 대한 그의 관계가 외견상 단순한 교환을 위해서 전제되어 있다는 것, 따라서 그가 이미 경제적으로 다르게 규정된 관계에 - 사용가치의 본성, 상품의 특수한 사용가치 자체와는 상관이 없는 교환관계의 밖에 - 서 있다는 것에 의해 이미 방해된다. 그렇지만 다른 한편으로 이러한 외양 자체는 어느 정도 환상으로 존재하며, 따라서 다른 사회적 생산양식에 존재하는 노동자들의 관계와는 구별되는 그 자신의 관계도 본질적으로 수정한다."[상동, 288쪽.]

***노동자가 자본가와의 교환을 통해 자신의 상품인 노동력에 대한 처분권을 일정한 시간에 한해 양도한다는 사실의 역사적 의미**

"우선 … 노예제나 농노제의 관계가 지양되었다는 것이다. 살아 있는 노동능력이 자기 자신에게 속하며, 교환을 통해서 자신의 활동을 처분한다. 양측은 인격체로 마주 선다. **형식적으로** 그들의 관계는 교환자들의 평등하고 자유로운 관계이다. 법률적 관계가 고찰되는 한에 있어서, 이 형태가 **외양**이고 그것도 **기만적 외양**이라는 것은 이 관계의 밖에 속하는 것으로 나타난다. 자유로운 노동자가 판매하는 것은 언제나 일정하고 특수한 양의 활동일 뿐이다. 노동능력은 총체성으로서 어떤 특수한 발현보다 우월하다. 그는 그가 **개별자**로서 독립적으로 마주 서는 특수한 자본가에게 특수한 활동을 판매한다. 이것이 자본으로서의 자본의 존재, 즉 자본가 계급에 대한 그의 관계가 아니라는 것은 분명하다. 그럼으로써 다만 실제의 개별적인 인격체에 관한 한, 그에게는 넓은 범위의 선택, 임의, 따라서 형식적 자유가 허용되어 있다. 노예관계에서 그는 자신을 노동기계로 가지는 **개별적인**, **특수한** 소유자에게 속한다. 활동의 총체성으로서, 노동능력으로서 그는 타인에게 속하는 사물이며, 따라서 그의 특수한 활동이나 살아 있는 노동행위에 대하여 주체로서 관계하지 않는다. 농노관계에서 노동자는 토지소유 자체의 한 계기로 나타나며, 역축(役畜)과 똑같이 토지의 부속물이다. 노예관계에서 노동자는 살아 있는 노동기계에 지나지 않으며, 따라서 타인을 위한 가치를 가지거나 또는 차라리 그 자체로 가치이다. 자유노동자의 노동능력의 총체성은 노동자의 소유로서, 그가 주체로서 장악하고 판매함으로써 보존하는 자신의 한 계기로서 나타난다."[『요강』, II권, 88-89쪽.] 이것은 바로 노동자가 인격체로서, 즉 "자신의 **노동 밖에서** 대자적으로 존재하며 삶의 표현을 자기 자신의 생활수단으로만 양도하는 노동자가 형식적으로 인격으로 정립되었다는 것"을 의미한다.[『요강』, I권, 295쪽.]

*** 노동자는 일반적 부의 공동 향유자가 된다.**

노동자는 자신의 상품인 노동력을 부의 일반적 형태인 화폐와 교환하고 이것을 가지고 상품을 사서 자신의 욕구를 충족시킨다면, 유통에서의 그의 행위는 종식된다. "그러나 그(노동자)는 그의 생동감(生動感)이 그 자신의 사용가치가 소진되는 일정한 시간까지 끊임없이 새롭게 점화되고, 동일한 교환을 새롭게 시작하기 위해서 자본에 끊임없이 마주 서는 그러한 원천이기 때문에, 이 행위를 처음부터 시작할 가능성을 가진다. 유통에서 주체로 서 있는 모든 개인과 마찬가지로 노동자는 하나의 사용가치의 보유자이다. 그는 이러한 사용가치를 화폐, 부의 일반적 형태와 바꾸는데, 단지 이것을 다시 그의 직접적인 소비 대상, 그의 욕구 충족수단인 상품과 바꾸기 위해서만 그렇게 한다. 그가 자신의 사용가치를 부의 일반적 형태와 교환하므로, 그의 등가물의 한계 – 모든 교환에서와 마찬가지로 질적인 한계로 전화되는 양적인 한계 – 까지 노동자는 일반적 부의 공동 향유자가 된다. 그러나 그는 특수한 대상에도, 특수한 충족방식에도 묶여 있지 않다. … 그의 향유 범위는 질적으로 배제되는 것이 아니라 양적으로만 배제된다. 이것이 그를 노예와 농노로부터 구별 짓는다."[상동, 287-288쪽.]

"노동자가 보다 높은 정신적 향유에서 차지하는 몫; 자기 자신의 이익을 위한 선동, 신문 구독, 강의 청취, 자녀 양육, 취향 발전 등, 그를 노예와 구별하는 문명에서 차지하는 그의 유일한 몫은 그가 호경기 때, 따라서 어느 정도 저축이 가능할 때, 그의 향유의 범위를 넓힘으로써만 경제적으로 가능해진다."[상동, 292쪽.]

＊노동자가 자본과 노동 사이의 교환에서 받은 주화규정의 화폐는 유통으로부터 유리되어 부의 일반적 형태인 화폐로 전환이 가능하다; 교환가치의 화폐로의 자립화 가능성

"이 교환에서 노동자는 화폐를 주화, 즉 그가 화폐와 교환하는 생활수단의 단순히 순간적인 형태로만 받는다. 그에게는 부가 아니라 생활수단이 교환의 목적이다."[상동, 295쪽.]

"말하자면 노동자는 단순유통, 단순교환의 관계만 맺고 있으며, 그의 사용가치에 대하여 **주화**만을 받는다. 생활수단을 받지만 단지 매개적으로만. … 이러한 매개형태가 이러한 관계에서는 본질적이며 특징적이다. 그가 주화를 화폐로 전환시킬 수 있다는 것 – 절약할 수 있다는 것 – 은, 그것의 관계가 단순유통관계라는 것을 증명할 뿐이다. 그는 어느 정도 절약할 수 있다. 그러나 그는 그것을 넘을 수는 없다. 그는 자신의 향유 범위를 일시적으로 확장함으로써 절약한 것을 실현할 수 있을 뿐이다. 중요한 것은 … 화폐가 그러한 교환의 산물이므로, 환상으로서의 일반적 부가 그를 추동한다는 것, 즉 그를 근면하게 만든다는 것이다."[상동, 295쪽.]

"노동자에게 본질적인 것, 교환의 목적은 그의 욕구 충족이다. 그의 교환대상은 교환가치 자체가 아니라 직접적인 욕구 대상이다. 노동자는 화폐를 받기는 하지만, 단지 주화규정의 화폐, 즉 그 자체로 지양되고 사라지는 매개로서의 화폐만을 받는다. … 따라서 그가 이 주화를 축장함으로써, 즉 유통으로부터 유리시킴으로써, 사라지는 교환수단이 아니라 부의 일반적 형태로 고정시킴으로써, 화폐로 전환시킬 수 있다는 것은 사실이다. 이 측면에서 보면 자본과의 교환에서 노동자의 목표는 – 따라서 그의 교환의 산물은 – 생활수단이 아니라 부이며, 특수한 사용가치가 아니라 교환가치 자체라고 말할 수 있을 것이다. 이에 따르면 부 일반이 등가물들이 교환되는 **단순유통의 생산물로만**

나타날 수 있듯이, 노동자는 부의 **형태** 때문에 실체적 충족을 희생함으로써, 즉 그가 유통에 **재화들을** 주는 것보다 **절제**, 저축, 소비절약을 통해 유통으로부터 더 적게 이탈시킴으로써만 교환가치를 자기 자신의 **생산물로** 만들 수 있을 것이다. 이것이 유통 자체에 의해 정립된 유일하게 가능한 치부형태이다." [상동, 288-289쪽.]

"노동자가 의지력, 육체적 힘, 인내, 욕심 등에 의해 그의 주화를 화폐로 전환시킬 수 있는 것은 예외적으로, 즉 그의 계급과 그의 일반적 존재조건의 예외로서만 그럴 수 있다."[상동, 291쪽.]

*** 근면, 절약, 절제에 대한 요구는 자본가가 아니라 노동자에게 제기된다.**

"나아가 절제는 노동자가 휴식 일반, 즉 노동자로서의 존재와는 분리된 그의 존재를 절제하고 가능한 한 노동자로서만 존재함으로써, 즉 교환을 보다 자주 갱신하거나 양적으로 넓힘으로써, 즉 **근면**에 의해서, 단순유통에 정립된 것보다 더욱 적극적인 형태로 나타날 수도 있을 것이다. 따라서 오늘날의 사회에서도 근면과 특히 **절약**, **절제**의 요구는 자본가가 아니라 노동자에게 제기되며, 특히 자본가에 의해서 제기된다. 지금의 사회는 교환 대상이 치부가 되는 자가 아니라, 그것이 생활수단이 되는 자가 절제해야 한다는 역설적인 요구를 제기하는 것이다. 자본가가 실제로 '절제'한 – 그럼으로써 자본가가 된 – 듯한 환상은 – 이는 자본이 봉건적 관계들 등으로부터 형성되어 나오던 옛날에만 의미가 있었던 요구이자 상상인데 – 판단력 있는 모든 근대 경제학자들에 의해 포기되었다."[상동, 289-290쪽.]

*** 이러한 근면, 절약, 절제의 요구가 충족된다면 최대의 노동에 대해 최소의 임금을 낳는다.**

"노동자들 **일반**, 즉 **노동자들로서의** 노동자들이 (개별 노동자가 그의 유(類)와는 달리하거나 할 수 있는 것은 관계의 규정에 있는 것이 아니기 때문에, **규칙**이 아니라 **예외**로만 존재할 수 있다.) **규칙**으로서 이 요구를 충족시킨다면 (그들이 일반적 소비에 가할 손실 – 결손은 방대할 것이다 – 따라서 생산도, 또한 그들이 자본을 가지고 노동자들로서 행할 교환의 수와 양은 차지하고서라도) 그들은 그들 자신의 목적을 지양하고, 그들을 … 최소한의 동물적인 욕구와 생활수단이 자본과 그의 교환의 유일한 대상이자 목적으로 나타나는 임노동자의 지위로 격하시킬 것이 틀림없는 수단을 절대적으로 사용하는 것이라는 점은 어떤 경제학자라도 부인하지 않을 것이다. 따라서 사용가치 대신에 부를 목적으로 삼음으로써, 노동자는 부에 이르지도 못할 뿐만 아니라 구매에서 사용가치마저도 잃을 것이다. 그 까닭은 대체로 최대의 근면, 노동과 최소의 소비는 – 후자는 최대의 절제와 돈벌이이다 – 그가 최대의 노동에 대해 최소의 임금을 받는 결과밖에 낳지 않을 것이기 때문이다. 그는 자기 자신의 노동에 대한 생산비의 일반적 **수준**을 애써 낮추었을 뿐이고, 그리하여 노동의 일반적 가격을 낮추었을 뿐이다. … 모두 또는 다수가 지나치게 근면하면(근대 공업에서 근면이 그들의 판단에 맡겨져 있는 한에서인데, 이는 가장 중요하고 발전된 생산부문들에는 적용되지 않는다.), 그들은 그들 상품의 가치를 증대시키는 것이 아니라, 상품의 양, 따라서 사용가치로서의 그들에게 제기될 요구들만을 증대시킨다. 그들 모두가 절약한다면, 일반적인 임금 감소가 그들을 다시 제자리에 되돌려 놓을 것이다.[상동, 290-291쪽.]

*** 노동자는 자신을 위해서가 아니라 자본을 위해 저축한다.**

따라서 "노동자들이 평균적으로 그의 절약 정신으로 달성할 수 있는 최선의 결과는 가격들 – 높고 낮은 가격들, 이들의 순환 – 의 변동을 보다 잘 견딜 수 있다는 것, 그러므로 부를 획득하는 것이 아니라 그의 즐거움을 보다 합목적적으로 분배하는 것뿐이다. 그리고 그것이 자본가들의 본질적인 요구이기도 하다. 노동자들이 불경기 때에도 그럭저럭 살 수 있고, 단축노동이나 임금 하락 등을 견딜 수 있도록 호경기 때 절약해야 한다는 것이다."[상동, 291-292쪽.] "그러므로 그들은 언제나 최소한의 생활의 즐거움에 머물러야 하고, 자본가들에게 위기의 부담을 덜어 주어야 한다는 요구, 그 자신이 노동기계로서 처신하고 자신의 마모를 가능한 한 스스로 지불해야 한다는"(것이다: 필자). … 다른 한편으로는 "자본가들이 그들의 저축으로부터 많은 이자를 획득하거나, 국가가 먹어치우도록 그에게 최소한의 이자를 지불해야 하고, … 그리하여 "어떤 식으로든 자신을 위해서가 아니라 자본을 **위해서** 저축했다."[상동, 292쪽.]

***자본가는 노동자들이 저축할 것을 요구하나 단지 자신의 노동자만 저축할 것을 요구한다.**

"… 이 모든 것이 노동자를 '경건한 소망'으로 속이려는 부르주아적인 '박애'의 위선적인 구호가 아닌 한에 있어서, – 어떤 자본가든 그의 노동자들이 저축할 것을 요구하지만, 단지 **그의 노동자만** 저축할 것을 요구한다. 왜냐하면 이들은 그에게 노동자로 마주 서 있기 때문이다. 나머지 **노동자 세계**는 결코 저축해서는 안 되는데, 왜냐하면 그들은 자본가에게 소비자로 마주 서 있기 때문이다. 따라서 모든 '경건한' 상투어들에도 불구하고, 자본가는 노동자들의 소비를 자극하고, 자신의 상품에 새로운 매력을 부여하며, 노동자들에게 새로운 욕구를 발생시키기 위해서 모든 수단을 강구한다. 자본과 노동의 관계에서 나타나는 바로 이 측면이야말로 중요한 문명화의 계기가 되고, 또한 자본의 역사적 정당성과 현재적 권력이 기초하는 곳이다."[상동, 292-293쪽.]

＊저축을 통해 노동자가 치부를 할 수 없음은 다음의 사실을 입증하는 것이다.

“자본과의 교환에서 노동자는 단순유통관계에 놓여 있다. 즉, 부를 획득하는 것이 아니라 생활수단, 직접적인 소비를 위한 사용가치만을 획득한다. … 말하자면 노동자는 단순유통, 단순교환의 관계만 맺고 있으며, 그의 사용가치에 대하여 **주화**만을 받는다. 생활수단을 받지만 단지 매개적으로만.” 달리 표현하자면, “이 교환에서 노동자는 화폐를 주화, 즉 그가 화폐와 교환하는 생활수단의 단순히 순간적인 형태로만 받는다. 그에게는 부가 아니라 생활수단이 목적이다.” … 유통에서 교환의 원칙으로서의 상품, 사용가치로부터 출발한다면, 화폐는 주화로만 나타나고, 교환수단으로서 단지 사라지는 매개에 지나지 않으나, 상품 자체는 그 순환을 거친 후 욕구의 직접적인 대상으로 소비되므로, 우리는 반드시 다시 상품에 이른다.”[상동, 293, 295, 298쪽.]

＊노동자에 의해 절약된 화폐가 자본이 되기 위해서는 노동은 자본에게 자본으로서 마주 서야 한다.

“노동자의 절약이 유통의 단순한 산물로 남아 있지 않으려면 – 조만간 부의 실체적 내용, 향유 등으로 전환됨으로써만 실현될 수 있는 절약된 화폐 – 집적된 화폐 자체가 자본이 되고, 즉 노동을 구매해야 하고, 사용가치로서의 노동과 관계를 맺어야 할 것이다. … 자본이 되기 위해서 노동 자신은 자본에 마주 서는 비자본으로서의 노동을 가정한다. 그리하여 한 지점에서는 지양되어야 할 대립이 다른 지점에서는 확립된다. 노동자의 교환의 대상과 **산물**이 … 사용가치, 생활수단, 직접적인 욕구의 충족, 유통에 투입된 등가물을 소비를 통해 폐기하기 위해 유통으로부터 유리하는 것이 아니라면, 노동은 자본에게 노동, 비자본으로서가 아니라 자본으로서 마주 서는 것이다. 그러나 자본이란 비노동으로서만 자본이므로, 노동이 자본에 마주 서지 않으면 자본도 자본에 마주 설 수가 없다. 이 모순된 관계에서만. 그렇지 않으면 자본의 개념과 관계는 폐기될 것이다."[상동, 293-294쪽.]

***단순한 상품유통에서 노동자는 자신이 양도한 상품(노동력)의 과실에 대해 어떠한 권리도 제기할 수 없다.**

"에사우(Esau)가 한 접시의 불콩죽 요리를 받고 자신의 장자상속권을 바쳤듯이, 주어진 크기인 노동능력에 대한 대가로 자신의 **창조적인 힘**을 바침으로써, 노동자가 이러한 교환을 통해서 **부자**가 될 수 없다는 것은 명백하다."[상동, 313쪽.] 노동자에게 "노동의 판매는 노동의 모든 과실의 단념과 동일하다."[상동, 314쪽.] "따라서 자본가와의 교환에서 실현되는 노동의 교환가치는 **전제되어 있고** 사전에 결정되어 있으며, 단지 관념적으로 정립되었을 뿐인 모든 가격이 실현되면서 거치는 형식적인 수정만을 겪는다. 그것은 노동의 사용가치에 의해 결정되지 않는다. 노동은 노동자 자신에게 교환가치를 생산하는 것이 아니라 **교환가치**인 한에 있어서만 사용가치를 가질 뿐이다. 자본에게 노동은 사용가치인 한에 있어서만 교환가치를 가진다. 노동이 자신의 교환가치와는 구별되는 사용가치인 것은 노동자를 위해서가 아니라 자본가를 위해서만이다. 따라서 노동자는 노동을 지나간 과정에 의해 결정된, 단순하고 사전에 결정된 교환가치로 교환한다 – 그는 노동 자체를 **대상화된 노동**으로 교환한다. 노동이 이미 일정량의 노동을 대상화한 한에 있어서만, 즉 그의 등가물이 이미 측정되고 주어진 것인 한에 있어서만 –. 자본은 산노동, 부의 일반적 생산력, 부를 증대시키는 활동으로서의 노동을 사들인다. … 그(노동자: 필자)는 … 자기 노동의 창조적인 힘을 자본의 힘, 자신에게 대립하는 **타인의 권력**으로 정착시킴으로써 빈곤해진다. 그는 부의 생산력으로서의 노동을 **양도**하는 것이다. 자본은 그러한 것으로서의 노동을 전유한다. 따라서 노동과 노동생산물에 대한 소유의 분리, 노동과 부의 분리는 이 교환행위 자체에 정립되어 있다. **결과**적으로 이율배반적인 것처럼 보이는 것이 이미 전제 자체에 포함되어 있는 것이다."[상동, 312-313쪽.]

*** 자본과 대립하고 있는 추상적 노동으로서의 노동 일반**

"자본에 마주 서 있는 노동에 관해서 주목되어야 할 마지막 사항은 그것이 자본으로 정립된 화폐에 마주 서는 **유일한** 사용가치로서 이런저런 노동이 아니라, 그의 특수한 규정성에 대하여 절대적으로 무차별적이되 어떤 규정성에도 능력이 있는 **노동 일반**, 추상적 노동이라는 것이다. 물론 특정한 자본이 존재하는 특수한 실체에 대해서 노동은 특수한 노동으로 상응해야 한다. 그러나 **자본 그 자체**는 자신의 실체의 어떤 특수성에 대해서도 무차별적이고, 특수성의 총체일 뿐만 아니라 실체의 모든 특수성의 추상이므로, 그것에 마주 서는 노동은 주관적으로 동일한 즉자적 총체이자 추상이다. 예를 들어, 자본 자체가 아직 편협한 형태를 가지고 있고, 아직 일정한 실체에 완전히 침잠해 있는, 즉 아직 **자본 그 자체**가 아닌 길드적, 수공업적인 노동에서는, 노동도 아직 총체와 추상으로서가 아닌, 즉 자본에 마주 서는 바와 같은 **노동 자체**로서가 아닌, 노동의 특수한 형태에 침잠해 있다. 즉, 노동이 각각의 개별적인 경우에 특정한 노동이지만, 자본은 어떤 특정한 노동에 대해서도 마주 설 수 있다. 모든 노동의 **총체**가 그것에게 마주 서 있고, 그에게는 지금 어떤 노동이 마주 서 있는가는 우연적이다." 이에 상응하여 "노동자 자신도 자신의 노동의 규정성에 대하여 절대적으로 무차별적이다. 그에게 규정성 자체는 관심이 없으며, 그것이 일반적으로 **노동**이고, 그러한 것으로서 자본을 위한 사용가치인 한에서만 관심이 있을 뿐이다. 따라서 노동 자체, 즉 자본을 위한 사용가치로서의 노동의 담지자가 그것의 경제적 성격을 이룬다. 그는 자본가에 대립하는 노동자이다. 이것은 바로 노동의 **규정성**과 **특정한 장인**과의 관계 등을 경제적 성격으로 가지는 수공업자, 길드 조합원 등의 성격이 아니다."[상동, 299-300쪽.]

이제 자본 또는 자본가와 노동자 사이의 교환은 교환과정에 관한 한 완료되었다. 이제 교환은 자본의 사용가치로서의 노동에 대한 자본의 관계로 나아간다.

** 노동과 자본의 교환과정에서 나타난 노동과 자본의 관계(1)

* 자본과 노동 사이에서 발생하는 첫 번째 과정으로서의 단순유통 영역에 속하는 자본과 노동력의 교환

"노동은 자본에게 **하나의** 사용가치가 아니라, **유일한** 사용가치 일반으로 마주 섬으로써, 노동과 자본의 관계와 양자 사이의 이 첫 번째 교환관계에서도 노동자는 교환가치를 구매하고 자본가는 사용가치를 구매하므로, 자본가는 부를, 노동자는 소비에서 없어질 사용가치만을 받는다는 것이 기묘하게 보일 수 있다. … 보다 엄밀하게 관찰하면, 상품을 교환하는 노동자는 교환과정에서 W–G–G–W 형태를 거친다는 것이 분명해진다. 유통에서 교환의 원칙으로서의 상품, 사용가치로부터 출발한다면, 화폐는 주화로만 나타나고, 교환수단으로서 단지 사라지는 매개에 지나지 않으나, 상품 자체는 그 순환을 거친 후 욕구의 직접적인 대상으로 소비되므로, 상품 자체는 그 순환을 거친 후 욕구의 직접적인 대상으로 소비되므로, 우리는 반드시 다시 상품에 이른다.[21] 다른 한편에서 자본은 G–W–W–G라는 반대되는 계기를 대표한다.

21 "말하자면 노동자는 단순유통, 단순교환의 관계만 맺고 있으며, 그의 사용가치에 대하여 주화만을 받는다. 생활수단을 받지만 단지 매개적으로만." [상동, 295쪽.] "이 교환에서 노동자는 화폐를 주화, 즉 그가 화폐와 교환하는 생활수단의 단순히 순간적인 형태로만 받는다. 그에게는 부가 아니라 생활수단이 교환의 목적이다." [『요강』, I권, 295쪽.]

노동으로부터 소유의 분리가 자본과 노동 사이의 이러한 교환의 필요법칙으로 나타난다. **비자본** 자체로 정립된 노동은 ① **부정적으로 파악한다면 대상화되지 않은 노동**이다. … 그러한 것으로서 그것은 비원료, 비노동기구, 비(非)원제품: 모든 노동수단과 노동 대상, 그것의 모든 객관성으로부터 분리된 노동이다. 자신의 현실적인 실재성의 이러한 계기들의 **추상**으로 존재하는 살아 있는 노동(마찬가지로 비가치); 이 완전한 박탈, 모든 객관성이 결여된 순전히 주관적인 노동의 실존. **절대적 빈곤**으로서의 노동: 부족으로서가 아니라 대상적 부의 완전한 배제로서의 빈곤. 또는 실존하는 **비가치**로서도, 따라서 매개 없이 존재하는 순전히 대상적인 사용가치로서도 이 대상성은 인간으로부터 분리되지 않은 대상성, 인간의 직접적인 신체와 합치되어 있는 대상성일 수 있을 뿐이다. 대상성은 순전히 직접적이므로 마찬가지로 이것은 직접적으로 비대상성이다. 다른 말로 하자면 개인 자신의 직접적인 존재의 밖에 속하는 대상성이 아니다. ② **긍정적으로** 파악한다면 **대상화되지 않은 노동**, **비가치** 또는 자신과 관계되는 부정성이며, 그것은 노동 자체의 대상화되지 않은, 따라서 비대상적, 즉 주체적 존재이다. 대상으로서가 아니라 활동으로서의 노동. 스스로 **가치**로서가 아니라, 가치의 **살아 있는 원천으로서**. 대상적으로 현실성으로 존재하고 있는 자본에 대하여, 행위 속에서 그러한 것으로 입증되는 자본의 **일반적 가능성**으로서의 일반적 부. 노동이 한편으로는 **대상으로서 절대적 빈곤**이고, 다른 한편으로는 주체와 활동으로서 부의 **일반적 가능성**이라는 것은 결코 모순되지 않거나, 또는 오히려 어떤 식으로든 모순되는 명제이다. 노동은 자본의 대립, 대립적인 존재로서 자본에 의해 **전제되고**, 다른 한편으로는 그 자체로 자본을 전제로 하는 것과 마찬가지로 상호 조건지우고 노동의 본질에서 유래한다."[상동, 298-299쪽.]

이로써 자본과 노동 사이에서 발생하는 과정의 첫 번째 측면, 즉 단순유통 영역에 속하는 자본과 노동력의 교환에 대해 마치고 두 번째 과정인 노동의 자본으로의 전환에 대해 살펴보기로 하자.

**** 노동과 자본의 교환과정에서 나타난 노동과 자본의 관계(2)**

*** 화폐가 매개하는 상품들 사이의 교환과 자본과 노동 사이의 교환의 차이점**

"여기에서는 … **화폐를 주고 교환한 것의 사용가치가 특수한 경제적 관계로 나타나며, 화폐를 주고 교환한 것의 일정한 사용이 두 과정의 최종적 목적을 이룬다. 그러므로 이미 이것이 자본과 노동 사이의 교환을 단순한 교환과 형식적으로 구별을 짓는다 – 상이한 두 과정**.[상동, 278쪽.]

"두 번째 행위와 첫 번째 행위의 차이 – 즉, 자본에 의한 노동의 특수한 전유과정이 두 번째 행위이다 – 는 정확히 자본과 노동 사이의 교환과, 화폐가 상품 사이를 매개하는 교환의 차이이다. **자본과 노동 사이의 교환에서 첫 번째 행위는 교환이며**, **전적으로 일상적인 유통에 속한다**. **두 번째 행위는 교환과는 질적으로 상이한 과정이며**, **그것이 도대체 어떤 종류의 교환으로 불릴 수 있다는 것은 용어의 오용에 의해서만 가능하다**. 그것은 교환에 직접 맞서는 것이다. 본질적으로 다른 범주."[상동, 278쪽.]

"자본 또는 자본가와 노동자 사이의 교환은 교환과정에 관한 한 이제 완료되었다. 이제 교환은 자본의 사용가치로서의 노동에 대한 자본의 관계로 나아간다. 노동은 자본에 마주 서는 사용가치일 뿐만 아니라 자본 자체의 **유일한 사용가치**이다. 대상화된 가치로서의 가치들의 비존재로서의 노동은 **비대상화된** 가치로서의 가치들의 존재, 그것들의 관념적 존재이다. 가치들의 가능성이며 활동으로서 가치 정립이다. 자본에 대하여 노동은 노동자의 신체에 능력, 힘으로 실존할 뿐인 단순한 추상적 형태. 가치 정립하는 활동의 단순한 가능성이다. 그러나 자본과의 접촉에 의해서 현실적인 활동이 되면 – 노동에 대상이 없으므로, 그 자체로 그것은 실제적인 활동에 이르지 못한다. 노동은 실제로 가치 정립하는 생산적 활동이 된다. 자본과 관련하여 활동 일반은 자본 자체의 재생산 – 화폐 자체처럼 단순히 의도된 가치가 아니라, **실제적이고 유효한** 가치로서의 자본의 보존과 증대일 수 있을 뿐이다. 노동자와의 교환에 의해 자본은 노동 자체를 전유했다. 단지 존재할 뿐이고 따라서 죽은 대상성에 대해 결실을 맺는 생동감으로 작용하는 노동의 자본의 한 계기가 되었다."[상동, 301쪽.]

"(합목적적인 살아 있는 활동으로서) **노동의 자본으로의 전환**은 그것이 노동의 생산물에 대한 소유권(그리고 노동에 대한 통제권)을 자본가에게 부여하는 한에 있어서 즉자적으로 자본과 노동 사이의 교환의 결과이다."[상동, 314쪽.]

그러나 "**사용가치**로서의 노동은 **자본을 위하여 존재할 뿐**이며, 자본 자신의 유일한 사용가치, 즉 그것을 **증식**시키는 매개적 활동이다. 자신의 가치를 재생산하고 증대시키는 것으로서의 자본은 과정, **증식과정**으로서의 자립적인 교환가치(화폐)이다. 따라서 사용가치로서의 노동은 노동자를 위해 존재하는 것이 아니다. 따라서 **부의 생산력**, 치부의 수단이나 활동으로서의 노동은 노동자를 위한 것이 아니다. 노동자는 자신에게 자본이 아니라 **화폐**로 마주 서는 자본과 사용가치로서의 노동을 교환시킨다. 노동자와 관련하여 자본은 우선 이 교환의 밖에 속하고, 교환과는 독립적인 노동의 소비를 통해서 비로소 자본으로서의 자본이 된다. 자본을 위한 사용가치인 노동은 노동자를 위해서는 **단순한 교환가치**, 주어져 있는 **교환가치**이다."[상동, 311쪽.]

다음 장(자본론 해설 I-2)에서 바로 이에 관해 서술하고자 한다.